Paul Erker

Die chemische Fabrik Joh. A. Benckiser im Nationalsozialismus

Paul Erker

Die chemische Fabrik Joh. A. Benckiser im Nationalsozialismus

WALLSTEIN VERLAG

Bibliografische Information der deutschen Nationalbibliothek
Die Deutsche Nationalbibliothek verzeichnet diese Publikation in der Deutschen Nationalbibliografie; detaillierte bibliografische Daten sind im Internet über http://dnb.d-nb.de abrufbar.

www.wallstein-verlag.de
Vom Verlag gesetzt aus der Adobe Garamond
Umschlagfoto: Feier zum 1. Mai 1937 auf dem Betriebshof von Joh. A. Benckiser. JAB-Archiv, Mannheim
Druck und Verarbeitung: Pustet, Regensburg

ISBN 978-3-8353-5062-5

Inhalt

4. Kapitel

5. Kapitel

Einleitung

Die Öffentlichkeit hat ihr Urteil über die Familie Reimann und ihr Verhalten während der NS-Zeit schon gefällt. Die während der 20er und 30er Jahre Verantwortlichen Dr. Albert Reimann senior (1868-1954) und Dr. Albert Reimann junior (1898-1984), Geschäftsführer-Inhaber der Chemischen Werke Joh. A. Benckiser GmbH in Ludwigshafen, gelten dabei als fanatische Antisemiten und NS-Anhänger, die tief in Verbrechen des nationalsozialistischen Regimes, insbesondere Misshandlungen von Zwangsarbeitern, verstrickt waren und diese selbst auch aktiv verübten. Ausgelöst durch eine reißerische »Enthüllungs«-Reportage in der *BILD am SONNTAG* am 24. März 2019 und einer anschließenden Skandalisierung infolge der sich selbst dynamisierenden weltweiten Presse- und Medienberichterstattung, die sich auf diese Geschichte der bis dahin höchst verschwiegenen und in der Öffentlichkeit unsichtbaren Familie stürzte, wurden die beiden Reimanns sogar von der eigenen Familie als NS-Täter dargestellt, die später eigentlich ins Gefängnis gehört hätten.[1] Die Vorwürfe summierten sich zu einer regelrechten Dämonisierung der beiden Firmeninhaber, wobei zwischen den Verstrickungen, Verhaltensweisen und Taten von Vater und Sohn oft nicht unterschieden wurde und auch damalige Misshandlungen und Übergriffe durch Dritte diesen direkt persönlich zugeschrieben wurden.[2] »Die beiden Unternehmenspatriarchen Albert Reimann senior und Albert Rei-

1 Vgl. BaS vom 24.3.2019, S. 20-23, sowie ein zweiter Artikel am 31.3.2019. Vgl. dazu Stellungnahme Peter Harf in der BILD am SONNTAG vom 24.3.2019, S. 23.

2 Deutlich ist das etwa auch an den Wikipedia-Einträgen zu Albert Reimann junior. In diesem Artikel stimmt so gut wie nichts. Vgl. https://de.wikipedia.org/wiki/Albert_Reimann_(Unternehmer), zuletzt aufgerufen am 6.5.2021. Darin wird auch der Aufstieg von Benckiser wegen des hohen Anteils an Zwangsarbeitern behauptet, Reimann als Erfinder von Calgon dargestellt und seine angebliche Funktion als IHK-Präsident angeführt (tatsächlich ja der Vater). Der Eintrag zeigt deutlich, wie problematisch die nach wie vor weithin unkritisch als richtig angenommenen Informationen bei Wikipedia sein können.

mann junior [haben] Zwangsarbeitern Gewalt und selbst Missbrauch angetan«, hieß es etwa in einem Zeitungsbericht.[3] Die Liste der explizit wie implizit den Reimanns zugeschriebenen Vergehen ist lang. Da ist von »Folter in der Reimann-Villa« und »vielen Übergriffen« gegen Zwangsarbeiter im Privathaus die Rede,[4] als zeitweiser IHK-Präsident (Senior) und Ratsherr in Ludwigshafen (Junior) habe man die Gleichschaltung der Ämter und die NS-Machtergreifung auf kommunaler Ebene aktiv mitgetragen, die Reimanns hätten zudem für die Ausschaltung und Zerschlagung mindestens eines jüdischen Konkurrenzunternehmens gesorgt und daher »actively participated in the aryanization, expropriation and expulsion of Jewish businesses«.[5] Zudem hätten die Reimanns durch Spenden an die SS, so wird nahegelegt, den Holocaust quasi mitfinanziert, ein Vorwurf, den die Alfred Landecker-Stiftung, die als Folge der bekannt gewordenen Vorwürfe von der Familie Reimann gegründet wurde, ohne Begründung oder Beleg sogar noch massiv verschärfte. Auf der Stiftungs-Homepage unter der Überschrift »Warum es uns gibt« ist von Zahlungen der Reimanns an die Waffen-SS die Rede.[6] Das hatte nicht einmal die *BILD am SONNTAG* behauptet. Schließlich gibt es weitere Vorwürfe: Das Unternehmen sei nicht nur durch den »Einsatz besonders vieler Zwangsarbeiter« aufgefallen, sondern auch ein Ort des »physical and sexual abuse of women brought in to work as slaves from Nazi-occupied Eastern Europe« gewesen.[7] Als besonders perfide wurde dabei empfunden, dass Albert Reimann junior als fanatischer

3 »Familienholding der Reimanns macht Verlust« sowie der Kommentar »Reich im Reich«, in: FAZ vom 26.3.2019.

4 BamS vom 24.3.2019, S. 22.

5 Vgl. Katrin Bennhold, »Nazis Killed her Father: Then She Fell in Love with One«, in: The New York Times vom 14.6.2019.

6 Vgl. https://www.alfredlandecker.org/de/article/die-geschichte-der-alfred-landecker-foundation, letzter Zugriff am 24.5.2023. Dabei wird in dem Text auch völlig irreführend so getan, als ob diese Informationen aus einer von dem Autor im Januar 2019 der Familie in Wien erstatteten Zwischenbericht stammen würden.

7 Vgl. Arizona Jewish Post vom 25.3.2019, https://azjewishpost.com/2019/billionaire-german-family-to-make-amends-for-companys-nazi-past/.

Antisemit scheinbar gleichzeitig ein außereheliches Liebesverhältnis mit einer jungen »Halbjüdin« in seinem Unternehmen hatte.[8]

Vieles von all dem ist entweder rein sachlich oder in der moralischen Rigorosität der Bewertung falsch oder überzogen, und die scheinbare Singularität der Verfehlungen und Verstrickungen der Reimanns als Unternehmerpersönlichkeiten in die NS-Verbrechen und mit dem NS-Regime löst sich beim vergleichenden Blick auf andere Familienunternehmer wie Rudolf-August Oetker, Günther Quandt, Carl Freudenberg, Fritz und Horst Sartorius, Karl Merck, Ernst Boehringer und Karl Schmitz-Scholl junior (Tengelmann) schnell auf. Dennoch bleibt, dass sich vieles an moralischem und persönlichem Versagen der beiden Reimanns, an Schuld und Verstrickung in NS-Unrecht und Verbrechen tatsächlich in den Quellen belegen lässt, wie die folgende Untersuchung zeigen wird. Dabei geht es nicht darum, den Grad der aktiven Beteiligung oder des Mitwissens, der Akzeptanz und Duldung, oder sogar der gewollten Förderung von Misshandlungen im juristischen Sinne auszuloten. In einer mittelständischen Firma mit einigen hundert Beschäftigten wie die Chemische Fabrik Joh. A. Benckiser GmbH es damals war, blieb letztlich nichts verborgen, insofern trifft die beiden Firmeninhaber die Verantwortung für sexuellen Missbrauch, Gewaltexzesse und Denunziationen in ihrem Unternehmen und auch die damit auf sich geladene Schuld.

Für den Historiker macht diese Vorgeschichte die Aufgabe nicht leichter, da er sich bei der differenzierten, kontextualisierten und auch vergleichenden Quellenauswertung und Untersuchungsanalyse schnell dem Verdacht der Exkulpation ausgesetzt sehen könnte. Zumal die Studie in einer Zeit erscheint, in der ungeachtet der reichen

8 Vgl. Wikipedia-Eintrag (Anm. 2). Die dahinterstehende tragische Geschichte der Familie, die bis dahin ein strikt gehütetes Familiengeheimnis war, wurde dann, auch um die Wogen der Aufregung zu glätten, durch entsprechende Dokumente an die US-amerikanische Presse publik gemacht und kommuniziert. Sie mündete gleichzeitig dann in die Gründung der Alfred Landecker-Stiftung und deren Verpflichtung zur umfassenden finanziellen Förderung von diversen Projekten und Organisationen. Vgl. dazu »Nazis Killed her Father: Then She Fell in Love with One«, in: The New York Times vom 14.6.2019. Vgl. auch »Die tragische Geschichte der reichsten Familie Deutschlands«, in: Manager Magazin vom 17.9.2020.

wissenschaftlichen Forschung zum Nationalsozialismus zunehmend strenge moralische Maßstäbe bei der Bewertung individuellen Handelns in diesen Jahren zwischen 1933 und 1945 angelegt werden und die Geschichtsdeutung der NS-Zeit »in großem Maße durchdrungen, geradezu erobert wurde von der Sprache der Ankläger und Moralprediger«, wie der britische Historiker Richard J. Evans beklagte.[9] Rückwärtsgewandte moralische Empörung hat jedoch keinerlei Erklärungswert,[10] und diesen Trends muss daher mehr denn je wieder die quellenkritische Analyse der Vergangenheit in ihrer Vielschichtigkeit entgegengestellt werden. Zudem gab es im Fall der Reimanns eigentlich nichts zu »enthüllen«, denn man konnte sich schon lange vorher in mehreren Veröffentlichungen über die Verhältnisse bei der Chemischen Fabrik Joh. A. Benckiser in der NS-Zeit und insbesondere auch über den Einsatz von Zwangsarbeitern informieren und darüber Bescheid wissen: 2004 erschien die eingehende Un-

9 Zitiert nach Scholtyseck, Beisheim, S. 186, und dort auch entsprechende kritische Reflexionen zu diesem Trend, denen man vollumfänglich nur zustimmen kann. Demgegenüber gibt es aber in der Forschung und Fachdiskussion einen irritierenden gegenläufigen Trend »neuer Nachsichtigkeit« sozusagen, d.h. eines Rückfalls in längst überholt geglaubte Muster der Exkulpation und der unkritischen Rechtfertigung bei der Bewertung des Verhaltens von (Familien-)Unternehmer und Manager. Das wird besonders deutlich an der Auseinandersetzung um die Rolle der Hohenzollern, die den Staat quasi als ihr Familieneigentum betrachten und zu deren Rechtfertigung von scheinbaren Fachgutachtern nachgerade mustergültig die alten Topoi der Entnazifizierungsstrategien der damaligen Angeklagten reproduziert und als neue Forschungserkenntnisse ausgegeben wurden. Auch die jüngste Darstellung von Tengelmann im Dritten Reich liest sich in weiten Strecken als großangelegte Exkulpation, in der Karl Schmitz-Scholl nur SS-Mitglied wurde, um sein Geschäftsmodell vor den Nazis zu schützen, das Unternehmen auch keinerlei Profite gemacht habe, da kein Rüstungsbetrieb, sondern mit seinen Sojabratlingen vielmehr innovativer Vorreiter des ökologischen Konsumwandels war und hier die Wurzeln des ökologischen Profils von Tengelmann lagen, und überhaupt wurden die Gewinne von den exorbitanten Steuern aufgezehrt. Vgl. Niethammer u.a., z.B. S. 669. Höchst fragwürdig ist auch die von Michael Wolffsohn in seiner Studie zu Georg Berger getroffene Unterscheidung, dass Berger zwar Profiteur des NS-Regimes, aber kein Täter gewesen sei.

10 So Jens Westemeier, Hans Robert Jauß. Jugend, Krieg und Internierung, Konstanz 2016, S. 9.

tersuchung von Eginhard Scharf über ausländische Zwangsarbeiter in Ludwigshafen am Rhein 1939-1945, und schon 1978 lag mit der Benckiser-Chronik II eine ausführliche Darstellung unter anderem auch der Unternehmensgeschichte während der NS-Zeit vor, welche die Basis für eine kritische Auseinandersetzung geboten hätte.[11] Weder die Öffentlichkeit noch erst recht die Familie und das damalige Kernunternehmen, das inzwischen tiefgreifende Transformationen durchlaufen hatte, hatten jedoch ein Interesse an einer Auseinandersetzung mit der Vergangenheit. Erst durch die mediale Skandalisierung der Quandt-Geschichte und die öffentlich gestellten Fragen nach der Vermögensentwicklung einer der reichsten Unternehmerfamilien Deutschlands während der NS-Zeit und den dadurch ausgelösten Trend, auch unternehmenshistorisch-wissenschaftlich die Rolle von Familienunternehmen in der NS-Zeit zu untersuchen, änderten langsam Sensibilität und Interessen – sowohl in der Öffentlichkeit als auch bei (einigen) betroffenen Familien. In der Folgezeit sind auf der Basis zugänglich gemachter Unternehmens- und Familienarchive inzwischen zahlreiche Studien zu Familienunternehmen erschienen, angefangen von Quandt über Freudenberg, Oetker, Boehringer Ingelheim bis zu Merck, Sartorius und Tengelmann.[12] Im Juli 2016

11 Vgl. Eginhard Scharf, »Man machte mit uns, was man wollte.« Ausländische Zwangsarbeiter in Ludwigshafen am Rhein 1939-1945, Heidelberg 2004. Siehe auch Hans Dubbers, Wilhelm Bickel, Benckiser-Chronik II. 1933 bis 1973. Die Fünfte Generation eines Familienunternehmens, Ludwigshafen 1978.

12 Vgl. Joachim Scholtyseck, Der Aufstieg der Quandts. Eine deutsche Unternehmerdynastie, München 2011; Jürgen Finger u.a., Dr. Oetker und der Nationalsozialismus. Geschichte eines Familienunternehmens, München 2013 (2. Auflage), Joachim Scholtyseck, Freudenberg. Ein Familienunternehmen in Kaiserreich, Demokratie und Diktatur, München 2016; Michael Kißener, Boehringer Ingelheim im Nationalsozialismus. Studien zur Geschichte eines mittelständischen chemisch-pharmazeutischen Unternehmens, Stuttgart 2015; Carsten Burhop u.a., Merck 1668-2018. Von der Apotheke zum Weltkonzern, München 2018; Manfred Grieger, Sartorius im Nationalsozialismus. Generationswechsel im Familienunternehmen zwischen Weltwirtschaftskrise und Entnazifizierung, Göttingen 2019; Lutz Niethammer (Hrsg.), Tengelmann im Dritten Reich. Ein Familienunternehmen des Lebensmittelhandels und der Nationalsozialismus, Essen 2020. Eine Reihe von entsprechenden Auftragsstudien sind noch am laufen, etwa zu Bahlsen, andere Studien

und damit lange vor der medialen Skandalisierung erhielt daher auch der Verfasser von der Familie Reimann bzw. der JAB-Holding den Auftrag zu einer unabhängigen wissenschaftlichen Studie über die NS-Geschichte des Unternehmens und seiner damaligen Inhaber; im Januar 2019 wurden die Zwischenergebnisse in Wien der Familie präsentiert, die damit lange vor dem BILD am SONNTAG-Bericht über die Vergehen und Vorwürfe gegenüber Vater und Großvater Reimann informiert war.

Die zentrale Fragestellung der Untersuchung richtet sich zunächst auf die beiden Unternehmerpersönlichkeiten und ihre Einstellungen und Verhaltensweisen im Unternehmen wie in der Öffentlichkeit. Inwieweit wurde Joh. A. Benckiser zu einem »NS-Musterbetrieb«, welche entsprechenden Ausprägungen der Unternehmenskultur gab es und wie wurde das nationalsozialistische Prinzip von Betriebsführerschaft und Betriebsgemeinschaft praktiziert? Wie agierte man gegenüber den NS-Amtsträgern und Rüstungsbehörden und inwieweit eröffneten NS-Wirtschaftsordnung und die Kriegszeit Chancen und Optionen, die alten Konkurrenzverhältnisse auf dem deutschen Heimatmarkt – wie dann auch auf europäischer Ebene – zum eigenen Vorteil zu verändern? Über diesen doppel-biographischen Zugriff hinaus müssen aber auch das Unternehmen selbst und die spezifische Branche bzw. die jeweiligen Geschäftsfelder näher untersucht werden. Die Chemische Fabrik Joh. A. Benckiser war damals, ähnlich wie viele andere Familienunternehmen, die sich erst später zu großen, internationalen Konzernen entwickelten, ein kleines mittelständisches Unternehmen mit, da 1823 gegründet, bereits beträchtlicher Tradition und einer höchst wechselhaften, von Auf- und Abschwung geprägten Geschichte und gerade einmal 200 Beschäftigten, darunter

aber nur (seit langer Zeit) angekündigt wie zu Bauer Media, eine ganze Reihe weiterer wissenschaftlich wünschbarer und lohnender Studien wie etwa zu Henkel, aber auch zahlreichen anderen kleineren, aber nicht minder bedeutenden Familienunternehmen, fehlen. Inzwischen beschäftigt sich die Forschung auch vermehrt mit den langfristigen Einflüssen der NS-Sozialisation bei späteren Unternehmern, die in diesen Jahren noch Jugendliche waren. Vgl. dazu Joachim Scholtyseck, Otto Beisheim. Jugend, Soldatenzeit und Entwicklung zum Handelspionier, Paderborn 2020, sowie auch Friederike Sattler, Herrhausen. Banker, Querdenker, Global Player. Ein deutsches Leben, München 2019, bes. S. 25ff.

eine Handvoll leitende Angestellte. Unter ihnen war seit 1939 auch der Schwager von Albert Reimann junior, Hans Dubbers, als Leiter der Personalabteilung bzw. betriebswirtschaftlichen Abteilung. Insofern erweitert sich der Kreis der involvierten Familienmitglieder auch um den Schwager und Albert Reimanns Schwester, Else Dubbers, geb. Reimann, mit der ihn zeit seines Lebens eine enge Beziehung verband, die Ende der 1950er Jahre unter anderem in die Adoption von deren vier Kindern münden sollte.

Die Chemische Fabrik Joh. A. Benckiser war in dem hier untersuchten Zeitraum ein führender Betrieb in einem scheinbar unwichtigen und von der unternehmenshistorischen Forschung bislang weitgehend unbeachtet gebliebenen Bereich der Chemie: der organischen Säuren für Ernährung, Technik und Pharmazie. Diese von mittelständischen und oft auch im Familienbesitz befindlichen Unternehmen geprägte Industrie agierte im Schatten der damals von der IG Farben repräsentierten Großchemie und der dort betriebenen Synthesechemie.[13] Es ging um die Herstellung von Genusssäuren, d.h. Weinsäure, Zitronensäure und auch um phosphorsaure Salze, die als Vorprodukte zur Weiterverarbeitung in der Lebensmittelindustrie und zum Einsatz in der Wasseraufbereitungstechnologie hergestellt wurden. Diese Vorprodukte mündeten schließlich in bekannte Produkte und Markenartikel wie Backpulver, Citretten, Fibrisol, Salze zur Schmelzkäseherstellung Entkalkungs- sowie Reinigungsmittel (Calgon). Die spezifischen Umstände der Rohstoffbasis und -versorgung, das Ringen um technologischen Verfahrensinnovationen und die hohe Forschungsintensität, verbunden mit permanenten Patentaktivitäten, sorgten seit jeher für eine hohe Dynamik in der Branche. Die kleine Benckiser GmbH musste sich dabei mit zahlreichen ebenbürtigen und übermächtigen Konkurrenten in Deutschland, Europa und den USA herumschlagen, wie der amerikanischen Pfizer, der britischen Kemball Bishop & Co., dem europäischen Marktführer Citrique Belge, dem Prager Unternehmen und technologischen Vorreiter Montan- und Industriewerke J.D. Starck, dem italienischen Montecatini-Konzern und auf dem Heimatmarkt mit Boehringer In-

13 Vgl. daher auch der entsprechende Titel der verdienstvollen Studie von Luitgard Marschall, Im Schatten der chemischen Synthese. Industrielle Biotechnologie in Deutschland (1900-1970), Frankfurt a.M. 2000.

gelheim, Gebr. Giulini GmbH, Henkel und Oetker. Die Branche war traditionell stark von Kartellen und Konventionen geprägt, innerhalb derer es aber permanente Auseinandersetzungen um die Regelung der Produktions- und Verkaufsquoten und anderes gab. Die Geschichte von Joh. A. Benckiser und der Familie Reimann führt daher auch mitten hinein in die bislang noch ungeschriebene Geschichte der Patente und des gewerblichen Rechtsschutzes im Dritten Reich.

Der ewige Kampf in der Branche prägte auch die beiden Unternehmerpersönlichkeiten. Vater wie Sohn waren sportlich, kräftig und großgewachsen, permanent kämpferisch, konfliktbereit und nachgerade streitsüchtig. Sie legten sich mit allen und jedem an. Ungeachtet der Position oder des Ranges und ungeachtet, ob es sich um verhasste und als Intimfeinde betrachtete Konkurrenten wie Albert Boehringer handelte, oder um NS-Parteifunktionäre wie den schillernden pfälzischen Gauleiter Josef Bürckel, gingen sie keinem Konflikt aus dem Weg. Wenn es zu Auseinandersetzungen kam, zögerten beide Reimanns nicht, umgehend sämtliche über- oder nebengeordnete Stellen, Ämter, Verbände und Geschäftspartner mit ausführlichsten Schriftsätzen in die Konflikte mit hineinzuziehen, um die eigene Position durchzusetzen. Das klappte manchmal, war oft aber auch vergeblich oder sogar schädlich, aber das war schon in den 1920er Jahren Kennzeichen der Interessenpolitik von Reimann senior gewesen und sollte auch nach 1945 das Verhalten von Reimann junior weiter prägen. Dieser Charakterzug beider sollte dadurch eine gewisse Tragik erhalten, als sich Anfang der 1950er Jahre Vater und Sohn über die weitere Unternehmenspolitik tief zerstritten und auch noch Deutungskämpfe um die bisherigen Verdienste der Unternehmensentwicklung lieferten, mithin ihre kämpferische Seite destruktiv gegeneinander richteten. Politisch allerdings waren sich Vater und Sohn immer einig.

Die Untersuchung nimmt dabei zunächst die lange Vorgeschichte ins Blickfeld, fokussiert allerdings auf die Analyse der unternehmerischen und politischen Sozialisation und Prägung der beiden Reimanns. Es folgt die Darstellung der Jahre zwischen 1933 und 1939, mit der Einordnung in die nationalsozialistische Vierjahresplan-Ökonomie, aber auch endlosen Auseinandersetzungen im Zitronensäure-Syndikat, Patentkriegen im Calgon-Bereich und Konflikten mit dem

Gauleiter und diversen NS-Amtsstellen. Das dritte Kapitel schildert Benckiser und die beiden Reimanns in den Kriegsjahren. Es geht um Unternehmensfinanzierung und Unternehmensprofite sowie den Kampf um die Vorherrschaft im europäischen Zitronensäure-Geschäft. Das vierte Kapitel untersucht dann gesondert die Entwicklung und Vorfälle des Zwangsarbeitereinsatzes bei der Joh. A. Benckiser GmbH, wobei ein deutlicher Unterschied zwischen den Verhältnissen im Hauptwerk in Ludwigshafen und im neu entstehenden Zweigwerk jenseits des Rheins in Ladenburg deutlich wird. Das folgende fünfte Kapitel steht unter der Überschrift »Kein Umdenken« und zeichnet die Kriegsfolgenbewältigung, vor allem auch hinsichtlich der Entnazifizierungsverfahren und der dabei vorgenommenen Vergangenheitskonstruktionen, nach. Entnazifizierung wie Unternehmensentwicklung wurden dabei dadurch erheblich kompliziert, dass sich nicht nur die Wohnorte der Unternehmerfamilie, sondern auch die Werksteile in unterschiedlichen Besatzungszonen befanden und daher im einen Fall von französischen Militärbehörden, im anderen Fall von amerikanischen Stellen und deren Politik geprägt wurden. Im letzten Kapitel geht es schließlich um die unbewältigten Vergangenheiten und den aus vielen Notizen von Reimann junior rekonstruierbaren später einsetzenden Erinnerungsprozess an die NS-Zeit, auch bis und nach dem Tod von Albert Reimann junior im Jahr 1984. Der Untersuchungszeitraum im engeren Sinn reicht dabei, in unterschiedlicher Dichte der Darstellung und Analyse, jedoch nur von den 1920er bis zu den 1970er Jahren.

In dieser langen Perspektive der Unternehmens- und Branchenentwicklung mit ihren vielfach die NS-Zeit und Kriegsjahre überlagernden Kontinuitäten wettbewerblicher und technologischer Art, lässt sich in Bezug auf Joh. A. Benckiser und die beiden Reimanns auch eine Kontinuitätslinie erkennen, in der die NS-Zeit zu einer Art Scharnierphase wird: die Konkurrenz zwischen und die Konflikte um die unterschiedlichen unternehmenspolitischen Strategien und auch Unternehmensführungsstile von Senior und Junior und der sich jahrzehntelang hinziehende Generationswechsel in der Firmenleitung. Obwohl Albert Reimann junior schon 1927 als Teilhaber und Mitgeschäftsführer ins Unternehmen kam, wurde er erst 1943 offiziell zum Betriebsführer ernannt und konnte dennoch eigentlich erst 1954 nach dem Tod des Vaters auch die von ihm verfolgte unternehmenspolitische Linie umsetzen. Die NS-Zeit ist aber auch unter anderen Gesichtspunkten eine Scharnierphase: Bei Forschung und Entwicklung und in der Patentbasis wurden entscheidende Weichen gestellt (Stichwort Calgon) und in der Vierjahresplan-Ökonomie, die zunächst das außerhalb von Rüstungsinteressen liegende Unternehmen eher hemmte, wurden durch Investitionen die Grundpfeiler für den Unternehmenserfolg in den 1950er und 60er Jahren gelegt.

Die Studie kann sich auf eine breite Quellenbasis stützen, angefangen von dem in Mannheim im Keller der JAB-Holding schlummernden Benckiser-Archiv, ergänzt durch das Familienarchiv Reimann-Dubbers im früheren Hauptwohnsitz von Albert Reimann in Heidelberg. Darin finden sich nicht nur umfassende Unterlagen zur Unternehmensgeschichte wie Bilanzen, Prüfberichte des Finanzamtes und Schriftwechsel zu Patentfragen, Kartellangelegenheiten und anderen unternehmenspolitischen Entscheidungen, sondern auch der private Schriftwechsel zwischen Senior und Junior, etwa auch zur Entnazifizierungsstrategie. Ebenso finden sich dort Notizen, Briefe und Tagebuchaufzeichnungen sowie auch zwei Ordner allein zur Entstehung der Benckiser-Chronik II, die u.a. spätere Reflexionen Albert Reimanns zur NS-Zeit enthalten. Dazu kommen eine Reihe staatlicher Archive, insbesondere in Speyer und Karlsruhe, in denen sich die Unterlagen zu den jeweiligen Entnazifizierungsverfahren der Reimanns, aber auch einer Reihe von ehemaligen Benckiser-Angestellten, befinden. Wichtige ergänzende Aktenüberlieferungen fanden sich auch in den Unternehmensarchiven von Henkel, Oetker und vor allem Boehringer Ingelheim. Vertiefende Recherchen wurden auch in verschiedenen Archiven in Polen, Frankreich und Belgien vorgenommen. Als zentrale Quelle für das Aufspüren von Einzelschicksalen ehemaliger Zwangsarbeiter und dem Bemühen, dem anonymen Arbeitskräfteeinsatz vor allem von Arbeitskräften aus Russland und der Ukraine Gesichter geben zu können, ist mehr denn je das ITS-Archiv in Arolsen unverzichtbar. Die überwiegende Mehrheit der Zwangsarbeiter bei Benckiser waren allerdings Franzosen, von denen bedauerlicherweise nur eine Namensliste mit Geburtsdatum überliefert ist.

1. Kapitel

Der unaufhaltsame Weg zum überzeugten Nationalsozialisten

Zur unternehmerischen und politischen Sozialisation von Albert Reimann senior und junior

Syndikate, Konkurrenzkämpfe und die sogenannte »Goldenberg-Quote«

Unternehmenspoltische Entwicklungen vor 1933

Das Geschäftsjahr 1928 war ein Rekordjahr für die kleine Chemiefabrik Joh. A. Benckiser gewesen. Als Umsatz wurden knapp 11,8 Mio. RM verbucht, der Bruttoüberschuss betrug 2,186 Mio. RM, wovon nach Abzug erheblicher Abschreibungen und außerordentlicher Betriebskosten als Reingewinn 278.532 RM ausgewiesen wurden.[1] Der überwiegende Teil des von knapp 200 Beschäftigten erwirtschafteten Umsatzes wurde dabei durch Export erzielt, allein 1,627 Mio. RM oder fast 14 Prozent in die USA. Das gute Geschäftsergebnis spiegelte die geltenden Kartellregelungen im Weinsäure-Geschäft auf dem europäischen Kontinent wider, die – noch – für die Ausschaltung der Konkurrenzverhältnisse sorgten. Die Herstellung von Weinsäure lieferte angesichts des breiten Anwendungsspektrums im Prinzip die Basis für ein solides und auch rentables Geschäftsmodell. Es gab eine starke Nachfrage aus der Lebensmittelindustrie für Backpulver, Limonade und Konservierungszwecke, aus der Textilindustrie für Färben und Druckerei sowie der Schmuckindustrie und auch aus dem medizinischen Bereich als Basis für Abführmittel und Bestandteil von Hausmitteln wie essigweinsaurer Tonerde gegen Prellungen und Insektenstiche. Der Bedarf wuchs mit der sich entwickelnden modernen Industriegesellschaft der Weimarer Republik

1 Vgl. Bilanz 1928 und auch Bilanz-Prüfbericht, in: JAB-Archiv Nr. D 23.

kontinuierlich. Erstmals in der Unternehmensgeschichte wies auch die jahrelang verlustreiche Produktion von phosphatsauren Salzen einen Gewinn aus, wobei aber Hauptumsatz- und damit auch Hauptgewinnträger das Weinsäure-Geschäft war.

Doch bei genauerem Hinsehen war die Lage des Unternehmens durchaus prekär und von erheblichen Unsicherheiten geprägt. Im Jahr zuvor, 1927, hatte Reimann in einem ebenso waghalsigen wie höchst riskanten Coup für 800.000 RM die sogenannte Goldenberg-Quote, den Anteil der Chemischen Fabrik vorm. Goldenberg Geromont & Cie. aus Winkel (Rheingau) im Weinsäure-Kartell, gekauft und damit das Gewicht von Benckiser gegenüber dem heimischen Konkurrenten Boehringer mit einer Gesamtquote von nun 75 Prozent stark erhöht. Bereits in den 1880er Jahren hatten sich Benckiser, Boehringer und Goldenberg vertraglich über Produktionsquoten verständigt, um Überproduktion und den daraus folgenden Preisverfall einzudämmen. Doch die damit verbundenen erheblichen Umsatz- und Produktionsausweitungen bedeuteten zunächst auch erhebliche Investitionen für Rohwareeinkäufe und den Ausbau der Fertigungskapazitäten, und zudem würde sich erst in den Folgejahren erweisen, ob die Quote auch operativ auf dem Markt durch- und umsetzbar sein würde. Und tatsächlich sah Reimann sich im September 1928 durch Boehringer mit einer Klage vor dem Schiedsgericht des internationalen Weinsäurekartells »Sindicato Internationale Produttori Acidi Organici« (SIPAO) konfrontiert, die quasi durch die Hintertür und völlig unberechtigt – so empfand es jedenfalls Albert Reimann – einen angemessenen Anteil der Goldenberg-Quote für sich beanspruchte.[2]

Im Geschäftsbereich der phosphorsauren Salze war die Lage nicht viel besser. Hier war Benckiser seit Dezember 1928 in einen ebenso umfangreichen wie erbittert geführten Patentprozess verwickelt, den die Chemischen Werke Budenheim, hinter denene der bereits mächtige Oetker-Konzern stand, wegen angeblicher Verletzung von Schutzrechten bei der Herstellung von Natriumpyrophosphat angestrengt hatten.[3] Benckiser hatte 1916 mit der Herstellung dieses

2 Vgl. dazu Erwiderung der Firma Benckiser auf die Klageschrift der Firma Boehringer vom 21.9.1928, in: JAB-Archiv D 73.

3 Vgl. dazu Schreiben der Patentanwälte an Benckiser vom 18.12.1928, in: JAB-Archiv Nr. D 22.

Phosphat-Typs begonnen, nachdem sich abzeichnete, dass der bis dahin dominierende Weinstein als Backpulverkomponente durch saures Pyrophosphat abgelöst werden würde. Als Großabnehmer winkte Oetker, der kurz nach Kriegsende allein jährlich Natriumpyrophosphat im vierstelligen Tonnagebereich verbrauchte. Doch auch die Chemische Fabrik Budenheim hatte die Produktion von Phosphatsalzen aufgenommen und konkurrierte mit Benckiser. Nachdem sich Oetker 1923 an den Chemischen Werken Budenheim beteiligt hatte und das Unternehmen schließlich ganz übernahm, war damit das strategische Kalkül von Reimann, in die Phosphatverarbeitung einzusteigen, schon nach kurzer Zeit Makulatur geworden.[4] Das Phosphatgeschäft wurde defizitär, und da nach dem Erwerb der Goldenberg-Quote erhebliche Investitionen im Weinsäurebereich notwendig wurden, erwog Reimann ernsthaft eine Stilllegung dieses ursprünglich zweiten Standbeins von Benckiser.

Zwei Entscheidungen im Jahr 1927 hatten dann einen Ausweg gebracht: Erstens der Entschluss, das veraltete Verfahren des sogenannten Nassaufschlusses aufzugeben und stattdessen technisch reine thermische Phosphorsäure zur Weiterverarbeitung von den IG Farben-Werken in Piesteritz zu beziehen. Und zweitens, durch intensivierte Forschung und Entwicklung das Sortiment polymerer Phosphate über den Bereich der bloßen Herstellung von Backpulverkomponenten hinaus auszuweiten. Die kurz darauf eingereichte Klage von Budenheim bedrohte damit die gerade erst eingeleitete Neuausrichtung des Geschäfts und damit ein Kerngeschäftsfeld von Benckiser, zumal das anwendungstechnische und produktmäßige Potenzial der phosphorsauren Salze bzw. polymeren Phosphate zu diesem Zeitpunkt noch bestenfalls ansatzweise erkennbar war und hinsichtlich der Forschung bei der Entwicklung von Spezialitäten erst ganz am Anfang stand.[5] Dementsprechend deutlich fiel die Antwort von Albert Reimann senior wenige Tage später an die Patentanwälte

4 Vgl. dazu Benckiser-Chronik I, S. 183, und auch Finger, Oetker, S. 93 ff.

5 Die Budenheim-Patentanwälte forderten Benckiser darin auf, die Abhängigkeit des entsprechenden Benckiser-Patents von einem Budenheim-Patent anzuerkennen und sich zu verpflichten, das durch das Patent geschützte Verfahren so lange nicht zu benutzen, wie das Budenheim-Patent in Kraft war. Vgl. Schreiben vom 18.12.1928, in: JAB-Archiv Nr. D 22.

aus. »Ihre Klientin hat offenbar beobachtet, dass sich seit längerer Zeit ein Produkt auf dem Markt befindet, das in Bezug auf Farbe wie auch sonstige Eigenschaften dem ihrigen überlegen ist und wünscht auf dem Wege eines Patentprozesses in mein Verfahren einzudringen«, hieß es in dem Schreiben. »Auch hat Ihre Klientin bekanntlich während der letzten Jahre mehrfach und auf verschiedenen Wegen versucht, mich zur Einstellung meines Pyrophosphatbetriebes zu überreden oder zu zwingen, um die Herstellung dieses Produktes für Deutschland zu monopolisieren zu ihrem eigenen Nutzen und zum Schaden der deutschen Volkswirtschaft sowohl wie der Konsumenten. Nachdem diese Versuche bisher misslungen sind, und es mir gelungen ist, trotz einer maßlos erbitterten und im Grunde illoyalen Konkurrenz meinen Betrieb durchzuhalten, versucht nun ihre Klientin ihren Zweck auf dem Wege eines Patentprozesses zu erreichen.«[6]

Diese Schlaglichter auf die Lage des Unternehmens Ende der 1920er Jahre verdecken, dass Benckiser bereits Jahrzehnte einer höchst turbulenten Entwicklung hinter sich hatte. Man muss dabei etwas weiter ausholen und die zurückliegende Unternehmensentwicklung nachzeichnen, da erst damit vieles deutlich und verständlich wird, was die tiefgreifende berufliche, familiäre und betriebliche Prägung der beiden Reimanns ausmachte. Das Unternehmen war 1823 in Pforzheim von Johann Adam Benckiser in Folge einer Erwerbung einer chemischen Fabrik gegründet worden, einer kleinen »Quetsche, die Chemikalien für die Bijouterie herstellte«, wie Albert Reimann junior rückblickend in Notizen zur Unternehmensgeschichte schrieb.[7] Da selbst Kaufmann und kein Chemiker, holte er seinen späteren Schwiegersohn Ludwig Reimann in das Unternehmen. Dieser war damals Assistent an der Universität Heidelberg und hatte durch seine Untersuchungen über Nikotin bereits einen wissenschaftlichen Ruf. Im Jahr 1825 wurde auf Initiative Reimanns die Herstellung von Weinsäure aufgenommen und in den kommenden Jahrzehnten

6 Schreiben Reimann vom 28.12.1928, in: ebd.

7 »Die fünfte Unternehmergeneration zur Firmengeschichte«, Notiz vom 11.3.1958, sowie auch schon die ausführliche, 28-seitige Darstellung Reimann seniors vom 11.1.1950 über die »Entwicklung der deutschen Wein- und Zitronensäure-Industrie seit Gründung der Chemischen Fabrik Joh. A. Benckiser im Jahre 1823«, in: JAB-Archiv, Ordner Firmenchronik. Im Detail ausführlich zur Frühgeschichte vgl. Benckiser-Chronik I, S. 62ff.

konnte sich Benckiser als die älteste und größte Weinsäure-Fabrik der Welt bezeichnen, die allerdings mehr schlecht als recht arbeitete. Dennoch war 1862 in Ludwigshafen eine Zweigniederlassung gegründet worden, als sich die Gelegenheit zum Kauf einer kleinen Weinsteinsäurefabrik in der Frankenthaler Straße ergab. Es war eine durchaus weitsichtige Entscheidung, denn so verlegte sich das Hauptgeschäft mit damals ca. 600 t erzeugter Weinsäure im Jahr in die schnell aufstrebende Chemiemetropole am Rhein, wo wenige Jahre später die BASF zusammen mit weiteren Chemieunternehmen wie Gebr. Giulini, Fritz Raschig und Knoll & Co. das Bild bestimmte.[8] Dennoch befand sich das Unternehmen in einer tiefen Krise: Die Produktionsbedingungen waren technisch veraltet, die Verlustjahre häuften sich und 1872 starb Ludwig Reimann, ohne einen geeigneten Nachfolger hinterlassen zu haben. Auch die kaufmännischen Kompetenzen der Benckiser-Familiennachkommen hielten sich in engen Grenzen. Dazu kamen Erbauseinandersetzungen zwischen den beiden Familien- bzw. Inhaberstämmen. Und zu allem Übel aus Sicht der Firmenteilhaber traten nach der Reichsgründung auch noch neue und mächtige Konkurrenten auf den Plan: 1875 nahmen die Chemischen Werke Goldenberg die Herstellung von Weinstein und auch Zitronensäure auf, 1885 stieg Albert Boehringer in Ingelheim in die Weinsäure-Fertigung ein. Die Folge waren Überproduktion und erhebliche Preisrückgänge, die schließlich in einer Konvention der drei Unternehmen mündete, in der Benckiser eine Quote von 50 Prozent hatte, die jedoch von Boehringer und Goldenberg ständig unterlaufen wurde und faktisch auf ca. 25 Prozent sank. Es begann das Zeitalter der Konventionen, Quotenverteilungen und kartellmäßigen Absprachen, die die Branche in den folgenden fast hundert Jahren prägen sollten.

Den ›turnaround‹ von Benckiser und die Rückkehr zur technisch-wissenschaftlichen Basis des Unternehmens, verbunden mit einer kaufmännischen Sanierung, leitete dann Albert Reimann senior 1896 ein. Als Sohn von Emil Reimann, einem der Söhne Ludwig Reimanns, 1868 geboren, knüpfte er mit seinem Chemiestudium in

8 Vgl. dazu Stefan Mörz, Klaus Jürgen Becker (Hrsg.), Geschichte der Stadt Ludwigshafen am Rhein, Bd. 2. Vom Ende des Ersten Weltkriegs bis zur Gegenwart, Ludwigshafen 2003, S. 384f. und zu Benckiser S. 402f.

Heidelberg und München und der abschließenden Promotion an die wissenschaftliche Kompetenz des Großvaters an. In Begleitung seines Vaters hatte er auch schon 1892 an einer Sitzung der Weinsäure-Konvention teilgenommen, und dabei, so später seine eigene Darstellung, war ihm unvermittelt erschreckend klar geworden, dass Benckiser gegenüber den Konkurrenten bzw. Konventionspartnern massiv ins Hintertreffen geraten war und diese sich offensichtlich gerade daranmachten, die Benckiser-Quoten unter sich aufzuteilen.[9] Der Ruf der Firma war in Bezug auf Leistungsfähigkeit und Qualität schlecht und die Marktpreise waren generell niedrig. Albert Reimann senior übernahm daher nach Ableistung seiner Militärdienstpflicht und insgesamt 15 Monate dauernden Auslandsaufenthalten in Paris und London 1896, mit 28 Jahren, zunächst die chemisch-technische, dann auch die kaufmännische Leitung von Benckiser. Er modernisierte die Produktionsverfahren mit Hilfe einer von ihm neu entwickelten Verarbeitungsmethode von Weinhefe und führte das Unternehmen langsam in die schwarzen Zahlen zurück.[10]

Nach dem Tod von Alfons Benckiser im Jahr 1906 erfolgte eine Neuordnung der Teilhaberschaft der beiden Familienstämme, die als Neffen, Onkel, Söhne, Vettern und Schwager miteinander verbunden waren: Neben Emil Reimann, Arthur Reimann und Dr. Theodor Benckiser, dem letzten männlichen Nachkommen des Benckiser-Stammes, trat nun auch Albert Reimann in den Kreis der Mitinhaber ein. »Die neuen Teilhaber übernahmen die Chancen, die in ihrer Arbeitsleistung lagen und die Risiken, die in der Geschäftslage bestanden«, beschrieb Reimann senior rückblickend die Entwicklung.[11] Mit erheblichen Investitionen wurde der Übergang zu großbetrieblichen Produktionsmethoden betrieben, bis 1913 kletterten die Ferti-

9 Vgl. »Entwicklung der Wein- und Zitronensäure-Industrie«, S. 3, und Benckiser-Chronik I, S. 153.

10 Zur Sanierung und Reorganisation waren erhebliche finanzielle Mittel aus dem Vermögen der Anteilseigner, d.h. sowohl der Familie Benckiser wie der Familie Reimann, erforderlich. Noch 1903 erfolgte aus Aktienverkäufen von Arthur Reimann ein Zuschuss für Verlustausgleich von 100.000 Mark. Vgl. dazu Benckiser-Chronik I, S. 155.

11 Handschriftliche Notizen von Albert Reimann senior vom November 1950 über die »Teilhaberschaft der Firma Joh. A. Benckiser«, in: JAB-Archiv, Ordner Firmenchronik.

gungskapazitäten auf 1800 t Weinsäure im Jahr, der Umsatz, bei der Geschäftsübernehme von Reimann senior unter einer Million Mark, vervierfacht sich am Vorabend des Ersten Weltkriegs auf 3,7 Mio. Mark.[12] Doch Goldenberg und Boehringer versuchten den Wiederaufstieg von Benckiser zu behindern. Sie kündigten im Jahr 1900 die Quotenabsprachen, begannen einen sechs Jahre dauernden heftigen Preis- und Konkurrenzkampf und lehnten alle Angebote und Forderungen Reimanns zur Wiederherstellung geordneter Marktverhältnisse auf der Basis von 800 Jahrestonnen jeweils für Benckiser und Goldenberg, 500 Jahrestonnen für Boehringer, strikt ab. Erst 1906 sollte es zum Abschluss eines neuen Weinsäure-Syndikat-Vertrages kommen. Bei Goldenberg hatte zwei Jahre zuvor Dr. Oskar Neuberg zusammen mit seinem Bruder Emil die Leitung übernommen und sich bald darauf auch die Besitzanteile des Unternehmens verschafft. Er verfolgte nun eine neue, aggressive und vor allem auch auf die europäische Ebene ausgeweitete Expansionsstrategie, in der die frühere Verbundenheit mit Boehringer gegen Benckiser ihre Bedeutung verlor. Das neue Syndikat regelte ebenso die Verlaufsquoten wie den Einkauf von Rohware, geleitet wurde es jeweils von Prokuristen von Boehringer und Goldenberg, den Vorsitz des Syndikats jedoch hatte Albert Reimann senior inne, der auch seine früheren Quotenverteilungspläne (Benckiser und Goldenberg je 38 Prozent, Boehringer 24 Prozent) durchsetzen konnte.

In der Folgezeit war es dann tatsächlich auch zu einer deutlichen Annäherung und Verständigung zwischen Benckiser und Goldenberg gekommen, die 1911 in den Abschluss einer Interessengemeinschaft mündete. Reimann trat in den Aufsichtsrat von Goldenberg ein und bekam dadurch tiefe Einblicke in die betriebstechnischen wie kalkulatorischen Details der Goldenberg-Fabriken in Winkel, Durlach und inzwischen auch in Palermo, wo unter dem Firmennamen Arenella eine Zweigfabrik für die Herstellung von Zitronensäure entstanden war – ein Geschäftsfeld, das zu diesem Zeitpunkt noch die Italiener mit ihrer geradezu monopolartigen Rohwarenbasis dominierten. Reimanns Hintergedanke und strategisches Kalkül bei der Verständigung mit Goldenberg, bei der man Boehringer außen vor gelassen hatte, war es gewesen, Benckiser die Option auf eine breitere Betätigung im

12 Vgl. ebd., S. 157.

Bereich der Weinsäure-Herstellung und der organischen Säuren insgesamt zu verschaffen, etwa auch durch den möglichen Einstieg in die Zitronensäure-Herstellung, zumal technologisch beide Bereiche sehr ähnlich waren und daher keine großen zusätzlichen Investitionen benötigt wurden.[13] Zudem eröffneten sich verbesserte Absatz- und Exportmöglichkeiten in die USA, denn ein Bruder von Oskar Neuberg, William Neuberg, war nach Amerika ausgewandert und hatte dort ein Chemikalien-Importgeschäft aufgebaut. Über Jahrzehnte agierte Neuberg dort in der Folgezeit als Vertreter von Benckiser, ungeachtet aller noch auftretenden Turbulenzen. Und es gab einen weiteren Neuberg-Bruder, von dessen Kompetenzen Benckiser womöglich profitieren konnte: der bald international renommierte Biochemiker Carl Neuberg, Direktor des dann 1921 gegründeten Kaiser-Wilhelm-Instituts für Biochemie.[14] Mit der Bildung der Interessengemeinschaft mit Goldenberg war Reimann daher nicht nur das Kunststück gelungen, den übermächtig zu werden drohenden Konkurrenten in gewisser Weise unter Kontrolle und den zunehmend misstrauischer werdenden Neuberg bei der Stange zu halten, sondern 1913 auch noch eine Verschiebung der Quotenregelung im Weinsäure-Kartell zugunsten Benckisers und zu Lasten Goldenbergs auf der neuen Basis von 45 Prozent (Benckiser) zu 30 Prozent (Goldenberg) und 25 Prozent (Boehringer) zu erreichen.[15]

Das Weinsäure-Syndikat Benckiser-Boehringer-Goldenberg lief bis zum Ende des Ersten Weltkrieges. Wegen Rohstoffmangels hatte die Weinsäure-Produktion im Krieg stillgelegt werden müssen, was zur erwähnten Aufnahme der Phosphatproduktion als Ausgleich geführt hatte. Mit leeren Kassen und ohne Rohstoffbestände bemühte man sich, die Weinsäureproduktion wieder anlaufen zu lassen. Doch nun wurde die Branche von erheblichen neuen Turbulenzen erschüttert, die die Gewichte der drei beteiligten Unternehmen erheblich

13 Vgl. »Entwicklung der Wein- und Zitronensäure-Industrie«, S. 6, in: JAB-Archiv, Ordner Firmenchronik.

14 Vgl. dazu Hinderk Conrads, Brigitte Lohff, Carl Neuberg – Biochemie, Politik und Geschichte, Wiesbaden 2006, sowie dies., From Berlin to New York. Life and work of the almost forgotten German-Jewish biochemist Carl Neuberg (1877-1956), Wiesbaden 2007.

15 Vgl. »Entwicklung der Wein- und Zitronensäure-Industrie«, S. 7, und Benckiser-Chronik I, S. 1163 ff.

veränderten. 1918 hatte sich Goldenberg stark genug gefühlt, das Weinsäure-Syndikat nicht mehr zu erneuern, und es begann eine neue Phase des Konkurrenzkampfes. Unter der Führung Neubergs hatte Goldenberg schon während des Krieges allerlei vielfach undurchsichtige, aber äußert gewinnbringende Geschäfte gemacht. Im Zentrum der Ereignisse hatte dabei Oetker gestanden. Für die Backpulverherstellung wurde Phyrophosphat oder künstlicher Weinstein in großen Mengen benötigt. Oskar Neuberg hatte schon 1913/14 August Oetker auf diesen Stoff aufmerksam gemacht, und Goldenberg war zu einem der wichtigsten Lieferanten geworden. 1916 war es sogar zu einer Interessengemeinschaft zwischen Oetker und Goldenberg gekommen, mit gegenseitigen Anteilseigner-, Gewinn- und Aufsichtsratsbeteiligungen. Unter dem Eindruck des Krieges und des damit verbundenen Rohstoffmangels hatte Oetker sich leichtgläubig zu hohen Abnahmeverpflichtungen hinreißen lassen, die das Bielefelder Unternehmen im November 1920, unter der inzwischen geänderten Rohstoffversorgungslage, in eine Existenzkrise zu bringen drohte.[16] Das Nahrungsmittelunternehmen zahlte und schuldete Neuberg erhebliche Summen in zweistelliger Millionenhöhe, die dieser wegen der ausgebrochenen Inflation an eine Briefkastenfirma in den Niederlanden transferierte. Gleichzeitig versuchte er über einen Börsengang von Oetker die Kontrolle über das Unternehmen zu erreichen, was Neuberg auch fast gelungen wäre. Erst die Beteiligung an den Chemischen Werken Budenheim hatte Oetker die Möglichkeit eröffnet, sich aus der Umklammerung von Neuberg/Goldenberg zu befreien. Und Oetker, allen voran der Vorstandsvorsitzende Richard Kaselowsky, versuchte nun seinerseits in den Besitz von Aktien der Chemischen Fabrik Goldenberg zu gelangen, unter anderem über den Erwerb eines Anteilspakets von Max Brings, dessen Chemische Werke in Wiesbaden, die Lyssia-Werke, einer der Großkunden wiederum von Benckiser waren und der damit auch zu den engeren Geschäftspartnern von Albert Reimann senior gehörte.

1923 gelang endlich die Entflechtung der beiden Unternehmen Oetker und Goldenberg. Kurz darauf kam es zu neuen Syndikatsverhandlungen zwischen Benckiser, Goldenberg und Boehringer, bei denen auch die italienischen Hersteller einbezogen waren, allen voran

16 Vgl. dazu Finger u.a., S. 49ff.

die größte italienische Wein- und Zitronensäurefabrik Appula in der Nähe von Mailand sowie die sizilianische Arenella. Ende Oktober 1925 schlossen schließlich beide Unternehmensgruppen das deutsch-italienische Weinsäure-Syndikat unter der oben bereits erwähnten Abkürzung SIPAO. Nach der ersten Syndikatsperiode von 1906 bis 1918 folgte damit nun die zweite Periode von Produktionsmengen-, Preis- und Absatzabsprachen, die allerdings nur von 1925 bis 1930 dauern sollte. Die Verhandlungen auf deutscher Seite führte dabei Reimann senior, Oskar Neumanns Einfluss war inzwischen deutlich geschwunden, vor allem seitdem nach und nach bekannt geworden war, dass dieser nicht nur die Oetker-Millionen nach Amsterdam verschoben hatte, sondern auch den größten Teil des Goldenberg-Unternehmensvermögens. Die ganze Angelegenheit weitete sich zu einer von den Zeitungen weidlich ausgeschlachteten »Goldenberg-Affäre« aus, mit Betrugsprozess, steckbrieflicher Suche nach dem inzwischen nach Frankreich geflüchteten Oskar Neuberg und der im Oktober 1927 erfolgenden Liquidation des Unternehmens Goldenberg.[17]

Diese komplexe Konstellation der direkt oder indirekt involvierten Akteure sollte in der NS-Zeit plötzlich politisch und rasseideologisch zusätzlich aufgeladen werden, denn Max Brings war ebenso wie Neuberg Jude, während Kaselowsky wie Reimann früh NSDAP-Mitglied werden sollte und der Oetker-Manager zudem auch noch Mitglied des Freundeskreises der SS. Reimann sprach noch lange nach der Liquidation von Goldenberg und der Flucht Oskar Neumanns von der verhassten »Judenfirma Goldenberg« und deren betrügerischem jüdischen Inhaber und Spekulanten, und auch Kaselowsky sollte nie vergessen, dass Neuberg als Gläubiger alles darangesetzt hatte, Oetker unter seine Kontrolle zu bringen. Im Jahr 1936 freute er sich noch rückblickend über die damalige erfolgreiche »Befreiung aus Judenhand«.[18] Die offene Frage war nun aber, wer formal Goldenberg und damit dessen Quote aus dem Kartellvertrag übernehmen

17 Vgl. dazu ausführlich mit Auszügen der damaligen Presseberichterstattung über den Millionenbetrug Benckiser-Chronik I, S. 187ff. Vgl. zu Oskar Neuberg auch HHStAW, 468, Nr. 1402 (Ermittlungsverfahren und Prozessakte wegen Geldverschiebungen, Bilanzfälschung) sowie auch I. HA Rep. 84a, Nr. 57213.

18 Zitiert nach Finger u.a., S. 56.

würde. Für Albert Reimann galt es auf jeden Fall zu verhindern, dass Boehringer hier ins Spiel kam und damit Benckiser in der Quote überrunden konnte. Aber auch Oetker verhandelte 1925, wie Reimann vertraulich von Max Brings erfuhr, zwecks Übernahme der Fabrik und der sonstigen verbliebenen Reste von Goldenberg, worunter auch die Weinsäure-Quote fiel. In einem direkten Gespräch Reimanns mit Kaselowsky im Jahr 1926 gelang es diesem schließlich, jenen von einer Übernahme abzubringen. Der drohende Einstieg des Oetker-Konzerns in das Weinsäure-Geschäft, der Benckisers Position nachhaltig erschüttert hätte, war damit abgewehrt. An den nun folgenden Übernahmeverhandlungen beteiligte sich zunächst auch Boehringer, wobei es Reimann gelang, den Konkurrenten dazu zu bringen, dass beide Unternehmen an einem Strick zogen und ein gemeinsames Kaufangebot für Goldenberg abgaben, das insgesamt 1,5 Mio. RM betrug. Vertraglich geregelte industrielle Absatzquoten waren zu dieser Zeit Werte, die man unter Berücksichtigung des geltenden Verkaufspreises und der Laufzeit des Syndikats ziemlich genau errechnen konnte.

Doch dann wurde die ganze Angelegenheit im Laufe des Jahres 1927 plötzlich kompliziert: Boehringer zog sich aus der gemeinsamen Übernahme zurück. Dafür trat nun plötzlich eine in der Branche bis dahin unbekannte Berliner Spekulanten- und Investment-Firma Michael auf, die nach Überzeugung Reimanns von Oskar Neuberg in Paris auf die anstehende Goldenberg-Transaktion aufmerksam gemacht worden war. Was folgte, war ein Verwirrspiel mit unterschriftsreifem Kaufvertrag und nochmaligen letzten Überzeugungsversuchen Reimanns, Boehringer doch noch mit ins Boot zu holen, einem weiteren Kaufvertrag, den das verbliebene Goldenberg-Management hinter dem Rücken Reimanns mit der Firma Michael ausgehandelt hatte. Schließlich kam es zur Einigung zwischen Benckiser und Michael und zum Abschluss eines Geheimabkommens zwischen beiden Unternehmen über das Vorgehen im Fall der Zustimmung bzw. Ablehnung des Kaufangebots des jeweiligen Interessenten durch die Aktionärsversammlung Goldenbergs, der die letzte Entscheidung oblag. Der Michael-Konzern erhielt dann tatsächlich den Zuschlag, aber über eine rasch von Michael gegründete Scheinfirma, der Chemikalien-Aktiengesellschaft in Wiesbaden, kam Benckiser entsprechend dem Geheimabkommen für die bereits erwähnten 800.000 RM letztendlich in den Besitz der Goldenberg-Quote.[19]

Bei genauerem Hinsehen zeigte sich allerdings, dass Reimann vielfach überhastet agiert hatte. Während Boehringer dazu geraten hatte, durch hinhaltendes Verhandeln mit Goldenberg/Michael den Preis zu drücken, wollte Reimann keine Zeit verlieren, drängte auf Abschluss des Geschäfts und schloss dann den Kauf der Quote allein für Benckiser ab.[20] Was Reimann jedoch nicht wusste, war, dass hinter dem ihm bis dahin unbekannten Berliner Michael-Konzern ein Konglomerat von Firmen und Beteiligungen steckte, das der jüdische Kaufmann Jakob Michael im Zuge von höchst erfolgreichen wie auch dubiosen Kriegs- und Inflationsspekulationen aufgebaut hatte. Über die 1924 gegründete Holding J. Michael & Co. AG kontrollierte er ein breites Portfolio aus Firmen der chemischen und metallurgischen Industrie, aus Fahrzeug- und Motorenbauunternehmen, Wasserwerken und weiteren Infrastrukturbetrieben, dazu kamen Finanzierungs-, Versicherungs- und Immobiliengeschäfte.[21] Gegen diesen ausgebufften Inflationskönig und erfolgreichen Großspekulanten war Oskar Neuberg geradezu ein kleiner Fisch, dessen marode und zur Ausschlachtung bereite Firma Goldenberg ein lukratives Betätigungsfeld versprach. Michael galt 1925 als reichster Mann Deutschlands mit einem geschätzten Vermögen von 150 Mio. RM, der wenig später seinerseits in diverse Bilanzskandale verwickelt werden sollte, zuerst in die Schweiz, dann nach Holland flüchtete und wie Neuberg vom

19 Die Rolle des »Michael-Konzerns«, wie er in der Benckiser-Chronik genannt wird, und deren Inhaber Max Goetin und Dr. Kurt Freymann, ist höchst undurchsichtig. Reimann selbst sprach später einmal von dem »bekannten Schieberkonzern Michael«, zumal ihm auch hier jüdische Geschäftsleute gegenübergestanden hätten. Zum Detail der undurchsichtigen Transaktion, bei der auch zwei weitere Tochtergesellschaften des Michael-Konzerns in Paris und Berlin in Erscheinung traten, vgl. Benckiser-Chronik I, S. 194f.

20 Vgl. dazu die Darstellung der damaligen Entwicklungen in den Erinnerungen von Walter Dehio, dem damaligen Weinsäure-Experten bei Boehringer: »Die Industrie der Weinsäure, Zitronensäure und Milchsäure. Ein Rückblick auf die Entwicklung der vierzig Jahre 1925-1965« (MS vom Dezember 1966, gedruckt 134 Seiten, im Boehringer-Archiv), hier S. 6.

21 Vgl. Hans Jaeger, Michael, Jakob, in: NDB Bd. 17, Berlin 1994, S. 425, sowie u.a. auch Paul Ufermann, Könige der Inflation, Berlin 1924, S. 62-67.

Ausland aus seine Geschäfte weiter lenkte.[22] Es spricht daher einiges dafür, dass Reimann senior Opfer eines abgekarteten Zusammenspiels zwischen Neuberg und dem Michael-Konzern geworden war und mit dem hohen Kaufpreis übervorteilt wurde, ein Verdacht, der sich ihm selbst später aufdrängte, als er etwa von dem »bekannten Spekulanten-Konzern« Michael sprach.

Wie auch immer: Die Erwerbung der Quote war das Ergebnis lange zurückreichender Kooperations- wie Konkurrenzkämpfe gewesen, in denen sich Albert Reimann senior nicht nur mit dem damaligen Goldenberg-Besitzer Neuberg, sondern auch mit dem Weinsäure-Konkurrenten Ernst Boehringer hatte auseinandersetzen müssen. Und dieser strengte nun, da man sich in Ingelheim von Reimann ausgebootet fühlte und zudem offenbar vergeblich darauf gehofft hatte, dass Benckiser sich mit dem hohen Kaufpreis übernehmen und von den Banken kaum einen entsprechend hohen und vor allem Sicherheiten zu hinterlegenden Kredit erhalten würde, die erwähnte Klage beim SIPAO-Syndikat an. Demnach habe, so die Argumentation, Benckiser vertragswidrig die Goldenberg-Quote erworben. Der damit ausgelöste große Krach zwischen beiden Unternehmen, der auch zu einer unversöhnlichen, jahrzehntelangen Feindschaft zwischen Albert Reimann senior und Albert Boehringer führen sollte – und wie wir noch sehen werden – auch in der NS-Zeit ungeachtet aller veränderten politischen Umstände erbittert weitergeführt wurde, lässt sich auf ein genaues Datum festlegen: den 11. November 1927, nach einer erfolglosen Besprechung zwischen Albert Reimann senior mit Albert Boehringer, seinem Schwiegersohn und Unternehmensvorstand Hubertus Liebrecht und dem Sohn des Gründers, Albert Boehringer junior in Wiesbaden.[23]

Ungeachtet all der vielen Unsicherheiten und drohenden Risiken waren die 1920er Jahre unter dem Strich für Benckiser aber dennoch erfolgreich verlaufen und hatten einen beständigen Aufstieg des Un-

22 1939 emigrierte Michael in die USA, wo er unter Rettung des größten Teils seines Vermögens eine neue Karriere als erfolgreicher Spekulant und Geschäftsmann startete.

23 Vgl. Benckiser-Chronik I, S. 196, sowie auch der umfangreiche Aktenbestand zur Goldenberg-Affäre in: JAB-Archiv, D 32 bis D 38. Zu Goldenberg vgl. auch die Geschäftsberichte und Bilanzen sowie Presseberichte in: BArch, R 8127, Nr. 8267 und BArch R 8135, Nr. 2623.

ternehmens gebracht. Die Umsätze waren von 3,3 Mio. RM (1924) bis über 12 Mio. RM (1929) geklettert, fast 90 Prozent machte dabei nach wie vor das Weinsäure-Geschäft aus. Doch das Geschäft musste nach Krieg und Inflation erst mühsam mit Hilfe erheblicher Bankkredite aufgebaut werden, denn die Vermögen der Teilhaber waren durch die Inflation und den Tod Emil Reimanns 1918 und die nachfolgende Erbteilung erheblich vermindert worden. Doch nach und nach gelang es, aus den Bruttoüberschüssen vermehrt Kapital in Rücklagen und stille Reserven zu transferieren; die Kapitalkonten der Teilhaber wiesen schon 1925 wieder knapp 900.000 RM auf, und mit der Beendigung der bis dahin bestehenden gesellschaftsrechtlichen Trennung des Unternehmens von OHG und GmbH zugunsten der alleinigen GmbH wurden auch organisatorisch klare Verhältnisse geschaffen. Auch 1929 sollte daher noch einmal ein Rekordjahr werden, obwohl bilanziell nur noch 55.364 RM als Reingewinn ausgewiesen wurden. Aber der Bruttoüberschuss war mit 1,9 Mio. RM nur leicht gesunken, während der Umsatz auf 12,5 Mio. RM gestiegen war. Nach wie vor prägte der hohe Export das Geschäft, der Umsatzanteil der Warenlieferungen in die USA etwa war um 50 Prozent auf 2,45 Mio. RM gestiegen. Gleichzeitig wurden aber Bankschulden von 3,328 Mio. RM ausgewiesen.[24] Schon den Direktoren der kreditgebenden Deutschen Bank & Diskonto-Gesellschaft, wie diese damals noch hieß, war die Diskrepanz zwischen den erzielten beträchtlichen Nettomargen im Geschäft mit Weinsäure wie mit phosphorsauren Salzen und der sich dadurch ergebende deutlich höhere tatsächliche Reingewinn aufgefallen.[25] Reimann verwies denn auch auf erhebliche Zuwächse bei Rückstellungen und im Gewinnreserve-Konto bzw. bei den stillen Reserven, die einer Ausschüttung einer zehnprozentigen Dividende entsprächen, zudem plante er im nächsten Jahr weitere hohe Investitionen von einer halben Million RM. Es war offensichtlich, dass es angesichts der geschäftsbedingten hohen Rohstoffvorräte und deren Bewertung sowie infolge von vielfältigen und flexiblen Abschreibungsmöglichkeiten branchenüblich erhebliche Spielräume der Bi-

24 Vgl. Bilanz 1929, in: JAB-Archiv D 22.
25 Vgl. dazu Unterredung bei der Deutschen Bank am 13.8.1930, in: JAB-Archiv Nr. D 23.

CHEMISCHE FABRIK **JOH. A. BENCKISER** G.M.B.H.
LUDWIGSHAFEN
A/RHEIN
GEGR. 1823

FERNSPRECH-ANSCHLUSS:
NR. 60621.
TELEGRAMM-ANSCHRIFT:
REIMANN LUDWIGSHAFENRHEIN
CODES:
5. & 6. EDITION,
LIEBER,
BENTLEY,
RUDOLF MOSSE:CODE.

Ihr Zeichen: Ihr Schreiben: Unser Zeichen: Tag:

BETRIFFT:

Abb. 1: Briefbogen von 1929

lanzgestaltung gab, die nicht nur von Benckiser auch in den späteren Jahren nach 1933 weidlich genutzt werden sollten.

Die Kartellvereinbarung von 1925 hatte zweifellos Luft verschafft. Die Weinsäurepreise zogen an und blieben aufgrund der Absprachen und dem damit verbundenen Ausbleiben gefürchteter Preiskriege auf dem deutschen wie auf dem europäischen Markt hoch. Auch das riskante Kalkül von Albert Reimann senior hinsichtlich der Finanzierung und Amortisation der Goldenberg-Quote schien aufzugehen. Schon im März 1927 hatte er bei den diesbezüglichen Kreditverhandlungen mit der Dresdner Bank in Ludwigshafen seine Pläne dargelegt: Ziel sei es, auch die italienische Appula als Goldenberg-Tochterunternehmen mit hereinzuziehen, »als sich dadurch eine Syndikatsverlängerung um 5 Jahre erreichen ließe, die die Amortisation des Geldaufwandes für den Kauf Goldenbergs garantiere. Wir erhofften durch die 600 tons, die von Goldenberg auf uns entfielen, eine Verbilligung unserer bisherigen Produktion um 7 RM, sodass sich für uns mit dem Gewinn aus den 600 tons eine Erhöhung der

Bruttoeinnahme von ca. 280.000 RM im Jahr ergäbe, die sich um die für die benötigte 1 Million aufzuwendenden Zinsen verringere. Wenn Goldenberg nicht auf Kapitalzahlung in voller Höhe bestünde, so seien wir in der Lage nach Vorgesagtem, die ganze Transaktion selbst zu finanzieren durch Ratenzahlungen.«[26] Zu diesem Zeitpunkt rechnete Reimann allerdings noch mit der Teilung der Quote zwischen Benckiser und Boehringer. Tatsächlich verfügte man dann jedoch infolge des Alleingangs über zusätzliche 1600 t pro Jahr, so dass bei entsprechender Aufstockung der Produktionskapazitäten abzusehen war, dass bereits bei Ablauf des ursprünglich noch bis Ende 1929 laufenden Syndikats, d.h. zweieinhalb Jahre nach dem Goldenberg-Kauf, der Einsatz wieder verdient worden und zudem ein unangenehmer Konkurrent beseitigt war.[27]

Auch das Festhalten an Weinsäure als praktisch alleinigem Hauptprodukt und Säule in der Unternehmenspolitik von Reimann senior und der Verzicht auf einen etwaigen Einstieg in die Zitronensäure-Produktion schien sich strategisch als richtig zu erweisen. Die Verbrauchszahlen von Weinsäure allein in Deutschland betrugen insgesamt 1929 über 1600 t, bei Zitronensäure dagegen nur ca. 600 t und damit einen Bruchteil dessen.[28] Auch die Exporte waren hier weit höher als bei Zitronensäure, was mit einem sich in den 1920er Jahren grundlegend veränderten Zitronensäure-Markt zu tun hatte. Der amerikanische Pharma- und Chemiekonzern Pfizer hatte 1925 in großem Stil mit der Produktion von Zitronensäure begonnen, und zwar auf der Basis eines völlig neuen kontinuierlichen Gärungsprozesses auf der Basis von Kubazucker. Bald darauf war im belgischen Tirlemont die Citrique Belge gegründet worden, deren Ausgangsbasis die benachbarte Zuckerraffinerie war, und die ebenfalls nach dem Gärverfahren arbeitete, und schließlich war im tschechischen Kasniau bei Pilsen die Firma Joh. David Starck ins Zitronensäuregeschäft

26 Notiz der Kreditverhandlungen vom 24.3.1927, in: JAB-Archiv D 23.

27 Vgl. dazu auch die entsprechenden nachträglichen Reflexionen des Benckiser-Buchhalters Wilhelm Emig vom Oktober 1966 über die damaligen Kalkulationen und die Frage, ob sich nachträglich der Kauf der Goldernberg-Quote gerechnet hatte oder nicht, in: Familienarchiv Reimann-Dubbers, Ordner Briefwechsel zu Chronik II.

28 Vgl. dazu das Schaubild zur Entwicklung des deutschen Weinsäure- und Zitronensäure-Verbrauchs 1924 bis 1935, in: BArch R 3101, Nr. 18391.

eingestiegen, ebenfalls auf der Basis eines patentgeschützten Gärverfahrens von Melasse. Dazu kam dann auch noch die britische Firma Kemball, Bishop & Co. als weiterer Zitronensäureproduzent. Das bis dahin herrschende Rohstoffmonopol der Italiener, die den Weltmarkt mit ihrem Calciumcitrat, d.h. zitronensaurem Kalk auf der Basis der aus den Südfrüchten gewonnenen Säure, versorgt hatten, war mit einem Schlag zur völligen Bedeutungslosigkeit herabgesunken.[29] Der Einstieg ins Zitronensäuregeschäft, obwohl technologisch und fertigungsorganisatorisch dem Weinsäure-Geschäft sehr ähnlich, war daher nicht vielversprechend. Benckiser wäre international auf neue, mächtige Konkurrenten gestoßen, aber auch der nationale Markt war nicht verlockend. Zwar war Goldenberg als Zitronensäurehersteller ausgeschieden, aber Reimann wusste von Forschungen und ersten verfahrenstechnischen Versuchen in Richtung Gärungstechnik bei Merck und vor allem auch bei Boehringer. Benckiser selbst fehlte zu diesem Zeitpunkt jegliches Know-how zu dem modernen Gärungsverfahren.

»Vaterländische Haltung« und Rassetheorie

Annäherungen von Reimann senior und junior an die NS-Bewegung

Ein weiterer Grund für den Wiederaufstieg des Unternehmens war der Eintritt des Sohnes, Albert Reimann junior, in die Firma gewesen. Am 31. August 1898 geboren, hatte sich dieser noch vor dem Abitur 1915, gerade einmal 17 Jahre alt, als Kriegsfreiwilliger gemeldet, wurde dann aber erst 1916 nach dem Notabitur eingezogen. Er wurde Unteroffizier und erhielt das Eiserne Kreuz II. Klasse. Nach Kriegsende begann er wie der Vater das Chemiestudium in

29 Vgl. dazu näher Die Entwicklung der Citronensäureindustrie, in: Chemiker-Zeitung 58 (1934), Nr. 11, S. 114-117, sowie C. Wehmer, Zur Geschichte der Gärungscitronensäure, in: Chemiker-Zeitung 57 (1933), Nr. 32, S. 313f. und U.S. Department of Commerce, Italian Chemical Developments in 1928 and 1929, Trade Information Bulletin No. 705 (50 pages), Washington 1930; auch Wells, P.A. u.a., Citric Acid Industry, in: Industrial & Engineering Chemistry 30 (1938), S. 255-262.

Heidelberg und München, wo er Anfang 1926 mit »magna cum laude« promovierte.[30] Bereits seit Januar 1921 war er zum persönlich haftenden und mitgeschäftsführenden Gesellschafter der damaligen Benckiser OHG ernannt worden, im August 1923 erhielt er zudem die Geschäftsanteile seines aus Altersgründen ausscheidenden Onkels Arthur Reimann. Nach dem Studienabschluss und – ebenfalls wie der Vater – ausgedehnten Lehr- und Wanderjahren in England und Frankreich bei den dortigen Benckiser-Vertretungen trat er 1928 offiziell in die Geschäftsführung von Benckiser ein, fungierte dort zunächst als Art Betriebsassistent des Vaters, um sich dann aber auf das zukunftsträchtige Phosphatgebiet zu konzentrieren. »Als einziger Sohn eines Chemie-Unternehmers war mir mein zukünftiger Beruf von Jugend auf vorbestimmt – vorausgesetzt, dass ich dem väterlicherseits an mich angelegten, sehr scharfen Maßstabe zum Zeitpunkt der Berufsentscheidung entsprechen würde«, notierte Reimann junior später einmal.[31] »Er prägte mir dabei von Jugend an auch ein, dass ich mich nicht als ›Kronprinz‹ betrachten könne [...] und dass nicht das Geldverdienen die Hauptsache wäre, sondern die Vollkommenheit des Unternehmens im Sinne eines Kunstwerkes.« Die unternehmenspolitischen Konzeptionen und Strategien der beiden Unternehmergenerationen, von der stark patriarchalisch geprägten Unternehmenskultur und Firmenorganisation, dem Ziel permanenter Verfahrens- und Produktionsoptimierung zur Erreichung von Kostendegressionen auf der einen Seite bis zur Frage der mittel- und langfristigen Ausrichtung auf Diversifikation und Expansion auf der anderen Seite, unterschieden sich mithin deutlich, aber das spielte in diesen Anfangsjahren der schließlich 25-jähren Zusammenarbeit zwischen Vater und Sohn zunächst keine Rolle.[32]

»Er hat sich in den ersten Jahren in die Betriebe eingearbeitet und sich dabei gut bewährt«, notierte Reimann senior später rückblickend

30 Vgl. dazu Benckiser-Chronik II, S. 13. Eigentlich hatte Albert Reimann junior seine Doktorarbeit bereits im Frühjahr 1924 fertig, dann aber war plötzlich sein Doktorvater gestorben und er hatte daraufhin in Heidelberg in nur zwei Semestern eine weitestgehend neue Promotionsarbeit verfasst.

31 Vgl. Darstellung des Lebenslaufs im »Entnazifizierungsplädoyer« vom 11.1.1947, S. 3, in: JAB-Archiv, Ordner TV 8.

32 Zur Charakterisierung von Senior und Junior in der sozusagen offiziellen Perspektive vgl. Benckiser-Chronik II, S. 16-18.

Abb. 2 und 3: Albert Reimann senior (links) und Albert Reimann junior (rechts)

dazu. »Darauf hat er sich im Wesentlichen der kommerziellen Ausdehnung der phosphorsauren Salze und der Einführung von Spezialitäten mit großem Erfolg gewidmet und dadurch sehr erheblich dazu beigetragen, dass die Firma heute außer den schärfster Konkurrenz unterliegenden, sogenannten Massensalzen, durch Spezialitäten und patentierte Produkte in die Lage kam, dem Konkurrenzkampf in den Massensalzen auszuweichen.«[33] Tatsächlich konnte Reimann junior bald eine Reihe verfahrenstechnischer Innovationen entwickeln, die auch zu diversen Patenten führten. Er arbeitete dabei eng mit dem 1923 als Leiter des Phosphatbetriebes eingestellten Dipl. Ing. Fritz Draisbach zusammen, der uns später noch mehrmals begegnen wird.

Der Sohn seinerseits charakterisierte den Vater später ebenfalls noch eingehender: »Dr. Albert Reimann senior war bzw. wurde, um einen dynastischen Vergleich anzuwenden, für die Firma Benckiser in Bezug auf Verfahrenstechnik im Weinsäurebereich und Straffheit

33 »Kurzbericht über die Entwicklung der Chemischen Fabrik Joh.A Benckiser GmbH« vom 3.9.1945, in: Familienarchiv Reimann-Dubbers, Ordner Firmengeschichte, hier S. 6.

DEUTSCHES REICH

AUSGEGEBEN AM
10. DEZEMBER 1932

REICHSPATENTAMT

PATENTSCHRIFT

№ 566 136

KLASSE 12 i GRUPPE 31

B 136586 IVb/12 i

Tag der Bekanntmachung über die Erteilung des Patents: 1. Dezember 1932

Joh. A. Benckiser, Chemische Fabrik in Ludwigshafen a. Rh.

Verfahren zur Herstellung eines Dinatriumphosphats mit 2 Molekülen Kristallwasser

Patentiert im Deutschen Reiche vom 24. März 1928 ab

Von den neutralen Salzen der Orthophosphorsäure sind das Dinatriumphosphat mit 12, 7, 2 und 0 Molekülen Kristallwasser bekannt. Von diesen hat nur das zwölffach gewässerte Salz bis jetzt Bedeutung gewinnen können. Es wird im größten Maßstabe zur Beschwerung der Seide verwendet. Nach seiner Zusammensetzung kommen auf 19,8% P_2O_5 nicht weniger als 60% Kristallwasser, d. h. auf 1 Teil wirksame Substanz müssen stets 3 Teile Wasser mitbefördert und verfrachtet werden, was einen außerordentlich großen Ballast an Fracht bedingt. Ein zwar etwas besseres, aber immer noch ungünstiges Verhältnis von P_2O_5 zu Wasser ergibt sich bei dem Salz mit 7 Molekülen Kristallwasser. Das vollständig wasserfreie Salz hat sich in der Seidenindustrie aus gewissen anderen Gründen nicht einführen können.

Nur das Dinatriumphosphat mit 2 Molekülen Kristallwasser hat Aussicht, in diesem Wettbewerb um das günstigste Verhältnis von Fracht und wirksamer Masse über die anderen kristallwasserreicheren obzusiegen, da bei ihm bei einem Gehalt von 40% P_2O_5 und 20% Kristallwasser auf 1 Teil wirksame Masse (P_2O_5) nur 0,5 Teile Kristallwasser vorhanden sind. Die Herstellung dieses Produkts war nun bis jetzt sehr umständlich bzw. nur auf Laboratoriumpräparate beschränkt, da man es im Großbetriebe bisher nur auf dem Umwege über das zwölffach gewässerte Salz herstellen konnte, indem man dieses durch entsprechendes Trocknen in das zweifach gewässerte Salz überführte. Von der Umständlichkeit und Unwirtschaftlichkeit dieser Arbeitsweise ganz abgesehen, erhält man auf diesem Wege aber auch nur ein unansehnliches mehliges Produkt von nur ungefährer formelmäßiger Zusammensetzung.

Man hat zwar auch schon das zwölffach gewässerte Salz einem Trockenprozeß im Vakuum unterworfen, erhielt dabei aber stets nur ein völlig wasserfreies Dinatriumphosphat in Form eines unfühlbar feinen weißen Pulvers (vgl. Chem. Zeitung 1922, S. 608).

Es war wohl aus den Arbeiten von Menzies und Humphery auch schon bekannt, daß der Umwandlungspunkt des siebenfach gewässerten Dinatriumphosphats in das zweifach gewässerte bei 48½° und daß die Beständigkeitsgrenzen dieses zweifach gewässerten Salzes zwischen 48½ und 95° liegen. Doch genügte auch diese Erkenntnis noch keineswegs, um die technische Herstellung eines Dinatriumphosphats mit 2 Molekülen Kristallwasser von nahezu chemischer Reinheit und regelmäßiger guter Kristallstruktur direkt aus einer Dinatriumphosphatlösung in wirtschaftlicher Weise zu ermöglichen, da man durch einfaches Abkühlenlassen einer bei 100° mit zweifach gewässertem Dinatriumphosphat gesättigten Lösung bis auf etwa 50° nur ein schlecht kristallisiertes Gemisch des zwei- bis siebenfach gewässerten Salzes und auch dieses nur in schlechter Ausbeute erhält.

Abb. 4: Patentschrift vom 24.3.1928
betr. Verfahren zur Herstellung eines Dinatriumphosphats

der Führungsorganisation so etwas wie der Soldatenkönig für das alte Preußen. Weniger ausgreifend und expansiv angelegt als sein Vater, knüpfte er wieder an die Verfahrenstradition von Ludwig Reimann an, unter entsprechender Anpassung an den inzwischen fortgeschrittenen Stand der Technik. Sein Ziel war nicht die Expansion, sondern die Beschränkung unter gleichzeitiger Vervollkommnung.«[34]

Einig waren sich Vater und Sohn aber in der übergeordneten branchen- und wirtschaftspolitischen Ausrichtung, allem voran den Verhandlungen, Absprachen und Vereinbarungen mit den heimischen wie ausländischen Konkurrenten und Mitproduzenten. Kartelle und Syndikate waren damals allenthalben in zahlreichen Branchen praktizierte, rechtlich nicht nur erlaubte, sondern geradezu geförderte und auch volkswirtschaftlich als nützlich angesehene Organisationsformen. Die tiefgreifende Überzeugung vom Vorteil der Absprachen bei Preis, Absatz- und Produktionsmengen bei gleichzeitigem Zollschutz war im damaligen Wirtschaftsbürgertum des Kaiserreichs wie der Weimarer Republik weit verbreitet.[35] Selbst die Unternehmensleiter bei Boehringer sparten später nicht mit Anerkennung für die ebenso hartnäckige wie erfolgreiche Rolle von Albert Reimann senior als führendem deutschen Vertreter bei den oft schwierigen Syndikatsverhandlungen. »Reimann senior [machte sich] wirtschaftspolitisch als unermüdlicher Verfechter eines ausreichenden Zollschutzes der Säuren bei den Regierungsstellen in Berlin einen Namen«, hieß es dazu rückblickend in einer Notiz eines damaligen Boehringer-Managers. »Die Interessen seiner Firma und damit letztlich auch der gesamten deutschen Weinsäure- und später Zitronensäureindustrie hat er bei den langwierigen Syndikatsverhandlungen mit den Ausländern mit großer Zähigkeit und gutem Erfolg verteidigt. Er war allerdings zu sehr erfüllt von der eigenen Leistung und vom Verlangen, für

34 Notiz Albert Reimann junior zur Firmengeschichte vom 24.2.1958, in: JAB-Archiv, Ordner Firmengeschichte.

35 Vgl. allgemein Harm G. Schröter, Kartellierung und Dekartellierung 1890-1990, in: VSWG 81 (1994), S. 457-493, sowie ders., Fields of Competition and of Co-operation: Cartel Structures in the International Chemical Industry, in: Pohl, Hans (Hrsg.), Competition and Co-operation of Enterprises on National and International Markets (19th and 20th Century), Stuttgart, 1997, pp. 35-56. Zur Kartell- und Konventionenpolitik bei Boehringer Kißener, S. 103.

seine Firma Benckiser den ersten Platz auf die Dauer zu behaupten, wodurch er zu Konflikten mit den Branchenkollegen neigte. Der persönliche Umgang mit Dr. Reimann senior war nicht einfach, und die Geduld seiner Verhandlungspartner wurde immer wieder auf die harte Probe gestellt.«[36] Das Auf und Ab der Quotenkämpfe in den Syndikaten, die Kündigung von Kartellvereinbarungen und dann wieder die Verhandlungen und der Abschluss neuer Konventionen und Absprachen, all das wurde für Reimann senior zutiefst prägend, und letztendlich wurde es für ihn zu einem regelrechten Kampfspiel, in dem er wie ein Schachspieler mit seinen Figuren operierte. »Er hatte die Fähigkeit, sich von der jeweiligen Lage sowie deren Aussichten und Begrenzungen rasch ein objektives Bild zu machen und daraus dann die Grenzen für ein Maximal- oder Minimalprogramm abzustecken. Bei der geringsten Blöße des Gegners bestand er auf seinen Maximalforderungen, war aber selbst kaum gesonnen, unter seine Mindestforderungen heranzugehen.«[37] Das Problem war, dass sich die dabei gemachten Erfahrungen bei Albert Reimann senior zu einem spezifischen Bild verdichteten, in dem die kleine Benckiser sich im beständigen Kampf an bzw. zwischen zwei Fronten befand: auf der einen Seite kapitalkräftige und allein auf ihren Vorteil bedachte, den Unternehmensegoismus über den Kartellgedanken stellende Großunternehmen wie Boehringer, Henkel und Oetker, auf der anderen Seite die in seinen Augen »jüdischen Schieberkonzerne«, die mit unlauteren Transaktionen und absprachewidrigen unternehmenspolitischen Maßnahmen und Taktiken sich auf Kosten anderer Vorteile zu verschaffen suchten. Reimann senior hatte zweifellos das Gefühl, trotz kraftzehrender Syndikatspolitik mit seiner kleinen Chemiefabrik Benckiser zwischen jüdischen Spekulanten und kapitalkräftigen Großen zerrieben zu werden.[38]

36 Dehio, Die Industrie der Weinsäure, Zitronensäure und Milchsäure. Ein Rückblick auf die Entwicklung der vierzig Jahre 1925-1965, S. 7.

37 So auch die Charakterisierung von Emil Aeckerle, Ludwig Reimann; Albert Reimann senior, in: Ludwigshafener Chemiker II, hg. Von Kurt Oberdorffer, Düsseldorf 1960, S. 39.

38 Reimann junior sprach später einmal von einer regelrechten »Tragik einer Unternehmerideologie in der vierten Generation unseres Unternehmens, die den Blick dafür verstellte, dass sich die Differenzialrente des Bestbetriebes als zu gering erwies, um den Kampf gegen schlecht geführte

Einigkeit zwischen Vater und Sohn herrschte vor allem auch in Bezug auf die politischen Überzeugungen. Albert Reimann junior hat später einmal sein Elternhaus als anti-wilhelminisch und als Bismarck-Anhänger charakterisiert. Doch ein Blick in die Tagebuchaufzeichnungen der Mutter, Else Reimann, geb. Andersen, sowie auf die politischen Aktivitäten des Vaters bei Ende des Kaiserreichs geben einen differenzierteren Eindruck. »Das halbe Jahr seit dem Juli 1918 ist so schicksalsschwer geworden, wie keines von uns allen es je für möglich gehalten hätte«, notierte Else Reimann im Januar 1919. »Wir haben also vollständig abgewirtschaftet auf allen Gebieten. Der Krieg, der nach Ansicht der bösen Sippe der Flaumacher für uns schon längst verloren war, hätte jedenfalls nach Ansicht mutig denkender Männer normal enden können, wenn nicht von allen verseuchenden Elementen im Reich schon lang eine unerhörte Wühl- und Hetzarbeit eingesetzt hätte, die vom Inneren des Landes in die Etappe und von da zu unseren Frontsoldaten getragen worden wäre [...]. Mit dem schmählichen Ende, den empörenden Waffenstillstandsbedingungen und der traurigen Heimkehr unserer tapferen Feldgrauen, die sich noch von den inzwischen aus den Gefangenenlagern entlassenen französischen Offizieren und Mannschaften begaffen lassen mussten, war noch lange nicht die Schmach beendet [...]. Überall standen an erster Stelle die Juden als Hetzapostel. Liebknecht, der wie ein Held gefeiert wurde, wie er aus dem Gefängnis befreit ward, mit ihm die gemeine Rosa Luxemburg. Nun geht es in Berlin toll zu.«[39] Im Juli 1922, nach zwei Jahren Schreibpause, folgten weitere Einträge, unter anderem zur inzwischen grassierenden Inflation und der »ins Riesenhafte gestiegenen Teuerung, und es wird so weitergehen, bis wir am Rande des Abgrunds stehen, dem wir mit unaufhaltsamer Eile zusteuern. Das Gefühl müsste eigentlich zum Entsetzen sein, und doch beunruhigt es einen nicht in dem Maße, da man im Stillen immer wieder an etwas Wunderbares, das sich ereignen könnte, glaubt [...]. Der größte Kummer erfasst einen bei den täglichen Erlebnissen und Berichten,

Konzernbetriebe mit besserer Kapitalausstattung und gegen Verfälschung des Leistungswettbewerbs der verschiedenen Art zu bestehen«. Notiz vom 11.3.1958, in: JAB-Archiv, Ordner Firmengeschichte.

39 Tagebuch-Auszüge und Gedichte 1913-1955 von Else Reimann, geb. Andersen 1874-1962, in: Familienarchiv Reimann-Dubbers, Ordner Mutti.

die die Zeitungen bringen. Gerade jetzt haben wir dafür ein treffendes Beispiel. Nachdem zwei prächtige junge Menschen den von Demokraten, Juden und dem unwissenden Volk fanatisch verehrten ›Judenkönig‹ Rathenau erschossen haben und sich nun nach einer Hetzjagd auf der Burg Saaleck das Leben nahmen. Sie sind als wahrhaftige Helden gestorben [...]. Die Judenpresse weiß solche künstlich geschaffene, überhitzte Atmosphäre für sich zu nutzen und das Volk tobt nun gegen alle monarchisch gesinnten Menschen, kurzum gegen alle wahrhaft Deutschen. Die schwarz-weiß-rote Fahne ist definitiv verboten, und unter der Losung Schutz der Republik, das heißt natürlich der Juden, wird ein Kampf gegen Rechtsstehende geführt [...].«[40] Es folgen verschiedene Einträge zum Studium des Sohnes in München und einer Geschäftsreise des Ehemannes im März 1924 nach Amerika, von der Albert Reimann senior »nicht die besten Eindrücke mit nach Hause nahm. Ein genusssüchtiges, oberflächliches, kulturloses Volk. Immer sehr deutschfeindlich.«[41] Und auch die Ereignisse mit Goldenberg, Boehringer und den Kartellverhandlungen fanden ihren Niederschlag in den Tagebuchnotizen von Else Reimann. »Der Verkauf der Firma Goldenberg erforderte geschäftliche Besprechungen und Verhandlungen. Daraufhin erfolgten unglaubliche Kämpfe, besonders mit der Firma Boehringer. Albert wird im geschäftlichen Leben so unausgesetzt in Anspruch genommen, hat nebenher all die Verhandlungen des Syndikats, bald in Paris, Lugano, Luzern, Mailand zu führen, so dass es verständlich ist, wenn er mal Stille um sich her wünscht. Der leidige Boehringer-Prozess ist auch noch nicht zu Ende und bringt mit seinen unerfreulich langen Schriftsätzen, die Albert meisterhaft ausklügelt und dann mit seinem Anwalt durcharbeitet, viel Kopfarbeit und Ärger mit sich. Albert hat immer gesagt, ›mir ist es nicht wohl, wenn ich nicht zu kämpfen habe; heute ist es aber zu viel und die Nerven spüren eben doch, was sie in vielen Jahren mühevoller Arbeit nicht zuletzt in den Nachkriegsjahren im besetzten Gebiet im Ruhrkampf und durch die Separatistenherrschaft alles erleiden mussten.‹«[42]

40 Ebd., S. 11.
41 Ebd., S. 18.
42 Ebd., S. 21 f.

So wie Else Reimann dachte und fühlte ein Großteil des im Kaiserreich aufgewachsenen Bildungs- und Wirtschaftsbürgertums Deutschlands. Und Else Reimann sprach auch ihrem Ehemann bei der Beurteilung der politischen Lage aus dem Herzen. Für ihn hatten sich die turbulenten und sich vielfach von den übrigen Reichsgebieten unterscheidenden Ereignisse nach Kriegsende in dem zur bayerischen Pfalz gehörenden Ludwigshafen nachgerade zu einer traumatischen Erfahrung entwickelt. Die Revolution, die französische Besatzung, die von Dezember 1918 bis Ende Juni 1930 dauern sollte, die Bestrebungen zur Abtrennung des linksrheinischen Gebietes und die damit verbundene gewaltsame Separatistenbewegung führten zu sozialen Unruhen und politischen Kämpfen. Zusammen mit dem als tiefe Schmach erlebten Versailler Vertrag waren das für Else Reimann bedrohliche Vorkommnisse. Unmittelbar nach Kriegsende engagierte sich Reimann denn auch als Vorsitzender der Ortsgruppe Mannheim-Ludwigshafen des Alldeutschen Verbandes, der, schon in den 1890er Jahren gegründet, eine Ideologie verbreitete, in der es um die Verteidigung des Deutschtums gegen innere Feinde wie Sozialdemokraten und Juden ging.[43] Im Januar 1918 erschien zudem unter der Überschrift »Die beste Antwort« im Mannheimer *General-Anzeiger* ein Aufruf zum Massenbeitritt zur Vaterlandspartei, Anmeldung in Ludwigshafen bei Dr. Albert Reimann.[44] Die Anzeige hatte offenbar Erfolg, denn bald zählte die Deutsche Vaterlandspartei (DVLP) 3000 Mitglieder in der Ortsgruppe. Die Partei war eine rechtsradikale Splitterpartei, die schon in der Schlussphase des Ersten Weltkriegs aktiv war. Sie vermengte Elemente konservativer, antisemitischer und völkischer Ideologien, agitierte offen antidemokratisch, lehnte den Friedensprozess ab und propagierte einen radikalen Nationalismus. Sie fungierte damit gleichsam als organisatorisches Scharnier zwischen der wilhelminischen Rechten und dem sich formierenden neuen Rechtsradikalismus der Weimarer Republik. Mit der Deut-

43 Vgl. dazu Betrachtungen und Quellenstudien zur frühen völkischen Bewegung in Mannheim bis 1922 von Karen Strobel und Brigitte Zwerger, Mannheim 2020, als pdf online unter: https://www.marchivum.de/sites/default/files/2020-10/Betrachtungen_Quellenstudien%20fr%C3%BChe%20v%C3%B6lkische%20Bewegung%20_Strobel_Zwerger_04_10_2020.pdf, S. 75 f.

44 Vgl. ebd., S. 86.

schen Volkspartei (DVP), der von Gustav Stresemann im Dezember 1918 gegründeten nationalliberalen Partei, hatte diese politische Gruppierung nichts zu tun, und Reimanns spätere Aussage, er habe politisch der DVP nahegestanden und sei im Übrigen bis Ende der 1920er Jahre völlig unpolitisch gewesen, entlarven sich damit als Unwahrheit. Es gab tatsächlich später einen Belastungszeugen, der darauf hinwies, »dass Reimann senior 1917 schon in Ludwigshafen die Ortsgruppe der Deutschen Vaterlandspartei gründete und so verhinderte, dass Deutschland 1917 zu seinem Frieden kam. Die Weimarer Republik hat er von ihrem Bestehen an gehasst und 1933 geäußert: ›Jetzt zahle ich gerne wieder Steuern, denn jetzt weiß ich auch, wo sie hinkommen.‹«[45] Doch zunächst hatte Albert Reimann tatsächlich zum Jahresbeginn 1919 die Pferde gewechselt und trat nun als Gründer und Vorsitzender der Ortsgruppe Ludwigshafen der DVP auf, vermutlich, weil er sich davon eine größere politische Durchschlagskraft versprach. Im Januar verfasste er einen gedruckten Aufruf »An alle Männer und Frauen, die während des Krieges meine nationalen Bestrebungen durch ihre Mitwirkung unterstützt haben«, und forderte sie zum Eintritt in die Ortsgruppe einer »neuen Deutschen Volkspartei der Pfalz« auf, die sich als Teil der reichsweiten DVP verstand.[46] »Deutschland ist tief gesunken«, hieß es darin weiter. »Der unselige Erbfehler unseres Volkes, der Mangel an nationaler Gesinnung, an nationaler Geschlossenheit, an nationalem Egoismus hat ihm auch diesmal das Rückgrat gebrochen, als es den Endsieg schon mit Händen zu greifen dachte.« Am Duktus und Inhalt seiner politischen Überzeugung hatte sich mithin nichts geändert.

Die DVP konnte tatsächlich in der Folgezeit in dem durch das vom hohen Bevölkerungsanteil der Chemiearbeiterschaft »roten« Ludwigshafen unter den Wählern Boden gutmachen. Bei den Wahlen zum Bayerischen Landtag im Juni 1920 erhielt sie immerhin 6138 Stimmen und war damit nach MSPD und USPD drittstärkste Kraft.[47] In den Folgejahren allerdings erodierte der Stimmenanteil rasch und

45 Schriftliche Notiz der Ermittlungen der Entnazifizierungsbehörde Ludwigshafen vom 29.7.1948, in: LASp. R 18 V, Nr. 606, Bl. 46.

46 Der Aufruf in: Familienarchiv Reimann-Dubbers, Ordner »Onkel Albert«.

47 Vgl. Mörz, Ludwigshafen, S. 85.

die DVP wurde zur unbedeutenden Splitterpartei; dafür nahm die NSDAP nun auch in Ludwigshafen ihren Aufstieg, ohne dass sich aber an der »roten Dominanz« von SPD und KPD, die zusammen nach wie vor deutlich über 50 Prozent der Stimmen erhielten, etwas änderte. Das veränderte gesellschaftspolitische und kommunalpolitische Klima der frühen Jahre der Weimarer Republik hatte sich im Übrigen auch bei Benckiser bemerkbar gemacht. Am 29. November 1922 war es vor dem Hintergrund heftiger Machtkämpfe zwischen Unternehmensleitung und Arbeiterschaft bzw. kommunistischen Gewerkschaften und Betriebsräten bei der BASF um die Abschaffung des erst vor kurzem eingeführten 8-Stunden-Arbeitstages auch bei Benckiser zu Streiks und Arbeitsniederlegungen gekommen. Mit 170 dort streikenden Arbeitern beteiligte sich praktisch die gesamte Belegschaft an den Protesten.[48] Es war nicht nur der größte Streik aller Zeiten in Ludwigshafen, sondern auch bei Benckiser. Er scheiterte nach kurzer Zeit, und die Lage blieb chaotisch und prekär. Nach dem Beginn der Ruhrbesetzung durch die Franzosen wurde Benckiser von den Rohstofflieferanten in Südeuropa abgeschnitten. Auch die Kohleversorgung aus dem nun abgetrennten Saargebiet kam zum Erliegen. Der Export der Fertigware wurde völlig lahmgelegt. Nach wenigen Monaten Produktion musste der Betrieb für den Rest des Jahres stillgelegt werden, wobei Reimann senior offenbar keine Entlassungen vornahm, sondern die Lohngelder ca. acht Monate lang mit Kähnen über den Rhein schmuggeln ließ.[49] Zum 100jährigen Bestehen der Firma Jah. A. Benckiser im Jahr 1923 gab es daher angesichts der politischen und wirtschaftlichen Lage wenig zu feiern. Erst ab 1924 besserten sich die Beschäftigungs- wie Rohstoffversorgungslage. Doch den mehr denn je vorherrschenden Eindruck in der Familie Reimann brachte Else Reimann 1925 in ihrem Tagebuch zu Papier: »Alles was schön und groß im deutschen Heimatland war, ist

48 Vgl. ebd., S. 31.

49 Vgl. dazu ausführlich Benckiser-Chronik I, S. 170f., sowie zur Lage der pfälzischen Wirtschaft nach dem Ersten Weltkrieg Lothar Meinzer, Von der Dauerkrise zur Staatskonjunktur. Die pfälzische Industrie in der Zwischenkriegszeit, in: Gerhard Nestler, Hannes Ziegler (Hrsg.), Die Pfalz unterm Hakenkreuz, Landau 1993, S. 163ff.

zertrümmert, heruntergewirtschaftet, nichts existiert mehr, was uns früher mit Stolz erfüllt hat.«[50]

Es war kein Wunder, dass vor dem Hintergrund dieser Erfahrungs- und Sichtweise der politisch-gesellschaftlichen Entwicklungen von Else und Albert Reimann senior und dem davon geprägten familiären Umfeld ihrer beiden Kinder, Albert Reimann junior und seiner acht Jahre jüngeren Schwester, Else Emma Reimann, die aufkommende NS-Bewegung geradezu als Erlösung und politische Hoffnung empfunden wurde. Die NSDAP versprach ein Ende des schmachvollen Vertrages von Versailles, die nationale Wiedergeburt Deutschlands, die Vertreibung jüdischer Unternehmer und hatte sich damals auch den Kampf gegen Großkonzerne auf ihre Fahnen geschrieben. Reimann junior hatte erstmals schon 1923 in München von der NSDAP anlässlich einer Hitler-Rede gehört »und damals den Versuch zur Überbrückung der Klassengegensätze als positiv empfunden«, wie er später in seinem Lebenslauf notierte.[51] In England kam er dann nach eigener Aussage zum ersten Mal mit Büchern zur Rasselehre, allen voran von dem Amerikaner Madison Grant, dem Vater der Überlegenheitsthese von der nordischen Rasse, in Berührung, mit der er sich in der Folgezeit infolge der scheinbaren naturwissenschaftlichen Affinität dieser Literatur offenbar intensiv beschäftigte.[52]

Auch der Senior hatte schon frühzeitig mit der NS-Bewegung Kontakt gehabt, auch hier über eine Rede Hitlers, diesmal 1927 in Mannheim.[53] »Ich bin dabei zur Erkenntnis gekommen«, so notierte er später, »dass sein leitender Gedanke die Versöhnung und Verbindung von Nationalismus und Sozialismus sei und auf dieser Grundlage die

50 Tagebuch-Auszüge und Gedichte 1913-1955, von Else Reimann, geb. Andersen 1874-1962, in: Familienarchiv Reimann-Dubbers, Ordner Mutti, hier S. 19.

51 Lebenslauf vom 6.10.1946, in: LASpeyer, R 18/ Nr. 606.

52 Vgl. dazu die Ausführungen von Reimann junior in seinem umfangreichen »Entnazifizierungs-Plädoyer« vom 11.1.1947, S. 6, in: JAB-Archiv, Ordner TV 8. Dort sprach er der Rasselehre nicht nur wissenschaftlichen Charakter zu, sondern bezeichnete die gesamte Rasselehre in Deutschland auch als »Importware« französischer und amerikanischer Vordenker.

53 Vgl. »Bericht über mein politisches, wirtschaftliches und persönliches Verhalten seit meinem Eintritt in die NSDAP im Jahre 1932« vom 11.7.1945, mit Ergänzungen am 26.4.1948, in: JAB-Archiv, Ordner TV 8, Entnazifizierung.

Lösung der alle Völker bewegenden sozialen Frage durch Beseitigung des Klassenhasses und Herstellung der Volksgemeinschaft.«[54] Nach wie vor Mitglied der DVP, sei er angesichts der wachsenden Arbeitslosigkeit, der drohenden Bolschewisierung Deutschlands und der erhöhten neuen Kriegsgefahr, u.a. infolge der »vollkommenen Wehrlosigkeit« des Deutschen Reichs, zu der Überzeugung gekommen, dass das Deutsche Reich unter der Regierung zahlreicher, sich aufs schärfste bekämpfender Parteien seinem baldigen Untergang entgegensehe und dass nur eine starke Regierung das Vaterland retten könne.[55] Nachdem sämtliche bürgerliche Parteien und besonders auch die DVP im Jahre 1932 von der politischen Bildfläche verschwunden waren, so argumentierte Reimann später, »blieb mir nur übrig, meine vaterländische Haltung im Rahmen der NSDAP zu betätigen.«[56]

Tatsächlich hatte die pfälzische NSDAP inzwischen deutlich an politischem Gewicht gewonnen, zugleich hatte sie aber bereits eine ziemlich turbulente Entwicklung unter dem seit 1926 amtierenden Gauleiter Josef Bürckel hinter sich.[57] Bürckel war eine äußerst schillernde Figur und sollte es erst recht nach 1933 als nun auch amtlicher Vertreter des NS-Regimes in der Pfalz noch werden. In den Folgejahren gerieten auch die Reimanns mit ihm aneinander. Bürckel gelang es mit geschickter Propaganda, der NSDAP den Ruf nationaler und bürgerlicher Respektabilität zu verschaffen und damit erhebliche Anziehungskraft auf das nationalliberale Bürgertum zu entfalten. Die Pfalz wurde so schnell zu einer Hochburg der NSDAP, von den insgesamt 35.000 Parteigenossen des Jahres 1935 waren fast 50 Prozent wie die Reimanns bereits vor 1933 in die Partei eingetreten.[58] Durch einen betonten Antisemitismus zeichnete sich Bürckel dabei zu diesem Zeit-

54 Ebd.

55 Ebd.

56 Notiz Albert Reimann senior vom 26.1.1949 über »Material zur Beurteilung der Klageschrift der Spruchkammer II Neustadt vom 20.1.1949«, S. 3, in: JAB-Archiv, Ordner TV 8.

57 Vgl. dazu Lothar Meinzer, Stationen und Strukturen der nationalsozialistischen Machtergreifung: Ludwigshafen am Rhein und die Pfalz in den ersten Jahren des Dritten Reiches, Ludwigshafen 1983, S. 53ff., sowie Hans Fenske, Aufmarsch unterm Hakenkreuz. Die pfälzischen Nationalsozialisten bis zum 30. Januar 1933, in: Gerhard Nestler, Hannes Ziegler (Hrsg.), Die Pfalz unterm Hakenkreuz, Landau 1993, S. 11-36.

58 Vgl. Meinzer, S. 56.

punkt nicht aus. Dafür war der Anteil der Juden an der Bevölkerung in der Region und auch besonders in Ludwigshafen mit ca. 1,2 Prozent zu unbedeutend.[59] Einige Firmen, allen voran die BASF und Raschig, hatten jedoch einen hohen Anteil von Juden unter ihren wissenschaftlichen wie kaufmännischen Angestellten und insbesondere auch im oberen Management. Es hatte in den 1920er Jahren zwar ein starkes Wachstum einer jüdischen Unterschicht gegeben, zugleich wies die jüdische Einwohnerschaft Ludwigshafens mit 60 Prozent einen hohen Anteil Selbständiger auf. Erst seit den späten 1920er Jahren hatte die NSDAP verstärkt auch Wahlkampf mit Hilfe antijüdischer Hetzpropaganda betrieben, ohne aber damit nennenswerte Erfolge zu erzielen. »Ganz offensichtlich ließ sich mit Antisemitismus in der Stadt der Chemie kein Massenpublikum gewinnen.«[60] Am 26. August 1930 hatte Hitler in der Festhalle des Ludwigshafener Ebertparks vor etwa 13.000 Menschen gesprochen, und es steht zu vermuten, dass sich die Reimanns, trotz hoher Eintrittspreise, diese Gelegenheit nicht entgehen ließen. Explizit erwähnt hat dies später keiner von ihnen. Die NSDAP erreichte bei der darauffolgenden Wahl dann 15,7 Prozent der Stimmen und war damit zur starken politischen Kraft geworden. Bürckel agierte innerparteilich mit Hilfe einer engen »Gau-Clique«, musste sich aber zugleich mit einem ebenso radikalen wie renitenten SS-Sturmbann II/10 unter dessen Führer Theodor Eicke herumschlagen. Jener Eicke, der später Kommandant des KZ Dachau wurde, hatte im Frühjahr 1931 eine regelrechte Verschwörung mit Sprengstoffanschlägen angezettelt, die dann aber vorzeitig aufgedeckt wurde und mit der Verhaftung Eickes endete. Ob die Reimanns wussten, mit welchen lokalen und regionalen Erscheinungen der NS-Bewegung sie sich in ihrer politischen Affinität einließen, ist schwer zu beurteilen, vermutlich aber eher zu verneinen.

Am 1. März 1932 trat Albert Reimann senior in die NSDAP ein, mit der Mitgliedsnummer 1.030.419, sein Sohn war offenbar bereits einen Monat früher, am 1. Februar 1932 und daher mit einer deutlich niedrigeren Mitgliednummer, 836.669, eingetreten, allerdings datierte auch der Aufnahmeantrag des Seniors schon deutlich früher, auf

59 Vgl. Ulrike Minor, Stefan Mörz, Juden in Ludwigshafen, Ludwigshafen 2015, S. 111ff.

60 Ebd., S. 146.

den 31. Juli 1931, und die offizielle Eintrittserklärung, die jeder unterschreiben musste, trug das Datum des 31. Dezember 1931. Auch der Junior war schon vor dem Parteieintritt in der nationalsozialistischen Bewegung aktiv. Seit dem 22. Oktober 1931 gehörte er dem nationalsozialistischen Kraftfahrerkorps bzw. SA-Motorsturm an.[61] Auch die Schwester Else trat zum 31. Dezember formell der NSDAP bei. Als Beweggründe notierte sie später dazu knapp: »Grundlage durch die nationale Erziehung im Elternhaus. Mir als Sportlehrerin leuchtete zudem das soziale Programm der NSDAP, insbesondere die körperliche Erziehung und gesundheitliche Betreuung gerade der bisher vernachlässigten Volksschichten sehr ein.«[62] »Die ab 1930 immer mehr auf das ›Dritte Reich‹ zusteuernde politische Entwicklung mit ihrer Stimmung des Aufbruchs und der Erwartung ließ mir keine Ruhe mehr zum Studium im stillen Kämmerlein, sondern veranlasste mich zu einer immer ausgedehnteren Mitarbeit in der nationalsozialistischen Jugendbewegung«, notierte Else Reimann später rückblickend.[63] Ursprüngliche Planungen für ein Studium der Volkswirtschaftslehre, »damit ich Albert in der Fabrik helfen könne«, verwarf sie daher, obwohl zeitlebens eine sehr enge Beziehung die beiden Geschwister verbinden sollte. Sie begann ein Sportstudium und übernahm noch im Laufe des Jahres 1932 als BDM-Führerin die Leitung der Ortsgruppe Heidelberg.[64]

Später hat vor allem Reimann junior seinen NSDAP-Beitritt mit einer ganzen Reihe zusätzlicher Motive zu rechtfertigen versucht.

61 Vgl. Abschrift der Partei-Karteikarten und des Aufnahmeantrags in: ebd., sowie auch Abschriften in: 465 q, Teil 2, Bl. 16. Zum Teil gibt es in den späteren Dokumenten widersprüchliche Angaben, sowohl über die Parteimitgliedsnummern wie über den Zeitpunkt des Parteieintritts, die aber auf Schreibfehler zurückzuführen sein dürften. Vgl. etwa Schreiben des Oberbürgermeisters von Ludwigshafen an den Öffentlichen Kläger vom 27.10.1948, in: ebd. Selbst in einem Schreiben der NSDAP-Ortsgruppe Ludwigshafen von 1935 findet sich unter identischer Mitgliedsnummer als Eintrittsdatum der 1.2.1931, d.h. ein Jahr früher, was jedoch gleichfalls ein Schreibfehler gewesen sein dürfte. Vgl. das Schreiben in: 465 c, Nr. 3110.

62 Lebenslauf Else Dubbers von 1946, in: Familienarchiv Reimann-Dubbers, Ordner Entnazifizierung Else Dubbers.

63 Vgl. ergänzende Notizen zum Tagebuch der Mutter Else Reimann, S. 4, in: Familienarchiv Reimann-Dubbers.

64 Vgl. dazu auch Entnazifizierungsakt Else Dubbers, 465 q, Nr. 13656.

Geprägt durch seinen Aufenthalt in England habe er von der NSDAP die Entwicklung zu einer Art deutschen Labour Party erhofft – »nichtmarxistischer deutscher Sozialismus nach bewährtem Beispiel der englischen Arbeiter-Partei« –, wie er notierte.[65] Senior wie Junior behaupteten später zudem, dass man 1932 nicht offen, sondern heimlich der NSDAP beigetreten sei, »da wir infolge hoher Bankkredite sowohl bei der Deutschen Bank wie auch der Mannheimer Dresdner Bank bei der bekannten Einstellung der Direktoren dieser Banken die Kündigung der Kredite befürchten musste und damit den Ruin unserer Firma.«[66] Man habe sich daher jeglichen öffentlichen Bekenntnisses zur NSDAP enthalten, und im Übrigen habe er auch das Programm der NSDAP, so betonte Reimann senior, nicht gelesen. Viel von diesen Behauptungen stimmte nicht. Der Oberbürgermeister von Ludwigshafen betonte später, dass »man die Herren Dr. Reimann damals in den Kreisen der NSDAP als Renommier-Mitglieder benutzte. An ihrem Beitritt haben sich viele ein Beispiel genommen, welche bisher noch abseits der NS-Bewegung standen.«[67] Im Tagebuch von Else Reimann findet sich dazu schon 1930 ein ebenso interessanter wie bezeichnender Eintrag: »Im Frühsommer hatten wir den Besuch von Prinz August von Preußen in Begleitung von zwei pfälzischen NSDAP-Parteiführern zum Mittagessen in Schlierbach. Wir hatten ihn vorher mal in einem Vortrag sprechen hören und waren eigentlich von seinem Anblick etwas enttäuscht gewesen. Bei näherer Unterhaltung und seinem schlichten, einfachen Auftreten bekommt man aber einen besseren Eindruck. Nach dem Essen hatten sich noch einige Herren eingefunden, die gerne die Gelegenheit zu einer Besprechung mit Prinz ›Auwi‹ benutzen.«[68] Bereits im Herbst 1931 wurde bei Benckiser eine nationalsozialistische Betriebszellenorganisation (NSBO) gegründet, das rechte Gegenstück zur sozialdemokratischen oder kommunistischen Betriebsräte- und Belegschaftsvertretung. Als

65 Übersicht über Be- und Entlastungsmomente vom 6.10.1946, S. 1, in: ebd.

66 Notiz Albert Reimann senior vom 26.1.1949 über »Material zur Beurteilung der Klageschrift der Spruchkammer II Neustadt vom 20.1.1949«, in: JAB-Archiv, Ordner TV 8.

67 Schreiben des Oberbürgermeisters Ludwigshafen an den Öffentlichen Kläger vom 27.10.1948, in: R 18/ Nr. 606.

68 Tagebucheintrag Else Reimann, S. 16, in: Familienarchiv Reimann-Dubbers.

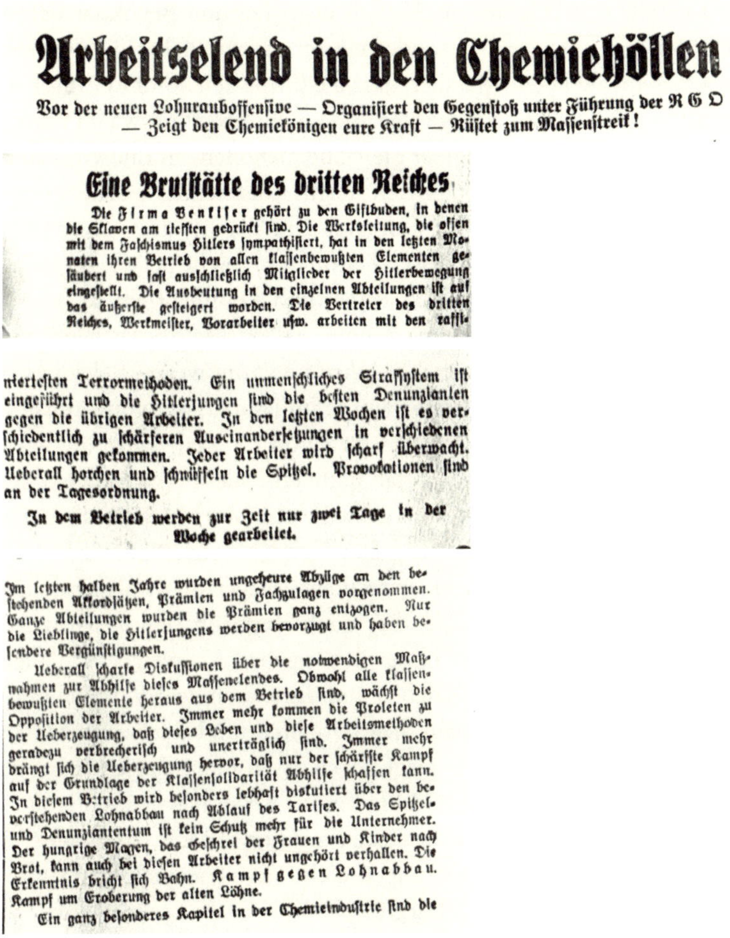

Arbeitselend in den Chemiehöllen

Vor der neuen Lohnraubоffensive — Organisiert den Gegenstoß unter Führung der R G O — Zeigt den Chemiekönigen eure Kraft — Rüstet zum Massenstreik!

Eine Brutstätte des dritten Reiches

Die Firma Benkiser gehört zu den Giftbuden, in denen die Sklaven am tiefsten gedrückt sind. Die Werksleitung, die offen mit dem Faschismus Hitlers sympathisiert, hat in den letzten Monaten ihren Betrieb von allen klassenbewußten Elementen gesäubert und fast ausschließlich Mitglieder der Hitlerbewegung eingestellt. Die Ausbeutung in den einzelnen Abteilungen ist auf das äußerste gesteigert worden. Die Vertreter des dritten Reiches, Werkmeister, Vorarbeiter usw. arbeiten mit den raffi-

niertesten Terrormethoden. Ein unmenschliches Strafsystem ist eingeführt und die Hitlerjungen sind die besten Denunzianten gegen die übrigen Arbeiter. In den letzten Wochen ist es verschiedentlich zu schärferen Auseinandersetzungen in verschiedenen Abteilungen gekommen. Jeder Arbeiter wird scharf überwacht. Ueberall horchen und schnüffeln die Spitzel. Provokationen sind an der Tagesordnung.

In dem Betrieb werden zur Zeit nur zwei Tage in der Woche gearbeitet.

Im letzten halben Jahre wurden ungeheure Abzüge an den be-
stehenden Akkordsätzen, Prämien und Fachzulagen vorgenommen.
Ganze Abteilungen wurden die Prämien ganz entzogen. Nur
die Lieblinge, die Hitlerjungens werden bevorzugt und haben be-
sondere Vergünstigungen.
Ueberall scharfe Diskussionen über die notwendigen Maß-
nahmen zur Abhilfe dieses Massenelendes. Obwohl alle klassen-
bewußten Elemente heraus aus dem Betrieb sind, wächst die
Opposition der Arbeiter. Immer mehr kommen die Proleten zu
der Ueberzeugung, daß dieses Leben und diese Arbeitsmethoden
geradezu verbrecherisch und unerträglich sind. Immer mehr
drängt sich die Ueberzeugung hervor, daß nur der schärfste Kampf
auf der Grundlage der Klassensolidarität Abhilfe schaffen kann.
In diesem Betrieb wird besonders lebhaft diskutiert über den be-
verstehenden Lohnabbau nach Ablauf des Tarifes. Das Spitzel-
und Denunziantentum ist kein Schutz mehr für die Unternehmer.
Der hungrige Magen, das Geschrei der Frauen und Kinder nach
Brot, kann auch bei diesen Arbeiter nicht ungehört verhallen. Die
Erkenntnis bricht sich Bahn. Kampf gegen Lohnabbau.
Kampf um Eroberung der alten Löhne.
Ein ganz besonderes Kapitel in der Chemieindustrie sind die

Abb. 5: Ausschnitt aus der Ludwigshafener Arbeiter-Zeitung vom 28. Oktober 1931

Initiator und NSBO-Zellenleiter trat der Betriebsingenieur Franz Tauber auf, der nach dem Krieg allerdings behauptete, dass der Seniorchef an ihn herangetreten sei und ihn zur Gründung veranlasst habe.[69] Die NSBO-Bewegung war zu diesem Zeitpunkt auch reichs-

69 Vgl. Schreiben des Oberbürgermeisters Ludwigshafen an den Öffentlichen Kläger vom 16.4.1947, in: GLA Karlsruhe, 465 q, Nr. 13629 (Entnazifizierungsakte Reimann senior).

weit gerade erst langsam im Aufbau begriffen und Benckiser damit nicht nur in Ludwigshafen, sondern in der ganzen Pfalz ein Vorreiter. Es war denn auch kein Wunder, dass die Firma den kommunistischen Agitatoren ein Dorn im Auge war und von ihnen, wie etwa im Oktober 1931, in einem Artikel über die »Chemiehöllen« in Ludwigshafen explizit als »Brutstätte des Dritten Reichs« bezeichnet wurde.

Es war typisch für die Art von Reimann senior, dass er, obwohl sich der Hauptangriff der KPD-Zeitung gar nicht gegen ihn, sondern die großen Unternehmen BASF und Giulini, richtete, sofort die offene Auseinandersetzung suchte. Er verklagte umgehend den verantwortlichen Redakteur der *Arbeiterzeitung* wegen Beleidigung und übler Nachrede, und dieser wurde im Januar 1932 vom Amtsgericht Ludwigshafen zu einer Geldstrafe von 300 Mark oder 30 Tagen Gefängnis verurteilt.[70] Der Vorfall hatte erhebliches Aufsehen in der Öffentlichkeit erregt, da zum einen die *Arbeiterzeitung* sich unter der Überschrift »Anprangerung empörender Betriebszustände verboten. Ungeheure Unternehmerfrechheit!« gegen die Strafverfolgung wehrte. Zum anderen sorgte aber auch Reimann senior selbst für eine große Publizität, da er in der ihm eigenen Art gleich auch allen Ludwigshafener Chemiebetrieben und dazu auch dem Verband pfälzischer Industrie von seinem Sieg berichtete und dazu aufforderte, auch ihrerseits nachträglich Klage gegen das kommunistische Blatt zu erheben. Von Raschig über Giulini bis zur BASF bekam er allerdings ziemlich distanzierte Rückantworten mit dem Tenor, dass man sich von solchen Auseinandersetzungen nicht viel verspreche, zumal der Vorfall bereits länger zurückliege.[71]

Von heimlicher Unterstützung der NS-Bewegung konnte mithin keine Rede sein, zumal auch die Reimanns schnell Adressaten von Bettelbriefen und Aufforderungen zur finanziellen Unterstützung durch die SA und SS wurden. Am 12. November 1931 etwa hatte die

70 Vgl. dazu Abschrift der diversen Presseberichte und der Beschluss des Amtsgerichts Ludwigshafen in: GLA Karlsruhe, 465 q, Nr. 2884, Teil 2, Bl. 102-107.

71 Vgl. Abschrift der Schreiben vom 26.1.1932 und vom 1.2.1932, in: ebd. Auch sonst erwies sich die Sache als nicht sehr erfolgreich. Der Versuch Reimanns, wegen der entstandenen Anwaltskosten bei dem Redakteur eine Pfändung vorzunehmen, scheiterte, da dieser mittellos bei seiner Mutter wohnte und für die *Arbeiterzeitung* unentgeltlich tätig war.

Geldverwaltung des berüchtigten SS-Sturmbanns II/10 sich an Reimann senior um finanzielle Unterstützung für die unter »ungeheurer Not« leidenden erwerblosen SS-Kameraden gewandt und eine Woche später sich für einen offenbar zufriedenstellenden Zahlungseingang bedankt.[72] Die SS war zu diesem Zeitpunkt noch eine vielfach rudimentäre Parteiorganisation der NSDAP, die als kleine Unterorganisation der weit mächtigeren SA fungierte.[73] Im November 1931 hatte diesmal Reimann junior auch einen Bettelbrief des NS-Studentenbundes erhalten, und im Januar 1932 quittierte ein SS-Mann eine weitere Spende wiederum von Reimann senior, diesmal allerdings nur eine Sachspende von diversen Kleidungsstücken zugunsten der NSDAP-Ortsgruppe Ludwigshafen.[74] Wenig später, Anfang Februar, war es nun die Gauleitung Rheinpfalz der SA, die beim Fabrikanten Dr. Reimann »um Geld und noch einmal Geld« anfragte, um den infolge der Wirtschaftskrise austrocknenden Spendenzufluss als Voraussetzung der Errichtung des Dritten Reichs nicht ganz versiegen zu lassen.[75]

Eine regelmäßige Spendentätigkeit Reimanns zugunsten der SS oder gar eine langjährige fördernde Mitgliedschaft der Totenkopf-Organisation, wie es zahlreiche andere Unternehmer praktizierten, lässt sich für die Reimanns über diese einmaligen Aktionen hinaus jedoch nicht nachweisen. Auch Gauleiter Bürckel hatte sich im Übrigen zwischen 1931 und 1932 erfolgreich um eine großzügige Spende für den Aufbau seines Presseimperiums, dem Aushängeschild der nationalsozialistischen Propagandapresse und Bürckels publizistischem Sprachrohr, der NSZ-Verlagsgesellschaft Rheinfront, an Reimann senior gewandt, und dafür den durchaus namhaften Betrag von 8000 RM erhalten.[76] In seinem Fragebogen für die französische Militär-

72 Vgl. die Schreiben vom 12.11.1931 und 21.11.1931, in: LASp R 18 V, Nr. 606 bzw. auch in GLA Karlsruhe, 465 q, Nr. 13629.

73 Zur Unterscheidung der jeweiligen Entwicklungsphasen der SS zwischen 1930 und 1945 und vor allem auch zwischen Waffen-SS und Allgemeiner SS vgl. Scholtyseck, Otto Beisheim, S. 50ff.

74 Vgl. ebd.

75 Vgl. das Schreiben vom 8.2.1932, in: ebd.

76 Vgl. Schreiben des Oberbürgermeisters Ludwigshafen an den Öffentlichen Kläger vom 16.4.1947, in: GLA Karlsruhe, 465 q, Nr. 13629, sowie auch Aussage Emig vom 28.10.1946, in: R 18 V, Nr. 607. Allgemein dazu Lothar Wettstein, Josef Bürckel. Gauleiter, Reichsstatthalter, Krisenmanager Adolf Hitlers, Norderstedt 2010 (2. Auflage), S. 74ff.

regierung notierte Reimann senior später unter der Rubrik, die nach Spenden für die NSDAP fragte: »Vor 1933 gelegentliche Unterstützung mittleren Umfangs als Darlehen.«[77]

Unter dem Strich lässt sich festhalten, dass Vater und Sohn Reimann anders als viele andere Unternehmer nicht zu den berühmt-berüchtigten »Märzgefallenen« gehörten, d.h. jenen Wirtschaftseliten, die aus opportunistischen Gründen unmittelbar nach der Machtübernahme Hitlers schnell in die NSDAP eintraten. Der Großteil der Unternehmer ging den umgekehrten Weg wie Reimann senior und junior, sie traten der NS-Bewegung mit erheblicher Skepsis gegenüber, passten sich dann aber im Zuge eines regelrechten Deformationsprozesses dem Regime an, profitierten von den neuen Geschäftschancen und wurden nicht selten auch zu überzeugten Unterstützern Hitlers.[78] Die Reimanns reklamierten für sich später einen davon abweichenden Weg mit einer aus enttäuschten Erwartungen und offensichtlich werdenden Missständen resultierenden wachsenden Distanz. Dass dies allerdings eine beschönigende und höchst subjektive Rekonstruktion der Vergangenheit war, wird im Folgenden noch zu zeigen sein. Was die frühe Unterstützung der NS-Bewegung und den deutlich vor 1933 erfolgenden Eintritt in die NSDAP anging, so gilt es festzuhalten: Was nach 1945 zu einem erheblichen Belastungsmoment wurde, sollte sich in der Zeit nach 1933 zunächst als vorteilhaft und von den Reimanns durchaus öfter eingesetztes Hervorkehren einer besonderen NS-Unterstützerrolle erweisen, die vor drohenden Repressalien, Behinderungen oder Anfeindungen von lokalen Parteistellen, durch den Gauleiter und auch die SS einen gewissen Schutz bot bzw. den beiden Unternehmern eine gewisse Reputation verschaffte.

77 Fragebogen vom 11.1.1946, in: LA Speyer, R 18 V, Nr. 607.

78 Vgl. dazu Paul Erker, Industrieeliten in der NS-Zeit. Anpassungsbereitschaft und Eigeninteresse von Unternehmern in der Kriegs- und Rüstungswirtschaft 1936-1945, Passau 1994. Vgl. dazu etwa auch das Verhalten von Albert Boehringer, Kißener, S. 249ff., oder Herbert Quandt, Scholtyseck, S. 239ff.

Die Weltwirtschaftskrise seit 1930 hatte dabei zweifellos als Katalysator für den NSDAP-Beitritt und die Beteiligung an der nationalsozialistischen Bewegung durch die Reimanns gewirkt. Alle Bemühungen zur Konsolidierung des Weinsäure-Geschäfts, der Kartellpolitik und zur Überlebenssicherung des Unternehmens wurden plötzlich Makulatur. Hilflos musste man mit ansehen, wie der Weinsäureumsatz von 10,6 Mio. RM innerhalb von nur drei Jahren auf 2,6 Mio. RM zusammenschmolz und der Gesamtumsatz um fast 70 Prozent abstürzte.

Tab. 1: Umsatzentwicklung und Umsatzstruktur bei der Chemischen Fabrik Joh. A. Benckiser GmbH, Ludwigshafen 1924 bis 1932 (in Mio. RM)

Jahr	Insgesamt	davon USA	Weinsäure	Phosphate	Zitronensäure
1924	3,378		3,081	0,297	-
1925	3,781		3,469	0,312	-
1926	3,989		3,671	0,318	-
1927	5,533		4,863	0,670	-
1928	11,198	1,627	10,220	0,978	-
1929	12,178	2,450	10,662	1,516	-
1930	9,092	2,404	7,613	1,479	-
1931	5,885	0	4,468	1,238	-
1932	4,171		2,649	1,164	0,136

Quelle: Zusammengestellt nach den Angaben in: JAB-Archiv, D 72 a, D 19a sowie D 22 (Bilanzen)

Hauptfaktor dafür waren die im Mai 1930 von den USA erlassenen Prohibitiv-Zölle auf Einfuhren gewesen, aber auch die heimischen Abnehmer in der Lebensmittelindustrie reduzierten ihre Abnahme. Die früher durchschnittlich fast 80 Prozent betragende Exportquote, insbesondere nach Amerika, England und Argentinien, löste sich im Strudel der Weltwirtschaftskrise, der zunehmenden Errichtung neuer heimischer Fabriken in den früheren Exportländern sowie von Währungsentwertungen nahezu in Luft auf. Um die letzten verbliebenen Auslandsmärkte wie etwa Kanada entbrannte ein gnadenloser Preiskampf zwischen den deutschen und britischen Weinsäureproduzenten, den auch Benckiser verzweifelt mitführte, um das dortige Dinatriumphosphat-Geschäft mit den Seidenfärbereien nicht zu verlieren.[79] Ein Großteil der betroffenen deutschen Firmen, allen voran die Chemischen Werke Albert, Gebr. Giulini, Chemischen Werke Budenheim sowie auch die Brüsseler Chimique Belge und die Verenigten Chemischen Fabrieken, Utrecht, hatten dafür gemeinsam eine große New Yorker Anwaltsfirma engagiert, um vor Ort ihre Interessen bei der Einfuhr von Natriumphosphat wahrzunehmen und Lobby gegen weitere Importbehinderung machen zu lassen. Benckiser hatte sich daran aber nicht beteiligt.

Tab. 2: Belegschaftsentwicklung bei der Chemischen Fabrik Joh. A. Benckiser GmbH, Ludwigshafen 1927 bis 1932

Jahr	Arbeiter	Angestellte	Insgesamt
1927	126	40	166
1928	150	43	193
1929	157	46	203
1930	99	47	146
1931	74	53	127
1932	131	53	184

Quelle: Zusammengestellt nach den Angaben in: JAB-Archiv, D 72 a sowie D 67 (Betriebsprüfberichte FA)

Um Entlassungen zu vermeiden, hatte Benckiser 1930 und 1931 Kurzarbeit eingeführt, dennoch kam auch Reimann senior nicht um einen Abbau der Beschäftigten herum. Zwischen 1929 und 1931 hal-

79 Vgl. Bericht über den Besuch des Präsidenten von Dillons-Klipstein Ltd., Montreal in Ludwigshafen bei den Gebr. Giulini vom 5.12.1932, in: StadtA Lu, WS 03, Nr. 1029-1031.

bierte sich praktisch die Zahl der Arbeiter, die Zahl der Angestellten dagegen blieb auffallenderweise konstant bzw. stieg sogar leicht. »In jener Zeit standen wir kurz vor der Stilllegung, Stilllegungsantrag war bereits gestellt«, notierte Reimann junior später rückblickend.[80]

Die angespannte Lage führte auch zu innerbetrieblichen Konflikten. Im Mai 1930 hatten die beiden Benckiser-Arbeiterräte Winter und Wagner durch Verhandlungen mit Reimann junior versucht, eine kleine Zusatzvergütung für die kommende Woche herauszuholen, da in dieser nur drei Tage gearbeitet werden sollte. Doch Reimann lehnte alle Forderungen strikt mit der Bemerkung ab, die Arbeiter müssten froh sein, wenn sie überhaupt noch arbeiten dürften. Wegen der hohen Arbeitslöhne sei er als Unternehmer gezwungen, sich durch verkürzte Arbeitszeit konkurrenzfähig zu halten. »Wagner«, so hieß es in dem darüber angefertigten Protokoll der Belegschaftsvertreter, »erklärte Herrn Dr. Reimann, dass durch dieses Vorgehen der Arbeiter dem langsamen Hungertote (sic!) preisgegeben sei, man möge aber das alte Sprichwort nicht außer Acht lassen, welches lautet: Hunger ist der beste und größte Revolutionär. Dr. Reimann jr. erklärte darauf: Es komme darauf an von welcher Seite.«[81] Auch sonst ging Reimann junior rigoros gegen jegliche Verstöße im Betrieb vor. Im ersten Halbjahr 1931 etwa hatte er einen plötzlich auftretenden und auffallenden Schwund bei der Weinsteinherstellung zwischen Rohmaterial und Ausbeute festgestellt. Für Benckiser summierte sich der dadurch aufgetretene Schaden zu mehreren 1000 RM, und es war für Reimann klar, »dass hier von Seiten der Arbeiterschaft unerlaubte Handlungen vorgenommen wurden«, wie er in der später erfolgten Anzeige bei der Gendarmeriestation Oppau zu Protokoll gab.[82] Nach einer kurzen Normalisierung waren im Juli 1932 erneute Verluste festgestellt worden, die einen Produktionsausfall von 10.000 kg bedeuteten und damit erneut hohe Schadenssummen nach sich zogen. Reimann junior ließ daraufhin einen Anschlag in der Fabrik anbringen, auf dem zur Ergreifung des Täters und Saboteurs 1000 RM

80 Notizen zum Entnazifizierungsplädoyer vom 11.1.1947, Bl. 10, in: JAB-Archiv, Ordner TV 8.

81 Abschrift des Protokolls vom 22.5.1930, in: GLA Karlsruhe, 465 q, Nr. 2884, Teil 2, Bl. 96.

82 Der Vorgang vom Herbst 1932, in: LA Speyer, Rep. 491, Nr. 2915.

als Belohnung ausgesetzt wurden. Tatsächlich vermutete Reimann hinter den Aktionen keine Diebstähle und Warenverschiebungen, sondern systematische und politisch motivierte Sabotage. Reimann übermittelte der Polizei schließlich eine komplette Namens- und Adressenliste sämtlicher 16 Benckiser-Angestellten, 130 Arbeiter und Handwerker und auch der drei »Putzmädchen« und forderte diese zu entsprechenden Ermittlungen auf. Der Vorgang ging schnell bis zur Polizeidirektion Ludwigshafen, die tatsächlich eine Reihe von Arbeitern unter dem Verdacht parteipolitischer Umtriebe und Sabotageakte näher unter die Lupe nahm und von den jeweils zuständigen örtlichen Gendarmeriestationen »streng vertrauliche Feststellungen der politischen Einstellung, des Rufes und der Zuverlässigkeit« verdächtiger Benckiser-Arbeiter erbat. Am Ende konzentrierte sich der Verdacht dann auf drei Beschäftigte, die als führende Mitglieder der Roten Sportvereinigung, Ortsgruppe Speyer und Mitglieder der Kommunistischen Partei auffielen. Ob diese dann entlassen wurden, geschweige denn, dass man ihnen die Sabotageakte hätte nachweisen können, ist nicht bekannt, da die Aktenüberlieferung abbricht. Vermutlich verlief die ganze von Reimann angezettelte Überprüfung im Sande. Sie wirft aber dennoch ein bezeichnendes Licht auf die damalige unternehmenspolitische Haltung des Benckiser-Inhaber-Geschäftsführers.

Wie sich die Weltwirtschaftskrise letztendlich in der Gewinn- bzw. Verlustentwicklung und Liquidität der Firma auswirkte, ist keineswegs so eindeutig, wie man erwarten würde und wie dies auch später von den Reimanns selbst dargestellt wurde. Der Blick in die Bilanzen ergibt ein widersprüchliches Bild und mehrere Diskrepanzen zwischen Handels- und Steuerbilanz sowie den tatsächlichen und den ausgewiesenen Gewinnen bzw. Verlusten. Soweit es sich rekonstruieren lässt, wurden 1930 und 1931 rote Zahlen geschrieben, die sich allerdings durchaus in engen Grenzen hielten. Offiziell wurde zudem im Jahr 1931 bereits wieder ein kleiner Gewinn von 15.676 RM ausgewiesen, der jedoch nur durch umfangreichen Rückgriff in die Rücklagen und deren Auflösung zustande gekommen war.[83]

83 Vgl. Notiz Emig vom 11.12.1935, in: JAB-Archiv, Ordner D 13 d.

Tab. 3: Gewinnentwicklung bei der Chemischen Fabrik Joh. A. Benckiser GmbH, Ludwigshafen 1927 bis 1932 (in RM)

Jahr	Insgesamt	Weinsäure-Geschäft	Phosphat	Zitronensäure
1925	-	155.515	- 68.264	-
1926	143.316	166.123	- 22.807	-
1927	73.000	234.985	- 37.937	-
1928	278.531	277.818	713	-
1929	58.364	1.460.090	62.969	-
1930	- 40.598	-353.094	306.361	-
1931	- 87.728	-279.050	243.513	-
1932	39.047	-273.752	323.665	70.698

Quelle: Zusammengestellt und berechnet aus den Bilanzordnern D 22 sowie vgl. auch Chronik I, S. 186, 214 und Chronik II, S. 81

Blickt man genauer in die Bilanzen, so löst sich eigentlich auch der Verlust von 1930 in Luft auf, denn als Bruttoüberschüsse wurden im Weinsäurebetrieb 236.785 RM notiert, im Phosphatbetrieb 342.177 RM, zusammen mithin 585.469 RM, zu dem dann noch Gewinne im Handelsgeschäft von 4836 RM kamen. Durch hohe Abschreibungen sowie auch die Verrechnung hoher Geschäftsführergehälter für die beiden Reimanns von insgesamt 72.000 RM verwandelte sich der Gewinn dann jedoch in einen bilanziell ausgewiesenen Verlust.[84] Das Stammkapital der Benckiser GmbH betrug damals 300.000 RM, allerdings war es seit der Gesellschaftsänderung von 1929 ungleich verteilt: Auf Theodor Benckiser entfielen nur noch 50.000 RM, Albert Reimann senior besaß 130.000 RM und sein Sohn 120.000 RM. Demensprechend stand auch den beiden Reimanns der Großteil der

84 Vgl. Bilanzakt für 1930, in: JAB-Archiv, Ordner D 22. Die Kapital-Konti der Gesellschafter wiesen daher auch nach Verrechnung der Verlustanteile in den Krisenjahren beträchtliche Beträge auf. Vgl. dazu »Handhabung der Gesellschafter-Verträge in Bezug auf die Verteilung der Gewinne bzw. Verluste unter den Gesellschaftern« vom 21.1.1935 mit den jeweiligen Zahlen bzw. Kontenauszügen von 1928 bis 1936, in: JAB-Archiv D 20.

Geschäftsgewinne zu. Auch die jeweiligen Angaben über die Gewinne bzw. Verluste in den beiden Hauptgeschäftsfeldern differierten. Allerdings zeigt sich deutlich der unvermittelte Absturz des Weinsäure-Geschäfts in die Verlustzone, während sich das Phosphatgeschäft zum Gewinnträger entwickelte, durch den das Überleben des Unternehmens in der Wirtschaftskrise möglich wurde. Auffallend ist vor allem auch, dass Benckiser bereits 1932 und damit noch deutlich vor Beendigung der Depression wieder in die schwarzen Zahlen zurückkehrte. »Die vorsichtige Bewertung der Bestände zu Beginn des Berichtsjahres, die scharfe Senkung der Gestehungskosten als Folge von Lohn- und Gehaltsabbau sowie die Rationalisierungsmaßnahmen der Jahre 1928 bis 1930, und schließlich Gewinne im Dollarbond-Geschäft, glichen den Konjunkturverlust wieder aus«, hieß es dazu im Geschäftsbericht für 1932.[85] Bereits in den Vorjahren waren hier nicht unerhebliche Gewinne aus erfolgreichen Anleihe- und Aktiengeschäften erzielt worden.[86]

Dennoch geriet Benckiser in erhebliche Liquiditätsschwierigkeiten. Die drückenden Bankschulden, die 1929 die Rekordsumme von 3,3 Mio. RM ausgemacht hatten, konnten zwar deutlich auf 1,2 Mio. RM im Jahr 1932 reduziert werden, aber dennoch erschien die Lage des Unternehmens 1931 wie ein Hochseilakt ohne Netz.[87] Dem gesamten Fremdkapital von 2,052 Mio. RM standen an Eigenkapital nur 247.787 RM gegenüber, das bedeutete eine Eigenkapitalquote von gerade einmal 10,8 Prozent.[88] In zahllosen Besprechungen mit einer ganzen Reihe von Banken versuchte Albert Reimann senior daher zwischen Januar 1930 und Juli 1932 die kreditgebenden Banken zum Stillhalten zu bewegen und Kreditrückforderungen abzuwehren oder

85 Geschäftsbericht 1932, in: JAB-Archiv, D 23.

86 Für 1931 bereits wurden hier Gewinne von 171.213 RM verbucht, 1932 waren es weitere 108.209 RM. Vgl. Bilanz 1931 und 1932, in: JAB-Archiv, D 22. Dort auch auf S. 16 ein deutlicher Hinweis auf die Optionen der Bilanzjongliererei. Es findet sich aber nirgendwo der Hinweis, dass es bei der Bilanzierung Benckisers nicht mit rechten Dingen zugegangen wäre oder gar Gesetze verletzt worden wären; vielmehr wurden dabei die in der Branche damals üblichen und offenbar besonders vielfältigen Spielräume etwa bei Abschreibungen und Bewertung der Vorräte ebenso offensiv wie kreativ genutzt.

87 Vgl. Benckiser-Chronik I, S. 214.

88 Vgl. Notiz Emig vom 11.12.1935, in: JAB-Archiv, Ordner D 13 d.

sogar eine Ausweitung der eingeräumten Kreditlinien zu erreichen. Die Bankdirektoren der Ludwigshafener Filialen von Deutscher Bank & Diskonto-Bank (DeDi), Dresdner Bank, Bayerischer Hypotheken- und Wechselbank und Reichsbank stellten dabei durchaus kritische Fragen zu den aus ihrer Sicht oft unklaren Bilanzen und vor allem auch zu den weiteren Geschäftsaussichten, um den tatsächlichen Umfang ihrer Sicherheiten abschätzen zu können.[89] Und Reimann senior war zusammen mit seinem Buchhalter dabei vielfach so überzeugend, dass die Banken sie, zumindest im Sommer 1930, noch zu einer vollständigen Ausschöpfung des eingeräumten Kreditrahmens aufforderten. Doch seit Sommer 1931 lässt sich zwischen den Zeilen der Besprechungsnotizen die wachsende Nervosität und Panik auf Seiten der Bankdirektoren feststellen, die von Reimann eine immer größere Überzeugungs- und Überredungskunst erforderte.[90] Dabei wurde gelegentlich auch offen politisiert. Als etwa im November 1931 die Direktoren der Ludwigshafener Dedi-Bank ihre großen Befürchtungen über die Hitler-Programmpunkte »Beschlagnahme des Privateigentums und Aufhebung der Zinsknechtschaft« äußerten, beschwichtigte Reimann senior mit dem Hinweis, dass diese Punkte insbesondere von Gottfried Feder aufgestellt und vertreten würden. Seiner Ansicht nach verfolgten diese Programmpunkte jedoch »nur agitatorische Zwecke und bei einem zur-Macht-kommen Hitlers würde man diese Punkte fallen lassen.«[91]

Im Juli 1932 teilte die Bayerische Hypotheken- und Wechselbank Reimann senior lakonisch mit, dass man angesichts der fortgesetzten Verschlechterung der Liquidität Benckisers einen weiteren Kredit ohne Sicherheiten nicht mehr gebe.[92] Mit den von Reimann angebotenen Sicherheiten auf Weinsäurebestände in Argentinien wollte man sich nicht mehr zufriedengeben und auch alle moralischen Appelle von diesem, »dass die Bank in guten Zeiten mit uns durchgehalten und noch vor wenigen Jahren uns ihren Kredit gewissermaßen

89 Vgl. etwa Notiz zur Unterredung mit der Reichsbank-Direktion Ludwigshafen vom 13.8.1930, in: JAB-Archiv D 23.

90 Vgl. dazu etwa Notiz über eine Unterredung bei der Deutschen Bank & Diskonto-Gesellschaft vom 6.8.1931, in: ebd.

91 Notiz über Unterredung mit der DeDi-Bank vom 20.11.1931, in: ebd.

92 Besprechungsnotiz vom 8.7.1932, in: ebd.

nachgetragen habe, und daher nun auch die Pflicht hätten, in dieser Krise zu uns zu stehen«, verhallten ungehört.[93] Dass man seitens der Hypothekenbank kritische Fragen zur aktuellen und zukünftigen Geschäftsentwicklung stellte und sich zu der Bemerkung hinreißen ließ, »dass die Übernahme der Goldenberg-Quote für uns letzten Endes ein schlechtes Geschäft gewesen sei und unsere heute prekäre Lage veranlasst habe«, führte dazu, dass sich die Gesprächspartner schließlich in eisiger Atmosphäre trennten.[94] Bei der Dresdner Bank jedoch war man weiterhin kulant und räumte Benckiser im November 1932 bis auf Weiteres einen Kredit von 400.000 RM ein. Und auch die Deutsche Bank & Diskonto-Gesellschaft änderte an ihren Kreditbedingungen nichts.

Hinter dem Ringen um Bankkredite stand ein prinzipielles Problem von Benckiser: Die notorisch schwache Eigenkapitalbasis, die Reimann senior zu einem risikobehafteten Finanzierungsmodell zwang. Jegliche Expansion oder anderweitige Investitionen wurden durch Bankkredite vorfinanziert, die dann von den sich später einstellenden Gewinnen nach und nach wieder abgelöst wurden. Die Finanzabteilung von Benckiser sah sich daher Mitte Juli 1931, auf dem Höhepunkt der Krisenzeit der deutschen Banken, dazu veranlasst, ein fünfseitiges Memorandum zur Unternehmensbewertung und zur Lage der Firma zu entwerfen, um dies für den Notfall einzusetzen und sich direkt und auf eigene Faust bei einer ausländischen Großbank einen Auslandskredit zu beschaffen.[95] Gedacht war dabei an die Chase National Bank in New York. Ob das angesichts der zu diesem Zeitpunkt bereits geltenden Gesetze zur staatlichen Devisenbewirtschaftung bzw. Devisenkontrolle möglich gewesen wäre, sei dahingestellt. Entscheidender ist, dass Benckiser sich in dem Memorandum als äußerst erfolgreiches exportorientiertes Unternehmen darstellte, das 75 Prozent der Weltproduktion bei Weinsäure kontrollierte, mit modernster Fertigungstechnik und finanziell kerngesund, wobei man dazu besonders auf die großen Rohstoffvorräte von 2,35 Mio. RM verwies, »die fast so gut wie Gold zu bezeichnen sind, da sie innerhalb

93 Ebd.
94 Ebd.
95 Vgl. »Unterlagen für die Beurteilung der Chemischen Fabrik Joh. A. Benckiser GmbH, Ludwigshafen« vom 1.7.1931, in: JAB-Archiv D 23.

verhältnismäßig kurzer Frist auf der ganzen Welt absetzbar sind«.[96] Tatsächlich hatte die Weltwirtschaftskrise für Benckiser den Effekt, dass aufgrund der noch geltenden Kartellpreise und Absatzabsprachen die Verkaufspreise auf einem vergleichsweise hohen Niveau blieben, während jedoch die Rohstoffpreise und damit auch die Herstellkosten für Weinsäure rapide sanken. Ausgehend vom Niveau der Produktionskosten im Jahr 1924 für damals 1533 t Weinsäure betrugen diese 1930 noch 95,8 Prozent für knapp über 2000 t, sanken dann aber 1932 auf 73,9 Prozent bei gleichbleibender Herstellungsmenge.[97]

Die günstigen Rohstoffpreise waren allerdings auch das Ergebnis hartnäckiger Verhandlungen gewesen, die Albert Reimann senior mit den Lieferanten geführt hatte. Nachgerade ein Lehrstück dafür sind die detailliert dokumentierten Gespräche und Verhandlungen, die Reimann senior, später vereinzelt auch dessen Sohn, mit der IG Farben-Direktion in Bitterfeld bzw. der IG-Verkaufsgemeinschaft Chemikalien in Frankfurt zwischen 1928 und Dezember 1932 führte.[98] Es ging um den monatlichen Bezug von bis zu 80 t reiner Phosphorsäure, zum Teil auch Schwefelsäure, aus dem IG Farben-Werk in Piesteritz und um die dahinter stehende, bereits erwähnte Flucht nach vorne durch Wechsel der Rohstoffbasis und des Zulieferers im Geschäft mit phosphorsauren Salzen. Da Reimann senior der IG Farben einen langfristigen Abnahmevertrag anbot, mit Sicherungsklausel für Lohn, Phosphat und Währung, waren die diese sogar zu einer Erweiterung ihrer Produktionsanlagen in Bitterfeld bereit, da mit den bestehenden Kapazitäten der Bedarf Benckisers nicht zu decken war. Das Problem war der Preis. Die IG Farben verlangte und kalkulierte mit 62 RM je 100 kg P_2O_5, Reimann senior dagegen nannte als Gegenangebot 50 RM.[99] Obwohl die IG-Manager in Bitterfeld dessen Preisvorschlag als unannehmbar bezeichneten und das Geschäft platzen lassen wollten, kam dann aber doch Ende 1928 nach Intervention des IG-Verkaufsbüros in Frankfurt ein entsprechender Kontrakt zu-

96 Ebd., S. 3.
97 Vgl. die Aufstellung für die Jahre 1924 bis 1935, in: JAB-Archiv D 23.
98 Zum Folgenden die Unterlagen in: LA Sachsen-Anhalt, Merseburg, I 506, Nr. 1961 Phosphorsäure-Vertrag IG Bitterfeld mit Firma Benckiser 1925-1936.
99 Vgl. dazu Besuchsbericht IG bei Benckiser vom 24.1.1928, in: ebd.

stande. Doch schon im November 1929 waren zur Erneuerung des Vertrages abermalige Verhandlungen erfolgt, und dabei versuchte Reimann senior weiter, den Phosphorsäurepreis zu drücken. Die Konkurrenzfähigkeit in seinen phosphorsauren Salzen stehe und falle mit dem P-Säurepreis der IG, und diese könne ja an dem Ausfall des inzwischen bei weitem größten Säureabnehmers kein Interesse haben.[100] Reimann äußerte sich auch gegenüber den IG-Managern unverblümt über die bestehenden Konkurrenzverhältnisse, insbesondere das schwierige und konfliktbeladene Verhältnis zu Budenheim/Oetker – was die IG-Manager in zusätzliche Schwierigkeiten brachte, da Budenheim seinerseits der größte Abnehmer von Schwefelsäure in Bitterfeld war.

Im September 1930 spitzten sich dann angesichts der inzwischen veränderten Weltlage auch die laufenden Preisverhandlungen zwischen Reimann senior und der IG Farben zu. Die erfolgte Zollerhöhung in den USA auf die Benckiser-Produkte im Phosphorbereich betrügen umgerechnet 23 Pfg. je Kilo P2O5, so rechnete man IG-Direktor Pistor vor. »Unter Zugrundelegung des Anteils unseres USA-Geschäfts, den wir auf 40 Prozent beziffern, an unserem Gesamtabsatz in phosphorsauren Salzen, ferner des gegenwärtigen Kontraktpreises und schließlich der vorerwähnten Zollbelastung ergibt sich ein Preis von 38 Pfg., den wir haben müssten, wenn wir mit Erfolg unser Geschäft nach den USA wieder aufnehmen wollen«, hieß es in einem entsprechenden Schreiben aus Ludwigshafen.[101] Tatsächlich erhoffte sich Reimann senior nicht nur eine maßgebliche Unterstützung der IG, sein USA-Geschäft zu retten, sondern erwartete dies geradezu, etwa durch eine hälftige Teilung der Zollerhöhungskosten. Reimann plädierte weiter dafür, »unseren Preis für Phosphorsäure nach den Richtlinien seiner Kalkulationsmethode für Kampf-Geschäfte zu errechnen«, notierten die IG-Manager über eine Besprechung Ende Oktober 1930.[102] Als diese deutlich machten, dass sie den Vorstellungen Reimanns nicht folgen würden, und als äußersten neuen Preis 46 RM je 100 kg nannten, zeigte sich dieser zutiefst enttäuscht und »äußerst bedrückt.« Er habe »wirklich erwar-

100 Vgl. Besprechungsbericht vom 14.11.1929, in: ebd.
101 Schreiben vom 16.9.1930, in: ebd.
102 Verhandlungsbericht vom 21.10.1930, in: ebd.

tet, dass Sie mir für mein volkswirtschaftlich solides Unternehmen eine bessere Unterstützung hätten zuteilwerden lassen«, zitierten ihn die Protokollanten. Wie schon auch anderweitig, dachten die großen kapitalkräftigen Konzerne offenbar nur an sich und unterstützten die kleinen und mittelständischen Unternehmen wie Benckiser während der Krise nicht.

Doch Reimann senior ließ nicht locker und konfrontierte die IG-Manager bei den nächsten Preisverhandlungen und Kontraktbesprechungen im Sommer 1931 abermals mit seinen alten Forderungen. Und er versuchte die IG auch moralisch unter Druck zu setzen. Er klagte über die »rücksichtslosen Preisunterbietungen« von Budenheim, die mit einem Preis von Trinatriumphosphat von 23,50 RM je 100 kg P2O5 kalkulierten, das sie selbst herstellten, allerdings über ein technisch veraltetes Verfahren und mit einem qualitativ minderwertigen Phosphat. »Budenheim bekämpft mich aufs Äußerste«, so betonte Reimann, »und ich kann ihm nur begegnen durch eine bessere Stellung in der P-Säure-Grundlage [...]. Ich muss damit rechnen, dass Sie in meinem Kampf gegen Budenheim auf meiner Seite stehen.«[103] Eine entsprechende Zusage erhielt Reimann nicht, aber er handelte schließlich aus, dass für alle zusätzlichen Phosphorsäure-Abnahmen über das im laufenden Kontrakt hinausgehende Quantum von 650 t im Jahr ihm ein um 4 RM je 100 kg ermäßigter Preis eingeräumt werden würde. Auf der Basis dessen könnte er in anderen Export-Ländern mit Kampfpreisen auftreten, so das Kalkül, und zudem auch den verstärkten Einsatz von Trinatriumphosphat für Reinigungszwecke vorantreiben – was allerdings den IG-Managern Bauchschmerzen verursachte und von ihnen mit der Bemerkung quittiert wurde: »Damit würden Sie doch sicherlich Henkel stören, was wir nicht gerne sehen würden.«[104]

Das Tauziehen zwischen der, so jedenfalls stellte es Reimann bei den Verhandlungen dar, immer verzweifelter ums Überleben kämpfenden Benckiser GmbH und der IG Farben um die Phosphorsäure-Preise ging praktisch ununterbrochen bis Ende 1932 weiter. Reimann strapazierte dabei die Nerven seiner Verhandlungspartner in Piesteritz bzw. Bitterfeld und Frankfurt mit seitenlangen und wiederholt

103 Besuchs-Bericht vom 10.7.1931, in: ebd.
104 Ebd., S. 3.

vorgebrachten Ausführungen zur Wettbewerbslage, den veränderten Bedingungen des Phosphatsäure-Geschäfts, den Ungerechtigkeiten gegenüber der Konkurrenz der Großkonzerne wie Henkel und deren schändliches Verhalten, verbunden mit Vorwürfen an die IG und ihre Preispolitik. Für ihn charakteristisch, scheute sich Reimann auch nicht davor, im Januar 1932 einen seiner langen Traktate unter Umgehung seiner Verhandlungspartner ganz nach oben zu schicken und direkt an IG Farben-Generaldirektor Bosch zu adressieren und ihn dazu aufzufordern, »die uns gegenüber geübte Preispolitik einer eingehenden Prüfung zu unterziehen.«[105] »In ganz besonderem Masse«, so stand darin, »werden die gegenwärtigen Konkurrenzverhältnisse von dem Einkaufbüro der IG Farben und der mit ihr liierten großen Konzerne ausgenutzt.«[106]

Wie viel für Benckiser dabei aber auf dem Spiel stand, zeigte sich etwa im März 1932, als diesmal Albert Reimann junior aufgrund einer Erkrankung des Vaters ebenso energisch und lebhaft wie dieser die Verhandlungen mit den IG-Direktoren führte. »Budenheim habe seine Kampfansage gegen Benckiser verschärft«, so führte Reimann junior dabei aus. »Wenn Benckiser nicht auf die Konkurrenz in P-Salzen verzichtet, wird Budenheim den Konkurrenzkampf auf Biegen und Brechen in das Weinsäure-Geschäft übertragen«.[107] Was den Junior zudem beunruhigte, war die drohende Option, dass die IG selbst in das P-Salz-Geschäft einsteigen könnte. Auf eine entsprechende direkte Frage bekam Reimann jedoch nur ausweichende Antworten. Allerdings war inzwischen auch deutlich, dass jedes Kilo Natriumpyrophosphat, das Benckiser nicht absetzte, für das »nicht günstig gestellte Piesteritzer Lieferwerk« eine Mengen- und Gewinneinbuße bedeutete, ganz im Gegensatz zu den P-Salzlieferungen von Budenheim, das inzwischen ein scharfer Konkurrent der IG auf dem Phosphat-Säuregebiet geworden war.[108] Am Ende gelang es Reimann, durch Sondervereinbarungen mit diversen Rabatt-Staffeln einen Durchschnittspreis von 36 RM je 100 kg P_2O_5 auszuhandeln,

105 Schreiben vom 6.1.1932, in: ebd.
106 Ebd.
107 Besuchsbericht vom 30.3.1932, in: ebd.
108 Vgl. Notiz der IG Verkaufsgemeinschaft Chemikalien vom 9.9.1932, in: ebd.

das war fast die Hälfte des ursprünglich einmal von den IG Farben geforderten Preises. Für Benckiser bedeutete das eine Kosteneinsparung von ca. 800.000 RM. Für die IG Farben, bei der der Verkauf an Benckiser ca. ein Viertel des gesamten Phosphorsäure-Absatzes ausmachte, war dies jedoch zu verschmerzen. Die übrige Kundschaft zahlte bei weitem höhere Preise als Benckiser, so dass sich die IG das Nachgeben durchaus leisten konnte.

Die zwar durchaus erfolgreichen, letztlich aber kraft- und zeitraubenden Verhandlungen mit der IG Farben waren aber nicht die einzigen Herausforderungen, denen sich die beiden Reimanns mit Benckiser in den Wirtschaftskrisenjahren gegenübersahen. Im Herbst 1930 sprengte Boehringer, nachdem das Kartellschiedsgericht Ende März 1930 in erster Instanz zugunsten von Benckiser entschieden hatte, durch seine Kündigung des Abkommens das europäische Weinsäure-Syndikat. Im Juli 1931 sollte Boehringer auch in der zweiten Instanz vor dem SIPAO-Schiedsgericht in Lausanne verlieren.[109] Die Syndikatsabsprachen waren zwar angesichts der weltweiten Wirtschaftskrise ohnehin nicht mehr einzuhalten, aber die Kündigung und der daraufhin erfolgende Absturz der Weinsäurepreise von 2,50 RM/kg auf 1,34 RM /kg kam dennoch zumindest für Reimann senior völlig unerwartet. »Die unerwartete Nichterneuerung des Syndikats war für sämtliche Weinsäure-Fabriken eine finanzielle Katastrophe insofern im Rahmen der allgemeinen Rohwaren-Hausse während der Hochkonjunktur die größeren Firmen, also Benckiser, Appula, Kemball Bishop & Co mit sehr erheblichen Mengen teurer Rohware eingedeckt waren zum Preis von ca. 1,70 RM per kg und sie nun genötigt waren, diese teure Rohware während des enormen Absturzes der Weinsäure-Preise zu Verlustpreisen loszuschlagen«, notierte dazu Reimann senior später rückblickend.[110] »Allein die Firma Boehringer hatte ihren Coup vorbereitet. Sie war im Jahre 1931 vollkommen von Rohware entblößt, so dass sie während der folgenden Rohwaren-Baisse billiger einkaufen konnte. Durch rücksichtsloses Schleudern von Weinsäure in England hat sie auch den englischen Markt ver-

109 Vgl. Benckiser-Chronik I, S. 200ff.

110 »Entwicklung der deutschen Wein- und Zitronensäure-Industrie seit Gründung der Chemischen Fabrik Joh. A. Benckiser im Jahre 1823« vom 11.1.1950, S. 14, in: JAB-Archiv, Ordner Firmenchronik.

dorben und die dort bereits geplanten Zollerhöhungen gefördert.«[111] Um den Preissturz wenigstens halbwegs einzudämmen, schlossen Appula, Benckiser und die britischen Kemball Bishop & Co. ein gesondertes Abkommen, das allerdings im Sommer 1932 gleichfalls auslief. Im Spätherbst 1932 erst erfolgten durch den italienischen Präsidenten des europäischen Weinsäure-Syndikats, Dr. Adolfo Tedaldi, Verhandlungen, um das Syndikat wieder zusammenzubringen.

Die dabei zunächst von Boehringer gestellte Forderung nach Quotengleichheit mit Benckiser belastete dabei die Gespräche, dennoch war es auch auf dem deutschen Heimatmarkt unter Vermittlung des Hamburger Bankiers und Staatsrat Julius Peters zu Verständigungsgesprächen zwischen Benckiser und Boehringer gekommen. Dabei trat plötzlich ein neuer Akteur auf: die Nitritfabrik AG. Das Unternehmen war eine kleine, heruntergewirtschaftete Chemiefirma in Berlin-Köpenick und – was später noch von Bedeutung sein sollte – im Mitbesitz jüdischer Privatbankiers und mit einem jüdischen Vorstandsvorsitzenden. Dies wurde allerdings dadurch verdeckt, dass die Aktienmehrheit der durchaus privaten Finanzspekulationen nicht abgeneigte Direktor und Vorstandsmitglied der Deutschen Bank, Arthur von Gwinner, besaß, bzw. dessen Sohn Hans von Gwinner, der auch als Eigner auftrat. Dieser hatte sich schon vorher durch eine Beteiligung bei den Bayerischen Stickstoffwerken als Industrieller versucht, nach dem dortigen Fehlschlag dann die Nitritfabrik erworben. Hinter Gwinner und der Nitritfabrik stand jedoch niemand anderes als Oskar Neuberg, der von Frankreich aus weiter seine Beziehungen in der europäischen Weinsäureindustrie spielen ließ und offenbar Gwinner erfolgreich dazu überredet hatte, in das scheinbar lukrative Weinsäure-Geschäft einzusteigen und gleichsam die Nachfolge von Goldenberg beim Aushandeln von Quoten anzutreten. Mitte Dezember 1932 kam es tatsächlich zu einer Verständigung und Neuregelung der innerdeutschen Quotenverteilung, bei der sich Reimann zu einem deutlichen Zugeständnis überreden ließ: Anstelle der ursprünglichen Verteilung 75 Prozent Benckiser, 25 Prozent Boehringer, erhielt nun Benckiser nur noch 60 Prozent, Boehringers

111 Ebd. Vgl. dazu die Entwicklung aus Sicht Boehringers in: Dehio, Die Industrie der Weinsäure, Zitronensäure und Milchsäure. Ein Rückblick auf die Entwicklung der vierzig Jahre 1925-1965, S. 10ff.

Abb. 6: Die Pariser Syndikatsverhandlungen von 1932. Erster von links: Albert Reimann senior, Zweiter von rechts: Dr. Tedaldi

Quote stieg auf 28 Prozent und der Nitritfabrik wurden 12 Prozent zuerkannt.[112] Der deutsche Weinsäure-Syndikatsvertrag wurde damit erneuert und auf weitere fünf Jahre bis Dezember 1937 verlängert. Auch das europäische Weinsäure-Kartell wurde nach zweijährigem Preis- und Absatzkampf, der allen beteiligten und betroffenen Unternehmen empfindliche Verluste beigebracht hatte, wieder ins Leben gerufen. Nach einer großen Konferenz der europäischen Weinsäureindustrie Anfang Oktober 1932 in Paris wurden Anfang April 1933 die Verträge für eine neue europäische Konvention (SIPAO II) unterschrieben. Die deutsche Gruppe erhielt dabei pauschal 34 Prozent, die italienische Gruppe ebenfalls 34 Prozent und den Briten wurden 32 Prozent zugesprochen.[113] Wenig später traten auch die beiden größten französischen Weinsäurehersteller, Mante & Cie. sowie

112 Vgl. Notiz über die »Beziehungen Benckiser-Boehringer im Rahmen der Entwicklung der Wein- und Zitronensäure-Industrie« vom Januar 1950, in: JAB-Archiv, D 73 und auch Benckiser-Chronik I, S. 212ff.

113 Vgl. Benckiser-Chronik I, S. 218 und Dehio, S. 13f.

M. & J. Legré aus Marseille, dem Kartell bei, wodurch sich der Quotenanteil unter anderem auch der deutschen Gruppe auf 28 Prozent verringerte. Für Benckiser ergab sich aus alldem das Problem, dass die aufgrund des Erwerbs der Goldenberg-Quote massiv ausgebauten Fertigungskapazitäten für Weinsäure viel zu groß und nicht ausgelastet waren. Damit drohten ein rascher Anstieg der Produktionskosten und das Ende der Konkurrenzfähigkeit.

Beträchtliche Geschäftsrisiken bestanden für Benckiser zudem auch noch durch den nach wie vor unentschiedenen Patentprozess, den Budenheim angestrengt hatte. Das Verfahren hatte nach Verhandlungen vor dem Landgericht Berlin im Juni 1929, bei dem beide Kontrahenten unangenehmerweise ihre jeweiligen Verfahren bei der Herstellung von Natrium-Pyrophosphat hatten offenlegen müssen, das Stadium erreicht, dass nun diverse Sachverständige und Gutachter das Wort führten. Die Erwiderung auf die Klageschrift Budenheims hatte dabei aber Reimann junior selbst übernommen und Mitte Dezember 1930 auf neun Seiten mit zahllosen technischen Details die Argumentation des Konkurrenten systematisch zerpflückt.[114] Das Urteil des Landgerichts vom 6. Februar 1931 war dann aber ein Schock. Benckiser verlor und Budenheim wurde mit seinem Patentanspruch Recht gegeben.[115] Formal lag dem Verfahren nur ein Streitwert von 300.000 RM zugrunde, aber für Benckiser und die Reimanns ging es dabei um sehr viel mehr. Reimann senior sah in dem Urteil einen regelrechten Tiefpunkt der Patentrechtsprechung überhaupt, die nicht mehr dem Schutz des geistigen Eigentums diente, sondern als Objekt rein formaler Rechtsbedeutung verkommen war, durch das das Patentrecht zu Zwecken geschäftlicher Konkurrenz missbraucht werde. Statt Experten würden vor allem Juristen das Wort führen und hätten sich auch in diesem Fall »die größte Mühe gegeben, das Sachverständigen-Gutachten mit seinen eindeutigen Feststellungen zugunsten Benckisers auf formal juristischen Schleichwegen zu umgehen.«[116] Schon die zweifelnden Äußerungen des Beschwerdesenats des Reichspatentamtes wären einem Wink an die Konkurrenz, eine Nichtigkeitsklage anzustrengen, gleichgekommen. Ange-

114 Vgl. die Erwiderung vom 16.12.1930, in: JAB-Archiv Ordner D 42.
115 Vgl. Abschrift des Urteils mit Begründung vom 6.2.1931, in: ebd.
116 Vgl. die ausführliche Notiz vom 5.8.1931 zum Patentprozess, in: ebd.

sichts des vorläufigen ungünstigen Ausgangs, gegen den Benckiser umgehend Berufung einlegte, entstand auch bei beiden Reimanns der Eindruck, dass die engagierten Patentanwälte nicht offensiv genug vorgegangen seien und man sich deshalb die Frage stellte, »ob nicht auch unsererseits dazu übergegangen werden sollte, weniger im Ton begütigender Sachlichkeit als mit zurückweisender Schärfe zu antworten.«[117] Am 17. März 1932 erfolgte schließlich die Revisionsverhandlung vor dem Kammergericht Berlin, aber es sollte noch bis Anfang 1933 dauern, bis der Berufung Benckisers stattgegeben und die Anträge von Budenheim abgewiesen wurden.

Angesichts der allenthalben prekären Lage fällte Albert Reimann senior den Entschluss, wie schon 1916 die Flucht nach vorne anzutreten und ein neues Geschäftsfeld aufzubauen. So neu war das Gebiet, in das man nun einsteigen wollte, allerdings nicht. Es ging um Zitronensäure, mit deren Produktion die geringe Auslastung der Apparaturen des Weinsäurebetriebs ausgeglichen werden sollte. Dennoch hatte die Entscheidung den Charakter einer strategischen Weichenstellung von langfristiger Bedeutung. Mit der Herstellung von Zitronensäure hatte man bei Benckiser schon ab 1929 im Versuchsbetrieb experimentiert, so dass 1932 nun sofort der Start der großbetrieblichen Erzeugung erfolgen konnte. Das Problem allerdings war, dass auch hier die Rohstoffbasis fremdbestimmt war und aus dem Ausland importiert werden musste. Mit Zitronensäure gehandelt hatte Benckiser ebenfalls schon früher und damit ansehnliche Gewinne erzielt. Aber auch hier hatten sich die Ex- und Importbedingungen in der Weltwirtschaftskrise erheblich verschlechtert. In Deutschland, obwohl das Mutterland der hier 1892 entdeckten bzw.

117 Schreiben an die Patentanwälte vom 15.7.1932, in: ebd. Die involvierten Patentanwälte auf beiden Seiten gehörten im Übrigen zu den damals renommiertesten und – was zu diesem Zeitpunkt noch keine erkennbare Rolle spielte – Kanzleien mit prominenten jüdischen Anwälten: Hermann Isay auf der Seite Budenheims, Robert von Simson und Ernst Wolff auf der Seite Benckisers. Reimann senior wusste dabei über die Entwicklungen bei dem Erzkonkurrenten ziemlich gut Bescheid, unter anderem auch dadurch, dass Benckiser seit Jahren eine Handvoll Budenheim-Aktien besaß, die die Teilnahme an den Gesellschaftsversammlungen ermöglichte, auf welchen doch manche interessanten Geschäftsvorgänge zur Erörterung kamen.

patentierten Produktion von Zitronensäure durch Gärung durch den Chemiker Carl Wehmer, verfügte keines der Unternehmen über das innovative Verfahrens-Know-how, das eine autarke, auf heimischer Zucker- oder Melassebasis beruhende Zitronensäurefertigung erlaubt hätte.[118] Prinzipiell war das Marktpotenzial der Säure erheblich, sei es als Bestandteil oder Ausgangsstoff einer Reihe von pharmazeutischen Spezialitäten, als Geschmacksverstärker zur Säuerung, Frisch- und Farberhaltung oder zur ph-Wert-Senkung in vielen Zweigen der Lebens- und Genussmittelindustrie. Zudem begann sich bereits deutlich abzuzeichnen, dass in vielen Anwendungs- und Einsatzbereichen Zitronensäure die Weinsäure ablösen würde und neuen, zum Teil noch erst undeutlich erkennbaren Marktbedürfnissen entsprach.

Im Frühjahr 1932 wurden in der Fabrik in Ludwigshafen die ersten Kilogramm Zitronensäure hergestellt, insgesamt bis Jahresende 248 t mit einem Umsatzvolumen von 135.687 RM.[119] Doch Benckiser musste trotz der schon längeren Beschäftigung mit dem neuen Fertigungsgebiet und der letztendlich geglückten Abfederung eines großen Teils des Absatzausfalls für Weinsäure erhebliches Lehrgeld zahlen: Schnell bekamen die Chemiker im Labor wie die Techniker im Säurebetrieb zu spüren, dass die Anschauung irrig war, dass man die eigentliche Fabrikation der Zitronensäure der der Weinsäurefabrikation anpassen könnte. Monatelang kämpfte man mit komplexen Problemen, die sich aus der parallelen Produktion zweier Säuren ergaben, wie der Reinigung der Endmutterlaugen und der Vermeidung gegenseitiger Verunreinigung der Säuren.[120] Und dann hatte Benckiser im Vergleich zu seinem Erzkonkurrenten Boehringer keinen nennenswerten Zeitvorsprung. Boehringer, den im Weinsäure-Geschäft dieselben Probleme drückten wie Benckiser, sollte nur ein Jahr später, im Mai 1933, ebenso überstürzt wie Benckiser in das Zitronensäure-Geschäft einsteigen und schnell erhebliche Mengen auf den Markt

118 Vgl. dazu auch allgemein Luitgard Marschall, Im Schatten der chemischen Synthese. Industrielle Biotechnologie in Deutschland (1900-1970), Frankfurt a.M. 2000, S. 210ff.

119 Vgl. Benckiser-Chronik I, S. 217, und auch Bilanz 1932, in: JAB-Archiv D 22.

120 Vgl. dazu die Notiz Aeckerles vom 15.11.1957 über »25 Jahre Citronensäure«, in: JAB-Archiv, Ordner Firmengeschichte.

bringen.[121] »Aufnahme der Zitronensäure-Fabrikation auch durch Boehringer gemäß bekannter Gewohnheit, sich die Artikel seiner Konkurrenten ebenfalls zuzulegen«, notierte Albert Reimann senior später dazu.[122] Allerdings konnte Benckiser noch erheblich vom Preisverfall des italienischen Zitronensäure-Rohmaterials profitieren. Anfang 1932 war Reimann senior nach Rom gefahren und hatte dort mit der Camera Agrumaria, die das italienische Exportmonopol besaß, einen ersten Kontrakt über die Lieferung von 500 t Zitronenkalk geschlossen, bei dem noch 200 Lire per 100 kg zitronensaurem Kalk, umgerechnet 0,76 RM, anfielen. Beim zweiten, am 24. Oktober 1932 abgeschlossenen Kaufkontrakt ergab sich bereits ein um 50 Prozent niedrigerer Preis.[123] Das bedeutete immerhin einen gewissen Rückenwind bei dem Eintritt in das neue Marktgebiet, auf dem im Zuge der Weltwirtschaftskrise jedoch international heftige Preiskämpfe zwischen den Herstellern der gärungstechnischen und der natürlichen Zitronensäure tobten.[124]

An diesem verlustreichen Konkurrenzkampf nahm auch Benckiser teil, wobei sich die Abwehr gegen jegliche Importeure von Zitronensäure nach Deutschland, die Fabriken der Tschechoslowakei, Englands und Italiens, richtete. Mit dem Export nicht unerheblicher Mengen von Zitronensäure wollte Reimann den Konkurrenten beweisen, »dass man auch Benckiser brauche, um auf dem Wege eines internationalen Syndikats die Preise von Zitronensäure zu regeln«. Parallel zu den Pariser Verhandlungen über die Wiedererrichtung des europäischen Weinsäure-Syndikats fanden daher im Herbst 1932 auch Gespräche unter Beteiligung Benckisers, aber ohne Boehringer, über die künftigen Regelungen des europäischen Zitronensäuremarktes statt. Reimann erreichte dabei, dass die ausländischen Firmen sich

121 Vgl. Marschall, S. 246ff.

122 Vgl. Notiz über die »Beziehungen Benckiser-Boehringer im Rahmen der Entwicklung der Wein- und Zitronensäure-Industrie« vom Januar 1950, S. 3, in: JAB-Archiv, D 73.

123 Vgl. dazu die Angaben im Bilanzprüfbericht für 1936, S. 80, in: JAB-Archiv Nr. D 67, sowie die späteren Schilderungen von Reiman senior vom 11.1.1950 über die »Entwicklung der deutschen Wein- und Zitronensäure-Industrie«, S. 18, in: JAB-Archiv D 52.

124 Vgl. dazu auch Benckiser-Geschäftsbericht 1932 vom 8.5.1933, in: JAB-Archiv Ordner TV 14 b.

bereit erklärten, auf den Import nach Deutschland zu verzichten, wogegen Benckiser sich seinerseits verpflichtete, seinen Bedarf an Zitronenkalk ausschließlich bei den Syndikatsmitgliedern zu decken und auf die eigene Herstellung von Zitronenkalk zu verzichten. Damit war der deutsche Markt von Zitronensäure für die deutschen Hersteller gesichert. Formal sollte das europäische Zitronensäure-Syndikat erst im April 1934 beschlossen werden, aber im Vorfeld hatten Benckiser und Boehringer sich untereinander den deutschen Markt aufgeteilt. Reimann gestand Boehringer einen Anteil von 25 Prozent am Zitronensäureabsatz zu, 75 Prozent beanspruchte man jedoch für sich. Diese Regelung wurde vertraglich für zunächst fümf Jahre getroffen.

Für den entscheidenden Ausgleich des krisenbedingten Einbruchs des Weinsäure-Geschäfts sorgte jedoch das Geschäft mit phosphorsauren Salzen, das sich als weitgehend konjunkturunempfindlich und krisenfest herausstellte. Durch die intensiven Forschungs- und Entwicklungsbemühungen vor allem auch von Albert Reimann junior hatte sich ein weites Gebiet von Anwendungsmöglichkeiten phosphorsaurer Salze eröffnet, deren Potenzial sich allenfalls erst ansatzweise abzeichnete. Schon 1929 war Reimann junior auf die Anwendung von Polyphosphaten als Richtsalze zur Schmelzkäseherstellung gestoßen. Bei einem Besuch von Schweizer Weinsäurekunden hatte man eher beiläufig erfahren, dass dort bei der Herstellung von »Konserven- und Dosenkäse« neben Zitronensäure auch Dinatriumphosphat verwendet wurde. Die daraufhin im Benckiser-Laboratorium von Reimann junior gestarteten Versuche mit den unterschiedlichsten Phosphatderivaten brachten dann schnell vielversprechende Ergebnisse, Rohkäse homogen auf eine Art zu schmelzen, die den bisher verwendeten »Schmelzlösungen« deutlich überlegen war.[125] Das Verfahren wurde am 26. September 1930 erfolgreich gleich durch mehrere Schutzrechte patentiert, samt Auslandspatenten in allen wichtigen käseerzeugenden Ländern, und wenig später kamen unter dem Markennamen »JOHA« die ersten Benckiser-Schmelzsalze in den Handel. Im April 1932 übergab Reimann junior den IG Farben-Managern bei seinen Verhandlungen nicht ohne Stolz einen Sonderdruck aus der *Süddeutschen Molkerei-Zeitung*, in dem das Chemische Untersuchungsamt der Stadt Stuttgart unter dem Titel »Zur Verwendung

125 Vgl. Benckiser-Chronik II, S. 20.

von Metaphosphat bei der Schmelzkäseherstellung und zur Theorie des Schmelzprozesses« das Benckisersche »Schmelzphosphat« eingehend behandelte. Man verspreche sich, so Reimann, davon einen Absatz von einigen 100 Jahrestonnen, »falls diese Angelegenheit in der erhofften Weise einschlägt.«[126]

Daneben entdeckte Reimann junior aber noch eine ganze Reihe weiterer Verwendungsgebiete von phosphorsauren Salzen bzw. hochpolymeren Phosphaten, sei es in kräfte- und nervenstärkenden pharmazeutischen Aufbaupräparaten, als Zusatz für die Backpulverindustrie, Stabilisator in der Lebensmittelindustrie, als Imprägniermittel im Wäscherei- und Textilbereich sowie bei Papier, man konnte Dinatriumphosphat bei der Glasfabrikation einsetzen ebenso wie bei der Kondensmilchherstellung und Kaltleimfabrikation, vor allem aber als Zusatz für Reinigungsmittel und der Kesselwasserenthärtung. Bereits Ende 1929 hatte Reimann senior gegenüber den IG Farben-Managern darauf hingewiesen, dass Trinatriumphosphat bis jetzt noch nicht in großem Umfang hergestellt worden sei, man aber aufgrund der amerikanischen Erfolge mit diesem Produkt auch in Deutschland noch erhebliche Ausdehnungsmöglichkeiten sehe, er denke dabei: als Entfettungsmittel in der Metallindustrie und als Mittel der Wasserreinigung.[127] Gegenüber dem bisher üblichen Kalk-Soda-Verfahren war das potenzielle neue Verfahren allerdings noch viel zu teuer. Bereits im August 1930 jedoch propagierte Benckiser Trinatriumphosphat als Reinigungsmittel unter dem Markennamen »Trinaphos«. »Wir können uns natürlich nicht des großen Propaganda-Apparates wie Henkel bedienen«, äußerte dazu Reimann senior bei einem Besuch der IG in Frankfurt, »sondern werden uns geeigneter Mittelpersonen für den Kleinverkauf bedienen.«[128] Ende April 1931 präsentierte Benckiser dann aber stolz die Ergebnisse des Pfälzischen Revisionsvereins, sozusagen der TÜV der damaligen Zeit, über einen halbjährigen Betriebsversuch mit einer Trinatriumphosphat-Enthärtungsanlage bei einem Speisewasserkessel, die nicht nur die vollkommene Enthärtung des Speisewassers zeigten, sondern

126 Notiz IG-Direktion Bitterfeld vom 1.4.1932, in: LA Sachsen-Anhalt, Merseburg, I 506, Nr. 1961.

127 Vgl. Besuchsbericht vom 25.10.1929, in: ebd.

128 Besuchsbericht vom 12.8.1930, in: ebd.

auch keinerlei Schädigungen an den Kesselwandungen oder gesundheitliche Gefährdungen aufwiesen, was umgehend in einem Werbeprospekt auch den potenziellen Kunden mitgeteilt wurde.

Auch im Phosphor-Salz-Bereich stieß Benckiser aber mehr denn je auf mächtige und vor allem finanzkräftigere Konkurrenten, allen voran die Chemischen Werke Budenheim, daneben aber auch die Gebr. Giulini und Henkel. Gegenüber den einen konnte man preislich nicht mithalten, da Giulini billige Phosphorsäure als Rohstoffbasis selbst herstellte, bei den anderen hatte man keine Chance wegen der starken Werbe- und Marketingpolitik. »Das Henkel'sche Geschäft beruht auf ungeheurer Propaganda«, hatte Reimann senior im Februar 1932 dazu gegenüber den IG-Managern kein Blatt vor den Mund genommen, was diese so beeindruckte, dass sie es als wörtliches Zitat in ihrem Besuchsprotokoll vermerkten. »Mit Millionen hat Henkel zuerst die Dummheit der Menschen präparieren müssen, um die Dummheit dann danach lukrativ für sich zu gestalten.«[129] Aus diesen Worten sprach nicht zuletzt auch eine für Reimann senior typische abgrundtiefe Abneigung gegen jegliche Marketing- und Werbemaßnahmen als Teil der Unternehmenspolitik, was der Sohn erst Jahrzehnte später ändern sollte. Starke Konkurrenten gab es aber auch auf europäischer Ebene wie etwa die britische Albright und die in Lyon beheimatete französische Produits Chimiques Gillet (Progil) SA. Mit einer Reihe von Patenten versuchte sich daher Benckiser auch hier gegen die Konkurrenten abzuschotten und seine Forschungs- und Entwicklungsergebnisse zur weiteren Erschließung des Metaphosphatgebiets zu schützen: Im Februar 1931 etwa durch ein Patent zum Eindicken von Milch, am 24. Mai 1931 folgte ein Patent zur Backfähigkeit, am 3. Februar 1932 zur Herstellung von Schmierseife und schließlich am 27. Mai 1932 das berühmte Patent Nr. 580.233 betr. die Herstellung von gewerblichen und Haushaltsreinigungsmitteln auf der Basis von Alkalimetaphosphat, das uns im Zusammenhang mit der Calgon-Geschichte später noch begegnen wird.

Für Benckiser fällt die Bilanz der Folgen der Weltwirtschaftskrise letztlich ambivalent aus. Einerseits traf die Krise das Unternehmen schwer. Andererseits bewies das Unternehmen auch eine gewisse Krisenresistenz und Überlebensfähigkeit. Mit dem Einstieg ins Zit-

129 Verhandlungsbericht vom 17.2.1932, in: ebd.

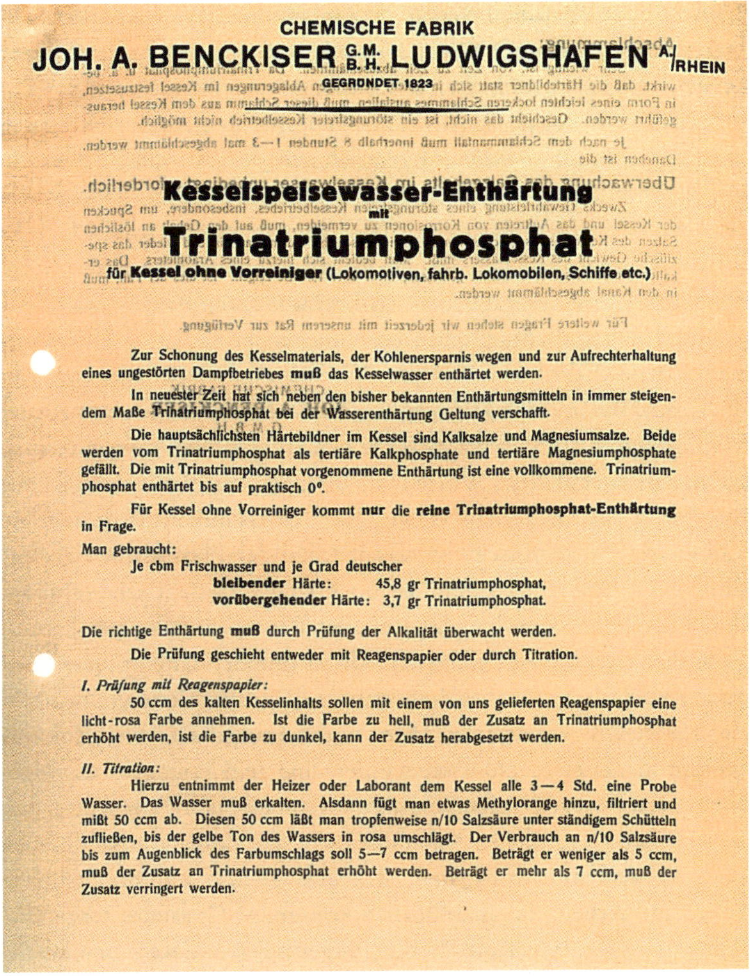

CHEMISCHE FABRIK
JOH. A. BENCKISER G.M.B.H. LUDWIGSHAFEN A/RHEIN
GEGRÜNDET 1823

Kesselspeisewasser-Enthärtung
mit
Trinatriumphosphat
für Kessel ohne Vorreiniger (Lokomotiven, fahrb. Lokomobilen, Schiffe etc.)

Zur Schonung des Kesselmaterials, der Kohlenersparnis wegen und zur Aufrechterhaltung eines ungestörten Dampfbetriebes **muß** das Kesselwasser enthärtet werden.

In neuester Zeit hat sich neben den bisher bekannten Enthärtungsmitteln in immer steigendem Maße Trinatriumphosphat bei der Wasserenthärtung Geltung verschafft.

Die hauptsächlichsten Härtebildner im Kessel sind Kalksalze und Magnesiumsalze. Beide werden vom Trinatriumphosphat als tertiäre Kalkphosphate und tertiäre Magnesiumphosphate gefällt. Die mit Trinatriumphosphat vorgenommene Enthärtung ist eine vollkommene. Trinatriumphosphat enthärtet bis auf praktisch 0°.

Für Kessel ohne Vorreiniger kommt **nur** die **reine Trinatriumphosphat-Enthärtung** in Frage.

Man gebraucht:
Je cbm Frischwasser und je Grad deutscher
bleibender Härte: 45,8 gr Trinatriumphosphat,
vorübergehender Härte: 3,7 gr Trinatriumphosphat.

Die richtige Enthärtung **muß** durch Prüfung der Alkalität überwacht werden.

Die Prüfung geschieht entweder mit Reagenspapier oder durch Titration.

I. Prüfung mit Reagenspapier:
50 ccm des kalten Kesselinhalts sollen mit einem von uns gelieferten Reagenspapier eine licht-rosa Farbe annehmen. Ist die Farbe zu hell, muß der Zusatz an Trinatriumphosphat erhöht werden, ist die Farbe zu dunkel, kann der Zusatz herabgesetzt werden.

II. Titration:
Hierzu entnimmt der Heizer oder Laborant dem Kessel alle 3—4 Std. eine Probe Wasser. Das Wasser muß erkalten. Alsdann fügt man etwas Methylorange hinzu, filtriert und mißt 50 ccm ab. Diesen 50 ccm läßt man tropfenweise n/10 Salzsäure unter ständigem Schütteln zufließen, bis der gelbe Ton des Wassers in rosa umschlägt. Der Verbrauch an n/10 Salzsäure bis zum Augenblick des Farbumschlags soll 5—7 ccm betragen. Beträgt er weniger als 5 ccm, muß der Zusatz an Trinatriumphosphat erhöht werden. Beträgt er mehr als 7 ccm, muß der Zusatz verringert werden.

Abb. 7: Werbeprospekt J.A. Benckiser vom April 1931

ronensäuregeschäft sowie den vielversprechenden Entwicklungen der zahlreichen Spezialitäten im Bereich der phosphorsauren Salze wurde die Basis für eine rasche Rückkehr zu Wachstum und Profitabilität auf der Grundlage eines diversifizierteren Geschäftsmodells anstelle der allein auf Weinsäure ausgerichteten Monostruktur nach der Beendigung der konjunkturellen Talfahrt gelegt. Hatte der Weinsäure-

Umsatz 1928 noch 93 Prozent des Gesamtumsatzes ausgemacht, so waren es 1932 nur noch 66,2 Prozent, während knapp 30 Prozent bereits auf das Phosphatgeschäft entfielen, 3,4 Prozent auf das Zitronensäure-Geschäft. In der Erfahrungsperspektive von Reimann senior wie junior stand das Unternehmen jedoch vielfach mit dem Rücken zur Wand, in ständige und heftige Kämpfe mit den zahlreichen Konkurrenten verstrickt. »Wir haben im März, April, Mai sehr schwere Sorgen-Wochen durchgemacht«, notierte Else Reimann im Frühjahr 1932 in ihr Tagebuch. »Albert war schon Anfang des Jahres 32 durch Überarbeitung und sich immer mehr häufende Schwierigkeiten in der Fabrik so erschöpft und mutlos geworden, dass ich und die Kinder ihn mit aller Überredungskunst dazu brachten, im Februar zum Skilaufen auf den Feldberg zu gehen [...]. Die Preise sinken so stark, dass nach Alberts Worten wir anfangen, mit Verlust zu verkaufen. Der Weinsäureverkauf ist so schlecht, dass nun die einst über die Achsel besehenen Käse-Schmelzsalze und der Phosphatbetrieb uns über Wasser halten. Hoffentlich noch lange. Es sieht sehr schlimm aus. Alles im Umkreis baut ab, stellt den Betrieb ein oder geht kaputt. Eine Pleite das ganze Reich [...]. Albert [junior] hatte in dieser Zeit auch geschäftlich manches diplomatische Kunststück zu vollbringen, denn in diesen verworrenen Zeiten und der sorgenschweren Zukunft musste manches beschlossen werden und fein erwogen, was dem Vater verschwiegen bleiben musste, um ihn möglichst vor Aufregung zu bewahren [...]. Leider haben die ewigen Syndikatsverhandlungen noch zu keinem erwünschten Abschluss geführt und die quälende Sorge und Arbeit, die unaufhörlich kreisenden Gedanken tragen bei Albert nicht gerade zum Wohlbefinden bei.«[130] Große und wachsende Hoffnungen boten demnach allein die politischen Bedingungen mit der erstarkenden NSDAP. Ihre Parolen von der Bedrohung der Mittelindustrie und des Privatunternehmertums gegen die »rasend sich fressende Konzernwirtschaft und deren kapitalistische Wettbewerbsmethoden« fielen bei den Reimanns auf fruchtbaren Boden.[131] Die Hoffnung auf die Verwirklichung der Versprechungen Hitlers

130 Tagebucheintrag Else Reimann, S. 23 f., in: Familienarchiv Reimann-Dubbers.

131 Vgl. dazu auch Reimann junior Notizen zum Entnazifizierungs-Plädoyer vom 11.1.1947, S. 14, in: JAB-Archiv TV 8.

und der NSDAP, das bankrotte Weimarer System zu beseitigen und eine geordnete Wirtschaft einzuführen, verbunden mit dem Schutz der mittleren Industrie gegen die Missbräuche des Wettbewerbs und auch das ruinöse Dumping ausländischer Hersteller war groß. Das Programm der NSDAP versprach Abhilfe.[132] Die Reimanns standen mithin am Vorabend der Machtübernahme durch Hitler und die NSDAP den weiteren Entwicklungen mit großen politischen wie gesellschaftlichen Erwartungen und auch ökonomischen Hoffnungen gegenüber.

132 Vgl. dazu auch Nachtrag vom 26.4.1948 von Albert Reimann senior zu seinem »Bericht über mein politisches, wirtschaftliches und persönliches Verhalten seit meinem Eintritt in die NSDAP im Jahre 1932«, in: JAB-Archiv, Ordner TV 8.

2. Kapitel

Nationalsozialistisches Vorzeigeunternehmen und Profiteur der Vierjahresplan-Ökonomie

Unternehmenskultur und Unternehmensführung (1933-1939)

Nationalsozialistische Betriebsgemeinschaft bei Benckiser

Mit der Machtübernahme Hitlers und dessen Ernennung zum Reichskanzler durch den Reichspräsidenten Paul von Hindenburg am 30. Januar 1933 und der am 5. März erfolgenden Reichstagswahl, die die Scheinlegitimation für die endgültige Alleinherrschaft der NSDAP brachte, ging für die Reimanns ein lang ersehnter Traum in Erfüllung. »Der 5. März war ein Schicksalstag«, notierte Else Reimann in ihr Tagebuch. »Herzergreifend schön und tieftraurig. Meine geliebte Mama ist von uns gegangen [...]. Ahnungslos, dass so etwas uns so plötzlich treffen sollte, fuhren wir vor Tisch noch zur Wahl. Das war ja der große Tag, der Hitlers Sieg bringen sollte. Mama war noch voller Begeisterung für die kommenden Ereignisse und nun hat sie diese herrlichen Stunden der Erhebung des ganzen deutschen Volkes nicht mehr erlebt. Am Abend war es mir doch, als müsste ich ihr zurufen, was sich zugetragen hatte, dass über alles Erwarten die Wahl so gut ausgefallen war und dass nun endlich dieser Mann aus dem Volk, der wie ein Held gekämpft und vierzehn lange Jahre gearbeitet hatte, Sieger geworden ist. Wir leben fast noch wie im Traum.«[1]

Zu diesem Zeitpunkt waren bereits zahlreiche politische Gegner verhaftet und wesentliche Elemente des politischen Systems der Weimarer Republik ausgehöhlt oder beseitigt worden. Offenbar fand das

1 Tagebuchnotizen Else Reimann zum März 1933, S. 18, in: Familienarchiv Reimann-Dubbers. Auf S. 26 vgl. auch das mit ähnlicher Begeisterung geschilderte Miterleben des feierlichen Auftretens von Hitler und Hindenburg am 21. März 1933 in der Potsdamer Garnisonkirche.

die Zustimmung von Reimann senior und junior, denn sie inszenierten den 1. Mai 1933 zu einer erhebenden Feier der neuen nationalsozialistischen Betriebsgemeinschaft.[2] Im Fabrikinnenhof versammelte sich zunächst die gesamte Belegschaft, NSBO-Zellenwart Tauber hielt die Begrüßungsansprache, dann sprach Reimann senior. In einer markigen Rede verglich er das gestürzte Alte mit dem Neuen, wobei er die Ziele der nationalen Erhebung klar herausstellte, notierte dazu Tauber. »Der Jude Karl Marx versammelte um sich zur Ausführung seiner Idee nur die schlechtesten Menschen, Hitler dagegen die besten«, verkündete Reimann senior und schloss mit einem »Heil Hitler«, »Heil Deutschland« und einem »Heil auf die nationale deutsche Arbeit«.[3] Als dritter Redner trat Reimann junior auf, der das Hissen der schwarz-weiß-roten und der Hakenkreuzflagge befehligte, die rechts und links des Fabriktores hochgezogen wurden. Der ersten Flagge folgte die erste Strophe des Deutschlandliedes, der zweiten Flagge die erste Strophe des Horst-Wessel-Liedes. Dann folgte der geschlossene Abmarsch der 154 Beschäftigten inklusive betriebseigener Musikkapelle zum Aufmarschplatz der offiziellen Maifeier in Ludwigshafen. Mag sein, dass Benckiser im ehemals »roten« Ludwigshafen zu diesem Zeitpunkt tatsächlich der einzige Betrieb gewesen war, der eine derartige interne Betriebsfeier zum 1. Mai abgehalten hat, wie Reimann später vorgeworfen wurde. Aber in zahlreichen anderen Städten und Unternehmen fanden zu diesem Zeitpunkt ähnliche Feiern und Betriebsappelle statt.[4] Doch bei Benckiser war nach dem Marsch zum Marktplatz und dem Anhören der übertragenen Hitler-Rede noch kein Ende dieses »Großen Tages«. Es folgte ein geselliges Zusammensein bis tief in die Nacht. Zwei verdiente »Benckiser-Veteranen« unter den Arbeitern wurden geehrt und durften sich an den Tisch der Unternehmensleitung setzen. »Die Stimmung war von Anfang an äußerst lebhaft und froh. Überall lachende Gesichter und ein Zugehörigkeitsgefühl, wie dies nur durch die Volksgemeinschaft im Nationalsozialismus möglich ist«, hieß es

2 Vgl. dazu die Abschrift eines NSBO-Protokolls vom 1.5.1933, in: LA Speyer, R 18 V, Nr. 607.

3 Ebd.

4 Vgl. dazu etwa die Berichte zu Reinhard Mohn und Bertelsmann, in: Frei u.a., Bertelsmann im Dritten Reich, S. 335 ff.

dazu im Tagebuch von Else Reimann.[5] Die [früher vorherrschende] hasserfüllte Atmosphäre zwischen einem Teil der Arbeiterschaft und dem Unternehmer habe ihn lange Jahre so bedrückt, so notierte auch Reimann senior noch viele Jahre später dazu, »dass ich unseren Gefolgschaftsabend vom 1. Mai 1933 als den glücklichsten Tag meines Lebens bezeichnet habe.«[6] Am Tag darauf, dem 2. Mai 1933, wurden die freien Gewerkschaften verboten, deren Einrichtungen zerstört und ehemalige Funktionäre verhaftet.

Die vom NS-Regime neu geschaffene Position als »Betriebsführer« entsprach dabei ganz dem schon bisher praktizierten Selbstverständnis von Reimann senior, sein Sohn fungierte als Stellvertreter. Der bald an die Stelle der NSBO tretende nationalsozialistische Vertrauensrat wurde dabei wesentlich vom Betriebsleiter miternannt und auf diesen zur Treuepflicht vereidigt. Wie überall waren dabei auch bei Benckiser zuvor die eigentlich im Frühjahr 1933 anstehenden Betriebsratswahlen auf September verschoben worden. Doch erhebliche Teile der Beschäftigten wollten dies offenbar nicht erst abwarten. »Die Belegschaft der Firma Joh. A. Benckiser besteht bereits aus mindestens drei Viertel nationalsozialistischen Arbeitern«, so hieß es in einem Schreiben vom 6. Mai 1933 an den NSBO-Leiter Tauber. »Jahrelang waren wir im Kampf um die Befreiung der deutschen Arbeiterschaft von der marxistischen Irrlehre der Gehässigkeit und den Schmähungen der roten Betriebsvertretung ausgesetzt. Nachdem nun überall die Gleichschaltung der Verbände und Gewerkschaften reichsgesetzlich durchgeführt wird, verbitten wir uns noch länger von einem marxistischen Betriebsrat beim Arbeitgeber vertreten zu wissen, der nicht das Vertrauen der Arbeiter genießt [...]. Im Interesse der Beruhigung und Schaffensfreudigkeit der nationalsozialistischen Arbeiterschaft möchten wir Sie als Zellenleiter bitten, dafür zu sorgen, dass bis zur Neuwahl des Betriebsrates der derzeitige marxistische Betriebsrat durch einen kommissarischen Betriebsrat ersetzt wird, der dem Willen der nationalsozialistischen Belegschaft

5 Tagebuch, S. 28.
6 Reimann senior, »Bericht über mein politisches, wirtschaftliches und persönliches Verhalten seit meinem Eintritt in die NSDAP im Jahre 1932« vom 11.7.1945, mit Ergänzungen am 26.4.1948, in: JAB-Archiv, Ordner TV 8.

entspricht.«[7] Wie die weiteren Entwicklungen erfolgten, ist nicht überliefert. Wir wissen nur, dass schließlich ein neuer nationalsozialistischer Vertrauensrat gebildet wurde, unter anderem mit Helmut Janke als Vorsitzendem und dem Betriebselektriker Paul Werneburg, der schon 1932 Propagandawart der Benckiser-NSBO gewesen war, als Stellvertreter. Das Ritual der Betriebsfeier zum 1. Mai wurde nun jedes Jahr wiederholt und 1937 in einem aufwändig erstellten Film auch hinreichend dokumentiert.

Weithin sichtbar wehte nun die Hakenkreuzfahne über dem Firmengebäude. Reimann senior wie Reimann junior traten dabei in gewohnter Arbeitsteilung und in voller Parteiuniform mit entsprechenden Reden vor die Belegschaft, die auf die Prinzipien der nationalsozialistischen Betriebsgemeinschaft eingeschworen wurden, ehe der Vertrauensrat vor den Betriebsführer trat, um sein Treuegelöbnis abzulegen. Es gibt dabei allerdings keine Hinweise darauf, dass Reimann senior Druck auf die Belegschaftsangehörigen, insbesondere seine leitenden Angestellten, ausgeübt hätte, NSDAP-Mitglied zu werden – was bei anderen Unternehmen durchaus weit verbreitet war. Soweit sich nachträglich rekonstruieren lässt, waren bis Mitte der 1930er Jahre ca. sechs bis acht der insgesamt 16 Prokuristen und Betriebsingenieure Parteimitglieder, also etwa die Hälfte.[8] Bei den Angestellten insgesamt lag diese Quote an NSDAP-Mitgliedern vermutlich aber deutlich niedriger, schon allein aus dem Grund, da sich darunter viele Frauen fanden, »von denen weitaus die Meisten nicht in der Partei waren.«[9] Und hinsichtlich der Lohnempfänger bei Benckiser, d.h. der Arbeiterschaft, gab es nachträgliche interne Schätzungen, dass hier maximal 5 Prozent Parteimitglieder gewesen waren, was allerdings der Beschönigung der faktischen »Nazifizierung« geschuldet war und daher ziemlich sicher zu niedrig war.[10] Dennoch galt für die Belegschaftsmitglieder bei Benckiser, dass einer Reihe überzeugter

7 Abschrift des Schreibens vom 6.5.1933, in: GLA Karlsruhe, 465 q, Nr. 2884, T. 2, Bl. 29.

8 Reimann junior hat später sogar behauptet, dass von allen Prokuristen damals nur zwei NSDAP-Mitglieder gewesen seien.

9 Vgl. dazu das Schreiben des Betriebsverwalters bei Benckiser an den Entnazifizierungsverteidiger von Hans Dubbers vom 30.12.1947, in: GLA Karlsruhe, 465 f/900, Bl. 84-87.

10 Vgl. ebd.

Abb. 8 und 9: Die Feier zum 1. Mai 1937 auf dem Betriebshof von Joh. A. Benckiser

Nationalsozialisten oder aus Opportunismus in die NSDAP eingetretene Arbeiter und Angestellten eine deutlich größere Gruppe jener Gefolgschaftsangehöriger gegenüberstand, die aus Desinteresse oder aber politischer Distanz diesen Schritt der Anpassung nicht vollzogen hatten. Ebenso rasch wie konsequent setzten Reimann senior und junior dennoch ihre Vorstellungen von den neuen Regeln des Zusammenarbeitens und der nationalsozialistisch geprägten Unternehmenskultur bei Benckiser um. Eine neue Betriebsordnung auf der Basis des im Januar 1934 erlassenen Gesetzes zur Ordnung der nationalen Arbeit regelte detailliert Arbeitszeit und Arbeitsentgelt und zählte auch die einzelnen Maßnahmen der betrieblichen Fürsorge auf.

Wie stark die Betriebsordnung dabei den Geist des Nationalsozialismus atmete, zeigte sich an den einleitenden Grundsätzen, »die für die Lösung der nationalsozialistischen Aufgaben unserer Werksgemeinschaft im Sinne des deutschen Sozialismus wesentlich sind.«[11] Der Betriebsführer betrachtete sich dabei nicht als Unternehmenseigentümer, sondern als dem deutschen Volke und seinem Führer verantwortlich. Sinn der Betriebsgemeinschaft war »die Bildung einer leistungsfähigen Einheit aus Führer und Gefolgschaft zur gemeinsamen Wertschöpfung für Volk und Reich«, und »Aufnahme in die Betriebsgemeinschaft finden nur solche Volksgenossen, die für den Betrieb geeignet erscheinen und arischer Abstimmung sind.« Was die Benckiser-Betriebsordnung dabei auszeichnete und von den meisten anderen Betriebsordnungen abhob, war, dass sämtliche Ausführungen auf der linken Seite mit zahllosen Zitaten aus Hitlers *Mein Kampf* oder verschiedenen Reden bekräftigt und ergänzt wurden. Auch die Maßnahmen betrieblicher Sozialpolitik richteten sich nach den Maßstäben und Grundsätzen der Deutschen Arbeitsfront (DAF) aus, die inzwischen als nationalsozialistische Massenorganisation an die Stelle der Gewerkschaften getreten war. 1934 wurde mit Hilfe von Betriebsdarlehen von 1180 RM der Eigenheimbau von zunächst zwölf Betriebsangehörigen, Meistern, Handwerkern, Chemiearbeitern unterstützt und so an der Stadtgrenze von Ludwigshafen eine kleine

11 Ein Exemplar der Betriebsordnung vom 1.7.1937, in: LA Speyer, R 18 V, Nr. 607.

Betriebs-Ordnung

Chem. Fabrik Joh. A. Benckiser
Ludwigshafen a. Rh.

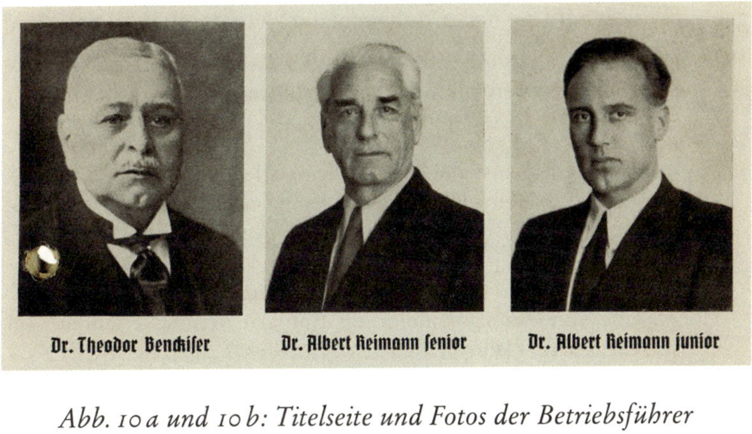

Abb. 10 a und 10 b: Titelseite und Fotos der Betriebsführer aus der Benckiser-Betriebsordnung von 1934

»Benckiser-Siedlung« geschaffen.[12] Die Firma gewährte erkleckliche Zuschüsse für die Teilnahme an Urlaubsfahrten der NS-Gemeinschaft »Kraft durch Freude«, sie förderte die Berufsausbildung mit Subventionen von DAF-Kursgebühren, errichtete eine Betriebssportgruppe, für die in unmittelbarer Nähe zur Fabrik auf dem sogenannten Dörrhorst-Gelände ein eigener Sportplatz angelegt wurde, es gab verschiedene Zuwendungen zur Unterstützung der Altersvorsoge von Gefolgschaftsmitgliedern und auch Beihilfen zur »Förderung erbgesunden Nachwuchses«.[13] Je nach Dauer der Betriebszugehörigkeit richtete sich auch der Umfang des Urlaubsanspruchs von maximal 24 Arbeitstagen. Und es gab eine durchaus moderne betriebsspezifische Vereinbarung zur Sicherung gegen Lohnausfall bei Kurzarbeit und Feiertagen, erreicht durch einen teilweisen Ausgleich der saisonbedingten Höchst- und Mindesteinkommen jedes Arbeiters innerhalb eines Jahres sowie durch übertarifliche Leistungen der Firma, die zu Ausgleichszwecken in dieses Lohnsystem miteinbezogen wurden. In begrenztem Umfang und vor allem für die Angestellten gab es zudem jährliche Tantiemen, die manchmal jenseits der eigentlich von den Treuhändern der Arbeit verfügten und reglementierten Lohn- und Gehaltsstoppregelungen lagen.

Im Rahmen des nationalsozialistischen Arbeitsbeschaffungsprogramms stellte Benckiser 1933 und 1934 – im 60. Firmengründungsjahr – über die normalerweise geplanten Investitionen hinausgehend insgesamt 250.000 RM zur Verfügung, für Umbauten, Instandsetzungen und die Schaffung neuer Arbeitsplätze.[14] In den Jahren 1933 und 1934 wurden für die Verhältnisse des kleinen Chemiewerkes durchaus beachtliche Neueinstellungen vorgenommen: 1933 kamen 12

12 Vgl. dazu etwa die Aufstellung der Siedler-Darlehen mit Stand 31.12.1938, die inzwischen 20 Gefolgschaftsmitglieder mit einem Volumen von 15.000 RM ausmachten, in: Bilanzprüfbericht 1935, Anlage 5, in: JAB-Archiv D 25c.

13 Ebd., S. 17. Ausführlich zur Betriebsordnung auch die spätere Stellungnahme von Reimann junior im Entnazifizierungsverfahren. Vgl. Entnazifizierungs-Plädoyer vom 11.1.1947, S. 23ff., in: JAB-Archiv TV 8.

14 Vgl. dazu der Artikel zum 60. Gründungsjubiläum, in: General-Anzeiger Ludwigshafen 1934, in: JAB-Archiv, Ordner Firmengeschichte. In der Benckiser-Chronik II, S. 28, ist diesbezüglich nur von 60.000 RM für das Jahr 1933 die Rede.

und 1934 insgesamt 14 neue Arbeiter zu Benckiser, das waren jeweils ca. 10 Prozent der damaligen Belegschaft. Vor allem aber errichtete man 1935 in der Frankenthaler Straße ein großes Gefolgschaftshaus, das bald zum Mittelpunkt von Veranstaltungen zur Ehrung neuer Lehrlinge oder verdienter Mitarbeiter wegen deren langjährigen Betriebszugehörigkeit wurde.

Benckiser war darüber hinaus auch bald weithin bekannt für seine jährlichen Betriebsausflüge, bei denen die gesamte Belegschaft per Rhein-Schiff oder mit dem Zug ins weitere Umland fuhr und an den Ankunftsorten mit ihrer Werkskapelle und viel Tamtam durch die Orte zog.[15] Geradezu legendär wurde auch das Betriebsvolksfest von 1938, das Reimann senior eigens für die Belegschaft hatte organisieren lassen, und bei dem sich die beiden Reimanns jovial unter ihre Arbeiter und Angestellten mischten. Benckiser war in ihren Augen zweifellos ein Vorzeigebetrieb für erfolgreich praktizierte nationalsozialistische Betriebsgemeinschaft, mit hoher Identifikation der Belegschaft zur Firma und den beiden Betriebsführern bzw. Unternehmensinhabern.

Doch hinter dem schönen Schein verbargen sich viele Schattenseiten. Unter der Leitung von Helmut Janke, Jakob Butsch und vor allem Paul Werneburg, die den nationalsozialistischen Vertrauensrat bei Benckiser repräsentierten, etablierte sich bald ein regelrechtes Spitzel- und Denunziationssystem, das sich gegen alle in ihren Augen politisch Verdächtige richtete. Janke war 35 Jahre alt und erst wenige Jahre bei Benckiser, während der gleichaltrige Butsch schon 1916 ins Unternehmen gekommen war und sich dort vom einfachen Arbeiter zum Werksmeister hochgearbeitet hatte. Werneburg, zu diesem Zeitpunkt mit 46 Jahren der Älteste unter den Betriebsobleuten, war ebenfalls schon seit 1910 bei Benckiser und dort als Werksmeister und Betriebselektriker für die Energieversorgung zuständig.[16] Schon auf der NSBO-Versammlung vom Juli 1933 führte Werneburg das große Wort und brüstete sich damit, dass er dafür gesorgt habe, dass das ehemalige NSBO-Mitglied Richard Reichert infolge »nati-

15 Vgl. dazu eine Reihe von Filmen im JAB-Archiv, auf denen dies festgehalten wurde.

16 Vgl. dazu die jeweiligen Entnazifizierungsmeldebögen in: LASp, R 18 V, Nr. 18731 (Janke), R 18 V, Nr. E 15717 (Butsch) und R 18 V, Nr. E 17127 (Werneburg).

onaler Würdelosigkeit« ausgeschlossen worden war.[17] Er rief dazu auf, »solche Leute« künftig sofort bei den zuständigen Stellen zu melden. Zudem seien durch eine Mitarbeiterin der Firma »Gräuelnachrichten nach Frankreich« gemeldet worden, und er warnte vor derartigen »Taten«. Im Herbst 1933 rügte Werneburg dann die geringe Teilnehmerzahl beim Aufmarsch am 1. Oktober anlässlich des ersten Reichserntedankfestes und kündigte scharfe Maßnahmen an. Außerdem stellte er namentlich bei den Anwesenden fest, wer die NSZ, das Sprachrohr von Gauleiter Bürckel, las, und wies darauf hin, dass es für alle NSBO-Mitglieder Pflicht sei, die Gauzeitung zu lesen. »Außerdem wurde den NSBO-Mitgliedern der deutsche Gruß zur Pflicht gemacht, innerhalb wie außerhalb des Betriebes.«[18] Mit entsprechenden Ermahnungen und Forderungen an das Verhalten an der Arbeitsstätte wie im Privatbereich wandte sich Werneburg auch an die übrigen Belegschaftsmitglieder. Es gebe immer noch viele Nationalsozialisten, die beim Einkauf sich bewusst oder unbewusst in jüdische Geschäfte verirrten, dies widerspreche der Parteidisziplin, verkündete er unter anderem. Auch auf der sechsten »Gefolgschafts-

17 Vgl. Abschriften diverser NSBO-Protokolle in: LASp, R 18 V, E 17127.
18 Ebd. vom 3.10.1933.

Abb. 11, 12 und 13: Der neue Gefolgschaftsraum, in dem die Feier von Lehrlingsabschlussjahrgängen wie die Ehrung von langjährigen Gefolgschaftsmitgliedern inszeniert wurden

zusammenkunft«, sprich NSBO-Betriebsversammlung, am 15. März 1934 führte Werneburg das große Wort, obwohl inzwischen Janke anstelle von Tauber Betriebszellenobmann geworden war. Auf der Versammlung waren 43 Benckiser-Beschäftigte anwesend, und Werneburg erwähnte kurz die 25 Programmpunkte der NSDAP, teilte entsprechende Propagandablätter aus und beklagte das Sammelergebnis der neben der Stechuhr angebrachten NS-Sammelbüchse. Dann folgte ein Vortrag von »Werkskamerad Hirschbiel über seinen im Schwarzwald verlebten KdF-Urlaub.«[19] Im Betrieb selbst sorgte sich Werneburg gleichzeitig eifrig darum, alle jene Mitarbeiter zur Rede zu stellen, die ihm die entsprechende Antwort auf den »deutschen Gruß« bzw. das »Heil Hitler« verweigerten. Als in der Betriebstoilette die Wände mit der Losung »Hitler ist ein Lump« beschriftet worden waren, machte sich Werneburg sofort auf die Suche nach dem Täter und sorgte dafür, dass bei einem ihm als Hauptverdächtigem erscheinenden Arbeiter mehrere Hausdurchsuchungen durchgeführt wurden, verbunden mit kurzzeitiger Verhaftung und Denunziation bei Reimann senior mit dem Hinweis, der Betreffende sei Kommunist, deshalb unzuverlässig und daher zu entlassen.[20]

Reimann senior wie junior bekamen auch sonst häufiger – meist anonyme – Mitteilungen aus seiner Belegschaft, in der politisch unzuverlässige Mitarbeiter denunziert wurden. Insofern hatte Werneburgs Verhalten und Auftreten offensichtlich Schule gemacht und für eine Unternehmenskultur gesorgt, in der es nicht mehr als verwerflich galt, missliebige Arbeitskollegen anzuschwärzen, solange es sich um politische Aspekte handelte. In der Regel machte man sich dabei nicht die Hände schmutzig, sondern hinterbrachte die entsprechenden Vorfälle und Verdächtigungen einfach Werneburg, der dann für die weitere Verfolgung des Falles sorgte. Im Fall des Schlossers Richard Müller, der bei Benckiser erst seit einem halben Jahr beschäftigt, und Reimann junior gegenüber im November 1938 in einem

19 Abschrift des Protokolls vom 15.3.1934, in: ebd.

20 Vgl. dazu die Ermittlungserhebungen im Dezember 1948, in: ebd. Werneburg weitete seine Denunziationsaktivitäten auch über Benckiser hinaus aus. Im Januar 1937 schwärzte er in einem Brief an seinen Betriebsobmann-Kollegen bei der Firma Röchling einen dort beschäftigten Kraftfahrer wegen politischer Umtriebe und »frechem« Auftreten an. Vgl. Abschrift des Schreibens vom 14.1.1937, in: ebd.

anonymen Schreiben denunziert worden war, stand es jedoch anders. Das »Vergehen« Müllers war es gewesen, dass er einem Juden beim Umzug behilflich gewesen war und zudem offenbar auch eine Vergangenheit als ehemaliges KPD-Mitglied und KZ-Häftling hatte.[21] Von Werneburg zur Rede gestellt, hatte Müller den Mut gehabt, die frühere Verhaftung wegen politischer Umtriebe zu bestätigen und hinsichtlich der Judenfrage gesagt, dies sei ihm egal. »Ich kann mir ersparen«, so betonte daraufhin der anonyme Schreiber in dem Brief an Reimann junior, »Ihnen gegenüber die Judenfrage zu erörtern, verweise lediglich auf vorliegenden Tatbestand und bitte Sie, mit Rücksicht auf den Ruf unserer Firma, auch als gegebenes Beispiel für die gesamte Gefolgschaft, die fristlose Entlassung auszusprechen.«[22]

Aus den Akten geht nicht hervor, wie Reimann junior darauf reagierte. Es spricht vieles dafür, dass ihm und vor allem auch Reimann senior letztendlich die berufliche Qualifikation wichtiger war als die politische Einstellung. Das lag nicht zuletzt auch daran, dass man inzwischen beim Kampf um qualifizierte Arbeitskräfte in Ludwigshafen gegenüber den übermächtigen, benachbarten Großbetrieben wie BASF, Giulini oder Raschig häufig den Kürzeren zog und froh sein musste, benötigte Arbeitskräfte zu bekommen. Dass etwa ein ehemaliger KPD-Funktionär, auf den Werneburg ein kritisches Auge geworfen hatte und den er laufend beobachtete, nicht nur bei der Benckiser-Werkschar sportlich sehr erfolgreich, sondern auch als Kreissieger beim Reichsberufswettkampf der DAF geehrt worden war, ließ Werneburgs Bemühungen, diesen zu entlassen, scheitern. In anderen Fällen waren aber die politisch motivierten Aktivitäten des stellvertretenden Betriebsobmannes, missliebige Betriebsangehörige zu kündigen, durchaus erfolgreich, und es gibt vor allem keinerlei Anzeichen dafür, dass die Reimanns dem Treiben Werneburgs ein Ende bereitet hätten.[23] Vielmehr spricht viel dafür, dass es toleriert wurde, solange es nicht fundamental den Interessen der Betriebsführung zuwiderlief. Selbst dass Werneburg zunehmend dazu überging, die von ihm »aufgedeckten« Fälle politischer Gegnerschaft aus dem

21 Vgl. Abschrift des Schreibens an Reimann junior vom 21.11.1938, in: ebd.
22 Ebd.
23 Vgl. dazu etwa Abschrift des Schreibens Werneburgs vom 2.10.1938 an den Ortsgruppenleiter der NSDAP-Ludwigshafen, in: ebd.

Betrieb hinauszutragen und die NSDAP-Ortsgruppe und vor allem auch SD und Gestapo einzuschalten, was im Grunde gegen die unternehmenspolitischen Prinzipien der Reimanns verstieß, wurde von diesen nicht erkennbar sanktioniert oder unterbunden. Später nahmen die beiden Reimanns für sich in Anspruch, dass sich unter den Benckiser-Belegschaftsangehörigen mehrere ehemalige politische Häftlinge und KZler sowie auch »Halbjuden« befunden hätten und daher von einer politisch einheitlichen nationalsozialistischen Ausrichtung der Belegschaft keine Rede sein konnte. Soweit sich diese Mitarbeiter tatsächlich identifizieren ließen und als solche bekannt waren, bedeutete das politisch vergiftete Betriebsklima bei Benckiser jedoch ein Leben in ständiger Angst vor Denunziation, Bloßstellung und Entlassung. Manche von ihnen reagierten aber auch mit opportunistischer Anpassung, wie der ehemalige KPD-Betriebsrat August Neu, von dem später noch die Rede sein wird.

Es gab noch einen weiteren Aspekt der Personalpolitik bei Benckiser, der jenseits der politischen Ebene lag, aber dennoch nachhaltig die Unternehmenskultur prägte. Reimann senior verfolgte in seinem unternehmerischen Selbstverständnis nach wie vor die »Ökonomie des kleinen Mittelbetriebes«.[24] Das bedeutete, dass auf höchster Führungsebene eigentlich ausschließlich qualifizierte Familienmitglieder tätig sein sollten, die auf den nachgeordneten Unternehmensebenen nicht von fremden »Managern« mit Aufstiegsambitionen bedroht werden konnten. »Teure Angestellte« konnte man sich demnach nicht leisten und auch die Personalbedarfsdeckung im Fertigungsbereich sollte sich nur auf das Allernötigste beschränken. »Hofkolonnen« waren verpönt, so dass alle außerbetrieblichen Arbeiten wie Hofreinigung, Rangieren und Waggonentladung durch zu diesem Zwecke abkommandierte Arbeitskräfte der Produktionsbetriebe erledigt werden mussten. Unter diesen Umständen hatte es den Junior viel Überzeugungsarbeit gekostet, anwendungstechnische Laboratorien und vor allem auch den Phosphatbetrieb auf- und auszubauen. Dort arbeiteten erst ca. 30 Beschäftigte, im Weinsäurebereich dagegen ca. 100 Arbeiter und Angestellte, mithin drei mal so viele. Die bei-

24 Vgl. die reflektierende Notiz Reimann junior vom 2.2.1978 zur Benckiser-Chronik, in: Familienarchiv Reimann-Dubbers, Ordner Schriftwechsel Chronik.

den Unternehmensbereiche unterschieden sich nicht nur quantitativ. Während im Säurebetrieb entsprechend dem Führungsverständnis von Reimann senior unter dem dortigen Betriebsleiter Dr. Emil Aeckerle disziplinierte Betriebsführung nach militärischem Vorbild herrschte und sich auch ein entsprechendes Zugehörigkeitsbewusstsein der dortigen Belegschaft herausgebildet hatte, sah die Situation im Phosphatbereich ganz anders aus. »Unter dem linksdemokratischen Betriebsleiter Draisbach hat sich kein Mannschaftsgeist im Sinne des Säurebetriebes entwickelt«, notierte Reimann junior später dazu, »und die Belegschaft war auch die Keimzelle revolutionärer Umtriebe« in den 1920er Jahren gewesen.[25] Unter dem Benckiser-Dach gab es mithin zwei weitgehend selbständig operierende Firmen mit unterschiedlichen Produkten, Verfahren, Rohstoffen und Technologien, die nur durch die Beteiligungsverhältnisse und den familiären Zusammenhang als Einheit erschien.

NSDAP-Ratsherr und IHK-Präsident

Die Reimanns und die nationalsozialistischen Gleichschaltungen in Ludwigshafen

Die nationalsozialistische Machtergreifung in Ludwigshafen war vielfach ganz anders als im übrigen Reichsgebiet verlaufen, überwiegend chaotisch und von den Reimanns mit Sicherheit keinesfalls erhebend erlebt. Dennoch waren sie dabei in unterschiedlicher Weise involviert und hatten auf ihre Art jeweils eine Rolle gespielt. Das eine war zunächst die Ernennung von Albert Reimann junior als einer der neuen NS-Ratsherren im Ludwigshafener Stadtrat. Reimann war dabei nicht nur altersmäßig der jüngste unter den NSDAP-Stadträten, sondern auch im Hinblick auf seine Parteizugehörigkeit, denn alle anderen nationalsozialistischen Fraktionsmitglieder waren zum Teil schon seit der zweiten Hälfte der 1920er Jahre Parteigenossen geworden, allen voran Heinrich Foerster, seit 1925 NSDAP-Mitglied und seit 1930 Vorsitzender der damals dreiköpfi-

25 Notizen zur Benckiser-Chronik II vom 25.7.1977, in: ebd.

gen NSDAP-Stadtratsfraktion.[26] Als sich am 27. April 1933 der neue Stadtrat zur Eröffnungssitzung traf, waren bereits weder die früheren KPD-Stadträte noch die 13 sozialdemokratischen Stadträte anwesend, Letztere waren bereits Anfang April in »Schutzhaft« genommen und zur Niederlegung ihrer Mandate gedrängt worden.[27] Tags darauf, auf der ersten Arbeitssitzung des Stadtrats, waren die SPD-Stadträte zwar anwesend, wurden aber auf Drängen der NSDAP-Stadträte und nach einem dreimaligen, geschlossenen »Raus!«-Rufen der NS-Fraktion dann gezwungen, den Sitzungssaal zu verlassen. Aber es hatte auch innerhalb der NS-Bewegung, zwischen NSDAP, SA und SS, erhebliche Konflikte und Meinungsverschiedenheiten über den Ablauf und die Art und Weise der »nationalsozialistischen Revolution« gegeben, die Anfang März 1933 in einem regelrechten Putschversuch der SA/SS gegen den Kreisleiter gemündet hatte.[28] Von diesen Ereignissen zeigte sich Reimann junior ebenso wenig beeindruckt wie von der nun rasch anlaufenden politischen Säuberung der Stadtverwaltung. Reimann junior wurde Mitglied in zahlreichen Ratsausschüssen: dem Finanz- und Wirtschaftsausschuss, dem Revisionsausschuss, Wohlfahrtsausschuss und Sparkassenausschuss.[29]

Ludwigshafens Oberbürgermeister war seit Dezember 1930 Dr. Fritz Ecarius, ein parteiloser, bürgerlicher Kandidat der Rechten, sich unpolitisch gebender Technokrat und effizienzorientierter Verwaltungsbeamter, der sich an die neuen Machtverhältnisse anzupassen versuchte und dabei offenbar auch das Vertrauen des NSDAP-Kreisleiters Wittwer und vor allem auch von Gauleiter Bürckel genoss.[30] Zwischen Ecarius und Foerster, der inzwischen stellvertretender Bürgermeister geworden war, entwickelte sich bald ein die Ludwigshafener Kommunalpolitik lähmender Machtkampf, den Ecarius für sich entschied, zumal gegen Foerster bald Korruptionsvorwürfe

26 Vgl. Lothar Meinzer, Stationen und Strukturen der nationalsozialistischen Machtergreifung: Ludwigshafen am Rhein und die Pfalz in den ersten Jahren des Dritten Reiches, Ludwigshafen 1983, S. 87f.

27 Vgl. dazu auch Stefan Mörz, Klaus Jürgen Becker (Hrsg.), Geschichte der Stadt Ludwigshafen am Rhein, Bd. 2. Vom Ende des Ersten Weltkriegs bis zur Gegenwart, Ludwigshafen 2003, S. 187.

28 Vgl. ebd., S. 199.

29 Vgl. Stadtarchiv Lu, Ratssitzungsprotokolle, PA I, Bd. 51.

30 Vgl. Mörz/Becker, S. 189.

Abb. 14: Die NSDAP-Fraktion des Stadtrats, sitzend 4.v.r. OB Ecarius, Bgm. Foerster, Adjunkt Kienzel, Stadtrat Beißwenger, Stadtrat Luitpold. Stehend 5.v.r. Albert Reimann junior

laut wurden und auch Selbstbereicherungen bei Arisierungsaktionen und mit unterschlagenen Parteigeldern bekannt geworden waren.[31] Reimann junior stand dabei als Teil des sogenannten Akademikerflügels unter der NSDAP-Fraktion auf der Seite von Ecarius. Auf einer Vertrauensratssitzung innerhalb der Firma hatte er Foerster offenbar als »großen Zigeuner« bezeichnet, war dafür bei der Kreisleitung denunziert und von dieser zur Rede gestellt worden. Durch den unsoliden Lebenswandel und die Saufgelage von Foerster sowie dessen eigenartige Amtsführung, so hatte sich Reimann gerechtfertigt, sei dieser nicht in der Lage, »den Sitzungen der Ratsherren der Stadt Ludwigshafen irgendeine Bedeutung zukommen zu lassen.«[32] Er werde daher an den Ratssitzungen nicht mehr teilnehmen, solange

31 Vgl. dazu ausführlich Meinzer, S. 88ff., sowie Mörz/Becker, S. 193.
32 So die späteren Schilderungen vom 4.12.1945, in: JAB-Archiv, TV 8b.

Foerster diese leite. Tatsächlich ist in der Folgezeit Reimanns Teilnahme an den Ratssitzungen nicht mehr dokumentiert.

Erst im Dezember 1934 trat Foerster von allen kommunalpolitischen Ämtern zurück. Im Oktober 1935 wurden die vom NSDAP-Kreisleiter für die nächste Legislaturperiode neu berufenen Ratsherren vereidigt, und Reimann junior war nach wie vor unter ihnen. Doch nur wenig später, im Juli 1936, sollte es zur nächsten kommunalpolitischen Krise in Ludwigshafen kommen. Diesmal entfachte sich der Machtkampf zwischen Ecarius und dem von Bürckel aus dem Kreis seiner Machtclique neu berufenen Kreisleiter. Von einem erneuten Eintreten Reimanns für den Oberbürgermeister ist nichts bekannt. Stattdessen unterzeichnete Reimann junior zusammen mit den übrigen Stadträten eine Resolution, in der Ecarius das Vertrauen entzogen wurde.[33] Die ganze Aktion war zweifellos auf massiven Druck des Gauleiters hin erfolgt, dem sich alle willig unterordneten. Am 1. April 1937 wurde ein neuer Oberbürgermeister von Bürckels Gnaden ernannt und wenig später feierlich in sein Amt eingeführt. Von Reimann junior sind in all diesen Jahren keine gesonderten Redebeiträge, geschweige denn Anträge oder Initiativen dokumentiert, wobei der Stadtrat insgesamt schon seit der NS-Machtübernahme seine frühere politische Bedeutung verloren hatte. Dennoch war er ein wichtiges Instrument, um nach außen hin die Illusion der kommunalpolitischen Eigenständigkeit oder Willensbildung unter den Bedingungen des NS-Regimes aufrechtzuerhalten. Über Benckiser selbst war im Stadtrat nur ein Mal, am 23. Oktober 1936, gesprochen bzw. beschlossen worden. Auf dieser Sitzung, bei der bereits die namentliche An- oder Abwesenheit nicht mehr dokumentiert wurde, und offenbar angesichts der Ecarius-Krise bereits kein einziger der Ratsherren erschienen war, ging es um einen Grundstückskauf bzw. -tausch zwischen der Stadt und der Firma.[34]

Albert Reimann senior seinerseits vollzog zur gleichen Zeit, als sein Sohn NSDAP-Ratsherr wurde, die Gleichschaltung der Industrie- und Handelskammer der Pfalz. Reimann war schon vor 1932 Mitglieder der Kammer gewesen, nach der NS-Machtübernahme lag es nun nahe, dass er als einziger Alt-Parteigenosse auch eine hervor-

33 Vgl. dazu näher Meinzer, S. 110f.

34 Vgl. Stadtarchiv Lu, Ratssitzungsprotokolle, PA I, Bd. 53, Bl. 342f.

gehobene Rolle spielen würde. Auch bei der bisherigen Organisation der wirtschaftspolitischen Selbstverwaltung tobten allerdings im Hintergrund in der Phase der »nationalsozialistischen Revolution« heftige Machtkämpfe um die Art und Weise der Gleichschaltung und Einordnung in den neuen NS-Staat. Diesmal standen sich die Bayerische Staatsregierung unter dem zunächst eingesetzten Reichskommissar Ritter von Epp bzw. dem neuen, im April 1933 ernannten NS-Ministerpräsident Ludwig Siebert auf der einen und dem im Gau Rheinpfalz amtierenden Gauleiter Josef Bürckel auf der anderen Seite gegenüber. Bürckel, bald durch seine ganz eigene und von einem populistischen Sozialismus geprägte Politik bekannt, die von Anfang an auf einen starken Gaupartikularismus bis hin zur gebietsrechtlichen Abtrennung der bayerischen Pfalz von der Zentralregierung in München hinauslief, wurde geradezu exemplarisch für das in dieser Phase herrschende administrative Chaos in Bayern.[35] Es war offenbar eine konzertierte Aktion einerseits der Münchner Regierungsstellen von oben, andererseits der betroffenen IHK-Gremien von unten, die dazu führten, dass Reimann senior offiziell als Sonderbeauftragter des Bayerischen Wirtschaftsministeriums für die Gleichschaltung der IHK und kommissarischer Leiter der Kammer ernannt wurde. Die Staatsregierung verfolgte damit das Ziel, den mehr oder weniger offen zur Schau getragenen Interventions- und Gleichschaltungsplänen Bürckels einen Riegel vorzuschieben, die Kammermitglieder ihrerseits erhofften sich dadurch, dass ein politisch motivierter, personeller Kahlschlag verhindert und zudem so viel wie möglich der früheren wirtschafspolitischen Selbstverwaltung erhalten bleiben würde. Bürckel, so die Vermutung beim damaligen IHK-Präsidium, verfolgte die Absicht, den Gauwirtschaftsberater Wilhelm Bösing, eine Marionette aus seiner Parteientourage, als Staatskommissar einzusetzen und dann unter dessen Führung die Kammer entsprechend den nationalsozia-

35 Vgl. dazu Hans-Joachim Heinz, NSDAP und Verwaltung in der Pfalz. Allgemeine innere Verwaltung und kommunale Selbstverwaltung im Spannungsfeld nationalsozialistischer Herrschaftspraxis 1933-1939, Mainz 1994, S. 105ff., sowie Gerhard Paul, Josef Bürckel – Der rote Gauleiter, in: Roland Smelser u.a. (Hrsg.), Die Braune Elite II, Darmstadt 1993, S. 51-65. Siehe auch Lothar Wettstein, Josef Bürckel. Gauleiter, Reichsstatthalter, Krisenmanager Adolf Hitlers, Norderstedt 2010 (2. Auflage), S. 136ff.

listischen Wünschen umzubesetzen und zu einem willigen Werkzeug der NSDAP und auch seiner selbst zu machen.[36]

Reimann gelang es tatsächlich zunächst, allen Beteiligten und ihren Erwartungen gerecht zu werden. Am 8. Juni 1933 erfolgte die feierliche Eröffnungssitzung der neu ausgerichteten IHK, die als regelrechte Kundgebung inszeniert wurde. Reimann hatte zuvor in internen Gesprächen dafür gesorgt, dass alle nötigen Entscheidungen und Vorkehrungen bereits abgesegnet und entschieden worden waren.[37]

Trotz der Erweiterung des Kreises der Kammermitglieder hatte sich an der Zusammensetzung nicht viel geändert. Mit unter anderen Hermann Oehlert, dem Vorsitzenden des Verbandes pfälzischer Industrie, und Karl Freiherr von Gienanth, dem Vorsitzenden des Landesverbandes pfälzischer Arbeitgeber, waren die wichtigsten Vertreter der Industrie- und Wirtschaftsinteressen der Pfalz vertreten, und als Präsident wurde auf Vorschlag Reimanns der bisherige Kammerpräsident Geheimrat Dr. Troeltsch wiedergewählt. Als Vizepräsident ebenfalls wiedergewählt wurde Dr. Fritz Feil, Direktor der Ludwigshafener Filiale der Deutschen Bank, Reimann senior selbst übernahm ebenfalls das Amt eines Vizepräsidenten und blieb damit zumindest formal im Hintergrund. Doch gleichzeitig machte Reimann in seiner programmatischen Rede deutlich, dass sich auch die IHK in den neuen Staat einzuordnen hatte. Er habe sich bemüht, so Reimann, seine Aufgabe im Sinne Adolf Hitlers durchzuführen, d.h. alle unentbehrlichen und wirtschaftlich wertvollen Kräfte bei der IHK zu erhalten, und gleichzeitig aber den Einfluss der nationalsozialistischen Partei und damit ihrer Weltanschauung durch Aufnahme einer möglichst großen Anzahl von Nationalsozialisten in die Kam-

36 Vgl. dazu Oskar Frisch, Die gewerbliche Wirtschaft der Pfalz in ihren Beziehungen zur NSDAP unter besonderer Berücksichtigung der Verhältnisse im Zeitpunkt der Machtübernahme, Bericht erstattet vor der Zentralen Säuberungs-Kommission für die Wirtschaft von Hessen-Pfalz am 24.5.1946, S. 9, in: LASp, R 18 V, Nr. 607.

37 Vgl. dazu IHK Pfalz. Blick in die Geschichte. 175 Jahre IHK, Ludwigshafen 20018, als pdf unter: https://www.pfalz.ihk24.de/share/flippingbook/4262290/flippingbook.pdf, S. 30. Es gibt eine ganze Reihe unterschiedlicher nachträglicher Darstellungen der damaligen Entwicklungen, sei es von Reimann senior selbst oder von verschiedenen damaligen Mitgliedern der IHK, auf die weiter unten noch genauer Bezug genommen wird.

Industrie- und Handelskammer der Pfalz

Gleichschaltung vollzogen – Geh. -Rat Troeltsch Präsident – Dr. Reimann und Dr. Feil Stellvertreter

Eröffnungssitzung

Die Eröffnungssitzung der neugewählten Industrie- und Handelskammer für die Pfalz, die gestern mittag im großen Saale der Kammer in Ludwigshafen stattfand, gestaltete sich in ihrem ganzen Verlaufe zu einer eindrucksvollen Kundgebung. Von der Stirnseite des Saales grüßten die Farben Schwarz-weiß-rot, die Hakenkreuzflagge und die von Lorbeer umrahmten Bildnisse des Reichspräsidenten und Reichskanzlers die aus allen Handelsgremien der Pfalz zahlreich erschienenen Kammermitglieder.

Die Begrüßung

Die Sitzung wurde von einem Vertreter der Regierung der Pfalz, Oberregierungsrat Dr. Dick, eröffnet, der den am Erscheinen verhinderten Regierungspräsidenten Osthelder entschuldigte und namentlich die geladenen Gäste, die Vertreter der NSDAP., Bürgermeister Förster (Ludwigshafen) und den Sonderbeauftragten des bayerischen Staatsministeriums für Wirtschaft, Dr. Reimann senior, willkommen hieß.

„Er habe", so führte er weiter aus, „die angenehme Pflicht, im Namen der Staatsregierung dem bisherigen Kammerpräsidenten Dank und Anerkennung auszusprechen für das, was die Kammer bisher zielbewußt hingebend und erfolgreich für die Förderung der Belange der pfälzischen Wirtschaft geleistet hat. Ferner habe er weiter die ehrenvolle Pflicht, dem Sonderbeauftragten der Kammer, Dr. Reimann, Dank und Anerkennung namens der Staatsregierung dafür zu sagen, daß er seine Aufgabe, die ihm gestellt war, so sachkundig und reibungslos erfüllt habe.

Mit den Grüßen der Kreisregierung verbinde er aber auch den besonderen Dank der Kammer des Innern. Diese habe bisher aufs engste und vertrauensvollste mit der Industrie- und Handelskammer zusammen gearbeitet und sie hoffe, daß dies auch in Zukunft der Fall sein möge. Man stehe in einer Zeit, in der auch die Wirtschaft vor

neue und große Aufgaben

gestellt werde. Schon der Übergang Deutschlands zum Ständestaat habe eine ganze Reihe von Neuerungen aufgeworfen. Er habe das Gewerbereferat übernehmen müssen, ohne die einzelnen Betriebe näher zu kennen. Er könne aber

Dr. Hermann Oehlert (Neustadt), Vorsitzender des Verbandes pfälzischer Industrieller, Karl Freiherr von Gienanth (Eisenberg), Vorsitzender des Landesverbandes pfälzischer Arbeitgeber, Karl Albrecht (Kaiserslautern), Vorsitzender des Handelsschutzverbandes der Pfalz, Wilhelm Schwarz (Ludwigshafen), Vorsitzender des Reichsverbandes deutscher Lebensmittelgroßhändler Kreis Pfalz, und Eberle (Neustadt) vom Handelsschutzverband der Pfalz.

Dr. Reimann:

Nach einstimmig erfolgter Wahl ergriff dann Dr. Reimann zu programmatischen Ausführungen das Wort.

Durch das Bayerische Staatsministerium für Wirtschaft wurde ihm, so führte er aus, der Auftrag übertragen, die Neuwahl und die Neukonstituierung der Industrie- und Handelskammer im Geiste der nationalen Regierung durchzuführen. Er habe sich bemüht, seine Aufgabe im Sinne unseres Führers Adolf Hitler durchzuführen, d. h., der Kammer die für ihre Aufgabe unentbehrlichen persönlich und wirtschaftlich wertvollen Kräfte zu erhalten und andererseits den Einfluß der nationalsozialistischen Partei und damit ihrer Weltanschauung zu stärken durch Aufnahme einer möglichst großen Anzahl von National-Sozialisten in die Kammer. Dem allgemeinen Ausschuß, der heute vorgeschlagen werde, sollen unter 11 Mitgliedern 6 National-Sozialisten angehören.

Im Sinne der Volksgemeinschaft

habe er Wert darauf gelegt, sich die Mitwirkung aller an der Zusammensetzung der Kammer in erster Linie interessierten politischen und wirtschaftlichen Organisationen zu sichern,

der Gauleitung der NSDAP. der Pfalz,

des Verbandes Pfälzischer Industrieller, Neustadt a. d. Hdt.,

des Kampfbundes für den gewerblichen Mittelstand, Neustadt a. d. Hdt.,

des Handelsschutzverbandes der Pfalz, Neustadt a. d. Hdt.,

des Reichsverbandes des Deutschen Nahrungsmittelgroßhandels, Landesverband Bayern, Gruppe Rheinpfalz, Ludwigshafen a. Rh.

Sie alle und nicht zuletzt die ordentliche Vorstandschaft der Handelskammer und ihre Mitarbei-

den fast alle anderen Staaten schon verwirklicht haben, d. h.: Was in Deutschland hergestellt werden kann, soll ausreichend geschützt werden gegen ausländisches Zolldumping.

Ziel und Zweck der Gleichschaltung

Ich habe gesagt, die deutsche Wirtschaft befindet sich im Kriegszustande. Ich meine damit die wirtschaftliche Einkreisung Deutschlands, mit der der Krieg der Waffen gegen das deutsche Volk fortgeführt wird und die sich während der letzten Monate verschärft hat infolge der Mitwirkung und des Bündnisses mit den Feinden derjenigen Elemente, die im Interesse der Erhaltung der deutschen Art und des Aufbaues des völkischen Staates in politischer, wirtschaftlicher und kultureller Beziehung aus ihren bisherigen Machtstellungen entfernt werden mußten. Der völkische Staat kann nicht verzichten auf die grundsätzlichen Gedanken seines Aufbaues, und wir müssen daher durch diese Gefahrzone hindurch, ohne uns einschüchtern oder gar bluffen zu lassen. Diskutiert werden kann nur das Tempo der Entwicklung und die Taktik.

Man hat von bestimmter Seite die Gleichschaltungsbewegung, die durch die Nationalsozialistische Partei zwecks Errichtung und Sicherung der Grundlagen des völkischen Staates und der völkischen Wirtschaft durchgeführt wird, als eine Uniformierung des Geistes bezeichnet.

Dieser Ausdruck ist ein liberales Kuckucksei, gelegt von denen, die den Ernst der Lage noch nicht verstanden haben. Weil wir uns im Kriegszustande befinden,

hat sich der Deutsche, der die Aufgaben der nationalen und sozialistischen Revolution fördern will, als Soldat einer großen Armee zu betrachten.

Diese Wehrpflicht endete aber nicht wie die militärische nach Erreichung eines bestimmten Lebensalters, sondern sie betrifft alle Deutschen und betrifft sie auf allen Gebieten. Ebensowenig wie der Soldat mit seinem eigenen strategischen Plan in der Tasche ausrücken kann, ebensowenig kann der wirtschaftende Deutsche, ob er Unternehmer, Angestellter oder Arbeiter sei, nach seinen eigenen individuellen Anschauungen weiterarbeiten. Er ist berechtigt mitzuberaten, wenn er dazu berufen ist. Aber er vergibt sich nichts weder in persönlicher noch in intellektueller Hinsicht, wenn er sich einfügt in die kämpfende Front der nationalen Revolution. Die nationale Revolution muß siegen, wenn das deutsche Volk gerettet werden soll, und dies ist der berechtigte und tiefste Sinn der sogenannten Gleichschaltung.

Ich bitte Sie, sich von Ihren Sitzen zu erheben zur Ehrung der nationalen Regierung und zum Danke an sie und zur Verpflichtung auf die von ihr ausgegebene Parole „Gemeinnutz vor Eigennutz", die in Zukunft die Richtung sein soll für die wirtschaftliche Gesinnung und das wirtschaftliche Verhalten des deutschen Menschen, sei er Unternehmer, Angestellter oder Arbeiter. Heil Hitler!

Neuwahl des Präsidenten

Anschließend schlug Dr. Reimann die Wiederwahl Geheimrats Dr. Troeltsch als Vorsitzenden der Kammer mit Rücksicht auf dessen außerordentliche Verdienste vor. Entsprechend diesem Vorschlag wurde Geheimrat Dr. Troeltsch einstimmig wiedergewählt.

Geheimrat Troeltsch dankte der Versammlung für das ihm entgegengebrachte Vertrauen und versprach wie bisher, so auch in aller Zukunft, nach bestem Wissen und Können seine Arbeit in den Dienst der Handelskammer zu stellen.

Eine neue Wirtschaftsethik

Anschließend hieran nahm Präsident Geheimrat Dr. Troeltsch das Wort zu einer längeren programmatischen Ansprache. Er ging dabei davon aus, daß die Leitung der Kammer in der Zeit vor Bildung der nationalen Regierung gerade dadurch, daß sie sich von der Politik fern gehalten habe, geglaubt habe, den Bedürfnissen

werden künftig einen gesonderten Reichsstand bilden. Dazu kommt noch der Reichsstand der freien Berufe. Im ganzen sind also 5 Reichsstände vorgesehen. Wenn man bei dieser Gliederung an die italienischen Korporationen denkt, so fällt vor allem auf, daß das Geld- und Kreditwesen fehlt. Es auf Grund des Um-

Abb. 15: Ausschnitt des Berichts zur IHK-Gleichschaltung im Generalanzeiger vom 9.6.1933

mer zu stärken.[38] Von den elf Mitgliedern des allgemeinen Ausschusses der IHK waren nun sechs Parteigenossen. Es folgten längere Ausführungen über die Ziele und Zwecke der Gleichschaltungsbewegung als Voraussetzung »zur Errichtung des völkischen Staates und der völkischen Wirtschaft«, über die Notwendigkeit, sich »einzufügen, in die kämpfende Front der nationalen Revolution«, und vor allem zur Verpflichtung der künftigen Ausrichtung des deutschen Menschen, sei er Unternehmer, Angestellter oder Arbeiter auf die Parole »Gemeinnutz vor Eigennutz« als neuer Wirtschaftsethik.[39] Hier sprach jemand mit tiefster Überzeugung, der aber vermutlich nicht ahnte, dass die diversen Industrie- und Handelsverbände nur wenig später im Zuge der weiteren Gleichschaltung der Wirtschaft verschwinden würden. Es scheint, dass Reimann senior tatsächlich davon überzeugt

38 Vgl. Bericht zur IHK-Gleichschaltung im Generalanzeiger vom 9.6.1933.
39 Vgl. ebd.

war, dass industrielle Interessenvertretung und Kammerorganisation auch im NS-Staat und dessen Wirtschaftsordnung einen Platz haben würden und ideologisch motivierten Experimenten, wie es weite Teile nationalsozialistischer Funktionsträger noch propagierten, ein Riegel vorgeschoben sein würde.

Zunächst allerdings suchte Reimann senior durchaus das Gespräch mit dem Gauleiter. Auf der Präsidiumsbesprechung der IHK am 20. Juni 1934 schlug er vor, von Seiten der Kammer an die Gauleitung heranzutreten und dieser vorzuschlagen, regelmäßig einmal im Monat eine gemeinsame Besprechung zur Erörterung laufender Fragen abzuhalten.[40] Doch dann sollte sich Albert Reimann senior in der Folgezeit schnell in seiner Skepsis und deutlichen Ablehnung gegen Bürckel und dessen Gauwirtschaftsberater Wilhelm Bösing bestätigt sehen. Schon allein die Tatsache, dass beide einfache Volksschullehrer gewesen waren und damit keinerlei wirtschaftspolitische Kompetenz mitbrachten, ließ bei Reimann gegenüber beiden NS-Funktionären Verachtung aufkommen. Bürckel war der einzige bayerische Gauleiter, der eindeutig den »linken« Flügel der NSDAP, vertreten durch Gregor Strasser, unterstützte und eine entsprechende Politik auch nach 1933 verfolgte. Mit eigenwilligen Arbeitsbeschaffungsaktionen und sozialen Hilfsmaßnahmen praktizierte er einen kompromisslosen, fanatischen Sozialismus der Tat, der ihm bald den Beinamen »roter Gauleiter« einbrachte. Noch im August 1933 etwa verkündete er den Startschuss zur »Volkssozialistischen Selbsthilfe der Pfalz«, die Zwangsabgaben nicht nur bei den begüterten Kreisen in der Wirtschaft, sondern auch bei den Reichs- und Staatsbeamten vorsah.[41] Bürckel schreckte auch vor Eingriffen in die Privatwirtschaft nicht zurück, verordnete der Pfälzer Industrie den Übergang zur 40-Stunden-Woche, um dadurch neue bzw. freiwerdende Arbeitsplätze für beschäftigungslose Volksgenossen zu schaffen. Auf seinen Druck hin stellte tatsächlich in Ludwigshafen die IG Farben 1600 Leute neu ein, die Firma Knoll 40, Raschig 49 und Giulini 62 neue Mitarbeiter. Inwieweit sich auch Benckiser dieser Aktion anschloss, ist nicht klar. Mit Sicherheit

40 Vgl. Niederschrift der Besprechung vom 20.6.1934, in: IHK-Archiv, 26 g, 6-1.

41 Vgl. Meinzer, Machtergreifung, S. 125ff.

blieb man aber dabei nicht außen vor. Gleichzeitig ließ Bürckel mit Hilfe der NSBO in den Unternehmen auch zusätzliche »freiwillige Betriebsspenden« einsammeln, das ganze propagandistisch begleitet von der Verkündigung eines »Mittelstandssozialismus«, der sich gegen die drohende Konkurrenz der Großindustrie und die Zinsknechtschaft des anonymen Großkapitals richtete.[42] Mit höchst eigenwilligen Aktionen ging Bürckel auch gegen die Bankkonten der »Ostjuden« vor, allerdings nur als Vorwand, um mit Hilfe von SA-Kommissaren, die den einzelnen Banken zugeordnet wurden, das Geschäftsgebaren der Geldinstitute insgesamt zu überwachen.[43]

Obwohl auf den ersten Blick viele von Bürckels Maßnahmen rein propagandistisch mit den früheren ideologischen Hoffnungen von Reimann senior kongruent waren, widersprachen seine konkreten Ziele insbesondere eines Gaupartikularismus und seiner Loslösungsbestrebungen von Bayern jedoch fundamental Reimanns wirtschaftspolitischen und unternehmerischen Überzeugungen. Die 1936 dann erfolgende Zusammenlegung der Pfalz mit dem Saargebiet zum Gau Saarpfalz und die faktische Unterstellung der pfälzischen Wirtschaft unter diejenige der Saar sollten die Befürchtungen bald bestätigen. Obwohl Bürckel später in vielen seiner Maßnahmen von den übergeordneten Regierungsstellen in München und Berlin zurückgepfiffen wurde, blieben die Gegensätze und eine tiefe persönliche Abneigung. Dass Gauwirtschaftsberater Bösing auch noch im Januar 1936 auf einer Kundgebung zu den »brennenden Fragen der deutschen Volkswirtschaft« von dem großen Ziel »Hin zu einem sozialistischen krisenfesten Betrieb, der dem deutschen Arbeiter eine Heimat werden muss«, sprach, erhöhte kaum die Sympathien Reimanns für Bösing.[44] Allerdings konnte man auch kaum direkt gegen den Gauwirtschaftsberater opponieren, da er doch als Vermittler und politischer Arm der zentralen Berliner Vierjahresplanbehörde Görings sowie zum Büro Keppler, dem Wirtschaftsberater von Hitler, für die Ansied-

42 Vgl. ebd., S. 138f.

43 Vgl. ebd., S. 149, sowie Heinz, NSDAP und Selbstverwaltung, S. 243ff.

44 Vgl. dazu den Zeitungsbericht in der NSZ vom 18.1.1936, in: IHK-Archiv 31-6.

lung weiterer Industriebetriebe in Ludwigshafen und der Pfalz von Bedeutung war.[45]

Zudem häuften sich auch Maßnahmen, die Reimann senior als politisch motivierte Eingriffe Bürckels und Bösings in die Befugnisse der Handelskammer empfand und die daher seinen Widerstand hervorriefen. Dazu gehörte etwa die Verweigerung der Bestätigung Feils als Handelsrichter. Nachdem Interventionen Reimanns bei Gauleiter Bürckel und dessen Stellvertreter erfolglos geblieben waren, wandte sich dieser in der ihm eigenen Art mit einer scharfen Beschwerde und dem unter Protest erklärten Rücktritt Feils aus dem IHK-Präsidium direkt an Reichswirtschaftsminister Hjalmar Schacht.[46] Daraufhin ordnete das Reichswirtschaftsministerium (RWM) offenbar die Rehabilitierung Feils an und bestätigte die bisherige Zusammensetzung des IHK-Präsidiums. »Eine Niederlage, die mir der Gauleiter nicht vergessen hat«, wie Reimann senior später notierte.[47] Ein zweiter Konfliktfall ergab sich aus einem bald darauf verkündeten Erlass des Gauleiters zur Feiertagsbezahlung der Arbeiter im inzwischen formierten Gau Westmark, in den die Pfalz nach der Eingliederung des Saargebietes aufgegangen war. An und für sich war die pfälzische Industrie kein Gegner dieser vergütungspolitischen Maßnahme, die bisher allein den Angestellten zugutekam. Aber man empfand dies als finanzielle Sonderbelastung und vor allem auch als Sache der Reichsregierung. Mit anderen Maßnahmen, wie etwa der Überrumpelung der IHK durch die DAF Gauwaltung Pfalz-Saar im Dezember 1935, als diese Präsident Troeltsch ultimativ aufforderte, seine Unterschrift unter einen von Bürckel initiierten Aufruf an Handel und Industrie zur Gewährung von Weihnachtsgratifikationen zu setzen – was die-

45 Vgl. dazu etwa Aktenvermerk über Telefongespräch IHK-Geschäftsführer Frisch mit Bösing vom 25.11.1936, in: IHK-Archiv Nr. 31-6.

46 Vgl. dazu die Schilderung des Falls durch Reimann senior selbst in seinem »Bericht über mein politisches, wirtschaftliches und persönliches Verhalten seit meinem Eintritt in die NSDAP 1932« vom 11.7.1945, in: LA Speyer, R 18 V, Nr. 607 und auch in: JAB-Archiv, Ordner TV 8, sowie durch den damaligen Justiziar und Geschäftsführer der IHK, Oskar Frisch, in einer ausführlichen, 43 Seiten langen Darlegung über »Mein Verhältnis zur NSDAP« vom 31.12.1945, in: ebd.

47 Vgl. Bericht über mein politisches, wirtschaftliches und persönliches Verhalten, S. 5.

ser dann auch tat –, hatte Reimann aber offenbar weniger Probleme.[48] Doch es gab weitere Reibereien mit Bürckel. Anlass war unter anderem eine ursprünglich von der Gau-Industrie und dem Gauleiter als Versöhnungsversammlung vereinbarte Kundgebung in der Ludwigshafener Hindenburghalle, zu der dann tatsächlich tausende Teilnehmer kamen. Die erste Ansprache hielt dabei Hermann Röchling, der wohl prominenteste und auch politisch gewichtigste Industrieführer des neuen Gaus. Doch erst nach Beendigung von dessen Rede marschierte Gauleiter Bürckel mit seinem Stab und zu den Klängen des Badenweiler Marsches in die Festhalle ein, um dann seine Rede zu halten. In den Augen der versammelten Industriellen und besonders Reimanns senior war dies ein Affront sondergleichen. Dazu kam, dass in Bürckels Propagandaorgan NSZ ein Kesseltreiben gegen den Chefsyndikus der Handelskammer, Dr. Oskar Frisch, in Gang gesetzt wurde. Die erhobenen Korruptionsvorwürfe stellten sich schnell als haltlos heraus, aber das Ganze sorgte dafür, dass Reimann senior sich persönlich beim NSZ-Chefredakteur beschwerte, öffentlich über die »Kamarilla« in der Gauleitung schimpfte und dann den Vorgang in der ihm eigenen Art an sämtliche übergeordnete Stellen in Berlin meldete, sprich an das Reichspropagandaministerium und an das Reichsjustizministerium, wo man sich gezwungen sah, sich mit der Provinzangelegenheit auseinanderzusetzen.[49] Es war kein Wunder, dass dies wiederum von Bürckel als unbotmäßige »Treibereien der Handelskammer gegen die Gauleitung« empfunden wurde, zumal nachdem er auch erfahren hatte, dass Reimann senior in einem Gespräch mit dem Vorsitzenden der Reichswirtschaftskammer, Albert Pietsch, gefordert hatte, dass eine Instanz zwischen den Gauleitern und dem Führer geschaffen werden müsse, die Beschwerden gegen die Gauleiter überprüfen sollte.[50]

Die Konflikte mit dem Gauleiter und seinem Gauwirtschafsberater hielten Reimann senior aber nicht davon ab, in der nationalsozialis-

48 Vgl. dazu das Schreiben der DAF an die IHK vom 18.12.1935, in: IHK-Archiv, 31-1/3.

49 Vgl. dazu auch die ausführliche Darstellung der Vorkommnisse bei Frisch, Mein Verhältnis zur NSDAP, S. 30, in: LASp, R 18 V, Nr. 607.

50 Vgl. der Vorgang bei Reimann senior, Bericht, S. 6f., und bei Frisch, »Mein Verhältnis zur NSDAP«, S. 26ff.

tischen Ordnung der regionalen Wirtschaft weiter eine aktive Rolle zu spielen. 1935 wurde für den neu geschaffenen Wirtschaftsbezirk Saarpfalz eine entsprechende Bezirkswirtschafskammer geschaffen, in deren Beirat Reimann als Vertreter der chemischen Industrie saß und deren stellvertretender Leiter er später, im September 1938, auch wurde. Reimann fungiert dabei auch als »Beauftragter des Reichswirtschaftsministeriums« bei der Ernennung von Vorsitzenden des Ehrengerichts der gewerblichen Wirtschaft bei der Wirtschaftskammer Saarpfalz. Ein Jahr zuvor, 1937, hatte Reimann zudem in Nachfolge von Troeltsch nun auch formal die Präsidentschaft der IHK Pfalz übernommen. In seine bis 1941 dauernde Amtszeit fielen nicht nur die Umsetzung der Vierjahresplan-Politik auf regionaler Ebene, sondern vor allem auch jene Maßnahmen zur Verdrängung und Ausschaltung der Juden aus dem Wirtschaftsleben in Ludwigshafen und der Pfalz. Angesichts der nur sehr splitterhaft überlieferten Unterlagen der IHK Pfalz aus jenen Jahren – der Aktendeckel mit der Aufschrift Präsident Albert Reimann senior ist leer – lässt sich dessen Wirken bei der IHK auch nur rudimentär rekonstruieren. Dennoch gibt es ein paar bezeichnende Schlaglichter. Zunächst ergänzte Reimann das Präsidium der IHK um weitere Vizepräsidenten. Neben Fritz Feil kam nun Dr. Hermann L. Oehlert dazu, einer der größten und einflussreichsten pfälzischen Unternehmer, sowie Dr. Wilhelm Clemm, Vorstand bei der Knoll AG, und Carl Albrecht, Textil- und Teppichhändler aus Kaiserslautern. Alle drei waren NSDAP-Mitglieder, aber, soweit man weiß, eher unideologische Unternehmer, die die Position Reimanns und der IHK gegenüber den Eingriffen Bürckels und des Gauwirtschaftsberaters vermutlich stärken sollten.

Bei der Umsetzung der antisemitischen Maßnahmen und der Verdrängung der Juden aus dem pfälzischen Wirtschaftsleben jedoch machte sich die IHK – wie alle anderen Handelskammern auch – zum willfährigen Exekutor der aus Berlin kommenden Erlasse. Sie wurde zum Rad im Getriebe der Arisierungsmaßnahmen des NS-Regimes. Das begann schon im Herbst 1933, als jüdische Betriebe und Handwerker weitgehend von öffentlichen Aufträgen ausgeschlossen wurden. Es folgte 1935 unter anderem der willkürliche Entzug von Fettkontingenten für jüdische Firmen und deren »Übertragung« auf arische Firmen und reichte zunächst bis zur befürwortenden oder ablehnenden Stellungnahme der IHK bei der Erteilung von Auslandsreisepässen an jüdische Kaufleute im Frühjahr/Sommer 1938.[51] Auf die Anfrage der Polizeidirektion Kaiserslautern an die IHK vom 15. Juni 1938, ob Otto Feibelmann, jüdischer Geschäftsinhaber eines kleinen Papier- und Dekorationsgeschäfts aus Kaiserslautern, die Verlängerung seines Reisepasses erteilt werden sollte, sprach sich die IHK in einem von Präsident und Syndikus pauschal unterzeichneten Schreiben gegen die Verlängerung und Aushändigung des Reisepasses aus, da die volkswirtschaftliche Bedeutung der getätigten kleinen Export-Geschäfte nur unbedeutend seien.[52] Auch im Fall des jüdischen Geschäftsmannes Julius Mayer aus Neustadt a.d. Weinstraße beschieden Reimann senior und Syndikus Frisch dem Oberbürgermeister von Speyer Ende August 1938, dass kein hinreichender Nachweis über wichtige geschäftliche Auslandsbeziehungen erbracht worden und »außerdem ein weiteres Eindringen von Juden in das deutsche Ausfuhrgeschäft unerwünscht [seien]«, so dass der Antrag auf Reisepass nicht befürwortet werde.[53] Der positive oder ablehnende Bescheid der IHK konnte für die Betroffenen das Urteil über eine erfolgreiche oder gescheiterte Emigration bedeuten, wobei die IHK keineswegs pauschal urteilte. Jeder Fall der »Erteilung von Judenpässen« wurde gesondert geprüft, und vielfach kam man auch zu dem Urteil, dass gegen beantragte Auslandsreisen jüdischer Geschäfts- und Firmeninhaber keine Bedenken bestünden und diese durchaus als wirtschaftlich notwendig angesehen werden konnten.[54]

Nach der Pogromnacht des 9. November 1938 und den sich nun erheblich verschärfenden Verfolgungs- und Diskriminierungsmaßnahmen nicht mehr nur gegen jüdische Geschäftsleute nahmen die entsprechenden Anträge bei der IHK auf Bewilligung von Ausreiseanträgen erheblich zu.[55] In der Folgezeit wurde die IHK auch zunehmend in gewerbepolizeiliche Ermittlungen gegen jüdische Geschäfte eingeschaltet sowie in die gutachterliche Feststellung, ob ein Unter-

51 Vgl. dazu IHK-Archiv 31-6 vom 25.11.1936 sowie 30-4/1 Ordner »Devisen, Pässe und Auswanderungen«.

52 Vgl. Schreiben vom 18.6.1938, in: ebd.

53 Vgl. Schreiben vom 31.8.1938, in: ebd.

54 Vgl. dazu mehrere Beispiele vom Juli und August 1938 in: ebd.

55 Vgl. dazu allgemein Ulrike Minor, Stefan Mörz, Juden in Ludwigshafen, Ludwigshafen 2015, S. 191ff.

nehmen entsprechend den Kriterien des RWM-Erlasses als jüdisches Unternehmen anzusehen sei.[56] Je nach Beurteilung wurden die Geschäfts- und Firmeninhaber von den inzwischen installierten staatlichen Überwachungsstellen weiter mit Rohstoffzuteilungen bedacht oder davon abgeschnitten bzw. mit deutlichen Kürzungen bestraft und damit letztlich zur Aufgabe des Geschäfts gezwungen. Die IHK für die Pfalz trug dazu bei, dass sich die Ausschaltung der Juden aus dem pfälzischen Wirtschaftsleben ebenso reibungs- und geräuschlos wie effizient vollzog.[57] Sie war während der Präsidentschaft Albert Reimanns senior ein zentrales Räderwerk im lokalen und regionalen Arisierungsprozess, auch wenn sie sich nicht mit besonderen Maßnahmen zur Enteignung der Juden, wie das andernorts durchaus der Fall war, hervorgetan hat. Jahrzehntelang haben die Industrie- und Handelskammern später den Mythos der Opferrolle im Zuge einer erzwungenen Gleichschaltung von oben gepflegt, ebenso wie es auch die Unternehmer- und Industrieverbände taten.[58] Tatsächlich aber erfolgte, wie das Beispiel Albert Reimann senior exemplarisch zeigt, eine Anpassungsstrategie von unten über den Versuch, mit Hilfe von Unternehmern, die Parteimitglieder der NSDAP und damit gleichsam Verbindungsmänner zu den neuen Machthabern waren, die organisatorische Autonomie und unternehmerische Interessenwahrnehmung

56 Vgl. dazu IHK-Archiv, Ordner 30-1/1 bis 1/3 »Feststellung jüdischer Unternehmer«.

57 Es gab zwar später im Kontext des Entnazifizierungsverfahrens gegen Reimann senior keine diesbezüglichen Anschuldigungen, und Reimann selbst betonte nach 1945, dass man weder in Mannheim noch in Ludwigshafen auch nur einen einzigen Juden finden würde, der Ursache habe, »sich über seine geschäftliche oder persönliche Behandlung durch mich zu beschweren. […] Auch als Handelskammerpräsident habe ich nachweisbar Juden, die bei mir Beschwerden vortrugen, entgegenkommend und freundlich behandelt.« Reimann senior, Bericht, S. 11, in: JAB-Archiv TV 8. Allerdings ist praktisch nirgends nachweisbar, dass sich jüdische Unternehmer überhaupt gegen die Diskriminierungsmaßnahmen bei den zuständigen oder involvierten Stellen beschwert hätten, und die meisten damals betroffenen Geschäftsinhaber haben die folgenden Jahre nicht überlebt.

58 Vgl. dazu am Beispiel des Verbandes der Pfälzischen Industrie und der dort verfolgten Anpassungsstrategie die kritische Studie von Sibille Altmayer, Interessenvertretung und Unternehmertum. Zur Geschichte des Verbandes der Pfälzischen Industrie, Neustadt 1994.

gegenüber allzu rabiaten und ideologisch motivierten Maßnahmen von Gauwirtschaftsberatern und Gauleitern zu verteidigen.[59] Das gelang zum Teil zumindest zeitweise, erwies sich jedoch bald als Illusion und führte letztlich dennoch zur problemlosen Einordnung in die neue Wirtschaftsordnung des NS-Regimes.

Zwischen antisemitischen Bekenntnissen und Konflikten mit Gauleiter und der SS

oder: Selektive Wahrnehmung von Parteiübergriffen

Dennoch gab es weitere Konflikte und Auseinandersetzungen. Albert Reimann senior jedenfalls suchte in Sommer 1938 wieder einmal den Konflikt mit Gauwirtschaftsberater Bösing und Gauleiter Bürckel. Diesmal ging es um die Besetzung bzw. Neuberufung der 50 Mitglieder des IHK-Beirates, und der Streitauslöser ist nachgerade typisch für die Absurdität der unterschiedlichen »Logiken« hinter den damaligen Konfliktkonstellationen innerhalb bzw. zwischen verschiedenen nationalsozialistischen Partei- und Wirtschaftsorganisationen. Bösing und Bürckel hatten anstelle von Philipp Helfferich, altgedienter Kommerzienrat und Fabrikdirektor sowie vor allem ehemaliger Vorsitzender der DNVP der Pfalz und damit gleichsam gemeinsamer politischer Streitgefährte Reimanns aus früheren Tagen, die Berufung von Dr. Kurt Raschig angeordnet. Raschig war Direktor und Vorstandsvorsitzender eines der bedeutendsten Ludwigshafener Chemieunternehmen, und obwohl Benckiser und Raschig in unterschiedlichen Geschäftsfeldern tätig waren, lehnte Reimann in einem Brief an Bösing die Berufung strikt ab. Als Begründung verwies er zunächst darauf, dass alle acht der Ludwigshafener Industrie zustehenden Kammersitze bereits besetzt seien, unter diesen acht nicht allein fünf

59 So auch die Argumentation und Darstellung von Fritz Feil und H. Troeltsch im Oktober 1946 in ihren Entlastungsschreiben für Reimann senior, in: JAB-Archiv, Ordner TV 8/8b. Eine ähnliche Rolle wie Reimann in der IHK Pfalz spielte etwa Karl Merck in der IHK Darmstadt. Vgl. dazu Carsten Burhop u.a., Merck 1668-2018. Von der Apotheke zum Weltkonzern, München 2018, S. 267f.

Vertreter der Chemischen Industrie sein könnten und zudem »über die Firma Raschig in Ludwigshafen Gerüchte umliefen, welche die Berufung eines Vertreters nicht zweckmäßig erscheinen ließen.«[60] Man habe festgestellt, »dass der Jude Dr. Köbner bis 31. Dezember 1937 im Ludwigshafener Werk und der Jude Dr. Neumann bis in die letzten Tage im Werk Langendreer in maßgebenden Posten (stellvertr. Direktoren) beschäftigt wurden.«[61] Das war ein ebenso perfides wie jedes Unternehmen in größten Misskredit bringendes Argument. Zwischen Reimann senior und der Gauleitung gab es noch bei weiteren Beiratsmitgliedern differierende Beurteilungen, so dass eigentlich nur die Berufung eines Rumpfbeirates von 36 Mitgliedern unstrittig war, was Reimann jedoch strikt ablehnte. Die Sache ging, wie für Reimann senior typisch, schnell bis in das Reichswirtschaftsministerium nach Berlin, wo sich Gauleiter Bürckel im Frühjahr 1939 seinerseits offenbar dezidiert gegen eine Verlängerung der Amtsdauer Reimanns als IHK-Präsident ausgesprochen hatte. Geradezu verzweifelt wandte sich daher Otto Frisch, der Geschäftsführer der IHK, an das Reichswirtschaftsministerium, um dem dadurch unweigerlich erscheinenden eskalierenden Konflikt vorzubauen. »Dr. Reimann [hält] charakterlich und weltanschaulich eine Linie ein, die von den besten Nationalsozialisten nicht übertroffen werden [kann]«, hieß es in dem Schreiben.[62] »Umso mehr würde ich es bedauern, wenn ihm nunmehr ein Abgang bereitet würde, den er tatsächlich nicht verdient hat. Ich glaube auch nicht, dass Dr. Reimann dies ohne weiteres hinnehmen, sondern dass er sich bis zum Äußersten wehren würde.«[63]

Ende August 1939 wurde Reimann senior zum Reichskommissar der IHK für die Pfalz bestellt und als Präsident der Kammer erneut bestätigt. Raschig befand sich nicht auf der Liste der Beiratsmitglieder. Dieser ›Sieg‹ Reimanns gegenüber Bürckel hatte letztlich auch damit zu tun, dass der Gauleiter inzwischen in zahllosen Sonderaufträgen und Missionen im Namen Hitlers unterwegs und in seinem ursprünglichen Heimatgau kaum noch aktiv war. Schon zwischen

60 Schreiben Reimann an Bösing vom 22.6.1938, in: IHK-Archiv 26 Aa, 2u, Teil 2.

61 Ebd.

62 Schreiben Frisch an Ministerialrat Heuser im RWM, ohne Datum, in: ebd.

63 Ebd.

1935 und 1936 war er »Reichskommissar für die Rückgliederung des Saargebiets« gewesen und hatte die Neugliederung des Gaugebietes vorangetrieben, dann wurde er 1938 »Reichskommissar für die Wiedervereinigung Österreichs mit dem Deutschen Reich«.[64]

Es ist deutlich, dass diese nachträgliche Darstellung der Ereignisse und Auseinandersetzungen von Reimann senior so erfolgte, dass er in einem guten Licht dastand. Tatsächlich werden sie aber von anderen Zeitzeugen sämtlich im Kern bestätigt.[65] Der Konflikt zwischen Reimann senior und Bürckel, der mit politischem Widerstand gegen Parteistellen nichts zu tun hatte, war dabei keinesfalls einzigartig, sondern nachgerade typisch für zahllose ähnliche Auseinandersetzungen zwischen selbstherrlichen Parteifunktionären und Unternehmern in anderen Regionen des Deutschen Reichs. Für Reimann senior jedenfalls war das selbstherrliche Verhalten Bürckels, sein von Ellenbogenkraft, außerordentlicher Dynamik und großem Geltungsdrang geprägter Populismus, nachgerade eine permanente Provokation, gerade weil es mit seiner eigenen Dynamik, Kampfbereitschaft und Selbstherrlichkeit kollidierte. Dieses tägliche Kleinklein von Rivalitäten, Eifersüchteleien und aus verletzter Eitelkeit entstehenden Konflikten zwischen zwei streitsüchtigen und herrischen Persönlichkeiten der damaligen nationalsozialistischen Partei- und Industrie-Honoratiorenschaft wäre nicht weiter der Erwähnung wert. Aber unter den damaligen Umständen des NS-Regimes konnten sie schnell politisch aufgeladen werden und schwerwiegende Folgen wirtschaftlicher wie persönlicher Art für die jeweils direkt Betroffenen, aber auch für unbeteiligte Dritte nach sich ziehen. Die beiden Reimanns jedoch gingen solchen Konflikten dennoch nicht aus dem Weg, auch in der festen und wohl auch nicht unberechtigten Erwartung, dass sie die frühe Parteimitgliedschaft vor etwaigen Sanktionen schützen

64 Vgl. Lothar Wettstein, Josef Bürckel. Gauleiter, Reichsstatthalter, Krisenmanager Adolf Hitlers, Norderstedt 2010 (2. Auflage), und Gerhard Paul, Josef Bürckel – Der rote Gauleiter, in: Roland Smelser u.a. (Hrsg.), Die Braune Elite II, Darmstadt 1993, S. 51-65.

65 Vgl. dazu insbesondere Oskar Frisch, Die gewerbliche Wirtschaft der Pfalz in ihren Beziehungen zur NSDAP unter besonderer Berücksichtigung der Verhältnisse im Zeitpunkt der Machtübernahme, Bericht erstattet vor der Zentralen Säuberungs-Kommission für die Wirtschaft von Hessen-Pfalz am 24.5.1946, in: LASp, R 18 V, Nr. 607.

würde. Als der Konflikt tatsächlich im Herbst 1936 eskalierte und Bürckel beim NSDAP-Parteigericht in München ein Verfahren gegen Reimann senior anstrengte und kurzerhand dessen Parteiausschluss durchsetzte, war es daher kein Wunder, dass sich Reimann – einmal aus grundsätzlicher Überzeugung, aber auch aus dem oben genannten Grund – vehement dagegen wehrte und die Aktion Bürckels wieder rückgängig gemacht wurde. »Wir waren schon aus Gründen der Notwehr gezwungen, alles zu tun, um uns diesen einzigen wirksamen Schutz gegenüber der Parteiwillkür nicht nehmen zu lassen«, notierte Reimann junior später dazu.[66] Und als weiteren Beleg führte er einen Konflikt mit der SS im Juni 1937 an.

Auslöser war ein Artikel am 3. Juni 1937 im *Schwarzen Korps*, dem Kampf- und Werbeblatt der SS, in dem eine Reihe von Unternehmen dafür an den Pranger gestellt wurden, dass sie noch Juden in ihren Auslandsvertretungen beschäftigten. Explizit genannt wurde auch Benckiser und deren Vertretung in Griechenland.[67] Das Unternehmen war dazu offenbar bereits im Dezember 1935 von der Auslandsorganisation der NSDAP befragt und zu einer Stellungnahme aufgefordert worden, ohne dass die Sache aber parteiseitig dann weiterverfolgt worden wäre. Die Praxis verschiedener Parteistellen, Unternehmen wegen der Weiterbeschäftigung von Juden innerhalb der Firma oder auch im Ausland als »nicht-arisch« öffentlich zu diffamieren, war damals weit verbreitet. In großangelegten Aktionen mussten Vorstands- wie Aufsichtsratsmitglieder nun auch formell Ariernachweise beibringen und zudem genaue Aufschlüsselungen über den Anteil von Ariern und Juden unter den Aktionären.[68] Wer als Unternehmen auf einer entsprechenden »schwarzen Liste« landete,

66 Entnazifizierungsplädoyer vom 11.1.1947, S. 26, in: JAB-Archiv Ordner TV 8. Die Mitgliedschaft in der NSDAP und vor allem auch in der SS als Schutz vor Übergriffen und Willkür dazustellen, war allerdings ein bei Unternehmern nach 1945 zur Exkulpation oft benutzter Topos. Vgl. dazu etwa Niethammer, Tengelmann, S. 656ff. Dass die Reimanns ihre »alte Parteimitgliedschaft« dann jedoch auch »als willkommene Waffe benutzten, um Schädigungen der Interessen von Firma und Arbeiterschaft abzuwenden«, wie Reimann junior später behauptete, ist ein Mythos.

67 Vgl. dazu den Vorgang und ausführlichen Schriftwechsel dazu in: GLA Karlsruhe, 465 q, Nr. 2884. Die dazu im JAB-Archiv befindliche Überlieferung ist nur rudimentär und scheint gesäubert worden sein.

68 Vgl. dazu etwa bei Continental Erker, Zulieferer für Hitlers Krieg, S. 83ff.

dem drohten der unvermittelte Entzug jeglicher staatlichen Aufträge und massive Benachteiligungen bei der Arbeitskräfte- wie Rohstoffversorgung. Dass Benckiser nun in diesem Zusammenhang öffentlich genannt wurde, empfanden beide Reimanns nicht nur vor dem Hintergrund ihrer politischen Überzeugung als ungerechte Diffamierung der doch nach außen hin als nationalsozialistisches Vorzeigeunternehmen präsentierten Firma, sondern löste gleichzeitig offenbar regelrechte Panik um die weiteren Existenz- und Geschäftsaussichten ihrer Chemischen Fabrik aus. In einem achtseitigen Schreiben an die Schriftleitung des *Schwarzen Korps* bestritt Albert Reimann junior daher alle Anschuldigungen und wies gleichsam in einer Grundsatzerklärung darauf hin, dass man »ein über Hundertjähriges, rein arisches Familienunternehmen [sei]. Die Inhaber sind Parteigenossen aus der Kampfzeit und haben, ehe sie in die NSDAP eintraten, in der völkischen Bewegung gestanden, sie sind unbedingte Anhänger der Rassenlehre, die sie seit vielen Jahren eingehend studiert haben und ihre weltanschauliche Grundsätzlichkeit wird weiterhin durch die Tatsache bestätigt, dass sie als Nationalsozialisten Rosenberg'scher Richtung schon vor Jahren aus der Kirche ausgetreten sind.«[69] In einer langatmigen dialektischen Volte verteidigte Reimann dann den Einsatz jüdischer Auslandsvertreter, unter anderem dadurch, dass »ihr Verkaufseifer die wirksamste Waffe gegen Boykottbestrebungen jüdischer Kundenkreise darstellt« und »unsere jüdischen Auslandsvertreter sogar gegen jüdische Konkurrenzfabriken erfolgreich für uns gearbeitet [haben].«[70] Zugleich präsentierte sich Reimann junior dann auch noch als einer der Vorreiter beim Kampf gegen das Judentum in der deutschen Wirtschaft, verwies dabei auf das Schicksal des Goldenberg-Konzerns und die Goldenberg-Affäre, stilisierte sich zum Fast-Opfer des Entzugs jüdischer Bankkredite 1932/33 und verband das mit dem Hinweis an das SS-Organ, seine entsprechenden antisemitischen Aktivitäten doch viel mehr auf den Leder-, Textil- und Altwarenhandel zu konzentrieren, die sich zum großen Teil noch in jüdischen Händen befänden.[71]

69 Schreiben Reimann junior an die Schriftleitung vom 14.6.1937, S. 2, in: GLA Karlsruhe, 465 q, Nr. 2884.

70 Ebd., S. 3.

71 Vgl. ebd., S. 5 f.

Es war offensichtlich, dass Reimann junior sich in seinem Schreiben bewusst der ideologischen Argumentationsmuster der SS bediente, was allerdings umso leichter fiel, weil es in vielem auch der ehrlichen Überzeugung beider Reimanns entsprach. Das Schreiben endete allerdings keineswegs mit der Unterwerfung unter die Forderungen der SS-Zeitung und der beflissenen Zusicherung, umgehend sämtliche jüdischen Benckiser-Vertreter im Ausland durch Arier auszuwechseln, sondern mit einer Liste von Forderungen Reimanns an die Schriftleitung. Man erwarte binnen 14 Tagen, dass »in einer geeigneten Form die Diffamierung unserer Firma rückgängig« gemacht werde, ansonsten sehe man sich gezwungen, diese Rufschädigung auf andere Weise zu beseitigen oder unwirksam zu machen.[72] Ohne die Antwort der SS-Redaktion abzuwarten, hatte Reimann junior aber auch schon in der nicht nur seinem Vater, sondern auch ihm eigenen Art die Gauleitung Saarpfalz und den Gauwirtschaftsberater Bösing informiert, um sich dort vorsorglich die Unterstützung beim etwaigen Kampf gegen die SS-Zeitung zu sichern.[73] Wenig später erhielten auch die Wirtschaftsgruppe Chemische Industrie mit der Bitte um Informierung des Reichswirtschaftsministeriums ausführliche Briefe Reimanns dazu. Die Antwort des Hauptschriftleiters des *Schwarzen Korps*, SS-Standartenführer Gunter D´Alquen, traf dann allerdings schon am nächsten Tag ein und zeigte, dass dieser Reimann mit seinen eigenen Waffen zu schlagen suchte, sprich: er informierte darüber, dass er dessen Schreiben seinerseits an eine Reihe von Partei- und Staatsstellen weitergeleitet habe – das Außenhandelsamt der NSDAP-Auslandsorganisation, die Kommission für Wirtschaftspolitik der NSDAP, das Reichswirtschaftsministerium sowie an den fränkischen Gauleiter Julius Streicher – und von dort nun Stellungsnahmen zu erwarten waren.[74] Die ganze Angelegenheit bekam dadurch eine Publizität und eine Eigendynamik, die wohl nicht mehr so ganz im Sinne der Reimanns waren. Dennoch reagierte Reimann junior auf der Suche nach Verbündeten am 1. Juli mit einem weiteren Schreiben, diesmal an den Reichsführer SS, Heinrich Himmler, direkt.[75] Darin

72 Vgl. ebd., S. 8.
73 Vgl. Schreiben Reimann an die Gauleitung vom 15.6.1937, in: ebd.
74 Schreiben Hauptschriftleitung an Benckiser vom 16.6.1937, in: ebd.
75 Vgl. Schreiben vom 1.7.1937, in: ebd.

schilderte er ausführlich den ganzen Hergang und schloss mit dem deutlichen Hinweis, dass, »abgesehen davon, dass hier meine persönliche Ehre wie auch der Ruf meines Unternehmens auf dem Spiele steht«, er sich auch aus seiner nationalsozialistischen Überzeugung heraus nicht mit diesem Vorfall abfinden könne und daher Sanktionen gegen den Hauptschriftleiter wegen der Schädigung des Rufs der Parteipresse und damit der Partei fordere.

Die ganze Angelegenheit zog sich bis weit in den Juli 1937 hin. Viel Unterstützung hat Reimann bei den Parteistellen nicht gefunden. Vom Chef des persönlichen Stabes Himmler erhielt er einen deutlichen Rüffel wegen seines »hart an der Grenze des Erlaubten« liegenden Briefes, gleichzeitig wurde aber eine persönliche Aussprache zwischen Reimann und D'Alquen vermittelt; auch Gauwirtschaftsberater Bösing bot in seiner mit reichlicher Verspätung am 10. Juli eintreffenden Antwort auf Reimanns Schreiben seine Vermittlungsdienste an und äußerte durchaus Verständnis für dessen Argumentation.[76] Die Sache wurde schließlich von beiden Seiten stillschweigend beigelegt, nicht zuletzt auch, da Reimann junior die verbliebenen jüdischen Auslandsvertreter entließ, neben dem Benckiser-Repräsentanten in Griechenland auch jene in Holland und in Ungarn.[77] Es hätte Reimann junior dabei vielleicht ein wenig mehr Gelassenheit gegeben, wenn er gewusst hätte, dass auch seine Konkurrenten schon früher mit ähnlichen Angriffen konfrontiert gewesen waren und sich ebenso zu opportunistischen Kotaus wie überzeugten Huldigungen gegenüber der Partei und ihrer Rasseideologie hinreißen ließen. August Oetker etwa hatte schon im April 1933 in einem Schreiben an die Auslandsvertretungen antisemitische Töne in der höchsten Diktion des NS-Regimes angeschlagen, in der er den Boykott jüdischer Geschäfte rechtfertigte und den Vorwurf von einer Verfolgung der Juden als ausländische Gräuelpropaganda darstellte.[78] Und Boehringer war 1935 im NS-Hetzblatt *Der Stürmer* wegen des Einkaufs der Ehefrau des Vorstandsmitglieds Julius Liebrecht bei einem jüdischen Metzger in die Kritik gekommen und öffentlich an den Pranger

76 Vgl. Schreiben Bösing an Reimann vom 10.7.1937, in: GLA Karlsruhe, 465 q, Nr. 2884.
77 Vgl. Erklärung Emigs vom 30.7.1948, in: LA Speyer, R 18 V, Nr. 606.
78 Vgl. Finger u.a., Oetker, S. 124f.

gestellt worden, woraus sich dann sogar ein Parteigerichtsverfahren gegen Liebrecht entwickelt hatte.[79]

Wie auch immer: Es spricht einiges dafür, dass tatsächlich weitere Sanktionen der Parteistellen und der SS gegen Reimann junior unterblieben, weil er verdienter »alte Kämpfer« und frühes Parteimitglied war. Eine kleine und auf den ersten Blick unbedeutend erscheinende Episode zeigt allerdings, dass Reimann junior bei geringstem Anlass dazu bereit war, diesen »Schutz« anderen zu nehmen und seinerseits Parteiausschlussverfahren gegen unliebsame Personen anzustrengen. Der Vorfall ereignete sich Ende August 1935.[80] Bei einem Spaziergang hatten sich drei junge Hunde des Metzgermeisters und Hundezüchters Adolf Wagner, der auch NSDAP-Mitglied war, im Spieltrieb »auf den etwas komisch aussehenden Hund des Reimann« gestürzt, worauf dieser die Hunde durch Schlagen und Treten zu verjagen versuchte, den Besitzer beschimpfte und auch tätlich anging und eine regelrechte Schlägerei anzettelte, die erst durch das Dazwischentreten von Passanten und auch von Reimanns Schwester beendet wurde. Diese bedachte allerdings ebenfalls den Hundebesitzer mit Beleidigungen, worauf Reimann junior äußerte: »Natürlich, das ist ein echter typischer Jude!« Nach Darstellung Reimanns hetzte daraufhin der empörte Hundebesitzer seine Tiere auf ihn, was Wagner jedoch bei den späteren Vernehmungen bestritt. Wie auch immer: Reimann brachte den Vorfall nicht nur bei der Polizei zur Anzeige (»wobei er auf der Wache immer noch behauptete, dass ich ein Jude sei, da ich einen echt jüdischen Typ hätte«, so die spätere Aussage des Kontrahenten), sondern forderte eine staatsanwaltliche Verfolgung und Bestrafung des Hundebesitzers. Gleichzeitig schaltete Reimann junior auch den Reichsverband für das deutsche Hundewesen ein, und als weder von der einen noch von der anderen Institution gegen Wagner irgendwelche Sanktionen ausgesprochen wurden, wandte Reimann sich an die NSDAP-Kreisleitung mit der Forderung, gegen Wagner wegen Beleidigung und parteischädigenden Verhaltens ein Parteiausschlussverfahren anzustrengen. Nach mehreren Vernehmungen und angesichts der Reputation Reimanns als Ludwigshafener Stadtrat

79 Vgl. Kißener, Boehringer, S. 57f.
80 Vgl. den Vorgang in: GLA Karlsruhe, NSDAP-Kreisleitung 465 c, Nr. 3110.

und »anständiger Pg. seit 1.2.1931 und als wahrer Sozialist [sic!] seinen Arbeitern gegenüber bekannt«, eröffnete diese im Januar 1936 tatsächlich ein Parteigerichtsverfahren gegen Wagner.[81] Zur Hauptverhandlung des NSDAP-Gau- bzw. Kreisgerichts in Heidelberg am 7. Februar 1936 ließ sich Reimann dann allerdings entschuldigen, »da an diesem Tage nachmittags um 4 Uhr seit langem ein Betriebsappell in unserem Werke mit der DAF vereinbart ist, bei dem ich als Betriebsführer nicht fehlen kann.«[82] Wagner wurde schließlich schuldig erklärt, gegen die NSDAP-Parteisatzung verstoßen zu haben, kam aber mit einem öffentlichen Verweis davon. Ein unehrenhafter Parteiausschluss hätte vermutlich seine Lizenz als Züchter von Polizei- und Staatshunden und den Entzug diesbezüglicher Aufträge gekostet.

Alles in allem: Für einen prinzipiellen Wandel der Haltung gegenüber dem Nationalsozialismus sorgten die Reibereien mit Bürckel und der SS jedenfalls nicht. Dass es durchaus an Übereinstimmungen zwischen dem Programm der NSDAP und der Politik von deren Repräsentanten im Gau Westmark fehlte, wo Bürckel entgegen jedem Recht schaltete und waltete, wie er wollte, tat der Unterstützung für das NS-Regime keinen Abbruch. Auf irgendwelche Sonderspenden durch Reimann wie vor 1933 konnte Bürckel jedenfalls nicht mehr rechnen: Als etwa 1936 zwei Annoncenwerber der NSZ in Reimanns Büro kamen, warf er sie eigenhändig wieder hinaus mit dem Verweis auf das Erscheinen eines Artikels über eine Veranstaltung der IHK zum 1. Mai, den er als »schwer beleidigend gegen die Industrie und persönlich als schwere Kränkung« empfunden hatte.[83] An Spenden gaben die Reimanns – bis auf eine alte Schreibmaschine im Wert von 20 RM an die NSDAP-Ortgruppe Ludwigshafen-Süd im Oktober 1938 – nur noch die offiziellen und staatlich mehr oder weniger erzwungenen Geldbeträge für Winterhilfswerk (jährlich 10.000 RM), Adolf-Hitler-Spende (3.600 RM pro Jahr) sowie für NS-Volkswohlfahrt (1000 RM pro Jahr).[84] Dass beide Reimanns unter anderem auch

81 Stellungnahme der NSDAP-Kreisleitung vom 24.10.1935, in: ebd.

82 Schreiben Reimann an die Kreisleitung vom 25.1.1936, in: ebd.

83 Vgl. Bericht über mein politisches, wirtschaftliches und persönliches Verhalten, S. 5.

84 Vgl. dazu die entsprechenden Aufstellungen in: LA Speyer, R 18 V, Nr. 607, Bl. 196-199.

wegen dieser Konflikte mit Bürckel, anders als der Großteil der übrigen deutschen Unternehmerschaft, weder vor 1939 noch später den Titel eines Wehrwirtschaftsführers oder andere Ehrungen erhielten, konnten beide gut verschmerzen, zumal es später – was man damals natürlich noch nicht wissen konnte – als Zeichen keiner allzu engen Verflechtung mit dem NS-Regime und der Rüstungswirtschaft dargestellt werden konnte.[85]

Neue Staatseingriffe und alte Konflikte im Weinsäure- und Zitronensäuregeschäft

Der Konflikt mit der SS hatte geradezu ein Schlaglicht darauf geworfen, wie prekär auch nach 1933 trotz neuer nationalsozialistischer Wirtschaftsordnung mit Vierjahresplan-Ökonomie, Autarkie-Politik und wachsender Rüstungswirtschaft die Lage von Benckiser war. Zu den alten Konkurrenten kamen zum Teil neue Wettbewerber und vor allem mit Partei-Stellen, Rüstungsämtern, Rohstoff- und Preisregulierungsbehörden, Wirtschaftsgruppen als neue Formen der angeblichen Selbstverwaltung der Industrie und vielfach miteinander konkurrierende Planungsabteilungen in den Berliner Reichsministerien zahllose neue Akteure und Mitspieler. Die Regeln der alten von Kartell- und Syndikatsabmachungen bestimmten Unternehmenspolitik in der kleinen Genusssäure-Industrie Deutschlands änderten sich damit grundlegend – aber vieles an Problemen und Konfliktlinien sollte auch in der NS-Zeit erstaunlich unverändert bleiben.

Im Weinsäure-Geschäft hatte nach 1933 im Zuge des Wirtschaftsaufschwungs und des nun wiedergebildeten Syndikats eine deutliche Erholung eingesetzt, mit Umsatzzuwächsen und auch wieder deutlichen Gewinnen für Benckiser. Der Absatz kletterte von 1616,2 t im Jahr 1934 auf 2752 t 1939, bei allerdings nur moderat ansteigenden Durchschnittspreisen je kg von 1,26 RM auf 1,59 RM.[86] Eigent-

85 Vgl. allgemein dazu Erker, Industrieeliten, S. 95 ff.
86 Vgl. dazu die statistischen Angaben in: JAB-Archiv, Ordner Firmengeschichte und Betriebsprüfbericht 1936, S. 21 ff., in: JAB-Archiv, Ordner D 67.

lich galten in der neuen nationalsozialistischen Wirtschaftsordnung seit Herbst 1936 mit der Einsetzung eines Preiskommissars rigorose Preisstopps für alle Industrieprodukte. Aber für überwiegend aus ausländischen Rohstoffen hergestellte Erzeugnisse wie die Weinsäure galten Ausnahmeregelungen. Nach aufwändigen bürokratischen Genehmigungsverfahren wurde ein Rohstoffzuschlag von 22 RM je 100 kg genehmigt.[87] Der Einkauf des Rohmaterials war dabei weder quotiert oder anderweitig geregelt und geschah in freier Konkurrenz der Syndikatsfirmen untereinander, wodurch sich oft genug erhebliche Differenzen im Einstandspreis ergaben und das Geschäft trotz festgelegter Verkaufspreise von Fluktuationen geprägt war und damit einen gewissen spekulativen Charakter behielt. Von der Erholung profitierten auch die beiden Mitsyndikalisten der deutschen Gruppe, Boehringer und die Nitritfabrik, allerdings entsprechend ihrer niedrigeren Quoten in geringerem Maße. Dennoch war, was das internationale Geschäft anging, die Rivalität der vier Gruppen mit ihren insgesamt elf deutschen, italienischen, französischen und englischen Firmen weiterhin hoch und ständige Wachsamkeit in der Verteidigung der eigenen Interessen erforderlich. Nicht nur Reimann senior, auch die Boehringer-Manager Liebrecht und Dehio reisten oft nach Paris zu den Sitzungen der SIPAO.[88] Die NS-Behörden folgten dabei den Bemühungen der Weinsäureindustrie, möglichst hohe Zölle für Wein- und auch Zitronensäure aufrechtzuerhalten. Reimann senior scheute dabei keine Mühen, den Berliner Ämtern die Notwendigkeit dieser Zölle darzulegen und bei allen bilateralen Handelsvertragsverhandlungen mit dem Ausland auf entsprechenden Zollschutz zu drängen, der bei Weinsäure schließlich 40 Prozent betrug.[89] Der Zitronensäurezoll betrug 25 Prozent. Gleichzeitig blieb der Export der deutschen Weinsäurehersteller weithin bemerkenswert hoch. Benckiser verzeichnete 1938 mengenmäßig einen Exportanteil von 33 Prozent, wobei allerdings das Inlandsgeschäft mit um knapp 40 Prozent deutlich höheren Preisen weit lukrativer war.[90] Anfang 1938 lief zwar

87 Vgl. Dehio, S. 19ff.
88 Vgl. ebd., S. 19f.
89 Vgl. ebd., S. 119f.
90 Vgl. dazu die Ausführungen im Bilanzprüfbericht für 1939, S. 58ff., in: JAB-Archiv, Ordner D 25 c.

das internationale Weinsäurekartell aus, wurde aber stillschweigend und automatisch für weitere fünf Jahre erneuert, um jedoch dann bald im Zuge des Kriegsbeginns auseinanderzubrechen.

Eine ähnliche positive Entwicklung wie der Weinsäurebereich nahm bei Benckiser das Zitronensäuregeschäft, allerdings ergaben sich hier bald neue Konflikte zwischen Benckiser und Boehringer, neue drohende Konkurrenten und vor allem auch massive Interventionen der staatlichen Behörden, die einen Wettlauf zwischen Benckiser und Boehringer um die Gunst der Berliner Vierjahresplan-Stellen auslösten. Nach dem Abschluss des Zitronensäure-Syndikats zwischen Benckiser und Boehringer am 20. Juli 1933 war es zunächst zu einem Burgfrieden zwischen den beiden Rivalen gekommen. Der Vertrag regelte nicht nur die Quote von 75 zu 25 zugunsten von Benckiser, sondern auch den jährlich wechselnden Turnus der Syndikatsgeschäftsführung.[91] Zudem war festgelegt worden, dass sowohl die Errichtung einer neuen Zitronensäurefabrik als auf die Beteiligung an einer bestehenden der ausdrücklichen Zustimmung des anderen Mitglieds bedurfte. In der Folgezeit kletterte der Zitronensäureverbrauch in Deutschland von 804 t (1933) auf 1600 t (1937/38) und entwickelte sich damit deutlich höher, als die ursprünglichen Erwartungen und Prognosen bei Benckiser gelautet hatten. Die Preise pendelten sich gleichzeitig, ausgehend vom Tiefpunkt 1934 mit 99 RM je 100 kg, bei 140 RM ein.[92] Der Syndikatsvertrag verschaffte Benckiser Luft für den verlustreichen, aber letztlich erfolgreichen, drei Jahre dauernden Kampf gegen die ausländischen Zitronensäurehersteller.[93] Am 15. Februar 1935 kam es schließlich zur Gründung eines internationalen Zitronensäuresyndikats, der Association Internationale de Fabricants d'Acide Citrique (AIFAC), dem wie erwähnt Belgier, Franzosen, Italiener und Tschechen angehörten und Benckiser als »annexe« bzw. angeschlossenes Mitglied beitrat. Dabei wurde

91 Vgl. den Vertrag in: Boehringer-Archiv, Ordner Citronensäurestreit mit Benckiser.

92 Vgl. Benckiser-Chronik II, S. 87f.

93 Vgl. ebd., S. 86f.

unter anderem ein gegenseitiger Verzicht auf Zitronensäureexporte nach bzw. aus Deutschland vereinbart.[94]

Das fein austarierte, nichtsdestotrotz prekäre Verhältnis zwischen Benckiser und Boehringer geriet jedoch nur wenig später ins Wanken, als die Nitritfabrik ihre Pläne kundgab, neben dem Weinsäure- nun auch in das Zitronensäuregeschäft einzusteigen und entsprechende Vorbereitungen und Investitionen zu treffen begann. Am 31. Dezember 1935 hatte die Nitritfabrik dazu den SIPAO-Vertrag gekündigt, um sich dadurch die Möglichkeit zur Aufnahme der Zitronensäurefabrikation zu verschaffen, und beantragte beim Reichswirtschaftsministerium die Genehmigung zur Errichtung einer entsprechenden Anlage. Während sich Boehringer demgegenüber eher indifferent verhielt, versuchte Reimann senior alle Hebel in Gang zu setzen, dies zu verhindern, da in seinen Augen die Gefahr bestand, dass sämtliche Syndikatsverträge Makulatur wurden und »die Wiederentfesselung eines Konkurrenzkampfes unter allen Herstellern von Wein- und Zitronensäure [drohte].«[95] Mit Schreiben vom 5. Februar 1936 an das Reichswirtschaftsministerium forderte Reimann senior umgehend ein staatliches Errichtungsverbot für Anlagen zur Herstellung von Zitronensäure und legte dazu eine 27-seitige Denkschrift mit zahlreichen Anlagen vor, die die Notwendigkeit des Verbots untermauern sollte.[96] Bereits im Oktober und November 1935 hatte Reimann beim Reichswirtschaftsministerium entsprechende Eingaben gemacht, die jedoch ohne größere Resonanz geblieben waren. Bereits jetzt bestünde, so argumentierte Reimann senior, auf dem deutschen Markt eine Überkapazität bei Zitronensäure, und die Zulassung neuer Produzenten bedeute damit eine Verschleuderung volkswirtschaftlichen Kapitals. Zudem würde damit das deutsche Abkommen mit der AIFAC aufgelöst bzw. gesprengt, die europäische Marktregelung zerstört und der deutsche Markt wieder für die Überschussmengen der ausländischen Fabrikanten geöffnet.[97] Für die deutschen Firmen

94 Vgl. eine Abschrift der »Convention« zwischen der AIFAC und Benckiser/Boehringer in: BArch R 3101, Nr. 18391, Anlage II zur Denkschrift vom 5.2.1936.

95 Notiz des Bilanzprüfberichts für 1935, S. 11f. in: JAB-Archiv D 22.

96 Die Denkschrift vom 5.2.1936, in: BArch R 3101, Nr. 18391.

97 Vgl. ebd., S. 17.

würde das katastrophale Folgen nach sich ziehen. »Der Gedanke, den Dr. Michaelis von der Nitritfabrik anlässlich der Besprechung vom 20. Dezember [1935] beim Reichswirtschaftsministerium zu äußern gewagt hat, er beabsichtige Zitronensäure zu exportieren, während die beiden anderen Firmen auf Export verzichtet haben, ist seitens des Vertreters einer auf allen ihren Gebieten fabrikatorisch unfähigen Firma, die seit zehn Jahren andauernd Millionen verpulvert hat, von einer geradezu grotesken Lächerlichkeit und muss angesichts der Tatsache, dass auch Dr. Michaelis über die Markt- und Konkurrenzverhältnisse auf dem Gebiet der Zitronensäure wohl unterrichtet ist, als ein unerhörter Bluff bezeichnet werden«, schrieb Reimann senior in der Denkschrift.[98]

Um die in seinen Augen gefährlichen Umtriebe der Nitritfabrik zu stoppen, waren Albert Reimann senior denn auch alle Mittel recht, fühlte er sich doch auch regelrecht erpresserischen Methoden und Forderungen der kleinen Berliner Firma ausgesetzt, die Benckiser empfindlich schaden wollte.[99] Das Schreiben von Reimann junior an die SS im Juni 1937 hatte deutlich gemacht, dass die Reimanns durchaus bereit waren, unter den geänderten politischen Bedingungen jüdische Konkurrenten mit Verweis auf die Rassenideologie aus dem Weg zu räumen. »Der Name unserer Firma und insbesondere die Tatsache unserer Einstellung gegen das Judentum«, so hatte Reimann junior an die SS-Schriftleitung geschrieben, »sollte Ihnen aus einer früheren Korrespondenz bekannt sein, in der wir Sie um eine Veröffentlichung gebeten haben in einem Kampfe, den wir gegen eine jüdische Firma führten und den wir [...] auch diesmal wieder – leider ohne Ihre Beihilfe – mit Erfolg beendet haben. Bei unseren damaligen Bestrebungen haben wir bei Ihnen keine Unterstützung gefunden, obwohl es sich um eine innerdeutsche Angelegenheit von grundsätzlicher Bedeutung gehandelt hat, in der Anlage finden Sie Durchschlag unseres damaligen Schreibens vom 26.2.1936.«[100] Da der damalige Brief nicht überliefert ist, rätselten schon die Ermittler im Zuge des Entnazifizierungsverfahrens gegen Reimann junior später darüber,

98 Ebd., S. 18.
99 Denkschrift, S. 27, in: BArch R 3101, Nr. 18391.
100 Schreiben Reimann junior an die Schriftleitung vom 14.6.1937, S. 5, in: GLA Karlsruhe, 465 q, Nr. 2884.

wer die betroffene jüdische Firma gewesen sein konnte, verbarg sich doch hinter den kryptischen Äußerungen Reimanns offensichtlich die aktive Beteiligung an der Zerschlagung eines jüdischen Unternehmens. Bei der späteren Befragung des Benckiser-Buchhalters Wilhelm Emig wurde dieser explizit auf den Vorfall angesprochen und nach dessen Wissen darum gefragt.[101] Doch Emig erwähnte nur den Konflikt mit Goldenberg und Neuberg im Zusammenhang mit der Quotenübernahme und die sich danach ergebende Affäre. Aber Neuberg war inzwischen längst an seinem Fluchtort in Frankreich und der Fall Goldenberg schon lange abgeschlossen, auch wenn sich das Insolvenzverfahren selbst noch bis 1936 hinziehen sollte.[102] Es gab zu dem von Reimann in dem Brief an die SS-Schriftleitung erwähnten Zeitpunkt eigentlich keine jüdischen Unternehmen im Umfeld von Benckiser mehr, weder als Konkurrent, noch als Kunde. Die einzige Ausnahme waren die Wiesbadener Lyssia-Werke unter Max Brings, an dessen Ausschaltung Reimann jedoch als alter Großkunde kein Interesse haben konnte, zudem betrieb der Chemiekonzern Boehringer Mannheim die Arisierung der Lyssia-Werke und die damit verbundene Enteignung von Brings.[103] Einzig die Nitritfabrik erfüllte bei genauerem Hinsehen die Kriterien eines »jüdischen Unternehmens«, und da auch der Zeitpunkt des von Reimann erwähnten Schreibens an die SS-Schriftleitung mit den Ereignissen um den drohenden Einstieg der Nitritfrabrik übereinstimmten, ist ziemlich sicher, dass es sich bei dem von Reimann als auszuschaltendem Konkurrenten genannten Unternehmen um die Nitritfabrik AG handelte.

101 Vgl. Erklärung Emigs vom 30.7.1948, in: LA Speyer, R 18 V, Nr. 606, Bl. 306.

102 Vgl. Bericht der Chemischen Fabrik vorm. Goldenberg in Liquidation für die Geschäftsjahre 1934, 1935 und 1936, in: Westfälisches Wirtschaftsarchiv Bestand S 7, Nr. 394/6.

103 Zu Brings, der auch ein bedeutender Kunstsammler war, und dessen weiteres Schicksal vgl. BArch R 2501/11595 (Ermittlungssache Max Brings, Lyssia-Werke, Chemisch-pharmazeutische Produkte, Wiesbaden), HHStAW 518/5068 sowie auch https://artresearch-service.com/die-kunstdetektivin/das-projekt/kunstsammler/max-brings/. In der von Ernst Peter Fischer verfassten Unternehmensgeschichte von Boehringer Mannheim wird dies mit keinem Wort erwähnt. Vgl. Ernst Peter Fischer, Wissenschaft für den Markt. Die Geschichte des forschenden Unternehmens Boehringer Mannheim, München 1991.

Langjähriger Großaktionär und Aufsichtsratsvorsitzender der Nitritfabrik war der jüdische Privatbankier Max von Wassermann gewesen. Daneben saß auch der gleichfalls jüdische Chemiker und Unternehmer Prof. Nikodem Caro im Aufsichtsrat, zusammen mit Dr. Ernst Moser, einem Berliner jüdischen Kaufmann, und Direktor und Vorstandsvorsitzender war der von Reimann senior bei den Verhandlungen im Reichswirtschaftsministerium erwähnte Dr. Franz Michaelis, auch er Chemiker und jüdischer Zugehörigkeit.[104] Formal war die Nitritfabrik AG zwar schon 1933 »arisiert« worden, indem Caro, Moser und Wassermann aus dem Aufsichtsrat ausgeschieden waren und, vermutlich ziemlich günstig, Dr. Hans von Gwinner, der erwähnte Sohn des Deutsche Bank-Vorstands, die Mehrheit der Anteile übernommen hatte.[105] Reimann senior hatte daher schon 1933/34 dafür gesorgt, dass Benckiser in seinem Effekten-Portfolio auch einige wenige Nitritfabrik-Aktien im Nennwert von 400 RM besaß, um dadurch wie im Fall der Chemischen Fabrik Budenheim Zugang zur Generalversammlung zu haben, um eventuell nützliche Geschäftsinformationen zu erhalten.[106] Franz Michaelis jedoch hatte seinen Vorstandsposten behalten und sollte erst kurz vor Kriegsbeginn aus Deutschland emigrieren. Nach außen hin war die Nitritfabrik mithin ein scheinbar arisches Unternehmen, für Reimann jedoch zweifellos eine nachgerade klassische jüdische Firma, zumal es eine mehr vermutete denn bewiesene Verbindung der Nitritfabrik, Michaelis' und von Gwinners nach Frankreich zu Oskar Neuberg gab. Der hatte inzwischen die Languedoc S.A. gegründet und die Herstellung und Lieferung eines »Supertartrats« für die Weinhefeverarbeitung propagiert, und »Dr. von Gwinner glaubte den Einflüsterungen Dr. Neubergs«, der jenem auch die Idee des Einstiegs in die Zitronensäureherstellung und deren Export ins Ohr gesetzt haben

104 Vgl. dazu die Angaben in: Salings Handbuch der deutschen Aktiengesellschaften 1933, S. 4239f.

105 Vgl. dazu die Notiz in der *Deutschen Bergwerkszeitung* vom 29.8.1933, zusammen mit weiteren Unterlagen zur Nitritfabrik wie die Bilanzen 1920 bis 1942, im digitalisierten Pressearchiv von HWWA und IFW, unter: http://webopaco.hwwa.de/PresseMappe20/PM20.cfm?T=F&qt=112820&CFID=41373480&CFTOKEN=85883904 (abgerufen zuletzt am 8.4.2021).

106 Vgl. Bilanzprüfbericht für 1933-1935, S. 13, in: JAB-Archiv D 22.

dürfte.[107] Auffallend war auch, dass die Nitritfabrik im Grunde ein marodes Unternehmen war, das 1933 gerade erst wieder einmal eine Sanierung mit erheblichen Kapitalbereinigungen hinter sich hatte, plötzlich schwarze Zahlen schrieb, ohne aber ein solides finanzielles Fundament zu erreichen. Es gab daher in den Augen von Reimann senior wie junior gute Gründe für das Anschwärzen der Nitritfabrik bei den staatlichen Stellen bzw. der bei der Agitation gegen jüdische Unternehmen vorpreschenden NS-Parteipresse, sei es *Der Stürmer* oder *Das Schwarze Korps*, das mit hoher Wahrscheinlichkeit den erhofften Effekt der öffentlichen Diskriminierung und Ausschaltung haben konnte. Doch offensichtlich war Reimanns Rechnung nicht aufgegangen. Zwar waren seine Interventionen gegen die Nitritfabrik im Reichswirtschaftsministerium zunächst von Erfolg gekrönt gewesen, denn man hatte Anfang 1936 ein Errichtungsverbot für Zitronensäurefabriken erlassen, dies jedoch nur bis September befristet, so dass das ganze Problem im Herbst 1936 erneut auf der Tagesordnung stand. Bei den dazu anberaumten Verhandlungen im Sommer und Herbst 1936 saß ihm nach wie vor Franz Michaelis gegenüber. Bereits im Juni 1937 gab es bei der Nitritfabrik jedoch einen neuen Vorstand, und die politischen Vorgaben und Konstellationen in Berlin hatten sich in Bezug auf die Zitronensäureindustrie inzwischen grundlegend in Richtung Einbau in die Vierjahresplanwirtschaft und damit Aufbau einer autarken, von ausländischen Rohstoffen unabhängigen deutschen Genusssäureindustrie auf der Basis des modernen Gärungsverfahrens geändert. Die Nitritfabrik spielte daher keine Rolle mehr in diesen Überlegungen und war damit aus dem Spiel. Insofern konnte Reimann junior im Juni 1937 gegenüber der SS-Schriftleitung durchaus mit Recht behaupten, dass er den Kampf gegen den jüdischen Konkurrenten mit Erfolg beendet habe.

Die eigentlichen Turbulenzen im Zitronensäuregeschäft gingen damit aber jetzt erst los und sollten sich die ganzen folgenden Jahre bis 1939 hinziehen. Albert Reimann senior hatte eigentlich kein Interesse an einem Wechsel der Rohstoffbasis und dem Einstieg in die von Pfizer, Starck und Citrique Belge dominierte und auch beherrschte Gärungszitronensäure (GZ)-Technologie. In der Denkschrift für

107 Vgl. die spätere Notiz Reimann junior o.D., in: Familienarchiv Reimann-Dubbers, Ordner Briefwechsel zur Chronik II.

das Reichswirtschaftsministerium vom Februar 1936 hatte er ebenso deutlich wie detailliert vorgerechnet, dass bei den herrschenden Zuckerpreisen in Deutschland, die einschließlich Steuer 53 RM je 100 kg betrugen, während die Preise für Weltmarktzucker gerade einmal 6 bis 8 RM je 100 kg betrugen, eine autarke GZ-Produktion volkswirtschaftlich völlig unsinnig war, selbst wenn man die dafür zusätzlich nötigen Millionensummen für die Errichtung entsprechender Anlagen von vornherein abschreiben würde.[108] »Es gibt in Deutschland kein Rohmaterial, auch nicht der aus Holz herzustellende Zucker, dessen Preis es ermöglichen würde, in Deutschland Gärungszitronensäure herzustellen«, lautete mithin das Fazit der Denkschrift.[109] Doch schon im Oktober 1936, vermutlich auch unter dem Eindruck der Exklusion der Nitritfabrik aus dem Zitronensäuregeschäft und vor allem mit der Aussicht auf die Integration von Benckiser in die Vierjahresplanpolitik des NS-Regimes, vertrat Reimann senior plötzlich eine ganz andere Position. In einem elfseitigen Brief an das Büro des Beauftragten des Führers und Reichskanzlers für Wirtschaftsfragen erläuterte er die große devisenwirtschaftliche Bedeutung der deutschen Zitronensäureindustrie mit Einfuhr- und damit Deviseneinsparungen gegenüber den früheren Importaufwendungen von 500.000 bis 600.000 RM, d.h. der Hälfte der gesamten Einfuhrkosten zur Deckung des Inlandsbedarfs, um dann zu resümieren, dass »die restlichen 50 Prozent durch Einführung des Gärungsverfahrens noch erspart werden [könnten]«.[110] Allerdings würden dafür eine ganze Reihe staatlicher Subventionen notwendig sein, angefangen von den Kosten für die Errichtung einer GZ-Fabrik in Höhe von ca. 2 Mio. RM, der drastischen Erhöhung der Einfuhrzölle auf Zitronensäure von derzeit 10 auf 140 RM je 100 kg bis hin zur Streichung der inländischen Zuckersteuer und einer staatlichen Preisgarantie von 30 bis 50 RM je 100 kg Zitronensäure bei einer jährlichen Produktion von 1000 to.[111]

Schon im September 1933 hatte Reimann senior im Übrigen in einer Denkschrift der Chemischen Fabrik Joh. A. Benckiser an den Verein

108 Vgl. Denkschrift vom 5.2.1936, S. 21f. in: BArch R 3101, Nr. 18391.
109 Ebd., S. 23.
110 Schreiben Reimann an das Büro Keppler vom 15.10.1936, in: ebd.
111 Vgl. ebd., S. 6ff.

zur Wahrung der Interessen der Chemischen Industrie über Zuckersteuer und Lage der Zitronensäureindustrie ähnlich argumentiert, die Errichtung neuer Zitronensäurefabriken als »Kapitalfehlleitung schlimmster Art« gebrandmarkt, im selben Atemzug aber angefügt: »Wenn aus nationalen Gründen eine Gärungsindustrie geschaffen werden soll, so haben den ersten Anspruch auf Durchführung des Projektes die Firma Benckiser und Boehringer.«[112] Für eine Aufhebung der hohen Zuckersteuer in Deutschland als Voraussetzung der GZ-Herstellung hatte damals vor allem die Darmstädter Chemiefirma Merck erfolglos gekämpft. Im Dezember 1936 bzw. Januar 1937 war es nun also Benckiser, die beim mächtigen Amt für deutsche Roh- und Werkstoffe, der eigentlichen Planungsbehörde der Vierjahresplanpolitik neben und über dem Reichswirtschaftsministerium, um Unterstützung für seine Verhandlungen mit dem Finanzministerium zur Abschaffung der Zuckersteuer warb.[113] Die Sache war für Benckiser von grundsätzlicher Bedeutung: Es ging darum, die Anerkennung von Zitronensäure als Chemikalie zu erreichen, was auch steuerrechtliche Vorteile bedeutete, die nicht bestanden, solange Zitronensäure weiterhin als Genussmittel bezeichnet und besteuert wurde. Doch die Angelegenheit erwies sich als kompliziert, vor allem auch, da Reichsfinanzministerium, Reichswirtschaftsministerium und die Vierjahresplanbehörde unterschiedliche Interessen verfolgten. Während das Reichsamt für Roh- und Werkstoffe längst massiv den Auf- und Ausbau einer autarken deutschen Industrie ungeachtet aller volks- oder betriebswirtschaftlicher Implikationen vorantrieb, suchte das RWM nach wie vor »jegliche Störung der wertvollen internationalen Weinsäure- und Zitronensäurevereinbarungen« zu vermeiden, zumal aus handelspolitischen Gründen, sprich Handelsvertrag mit Italien, ein wirksamer Zollschutz einer autarken deutschen Zitronensäureindustrie, d.h. drastische Importzollerhöhungen auf italienischen Zitronenkalk, nicht möglich waren.[114] Auch das

112 Denkschrift vom 22.9.1933, S. 7, in: BArch, R 2/10493.
113 Vgl. Schreiben des Rohstoffamts vom 31.12.1936 und Aktenvermerk RWM vom 19.1.1937, in: BArch, R 3101, Nr. 18391.
114 Schreiben des RWM an das Amt für deutsche Roh- und Werkstoffe vom 19.1.1937, in: ebd.

Reichsfinanzministerium war nicht bereit, von der bisherigen Besteuerungspraxis bei Zucker und Zitronensäure abzugehen.

Reimann senior jedoch drängte Anfang 1937 nun die schwerfälligen Behörden zu einer Entscheidung über die Unterstützung seines Unternehmens bei der Herstellung von Zitronensäure aus deutschem Rohmaterial im Rahmen des Vierjahresplans, und das aus zweierlei Gründen. Zum einen hatte er bereits mit Großversuchen nach dem GZ-Verfahren begonnen. Für den weiteren Aufbau einer entsprechenden Versuchsapparatur benötigte er dringend neue Zuteilungen insbesondere an Aluminium durch die Behörden. Zum anderen hatte man sich an den großen amerikanischen Zitronensäurehersteller Chas. Pfizer & Co. gewandt und Verhandlungen über die Gewährung bzw. Abgabe einer Alleinlizenz für die Benutzung von dessen Gärungsverfahren zur Herstellung von Zitronensäure in Deutschland geführt. Die zum Teil in Paris, zum Teil in Ludwigshafen im Juni 1936 geführten Gespräche waren eigentlich vielversprechend verlaufen, und Pfizer erklärte sich zur Lizenzierung bereit, allerdings unter einer Reihe von Bedingungen. Erstens sollte Benckiser eine Garantie der deutschen Regierung beibringen, dass die Zitronensäureherstellung auf dem Gärungswege nur in einer Fabrik erfolgte, verbunden mit Zusicherungen über die Übertragbarkeit und Garantie der Lizenzzahlungen aus Deutschland in die USA. Zweitens sollte als eine der Gegenleistungen Benckisers die finanzielle Beteiligung von Pfizer an der neuen Fabrik vereinbart werden, drittens eine Zusicherung von Benckiser, seine gesamte Zitronensäureproduktion nach dem Pfizer-Verfahren vorzunehmen, viertens ausreichenden Schutz für Pfizer und dessen britischen Lizenzpartner Kemball, Bishop & Co. gegen Konkurrenz von Benckiser und schließlich fünftens eine strenge Geheimhaltung des GZ-Verfahrens sowohl innerhalb wie außerhalb Deutschlands.[115] Für Reimann senior selbst dürfte keine der Bedingungen ein Problem gewesen sein, aber es war schnell klar, dass die Punkte 1 und 2 niemals die Zustimmung der Berliner Regierungsstellen finden würden und auch Punkt 5 unter den Bedingungen des NS-Regimes, wo der Patentschutz zugunsten volkswirtschaftlichem

115 Vgl. Schreiben Pfizer an Reimann senior vom 17.12.1936, in: ebd. Zu Pfizer und dessen Zitronensäuregeschäft damals vgl. auch Samuel Mines, Pfizer .... An informal History, New York 1978, S. 21ff.

»Gemeinnutz« vielfach ausgehöhlt wurde, kaum zu gewährleisten war.

So standen im Frühjahr 1937 die Zeichen nicht allzu gut, dass das von Reimann senior vorangetriebene und allenthalben propagierte Projekt zur Errichtung einer eigenen GZ-Produktion in Deutschland durch Benckiser in die offizielle staatliche Vierjahresplanpolitik aufgenommen werden würde. Zu alledem schwebte noch immer über der ganzen Angelegenheit aus der Perspektive von Benckiser die Gefahr, dass sich »irgendein Outsider in die deutsche Zitronensäureindustrie hineindrängt«, denn das RWM hatte formal das im Herbst 1936 erlassene Errichtungsverbot für neue Zitronensäurefabriken nicht mehr verlängert.[116] Dennoch betonte Reimann senior geradezu trotzig gegenüber dem Amt für deutsche Roh- und Werkstoffe: »Wir werden – mit oder ohne Aufnahme in den Vierjahresplan – unser Projekt weiter bearbeiten, da wir überzeugt sind, dass es doch früher oder später durchgeführt werden muss.«[117] Doch von Seiten der Behörden tat sich nichts. Ende September 1937 bat Reimann senior in einem Brief das Rohstoffamt wiederholt um eine Besprechung, die dann Mitte November endlich im Beisein auch von Albert Reimann junior stattfand. Doch das Ergebnis war für die Reimanns enttäuschend. Obwohl der Bedarf an Zitronensäure in Deutschland deutlich wuchs und angesichts der Devisenschwierigkeiten des Reichs kaum mehr zu befriedigen war, sahen die Reichsbehörden keinen Grund, Benckiser beim Aufbau der GZ-Anlage zu unterstützen. Selbst das Angebot Reimanns, das volle finanzielle Investitionsrisiko selbst zu tragen und den Bau unter voller Kontrolle des Rohstoffamtes vorzunehmen, wurde »abschlägig beschieden«, wohl auch, weil Reimann senior als mindestes Zugeständnis die gesicherte Zuteilung von Eisen und Aluminium für den Bau, vor allem aber auch »eine gewisse Monopolstellung« gefordert hatte.[118] Die spätere Darstellung der beiden Reimanns, die deutschen Wirtschaftsbehörden hätten auf Deviseneinsparungen gedrängt und die deutsche Wein- und Zitronensäure-

116 Vgl. dazu der ausführliche Brief von Reimann senior an das RWM vom 12.2.1937, in: ebd.

117 Schreiben Reimann vom 13.2.1937 sowie Aktenvermerk RWM vom 10.2.1937, in: ebd.

118 Aktenvermerk über die Besprechung vom 16.11.1937, in: ebd.

industrie zur Einführung des GZ-Verfahrens gedrängt, begleitet von der Drohkulisse, dass andernfalls die Chemische Fabrik von Heyden in der Lage sei, von ihrer amerikanischen Schwesterfirma das entsprechende Verfahren zu übernehmen, außerdem würden sich auch noch die Firmen Merck, Boehringer Mannheim und Schering für die Übernahme des GZ-Verfahrens interessieren – all das entbehrt mithin jeglicher Grundlage.[119]

Obwohl Reimann senior versucht hatte, das künftige GZ-Geschäft mit Hilfe der NS-Behörden auf eigene Faust zu erschließen, war der Konkurrent Boehringer vor wie hinter den Kulissen ebenfalls immer involviert. Nach dem Scheitern des Alleingangs wandte sich Reimann senior an Boehringer und schlug die Gründung einer gemeinsamen Tochtergesellschaft zur Verwirklichung der GZ-Produktion vor, was man in Ingelheim jedoch ablehnte, da man sich nicht binden wollte. Stattdessen kam schließlich im Dezember 1937 eine »Vereinbarung über Arbeiten auf dem Gebiet der Gärungszitronensäure« zustande, in der zwar alle chemisch-technischen Forschungs- und Entwicklungsbemühungen hierzu von jedem getrennt und ohne gegenseitigen Erfahrungsaustausch erfolgen sollten, alle Verhandlungen jedoch mit den Berliner Zentralstellen und Behörden, insbesondere Reichswirtschaftsministerium und Vierjahresplan-Amt, in Zukunft gemeinsam erfolgen sollten, d.h. unter Teilnahme beider Firmen oder nach vorheriger Verabredung über Zweck und Ziel der Besprechung und eventueller Beauftragung mit gegenseitiger Vertretung.[120] Zudem verpflichteten sich beide, den Partner über Pläne zu unterrichten, eine über den Versuchsmaßstab hinausgehende Gärungsanlage zu bauen.

In der Folgezeit trieben Benckiser und Boehringer in ihren Großversuchsanlagen auf jeweils ihre Weise die Bemühungen zur Entwicklung einer industriellen Zitronensäureproduktion nach dem neuen Verfahren voran. Anstelle einer Konzentration auf reine Zuckervergärung hatte Benckiser den Schwerpunkt der Entwicklungsarbeiten auf Melassebasis gelegt und auch mit dem tschechischen Unternehmen Starck Lizenzverhandlungen aufgenommen, die unter anderem

119 So die Darstellung in der chronologischen Schilderung der »Beziehungen Benckiser-Boehringer im Rahmen der Entwicklung der Wein- und Zitronensäureindustrie«, S. 3f., von 1947, in: JAB-Archiv, Ordner D 73.

120 Vgl. die Vereinbarung vom 22.12.1937, in: ebd.

im Mai 1938 zu einem Besuch Reimanns in Prag führten. Wenig später ergab sich die Gelegenheit, infolge der wachsenden politischen Spannungen in der Tschechoslowakei, die dann in die Sudetenkrise mit Abtrennung des Sudetenlands und Schaffung des unter deutscher Vorherrschaft stehenden Protektorats Böhmen und Mähren im Frühjahr 1939 mündete, Wenzel Sistek, einen führenden Chemiker bei Starck, abzuwerben. Sistek war wegen befürchteter politischer Verfolgungen aufgrund angeblicher Beziehungen zu »Volksdeutschen« aus Prag nach Ludwigshafen geflüchtet und bot Reimann seine Dienste an. Für Benckiser war die Beschäftigung Sisteks von erheblichem Wert, denn dieser verfügte über beste Kenntnisse auf dem Gebiet der Herstellung von Zitronensäure nach dem Gärungsverfahren, insbesondere hinsichtlich der Anlage und Pflege der dafür benötigten Pilzkulturen. So konnte er die Benckiser-Arbeiten über Melassevergärung erheblich voranbringen. Irgendwelche Bedenken moralischer Art hatte Reimann mit der Einstellung des sozusagen verfahrenstechnischen Überläufers nicht, denn »welche deutsche Firma hätte wohl in diesen Tagen die Einstellung einer deutschgesinnten Fachkraft abgelehnt, die aus einem damaligen Feindstaat und dazu noch einem jüdischen Unternehmen ins Reich kam?«, wie Reimann senior einige Jahre später dazu rückblickend notierte.[121] Dass Reimann sich auf diese Weise gleichsam rechtfertigte, hatte damit zu tun, dass die Anstellung von Sistek zunächst eine massive Auseinandersetzung zwischen Benckiser und der Starck-Industrie AG, immerhin noch einer der ›main player‹ in der europäischen Zitronensäureindustrie und wichtiger Rohstofflieferant für die deutschen Unternehmen, ausgelöst hatte. Die Prager Firma drohte mit sofortigem Stopp der Zitronenkalklieferungen an Benckiser wie auch an Boehringer, falls Reimann den Mann nicht wieder freigab. Die Prager beschwerten sich auch bei der Reichsstelle für Chemie in Berlin, und es folgte ein längerer Briefwechsel der jeweiligen Anwälte, bei dem Starck jedoch letztendlich infolge der weiteren politischen Ereignisse

121 Vgl. »Gesichtspunkte zu einer Lizenzunterhaltung mit Starck« vom 13.11.1943, in: JAB-Archiv, Ordner D 41. Tatsächlich gehörte die Firma J.D. Starck, Montan- und Industrial-Werke, Prag, wie sie vollständig hieß, zum »jüdischen« Petschek-Konzern, der dann wenig später vom Flick-Konzern übernommen bzw. arisiert und zerschlagen wurde.

den Kürzeren zog.[122] Ein Erwerb des Starck-Patents aus verfahrenstechnischem Interesse besaß inzwischen sowieso keine Bedeutung mehr, obwohl im Frühjahr 1939 mit der Schaffung des Protektorats nun ein leichter Zugriff möglich gewesen wäre, denn Starck galt nun als kommissarisch verwalteter Feindbesitz, dessen Schutzrechte nicht mehr viel galten. Diese erloschen allerdings ohnehin bald und nach Aussage Reimanns senior hatte Benckiser zu diesem Zeitpunkt die Melassevergärung bereits halbtechnisch gelöst. Starck arbeitete in der Folgezeit zusammen mit dem Benckiser-Chemiker Dr. Klapproth, den Reimann senior schon 1926 von Boehringer als Genusssäure-Fachmann abgeworben hatte, in der inzwischen in Ludwigshafen an der Ostseite des Säurebetriebes errichteten Großversuchsanlage weiter an der verfahrenstechnischen Beherrschung der Gärzitronensäureproduktion auf Melassebasis. Noch im Lauf des Jahres 1939 wurden so die ersten 24 t Zitronensäure zur Weiterverarbeitung erzeugt. Das Verfahren funktionierte.[123]

Was Reimann senior nicht wusste, war, dass Boehringer ebenfalls von tschechischen Emigranten aus dem Mitarbeiterstab von Starck das gleiche Know-how erhalten hatte und zudem schon seit 1936 mit Prof. Konrad Bernhauer, Biochemiker an der Universität Prag, der später auch bis zum SS-Sturmbannführer aufsteigen sollte, einen Beratervertrag abgeschlossen hatte.[124] Schon 1936 hatte sich Boehringer auch auf Teilprozesse bei der Umwandlung von Azetatsäure in Zitronensäure ein Patent erteilen lassen, aber erst im Frühjahr 1939, und damit wenige Monate später als Benckiser, war man denn auch bei Boehringer so weit, dass mit dem Bau einer Großversuchsanlage für die Herstellung von Gärungszitronensäure begonnen wurde. Reimann senior wie Albert Boehringer hatten seit dem Abschluss der Vereinbarung im Dezember 1937 den Konkurrenten dabei durchaus regelmäßig über die von ihm im Laufe des Jahres 1938 geführten zahl-

122 Vgl. dazu die Notiz des Boehringer-Managers Dehio über ein Gespräch mit Reimann senior auf der gemeinsamen Rückreise von einer Berliner Sitzung vom 2.12.1940, in: Boehringer-Archiv, Ordner Zitronensäure-Streit Benckiser.

123 Vgl. dazu Benckiser-Chronik II, S. 90f., und auch die später (März 1977) erstellten Notizen und Erinnerungen von Reimann junior dazu, in: Familienarchiv Reimann-Dubbers, Ordner Korrespondenz zu Chronik II.

124 Vgl. dazu ausführlich Marschall, S. 248ff.

reichen Gespräche mit den Berliner Stellen informiert, wobei allerdings in Ingelheim deutliche Verärgerung darüber aufkam, dass, so der Eindruck, Reimann bei seinen Gesprächen oftmals quasi im Namen der gesamten deutschen Zitronensäureindustrie sprach, dabei aber die Bedeutung von Benckiser stark in den Vordergrund rückte.[125] Beide Unternehmen misstrauten einander erheblich und verdächtigten sich gegenseitig, geheime Sonderverhandlungen in Berlin, insbesondere bei der inzwischen stark an Gewicht gewonnenen Reichsstelle für Wirtschaftsausbau sowie der Überwachungsstelle Chemie, zu führen. Das Misstrauen kulminierte im Juli 1938 in einem in rüdem Ton geführten Briefwechsel zwischen Reimann senior und Boehringer. Anlass waren die Verhandlungen des Reichswirtschaftsministeriums mit Dr. Tedaldi, d.h. dem europäischen Zitronensäurekartell. Boehringer verdächtigte Reimann, diesem für seine Gespräche in Berlin »noch andere Alternativ-Vorschläge oder sonstige Instruktionen als die uns mitgeteilten« gegeben zu haben – was Reimann senior scharf zurückwies und als destruktive »Quertreiberei« Boehringers bezeichnete.[126] Dazu kam, dass Boehringer den Durchschlag eines »eigenmächtigen« Benckiser-Schreibens an die Überwachungsstelle Chemie erhalten hatte, von dem die Ingelheimer nach ihrer Auffassung vorher hätten informiert werden müssen, ergänzt durch ein im Oktober 1938 von Reimann senior an das Reichswirtschaftsministerium ausgearbeiteten Memorandum, das dieser ebenfalls ohne Wissen Boehringers erstellt und abgesandt hatte.[127] Auch wenn dies, wie Reimann senior behauptete, im Namen und Interesse der gesamten deutschen Zitronensäureindustrie geschehen sei, verweigerte er dennoch auch nachträglich Boehringer den Einblick in den Text, »da darin vertrauliche Zahlenangaben seiner Firma enthalten seien.«[128]

125 Vgl. dazu die chronologischen Notizen vom 28.10.1942, in: Boehringer-Archiv, Ordner Zitronensäure-Streit Benckiser.

126 Vgl. ebd., S. 6, sowie auch den Brief Reimanns an Boehringer vom 22.7.1938, in: JAB-Archiv D 73. Der Briefwechsel vom Juli/August 1938 auch in: JAB-Archiv, Ordner TV 10.

127 Vgl. dazu die ausführliche Notiz vom 6.10.1938 über die Vorbesprechungen Benckiser-Boehringer in Berlin, ehe danach gemeinsame Verhandlungen mit den Berliner Stellen über die Gärungszitronensäure erfolgten, in: Boehringer-Archiv, Ordner Zitronensäure-Streit Benckiser.

128 Chronologischen Notizen vom 28.10.1942, S. 9, in: ebd.

Der Kleinkrieg mit ausführlichem Briefwechsel und auch mehrmaligen Telefongesprächen sowie auch häufigeren persönlichen Treffen in Paris auf den Kartellgesprächen von SIPAO und AIFAC zwischen Reimann senior und Boehringer ging auch in der Folgezeit unvermittelt weiter. Ende Januar 1939 hatte es dann noch eine Besprechung zwischen beiden Firmen gegeben, bei der Reimann senior mitteilte, dass man jetzt seitens Benckiser zum Bau des eigentlichen Gärbetriebes übergehe und sich um die entsprechenden Kennziffern und Zuteilungsquoten für die Baumaterialien bemühe. Auch die Frage einer technischen Zusammenarbeit tauchte kurz wieder auf, ohne dass es aber zu konkreten Vereinbarungen gekommen wäre. Und dann sorgte der Kriegsausbruch dafür, dass bei den Behörden, aber auch bei Benckiser wie Boehringer, das ganze Projekt erst einmal auf Eis gelegt wurde. Dass zum Jahresende 1939 auch der AIFAC-Vertrag und die in diesem Zusammenhang vereinbarten Rohstoffabnahmeverpflichtungen der beiden deutschen Zitronensäureunternehmen ausliefen und auch nicht mehr erneuert wurden, spielte daher auch keine Rolle mehr. Im Rückblick scheint es, dass sich hier anstelle eines ›hehren‹ Vierjahresplanprojektes mit Vorzeigecharakter, die es in den Augen des NS-Regimes tatsächlich damals in vielen Bereichen der deutschen Industrie und Wirtschaft gab, nachgerade exemplarisch die andere Seite der nationalsozialistischen Vierjahresplanökonomie und Autarkiewirtschaft zeigte: Bürokratisches Kompetenzgerangel und Interessendivergenzen der staatlichen Regulierungsbehörden, potenziert durch einen kaum verbrämten Konkurrenzkampf zweier Unternehmen. Hinzu kam die tiefe Abneigung ihrer beiden gleichermaßen streitsüchtig-rechthaberischen Unternehmensführer, die sich in ebenso zeit- wie arbeitsintensiven Kämpfe verstrickten und damit eine sich überwiegend in höchst dynamischem Leerlauf bewegende Unternehmenspolitik hervorbrachten.

Der lange Patentkrieg um Calgon

Das Geschäft mit phosphorsauren Salzen

Schon am 27. Mai 1932 war Benckiser ein Patent zur Herstellung von gewerblichen und Haushaltsreinigungsmitteln auf der Basis von Alkalimetaphosphat erteilt worden, in dem auch beschrieben wurde, wie die Ausfällung der Härtebildner des Wassers bei hohen Temperaturen zu verhindern war. Zur gleichen Zeit hatte in den USA die Hagan Corporation in Pittsburgh Patente angemeldet, die das Weichmachen von Wasser mit Polyphosphaten durch komplexe Bindung der Wasserhärte zum Gegenstand hatten.[129] Unter dem Markennamen CALGON – gebildet aus den Worten »calcium gone«, also »der Kalk ist verschwunden« – hatte die Hagan Corp. mit Erfolg ein entsprechendes Produkt auf den Markt gebracht, und da sich die jeweiligen Patente partiell überschnitten, kam es bald zu Verhandlungen zwischen Reimann junior und der Hagan-Führung. Eine erste Vereinbarung war dabei bereits am 24. August 1933 zustande gekommen, gefolgt von dem eigentlichen Lizenzvertrag am 14. Juni 1935.[130] Reimann junior war zwischen diesen beiden Terminen unter anderem nach London gefahren, wo die Details der Lizenzvereinbarung über das Calgon-Patent für Europa verhandelt wurden, wobei neben Benckiser auch die britische Firma Albright & Wilson beteiligt war. Alle drei Unternehmen vereinbarten einen Erfahrungsaustauch über die bei weitem noch nicht erforschten zahllosen Möglichkeiten des Einsatzes von Calgon bzw. Metaphosphatverbindungen in der Industrie wie in Privathaushalten: Die Amerikaner betrieben ihre Forschungen vor allem auf dem Wasser- und Wäschereigebiet, die Briten beschäftigten sich intensiv mit der Wasseraufbereitung, während Benckiser sich auf den Einsatz im Textilbereich konzentrierte.[131] Benckiser zahlte für die Calgon-Patentlizenz einmalig 20.000 Dollar, umgerechnet ca. 54.000 RM, und ab 1937 eine jährliche Lizenzgebühr von 3 Pfg. je kg hergestelltem Calgon-Metaphosphat-Pulver, was sich

129 Vgl. Benckiser-Chronik II, S. 35.
130 Vgl. Notiz vom April 1950, in: JAB-Archiv, Ordner D 71.
131 Vgl. dazu die zum Teil auch handschriftlichen Notizen von Reimann junior zum Kapitel 4.1.8. der Benckiser-Chronik II, in: Familienarchiv Reimann-Dubbers, Ordner Schriftwechsel zu Chronik II.

im Durchschnitt auf ca. 8000 bis 10.000 RM pro Jahr summierte.[132] Benckiser erschloss sich mit der Calgon-Lizenz nicht nur anwendungsbezogen, sondern auch geographisch ein riesiges Absatzgebiet, das auch patentrechtlich umgehend abgesichert wurde. Man beantragte und erhielt Patentschutz und Markenrechte nicht nur im Deutschen Reich, sondern auch in Frankreich, Belgien, Holland, der Schweiz, Polen, der Tschechoslowakei, Ungarn, Dänemark, Norwegen und Schweden, Österreich, Spanien, Portugal und Italien.[133] Nur Großbritannien, Irland und die britischen Kronkolonien fielen in den Lizenzbereich von Albright & Wilson.

In der Folgezeit kam es tatsächlich zu verschiedentlichem Erfahrungsaustausch und vor allem gegenseitigen Informationen über die weiteren patentrechtlichen Entwicklungen auf dem Metaphosphat- und Wasseraufbereitungsgebiet zwischen Hagan und Benckiser.[134] An vordringlicher Stelle für die Reimanns war aber die Sicherung der Rohstoffbasis für die zu erwartende massiv ansteigende Produktion und Absatzsteigerung phosphorsaurer Salze aus thermischer Säure, sprich: die weiteren Verhandlungen mit der IG Farben in Piesteritz bzw. Bitterfeld. Die Verhandlungen um die Phosphorsäurepreise waren im Dezember 1933 wieder einmal an einem kritischen Punkt angelangt, da Reimann senior mit dem angeblich drohenden Ausstieg Benckisers aus dem Geschäft mit phosphorsauren Salzen den Preis weiter zu drücken versuchte.[135] Unter den veränderten politischen Bedingungen gehe es bei dem Ganzen nun um »höhere Gesichtspunkte«, denen die IG in jeder Beziehung Rechnung zu tragen habe, so argumentierte Reimann senior im März 1934. »Benckiser stehe

132 Vgl. dazu die Angaben in: JAB-Archiv, Ordner 71 (Calgon Corp.). Für das 4. Quartal 1938 wurden etwa in den Bilanzen 1772,19 RM als Lizenzgebühren an die inzwischen als Calgon Inc. firmierende US-Firma vermerkt. Vgl. Bilanz 1938, in: JAB-Archiv Ordner 23 a. Offensichtlich gab es Anfang Februar 1937 eine weiteren Lizenz- bzw. Patentübertragungsvertrag zwischen Hagan und Benckiser. Vgl. Auszüge des Vertrags in: ebd.

133 Eine Aufstellung der jeweils erteilten Patenterteilungsdaten in: ebd.

134 Vgl. dazu etwa den Schriftwechsel von Juli bis Dezember 1935 und die Patentrecherchen Benckisers für Hagan in Österreich, in: JAB-Archiv, Ordner D 39.

135 Vgl. Schreiben Reimann senior an die IG Farben vom 21.12.1933, in: LA Sachsen-Anhalt, Merseburg, I 506, Nr. 1961.

mit dem Rücken an der Wand, die Wand ist die IG, und die muss weichen.«[136] Das Gespräch kam dabei auch schnell auf das neue Metaphosphat-Produkt Calgon, von dem sich auch Reimann senior sehr viel versprach. Er erläuterte den IG-Leuten dabei detailliert die sich eröffnenden technischen Möglichkeiten der Wasserenthärtung und verschwieg auch nicht die Zusammenarbeit mit den Amerikanern. Voraussetzung für einen Erfolg in diesem Bereich sei allerdings eine entsprechend billige Phosphorsäure-Grundlage. Die IG-Manager interessierten sich jedoch weniger für die technischen Details als für die sich dadurch ergebenden potenziellen Komplikationen der IG gegenüber Henkel, denn zweifellos bedeute doch, so entgegnete man Reimann, das neue Gebiet »einen verschärften Vorstoß gegen Henkel.«[137] Doch Reimann wiegelte schnell ab. Das Verfahren kollidiere nicht mit den Interessen von Henkel. »Wir sind nicht wild genug, gegen Henkel zu konkurrieren; Henkel interessiert sich vielmehr dafür, mit uns auf diesem Gebiet zusammenzuarbeiten.«[138]

Trotz »mehrstündigen persönlichen Verhandlungen« mit Reimann senior war im Frühjahr 1934 ein neuer Lieferkontrakt zunächst nicht zustande gekommen. Reimann drohte daraufhin unverhohlen mit der Errichtung einer eigenen Anlage zur Phosphorsäure-Produktion, beschuldigte die IG-Manager der Nötigung, »dass wir Kraft Ihres Monopols Verluste zu tragen [haben]«, und forderte einen Preis von 35 Pfg. per 100 kg P2O5 franko Ludwigshafen.[139] Zudem wandte sich Reimann direkt an den IG-Direktor Carl Krauch, der wenig später Leiter des Reichsamtes für Wirtschaftsausbau der Vierjahresplan-Behörde werden sollte. Und die Intervention hatte Erfolg: Krauch sei »damit einverstanden, den Abschluss mit Benckiser selbst zu dem gebotenen niedrigen Preis zu tätigen, um den Absatz zu behalten«, hieß es in einer IG-internen Notiz.[140] Im Juni 1934 und dann erneut im Juni 1935 kam es daher zu einem neuen Lieferkontrakt der IG an Benckiser. Zu diesem Zeitpunkt war allerdings schon längst der Preis- und Konkurrenzkampf zwischen Benckiser und den Chemischen

136 Verhandlungsbericht vom 9.3.1934, in: ebd.
137 Ebd., S. 4.
138 Ebd.
139 Schreiben vom 9.5.1934, in: ebd.
140 Schreiben Pistor vom 28.5.1934, in: ebd.

Werken Budenheim, sprich Henkel, um das Wasserreinigungsgebiet und die Metaphosphat-Spezialitäten entbrannt.[141] Und wie es schien, hatte Benckiser dabei einen mächtigen Verbündeten gewonnen. Mitte Juni 1936 jedenfalls notierte die IG-Verkaufsabteilung Chemikalien: »Wie wir soeben erfahren, hat in Ludwigshafen eine Besprechung mit der Firma Benckiser über ein gemeinsames Vorgehen auf dem Gebiet des Zusatzes von Metaphosphat zu Waschmitteln stattgefunden, und es wurde der Entwurf eines Vertrages aufgestellt, in dem unter anderem vorgeschlagen wird, dass für den Anfang das Metaphosphat (2-3 moto) von Benckiser bezogen werden soll. Wenn sich die Produkte stark entwickeln, soll die IG berechtigt sein, Metaphosphat selbst herzustellen. Benckiser verpflichtet sich auch, Sonderpreise einzuräumen.«[142]

Albert Reimann senior suchte allerdings gleichzeitig, den Konkurrenzkampf auf die in seinen Augen bewährte Art und Weise einzudämmen und beizulegen. Am 1. Juni 1935 kam auf seine Initiative eine Konvention der Hersteller phosphorsauer Salze zustande, in der Produktions- und Verkaufsquoten des deutschen Marktes geregelt wurden.[143] Unterzeichner waren neben Benckiser die Chemischen Werke Albert in Wiesbaden, die Chemischen Werke Budenheim, die Gebrüder Giulini GmbH und die Guano-Werke AG in Hamburg. In sechs Untergruppen wurden je nach Phosphat-Derivat die jeweiligen Marktanteile festgelegt, im Bereich Natrium-Pyrophosphat etwa 66 Prozent für Benckiser und 33 Prozent für Budenheim, bei Mononatriumphsophat sogar im Verhältnis 80 zu 20 zugunsten Benckiser. In den beiden anderen wichtigen Bereichen Dinatriumphosphat und Trinatriumphosphat in allen Graden und Formen allerdings waren die Quoten deutlich zersplittert und mit einer klaren Dominanz von Budenheim bzw. Gebr. Giulini gegenüber Benckiser. Dennoch war die Konvention bzw. das Syndikat, das für ein Jahr mit automatischer Verlängerung bei Nichtkündigung lief, ein Erfolg Reimanns, der sich damit Luft im Konkurrenzkampf des vielversprechenden Phosphatgeschäfts verschafft hatte, zumal die Kartellvereinbarungen auch eine

141 Vgl. dazu etwa Verhandlungsbericht vom 14.6.1935, in: ebd.
142 Notiz vom 15.6.1936, in: ebd.
143 Vgl. eine Abschrift des Vertrags vom 20.5.1935, in: Stadtarchiv Lu, WS 03/1029-1031.

über den deutschen Markt hinausgehende europäische Dimension hatten. Benckiser und Budenheim hatten schon in früheren Jahren mit verschiedenen englischen Phosphatfabriken einen Syndikatsvertrag abgeschlossen, der unter anderem ein bestimmtes Exportkontingent Benckisers nach England zusicherte. Diese Quote verkaufte Benckiser im März 1936 nun an Albright & Wilson, man behielt aber die ebenfalls bestehende Minderheitsbeteiligung an der Liverpooler Firma Stella Phosphoric Salts Co. bei.[144]

Das deutsche Phosphatsalz-Kartell scheint in der Folgezeit durchaus funktioniert zu haben. Die Konventionsvereinbarungen wurden Jahr für Jahr verlängert, allerdings lassen die Protokolle der Konventionssitzungen durchaus erkennen, dass es häufiger zu Spannungen und Konflikten, insbesondere zwischen Benckiser, Albert und Budenheim kam, die aber spätestens per Schiedsgerichtsverfahren ausgeräumt wurden.[145] Meist ging es nur um die Feststellung von Über- oder Unterlieferungen der einzelnen Firmen in Bezug auf ihre Quote und die Suche nach entsprechenden Ausgleichsregelungen.[146] Benckiser jedenfalls konnte im Verlauf der Jahre seine Phosphat-Produktion erheblich ausweiten: Von einst 993 im Jahr 1933 auf 4162 t im Jahr 1939, mithin eine Steigerung um mehr als das Vierfache.[147] Längst machte man sich dabei unter der Leitung von Albert Reimann junior an die weitere systematische Erschließung der Anwendungsmöglichkeiten kondensierter Phosphate auf breitester Basis und entwickelte dazu gleichsam flankierend eine aktive und offensive Patentstrategie, um sich die Ergebnisse der Forschungs- und Entwicklungsbemühun-

144 Vgl. dazu die Bemerkungen in der Bilanz 1935 sowie den Prüfbericht 1936, S. 67, in: JAB-Archiv, Ordner D 25. Anfang Juli 1937 war es zudem zu einer Besprechung von Vertretern der britischen Chemical Manufacturers Co. Jackson Bros. aus Manchester gekommen, die Reimann junior in Ludwigshafen aufsuchten und die evt. Überlassung von Verfahrens-Know-how sowie eventuelle Pläne Benckisers, angesichts der hohen Einfuhrzölle eine eigene Fabrikation in England aufzuziehen, sondieren wollten. Vgl. Besprechungsnotiz vom 6.7.1937, in: JAB-Archiv D 41.

145 Hier vgl. etwa Protokoll der Sitzung vom 31.3.1937, in: Stadtarchiv Lu, WS 03/1029-1031.

146 Vgl. dazu etwa auch die Absatzstatistik der Konvention für die Jahre 1936 bis 1939, in: ebd.

147 Vgl. dazu die Produktionszahlen für 1924 bis 1946 in: JAB-Archiv Ordner D 72 a.

gen auch rechtlich absichern zu lassen. Neben dem berühmten Patent 675 060 über Hexametaphosphat zum Weichmachen von Wasser für beliebige Zwecke (Calgon) folgten zwischen 1933 und 1939 eine Reihe weiterer wichtiger Patente im Bereich des Einsatzes von Phosphatsalzen bzw. Polyphosphaten bei der Wasseraufbereitung, in der Wäscherei und Textilindustrie, Papierindustrie, Lederindustrie und weiteren Anwendungsgebieten. Eine Aufstellung der wichtigsten Schutzrechte in diesen Bereichen jener Jahre verzeichnet allein 16 Benckiser-Patente.[148]

Bis zur praktischen Durchsetzung des Calgon-Patents und dessen produktmäßiger Umsetzung war es allerdings noch ein weiter Weg. Es gab im breitgestreuten Arbeitsgebiet bei phosphorsauren Salzen eine Reihe von Patentinhabern, mit denen man bei der Wahrnehmung der Schutzrechte potenziell in Kollision geraten konnte. Daher war im Vorfeld eine Verständigung notwendig. Das Forschungsfeld der Pyro- und Metaphosphate war inzwischen auch von anderen Chemikern und Unternehmen als vielversprechend erkannt worden und damit ein vielfach beackerter Bereich, der patentrechtlich einem Minenfeld glich. Im Januar 1935 war daher Reimann junior unter anderem nach Zürich zu dem Chemiker Carl A. Agthe gereist, der bei »Wasch- und Emulgierungsmittel« ein zentrales Patent besaß, das der Umsetzung der Calgon-Patente Benckisers potenziell im Wege stand.[149] Es folgten schließlich Verhandlungen mit dem Schweizer Chemiekonzern J.R. Geigy, AG in Basel, dem Hauptlizenznehmer des Agthe-Patents. Die Gespräche gestalteten sich dabei als schwierig, denn die Schweizer strebten eine scharfe Abgrenzung beim Einsatz von Calgon bzw. Pyrophosphaten ähnlicher Wirkung an und waren nur unter dieser Voraussetzung zu einer Unterlizenz des Agthe-Patents bereit.[150] Albert Reimann junior dagegen erklärte, »dass wir uns mit unserem Calgon noch am Anfang der Entwicklung befänden«, man sich zwar zunächst vor allem an die gewerbliche Wäscherei wenden würde, »ohne dass damit aber gesagt sei, dass wir

148 Vgl. H. Rudy, Altes und Neues über kondensierte Phosphate, in: Familienarchiv Reimann-Dubbers, Ordner Korrespondenz Chronik II.

149 Vgl. Schreiben Reimann junior an Agthe vom 23.1.1935, in: JAB-Archiv, Ordner D 39.

150 Vgl. Protokoll der Besprechung bei Geigy/Basel am 24.7.1935, in: ebd.

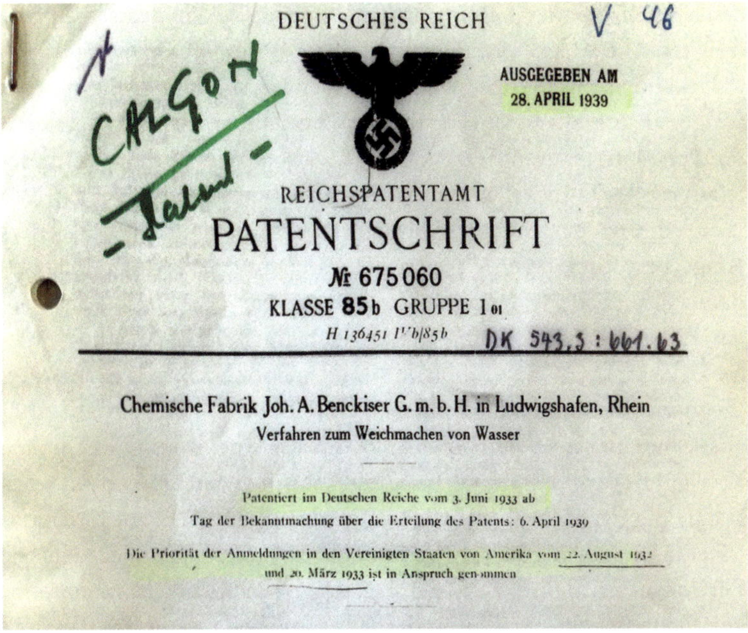

DEUTSCHES REICH

AUSGEGEBEN AM
28. APRIL 1939

REICHSPATENTAMT

PATENTSCHRIFT

№ 675060

KLASSE 85b GRUPPE 1 01

H 136451 IVb/85b

Chemische Fabrik Joh. A. Benckiser G. m. b. H. in Ludwigshafen, Rhein

Verfahren zum Weichmachen von Wasser

Patentiert im Deutschen Reiche vom 3. Juni 1933 ab

Tag der Bekanntmachung über die Erteilung des Patents: 6. April 1939

Die Priorität der Anmeldungen in den Vereinigten Staaten von Amerika vom 22. August 1932 und 20. März 1933 ist in Anspruch genommen

Abb. 16: Auszug aus dem »Calgon-Patent« vom 3.6.1933

nicht alle anderen Gebiete, für die die Anwendung von Calgon in Frage komme, auch sukzessive bearbeiten würden«.[151] Das mehrere Stunden dauernde Gespräch, in dem beide Seiten auch tief in die technisch-chemischen Einzelheiten einstiegen, endete aus Sicht Reimanns enttäuschend und mit der Erkenntnis, dass mit einer Verständigung mit Agthe/Geigy erst einmal nicht gerechnet werden konnte. Eine Lösung war daher nur über intensive Forschungen und Weiterentwicklungen des im Calgon-Patent beschriebenen Verfahrens möglich, bei dem etwa durch Weglassen von Pyrophosphatmischungen zugunsten von Polyphosphaten dieselben »Calgon-Effekte« wie Emulgierungswirkung, Schaumwirkung, Kalkseifenbindungswirkung und Lösevermögen sowie die entfärbende Wirkung erreicht wurden und die Patentrechte anderer damit umgangen wurden. »Um eine genaue Erforschung der Zusammensetzung des Produktes zu

151 Ebd., S. 4.

erschweren«, notierte Reimann junior dazu, »sollte demselben eine möglichst komplexe Zusammensetzung gegeben werden.«[152]

Das Haupthindernis für die Umsetzung und Anwendung des Calgon-Patents war, dass praktisch sämtliche deutschen Hersteller von phosphorsauren Salzen in Erkenntnis der Bedeutung dieses Schutzrechtes und der daraus potenziell resultierenden völligen Neuordnung der Wettbewerbsverhältnisse zugunsten Benckisers Klage bzw. Beschwerde gegen die Patentanmeldung erhoben und damit die Erteilung erst einmal verhinderten. Kaum dass Benckiser das Calgon-Patent Anfang Juni 1933 beim Reichspatentamt angemeldet hatte, sah sich Reimann junior geradezu einer Phalanx von Gegnern gegenüber, angeführt von der Böhme Fettchemie GmbH aus Chemnitz und dem Henkel-Konzern sowie den Chemischen Werken Budenheim, hinter denen bekanntlich der Oetker-Konzern stand, die den Schutzanspruch und Neuigkeitsgehalt des Calgon-Patents vor allem mit Verweis auf ältere französische und englische Patente bestritten. Bereits die Prüfung beim Reichspatentamt war aus Sicht Benckisers alles andere als glatt verlaufen. Den Berliner Prüfern erschien die Anmeldung »nicht zur Bekanntmachung reif« und sie forderten ständig Änderungen an Details der eingereichten technischen Angaben.[153] Erst im November 1936 fiel der Beschluss zur öffentlichen Bekanntgabe des Patents, worauf Böhme, Henkel und die anderen Konkurrenten sofort mit entsprechenden Einsprüchen reagierten.[154] Die Flut des bereits schon bestehenden umfangreichen Schriftwechsels zwischen Patentanwälten, Patentabteilungen und Gutachtern schwoll damit erst so richtig an.[155] Die Konkurrenten waren dabei ziemlich siegessicher, denn die Patentposition Benckisers war offensichtlich nicht sehr stark, was unter anderem dadurch zum Ausdruck kam, dass die Chemischen Werke Budenheim nach wie vor metaphosphorsaure Salze zum Enthär-

152 Folgerungen aus der Geigy-Besprechung als Anhang zu dem Protokoll, S. 9, in: ebd.

153 Vgl. dazu die Abschrift der Prüfungsakte des DRP, in: StA Chemnitz, Bestand 30950 Böhme Fettchemie, Nr. 3908.

154 Vgl. den Einspruch durch Henkel vom 13.2.1936 und durch die Böhme Fettchemie vom 18.2.1936, in: ebd.

155 Vgl. etwa das 14-seitige Gutachten vom 25.1.1937 durch Prof. K.A. Hofmann von der TH Berlin, in: ebd.

ten von Wasser in Zeitschriften anpries und vertrieb und sich um die potenziellen Calgon-Schutzrechte Benckisers nicht viel scherte. Und die Konkurrenten sprachen sich bei ihrem Vorgehen und der Argumentation ihrer Einsprüche untereinander eng ab, was auch dadurch vereinfacht wurde, dass Henkel 1935 die Böhme Fettchemie übernommen hatte und damit FEWA, das erste vollsynthetische Waschmittel der Welt, in sein Produktionsprogramm aufnahm.

Die Einsprüche der Calgon-Gegner waren zunächst erfolgreich. Am 24. Juni 1937 versagte der Beschwerdesenat des Reichspatentamtes Benckiser die Patenterteilung, Reimann junior legte dagegen im August 1937 Beschwerde ein, begann aber gleichzeitig auch direkte Verhandlungen mit der Böhme Fettchemie GmbH über eine Verständigung im Patentstreit.[156] Und man nahm diesbezüglich auch Kontakt mit dem Hauptkonkurrenten Henkel auf. Die Henkel-Manager verlangten dabei von Reimann senior wie junior, die zusammen Anfang Mai 1938 nach Düsseldorf gereist waren, zunächst geradezu ultimativ, dass Benckiser entweder die Zusammensetzung von Calgon ändere oder aber es nicht mehr für Wasch- und dergleichen Zwecke empfehle.[157] Womöglich, so wurde auch gönnerhaft geäußert, würde man sich auch mit einer Freilizenz an Calgon zufriedengeben und die Einsprüche zurückziehen. Ganz so unangreifbar, wie sich Henkel gegenüber Benckiser gab, waren die Düsseldorfer jedoch nicht, denn mit der Werbung der gerade herausgebrachten »neuen« Persil-Version und dem Hinweis auf dessen kalkseifenlösende Wirkung benutzte man eine alte Benckiser-Formel und hatte zudem auch bei der chemischen Zusammensetzung andere Phosphate als Pyrophosphate verwendet, um der Gefahr einer Patentverletzungsklage durch Benckiser zu entgehen. Reimann senior schlug jedenfalls seinerseits Henkel eine langfristige »Gesamtbereinigung auf dem Gebiet der polymeren Phosphate« vor, und am 1. September 1938 lag der Entwurf eines umfangreichen »Calgon-Vertrages« vor, an dem auch die

156 Vgl. Besprechungsprotokoll vom 31.3.1938 sowie »Erste Richtlinien für eine Verständigung zwischen den Firmen Benckiser und Böhme Fettchemie«, in: ebd. Vgl. allgemein auch Ivonne Reichmann, Die Böhme Fettchemie GmbH von ihrer Gründung bis in die frühe Nachkriegszeit., Chemnitz 2020.

157 Bericht über den Besuch von Reimann senior und junior in Düsseldorf vom 6.5.1938, in: Henkel-Archiv, Acc. 193, Nr. 63.

Chemischen Werke Albert beteiligt werden sollten.[158] Darin wurde zur Sicherstellung geregelter Fabrikations- und Marktverhältnisse das Konzept einer gemeinsamen Vertriebsorganisation sowie Verkaufspolitik entworfen und vor allem Henkel das ausschließliche Recht eingeräumt, »die Vertragsprodukte auf dem Vertragsgebiet für sich allein oder in Mischungen mit anderen Stoffen als Markenartikel in Klein-Packungen zu verwenden und zu vertreiben.«[159]

Die Bildung einer »Calgon-Interessengemeinschaft Albert-Benckiser-Henkel« hätte für die Reimanns eine deutliche Unterordnung und bestenfalls zugestandene Rolle als Juniorpartner des Henkel-Konzerns bedeutet. Es war offensichtlich, dass Reimann junior selbst nicht sicher war, ob das Patentamt in Sachen Calgon-Patent nicht doch endgültig gegen Benckiser entscheiden würde, und daher sandte er vorsorglich und aus der Defensive heraus Verständigungsangebote an die Konkurrenten, um damit die Einsprüche zu beseitigen – »und so ihr Patent zu retten«, wie es auch in einer internen Notiz von Henkel hieß.[160] Im Dezember 1938 lag jedenfalls nicht nur der unterschriftsreife »Calgon-Vertrag« mit Henkel auf dem Tisch, sondern auch eine im November 1938 erzielte Einigung mit der Böhme Fettchemie, die in der Folge tatsächlich ihre Einsprüche zurückzog. Es blieb zwar immer noch die Nichtigkeitsklage von Budenberg, aber die Phalanx der Calgon-Gegner war damit erst einmal zerstört. Doch die Reimanns zögerten mit der Unterschrift unter das Abkommen, und dann wurde im Februar 1939, sechs Jahre nach der Patenteinreichung, durch das Reichspatentamt dem Calgon-Patent Benckisers endlich doch noch die Gültigkeit und das Schutzrecht erteilt. Benckiser bekam damit plötzlich wieder Oberwasser gegenüber den Konkurrenten.[161] Die Verständigungen waren Makulatur geworden. Letzte Einsprüche von Henkel und Budenheim scheiterten, Bencki-

158 Vgl. Schreiben Reimann senior an Henkel vom 1.7.1938 sowie Besuchsbericht Reimann junior in Düsseldorf vom 25.8.1938 sowie Vertragsentwurf vom 1.9.1938, in: ebd.

159 Ebd., S. 5.

160 Bericht über den Besuch von Reimann senior und junior in Düsseldorf vom 6.5.1938, in: Henkel-Archiv, Acc. 193, Nr. 63.

161 Vgl. den Bericht über die mündliche Verhandlung vor dem 8. Beschwerdesenat des RPA vom 8.2.1939 und dann das 12-seitige Schreiben des RPA vom 23.2.1939, in: ebd.

ser konnte nun über die ganzen Schutzrechte bei der Herstellung von Calgon verfügen.

Die Reimanns waren im Übrigen ihrerseits in derartigen Auseinandersetzungen nicht zimperlich und kämpften mit harten Bandagen, wenn es darum ging, einen Konkurrenten durch das Einlegen von Patentwidersprüchen beim Reichspatentamt oder Patentverletzungsklagen aus einem angestammten Gebiet zu vertreiben. Als etwa im Juni 1936 der Patentabteilungsleiter der Chemischen Werke Albert dort ausschied und seine Dienste und vor allem auch sein Wissen Benckiser anbot, griff man zu, schloss einen Berater-Vertrag und wenig später lag ein wohlformulierter Einspruch gegen eine Patentanmeldung auf dem Vorstandstisch des Konkurrenten.[162] Erst recht galt diese Vorgehensweise auch für das Calgon-Patent. Kaum war die Entscheidung des Reichspatentamtes gefallen, ging man dazu über, deren Begründung weitestgehend zu den eigenen Gunsten auszulegen und die Geltungsreichweite des Patentschutzes weit über den unmittelbaren Patentanspruch hinausgehend auszulegen.[163] Befreundete Unternehmen wie die Chemische Fabrik Grünau AG bat man, »für uns den Markt daraufhin zu beobachten, ob von anderer Seite polymere Metaphosphate oder äquivalente Produkte vertrieben werden« und dies im Zweifelsfall umgehend nach Ludwigshafen zu melden und damit »Außenseiter nicht aufkommen zu lassen«.[164] Dem grundlegenden Calgon-Patent kam zwar durchaus ein weitgehender Schutzumfang zu, allerdings sicherte es Benckiser noch lange nicht automatisch alle wichtigen Verwendungsgebiete. Es bestand mithin die ständige Gefahr, dass eine andere Firma ein besonderes Patent für einen Spezialverwendungszweck der Metaphosphate erhielt und damit eine gegenseitige Abhängigkeit entstehen konnte. Ein konkretes Beispiel dafür war etwa die Firma Ströher, die ein Kopfwaschmittel »Wellapon« herstellte, in dem neben Milchsäure, Wasser und Lamepon auch Calgon verwendet wurde.[165] Henkel jedenfalls wurde sei-

162 Vgl. den Vorgang und Schriftwechsel dazu in: JAB-Archiv, Ordner D 41.

163 Vgl. dazu etwa Schreiben Reimann junior an die Chemische Fabrik Grünau AG vom 3.5.1939, in: JAB-Archiv D 39.

164 Ebd.

165 Vgl. Reisebericht des Benckiser-Außendienstmitarbeiters Schönaich vom 2.11.1938, in: JAB-Archiv Ordner D 39.

nerseits regelmäßig nach entsprechenden Patentanmeldungen, sei es für »Schäumende Waschmittel« oder »Verfahren zur Erzielung einer restlosen Verseifung« mit Einsprüchen Benckisers überzogen.[166] Angeführt von Benckiser hatten etwa im Juli 1938 acht Seifenhersteller Einspruch gegen eine Patentanmeldung von Henkel erhoben. »Gegebenenfalls ist bei der nächsten Besprechung die Firma Benckiser darauf hinzuweisen, dass wir es nicht als besonders fair empfinden, wenn von ihr die gesamte Seifenindustrie zu Einsprüchen gegen unsere Patentanmeldung veranlasst wird«, hieß es dazu in einer internen Notiz der Patentabteilung Henkels.[167] Das Glück von Reimann senior war, dass es hinsichtlich der Durchsetzung und Anerkennung des Calgon-Patents im Ausland keine Probleme gab und ihm damit die bitteren Erfahrungen, wie sie etwa die traditionsreiche Chemiefirma Zschimmer & Schwarz im Januar 1939 machen musste, erspart blieben. Deren Vorstand klagte anlässlich eines Besuchs in Ludwigshafen Reimann junior sein Leid, dass man mit eindeutigen Patentverletzungen der amerikanischen Victor Chemical Works konfrontiert sei, diese jedoch allenfalls zur einmaligen Zahlung von 5000 Dollar als Kompensation bereit war und ansonsten erklärten, dass sie die Patente ruhig weiter verletzen würden, »denn Herr Schacht würde keine Devisen zur Führung eines Patentverletzungsprozesses in Amerika zur Verfügung stellen.«[168]

Wie auch immer: der Weg zur Nutzung des Calgon-Patents war schutzrechtlich für Benckiser nun frei, aber es gab weitere Hindernisse anderer Art bei der Umsetzung in ein profitables operatives Geschäft. Zum einen ging es um die Schaffung eines wettbewerbsfähigen Preises für Calgon gegenüber den Konkurrenzprodukten ähnlicher Art auf dem deutschen Heimatmarkt, aber auch auf den Auslandsmärkten. Benckiser stellte dafür Anfang 1935 beim Reichsfinanzministerium den Antrag auf Steuerbefreiung, was dieses im August 1937 dann auch gewährte, allerdings nur bezüglich der mit Calgon-Produkten erzielten Auslandsumsätze.[169] Voraussetzung für

166 Vgl. dazu Beispiele in: JAB-Archiv Ordner D 41.
167 Notiz vom 10.7.1938, in: Henkel-Archiv, Acc. 193, Nr. 63.
168 Bericht über den Besuch Dr. Huttenlocher von der Firma Zschimmer & Schwarz vom 17.1.1939, in: JAB-Archiv D 41.
169 Vgl. dazu Henkel-Archiv, Acc. 193, Nr. 63.

die Steuererleichterung bzw. finanzielle Begünstigung war allerdings eine quasi offizielle Bestätigung über die volkswirtschaftliche Bedeutung von Calgon durch die Vierjahresplan-Behörden. Benckiser legte dafür eine ebenso lange wie umfangreiche Liste von inzwischen erschienen Fachaufsätzen wie den *Deutschen Wäscherei-Forschungsberichten*, in der Zeitschrift *Fette und Seifen* oder einem Sonderdruck aus der *Textil-Veredlung und praktische Textil-Chemie* vor, in denen es direkt oder indirekt um die Wirkungen von Calgon ging. Darunter war auch ein Gutachten des Reichskuratoriums für Wirtschaftlichkeit (RKW) über »neue Waschversuche«, das in den *RKW-Nachrichten* erschienen war. Darin wurden die neuesten Forschungsergebnisse zu den wissenschaftlich-chemischen Vorgängen in der Wäscherei unter der Perspektive des Zwangs einer planmäßigen Rohstoffbewirtschaftung und sinnvollen Rohstoffersparnis präsentiert und die erhebliche Bedeutung von »calgonisiertem Wasser« zur Erreichung der richtigen Wasserenthärtung, Seifenersparnis und Gewebefaserschonung hervorgehoben.[170]

Mitte Februar 1936 hatte zudem der Sachverständige für Fette, Öle und Seifen bei der Industrie- und Handelskammer Berlin ein neunseitiges Gutachten »zur Frage der Anwendung des Gesetzes über Steuererleichterungen auf das Produkt ›CALGON‹ der Firma Chem. Fabrik Joh. A. Benckiser GmbH, Ludwigshafen« erstellt und dabei geradezu ein Loblied auf Calgon gesungen, dem Produkt die neuartige Befriedigung eines allgemein überragenden Bedürfnisses attestiert und die Notwendigkeit staatlicher Unterstützung konstatiert, »um das Calgon zu tunlichst niedrigen Preisen zur Allgemeinanwendung zu bringen.«[171] Angesichts des jährlichen Seifenverbrauchs pro Kopf der Bevölkerung in Deutschland von ca. 8 bis 9 kg, davon mindestens 70 Prozent für Waschseife, so rechnete der Gutachter vor, gingen durch die Härte des Wassers im Durchschnitt 25 Prozent Seife verloren, was ca. 1 kg Fett entsprach. Hochgerechnet auf 65 Mio. Deutsche ergaben sich damit 65.000 t Fett im Wert von ca. 20 Mio.

170 Vgl. »Neue Waschversuche«, in: RKW-Nachrichten vom Oktober 1935, Heft 10, S. 142f.

171 Das Gutachten, hier S. 8., in: Henkel-Archiv, Acc. 193, Nr. 63.

Merkblatt Nr. 1 – Januar 1935.

Kesselspeisewasserenthärtung

auf 0° d. H.

nach dem

Hall-Verfahren

U. S. A. Pat. 1613656 v. J. 1927, in Deutschland frei

umfassend:

Vorenthärtung mit Soda oder Kalk-Soda
Gesamtenthärtung mit Trinatriumphosphat allein
Nachenthärtung mit Trinatriumphosphat
Kesselwasserrückführung bzw. Rückschlammung

mit

TRINATRIUMPHOSPHAT BENCKISER

Ersthersteller in Deutschland seit 1924

für sämtliche Verwendungszwecke, insbesondere Wasserreinigung.

Es gibt kein anderes Tri-Verfahren

weil das Hall-Verfahren alle chemischen Möglichkeiten beschreibt.

Wir empfehlen seit Jahren*) aus Gründen der Wirtschaftlichkeit für großindustrielle Zwecke und bei Wasserhärten von mehr als 5° d. H. bleibende Härte die Vorenthärtung mit Soda, weil bei größeren Härten trotz Kesselwasserrückführung die **Gesamtenthärtung** mit Trinatriumphosphat erheblich teurer wird als Vorenthärtung mit Soda und Nachenthärtung mit Trinatriumphosphat.

*) Siehe unser Merkblatt **vom 3. 1. 1930** betreffend Vorenthärtung mit Soda und Nachenthärtung mit Trinatriumphosphat.

Chemische Fabrik

Joh. A. Benckiser G. m. b. H.

Ludwigshafen am Rhein.

Gegründet 1823.

Abb. 17: Werbe-Merkblatt vom Januar 1935 über das Wasserenthärtungsverfahren

RM, die jährlich an Devisen gespart werden könnten, »wenn überall CALGON in der Wäscherei verwendet werden würde.«[172]

Die volkswirtschaftliche Bedeutung allein tat es aber noch lange nicht. Voraussetzung für die Eroberung des Marktes mit Calgon war auch die Informierung der Fachkundschaft und der breiteren Verbraucherkreise, um gegen die bereits auf dem Markt befindlichen Produkte ähnlicher Art bestehen zu können. Die IG Farben hatte etwa unter dem Markennamen TRILON ihrerseits ein Wasserweichmachungsmittel in ihrem Produkt- und Verkaufsportfolio. Zwischen Dezember 1936 und Januar 1937 handelte Reimann junior daher eine Verständigung über die Vermeidung gegenseitiger Preisunterbietungen aus. Benckiser erhielt von der IG die Zusage, dass sie Calgon an solche Selbstverbraucher liefern durfte, die das Produkt zusammen mit Farbstoffen der IG verwendeten, dafür verpflichtete sich Benckiser, »dass sie keine aktive Propaganda in Wort und Schrift für die Verwendung von Calgon auf dem Färbereigebiet treiben wird.«[173] Für Benckiser höchst ungewöhnlich startete das Unternehmen zugleich eine regelrechte Werbekampagne mit zahlreichen Anzeigen in Fachzeitschriften und dem Druck einer eigenen 24-seitigen Broschüre unter dem Titel »Calgon in der Textil-Veredelung« zur Verteilung an die potenziellen Abnehmer und Kunden.[174] »Calgonisieren – ein neuer Begriff!« lautete eine der Überschriften darin, verbunden mit genauen Gebrauchsanweisungen zur Bestimmung der Calgon-Zusatzmengen abhängig vom Wasserhärtegrad. Anders als in den USA, wo sich zu diesem Zeitpunkt bereits die ersten Wasch- und Spülmaschinen in den Privathaushalten verbreiteten und entsprechende Absatzmärkte für Calgon entstanden, spielte dies in Deutschland noch überhaupt keine Rolle.

Beim Reichspatentamt hatte man sich zudem inzwischen neben »CALGON« vor allem für die gewerbliche Wäscherei auch »CALGONIT« für die Flaschenreinigung und »CORIAGEN« als Mittel im Leder- und Textilbereich als nationale wie internationale Marken

172 Ebd., S. 7.

173 Notiz der Patentabteilung der IG vom 30.12.1936 sowie weiterer Schriftwechsel dazu in: Bayer-Archiv, 019-A-098.

174 Ein Exemplar der Broschüre befindet sich unter anderem in der Deutschen Nationalbibliothek in Leipzig, unter der Signatur:1936 A 4503. Die Abbildung des Broschürentitels auch in der Benckiser-Chronik II, S. 36.

Abb. 18 und 19: Werbeanzeigen für Calgon und Calgonit ca. 1936/37

Kristallklar
durch
Calgonit

eintragen lassen, analog zu den entsprechenden Markenregistrierungen der Calgon Inc. in Pittsburgh.[175] Doch die Bemühungen, Calgon mit rein kaufmännischen Maßnahmen bei den Verbrauchern insbesondere der Textil- und Wäschereiindustrie einzuführen, erwiesen sich schnell als wenig wirksam. Das lag auch daran, dass von Seiten der Konkurrenten im Frühjahr 1936 nachgerade eine Anti-Calgon-Kampagne gestartet worden war. Es wurden eigene Prospekte für sämtliche Vertreter gedruckt und an diese geschickt, damit sie die Kunden über Calgon entsprechend »aufklären« konnten. Bezeichnend für den erklärten »Kampf gegen Calgon« war das Schreiben, das diesbezüglich die Chemnitzer Chemiefabrik Zschimmer & Schwarz Ende Januar 1936 an die Böhme Fettchemie schickte. »Es dürfte Sie interessieren«, so hieß es darin, »dass gerade in den letzten Tagen unsere Techniker berichtet haben, dass die Calgon-Verkäufer bei ihren üblichen Vorführungsmätzchen bei der Kundschaft ausgerutscht

175 Vgl. dazu u.a. eine Liste der Gebühren für Patentanmeldungen 1936 in den Bilanzprüfberichten 1936, Anlage 3, JAB-Archiv Ordner D 25.

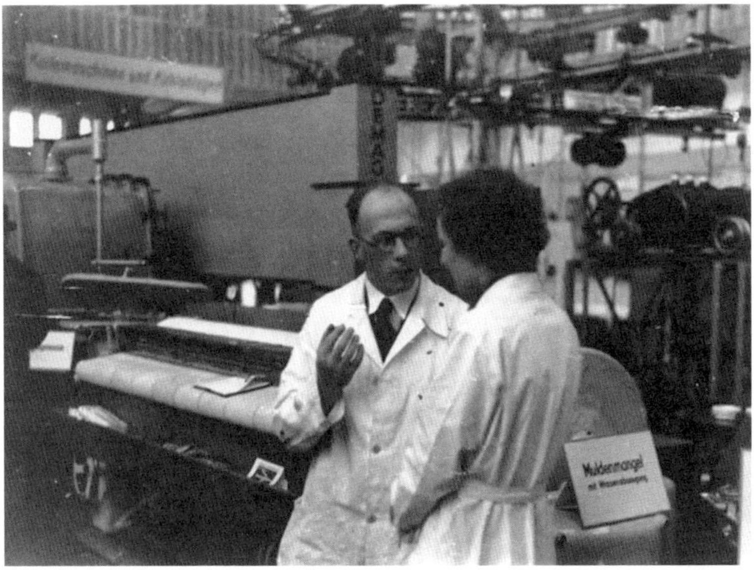

Abb. 20, 21, 22: Bilder vom Benckiser-Stand auf der Leipziger Messe 1935

sind. Sie haben, wie üblich, versucht, in Wäschereien ein gewaschenes Stück Ware in Calgon-Lösung zu tauchen, um den Wäschern vorzuführen, dass das Calgon die in der Wäsche festsitzende Kalkseife herauslöst; dies zeigt sich gewöhnlich durch Entstehen eines Seifenschaumes. Der Seifenschaum kam aber nicht, weil die Calgon-Vertreter nicht gewusst hatten, dass diese Wäsche unter Zusatz von Fettalkoholsulfonat gewaschen war, also keine Kalkseife in der Wäsche haften bleiben konnte. Dieser Versuch hat also die gute Wirkung der Fettalkoholsulfonate bewiesen, und die Herren Calgon-Vertreter mussten unverrichteter Sache abziehen. Auch wird uns öfters berichtet, dass die Kundschaft schon dahintergekommen sei, dass sich Calgon im Verbrauch zu teuer stelle.«[176]

Dennoch verzeichnete Benckiser bei seinen Bemühungen zur Markteinführung von Calgon Erfolge. Geradezu legendär wurden die Waschvorführungen des Benckiser-Textilchemikers Anton Volz und seiner Assistentin Getraud Preiss auf der Leipziger Messe im Frühjahr 1935, wo wie von Zauberhand Waschlauge ohne Seife zum Schäumen gebracht wurde und unter dem Slogan der drei Kardinalfragen »Was ist Calgon, wie wirkt Calgon und was kostet Calgon«

176 Schreiben vom 27.1.1936, in: StA Chemnitz, Bestand 30950, Nr. 3908.

Abb. 23, 24, 25 und 26: Werbeanzeigen zu den unterschiedlichen Anwendungsmöglichkeiten von Calgon von 1935/36

die Vorzüge und Wirkungsweisen des neuen Produktes der Öffentlichkeit präsentiert wurden.

Volz verfasste auch zahllose Fachartikel unter anderem über »Calgon in der Zellwolle- und Kunstseideveredelung«, regelmäßig erschienen nun unter seinem Namen »Mitteilungen aus dem Forschungslaboratorium der Fa. Chem. Fabrik Joh. A. Benckiser GmbH, Ludwigshafen«, Abhandlungen über »die Wasserfrage« und »neuzeitliche Gesichtspunkte für die Weisswäscherei.« Auch über den kosmetischen Wert des Calgons als Bestandteil von Seifen berichteten die Benckisers-Fachberater in diversen Zeitschriften. Calgonisiertes Wasser beseitige geradezu schlagartig selbst starken und stärksten Juckreiz bei Hautentzündungen gerade auch von Säuglingen, wobei man sich dabei auf umfangreiche amerikanische Untersuchungen berief.[177] In der *Appretur-Zeitung*, »erste Fachzeitschrift für die ge-

177 Vgl. H. Steinfeld, Calgon, in: Fette und Seifen 45 (1938), H. 11, S. 633f.

samte Web- und Maschenwaren-Ausrüstung«, schaltete Benckiser 1935 und 1936 eine ganze Serie von ganzseitigen Calgon-Anzeigen.

Die neuen wichtigsten Multiplikatoren wurden nun die Textilfachschulen und die dort ausgebildeten Textilingenieure. Daneben wurden die Brauindustrie und die Milchwirtschaft zentrale Ansprechpartner für den Calgonit-Absatz für die Flaschenreinigung und Säuberung der Abfüllanlagen. Bei den entsprechenden Produktvorführungen scheute man sich auch nicht vor vergleichenden Seitenhieben auf die Konkurrenz: Henkels P3 – der bis dahin unbestrittene Marktführer bei Flaschenreinigung – war zwar um ca. 30 Prozent oder 20 RM je 100 kg billiger als Benckisers Calgonit, dafür verbrauchte man bei jenem aber nur etwa die Hälfte und erreichte bessere Ergebnisse.[178] Calgon feierte auch internationale Erfolge und wurde etwa auf der Londoner Weltausstellung 1936 als »chemical of the year« ausgezeichnet, von der damit verbundenen Reputation konnte auch Benckiser profitieren. Ein Jahr später präsentierte Benckiser das »neue Wasserweichmachungsprinzip« auch auf der ganz unter dem Eindruck der Eröffnung des Vierjahresplans zum Kampf um die deutsche Rohstofffreiheit stehenden Chemie-Leistungsschau Achema mit über 100.000 Besuchern. Calgon wurde nach Überwindung der schwierigen Anfangsjahre mehr und mehr zu einem Verkaufsschlager bei Benckiser. 1937 setzte man in der Wäscherei- und Textilindustrie bereits 420 t Calgon ab, 1938 waren es 706 t Calgon, dazu kamen knapp 45.000 kg Lagon, Calgonit und Coriagen. 1939 kletterte der Calgon-Absatz auf fast 1000 t. und hatte sich damit innerhalb von nur drei Jahren mehr als verdoppelt.[179]

178 Vgl. dazu auch Benckiser-Chronik II, S. 49.

179 Vgl. die späteren Angaben gegenüber der französischen Militärregierung vom 19.6.1947, in: JAB-Archiv, Ordner D 59. Siehe auch die davon etwas abweichenden Zahlenangaben in der Benckiser-Chronik II, S. 49.

Lukrative Spezialitäten in der Vierjahresplan-Wirtschaft

Joha, Citretten und Fibrisol

Lange Zeit war es das strikt verfolgte Geschäftsprinzip von Reimann senior gewesen, die Weiterverarbeitung der Phosphatsalze und Wein- bzw. Zitronensäure in Markenartikel und Spezialitätenprodukte für den Großhandel oder Endverbraucher anderen Firmen zu überlassen. Soweit überhaupt Anzeigen in den Zeitungen geschaltet wurden, gaben sie ein abstraktes Bild des Fertigungsprogramms des Unternehmens.

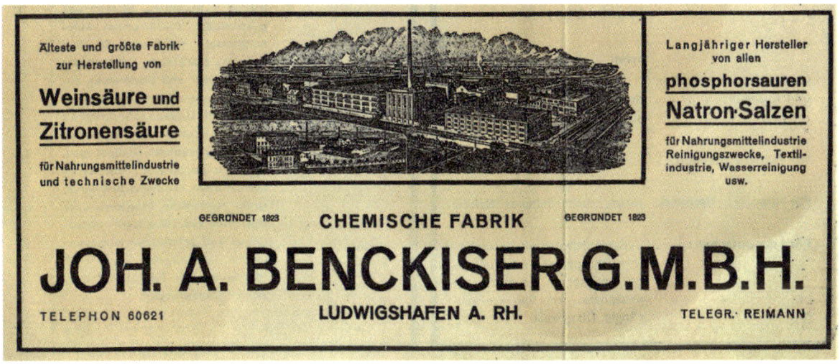

Abb. 27: Anzeige von 1934 mit Hinweisen auf das Produktionsspektrum

Zaghafte Versuche, dies anders zu handhaben, waren gescheitert. 1934 etwa musste man im Backpulver-Geschäft einen herben Rückschlag einstecken, nachdem Oetker das bereits 1927 eingereichte Patent über ein »Verfahren zur Herstellung von Backpulver« im Januar erfolgreich zu Fall gebrachte hatte.[180] Benckiser hatte dagegen zwar Beschwerde eingelegt und auch zunächst weiter für sein Backpulver geworben, aber im November 1935 landete auch hierzu eine Zurückweisung des Reichspatentamtes auf dem Schreibtisch von Reimann senior.

Dafür hatte sich das Geschäft mit Schmelzkäse-Salzen, unter dem Namen JOHA vertrieben, weit dynamischer entwickelt. Das 1932

180 Vgl. Oetker-Archiv, Schreiben des RPA vom 26.1.1934, in: P5/ 62.

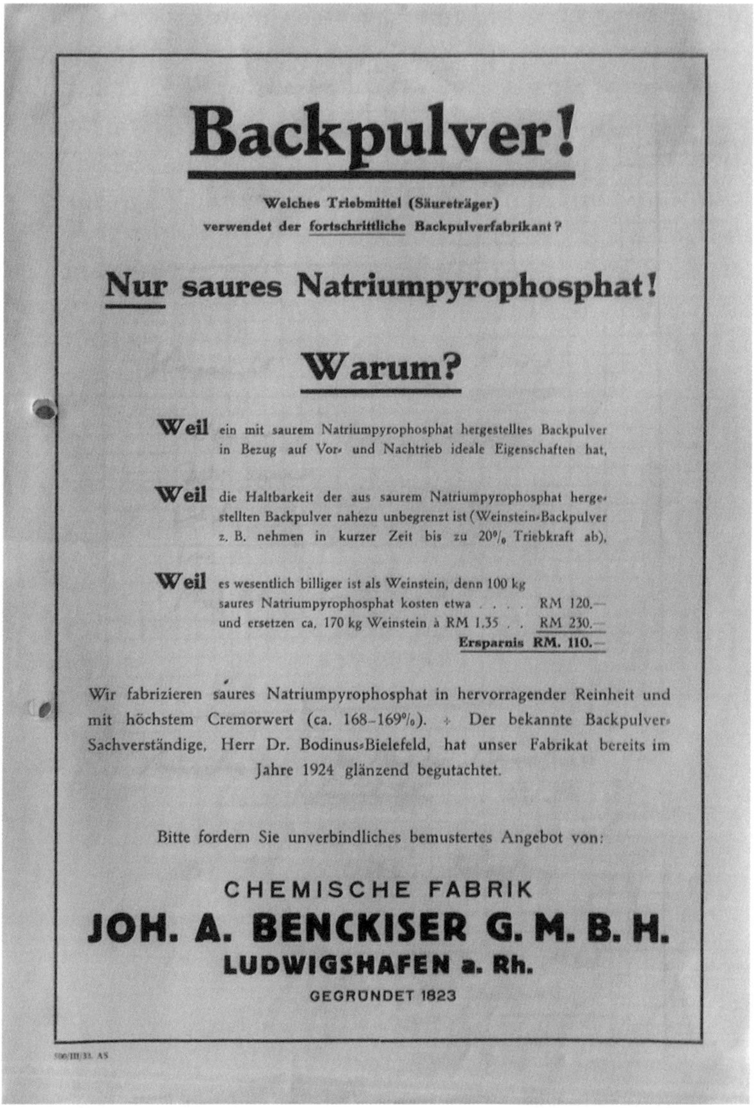

Abb. 28: Backpulver-Werbung ca. 1933

dazu eingereichte erste Patent war nach entsprechenden Weiterentwicklungen in einem seit 1935 dazu extra eingerichteten Käse-Labor mit Versuchs-Schmelzkessel und angeheuerten Lebensmittelchemikern wie Dr. Albert Meyer von einem weiteren, am 4. Juni 1936 eingereichten Patent über »Richtsalze zum Schmelzen von Käse« ergänzt worden.[181] Auch im Ausland ließ man daher die eigenen Verfahren umfangreich patentrechtlich absichern und schützen.[182] Bis Mitte der 1930er Jahre hatte man einen Patentwall aus vier zentralen Grund-Schutzrechten einschließlich von Auslandspatenten errichtet. Einsprüche gegen die Patente durch Konkurrenten gab es dabei nicht, einzig Henkel hatte 1935 durch Umgehungspatente zu Joha eine Drohkulisse aufgebaut, die aber nur als Nebenkriegsschauplatz für den eigentlichen Kampf gegen Benckisers Calgon dienen sollte.[183]

Schmelzkäse war zu diesem Zeitpunkt bereits eine Erfolgsgeschichte, 1929/30 wurden in Deutschland 40.000 t produziert, mehr als 17 Prozent des Gesamtmarktes, 1934 waren es bereits 20 Prozent, und erst recht bot die vielfältige europäische Käseindustrie einen geradezu unerschöpflichen Absatzmarkt für Benckiser. Schmelzkäse war leicht zu handhaben, hatte relativ geringe Verderb-Raten und ließ sich gut portionieren. Kleine Stanniolverpackungen wurden zu einem wichtigen Element, um Käse in das Frühstück zu integrieren und als Brotaufstrich zu vermarkten.[184] Dennoch hatte Benckiser beim Absatz von Joha zunächst erhebliche Überzeugungsarbeit bei den in- wie ausländischen Molkereien und Käseherstellern leisten müssen. Neben Anzeigen in den verschiedenen Fachzeitschriften informierten die Benckiser-Wissenschaftler die Fachöffentlichkeit auch regelmäßig durch Artikel, etwa »Zur Chemotechnik der Schmelz-

181 Eine Abschrift des Patents in: JAB-Archiv, Ordner D 40.
182 Vgl. dazu etwa die Aufstellung im Betriebs-Prüfbericht 1936, Anlage 3, in: JAB-Archiv D 25.
183 Vgl. dazu die Bemerkungen im Betriebsprüfbericht 1936, S. 13, in: ebd.
184 Vgl. Uwe Spiekermann, Der lange Weg zur Marktreife. Käseproduktion in Deutschland 1850 bis1930, https://uwe-spiekermann.com/2021/02/27/der-lange-weg-zur-marktreife-kaseproduktion-in-deutschland-1850-bis-1930/S. 24f.

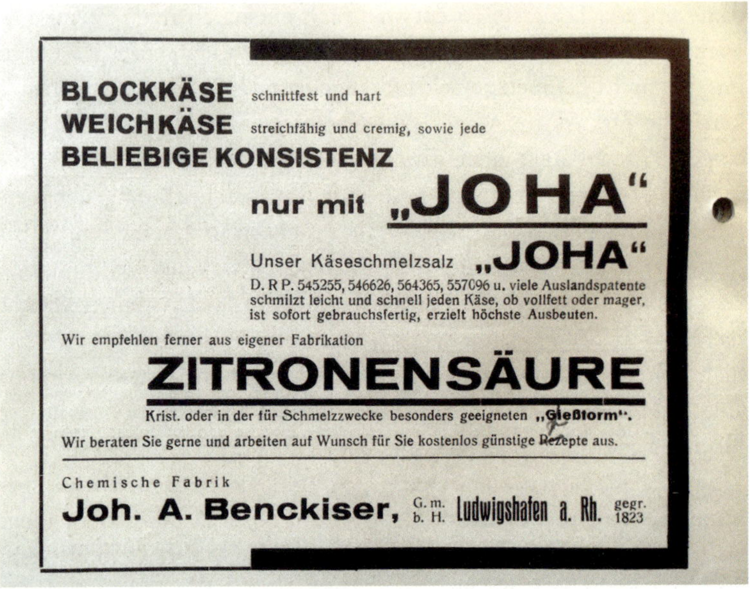

käse-Fabrikation«, der 1935 im *Milchwirtschaftlichen Zentralblatt* erschien.[185]

Die Erforschung des Kaseinmoleküls und die Kompliziertheit und Variabilität des riesigen Eiweißkomplexes im Käse barg erhebliche Herausforderungen für die Nahrungsmittelchemiker, wobei Benckiser dazu bald die enge Zusammenarbeit mit der Allgäuer Käseindustrie suchte und 1937 in Kempten eine eigene Außenstelle des chemischen Versuchs- und Entwicklungslaboratoriums aufbaute.[186] Mit viel Überzeugungsarbeit gelang dann auch der Einstieg als Joha-Lieferant bei den großen europäischen Käseproduzenten wie der Fromagerie Bel, der Schweizer Krafft und der Margarine-Union. Auch die enge Zusammenarbeit mit Fabrikanten von Schmelzkäse-Apparaturen zahlte sich bald aus, und ein eigener Ausstellungsstand Benckisers auf dem Weltmilchkongress 1936 in Berlin brachte den endgültigen Durchbruch. Milch- und Käsefachleute aus aller Welt, darunter auch zwei japanische Lebensmittelchemiker, informierten

185 Vgl. den Aufsatz in: Milchwirtschaftliches Zentralblatt. Zeitschrift für wissenschaftliche und praktische Milchkunde 64 (1935), Heft. 2, S. 32-34.
186 Vgl. dazu und zum Folgenden auch Benckiser-Chronik II, S. 21 ff.

Abb. 29 und 30: Werbung für das Schmelzkäse-Salz Joha 1935

sich bei den Joha-Fachberatern aus Ludwigshafen. Wie bedeutend dabei das Exportgeschäft war, zeigte sich nicht nur daran, dass man Import-Export-Sondergenehmigungen bei den zuständigen Devisenbehörden beantragte und auch erhielt, sondern auch dreisprachige Fachanzeigen schaltete. Auf der Debitorenliste in der Bilanz für 1939 tauchen im Bereich Schmelzkäse unter anderem auch zwei kanadische Firmen und acht britische Weiterverarbeiter und Großkunden auf.[187] Von systematischem Marketing war man dabei dennoch weit entfernt. Markterkundung, Fachberatung und Kundendienst hießen die Stichworte.

So erfolgreich rein umsatz- und absatzmäßig das Joha-Geschäft lief, so hatte Reimann junior jedoch hier rendite- und ertragsmäßig erheblich zu kämpfen. Auf den weiterhin von Preiskämpfen geprägten Auslandsmärkten musste man zum Teil deutlich sinkende Preise hinnehmen. Das einst für 2,36 RM/kg verkaufte Käseschmelzsalz brachte man 1935 im Export nur noch für 1,50 RM los, und auch auf dem Inlandsmarkt sorgte trotz der erreichten Phosphat-Konvention die Preisstopp-Politik des NS-Regimes dafür, dass die Preise auf einem für Benckiser ungünstigen und nahe den Selbstkosten liegenden Niveau faktisch eingefroren worden waren. Diese ungünstige Entwicklung, so beklagte sich Reimann senior gegenüber dem Prüfbeamten des Finanzamtes, »ist eine insbesondere von der Chemischen Fabrik Budenheim AG gewollte, hinter welcher bekanntlich der über alle Massen kapitalkräftige Oetker-Backpulver-Konzern steht. Wir haben Beweise in den Händen, dass Budenheim den Kampf gegen uns mit allen Mitteln fortsetzt und selbst davor nicht zurückschreckt, den Weltmarktpreis durch Unterbietungen zum Schaden der deutschen Devisenbilanz zu schwächen. Diese Vorgänge haben wir bereits dem Reichswirtschaftsministerium und den Devisenstellen gemeldet.«[188] Das Joha-Schmelzsalzgeschäft, obschon es sich dabei um eine Produkt-Spezialität handelte, die Budenheim nicht herstellte, war daher auch in den Strudel der Auseinandersetzungen auf dem Gebiet der phosphorsauren Salze geraten.

Weit lukrativer entwickelte sich dagegen der 1935 erfolgte Einstieg in ein neues Spezialitätengeschäft, das wie kaum sonst von

187 Vgl. dazu die Zusammenstellung in: BArch B 218/76.
188 Bilanzprüfbericht von 1936, S. 71, in: JAB-Archiv D 67.

der nationalsozialistischen Vierjahresplan-Ökonomie und vor allem auch von den aus ideologischen wie politischen Gründen betriebenen Veränderungen des NS-Regimes im Ernährungsbereich profitierte: die Herstellung von Tabletten aus Zitronensäure als Ergänzungsmittel und quasipharmazeutischer Wirkstoff im Bereich der Säuglingsernährung, die bald unter dem Markennamen CITRETTEN vertrieben wurden. Die nationalsozialistischen Ziele einer gesunden Volksernährung führten nicht nur zu einem mit viel Propaganda unterstützen Kampf gegen Tabak und Alkohol, sondern auch zum massiven Einsatz von gesunden, vielfach synthetisch hergestellten Nahrungsergänzungs- und -ersatzmittel wie Vitamine und Enzyme sowie Zusatzstoffe und »Nährmittel«, mit denen dem schnellen Verderb von Lebensmitteln Einhalt geboten oder deren Qualität im Sinne des Nährgehalts verbessert wurde.[189] Es gab einen Boom bei der Umstellung von alkoholischen auf alkoholfreie »Volksgetränke«, dem Verkauf von Dauer-, sprich Schmelzkäse, haltbarer, fettarmer Milch, Einmachobst sowie Geschmackszusatzstoffen und, worauf später noch einzugehen sein wird, der Nutzung scheinbarer Abfälle wie das Eiweiß im Schlachtblut für die Wurstherstellung.

Mit der Herstellung von Zitronensäure als Säuerungs-, Antioxidations- und Konservierungsmittel für Limonaden, Konfitüren und Zusatz zur Säuglings- und Kleinkindermilch profitierte Benckiser enorm von diesen Entwicklungen. Die Verwendung von Schleim-Milch-Mischungen unter Zusatz von Säuerungsmitteln galt damals auch in der wissenschaftlichen Pädiatrie als unübertroffen, wenn es um künstliche Säuglingsernährung ging. Anfänglich hatte es zwar in den Medizinerkreisen offensichtlich erhebliche Skepsis gegen die Sauermilchernährung gegeben, aber der enge Kontakt der Benckiser-Chemiker zu den damals führenden Kinderärzten sorgte für einen Einstellungswandel. Bisher verwendete Mittel zur Säurevollmilchernährung wie Citrotibin-Nährzucker oder Säuretrockenmilchpräpa-

189 Vgl. dazu aus unterschiedlicher Perspektive Robert N. Proctor, Blitzkrieg gegen den Krebs. Gesundheit und Propaganda im Dritten Reich, Stuttgart 2002, hier insbesondere das Kapitel über »die nationalsozialistische Ernährung«, S. 145 ff., daneben auch Uwe Spiekermann, Künstliche Kost: Ernährung in Deutschland, 1840 bis heute, Göttingen 2018, sowie Heiko Stoff, Wirkstoffe. Eine Wissenschaftsgeschichte der Hormone, Vitamine und Enzyme, 1920-1970, Stuttgart 2012.

Abb. 31, 32 und 33: Werbung für Citretten als Säuglingsernährung 1939/40

rate des Nährmittelkonzerns Alete waren zudem teuer und für viele Mütter, die auf künstliche Ernährung ihrer Kleinkinder angewiesen waren, zu kostspielig. Benckisers Zitronensäuretabletten dagegen waren »für alle erschwinglich«, wie es in einer Werbeanzeige hieß. Den ursprünglich dafür geplanten Namen »Aciletten« hatte man aus warenzeichenrechtlichen Gründen nach einem entsprechenden Einspruch von Alete ändern müssen.[190]

Der Citretten-Verkauf, zunächst nur in Apotheken und Drogerien erfolgend, nahm schnell an Produktions- und Umsatzvolumen zu. In der auf dem Dörrhorst eingerichteten eigenen Betriebsabteilung zum Tablettieren und Abfüllen der Citretten wurden 1936 bereits 15,306 Mio. Stück verpackt, die einen Umsatz von ca. 24.000 RM erbrachten, 1937 waren es über 52 Mio. Stück, was den Umsatz auf 175.000 RM klettern ließ.[191] Bald machte der Ausspruch: »Citretten – der Eisschrank des kleinen Mannes« die Runde, der die Bedeutung der Zitronensäure-Tabletten für die Konservierung von Säuglingsmilch hervorhob. Viel Gewinn wurde damit allerdings bei Benckiser

190 Vgl. Benckiser-Chronik II, S. 53.
191 Vgl. dazu die Angaben in: Benckiser-Chronik II, S. 53, sowie Buchprüfungsbericht 1939, S. 63, in: JAB-Archiv Ordner D 25 a.

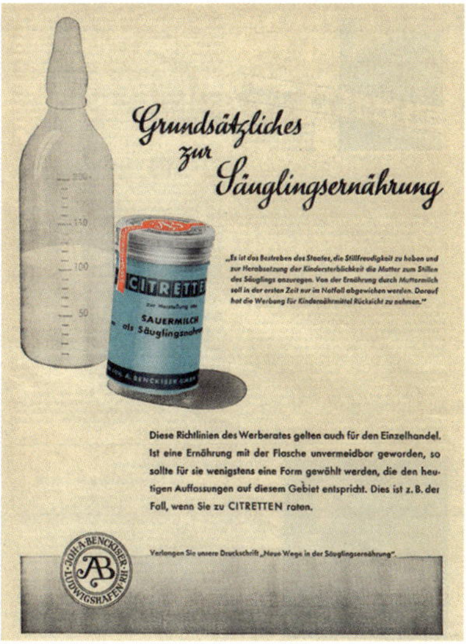

zunächst noch nicht erzielt, da die Einnahmen von den Vertriebskosten und vor allem auch den Aufwendungen für Werbung und Anzeigen aufgezehrt wurden. Und auch den durchschlagenden Erfolg, den der Konkurrent Boehringer mit seinem synthetischen Vitamin C-Präparat »Cebion« hatte, konnte man bei weitem nicht erreichen. Doch in den Folgejahren sollte sich »Citretten-Milch« als Ersatz für Muttermilch weithin durchsetzen und Benckisers Produktion in den Kriegsjahren bis auf knapp 230 Mio. Stück und einen Umsatz von über 1 Mio. RM hochtreiben.

Doch es gab noch ein weiteres Spezialitäten-Produkt, das Umsatz und vor allem auch Gewinn bereits in den Vorkriegsjahren hochschnellen ließ, auch wenn das Produkt selbst erst 1937 auf den Markt gebracht worden war. Es handelte sich um FIBRISOL, eine Polyphosphatverbindung zur Verhinderung der Blutgerinnung, mit der aus Schlachtblutabfällen wertvolles Eiweiß gewonnen und der Ernährungswirtschaft zugeführt werden konnte. Fibrisol war nachgerade das Paradigma eines Vierjahresplan-Produktes und der Ersatzstoff-Ökonomie des Dritten Reiches. Angesichts von Devisenmangel und der sich daraus ergebenden Fett- und Eiweißlücke in der Ernährungswirtschaft dieser Zeit wurde unter der Losung »Verwertung des

Wertlosen« nachgerade eine Recycling- und Kreislaufwirtschaft aufgebaut, in der Abfallnutzung und die Vermeidung volkswirtschaftlich schädlicher Vergeudung bei der Lebensmittelzubereitung zu ideologischen und für die Volksgemeinschaft verpflichtenden Zielen erhoben wurden.[192] Ganze Heerscharen von Wissenschaftlern in eigenen Vierjahresplan-Instituten, aber auch in der Industrie, beschäftigten sich damit, mit Hilfe biotechnologischer Verfahren und chemischer Prozesse Eiweißhefe aus Sulfitablaugen der Zellstoffindustrie, Zucker aus Holzabfällen, Vitamin C aus Gladiolen und Speisefett aus Kohle zu gewinnen. Vitaminisierung und Eiweißgewinnung aus Abfällen waren geradezu Paradigmen der nationalsozialistischen Ernährungspolitik, und hier traf Benckisers Produktinnovation Fibrisol mitten ins Schwarze.

Fibrisol war allerdings keine Erfindung von Benckiser gewesen. Diese Leistung verdankt sich dem Mannheimer Chemiker Fritz Lux, der sich die Idee, tierisches Schlachtblut, das bis dahin noch weitgehend in die Abflusskanäle entsorgt wurde, für die menschliche Ernährung, insbesondere die Wurstherstellung, zu nutzen, 1936 in einem Patent schützen ließ.[193] Lux erfand auch den Markennamen Fibrisol, das er zunächst auf der Basis einer Blutgerinnungsverhinderung durch Natriumzitrat zum Preis von 3 RM je kg Metzgern und

192 Vgl. Marschall, S. 125ff., und Spiekermann, Künstliche Kost, S. 386ff.
193 Vgl. Benckiser-Chronik II, S. 55f.

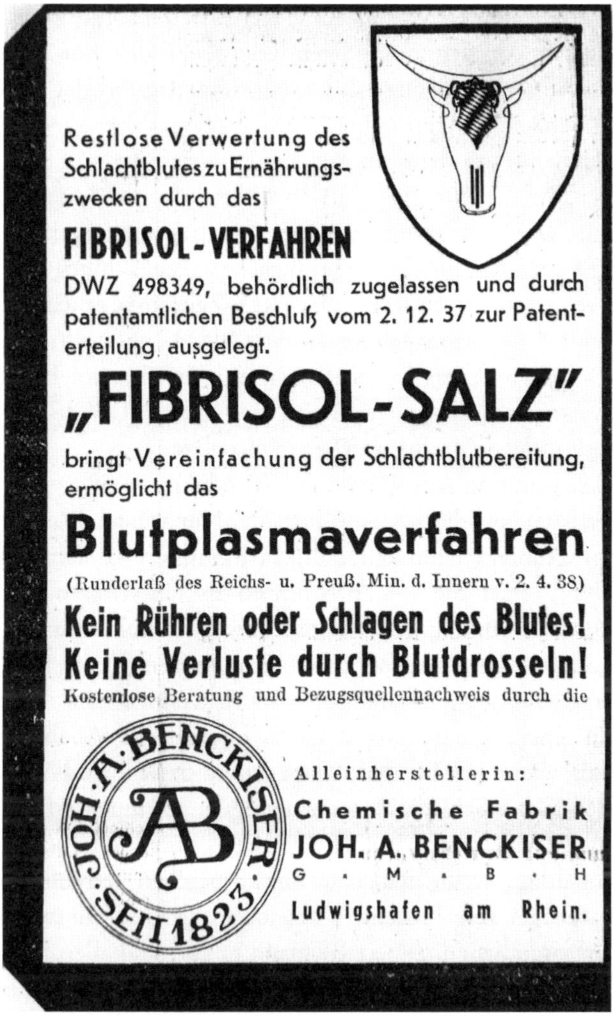

Abb. 34 a, 34 b und 34 c: Werbung für Fibrisol in: Deutsche Fleischer Zeitung 1938/1939

Schlachthöfen anzubieten versuchte. Der Erfinder sorgte zudem auch dafür, dass er von den zuständigen Reichsbehörden eine lebensmittelrechtliche Genehmigung erhielt, Natriumzitrat bei der Verhinderung der Schlachtblutgerinnung einzusetzen, was aber alle damaligen Hersteller von Natriumzitrat auf den Plan rief, die nun gegen Lux vorgingen. In der Not wandte sich dieser 1937 an Benckiser, und noch am 24. August wurde ein Lizenzvertrag unterschrieben. Für einmalig 15.000 RM und künftige jährliche Lizenzzahlungen von immerhin etwas über 7000 RM – zu diesem Zeitpunkt erheblich mehr, als Benckiser als Lizenzgebühr an die Calgon Inc. nach Pittsburgh überwies – konnte das Unternehmen nun die Fibrisol-Produktion übernehmen und die weitere Vermarktung und Durchsetzung im Fleischerei- und Schlachtgewerbe vorantreiben.

Benckiser nutzte sofort das neue Produkt-Know-how und die sich daraus ergebenden neuen Geschäfte. Nur wenige Wochen nach der Vertragsunterzeichnung fand in Hamburg die »Reichsmastvieh-Ausstellung« statt, die von allen führenden Wurstwarenherstellern, den Fleischerei-Innungsobermeistern sowie den Schlachthofdirektoren besucht wurde. Benckiser nahm die Anwesenheit ihrer wichtigsten Fibrisol-Zielgruppen und potenziellen Kunden zum Anlass, um diese auf einem Ausstellungsstand zu informieren. Auch Tierärzte galt es als wichtige Multiplikatorengruppe des Fibrisol-Verfahrens als hygienischere Schlachtblutgewinnung zu gewinnen. Mithilfe von Zentrifugen wurde dabei das entsprechend präparierte Schlachtblut in fibrinhaltiges Serum und rote Blutkörperchen getrennt, die sich dann jeweils in verschiedene Wurstsorten bzw. in Blutwurst wieder einarbeiten ließen. Albert Reimann junior fand allerdings durch eigene Forschungen und Versuche heraus, dass Mischungen aus Polyphosphaten wesentlich gerinnungsfester waren als Natriumzitrat. Am 17. August 1937 beantragte er daher seinerseits ein »Phosphat-Fibrisol«-Patent, ergänzt durch einen Antrag beim Reichsgesundheitsamt auf Zulassung von Phosphatmischungen zur Verhinderung der Blutgerinnung.[194] Das Patent wurde dabei von Reimann junior bewusst ohne Nennung seines Erfinders angemeldet. Der Grund war, dass man wie auch in den anderen Bereichen massive Einsprüche durch Konkurrenten befürchtete, denn die als schutzbedürftiges

194 Vgl. ebd., S. 57f.

Verfahren genannte Umstellung von Citrat- auf Polyphosphatbasis und dessen gerinnungshemmende Wirkung waren eigentlich schon in einer Veröffentlichung des Pharmazeutischen Instituts der Universität Heidelberg erwähnt. Doch die mithin auf gut Glück erfolgte Patentanmeldung hatte Erfolg. Anders als das Calgon-Patent blieb die Anmeldung völlig unbeachtet.[195] Das Engagement von Reimann junior und die Bemühungen zum großangelegten Aufziehen des Fibrisol-Geschäfts waren allerdings bei Benckiser umstritten. Außer Reimann junior und dem für Vertriebsfragen neu eingestellten Prokuristen Wilhelm Bickel glaubte niemand an den Erfolg der Arbeit. Erst als das Reichsgesundheitsamt alle nötigen Zulassungen wie die Verarbeitung von Blutplasma in Koch- und Brühwürsten erteilt hatte, begann man sich im Nahrungsmittellabor von Benckiser systematischer mit dem neuen Produkt zu befassen, und man intensivierte auch die Vertriebsaktivitäten. Durch die Gewinnung von Großhändlern wurde eine nahezu lückenlose Erfassung der damals ca. 900 Fleisch- und Wurstwarenfabriken sowie ca. 70.000 selbständigen Fleischer und Metzgereigenossenschaften im Deutschen Reich erreicht. Als Umsatzziel wurden im ersten vollen »Fibrisol-Geschäftsjahr« 1938 50 t gesetzt, bei einem Verkaufspreis von 4 RM je kg beim Reichspreiskommissar beantragt und genehmigt, ergab sich ein Bruttoerlös von 200.000 RM.[196] Der tatsächliche Absatz übertraf dann aber alle Planungen deutlich, und schon 1939 verzeichnete man einen Absatz von 280 t, was einem Umsatzerlös von 623.000 RM entsprach. Hergestellt im Phosphatbetrieb und in praktische Portionsbeutel abgepackt in einer parallel zur Citretten-Abteilung errichteten eigenen Fibrisol-Abteilung auf dem Dörrhorst, verbuchte Benckiser damit, anders als bei den Zitronensäure-Tabletten, von Anfang an einen erklecklichen Gewinn.

Es gab allerdings dabei auch Hindernisse zu überwinden, nicht so sehr von Konkurrenten, sondern vielmehr in der Person des

195 Vgl. dazu die späteren Ergänzungsnotizen von Reimann junior vom 26.5.1977, in: Familienarchiv Reimann-Dubbers, Ordner Korrespondenz Chronik II.

196 Vgl. ebd., S. 59, sowie die handschriftlichen Korrekturen und Ergänzungen zu diesem Kapitel in: Familienarchiv Reimann-Dubbers, Ordner Korrespondenz Chronik II.

Reichsinnungsmeisters des Fleischer- und Metzgerhandwerks und der fast ein Dutzend Berliner Ministerien und Behörden, die sich mit der Zulassungsfrage von Fibrisol und dem sich herauskristallisierenden »Benckiser-Monopol« befassten. In zahllosen praktischen Vorführungen in den Innungen und an den Schlachthöfen versuchten die Chemotechniker und Nahrungsmittelchemiker von Benckiser zusammen mit einem angeworbenen Fleischermeister die Kritiker vom Gegenteil zu überzeugen. Auch bei den namhaften Zentrifugenmaschinen-Herstellern wie Miele, Westfalia und Alfa Laval schaffte man es schließlich, diese mit ins Boot zu holen. Ende 1939 zählte das Reichsamt für Wirtschaftsausbau auf den Schlachthöfen und -betrieben des Deutschen Reichs ca. 3000 Blutzentrifugen, die nach dem Fibrisol-Verfahren arbeiteten.[197] Auch das Fibrisol-Geschäft wurde von Anfang an neben dem Inlands- auf das Exportgeschäft ausgerichtet. In einem Dutzend europäischen Ländern wurden Patente angemeldet. Obwohl der Absatz dort mit 1,34 t zunächst gering blieb, so barg die Fibrisol-Herstellung und Markteinführung doch erhebliches Geschäftspotenzial für die Zukunft – das allerdings durch den Krieg zunächst zerstört werden und sich erst nach Wiederanknüpfung in den Nachkriegsjahren voll entfalten sollte.

Wachstum und Modernisierung der Unternehmenspolitik bei Benckiser 1937/38

Die Joh. A. Benckiser GmbH erfuhr zwischen 1933 und 1939 einen eminenten Wachstumsschub. Der Gesamtumsatz verdreifachte sich von 4,4, auf 13,4 Mio. RM, und der Wandel der Umsatzstruktur zeigte deutlich, wo die Wachstums- und auch Gewinntreiber lagen: Hatte das Weinsäure-Geschäft noch 60 Prozent des Umsatzes ausgemacht, so lag dessen Anteil sechs Jahre später nur noch bei 35,4 Prozent, während das Phosphatsalzgeschäft von 38 Prozent auf knapp 45 Prozent Umsatzanteil gestiegen war und auch in absoluten Zahlen 1937 das Säuregeschäft überholt hatte.

197 Vgl. ebd., S. 61.

Tab. 4: Umsatzentwicklung bei der Chemischen Fabrik Joh. A. Benckiser GmbH, Ludwigshafen 1933 bis 1939 (in Mio. RM)

Jahr	Insgesamt	Weinsäure	Zitronen-säure	Phosphate	Sonst.
1933	4,410	2,407	0,243	1,553	0,207
1934	5,347	2,195	0,651	2,325	0,176
1935	6,810	2,890	1,047	2,846	0,150
1936	7,958	3,407	1,036	3,678	0,010
1937	10,201	3,284	1,757	4,705	0,226
1938	11,118	4,195	1,300	5,041	0,471
1939	13,479	4,609	1,607	6,054	1,156

Ab 1937 unter Sonstiges auch: Fibrisol und Citretten (Pharma)

Quelle: Zusammengestellt nach den Angaben in: JAB-Archiv, D 72 a, D 19a sowie D 22 (Bilanzen) und D 23.Vgl. auch Benckiser-Chronik II, S. 80. Meldung der Geschäftsleitung Joh. A. Benckiser GmbH an die IHK Pfalz vom 4.6.1947, in: R 18/606

Dennoch hatte das Unternehmen seine klein- bzw. mittelständische Prägung beibehalten und war weit davon entfernt, sich in großbetriebliche Dimensionen hineinzuentwickeln. Die anderen Chemiefirmen vor Ort wie IG Farben, Gebr. Giulini oder Knoll, geschweige denn Konkurrenten wie Boehringer, Henkel und Oetker, wiesen in diesen Jahren ein zum Teil deutlich dynamischeres Wachstum auf. Das Wachstum erforderte erhebliche Investitionen und damit auch einen entsprechenden Kapitalbedarf, der zu einem erheblichen Anteil aus den nun sprudelnden Gewinnen finanziert werden konnte. Aus den 1933 ausgewiesenen Gewinnen von 62.541 RM waren 1939 1,234 Mio. RM geworden, und das, obwohl für Exportabgabe und vor allem Steuern erhebliche und stark wachsende Abführungen an den Staat anfielen. Allein zwischen 1938 und 1939 steigerte sich der Reingewinn um knapp 150 Prozent, der ausgewiesene Gewinnrückgang des Jahres 1935 hatte mit der Verbuchung der Kosten für die Um- und Neubauten, insbesondere der Kapazitätserweiterung des Phosphatbetriebes zu tun. Umso deutlicher wurde dann der Gewinnsprung von 1935 zu 1936 in der Benckiser-Bilanz sichtbar, in dem sich unmittelbar die Folgen der erfolgreichen Kartell- und Syndikatsvereinbarungen niedergeschlagen haben. Ein ähnlicher Effekt zeigte sich beim Vergleich der Zahlen für 1938 und 1939. Es steht zudem zu vermuten, dass, wie schon in den Jahren zuvor, die erheblichen und vom NS-Regime zum Teil noch erweiterten Abschreibungs- und Bewertungsspielräume dazu genutzt wurden, die tatsächlich höheren Bilanzgewinne nachträglich herunterzurechnen und somit reale Gewinne nicht auszuweisen.

Tab. 5: Gewinnentwicklung bei der Chemischen Fabrik Joh. A. Benckiser GmbH, Ludwigshafen 1933 bis 1939 (in RM)

Jahr	Insgesamt	Weinsäure-Geschäft	Phosphat	Zitronensäure	Sonst.
1933	62.541	-293.666	369.161	-11.317	3967
1934	157.279	-68.034	338.678	-134.319	4300
1935	151.344	18.976	36.666	93.699	-2487
1936	444.651	67.376	306.305	92.273	28.378
1937	715.669	110.997	512.892	137.545	115.686
1938	562.756	296.926	688.925	177.031	64.055
1939	1.234.000	869.758	1.326.638	264.606	304.681

Quelle: Zusammengestellt und berechnet aus den Bilanzordnern D 22, D 25 sowie vgl. auch Chronik II, S. 81. Gewinnanteile der Produktebereiche vor Steuer, Gesamtgewinn nach Steuer

Wachsende Kapitalien konnten daher den Rücklagenkonten und für Investitionszwecke zugewiesen werden, und auch der Abbau der 1933/34 noch hohen Schulden ging deutlich voran, wobei anders als noch wenige Jahre zuvor die Banken nun Reimann senior Kredite geradezu nachzuwerfen versuchten und diesen zu einer Ausweitung des Kreditrahmens von Benckiser drängten.[198] Der größte Investitionsschub erfolgte dabei 1938, als in sämtlichen Betriebsstätten Erweiterungen, Umbauten und Modernisierungen stattfanden, die sich auf 2,5 Mio. RM summierten.[199] Das liquide Vermögen, das 1933 erst

198 Vgl. dazu etwa Besprechungsbericht bei der Deutschen Effekten- und Wechselbank vom 25.6.1936 und vom 5.7.1938, in: JAB-Archiv D 23.

199 Vgl. dazu die detaillierte Aufstellung in: JAB-Archiv D 25.

332.000 RM betragen hatte, summierte sich zum Dezember 1939 auf 2,3 Mio. RM. Reimann senior steuerte damit die Unternehmensfinanzierung von Benckiser ganz im Sinne des NS-Regimes, das durch verschiedene Anreize erhöhte Gewinnmöglichkeiten der Unternehmen schuf, die dann in zum Teil explizit, zum Teil indirekt vom Staat und den Behörden gelenkte Investitionen flossen, die praktisch ohne direkte staatliche Subventionen wie etwa Staatskredite dennoch ganz im Sinne der Autarkie- und Rüstungswirtschaft waren. Den Zeitgenossen vermittelte diese Entwicklung damals in der Summe das Gefühl eines »NS-Wirtschaftswunders«.[200]

Als Eigenkapital, im Jahr 1933 erst 1,2 Mio. RM, wurden nun in der Benckiser GmbH 4,383 Mio. RM ausgewiesen, denen zudem erheblich reduzierte Bankschulden von knapp 500.000 RM anstelle der 1,2 Mio. RM sechs Jahre zuvor gegenüberstanden.[201] 1938 hatten die Reimanns daher auch die erwähnte gesellschaftsrechtliche Änderung der Firma durchgeführt und die Zweiteilung in OHG und GmbH zugunsten Letzterer beseitigt. Der inzwischen 77-jährige Theodor Benckiser war zudem zum Dezember 1937 als Gesellschafter endgültig ausgeschieden. Sein Anteil von nominell 50.000 RM ging auf Albert Reimann senior über, dessen Beteiligung nun 180.000 RM betrug, die restlichen 120.000 RM hielt Reimann junior. Im März 1938 nahmen beide schließlich unter Wahrung ihrer Anteilsverhältnisse von 60 zu 40 eine Kapitalerhöhung um 700.000 RM auf 1 Mio. RM vor. Auffällig war auch, dass es bei den Aktiva in den Bilanzen einen Posten »Wertpapiere« gab, der ursprünglich einmal nur einige wenige tausend RM aufwies, 1936 jedoch die erhebliche Summe von 322.443 RM verzeichnete, 1938 sogar 813.796 RM.[202] Was sich dahinter verbarg, ist nicht ganz klar. Der Benckiser-Buchhalter Emig sprach gegenüber der Deutschen Bank auf eine diesbezügliche Frage im Juni 1938 hin von »hauptsächlich Reichsanleihen«. Eventuell gal-

200 Vgl. dazu Jonas Scherner, Die Logik der Industriepolitik im Dritten Reich. Die Investitionen in die Autarkie- und Rüstungsindustrie und ihre staatliche Förderung, Stuttgart 2008, sowie Ralf Banken, Hitlers Steuerstaat. Die Steuerpolitik im Dritten Reich, Berlin/Boston 2018, insb. S. 404ff.

201 Vgl. die Angaben im Bilanzprüfbericht 1939, S. 7, in: JAB-Archiv D 25 c.

202 Vgl. dazu auch eine Zusammenstellung der Bilanzentwicklung zwischen 9133 und 1939 in: LA Speyer, R 18 V, Nr. 606.

ten diese unter anderem als Sicherheiten für die massiv gewachsenen Rohstoffkäufe. Hier hatte man tatsächlich unter den Bedingungen der mit notorischer Devisenknappheit kämpfenden NS-Wirtschaft und einer entsprechend restriktiven Rohstoffpolitik des NS-Regimes zu leiden: Benckiser durfte wie andere rohstoffimportierende Unternehmen auch den Zeitpunkt ihrer Einkäufe nicht nach den jeweils günstigsten Weltmarktpreisen vornehmen, sondern musste sich auf ganz bestimmte, von der Devisen-Zentralstelle vorgeschriebene Märkte und Zeitpunkte konzentrieren, was zu einer Verteuerung der Rohstoffeinkäufe führte.[203] Dennoch: Die geradezu exzellente Lage von Liquidität und Rentabilität des Unternehmens, insbesondere im Vergleich zu den vornationalsozialistischen Jahren, war in den Bilanzzahlen geradezu mit Händen zu greifen.

Es war vermutlich vor allem Reimann junior gewesen, der das Unternehmen auch in der inneren Betriebsorganisation einem Moderni-

203 Vgl. dazu die ausführlichen Bemerkungen im Bilanzprüfbericht für 1935, S. 65-67, in: JAB-Archiv D 67.

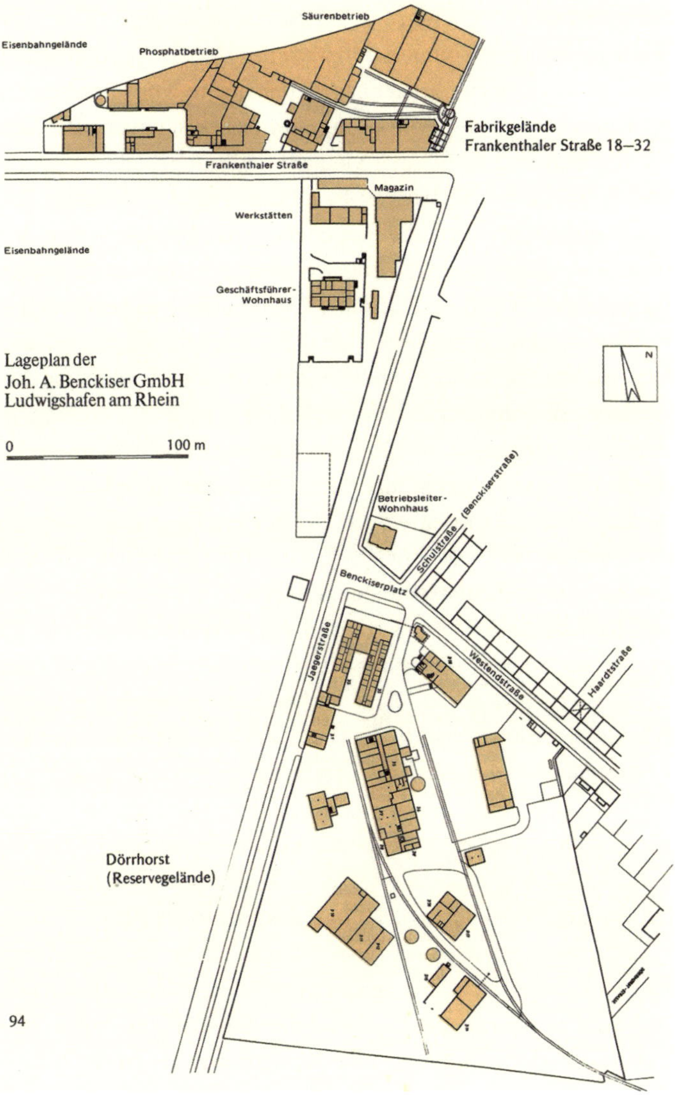

Abb. 35, 36: Teilansicht des Werksgeländes an der Frankenthaler Straße ca. 1935 und Lageplan des gesamten Betriebsgeländes mit dem Dörrhorst-Komplex

sierungsprozess unterworfen hatte. Das eine war der Aufbau anwendungstechnisch orientierter Verkaufsabteilungen. 1935 wurde mit Wilhelm Bickel ein junger, dynamischer Vertriebsangestellter gewonnen, der zusammen mit Reimann junior erste Konturen des noch völlig unterentwickelten Marketings bei Benckiser aufbaute. Die neuen, für Kunden und Abnehmer vielfach erklärungsbedürftigen Produkte und Spezialitäten verlangten Fachberater und technische Kaufleute. Auch die spezifischen, heterogenen Vertriebswege – von den Käsereien über Wäschereien, Drogerien und Apotheken, Pharmazeutika-Großhandel, Metzgereibetriebe, Gerbereien und textilverarbeitende Firmen bis hin zu Braumeistern, Flaschenabfüllanlagenbauern und Lebensmittelzentrifugen-Herstellern – machten dafür spezialisierte Außendienstmitarbeiter erforderlich. Anstelle der bislang nur vereinzelt existierenden Merkblätter, Informationsbroschüren und Sonderdrucke von Artikeln aus Fachzeitschriften wurden nun verstärkt Anzeigen und Prospekte auch für ein breiteres Publikum gedruckt, dazu kamen, wie erwähnt, werbewirksame Auftritte auf verschiedenen Messen und Ausstellungen. Die Mittel für die Präsenz Benckisers auf der Leipziger Messe 1934 und 1935 wurden von Albert Reimann junior aus seinem Geschäftsleiterfonds bereitgestellt. So etwas wie einen Werbeetat gab es nicht.[204] Doch der Erwerb der Calgon- und Fibrisol-Lizenzen und auch der Kontakt mit den amerikanischen Lizenzgebern und deren Vermarktungsmethoden in den USA veränderte auch langsam die noch von Reimann seniors »Antimarketingpsychose« geprägten Sichtweisen bei Benckiser.[205] Dazu gehörte auch die im August 1936 erfolgende Warenzeichenanmeldung für den Schutz des Bildzeichens JAB und des Firmenlogos.

Gleichsam flankierend dazu wurden auch die Forschungs- und Entwicklungskapazitäten aufgebaut und in einer Reihe anwendungstechnischer Labors entsprechend der sich auffächernden Wissensgebiete und Spezialisierungserfordernisse organisiert.[206] Neben einem Wasseraufbereitungs-Labor gab es nun ein Säurebetriebs-Labor, ein

204 Vgl. dazu auch die späteren Erinnerungsnotizen Bickels vom 31.1.1978, in: Familienarchiv Reimann-Dubbers, Ordner Schriftwechsel Chronik II.

205 Vgl. dazu die späteren Notizen von Reimann junior vom 25.7.1977, in: ebd.

206 Vgl. dazu auch Benckiser-Chronik II, S. 65 f.

Abb. 37, 38: Das Firmen-Logo 1936 ohne und mit GmbH-Zusatz

Textil-Labor, ein Labor für Gerbereifragen, das Labor N für Nahrungsmittelchemie, eine Seifenversuchsanlage sowie das Schmelzkäse-Labor in Kempten und eine Patent- und Literaturabteilung. Als zentraler Leiter für Forschung und Entwicklung wurde dafür im April 1939 der habilitierte Chemiker Dr. Hermann Rudy eingestellt. Neben dem klassischen Wein- und Zitronensäurebetrieb und dem sich stark ausdifferenzierenden Bereich der phosphorsauren Salze erfolgte über die Citretten-Herstellung auch der Einstieg in den Aufbau eines pharmazeutischen Produktprogramms. 1938 wurde dazu etwa DULGON auf den Markt gebracht, ein Präparat auf Phosphorbasis zur äußerlichen Anwendung bei Hautreizungen und gewerblichen, d.h. berufsbedingten Hautschäden. Zwei Jahre zuvor war auch ein anderes dermatologisches Mittel, »PINGUIN«, entwickelt und patentrechtlich geschützt worden. In eine andere Richtung ging dagegen die bereits 1936 erfolgte Patentanmeldung für ein Gefrierschutzmittel, das sich im Krieg bald als höchst lukratives Geschäftsfeld herausstellen sollte.

Auch sonst wurde eine stärkere Arbeitsteilung notwendig, die sich im Aufbau einer Reihe von neuen Abteilungen niederschlug, allen voran die Technische Abteilung, daneben die Revisionsabteilung und Betriebsbuchhaltung sowie die betriebswirtschaftliche Abteilung, dazu die erwähnte Patent- und Forschungsabteilung. Der damit verbundene sprunghafte Anstieg von Mitarbeitern, sprich Lohn- und

Gehaltskosten sowie weiteren Kosten, die nun auch von der neuen betriebswirtschaftlichen Abteilung akribisch erfasst wurden, sorgte bei Reimann senior für erhebliche Bedenken und allenthalben Bemühungen, die scheinbar zu hohen Fixkosten wieder zu drücken. Dafür dass Benckiser in den auf den ersten Blick zu großen Verwaltungsapparat schnell hineinexpandieren würde und sich die Kosten als rentable Investitionen in der Zukunft bald bezahlt machen würden, fehlte ihm, anders als seinem Sohn, zunächst der Weitblick.[207] Mit der betriebswirtschaftlichen Abteilung, als deren Leiter im Januar 1938 der Wirtschaftsprüfer Dr. Paul Schlösser eingestellt wurde, hielten nun modernes Kostenrechnungswesen, Betriebsabrechnungsbögen, Finanz- und Investitionspläne Einzug bei Benckiser. Damit wurden nun schnell auch die Rückwirkungen von Rohwarenverteuerungen auf die Handlungsunkosten sowie die Verschiedenartigkeit und Komplexität der Selbstkosten bezogen auf die einzelnen Produkte des Säure- wie des Phosphatbetriebes sichtbar.[208] Die neue betriebswirtschaftliche Herangehensweise und Durchleuchtung sämtlicher Arbeits- und Produktionsprozesse im Unternehmen führte auch zu vergleichenden Jahreskalkulationen bei Wein- und Zitronensäure, mit der jeweiligen Zuordnung von Fabrikationskosten, effektiven Lohnstunden und diversen Leistungsfaktoren, dem Lohnaufwand und der daraus resultierenden Produktivität.[209] Auch die in erheblichem Umfang außerhalb Ludwigshafens liegenden Rohstoff-Lagerbestände – für 1938 wurden dazu 32 Städte bzw. Lagerorte von Buenos Aires über Montreal bis Bombay und Beirut aufgeführt – wurden nun systematisch erfasst, ebenso wie die Außenstände bei den in- wie ausländischen Lieferanten bzw. Beziehern der Benckiser-Säuren und -Salzen, sei es die Citrique Belge für die eine, die Lyssia-Werke für die andere Gruppe. Verborgen blieb dabei aber, dass sich bei manchen heimischen Großkunden dramatische Veränderungen in den Anteilseignerstrukturen ergeben hatten. »Der durchschnittliche

207 Vgl. dazu auch Bilanzprüfbericht 1938, S. 2ff., zur Geschäftsentwicklung in: JAB-Archiv D 25 c.

208 Vgl. dazu die umfangreichen Bilanzprüfberichte 1938 und 1939, in: JAB-Archiv D 25 c.

209 Vgl. dazu die umfangreiche Zusammenstellung über Kalkulationsgrundlagen für den Säurebetrieb 1926 bis 1938 in: JAB-Archiv D 19 a. Vgl. auch Benckiser-Chronik II, S. 74ff.

Bruttoerlös ist gegenüber 1938 um ca. 3 RM bei Zitronensäure gestiegen«, hieß es etwa im Bilanzbericht für 1939. »Ursachen: Fortfall der billigen Lieferungen an die Lyssia-Werke und Kontingentierung bei der Belieferung neuer Kunden mit kleinen Mengen zu höheren Staffelpreisen.«[210] Hinter der nüchternen Formulierung stand die nach massivem Kesseltreiben der NS-Behörden gegen den jüdischen Inhaber der Lyssia-Werke, Max Brings, und einem konstruierten Strafverfahren wegen Devisenvergehens schließlich treuhänderisch verwaltete und dann erfolgte Zwangsarisierung der Werke. Sie hatten mit zu den langjährigen Großkunden von Benckiser gehört, was auch zu einer persönlichen Bekanntschaft zwischen Brings und Albert Reimann senior geführt hatte. Brings selbst war am 28. Oktober 1938 aus Deutschland ausgewiesen worden. Seine Ehefrau durfte als »Arierin« jedoch zunächst im Reichsgebiet verbleiben, flüchtete dann aber im September 1939 in die Schweiz.[211] Die neuen Besitzverhältnisse bei den Lyssia-Werken, die von Boehringer Mannheim übernommen wurden, rechneten sich jedenfalls für Benckiser, auch wenn Reimann senior ungeachtet seiner antisemitischen Grundhaltung bis dahin die Geschäftskontakte mit Max Brings ohne Einschränkungen und Vorbehalte aufrechterhalten hatte und – so beteuerte er zumindest nach 1945 – auch freundschaftliche Kontakte über die reinen Geschäftsdinge hinaus zu diesem pflegte – nicht zuletzt wohl auch eingedenk der nützlichen Informationen, die er damals von Brings in der Goldenberg-Angelegenheit erhalten hatte. Die persönlichen Beziehungen zwischen beiden gingen dann jedoch nicht so weit, dass sich Brings etwa in der Not der ihn verfolgenden NS-Stellen hilfesuchend an Reimann senior gewandt hätte.

Wie auch immer: Die Modernisierung der Unternehmensstruktur und die Professionalisierung der zweiten Führungsebene bei Benckiser unterhalb der beiden Reimanns in der zweiten Hälfte der 1930er Jahre führte zu weiteren personellen und organisatorischen Maßnahmen. Am 7. Februar 1938 wurde Robert Maxheimer als Prokurist und Abteilungsleiter der Phosphatabteilung angeworben. Der zu diesem Zeitpunkt knapp 38 Jahre alte Maxheimer hatte bereits eine vielfältige Berufserfahrung als kaufmännischer Angestellter wie

210 Bilanzbericht 1939, S. 61, in: JAB-Archiv D 25 c.
211 Vgl. dazu zum Verfahren gegen Brings im einzelnen BArch, R 2501/11595.

Laboratoriumsmitarbeiter hinter sich, besaß also Kompetenzen im Verkaufsbereich ebenso wie in Patentangelegenheiten und war, wie es in einer Beurteilung hieß, »vielseitig erprobt im Umgang mit der Kundschaft, in Verhandlungen mit Banken, Behörden, Verbänden und Überwachungsstellen.«[212] Bei Benckiser oblag Maxheimer vor allem die Abstimmung der betrieblichen Belange mit solchen des Verkaufs, quasi an der Schnittstelle zwischen Produktion und Vertrieb, was insofern eine Neuerung bedeutete, da diese Funktion und Kompetenz bisher nur Reimann senior und Reimann junior vorbehalten gewesen war. Sein von Reimann junior definiertes Arbeitsgebiet war dementsprechend breit und Maxheimer begleitete Reimann nicht nur bei den Phosphat-Verhandlungen mit den IG Farben, sondern wurde dessen wesentliche Stütze auch beim weiteren vertrieblichen Ausbau des Spezialitäten-Geschäfts. Dadurch wurde Reimann junior auch von der im Zuge des Auf- und Ausbaus der Phosphatabteilung entstandenen Belastung mit kaufmännischen Aufgaben entlastet und konnte sich wieder vorwiegend den entwicklungstechnischen Belangen bei den phosphorsauren Salzen widmen.

Neu ins Unternehmen war auch bereits im Mai 1936 der Diplom-Ingenieur Hellmut Eickemeyer gekommen, der die neu aufgebaute Technische Abteilung leitete. Sie wurde zur zentralen Koordinierungs- und auch Initiierungsstelle im Unternehmen bei allen Fragen des technischen Betriebes, der Kapazitätenplanung, des Bauwesens und der Werkserhaltung sowie der gesamten Kraft- und Wärmewirtschaft ebenso wie der Materialverwaltung. Alle infrastrukturellen und logistischen Prozesse und Planungen liefen nun in der Technischen Abteilung zusammen, wurden dort koordiniert oder auch von dort aus ins Unternehmen gesteuert. Es dauerte daher nicht lange, dass Eickemeyer mit Reimann senior in Konflikt geriet, der sich von diesem in seinen Kompetenzen als Betriebsführer angegriffen fühlte. Unter anderem hatten die Planungen für den Neubau eines Hauptlaboratoriumgebäudes im Spätherbst 1937 zu einem tiefen Zerwürfnis geführt, vor allem nachdem Reimann senior nach Abschluss der einjährigen Planung und nach mühsamer Beschaffung der Baustoffe die Bauplanungen und den eigentlich schon für den 1. August 1939

212 Vgl. dazu Lebenslauf und Dienstvertrag Maxheimers in: JAB-Archiv Ordner TV 10.

Abb. 39: Die Belegschaft der Phosphatabteilung Januar 1938

vorgesehenen Baubeginn stoppen ließ.[213] Dahinter stand das allenthalben für die leitenden Mitarbeiter vermutlich tagtäglich zu spürende Problem der gleichsam doppelten Betriebsführung bei Benckiser durch den Vater und den Sohn. Auch wenn Reimann senior sich insbesondere dem Wein- und Zitronensäurebetrieb, dem GZ-Betrieb und der Betriebsbuchhaltung widmete und Reimann junior sich um den Phosphatbetrieb, die Laboratorien und den Phosphat-Verkauf kümmerte, so gab es doch immer wieder Kompetenzüberschneidungen. Eickemeyer machte den Fehler, den Finger auf die offene Wunde zu legen und diese »grundsätzlichen Fragen der Betriebsführung« in einem neunseitigen Schreiben deutlich zu benennen und zu problematisieren.[214] »Da Herr Dr. Reimann senior sich in allen grundsätzlichen und wichtigen Fragen die Entscheidung vorbehält, die Technische Abteilung andererseits aber mit allen Betrieben und Abteilungen

213 Vgl. dazu die umfangreichen Unterlagen in: LA Speyer, Arbeitsgericht Ludwigshafen, O 18, Nr. 1438, sowie auch JAB-Archiv, Ordner D 57.

214 Vgl. das ausführliche Schreiben an Reimann senior wie junior vom 24.8.1939, in: LA Speyer, Arbeitsgericht Ludwigshafen, O 18, Nr. 1438. Dazu auch die knappe und sehr einseitige Darstellung des »Falles E.« in: Benckiser-Chronik II, S. 73.

Abb. 40: Werksbesuch bei Benckiser ca. 1938

im Dienstverkehr steht, ergibt sich für die T.A. die Frage, erstens von welchem Herrn der Betriebsführung sie notwendige und verbindliche Entscheidungen einzuholen hat und zweitens, ob nach erfolgtem Vortrag und durchgeführter Besprechung gegebene zustimmende Äußerungen als verbindliche Entscheidungen anzusehen sind«, hieß es in dem Papier.[215] Formaler Anlass der daraufhin von Reimann senior vorgenommenen Entlassung Eickemeyers war eine angeblich falsche Meldung des Beschäftigungsgrades bei Benckiser an das Arbeitsamt Ludwigshafen. Der ganze Konflikt mündete schließlich in einen von beiden Seiten erbittert geführten Arbeitsgerichtsprozess, der sich von Dezember 1939 bis September 1941 hinziehen sollte.

Unterhalb der von Reimann Vater und Sohn repräsentierten Geschäftsführer- und Betriebsleiter-Ebene befand sich daher Ende 1938 inzwischen eine Gruppe von neun zum Teil jungen, zum Teil aber auch bereits erfahrenen und kompetenten Prokuristen. Die Bürokratisierung und Modernisierung der Betriebsverwaltung zeigte sich aber auch in der überproportionalen Zunahme der Angestellten ins-

215 Schreiben an Reimann senior wie junior vom 24.8.1939, LA Speyer, Arbeitsgericht Ludwigshafen, O 18, Nr. 1438.

gesamt. Ihre Zahl hatte sich zwischen 1933 und 1939 mit 61 bzw. 228 fast vervierfacht, während die Arbeiterschaft auf 293 und damit das Doppelte gestiegen war. Arbeiter- und Angestelltenschaft hielten sich innerhalb der auf 521 Männern und Frauen gestiegenen Gesamtbelegschaft bei Benckiser inzwischen praktisch die Waage. Das Verhältnis zwischen Frauen und Männern war dabei für einen Mittelbetrieb dieser Art nachgerade typisch: Bei den Angestellten waren die Frauen mit 99 leicht in der Überzahl, bei den Arbeitern dagegen dominierten 292 Männer gegenüber nur 101 Frauen.[216]

Tab. 6: Belegschaftsentwicklung bei der Chemischen Fabrik Joh. A. Benckiser GmbH, Ludwigshafen 1933 bis 1939

Jahr	Arbeiter	Angestellte	Insgesamt
1933	143	61	204
1934	157	67	224
1935	183	99	282
1936	190	119	309
1937	214	149	363
1938	250	179	429
1939	293	228	521

Quelle: Zusammengestellt nach den Angaben in: JAB-Archiv, D 72 a sowie D 67 (Betriebsprüfberichte FA) Meldung der Geschäftsleitung Joh. A. Benckiser GmbH an die IHK Pfalz vom 4.6.1947, in: R 18/606

Unter den Arbeitern waren zudem 1938 insgesamt 70 Handwerker. Der Großteil von ihnen arbeitete dabei zusammen mit 95 Arbeitern im Wein- und Zitronensäurebetrieb, 54 im Phosphatbetrieb, sieben waren im Bereich der Citretten-Herstellung beschäftigt, sechs bei der Fibrisol-Produktion.

So unterschiedlich Reimann senior und Reimann junior in vielem bei der Betriebsführung und unternehmenspolitischen Ausrichtung auch waren, gegenüber der Belegschaft führten sie gleichermaßen eine harte Hand, trotz aller Betriebsfeste und Beschwörungen der

216 Vgl. dazu auch die Zusammenstellungen zur Gefolgschaftsstruktur in: JAB-Archiv Ordner D 57.

nationalsozialistischen Betriebsgemeinschaft. Mitte August 1939 etwa schrieb Reimann junior an die Wirtschaftskammer Saarpfalz in Beantwortung eines von dort kommenden Sonderrundschreibens über Arbeitsunlust und Bummelei: »Die in Ihrem Rundschreiben gekennzeichneten Erscheinungen werden auch in unserem Betriebe seit längerer Zeit und in wachsendem Masse festgestellt und wir würden es außerordentlich begrüßen, wenn dagegen wirksame Maßnahmen getroffen werden würden.«[217] Und es folgten detaillierte Ausführungen über die diesbezüglich gemachten Beobachtungen bei Benckiser. Die Arbeitsunlust äußere sich hier in der Ablehnung von Überstunden und Feiertagsschichten, in Krankmeldungen oder unentschuldigtem Fehlen nach Sonn-, Feier- und Zahltagen. Die schärfere Überwachung durch die Betriebs- und Abteilungsleiter stoße aber »gerade bei den arbeitsscheuen Elementen auf Widerstand«, da diese sich »mit Vorliebe auf die im DAF-Schrifttum häufig wiederkehrenden Ausführungen gegen Kontrolle und Antreibertum« beriefen. »In erster Linie verantwortlich für die sinkende Arbeitsmoral sind die Elemente, die in den letzten 2 bis 3 Jahren in den Arbeitsprozess wieder eingeschaltet wurden. Die Gefahr, dass die guten Elemente unter der Arbeiterschaft von den schlechten angesteckt werden, ist jedoch größer, als die Aussicht durch allerlei Erziehungsmaßnahmen die Schlechten zu bessern. Beim heutigen Mangel an Arbeitskräften brauchen diese Elemente die früher disziplinär sehr wirksame Maßnahme der Entlassung nicht mehr fürchten.«[218] Die Klagen von Reimann junior waren geradezu exemplarisch für die Probleme, denen sich praktisch alle Unternehmen in dieser Phase der nationalsozialistischen Autarkie- und Aufrüstungswirtschaft gegenübersahen. Auch die Folgen waren überall gleich: Produktionsabläufe konnten nicht rechtzeitig oder nur teilweise angefahren werden, es häuften sich Qualitätsmängel und Beschwerden, und das im Kontext weiterer Schwierigkeiten, die, wie Reimann offen benannte, »die betrieblichen Dispositionen zur Zeit außerordentlich erschweren, wie Kohlemangel, Waggonmangel, schwierige Ersatzteilbeschaffung etc.«[219]

217 Schreiben vom 14.8.1939, Abschrift in: LA Speyer, R 18 V, Nr. 606.
218 Ebd.
219 Ebd.

Abb. 41: Ein Teil der Belegschaft am 1.7.1939 mit ehemaligen Benckiser-Mitarbeitern, erste Reihe sitzend, 5. v. r.: Theodor Benckiser

Als Gegenmaßnahmen gegen die Beschäftigungsfolgen »minderwertiger Arbeitskräfte« empfahl Reimann der Wirtschaftskammer harte und sehr fühlbare Disziplinarmaßnahmen sowie eine enge Zusammenarbeit von Partei, gewerblicher Wirtschaft und Ärzteschaft »zur Ausmerzung der Drückebergerei«.[220] Dabei sei insbesondere eine enge Zusammenarbeit der DAF-Kreise mit den Betriebsführern und Betriebsobmännern zu wünschen. Und als Vorbild verwies er auf Benckiser, wo man in die Betriebsordnung einen langen Passus über die Einführung von Bußen und anderen Strafmaßnahmen eingefügt hatte. Verstöße gegen die Ordnung oder Sicherheit des Betriebes wurden nun je nach Schwere des Falles durch Verweis seitens des Betriebsführers oder Abteilungsleiters oder aber Geldbußen geahndet.[221] Die Bußen konnten nach vorheriger Festlegung und Beratung des Vertrauensrates bis zu einem vollen Tagesverdienst betragen; sie

220 Ebd.
221 Vgl. die Ergänzung zu unserer Betriebsordnung vom 1.8.1939, in: ebd.

wurden von den Lohnzahlungen abgezogen und an die Nationalsozialtische Volkswohlfahrt (NSV) überwiesen. Die Art der Verstöße wurde dabei sehr weit definiert, so dass auch Gehorsamsverweigerung gegenüber Vorgesetzten, unwahre Angaben in jedem Zusammenhang und bewusste Verstöße gegen den Betriebsgemeinschaftsgedanken darunterfielen. Alles in allem war Benckiser trotz aller Modernisierungsmaßnahmen noch keineswegs zu einem modernen Unternehmen in Unternehmensführung und Unternehmensorganisation geworden. Viele von Reimann junior angestoßene Veränderungen blieben in Ansätzen stecken. Das sollte auch in den folgenden Jahren so bleiben und in den Kriegsjahren durch anderweitige externe wie interne Entwicklungen sogar noch verschüttet werden.

Die Reimanns privat

Am 14. September 1935 fand ein besonderes Familienfest im Hause Reimann statt: die Doppelhochzeit der beiden Kinder Albert junior und Else. Albert junior heiratete die neun Jahre jüngere, 28-jährige Adelheid von Löwis, eine enge Freundin seiner Schwester. Else Reimann heiratete den sechs Jahre älteren Hans Dubbers, Diplomvolkswirt in einer Dienststelle des Reichsnährstandes in Berlin, wo sich beide auch kennengelernt hatten und später durch den gemeinsam betriebenen Rudersport in Heidelberg verbunden blieben.

Reimann junior hatte seine Frau über seine Schwester kennengelernt. Sie war die Tochter der gleichnamigen NS-Frauenschaftsführerin Adelheid von Löwis of Menar im Kreis Böblingen, zugleich Gutsherrin und Kulturreferentin der Stadt Stuttgart, die wenig später, im Jahr 1940, dadurch in der Öffentlichkeit bekannt werden sollte, dass sie in einem Brief an den Reichsführer SS Heinrich Himmler gegen die kaum verdeckten Euthanasie-Maßnahmen gegen Kinder durch das NS-Regime protestierte.[222] Zum Zeitpunkt der Hochzeit ihrer Tochter gehörte Adelheid von Löwis jedoch zur regionalen NS-Funktionärsprominenz und war überzeugte Anhängerin des Na-

222 Vgl. Else von Löwis, in: https://de.wikipedia.org/wiki/Else_von_L%C3%B6wis, zuletzt aufgerufen am 2.6.2021.

tionalsozialismus. Vor dem Hintergrund der politischen Sozialisation passte daher die Heirat bestens in die Lebenswirklichkeit von Reimann junior, und das galt erst recht auch für seine Schwester Else. Denn Hans Dubbers war nicht nur im Mai 1933 in die NSDAP, sondern auch am 1. November 1933 in die Allgemeine SS eingetreten. Die Motive dafür mögen unterschiedlichster Art gewesen sein, vor allem dürfte der erhoffte Imagegewinn als Mitglied einer bald zur Elitegruppe der nationalsozialistischen Bewegung stilisierten Organisation den Ausschlag gegeben haben.[223]

Die Hochzeit erregte durchaus einiges öffentliches Aufsehen. Eine Belastungszeugin schildete diese später nachgerade als »SS-Hochzeit« inszeniert, bei der Else Dubbers aus Begeisterung silberne Hakenkreuze aus dem Auto geworfen habe.[224] Das offizielle Hochzeitsfoto selbst vermittelt dies nicht, zumindest waren an der Fassade des Hauses keine Hakenkreuzflaggen zu sehen und auch unter den Hochzeitsgästen sind nur einige wenige mit Parteiabzeichen zu sehen. Auch die kurze Hochzeitsrede von Albert Reimann senior an seine beiden Kinder enthält, außer der damals obligaten Anrede an »die lieben Volksgenossen«, keine NS-ideologischen Parolen oder Worthülsen.[225] Dubbers selbst notierte allerdings später, dass auch einige seiner SS-Kameraden anwesend waren, und Fotos vom Wohnhausinneren vermitteln doch einen durchaus anderen Eindruck, der auf eine enge Verquickung von Nationalsozialismus in der privaten Lebenswelt der Reimanns schließen lässt.[226]

Das hatte sich auch schon am bisherigen Lebensweg von Else Reimann gezeigt, die schnell Karriere in der NS-Frauenschaft bzw. dem BDM gemacht hatte. Im Winter 1934 war sie etwa als Sportlehrerin an die BDM-Führerinnenschule nach Karlsruhe berufen worden, wo

223 Dubbers selbst hat sich später im Rahmen seines Entnazifizierungsverfahrens verschiedentlich zu seiner SS-Mitgliedschaft geäußert, vgl. dazu u.a. den detaillierten Lebenslauf, S. 35ff., in: GLA Karlsruhe, 465f. Nr. 900, sowie auch Familienarchiv Reimann-Dubbers, Ordner Hans (Entnazifizierung).

224 Zeugenaussage im Entnazifizierungsverfahren gegen Else Dubbers, in: GLA Karlsruhe 465 q Nr. 13656.

225 Der Wortlaut der Rede in: Familienarchiv Reimann-Dubbers, Ordner Else Dubbers.

226 Vgl. Tagebucheintragung 1935, S. 30, in: ebd.

sie die körperliche Erziehung des BDM für den ganzen Gau Baden organisierte.[227] Else Reimann war regelmäßig auch zu den Reichparteitagen der NSDAP nach Nürnberg gefahren, begeistert unterstützt von den stolzen Eltern, die 1934 sich dieses Ereignis ihrerseits nicht hatten entgehen lassen wollen. »Die Eindrücke waren gewaltig«, so hieß es dazu im Tagebuch der Mutter. »Die Aufmärsche aller Formationen, die Militärmärsche, ein Jubel strömte durch die Herzen. Unbeschreiblich feierlich jedesmal der Augenblick, in dem der Führer kam, atemlose Stille, und dann brausende Begeisterung. Wir kamen außerordentlich erfüllt von den schönsten Eindrücken, beglückt von einem gewaltigen Erlebnis zurück und erzählten zu Hause unserem Besuch Dr. Ruge und Frau begeistert. Wir fanden da leider keinen Widerhall. Bedauernswert sind doch die Menschen, welche die große gewaltige Zeit nicht miterleben, die sich abschließen aus persönlicher Gekränktheit, weil sie den Zeitpunkt des rechtzeitigen Anschlusses versäumt haben.«[228]

Auch Dubbers war gelegentlich als »SS-Scharführer« zu einigen Reichsparteitagen abgeordnet worden. Else Reimann und Dubbers hatten im Übrigen auch keine Probleme damit gehabt, sich im Vorfeld der Hochzeit, sprich nach der Verlobung, den akribischen erb- und rassebiologischen Untersuchungen der SS zu unterwerfen. Dabei wurden nicht nur die jeweiligen Stammbäume und Vorfahren unter die Lupe genommen – und ein Selbstmord eines Bruders von Albert Reimann senior mit Stirnrunzeln vermerkt –, sondern auch die Frauenärztin von Else Reimann unter Aufhebung der ärztlichen Schweigepflicht nach eventuellen Abweichungen von den Kriterien nationalsozialistischer Gebärfähigkeit befragt.[229] Kurz vor der geplanten Hochzeit wurde den beiden Eheleuten dann durch das SS-Sippenamt »gute Erbgesundheit« bescheinigt und die Verlobungs- bzw. Heiratsgenehmigung erteilt. Stolz und mit der expliziten Unterschrift »SS-Scharführer« verkündeten dann am 26. Oktober 1937 auch Else

227 Vgl. Lebenslauf Else Dubbers von 1947, in: GLA Karlsruhe, 465 q, Nr. 13656, sowie auch Familienarchiv Reimann-Dubbers, Ordner Stammbuch/Urkunden, Zeugnisse Else Dubbers.

228 Ebd.

229 Vgl. dazu die einzelnen Unterlagen in: GLA Karlsruhe, 465 f., Nr. 900, Bd. 4.

und Hans Dubbers in einer Zeitungsanzeige die Geburt des ersten Sohnes Hans Gerhard. Obwohl Dubbers über hinreichende Qualifikationen für einen Einstieg in die Benckiser GmbH verfügte und ein beruflicher Wechsel von Berlin nach Heidelberg bzw. Ludwigshafen aus familiären Gründen nahelag, nahm Reimann senior davon jedoch zunächst Abstand. Über die Eventualität eines Firmeneintritts war zwar im Familienkreis schon länger gesprochen worden, aber im Februar 1937 machte Reimann senior in einem Brief an Dubbers deutlich, dass »wir Dich nicht leitend von oben in die Firma hineinsetzen können«.[230] Erst zum 1. April 1939 trat daher Dubbers bei Benckiser ein und bekam unter der Leitung von Paul Schlösser eine Beschäftigung in der betriebswirtschaftlichen Abteilung, insbesondere zur Anfertigung der Kostenstatistiken für die Produktionsbetriebe.[231]

Dubbers heiratete in eine Familie hinein, die seit jeher ein großes Verständnis für die weitverzweigten Vorfahren und Familienmitglieder pflegte. Es gab jährliche Familientage mit ca. 30 Personen wie etwa im Oktober 1936, als sich die Nachkommen des Groß- und Urgroßvaters Carl Ludwig Reimann in Weimar trafen. Von diesem Familienstolz profitierte auch die Reichsanstalt für Tabakforschung, die in Erinnerung an den berühmten Nikotinforscher Ludwig Reimann im März 1939 eine »hochherzige Spende« für eine entsprechende wissenschaftliche Abhandlung auf dem bevorstehenden Internationalen Tabakkongress in Berlin erhielt.[232] Groß gefeiert wurde dann im August 1938 auch der 70. Geburtstag von Albert Reimann senior. Im *Ludwigshafener Generalanzeiger* erschien dazu ein Bericht, der allerdings im Vergleich zu anderen NS-Wirtschaftsführern, deren Jubiläen von den jeweiligen örtlichen Parteistellen oft zu großen Inszenierungen der angeblichen Errungenschaften der Wirtschaftspolitik des NS-Regimes instrumentalisiert wurden, ziemlich dürr und verhalten ausfiel – wofür vermutlich Gauleiter Bürckel und Gauwirtschaftsberater Bösing gesorgt haben dürften.

230 Auszug aus Brief vom 11.2.1937, in: Familienarchiv Reimann-Dubbers, Ordner Hans (Bewerbungen, Zeugnisse; Briefwechsel aus dem Lager; 1921-1945).

231 Vgl. das Zeugnis und politische Beurteilung von Dubbers durch Schlösser vom 22.10.1946, in: GLA Karlsruhe, 465 f., Nr. 900, Bd. 4.

232 Vgl. dazu das Dankschreiben vom 8.3.1939, in: Familienarchiv Reimann-Dubbers, Ordner Ahnen Reimann.

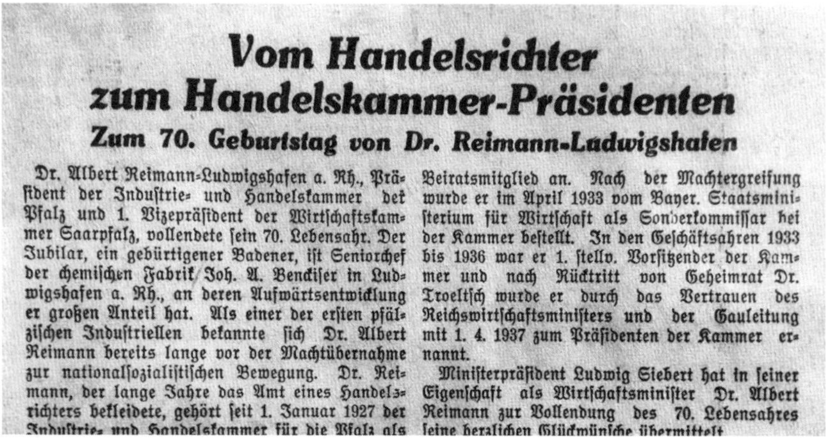

Vom Handelsrichter zum Handelskammer-Präsidenten

Zum 70. Geburtstag von Dr. Reimann-Ludwigshafen

Dr. Albert Reimann-Ludwigshafen a. Rh., Präsident der Industrie- und Handelskammer der Pfalz und 1. Vizepräsident der Wirtschaftskammer Saarpfalz, vollendete sein 70. Lebensahr. Der Jubilar, ein gebürtigener Badener, ist Seniorchef der chemischen Fabrik Joh. A. Benckiser in Ludwigshafen a. Rh., an deren Aufwärtsentwicklung er großen Anteil hat. Als einer der ersten pfälzischen Industriellen bekannte sich Dr. Albert Reimann bereits lange vor der Machtübernahme zur nationalsozialistischen Bewegung. Dr. Reimann, der lange Jahre das Amt eines Handelsrichters bekleidete, gehört seit 1. Januar 1927 der Industrie- und Handelskammer für die Pfalz als Beiratsmitglied an. Nach der Machtergreifung wurde er im April 1933 vom Bayer. Staatsministerium für Wirtschaft als Sonderkommissar bei der Kammer bestellt. In den Geschäftsahren 1933 bis 1936 war er 1. stellv. Vorsitzender der Kammer und nach Rücktritt von Geheimrat Dr. Troeltsch wurde er durch das Vertrauen des Reichswirtschaftsministers und der Gauleitung mit 1. 4. 1937 zum Präsidenten der Kammer ernannt.

Ministerpräsident Ludwig Siebert hat in seiner Eigenschaft als Wirtschaftsminister Dr. Albert Reimann zur Vollendung des 70. Lebensahres seine herzlichen Glückwünsche übermittelt.

Abb. 42: Notiz zum 70. Geburtstag von Albert Reimann senior im Ludwigshafener Generalanzeiger

Neben einem Glückwunschschreiben des bayerischen Ministerpräsidenten Ludwig Siebert ist nur noch eine kurze Gratulationskarte des Stahlindustriellen Hermann Röchling überliefert. »Ich freue mich jedesmal, wenn ich Ihre Tat- und Kampfkraft sehen kann«, hieß es darin.[233] Zu diesem Zeitpunkt war die Ehe von Reimann junior mit Adelheid von Löwis bereits gescheitert und geschieden worden. Am 17. Juli 1937, beide lebten bereits seit längerem getrennt, hatten sie dann eine Vereinbarung für eine einvernehmliche Trennung unterzeichnet.[234] Am 3. September 1938 heiratete Albert Reimann junior erneut, diesmal die ein Jahr ältere Paula Frey, die langjährige Haushälterin in der Villa Reimann. Die Ehe wurde gegen den Willen der Eltern geschlossen, die die neue Schwiegertochter als nicht standesgemäß betrachteten. Zumindest politisch gab es an der frisch gebackenen Paula Reimann jedoch nichts auszusetzen, denn auch diese war bereits 1932 in die NSDAP eingetreten. Die Ehe blieb kinderlos.

233 Das Schreiben vom 19.8.1938, in: ebd., Ordner Verschiedenes.

234 Vgl. die Vereinbarung vom 17.7.1937, in: JAB-Archiv, Ordner TV 14 B (Dr. Reimann, persönliche Urkunden).

3. Kapitel

Benckiser im Krieg

Der Kampf um die europäische Vorherrschaft im Zitronensäure-Geschäft

Unternehmensentwicklung und Ringen mit der Kriegswirtschaftsbürokratie

Der Kriegsausbruch drohte die zähen Bemühungen von Reimann senior und Reimann junior, die NS-Wirtschaftsbehörden von der volkswirtschaftlichen Bedeutung von Benckiser zu überzeugen und entsprechende Unterstützung durch Schutzzölle, Markt- und Preisregulierungen, Exportförderung sowie Rohstoffzuteilungen zu erhalten, massiv zurückzuwerfen. Mitten in den Prozess der stürmischen Entwicklung und Ausdehnung sämtlicher Arbeitsgebiete, die Benckiser in die Spitzenposition der Hersteller von organischen Säuren wie phosphorsauren Salzen in Deutschland gebracht hatte, bedeutete der Krieg zunächst einen deutlichen Rückschlag. Die Finanzbehörden bewerteten die GmbH-Anteile inzwischen mit Stichtag 1. Januar 1939 auf einen Ertragswertkurs von 800 Prozent, doch diese hohe Unternehmensbewertung musste zum Jahresende unter Berücksichtigung der Ertragsaussichten der Zukunft deutlich revidiert werden.[1] Die durch den Krieg neu hinzugekommenen Risiken für das Unternehmen waren erheblich, angefangen von der Unsicherheit der Rohstoffversorgung über die Abschnürung der meisten Auslandsmärkte und damit des Exportgeschäfts bis hin zur grenznahen Lage zu feindlichen Nachbarländern. Wegen der mangelnden Kriegswichtigkeit der Benckiser-Produkte und aufgrund der Bewirtschaftung besonders der auslandsabhängigen phosphorsauren Rohmaterialien wie auch der Wein- und Zitronensäure-Rohstoffe, verschärft noch durch die Einziehungen von Beschäftigten zur Wehrmacht, kam es zu massi-

1 Vgl. dazu Aktenvermerk Emig vom 20.12.1939, in: JAB-Archiv D 13 d.

ven Produktionseinschränkungen. Erst langsam erfolgte durch den Anstieg der Nachfrage nach ernährungswichtigen Produkten und die Ausrichtung des Produktportfolios auf Wehrmachtsbedarf wieder eine Erholung der Produktions- und Absatzziffern. Dafür schalteten sich nun aber in verstärktem Ausmaß die verschiedenen Reichsstellen, NS-Behörden und Rüstungsämter in die Branchen- und damit auch Unternehmensangelegenheiten ein. Der Krieg verzögerte auch die allerdings nur rudimentär eingeleitete Umstellung der Rohstoffgrundlage auf eigener Basis durch die Errichtung von Gärungsanlagen zur Herstellung zitronensauren Kalkes – anders als in vielen anderen Branchen, wo der Krieg nachgerade als beschleunigender Katalysator neuer technisch-wissenschaftlicher Prozesse und Verfahren wirkte. Der Umstellungsprozess bei Benckiser sollte sich über viele Jahre hinziehen und selbst bei Kriegsende noch nicht erfolgreich abgeschlossen sein.

Doch zunächst gingen die beiden Reimanns wie alle Behörden, NS-Stellen und auch praktisch sämtliche anderen Unternehmer von einem schnellen und erfolgreich beendeten Kriegsverlauf aus. Ungeachtet dessen war es für Benckiser entscheidend, beim Wettlauf um die nun allenthalben noch knapperen Ressourcen wie Roh- und Hilfsstoffe, aber auch Arbeitskräfte, in der nun rasch wuchernden Kriegswirtschaftsbürokratie nicht abgehängt zu werden. Am 8. September 1939 hatte man sich daher von der IHK der Pfalz eine Bescheinigung ausstellen lassen, in der die Firma Chemische Fabrik Joh. A. Benckiser als »W-Betrieb« eingestuft wurde »und als solcher kriegs- und lebenswichtige Aufträge auszuführen hat.«[2] Dass sich Albert Reimann senior diese Bestätigung als IHK-Präsident faktisch selbst ausgestellt hatte, spielte dabei keine Rolle, umso weniger, als das Papier im Konkurrenzkampf bei den Berliner Kriegswirtschaftsbehörden nicht viel zählte. Mehr Gewicht besaß demgegenüber schon das als streng vertraulich und geheim eingestufte Schreiben des Reichsbeauftragten Chemie, der im April 1939 Benckiser für den Mobilmachungsfall die Übertragung wehrwirtschaftlicher Produktionsaufgaben angekündigt hatte.[3] Allerdings gab es dann behördlicherseits

2 Die Bescheinigung in: JAB-Archiv D 57 und vgl. auch Benckiser-Chronik II, S. 115f.

3 Vgl. das Schreiben in: ebd., sowie auch Benckiser-Chronik II, S. 112.

dagegen schon bald erhebliche Bedenken, da man festgestellt hatte, dass Ludwigshafen in der potenziellen Reichweite französischer Geschütze lag. Mit erheblichem Aufwand suchte Reimann senior in der Folgezeit daher weitere Bestätigungen und Anordnungen der diversen Behörden, von der Reichsstelle Chemie über die Rüstungsinspektion des Wehrkreises XII in Wiesbaden bis zum Reichswirtschaftsministerium und schließlich auch dem Reichsministerium für Rüstung und Kriegsproduktion, zu erhalten, die Benckiser die Rüstungs- und Kriegswichtigkeit und damit die Einstufung in entsprechende Dringlichkeitsstufen bestätigten. Zur Unterfütterung dieses Anspruchs reichte Benckiser unter anderem auch Formulare an das örtliche Arbeitsamt ein, die den wehrwirtschaftlichen Facharbeiterbedarf bestätigen sollten. Mit Mühe konstruierte man dabei Ende September 1939 etwa kriegswichtige Aufträge von 32,7 Prozent bezogen auf den gesamten Auftragsbestand, der Anteil wirklich mittelbarer und unmittelbarer Kriegslieferungsaufträge machte allerdings nur 0,3 Prozent aus, so dass die Gefahr drohte, dass ein Teil der Metallfacharbeiter und technischen Angestellten an andere Rüstungsbetriebe abgegeben werden musste.[4] Von der jeweiligen Beantwortung des Arbeitskräfte-Fragebogens des Arbeitsamtes konnte tatsächlich die Fortführung des Betriebes abhängen. Es war daher kein Wunder, dass Reimann senior umgehend im Oktober 1939 einen revidierten Fragebogen an das Arbeitsamt einreichte, der plötzlich auf einen Anteil von 77 Prozent »sonstiger Kriegslieferungsaufträge«, insbesondere im Bereich der Phosphorsäuresalze, kam.[5] Dass Benckiser nach langen Bemühungen im Juli 1941 dann doch mit seinen Produkten als »kriegsentscheidend« eingestuft wurde, verdankte Reimann senior aber letztlich seinen persönlichen Interventionen und guten Beziehungen zu Carl Krauch, der inzwischen als Generalbevollmächtigter für Sonderfragen der Chemischen Erzeugung (Gebechem) zu einer der rüstungs- und kriegswirtschaftlichen Schlüsselfiguren des NS-Regimes aufge-

4 Vgl. dazu das Schreiben an das Arbeitsamt Ludwigshafen vom 30.9.1939, in: LA Speyer, Arbeitsgericht Ludwigshafen, O 18, Nr. 1438, sowie auch JAB-Archiv, Ordner D 57. Dieses Schreiben war der Auslöser des Konfliktes zwischen Reimann senior und Eickemeyer, der es als zuständiger Leiter der Technischen Abteilung verfasst hatte, gewesen.

5 Vgl. dazu die Notizen und Zusammenstellungen vom 21.10.1939, in: JAB-Archiv D 57.

stiegen war.[6] Das änderte jedoch nichts daran, dass Benckiser noch im Mai 1942 mit einer umfangreichen Eingabe beim Heeresverwaltungsamt darum kämpfen musste, als OKW-Spezialbetrieb anerkannt zu werden.[7] Und eigentlich sollte man erst im September 1944 auch vom Rohstoffamt des Speer-Ministeriums das ersehnte Schreiben über die Wichtigkeit als Produzent zentraler Produkte für den Wehrmachtsbedarf erhalten. Zu diesem Zeitpunkt sollten sich weite Teile der deutschen Kriegswirtschaft bereits im Zusammenbruch befinden, Ludwigshafen infolge der erlittenen Luftangriffe weitgehend ein Trümmerfeld sein, ebenso wie auch das Benckiser-Hauptwerk an der Frankenthaler Straße und das angrenzende Dörrhorst-Gelände.

Doch trotz dieser Bestätigungen der kriegswirtschaftlichen Bedeutung von Benckiser begannen nun die Auseinandersetzungen mit den zahllosen Behörden wie Heeresverwaltungsamt, Oberkommando der Wehrmacht, dem Reichsernährungsministerium, der Reichsstelle Chemie, den regionalen Rüstungskommandos und Arbeitsämtern sowie der Wirtschaftsgruppe Chemische Industrie, und später dann auch noch den Reichsverteidigungskommissaren, hinter denen niemand anders als in Personalunion die Gauleiter standen. Albert Reimann senior war in der Folgezeit praktisch pausenlos zu Dienstreisen und Besprechungen in Berlin wie etwa im September 1941 zu einer Unterredung bei der Wirtschaftsgruppe Chemische Industrie. Dort beschwerte sich Reimann über die ungleiche Verteilung der Kohlezuteilungen zu Gunsten der Großindustrie und zu Lasten der Klein- und Mittelbetriebe wie Benckiser.[8] Der zuständige Referent sagte Reimann senior zwar zu, beim Reichskohlenkommissar eine Erhöhung des Kohlenkontingentes für Benckiser zu beantragen, verbunden allerdings mit der Bemerkung, dass der wichtigere Teil der Benckiser-Produktion ja die phosphorsauren Salze seien, »Wein- und Zitronensäure könne man nötigenfalls entbehren und Wasser trinken.«[9] Die geradezu demütigende Behandlung Reimanns wurde noch dadurch verstärkt, dass dieser bei der Besprechung eher beiläu-

6 Vgl. das Schreiben der Reichsstelle Chemie vom 10.7.1941, in: JAB-Archiv D 57 sowie auch Benckiser-Chronik II, S. 117.
7 Vgl. dazu Telefonnotiz vom 6.5.1942, in: JAB-Archiv D 57,
8 Vgl. Reisebericht Reimann senior vom 15.9.1941, in: ebd.
9 Ebd.

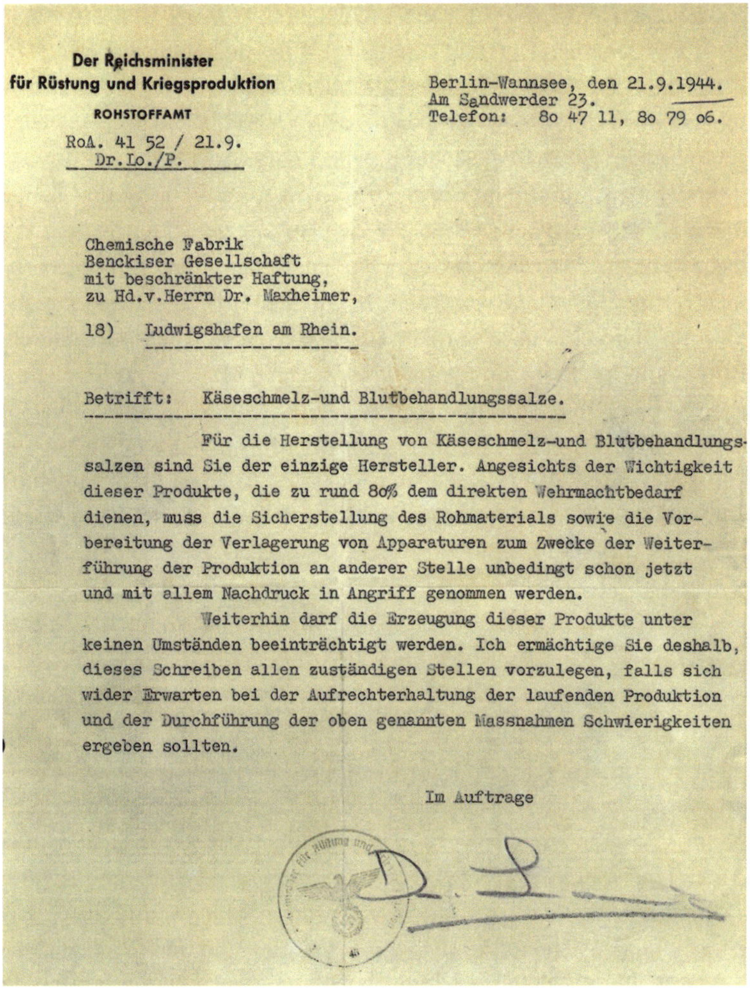

Der Reichsminister
für Rüstung und Kriegsproduktion
ROHSTOFFAMT

RoA. 41 52 / 21.9.
Dr.Lo./P.

Berlin-Wannsee, den 21.9.1944.
Am Sandwerder 23.
Telefon: 80 47 11, 80 79 06.

Chemische Fabrik
Benckiser Gesellschaft
mit beschränkter Haftung,
zu Hd.v.Herrn Dr. Maxheimer,

18) Ludwigshafen am Rhein.

Betrifft: Käseschmelz-und Blutbehandlungssalze.

Für die Herstellung von Käseschmelz-und Blutbehandlungssalzen sind Sie der einzige Hersteller. Angesichts der Wichtigkeit dieser Produkte, die zu rund 80% dem direkten Wehrmachtbedarf dienen, muss die Sicherstellung des Rohmaterials sowie die Vorbereitung der Verlagerung von Apparaturen zum Zwecke der Weiterführung der Produktion an anderer Stelle unbedingt schon jetzt und mit allem Nachdruck in Angriff genommen werden.

Weiterhin darf die Erzeugung dieser Produkte unter keinen Umständen beeinträchtigt werden. Ich ermächtige Sie deshalb, dieses Schreiben allen zuständigen Stellen vorzulegen, falls sich wider Erwarten bei der Aufrechterhaltung der laufenden Produktion und der Durchführung der oben genannten Massnahmen Schwierigkeiten ergeben sollten.

Im Auftrage

Abb. 43: Faksimile des Schreibens des Rohstoffamtes an Benckiser vom 21.9.1944

fig erfahren hatte, dass bei den Konkurrenten Boehringer und auch der Nitritfabrik die Kohlezuteilungskürzungen nur drei bzw. fünf Prozent betrugen, während bei Benckiser die behördlich verfügten Verbrauchseinschränkungen 20 bis 30 Prozent ausmachten. Auf Nachfrage wurde Reimann senior erklärt, dass dort sehr wichtige pharmazeutische Produkte hergestellt würden, Wein- und Zitronensäure würden mengenmäßig kaum eine Rolle spielen. Es war nur allzu deutlich, dass Benckiser und die beiden Reimanns dem systematischen Lobbyismus, den die Konkurrenten wie Oetker und Boehringer in Berlin betrieben, nichts entgegenzusetzen hatte. Alle Großunternehmen unterhielten in der Reichshauptstadt in unmittelbarer Nähe zu den Partei- wie Reichsstellen längst eigene Büros, über die die jeweiligen Firmeninteressen wahrgenommen wurden.[10] So erfuhr man rechtzeitig von bevorstehenden Rüstungsaufträgen, ressourcenpolitischen Maßnahmen und konnte entsprechend früh intervenieren. Bitter äußerte Reimann senior später dazu: »Bei der Wirtschaftsgruppe Chemie wurde mir einmal gesagt, Ihre Seife kommt gegen den Wein von Boehringer nicht auf. Boehringer hatte einen großen Weinkeller und damit manches erreicht [...]. Ernst Boehringer ist auch bei sämtlichen Behörden mit seinem Deutschen Kreuz in Gold herumgefahren.«[11]

Die betriebswirtschaftliche Abteilung musste sich währenddessen mit der Inspektion der Marineartilleriezeugämter herumschlagen, die im November 1942 Preis- und Kalkulationsvorgaben für ein neues Benckiser-Produkt – Kühlflüssigkeit für heißgeschossene Flakrohre – gemacht hatte.[12] Ärger hatte es sowohl innerbetrieblich wie den Ämtern gegenüber auch um eine Preissenkung bzw. Preiserhöhung bei Citretten im Lauf des Jahres 1942 gegeben. Das blühende Citrettengeschäft hatte in den Geschäftsjahren 1941 und 1942 einen Überschuss von 55 Prozent des Bruttoverkaufspreises oder 123 Prozent bezogen auf die Selbstkosten ergeben. Die Kosten betrugen bei den Kleinpackungen 0,27 RM, der Verkaufspreis dagegen 0,50 RM, bei den Klinikpackungen war die Gewinnspanne mit 4,28 RM Selbstkosten gegenüber 10,50 RM Verlaufspreis noch höher.[13] Behördlicherseits zugelassen und vom Preiskommissar eigentlich erlaubt waren aber nur Gewinne von 10 Prozent, so dass Benckiser

10 Vgl. dazu etwa für Oetker, Finger, S. 280ff.

11 Notiz über eine Besprechung Reimanns mit dem damaligen Betriebsrat vom 18.4.1946, S. 18, in: JAB-Archiv, Ordner TV 8.

12 Vgl. Schreiben der Abteilung vom 2.3.1943, in: JAB-Archiv D 57.

13 Vgl. dazu Notiz der betriebswirtschaftlichen Abteilung über die zurückliegenden Entwicklungen an Reimann junior vom 17.4.1944, in: ebd.

bereits im Vorfeld, um Ärger und ein Eingreifen der Behörden zu vermeiden, die Citrettenpreise von sich aus senkte. Tatsächlich hatte der Preiskommissar Benckiser wegen der anfallenden hohen Gewinne auch in anderen Bereichen wie der phosphorsauren Salze ins Visier genommen. Dem Unternehmen waren zunächst auf Antrag sogenannte Rohwarenverteuerungszuschläge genehmigt worden, die dann aber 1942 von einem Teilbetrieb der Hermann-Göring-Werke beim Reichspreiskommissar und der Preisbildungsstelle Saarbrücken moniert wurden, worauf Benckiser zur Abführung des beträchtlichen Übergewinns von 480.000 RM gezwungen wurde.[14] Auch bei Fibrisol hatten die Behörden ursprünglich Benckiser eine Leistungsprämie zugestanden, angesichts von erheblichen Import-Rohwarenverteuerungen bei Wein- und Zitronensäure erhielt das Unternehmen zeitweise sogar Reichszuschüsse, aber was die eine Behörde genehmigte, versuchte sich die andere Behörde später dann wieder für den Staat im Namen des Gemeinwohls und der kriegswirtschaftlichen Erfordernisse zurückzuholen.[15] Den Zitronensäure-Abnehmern wie der Keks- und Schokoladenfabrik Ludwig Weinrich KG musste die Verkaufsabteilung Mitte Januar 1943 mitteilen, dass man aufgrund einer neuen Verkaufsrichtlinie der Reichsstelle Chemie nur alte Kunden berücksichtigen dürfe und auch nur in beschränktem Umfang, wenn nicht vordringliche Verwendungszwecke infragem kämen.[16]

Im Oktober 1943 war dann Reimann senior wieder einmal zu einer Unterredung bei der Reichsstelle Chemie in Berlin, wo er über eine Besprechung beim Reichsernährungsministerium informiert wurde, auf der neben der Reichsstelle Chemie auch das Reichswirtschaftsministerium und ein Vertreter der Fachgruppe Milch teilgenommen hatten. Dabei habe es »einigen Stunk« gegen Benckiser gegeben, da diese angeblich zuviel Johasalze verarbeitet hätte. »Es sei«, so antwortete Reimann darauf, »äußerst schwierig, den Käseleuten Mengen, die sie verlangten, vorzuenthalten. Wir hätten seinerseits mit der Zurückhaltung von Zitronensäure auf Anordnung der Reichsstelle

14 Vgl. Aktenvermerk vom 13.7.1944 über den Vorgang über die Preisprüfungen des Jahres 1942, in: ebd.

15 Vgl. ebd.

16 Schreiben vom 14.1.1943, in: Oetker-Archiv P 5/62.

Chemie sehr schlimme Erfahrungen gemacht und uns den Unwillen der Käseleute zugezogen.«[17]

Es gab Dutzende weiterer Episoden aus dem Alltag der nationalsozialistischen Kriegswirtschaftsbürokratie mit höchst ambivalenten und letztlich weitgehend unerfreulichen Erfahrungen für Albert Reimann senior. Diese taten jedoch der prinzipiellen Loyalität gegenüber dem NS-Regime keinen Abbruch. Die Kriegswirtschaft bot in ihrer von Komplexität, konkurrierenden Behörden sowie sich oft widersprechenden und dysfunktionalen Anordnungen geprägten Struktur für Unternehmen vielerlei Zwänge, eröffnete aber auch Handlungsspielräume durch Aushandlungsprozesse zwischen Firmen und NS-Regime-Stellen. Das war jedoch weitgehend auf die Großkonzerne beschränkt, während die klein- und mittelständischen Betriebe – außer sie waren in die großen Zuliefernetzwerke der Automobil-, Waffen- und Flugzeugindustrie integriert – außerhalb dieser Konstellationen standen und im bürokratischen Dschungel gefangen waren. Längst hatte sich in der Unternehmerschaft Ernüchterung breitgemacht; von einem schnellen und erfolgreichen Kriegsende sprach niemand mehr – außer bei Benckiser. In einem Aufruf Mitte Dezember 1940, am Vorabend der zweiten Kriegsweihnacht, wandte sich Reimann junior an die »Arbeitskameraden« vor Ort wie auch an die inzwischen zur Wehrmacht eingezogenen Mitarbeiter.[18] Die Enttäuschung über die veränderten und gegen die Erwartungen verlaufenden militärischen Konstellationen war dabei zwar unüberhörbar. »Der Engländer hat zwar mit vernünftigem Ermessen nicht mehr die geringsten Aussichten«, so hieß es darin, »aber an den Gedanken kann er sich noch nicht gewöhnen und in seiner traditionellen Überheblichkeit wird er solange an eine wunderbare Rettung glauben, bis er ausgehungert oder mit Waffengewalt zu Boden geschlagen ist […]. Wir haben nicht nur dieses Kriegsjahr unbeschadet überstanden, sondern auch eine annähernd friedensmäßige Erzeugung durchgehalten, und, wenn alles weiterhin so verläuft wie man es wohl erwarten darf, dann werdet Ihr nach Kriegsende […], was hoffentlich im Lauf des nächsten Jahres der Fall sein wird, Arbeits- und Entwicklungsmög-

17 Vgl. Besuchsbericht vom 14.10.1943, in: JAB-Archiv D 57.
18 Der Aufruf vom 11.12.1940, in: GLA Karlsruhe, 465 q, Nr. 2884, T.2, Bl. 110.

lichkeiten finden, wie sie wohl in Deutschland nie zuvor bestanden haben und Ihr dürft stolz darauf sein, dass ihr mitgeholfen habt, diese politische und wirtschaftliche Vormachtstellung unseres Volkes zu erkämpfen.«[19]

Im Zuge der Selbstmobilisierung wurden im Juli 1940 bei Benckiser die betriebswirtschaftliche Organisation und das Konten- und Buchhaltungswesen ganz auf die Vorgaben und Erfordernisse nach dem Kontenrahmen der Wirtschaftsgruppe Chemische Industrie umgestellt, und im Zuge dessen wurden zahlreiche neue betriebswirtschaftliche Neuerungen wie Kostenstellenrechnung und an neuen Kontenklassen ausgerichtete Buchführungsrichtlinien eingeführt. Dies diente scheinbar der Erhöhung der Transparenz, tatsächlich jedoch vor allem der Verbesserung der Rohstoff-, Kosten- und Gewinnlenkung bzw. -überwachung durch den Staat.[20] Mit viel Aufwand versuchte man den sich häufig für die betroffenen Unternehmen aus unerfindlichen Gründen vorgenommenen Änderungen der behördlichen Produktionsvorgaben anzupassen und entsprechend die eigene Fertigung danach auszurichten. Obwohl es nach den ersten Luftangriffen auf Ludwigshafen, die bereits Ende 1940 zu verzeichnen waren, zu neuen Konflikten mit den vor allem nun dafür zuständigen lokalen und regionalen Behörden wie Rüstungskommando, Arbeitsamt und städtische Fliegerschadenausgleichsstelle kam, blieb bei Reimann senior wie junior der Glaube an den Sieg des nationalsozialistischen Deutschen Reichs und seines Führers Adolf Hitler ungebrochen. Dazu kamen auch wachsende logistische Probleme. Täglich fielen bei der Fabrikation in den Benckiser-Betrieben 60 bis 80 t Rückstände an, die bislang per Lastwagen auf vor der Stadtgrenze gelegene Halden geschafft wurden. Aufgrund von fehlenden Treibstoffen und zunehmenden Fahrzeugdefekten drohte Benckiser nun unter den Abfällen zu ersticken.[21] Auch der Transport der benötigten Rohmaterialien nach Ludwigshafen funktionierte nur noch unregelmäßig. Da die Verbindungen zum IG Farben-Werk nach Piesteritz

19 Ebd.

20 Vgl. dazu die ausführliche Notiz der betriebswirtschaftlichen Abteilung vom 1.7. 1940 und vom 27.3.1941, in: JAB-Archiv D 43.

21 Vgl. das Schreiben der Benckiser-Verwaltung vom 11.4.1944 an die Außenstelle des Gebechem in Wiesbaden, in: JAB-Archiv D 57.

inzwischen abgebrochen waren, hatte man keine andere Wahl gehabt, als im Bereich der Phosphorsäure auf Verarbeitung von Halbfabrikaten von den Chemischen Werken Budenheim überzugehen, was mit neuen und umfangreichen Transportaufgaben verbunden war. Von den neun Zugmaschinen und Lastwagen des Benckiser-eigenen Fuhrparks waren jedoch im Herbst 1944 acht wegen Treibstoffmangel oder Reparaturbedürftigkeit ausgefallen und nur noch ein Fahrzeug einsatzbereit. Wenn nicht schnellstens Abhilfe geschaffen werde, so schrieb Reimann junior Mitte November in einem dringlichen Brief an das Büro des Generalbevollmächtigen für Sonderfragen der Chemischen Erzeugung, müsse der Betrieb innerhalb der nächsten 14 Tage stillgelegt werden.[22]

Und dennoch reihten sich Reimann senior wie junior willig in die unter dem Schlagwort der Selbstverwaltung der Industrie von Rüstungsminister Albert Speer vorgenommene Neuordnung der Lenkungsbereiche der deutschen Wirtschaft ein. Speers System der mobilisierten Kriegswirtschaft beruhte auf einem engmaschigen Raster aus zahllosen Fachbereichen, Ringen und Ausschüssen, und im April 1944 wurde Reimann junior mit der Leitung des neu gebildeten Fachbereichs Genusssäuren beauftragt, Robert Maxheimer zum Leiter des Fachbereichs Phosphorsaure Salze ernannt; beide wurden Teil des Produktionsausschusses der Gruppe II »Sonstige Organische Erzeugnisse«, der vom IG Farben-Manager Ulrich Haberland geführt wurde. Mitglieder im Fachbereich Genusssäuren waren neben Benckiser noch Boehringer Ingelheim, die Nitritfabrik und die Oberschlesische Aktiengesellschaft der Chemischen Fabriken »Radocha« Warschau, Werk Sosnowitz; der Fachbereich Phosphorsauer Salze bestand aus Benckiser, den Chemischen Werken Albert, den Chemischen Werken Budenheim, den Gebr. Giulini sowie den Guano-Werken Hamburg und der niedersächsischen Hans-Heinrich-Hütte. Es ist nicht klar, warum etwa Boehringer, die Chemischen Werke Albert, die Gebr. Giulini und die Chemischen Werke Budenheim die beiden Fachbereichsleitungen offensichtlich kampflos an Benckiser hatten gehen lassen. In der Regel war die Führungsfunktion in den Ausschüssen und Ringen zwischen den konkurrierenden Unternehmen heftig umkämpft, da man dadurch tiefe Einblicke in die Ferti-

22 Vgl. Schreiben vom 14.11.1944, in: ebd.

gungsprozesse ebenso wie in die Kalkulationen der Wettbewerber bekam.[23] Reimann junior allerdings bemühte sich um eine möglichst interessenübergreifende, sachliche Praxis der »Selbstverwaltung« und Lenkungswirtschaft. In einem Rundschreiben an sämtliche Abteilungsleiter wies er Mitte April 1944 explizit darauf hin, dass er für eine klare Trennung zwischen ehrenamtlicher Tätigkeit und der Vertretung von Firmeninteressen eintrete »und dass die Verwertung von Fachbereichsunterlagen ohne mein Wissen, wie sie kürzlich leider erfolgt ist, dazu führen kann, mich in meiner ehrenamtlichen Tätigkeit zu diskreditieren.«[24] Es war offensichtlich, dass Reimann junior seine neue Funktion im Kriegswirtschaftssystem, die ihm auch den Titel »Beauftragte Stelle des Reichsbeauftragten für Chemie für die Bewirtschaftung von Wein- und Zitronensäure« einbrachte, nicht nur ernstnahm, sondern auch als persönliche Aufwertung, aber auch als eine für Benckiser und die vielfach unbeachtete Genusssäurebranche insgesamt, empfand.

Mit Feuereifer stürzte sich jedenfalls Reimann junior in seine neue Aufgabe. Ende Juni 1944 schrieb er an Haberland und den ebenfalls zuständigen Manger der Ruhrchemie AG, Prof. Dr. Fritz Martin, einen langen Brief, in dem er die »völlig unzureichende« Dringlichkeitseinstufung des Fachbereichs Genusssäuren kritisierte.[25] Der gesamte Wirtschaftsbereich sei einer Fehlbeurteilung durch die übergeordneten Behörden ausgesetzt, bei der übersehen werde, dass deren Erzeugnisse in weit überwiegendem Maße kriegswichtiger Bedarfsdeckung im Ernährungssektor dienten, zudem die starke Zersplitterung des Produktionsprogramms eine richtige Beurteilung verhindere, zumal den Genusssäuren schon aufgrund ihres Namens noch das Vorurteil anhafte, dass es sich um letzten Endes entbehrliche »Genuss«-Mittel handele. »Bis in das Jahr 1943 hinein besaßen die jetzt dem Fachbereich ›Genusssäuren‹ zugehörigen Betriebe für ihre Fertigungen noch einigermaßen wirksame Dringlichkeitsbescheinigungen, die aber alle schon im Laufe des letzten Jahres an Bedeutung verloren und seit Inkrafttreten der Neuorganisation ihre

23 Vgl. dazu u.a. Erker, Industrieeliten, S. 16ff.
24 Rundschreiben vom 17.4.1944, in: JAB-Archiv, Ordner D 57.
25 Das vierseitige Schreiben vom 29.6.1944, in: ebd.

Durchschlagskraft eingebüßt haben."[26] Auch bei Berücksichtigung der angespannten Lage auf allen Gebieten der Kriegswirtschaft seien besondere Maßnahmen und eine massive Anhebung der Dringlichkeitseinstufung der Genusssäure-Industrie notwendig, auch »weil die gesamte Bedarfsdeckung von wenigen kleinen bis mittleren Firmen abhängt, deren keineswegs arbeitsintensive Betriebe mit geringen Mitteln zur vollen Leistungsfähigkeit gebracht werden können.«[27] Ohne die Genusssäure-Industrie könne kein Wehrmachtsbedarf an Vitamin-Drops gedeckt werden, die Truppe »zur Erhöhung ihrer Durchhaltefähigkeit auch nicht mit stärkenden und wohlschmeckenden Marschgetränken« versorgt werden, durch diese Betriebe sei ihre Eiweiß-Ration in Form von Schmelzkäse gewährleistet; im zivilen Sektor ging es um die Haltbarmachung von Brot; die Marmelade-Industrie sei ebenso wie die Obst- und Konservenindustrie insgesamt nur so in der Lage, notwendige und abfallvermeidende Konservierungen vorzunehmen, und somit würden die Erzeugnisse der Genusssäure-Industrie sowohl der Erhaltung der Einsatzfähigkeit der Truppe wie im Interesse der Volksernährung und Volksgesundheit im fünften Kriegsjahr dienen. Kurzum: Die Genusssäure-Industrie war in Reimanns Augen ein kleines und für unbedeutend gehaltenes, tatsächlich aber ganz entscheidendes Rädchen im Getriebe der deutschen Kriegswirtschaft wie Kriegsgesellschaft.

Die Entwicklung des Umsatzes spiegelt dieses Ringen um Eingliederung in die Kriegswirtschaft und die damit verbundenen Absatzschwankungen bei den einzelnen Produktbereichen deutlich wider. Bis 1942 kletterte der Umsatz auf den bis dahin höchsten Stand der Unternehmensgeschichte von 20,7 Mio. RM, wobei der Bereich Wein- und Zitronensäure gegenüber dem Phosphatgeschäft wieder deutlich an Gewicht gewann.

26 Ebd., S. 2.
27 Ebd., S. 4.

Tab. 7: Umsatzentwicklung bei der Chemischen Fabrik Joh. A. Benckiser GmbH, Ludwigshafen 1939 bis 1945 (in Mio. RM)

Jahr	Insgesamt	Weinsäure	Zitronen-säure	Phosphate	Sonst.
1939	13,479	4,609	1,607	6,054	1,156
1940	15,026	4,413	2,482	6,267	1,716
1941	19,350	5,664	3,778	8,074	2,077
1942	20,695	6,349	3,341	7,813	2,548
1943	18,453.	5,436	1,969	7,736	2,842
1944	13,542	1,946	1,447	6,855	2,260
1945	1,4	0,070	0,075	0,406	0,484

Quelle: Zusammengestellt nach den Angaben in: JAB-Archiv, D 72 a, D 19a sowie D 22 (Bilanzen). Vgl. auch Benckiser-Chronik II, S. 145. Für 1944 vgl. auch die Angaben der Geschäftsführung am 23.9.1946, in: D 59 und Meldung der Geschäftsleitung Joh. A. Benckiser GmbH an die IHK Pfalz vom 4.6.1947, in: R 18/606

Doch schon Anfang 1943 war der Höhepunkt überschritten, 1944 fiel der Umsatz auf den Stand von 1939 zurück. Auf der Welle der Rüstungs- und Kriegskonjunktur wie viele andere Branchen, die vom scheinbaren »Speerschen Rüstungswunder« zum Teil bis Anfang 1945 noch profitierten, konnte Benckiser mit seinem Produktportfolio daher nicht mitschwimmen. Wenn man so will, zeigte sich eine deutliche Parallelität des Umsatzes mit den militärischen Ereignissen und dem sich nach der Niederlage von Stalingrad seit dem Jahreswechsel 1942/43 abzeichnenden Zusammenbruch des Deutschen Reichs. Einen ungebrochenen Boom erlebten allerdings Fibrisol und Citretten, die in der Umsatztabelle unter Sonstiges aufgeführt werden. Die Verkaufsumsätze beim Blutgerinnungs- und Fleischersatzmittel erreichten mit 1,9 Mio. RM 1943/44 oder fast 1000 t abgesetzter Rohware ihren Höhepunkt, bei Citretten wurde 1944 erstmals ein Umsatz von einer Million RM überschritten.[28] Fibrisol erwies sich dabei bald auch als nützliches Lebensmittelzusatzprodukt über den ursprünglichen Einsatz bei der Wurstherstellung hinaus. Die

28 Vgl. dazu die Zusammenstellung der Verkaufsumsätze für die Jahre 1932 bis 1948, in: JAB-Archiv D 72 a sowie auch Benckiser-Chronik II, S. 145.

Erfassung des Schlachtblutes bei den Heeresschlachtereien brachte plötzlich das Problem der Haltbarkeit und Konservierung des leicht verderblichen Eiweißes auf, das aber mehr zufällig als systematisch entwickelt durch den Zusatz von Ammoniak gelöst wurde. Damit konnte Benckiser nun fibrisoltes Blut waggonweise von Paris, Brüssel oder aus Süddeutschland auch in den warmen Jahreszeiten nach Hamburg und Berlin zur Weiterverarbeitung schicken.[29] Die Reichsstelle für Eier ihrerseits entdeckte, dass Blutplasmapulver als Eiaustauschmittel eingesetzt werden konnte, und dann entdeckten die Fibrisol-Fachleute bei Benckiser auch, dass Fibrisol direkt dem Brät von Gefrierfleisch zugesetzt eine homogene Masse von bester Lebensmittelqualität ergab. Diese Ergänzung und Wiederherstellung von Frischfleischeigenschaften durch Zusatz von Phosphat-Fibrisol blieb allerdings im Krieg weitgehend ohne Bedeutung, da die nötigen lebensmittelrechtlichen Zulassungen, unter anderem auch durch das Forschungslaboratorium der DAF, im bürokratischen Dickicht hängen blieben.[30] Dennoch erwies sich Fibrisol unter den Bedingungen des Krieges ernährungs- und lebensmitteltechnisch als echter Problemlöser für das NS-Regime. In entsprechenden Fachbroschüren für den fortschrittlichen Fleischer oder Veterinär mit Titeln wie »Blutplasma und Dickblut« wurde daher das Fibrisol-Verfahren als hygienische und volkswirtschaftlich wertvolle Schlachtblutverwertung gepriesen.[31]

Fibrisol war auch im Krieg ein echter Exportschlager: 1940 wurden von Benckiser erst 22 t ins Ausland verkauft, 1941 waren es bereits 72 to. Das war zwar nur ein Bruchteil der in diesem Jahr hergestellten Menge von 533 t, aber grundsätzlich bzw. langfristig gesehen war damit in den Augen der Benckiser-Verkaufsleute der Grundstein für ein blühendes Europa-Geschäft gelegt. Einer der damaligen Großkunden war neben Italien etwa die französische Firma Produits-Rex in Paris, an die allein 1942 Fibrisol für 45.000 RM geliefert wurde.[32] Auch bei Schmelzsalzen für Käse hatte Benckiser Großabnehmer in

29 Vgl. Benckiser-Chronik II, S. 62.
30 Vgl. ebd.
31 Vgl. ebd., S. 63.
32 Vgl. Bilanzprüfbericht 1942, S. 25, in: JAB-Archiv 25 c.

Abb. 44, 45 und 46: Citrettenwerbung Mai 1942 und Mai 1943 in der »Wiener Medizinischen Wochenschrift« sowie vom Juli 1941 im NSV-Organ »Nationalsozialistischer Volksdienst«.

der Schweiz, Dänemark, Italien, Belgien und Holland sowie nicht zuletzt Frankreich, allen voran das Lebensmittelunternehmen Gervais.

1941 waren erstmals 100 Mio. Citretten hergestellt und verkauft worden, bis 1944 kletterte die Produktion dann auf knapp 230 Mio. Stück. Die Zitronensäure-Tabletten profitierten nicht nur von der staatlichen Säuglings- und Kleinkinderernährungspolitik, sondern auch von der seit 1940 verstärkten Vitaminpolitik des NS-Regimes zur Dämpfung der Kriegsfolgen.[33] Neben Säuglingen und Kleinkindern wurden nun auch die Wehrmacht sowie Bergleute und Rüstungsarbeiter Zielgruppen der Versorgung mit vitaminisierten Lebensmitteln. Während Boehringer mit seinem Cebion-Zucker bei zahllosen Schulkinderaktionen das Geschäft machte, verdiente Benckiser bei großangelegten »Säuglingsaktionen«. Anders als in anderen Bereichen blieb daher auch im Krieg der Werbeaufwand für Citretten hoch. Zwischen 1939 und 1942 wandte Benckiser dafür 291.900 RM auf, das waren fast 80 Prozent des noch verbliebenen Werbekosten-Etats.[34]

Benckiser leistete sich auch den Luxus, im Jahr 1941 eine 24-seitige Broschüre in hoher Auflage mit dem Titel »Kinder bedeuten Sonnenschein« herauszubringen, mit ausführlichen Herstellungsvorschriften und »Beikost«-Rezepten.[35] Das Produkt und seine richtige Anwendung waren für die Konsumenten tatsächlich erklärungs- und erläuterungsbedürftig, denn falsch eingesetzt konnten durchaus gesundheitliche Gefahren entstehen. In einem britischen Militärgerichtsverfahren nach 1945 wurden etwa ungeklärte Todesfälle von Kleinkindern im Braunschweiger Entbindungsheim für Ostarbeiterinnen verfolgt, als deren eine Ursache von einer betroffenen Polin die falsche Verabreichung von Citretten-Tabletten vermutet wurde.[36]

Die ernährungs- und lebensmittelpolitischen Entwicklungen der Kriegsjahre brachten es auch mit sich, dass sich neue Überschneidungen zwischen den beiden Konkurrenten Benckiser und Oetker

33 Vgl. dazu Spiekermann, Künstliche Kost, S. 418 ff.

34 Vgl. dazu die Aufstellung für die Jahre 1939 bis 1942 vom 5.8.1943, in: JAB-Archiv D 57.

35 Vgl. Benckiser-Chronik II, S. 53.

36 Vgl. Bernhild Vögel, Entbindungsheim für Ostarbeiterinnen, Braunschweig, Broitzemer Straße 200, Hamburg 1989, S. 67, pdf-Ausgabe von 2005 unter birdstage.net/images/entbindungsheim.pdf.

ergaben, die auch zu direkten Gesprächen führten. Im Oktober 1940 etwa war Alexis Simon, der Werbe- und Verkaufsleiter von Benckiser für das Citretten- und Markenartikelgeschäft, nach Bielefeld gekommen, um eine grundsätzliche Abstimmung beider Unternehmen in der Frage der modernen Säuglingsernährung zu erzielen. Fester Bestandteil dieser Ernährung war, dass neben dem Milchsäuerungszusatz auch Mondamin oder Gustin als Kohlehydratergänzung und Stabilisator zugegeben wurde, und damit war Oetker mit im Spiel, die ein Interesse daran hatte, dass Benckiser in seinen Gebrauchsanweisungen für Citretten-Milch auch explizit Gustin erwähnte.[37] Im Gegenzug erklärte sich Oetker bereit, in ihren Gustin-Prospekten auf Benckisers Citretten hinzuweisen. Dazu drängte Simon die Oetker-Manager auch, beim Reichsernährungsministerium eine gemeinsame Eingabe zu machen, in der gegen eine Neuregelung der Abgabe von Kindernährmitteln protestiert wurde, die eine einseitige Benachteiligung der Kindernährmittel auf Milchbasis zugunsten von Alete bedeutete. Für die eine war durch die Verbraucher eine entsprechende Anzahl von Abschnitten der Reichsmilchkarte nötig, für die andere auf der Basis von Citretten und Gustin mussten dagegen teurere bzw. wertvollere Abschnitte der Reichsbrotkarte abgegeben werden.[38] Das mag im Rückblick als unwichtiges Detail aus dem bürokratischen Alltag der nationalsozialistischen Kriegswirtschaft erscheinen, sie waren aber für Benckiser und dessen noch erst in den Anfängen befindlichen einträglichen Citretten-Geschäft damals von erheblicher Bedeutung.

Von maßgeblicher Wirkung war aber auch gewesen, dass es Benckiser gelungen war, die Citretten von den Behörden als pharmazeutisches Produkt anerkennen und einordnen zu lassen. Das hatte unter anderem zur Folge, dass die Tabletten auch zunehmend von älteren Bevölkerungsgruppen als Zusatzernährung gekauft und konsumiert wurden. Ein für Benckiser unangenehmer Nebeneffekt war allerdings, dass neben den offiziellen Vertriebswegen über Apotheken und Facheinzelhändler wie Drogerien bald ein von den Benckiser-Verkäufern vermutlich auch gezielt mitversorgter grauer

37 Vgl. Aktennotiz über die Besprechung vom 13.10.1940 sowie dazu auch Schreiben an August Oetker vom 23.10.1940, in: Oetker-Archiv P 15/17.

38 Vgl. Besprechungsnotiz vom 23.10.1940, in: ebd.

und schwarzer Markt für die begehrten Zitronensäure-Tabletten entstand. »Die Klagen, dass Citretten in den Lebensmittelhandlungen, ja sogar in Gemüsegeschäften immer wieder angeboten werden, nehmen überhand, während die Apotheken und Drogerien klagen, keine Ware erhalten zu können«, beschwerte sich im Juni 1944 ein Pharmagroßhändler bei Benckiser.[39] Das Thema war hochsensibel und konnte schnell politische Dimensionen erhalten, denn der Mangel an Kindernährmitteln war seit 1940 regelmäßiger Gegenstand der Stimmungsberichte der NS-Stellen wie den »SS-Meldungen aus dem Reich« gewesen, mit entsprechenden negativen Auswirkungen auf die Loyalität zum Regime. Und es gab noch eine Dimension des Citretten-Geschäfts von Benckiser: Um die Rohstoffzufuhr und die Produktion auf dem hohen Niveau abzusichern, bemühte sich Reimann junior im Juni 1944 intensiv bei den Behörden um eine Einbeziehung in die »Sonderaktion Brandt«. Schon bei seinem Schreiben als neuer Fachbereichsleiter an Haberland hatte Reimann junior die Bedeutung der Citretten als pharmazeutisches Produkt hervorgehoben und auf den hohen Stellenwert im Rahmen des Brandt-Planes hingewiesen, als Aufbau-Präparat nicht nur für Kinder, stillende Mütter, sondern auch für Verwundete und Genesende. Reimann hatte sich vor allem auch mit einem entsprechenden Schreiben an Prof. Karl Brandt selbst gewandt, den Generalkommissar des Führers für das Sanitäts- und Gesundheitswesen und gleichzeitig die Reichsstelle Chemie um befürwortende Unterstützung dazu gebeten, »die Citretten-Fertigung im Rahmen des Brandt-Planes zu sichern«, was diese auch tat.[40] Und der Antrag war erfolgreich. »Durch Sonderaktion Brandt geschützt«, hieß es dazu später knapp in einer Notiz.[41]

Es ist nicht klar, ob und inwieweit Reimann junior und die übrigen leitenden Benckiser-Mitarbeiter im Citretten-Betrieb wussten, was sich hinter der »Sonderaktion Brandt« wirklich verbarg. Auf den ersten Blick ging es unter dem Eindruck des fortschreitenden Bombenkrieges um die systematische Erfassung von Heil- und Pflegeanstalten sowie auch Krankenhäusern und Altenheimen, um diese soweit wie möglich von den dortigen Insassen zu räumen und zusätzliche Laza-

39 Das Schreiben vom 7.6.1944, in: JAB-Archiv D 57.
40 Schreiben der Reichsstelle Chemie an Benckiser vom 14.6.1944, in: ebd.
41 Vgl. die handschriftlichen Notizen vom Dezember 1944, in: ebd.

rettkapazitäten, d.h. Platz für die Versorgung von schwerverwundeten Soldaten aber auch Ersatzräume für zerstörte öffentliche Einrichtungen zu schaffen. Die Citretten waren dabei offensichtlich Teil der pharmazeutisch-ernährungsmäßigen Rekonvaleszenz-Bemühungen für die Verwundeten, tatsächlich verbarg sich aber in Bezug auf das Schicksal der aus den Heimen und Anstalten entfernten früheren Insassen eine der größten systematisch betriebenen Tötungsaktionen und Massenmorde des Dritten Reichs. Während die neuen Insassen unter anderem mit Citretten wieder aufgepäppelt wurden, ließ das NS-Regime die nun deportierten Insassen der Heil- und Pflegeanstalten systematisch verhungern.[42]

Der Krieg brachte einen erheblichen Schub an Ersatzmitteln und künstlichen Lebensmittelinhaltsstoffen mit sich: Puddingpulver aus Kartoffelstärke, Würste aus Blutplasma, Zumischungen aller Art zu Brot, Milch, Margarine und »Volkgetränken« – die Liste der von NS-Ernährungsexperten und der nationalsozialistischen Reichsgesundheitsfürsorge erfundenen und propagierten neuen Kriegsernährungsprodukte war lang.[43] Vor allem aber ging es auch um die kampfkrafterhaltende Verpflegung des Heeres, die sich durch hohe Kalorien-, Fett- und Eiweißanteile sowie lange Haltbarkeit auszeichnen sollte.[44] Benckiser profitierte davon nicht nur bei Fibrisol, sondern auch bei Backpulver. Das Backpulver-Geschäft, sprich die Verarbeitung von saurem Pyrophosphat, boomte im Krieg. Das von der Fachgruppe Nahrungsmittelindustrie festgelegte Produktionsprogramm umfasste für 1942 880 Mio. Beutel à 7,5 Gramm, was zusammen mit dem losen Backpulvergeschäft einer Jahresmenge von ca. 7500 t entsprach.[45] Der Anteil Oetkers war mit ca. 75 Prozent nach wie vor dominant, allerdings war der Marktanteil vor dem Krieg mit 90 Prozent noch weit höher gewesen, so dass sich für Benckiser seit 1939 die Chance ergeben hatte, Marktanteile zurückzuerobern, und sie ca. 20 Prozent

42 Vgl. dazu »Aktion Brandt« in: Wikipedia https://de.wikipedia.org/wiki/Aktion_Brandt, zuletzt aufgerufen am 8.6.2021, und darin auch der Verweis auf die länger zurückreichenden Euthanasie-Aktionen und -Morde durch den Generalkommissar des Führers für das Sanitäts- und Gesundheitswesen.

43 Vgl. Spiekermann, Künstliche Kost, S. 529ff.

44 Vgl. dazu im Einzelnen ebd., S. 583ff.

45 Vgl. dazu Notiz Emig vom 13.11.1943, in: JAB-Archiv D 59.

oder 1500 t des sauren Pyrophosphats an die ca. 300 Backpulverfabriken in Deutschland lieferte. Wie schon zwischen 1914 und 1918 hatte auch der Zweite Weltkrieg den Backpulververbrauch in die Höhe schießen lassen, was einmal daran lag, dass die Verwendung von Backpulver eine bessere Ausnutzung der vorhandenen Lebensmittel ermöglichte. Zum anderen sorgte Backpulvergebäck für eine enge Verbindung zwischen Heimat und Front: Kuchenpäckchen nahmen unbestritten den größten Teil der Feldpostsendungen ein. Selbst in Zeiten von Feldposteinschränkungen wurden die höchstzulässigen Gewichte mit Kleinst-Kuchen ausgenutzt.[46] Es war also kein Wunder, dass die plötzliche Verknappung von Pyrophosphat im Laufe des Krieges zu hektischen Aktivitäten einer Reihe von NS-Stellen und Behörden führte, um nach Ersatzsäureträgern wie Mischungen von Kreide mit Hirschhornsalz und Salmiak zu suchen, wobei prinzipiell günstigen backtechnischen Eigenschaften oft lebensmittelrechtliche und gesundheitliche Gesichtspunkte entgegenstanden.

Das Calgon-Geschäft erwies sich demgegenüber im Krieg als durchwachsener als die anderen beiden »Markenartikel-Geschäfte«. Das Produktportfolio umfasste inzwischen vier Hauptbereiche: Calgon-Wäscherei, Calgon-Seife, Calgon-Reinigungsmittel und Calgon-Textil. Während der Absatz im Wäscherei-Geschäft zwischen 500 und 300 t in den Jahren 1939 bis 1942 schwankte bei gleichzeitig deutlich sinkender Tendenz, und auch der Bereich Calgon-Textil mit 419 t (1942) gegenüber 1939 (375 t) nur unwesentlich stieg, verzeichnete der Absatz von Calgon-Reinigungsmitteln einen deutlichen Umsatzanstieg. 1939 waren es erst 181 t gewesen, 1941 dann aber 970 t, mit leichtem Rückgang auf 885 t im Jahr darauf.[47] Hauptabnehmer war hier bald nur noch die Wehrmacht, die Calgon insbesondere bei der Reinigung von Speisewasserkesseln einsetzte. Nennenswerte Calgon-Lieferungen gingen aber auch nach Ungarn, Holland, Polen und in die Schweiz. Unter dem Strich waren mithin die rein mengenmäßigen und auch wertmäßigen Ab- und Umsatzzahlen von Benckiser in den ersten Kriegsjahren durchaus beeindruckend, wirklich

46 Vgl. dazu die »Denkschrift über Backpulver« von 22.5.1944, in: Oetker-Archiv P 5/62.

47 Vgl. die Zusammenstellung der betriebswirtschaftlichen Abteilung vom 5.8.1943, in: JAB-Archiv D 57.

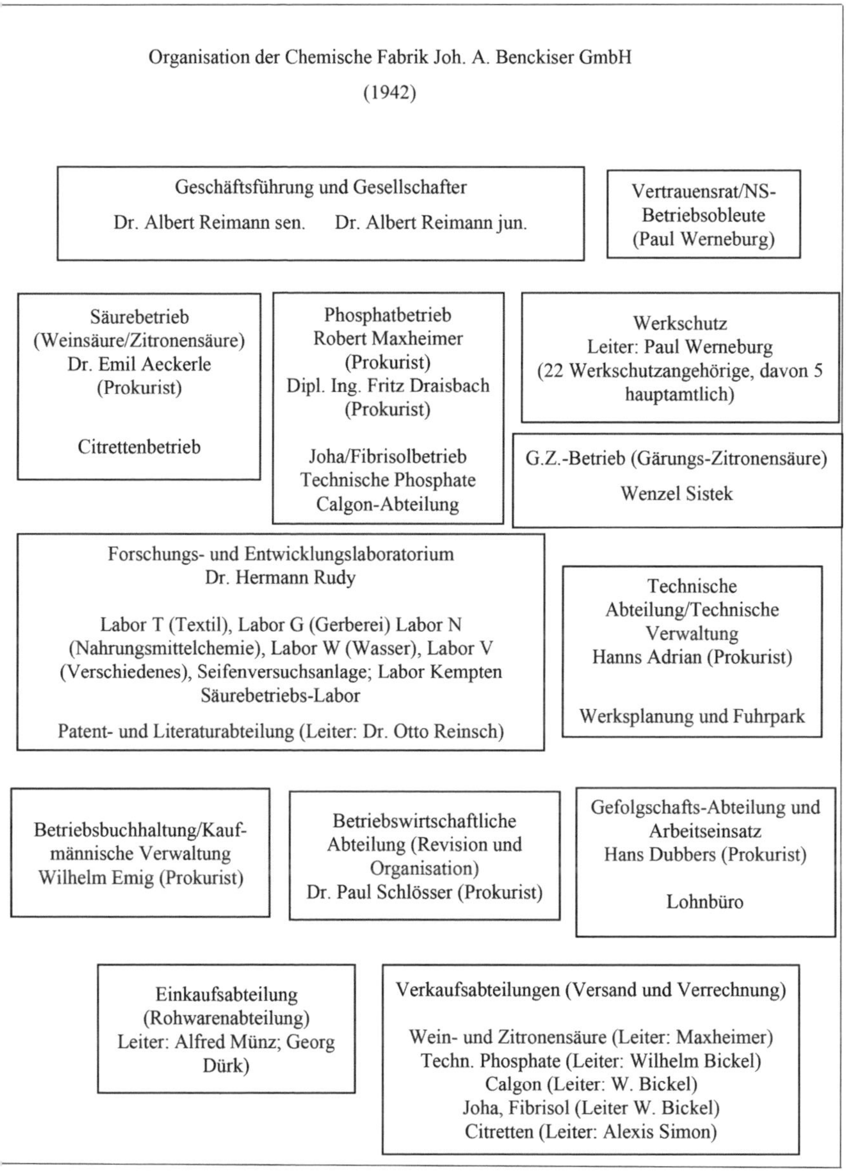

Schaubild 1: Organigramm der Chemischen Fabrik Joh. A Benckiser GmbH von 1942

erstaunlich waren aber erst recht die Ertragszahlen und die in diesen wenigen Jahren bei den einzelnen Produkten erzielten Kostensenkungen je 100 kg. Bei Calgon-Reinigungsmitteln hatten diese etwa 1939 noch 13,59 RM betragen, 1942 waren es nur noch 4,76 RM, bei Fibrisol waren es 34,57 RM (1939) bzw. 8,92 RM (1942) gewesen, und für Citretten lauteten die Zahlen 41,10 RM für 10.000 Tabletten bzw. 7,10 RM (1942).[48] Da sich die Rohstoffpreise nicht wesentlich änderten, dürfte der Hauptgrund in Rationalisierungseffekten durch laufend verbesserte Produktionsverfahren gelegen haben, was sich wiederum in steigenden Gewinnen niederschlug.

Entsprechend den gestiegenen Umsätzen und auch wegen des ausdifferenzierten Produktportfolios hatte sich auch die Unternehmensorganisation von Benckiser weiterentwickelt. Als die drei Hauptbereiche galten dabei Betrieb, Labor und Verwaltung, bei Ersterem wurde auch noch einmal in Fertigungsbetriebe (Weinsäure, Zitronensäure, phosphorsaure Salze), Rohstoffbetriebe (Melassevergärung und Ferrophosphatverarbeitung) und Versuchsbetriebe (Gärungsanlage, Ferrophosphatanlage, Versuchswäscherei, Versuchsgerberei) unterschieden.

Was die Gewinnentwicklung anging, so erzielte Benckiser dabei nach wie vor mit den phosphorsauren Salzen den größten Anteil, 1941 etwa 2,24 Mio. RM, 1943 immer noch 1,8 Mio. RM, und dieser Gewinn hätte noch beträchtlich höher sein können, wenn Reimann senior nicht gezögert hätte, die im Lauf des Jahres 1942/43 eingetretenen Verteuerungen beim Bezug von Phosphorsäure als Rohstoff auf die Kunden abzuwälzen. Der Grund für die Zurückhaltung war die Befürchtung, dass bei einer Preiserhöhung und dem dafür nötigen Genehmigungsantrag beim Preiskommissar die Gefahr bestand, sich nicht nur eine Absage einzuhandeln, sondern angesichts des beträchtlichen Gesamtgewinns des Unternehmens darüber hinaus noch auch Eingriffe in die Kalkulation der anderen Benckiser-Produkte erfolgen würden.[49] Vom Gewinnanteil her deutlich kleiner standen aber hinsichtlich der Gewinndynamik bald Fibrisol und Citretten an erster Stelle. 1939 hatte man mit dem Blutgerinnungssalz erst 144.000 RM

48 Vgl. ebd.

49 Vgl. Besprechungsnotiz bei der Deutschen Bank in Mannheim vom 15.9.1944, in: JAB-Archiv D 23.

Gewinn erwirtschaftet, 1942 waren es 345.400 RM, bei Citretten sah es mit 28.500 RM (1939) im Vergleich zu 436.500 RM (1942) aus Sicht der Benckiser-Buchhaltung noch weit besser aus.[50] Die in den Bilanzen offiziell ausgewiesenen Gewinne spiegeln diese Entwicklung nur unzureichend wider, insbesondere wenn man die Bruttogewinne bzw. Rohüberschüsse mit den Reingewinnen vergleicht. Offiziell wurden die letzten schwarzen Zahlen demnach bei Benckiser im Jahr 1942 mit 1,3 Mio. RM geschrieben, seitdem musste ein von Jahr zu Jahr steigender Verlust von zuletzt 2,287 Mio. RM im Jahr 1945 verbucht werden. Was jedoch etwa den Bruttogewinn von 2,194 Mio. RM im Jahr 1943 anging, so erläuterte Albert Reimann senior im September 1944 den Direktoren der Deutschen Bank-Filiale in Mannheim in ungeschminkter Offenheit, so werde dieser den Steuerbehörden nicht zur Versteuerung vorgelegt, sondern durch Abschreibungen »vollkommen verschwinden«.[51] Und tatsächlich spricht viel dafür, dass auch 1944 noch ca. 1 Mio. RM Reingewinn erwirtschaftet wurde, bei einem Bruttogewinn von 4,5 Mio. RM.[52] Die Begeisterung für das NS-Regime bei den Reimanns ging dann offensichtlich doch nicht so weit, dass man sich den hart erarbeiteten Überschuss einfach durch die Finanzbehörden nehmen lassen wollte, zumal schon ohne Abschreibungs- und Bewertungstricks Benckiser Jahr für Jahr enorme Summen aus der Vermögens- und Gewinnbesteuerung an das Reich abführte.[53]

Hinter dieser offensichtlichen Erfolgsbilanz insbesondere der ersten Kriegsjahre verbargen sich jedoch neben den geschilderten Detailschwierigkeiten im operativen Geschäft vier Problemfelder grundsätzlicher Art: erstens Investitions- bzw. Standortprobleme, dann ein

50 Vgl. dazu die Zahlen zur Gewinnstruktur in den Bilanzberichten 1940 und 1942, S. 51 bzw. S. 43, in: JAB-Archiv D 25 c.

51 Vgl. Besprechungsnotiz bei der Deutschen Bank in Mannheim vom 15.9.1944, in: JAB-Archiv D 23.

52 Vgl. ebd. sowie die Darstellung der Gewinnentwicklung in der Benckiser-Chronik II, S. 145.

53 Vgl. dazu die Aktennotiz vom 15.6.1948 über die Handelsbilanzen 1939 bis 1947 und die Bilanzentwicklung in: JAB-Archiv D 24. Hier auch der Hinweis auf hohe Sonderabschreibungen für Investitionen und Fliegerschäden. Zur Frage der Kriegsgewinne bei Boehringer vgl. Kißener, S. 128ff., bei Tengelmann vgl. Niethammer, S. 360ff.

ungehemmt ausgefochtener Konkurrenzkampf gegen Boehringer im »großen Zitronensäure-Streit«, dazu kamen Rohstoffversorgungprobleme aus dem Ausland, egal ob es sich um besetzte oder verbündete Länder handelte, und schließlich gab es weitere Patentkonflikte und wachsende Herausforderungen für Forschung und Entwicklung.

Unternehmensfinanzierung und Investitionen

Der hürdenreiche Weg zum neuen Standort Ladenburg

Reimann senior und junior investierten erhebliche Mittel in die Erweiterung und Modernisierung der Fabrik an der Frankenthalerstraße und auch soweit möglich in das benachbarte Dörrhorst-Gelände. 1939/40 waren es insgesamt ca. 1,9 Mio. RM gewesen. 1940 tauchten in den Bilanzen auch 1,6 Mio. RM als »Rückstellungen für Vierjahresplan-Projekte« auf, die sich schon im Jahr darauf als »Ausführung von Vierjahresplan-Projekte« auf 4,7 Mio. RM summierten. 1942 sollten es 5,75 Mio. RM sein.[54] Jahr für Jahr flossen über 2 Mio. RM in den Anlagenzuwachs.[55] Im Mittelpunkt standen dabei die Aufwendungen für den Auf- und Ausbau der Gärungszitronensäure-Produktion. Der Neubau und die Einrichtung der Großversuchsanlage, der zunächst noch im Ludwigshafener Hauptwerk vorgenommen worden war, sowie die weiteren Investitionsplanungen, die sich dann auf den Bau eines neuen Produktionsstandortes hierzu jenseits des Rheins konzentrierten, umfassten Anfang Dezember 1940 insgesamt 1,33 Mio. RM, die jedoch schnell Makulatur wurden. 1942 standen dafür schon 4,5 Mio. RM in den Büchern, und am Schluss sollten sich die entsprechenden Investitionsaufwendungen auf knapp 10 Mio. RM belaufen.[56] Die Überlegungen und Bemühungen von Reimann senior und junior zu einer Standortverlagerung zumindest

54 Vgl. Bilanzbericht für 1941, S. 32, in: JAB-Archiv D 25 c.
55 Vgl. dazu auch die Zusammenstellung der Bilanzkennzahlen 1941 bis 1944 vom 3.11.1944, in: JAB-Archiv D 23.
56 Vgl. dazu die Notiz über den »Aufwand für die Verwirklichung des Problems der Gärungszitronensäure« vom 3.12.1940, in: JAB-Archiv, Ordner D 46 (Ladenburg).

eines Großteils der Produktion hatten dabei schon 1937 lange vor dem Kriegsausbruch, eingesetzt. Es war abzusehen, dass das bisherige Werksgelände, eingeklemmt zwischen Bahnlinie und Hauptverbindungstraße, für künftige Erweiterungsbauten zu klein war. Dazu kam, dass die Stadt Ludwigshafen eine Erweiterung des nahen Hauptbahnhofs plante und damit das gesamte Hauptwerk von der Enteignung bedroht war.[57] Als daher nach dem erfolgreichen, ca. einjährigen Betrieb der Großversuchsanlage für biosynthetisch hergestellte Zitronensäure die Erfordernisse für die Errichtung einer Gärungs-Zitronensäurefabrik mit einer ersten Ausbaustufe von ca. 2550 Jahrestonnen akut wurde, war schnell klar, dass ein völlig neuer, vom Hauptwerk abgelegener Produktionsstandort gefunden werden musste. Mit ein wesentlicher Grund dafür, mit dem neuen Werk aus Ludwigshafen wegzugehen, waren auch umwelttechnische Aspekte. Das neue Gärverfahren erforderte eine keimfreie Belüftung, die in Ludwigshafen mit seiner Schwerchemie und der unter anderem vom roten Bauxitstaub der Aluminiumfabrik der Gebr. Giulini kontaminierten Luft nicht gegeben war. Der neue Standort benötigte neben sauberer Luft auch einen Wasseranschluss, ausreichende Geländereserven ohne Enteignungsrisiko, aber zugleich auch keine allzu große Entfernung vom alten Standort, »weil«, wie Albert Reimann junior später dazu notierte, »die Kapitalkraft unseres kleinen Mittelbetriebes zu einer Gesamtverlagerung nicht ausreichte und ein weit entferntes Zweigwerk das parallele Management mit wenigen Führungskräften erschwert hätte.«[58] Dazu kam, dass zwischen Alt- und Neustandort eine fertigungstechnische Koppelung bestand bzw. aufrechtzuerhalten war, sprich die im neuen Werk hergestellten Basisstoffe und Zwischenprodukte im Ludwigshafener Betrieb weiterverarbeitet wurden.

Nach längerem Hin und Her sowie der Prüfung verschiedener Standortoptionen kam im Februar 1940 mit der Gemeinde Ladenburg jenseits des Rheins ein Kaufvertrag zustande. Für 130.000 RM wurden rund 300.000 qm am Neckarkanal gelegen erworben, mit der Option

57 Vgl. dazu ebd., sowie auch Benckiser-Chronik II, S. 97ff.

58 Notizen zum damaligen Standort-Dilemma vom 20.5.1974, S. 2, in: Familienarchiv Reimann-Dubbers, Ordner Korrespondenz zur Chronik II.

zu weiteren bis zu 200.000 qm.[59] Das Gelände war allerdings praktisch unerschlossen, so dass neben dem Fabrikbau selbst noch umfangreiche infrastrukturelle Vorinvestitionen für Gleis- und Straßenanschluss sowie Dampf- und Energieversorgung und auch Abwasser erforderlich waren. Aus rein betriebstechnischer und kalkulatorischer Sicht war der neue Standort optimal, zumal schon im Frühjahr 1941 sich deutlich abzeichnete, dass am neuen Standort Ladenburg nicht nur die GZ-Fabrik errichtet werden würde, sondern auch der Neubau einer Pyrophosphatanlage für die Herstellung von neutralem wasserfreien Pyrophosphat als Zugabe zu Waschmitteln, für die weitere Investitionskosten von 1,265 Mio. RM veranschlagt wurden.[60] Bei einer geplanten Kapazität von 10.000 Jahrestonnen bedeutete das allein für die Rohstoffversorgung Transport- bzw. Frachtkapazitäten aus Piesteritz von monatlich 445 t, was 28 Kesselwagen entsprach. Zudem zeichnete sich durch den Bau des Ladenburger Werks auch die Lösung des zunehmend akut werdenden Standortdilemmas von Benckiser ab, das als kleinste Ludwigshafener Chemiefirma von chemischen Großkonzernen umringt war, und an diesen daher immer gemessen wurde. »Das wirkt sich in allen Fragen zu unserem Nachteile aus«, hatte daher Reimann junior schon im März 1939 notiert, »ob es sich um Löhne, Gehälter, soziale Maßnahmen, Schönheit der Arbeit oder sonstige Dinge handelt, für die der Geldbeutel eine Rolle spielte. Es wird ferner bei dieser Nachbarschaft immer schwerer für uns werden, um den qualifizierten Angestellten- und Arbeiterstand zu erhalten, den wir brauchen.«[61] In Ladenburg, nur ca. 18 km vom Stammwerk in Ludwigshafen entfernt, war Benckiser dagegen die einzige Großfirma, mit ausreichendem Arbeitskräftepotenzial bei niedrigeren Löhnen und der Aussicht auf ein enges Verhältnis zwischen Unternehmen und einer halbbäuerlichen Stammarbeiterschaft sowie ausreichend Platz, neben der neuen Fabrik auch eine Werks-

59 Vgl. den Kaufvertrag vom 7.2.1940, in: JAB-Archiv, Ordner D 46 (Ladenburg) sowie vorher etwa das umfangreiche Besprechungsprotokoll mit dem Ladenburger Bürgermeister Pohly vom 14.2.1939, in: ebd.

60 Vgl. dazu die entsprechende Notiz von Emig vom 29.1.1941, in: JAB-Archiv D 57.

61 »Bemerkungen zu unserer Entscheidung zwischen Kaiserwörth-Hafen und Ladenburg« vom 8.3.1939, in: JAB-Archiv, Ordner D 46.

siedlung, Sportplatz und Werksgärten zu errichten.[62] Der Neubau entsprach daher nicht nur den von der DAF geforderten Standards an ein nationalsozialistisches Musterwerk – auf dem Bauplan war neben einem Parkhof für die Belegschaft auch ein repräsentatives Gefolgschaftshaus sowie ein Schwimmbecken eingezeichnet –, sondern bedeutete auch die Realisierung der vom Reichsamt für Wirtschaftsausbau und den Vierjahresplan-Behörden geforderten Kriterien einer volkswirtschaftlich nützlichen industriellen Dezentralisation. Dass diese sozusagen politischen Überlegungen bei Reimann junior eine erhebliche Rolle spielten, zeigen seine damaligen Notizen zum Entscheidungsprozess.[63]

Doch dann entwickelten sich die weiteren Dinge bei der Realisierung des großen Investitionsvorhabens ganz anders, als es sich die Reimanns vorgestellt hatten. Das Projekt geriet nicht nur in den Sog der Kriegswirtschaftsbürokratie mit Zuteilungsstopps für Baustoffe wie Bau-Arbeitskräfte, sondern auch in den Strudel des Gaupartikularismus und der wirtschaftlichen Konkurrenzkämpfe zwischen den Gauen und ihren Apparaten und Behörden – was zum Auftritt der alten politischen Reizfiguren für die Reimanns, Gauleiter Bürckel und Gauwirtschaftsberater Bösing führte. Denn das Stammwerk in Ludwigshafen lag im Gau Westmark, das künftige Werk Ladenburg im Gau Baden. Dazu kamen bürokratische Regulierungsanforderungen lokaler Genehmigungsbehörden, Finanzierungsprobleme und dann auch noch unter dem Deckmantel umweltpolitischer Bedenken eine massive Opposition von im Reichsnährstand organisierten landwirtschaftlichen Kreisen der Nachbarschaft, so dass sich daraus eine nachgerade absurde Geschichte mit heterogenen Eigen- und Fremddynamiken ergab, die man eher 70 Jahre später als im zweiten Kriegsjahr des Dritten Reichs verorten würde.

Noch ehe Anfang 1940 wie ursprünglich geplant mit den Bauarbeiten begonnen werden konnte, setzte ein zermürbender Papierkrieg mit zahllosen Behörden ein, angefangen mit der Werkluftschutzbereichsstelle Baden der Reichsgruppe Industrie, ohne deren baupolizeiliche Genehmigung mit dem Bau nicht begonnen werden konnte. Plötzlich meldete auch das Luftgaukommando Wiesbaden grundsätz-

62 Vgl. Benckiser-Chronik II, S. 106, mit dem Bebauungsplan vom 20.6.1941.
63 Vgl. ebd. Vgl. dazu auch Benckiser-Chronik II, S. 101f.

liche Bedenken wegen der angeblich fehlenden Luftschutz-Sicherheit des geplanten Standortes an, was schließlich bis zur Einschaltung des Reichsluftfahrtministeriums in Berlin führte.[64] Erst nach einer Änderung der Bebauungsdichte bekam Reimann junior grünes Licht, es folgten jedoch weitere zahllose Besprechungen, von Reimann senior und Reimann junior zum Teil getrennt, zum Teil aber auch gemeinsam geführt, unter anderem mit der Landesplanungsgemeinschaft Karlsruhe, dem Landratsamt Mannheim und den Militärbehörden, die im März 1941 plötzlich grundsätzlich Einspruch gegen die Bebauung des gekauften Geländes erhoben, da sich jenseits des Kanals ein Schießstand der Wehrmacht befand.[65] Ein Verwaltungsangestellter der Stadt Mannheim brachte dann wenig später ein ganz anderes Thema auf die Tagesordnung: Vor der Erteilung der Baugenehmigung müsse auch die Frage geprüft werden, ob nicht durch die Fabrikanlage Luftverunreinigungen und schlechte Gerüche verursacht würden. Er habe gehört, dass Benckiser in Ludwigshafen einen schlechten Ruf bezüglich der Verbreitung übler Gerüche genieße. Daraufhin wurde das Gewerbeaufsichtsamt eingeschaltet, zudem wurde auch das städtische Untersuchungsamt aktiv, das die Klärung von Art, Menge und Verteilung der in den Neckarkanal künftig eingeleiteten Abwässer auf seine Fahnen geschrieben hatte und nach einer Begutachtung von Wasserproben zu für Benckiser ungünstigen Bewertungen kam: Man habe eine auffallend hohe Oxydierbarkeit des Wassers und zudem einen hohen Chlorkaliumgehalt festgestellt.[66]

Albert Reimann senior hatte eigentlich keine derartigen Schwierigkeiten erwartet, da er sich aus seiner Sicht rechtzeitig der Unterstützung der zentralen Berliner Stellen, allen voran der Vierjahresplan-Behörden und der zuständigen Mitarbeiter in der Dienstelle des Generalbevollmächtigten für Sonderfragen der chemischen Erzeugung versichert hatte. Diese bescheinigten ihm im Januar und April

64 Vgl. ebd., S. 105f., sowie dazu im Einzelnen der umfangreiche Schriftwechsel in: JAB-Archiv, Ordner D 46, insbesondere dort das neunseitige Protokoll über die Besprechungen von Reimann junior und Reimann senior am 13.8.1941 bei der Luftschutzinspektion XIII in Berlin.

65 Vgl. Aktenvermerk über die Besprechung vom 27.3.1941, in: ebd.

66 Vgl. Besprechungsnotiz vom 11.7.1941, in: ebd. Vgl. dazu auch die Notiz betr. »Einleitung des wasserpolizeilichen Verfahrens – Kanalisation – Betriebswasser und Kühlwasser (Reinwasser)« vom 18.12.1941, in: ebd.

1941 die Wichtigkeit des Bauvorhabens und wiesen in Abstimmung mit dem OKW die nötigen Montage-Sonderstufen und Wehrmachtsnummern für die Eisenzuteilung zu.[67] Damit hatte Reimann senior auch quasi eine Umwidmung des Projektes erreicht, das nun nicht mehr ein privatwirtschaftliches Investitionsvorhaben war, sondern als im Auftrag der Vierjahresplan-Behörde durchgeführt und von dieser initiiert erschien. Doch der Arm der Berliner Behörde reichte nicht bis in die Niederungen der Badener Lokal- und Kommunalbehörden und die Berliner Schreiben machten dort wenig Eindruck. Alle von Reimann senior wie junior zunehmend verzweifelten Hinweise gegenüber den lokalen Behörden auf die Kriegswichtigkeit des Bauvorhabens und dessen Förderung durch das Oberkommando des Heeres, der Erteilung aller notwendigen Dringlichkeitskennziffern sowie der Durchführung im Auftrag des Gebechem fruchteten wenig. Das Vorhaben blieb weiter im örtlichen Kompetenz- und Behördendschungel stecken. Einen ganzen Aktenordner füllten etwa die bereits im Oktober 1940 begonnenen und erst im Juni 1942 zum Abschluss gekommenen Verhandlungen mit einem Grundbesitzer über die Abtretung eines von Benckiser für den Gleisanschluss benötigten Grundstücks, der mit dem lapidaren Entscheid zu Ende ging: »Landrat versagt Genehmigung auf Einspruch der Kreisbauernschaft«.[68] Zuletzt machte dann noch der Bezirksbaumeister Hodel Schwierigkeiten, der die Erteilung seiner baupolizeilichen Genehmigung Ende September 1941 von der detaillierten Aufstellung der verwendeten Bau- und Alteisen-Mengen abhängig machte.

Dabei drängte inzwischen allenthalben die Zeit. Bei einer Besprechung von Reimann junior Ende Juni 1941 beim Landeswirtschaftsamt in Wiesbaden wurde ihm von dem zuständigen Sachbearbeiter bedeutet, dass Benckiser sich beeilen müsse, wenn es sein Bauvorhaben auch tatsächlich realisieren wolle. »Die Baustufe I sei, wie er sich ausdrückte, Inflationsgeld«, notierte Reimann junior über die Besprechung. »Die in diesen Tagen stattfindende Besprechung zwischen Göring und Todt sei einem ersten Dolchstoß gegen den Wert dieser Stufe gleichzusetzen. Eine Umstufung auf Baustufe 0 sei jedoch

67 Vgl. die Schreiben vom 21.1. und vom 3.4.1941, in: ebd.
68 Vgl. dazu eine detaillierte Chronologie des Vorgangs vom 18.8.1942 sowie der dazugehörige Schriftwechsel in: ebd.

ausgeschlossen. Wir möchten also alles daransetzen, dass wir jetzt alle notwendigen Bewilligungen bekämen und uns alle zur Zeit noch nicht bewirtschafteten Baumaterialien, wie Zement, Ziegelsteine usw. beschaffen und auf Lager legten; später bekämen wir nichts mehr.«[69]

Erst im Spätsommer 1941 konnte endlich mit den Bauarbeiten begonnen werden.[70] Aber selbst danach sahen sich die beiden Reimanns wie schon oft zuvor ernsthalt, mit der Gefahr des völligen Scheiterns des Vorhabens konfrontiert, mit unabsehbaren Folgen für das Unternehmen und dessen weitere Entwicklung. Die Besuche und Besprechungsgänge zu den verschiedenen Behörden und Ämtern blieben daher auf der Tagesordnung, wie etwa im Oktober 1942, als Reimann senior, Reimann junior und der Leiter der Betriebswirtschaftlichen Abteilung, Dr. Schlösser bei dem badischen Ministerpräsidenten Köhler vorsprachen, um gegen die dortige »Uninteressiertheit« vorzugehen.[71] »Bei jeder Gelegenheit, bei der man auf Unterstützung von Behörden angewiesen ist«, notierte Reimann junior in einer taktischen Notiz im Vorfeld der Besprechungen, »und das ist in der Kriegswirtschaft fast täglich der Fall, spielt es eine erhebliche Rolle, ob und inwieweit die wirtschaftliche und kriegswirtschaftliche Bedeutung dieser Firma bekannt und anerkannt ist. Das ist im Gau Westmark in hohem Maße der Fall, wir sind hier ›Jemand‹, in Baden sind wir bisher noch ›Niemand‹, und wir befürchten daher als ›Dutzend-Betrieb‹ behandelt zu werden, der wir unserer Bedeutung nach aber besonders auch unseren Arbeitsgebieten nach nicht sind.«[72] Auch das »Pfund« der politischen Vergangenheit, d.h. der Hinweis auf die frühe Unterstützung und NSDAP-Mitgliedschaft, mit dem Reimann bei Köhler zu wuchern gedachte, wog inzwischen praktisch nichts mehr. Auf Verdienste hinsichtlich der Durchsetzung der NS-Regierung hinzuweisen, hinterließ nach zehn Jahren NS-Regime und nach drei Jahren Krieg bei keinem Behörden- oder Parteistellenleiter mehr irgendeinen Eindruck. Insofern müssen Reimanns Überlegungen geradezu als naiv erscheinen. Die Spielregeln des Verhältnisses

69 Besprechungsnotiz vom 23.6.1941, S. 3, in: ebd.
70 Vgl. dazu im Einzelnen die späteren Schilderungen eines damals beteiligten Benckiser-Ingenieurs in: Benckiser-Chronik II, S. 108ff.
71 Besprechungsnotiz vom 12.10.1942, in: JAB-Archiv D 46.
72 Notiz Reimann junior vom 11.10.1942, in: ebd.

zwischen NS-Regime und Unternehmen und die damit verbundenen Aushandlungsprozesse hatten sich inzwischen völlig verändert. So blieb der Eindruck bei Albert Reimann senior wie junior, dass sich sämtliche Stellen und Ämter gegen sie bzw. das Bauvorhaben Ladenburg geradezu verschworen hatten. Die Verbitterung bei beiden über die als ungerecht und schlecht empfundene Behandlung beim Bau des Werkes Ladenburg und die allenthalben ungewürdigte Pionierleistung Benckisers bei der Erschließung des Geländes und für die Industrialisierung Ladenburgs war noch Jahrzehnte später allenthalben präsent.[73]

Wer tatsächlich das Vorhaben zu torpedieren versuchte, war die Gauleitung der Westmark, sprich Bürckel und Bösing. Beide wollten schon aus Prestigegründen eine Abwanderung Benckisers in den Nachbargau mit allen Mitteln verhindern. Man wollte daher zunächst das Unternehmen zwingen, das neue Werk im Ludwigshafener Hafengelände zu errichten, doch die Reimanns entschieden sich aus vielerlei oben bereits erwähnten Gründen anders.[74] Obwohl alle involvierten Stellen diesseits und jenseits des Rheins davon ausgingen, dass Mannheim und Ludwigshafen früher oder später ja doch einmal vereinigt werden würden und sich damit die Gauzugehörigkeitsfrage nicht mehr stellen würde, rührte auch keine der übergeordneten Berliner Stellen wohlweislich an dem Thema, da man keinen Machtkampf zwischen den beiden beteiligten Gauleitern entfesseln wollte. Um die Reimanns zu einer Revidierung ihrer Entscheidung zu bewegen, begann Gauleiter Bürckel auch wieder seinen alten Machtkampf mit Reimann senior als IHK-Präsident. In einem Schreiben der Gauleitung wurde ihm vorgeworfen, ein schlechtes Beispiel für die pfälzische Industrie zu geben, er sei daher als Handelskammerpräsident nicht mehr tragbar.[75] Reimann senior antwortete in der ihm eigenen ruppigen Art. Er werde seinen Posten so lange weiterführen, wie er selbst dazu geneigt sei und außerdem das Reichswirtschaftsministe-

73 Vgl. Vortrag Reimann junior 1966 in Ladenburg sowie die Darstellung in der Benckiser-Chronik II, S. 97ff.

74 Vgl. dazu Benckiser-Chronik II, S. 97f.

75 Vgl. dazu die Passage in der umfangreichen Niederschrift von Reimann senior über dessen politisches, wirtschaftliches und persönliches Verhalten seit 1932, S. 8f. vom 11.7.1945, in: JAB-Archiv TV 8b.

rium ihn dafür geeignet hielt. Dann aber erfolgte zu Beginn des Jahres 1941 die Umwandlung der Industrie- und Handelskammern in sogenannte übergeordnete Gauwirtschaftskammern und untergeordnete Wirtschaftskammern. Präsident der neuen Gauwirtschaftskammer Westmark wurde Wilhelm Bösing. Damit war der ganze Handelskammerapparat endgültig an den Einfluss- und Machtbereich der Gauleitung gekoppelt und Reimann senior damit auch formal Bösing untergeordnet. In der ihm eigenen Art wandte sich Reimann senior als Protest dagegen direkt an das Reichswirtschaftsministerium und fuhr zu einer Besprechung nach Berlin. Nach seinen späteren eigenen Angaben kritisierte er die Umorganisation als schädlich für die Selbstverwaltung der deutschen Wirtschaft, die Sache des Reiches und nicht von Gaupolitik sei; dazu komme, dass die Vertreter der Wirtschaft und Industrie bei allen Industrieberatungen, an denen nun in Zukunft Gaufunktionäre teilnahmen, nicht mehr den Mut hätten, in deren Anwesenheit den Mund aufzumachen und dass er im Übrigen den Gauwirtschaftsberater Bösing für korrupt halte und diesem Mann nicht die Hand reichen, geschweige denn sich diesem unterstellen würde, und bat um Entbindung von seinem Amt, was dann auch noch im Februar 1941 geschah.[76]

Die letzte Präsidialbesprechung der IHK, die auch die letzte unter der Leitung Reimanns war, fand am 14. Januar 1941 als gemeinsame Besprechung mit der IHK Saarbrücken statt. Dabei ging es bereits auch um die geplanten Umorganisationen und die Notwendigkeit, eine engere Zusammenarbeit zwischen Partei und Kammer zu gewährleisten.[77] Irgendwelche besonderen Ausführungen Reimanns waren darin nicht vermerkt. Sein Nachfolger als Präsident der Wirtschaftskammer Ludwigshafen wurde zum 23. Mai 1941, in engem Einvernehmen mit Gauleiter Bürckel, nun Carl Wurster, Vorstandsmitglied der IG Farben, der sich in der Folgezeit weit besser als Reimann mit dem Gauapparat arrangierte und sich diesem unter-

76 Ebd. sowie auch Bericht von Reimann senior über meine Haltung gegenüber der NSDAP vom 24.9.1947, in: GLA Karlsruhe 465 q, Nr. 13656.

77 Vgl. Aktennotiz der Besprechung vom 14.1.1941, in: IHK-Archiv 31-13/4.

ordnete.[78] Jeden Montagnachmittag gab es nun Besprechungen bei der Gauleitung, und schon nach wenigen Monaten im Amt konnte Wurster berichten, dass »zur Gauleitung die besten Verbindungen bestehen, und es war natürlich durch eine Reihe von Besprechungen möglich, die Kammerarbeit mit den politischen Zielsetzungen des Gauleiters in Übereinstimmung zu bringen.«[79] Auf viel Unterstützung konnte Reimann senior daher nun bei seinen Investitionsvorhaben von Benckiser und auch den sonstigen Maßnahmen zur Aufrechterhaltung der Produktion in seinem Heimatgau nicht mehr rechnen.

Probleme bei der Realisierung des Investitionsvorhabens Ladenburg ergaben sich schließlich auch noch durch offene bzw. ungeklärte Finanzierungsfragen. Seit Spätherbst 1941 war der Benckiser-Buchhalter Emig allein oder auch zusammen mit einem der beiden Reimanns bei den Banken vorstellig geworden. Anfang Dezember 1941 war er etwa zu Besprechungen über die Finanzierung von Bauvorhaben, die der Errichtung, Erweiterung oder Umstellung von Wehrwirtschaftsbetrieben dienten, bei der Deutschen Industriebank (DIB) in Berlin. Deren Kredite waren mit 5,5 Prozent Zinsen zwar nicht die billigsten, hatten aber den unschätzbaren Vorteil, dass die DIB in dem Augenblick auf die ganze oder teilweise Rückzahlung des Kredites verzichtete, wenn der Nachweis erbracht wurde, dass die mit dem Kredit errichteten Anlagen durch veränderte Umstände nicht mehr betrieben werden konnten.[80] Damit wurde das große Risiko, dass kriegsbedingte Kapazitätserweiterungen nach Kriegsende nicht mehr benötigt wurden und sich damit als langfristige Fehlinvestitionen darstellten, auf die lange Bank abgewälzt. Auf staatliche Finanzhilfen konnte Benckiser sowieso nicht rechnen, wie das NS-Regime überhaupt darauf setzte, dass die Unternehmen die Rüstungsinvestitionen, selbst wenn sie von den Behörden angeordnet worden waren, weitestgehend aus eigener Kraft und eigenen Mitteln bewältigten. Entsprechend wies Reimann senior bei ähnlichen Besprechungen mit der Deutschen Bank Ende 1943 darauf hin, wohin die

78 Vgl. dazu Schreiben des RWM an Wurster vom 29.12.1942 sowie Notizen Wursters über den Vortrag der Beiratssitzung vom 21.1.1942, in: IHK-Archiv 31-13/9.

79 Ebd.

80 Vgl. Notiz Emig vom 3.12.1941, in: JAB-Archiv Ordner D 23.

Gewinne Benckisers seit 1936 bereits geflossen waren, nämlich rund 7 Mio. RM in Anlagen und der Rest in Vorräte.[81] Zu diesem Zeitpunkt waren schon 4,3 Mio. RM in den Bau des Werkes Ladenburg investiert worden, doch es fehlten mindestens weitere 2,2 Mio. RM. Mit Erleichterung konnte Reimann senior daher konstatieren, dass die Deutsche Bank ihre bisherige unausgesprochene Tradition beibehielt »und uns in unbegrenzter Höhe zur Verfügung stehen« würde – anders als die Dresdner Bank, die Reimann nur eine Kreditlinie von maximal 2,5 Mio. RM eingeräumt hatte.[82] Als interessanter Kreditgeber erschien Reimann senior auch die Bank der Deutschen Arbeit, das Kreditinstitut der DAF, da diese vergleichsweise günstige Bedingungen bot, nachdem ja die Einlagen ihrer Gläubiger, sprich: der DAF-Mitglieder, nicht verzinst werden mussten. Diesbezügliche Verhandlungen kamen jedoch offensichtlich nicht zustande.

Das zentrale Problem war mithin weniger die Geldbeschaffung und Finanzierung selbst, als die Absicherung des Risikos über den Krieg hinaus, vor allem nachdem gegen Jahresende 1943 das Reichsamt für Wirtschaftsausbau in Ladenburg auch den Aufbau einer Produktion phosphorsaurer Salze, insbesondere Trinatriumphosphat, durch die Verarbeitung von Ferrophosphor verlangt hatte. Bei einer Besprechung in Berlin war Reimann junior ungeschminkt mitgeteilt worden, dass dies eine Verteuerung der Produktion gegenüber dem früheren Verfahren um mehr als das Dreieinhalbfache bedeutete, mithin ein reines Kriegsprovisorium sei und daher keine wirtschaftlichen Friedensaussichten haben werde.[83] Damit rückte nicht nur die Frage einer Kriegssicherungsklausel, d.h. Reichsgarantien in Form von Ausfallbürgschaften, in den Mittelpunkt des Interesses, sondern es explodierten auch die Investitionskosten für das Ladenburger Vorhaben insgesamt. Dazu kamen auch noch erhebliche zusätzliche Aufwendungen für Rohwarenlieferungen und den Rohstoffbezug. Die Kosten für die neue Fertigung wurden mit 5 Mio. RM veranschlagt, und plötzlich begann man seitens der Deutschen Bank nun doch kritische Fragen zur Rentabilität der Ladenburger Fertigungsanlagen

81 Vgl. Notiz über Vorsprache bei der Deutschen Bank vom 3.12.1943, in: ebd.
82 Notiz über die Besprechung vom 3.12.1943, in: ebd.
83 Vgl. Besprechungsnotiz vom 22.12.1943, in: ebd.

und deren Auswirkungen auf die Liquidität des Unternehmens zu stellen.[84] Sei das in Ladenburg bald anfallende Gärungszitronensäure-Vorhaben auch dann renditemäßig gesichert, wenn nach dem Krieg die alten Bezugsquellen in Kalk in vollem Umfang wieder flossen und zudem auch fertige Zitronensäure aus dem Ausland wieder eingeführt werden könne?[85] Die von Reimann senior dazu gemachten Ausführungen fielen eher vorsichtig aus und strotzten keineswegs vor Optimismus. Mit dem Anlaufen der GZ-Anlage in Ladenburg rechne man fest noch im Laufe des Oktober 1944, allerdings würden zunächst nicht mehr als 150 t im Monat dort produziert und zudem sei man noch für lange Zeit bis zur endgültigen Fertigstellung des Ladenburger Produktionskomplexes für die Weiterverarbeitung der Zitronensäure auf den Fortbestand der Apparaturen in Ludwigshafen angewiesen. Diese wiesen zu diesem Zeitpunkt allerdings bereits erhebliche Zerstörungen auf, so dass das Stammwerk auch nicht mehr zur hypothekarischen Absicherung von Krediten dienen konnte.[86]

Monatelang bemühte sich Reimann senior zusammen mit leitenden Angestellten in der Folgezeit darum, die dringend benötigte Reichsgarantie und die Genehmigung zur Verankerung der Kriegsrisikoklausel in den Kreditverträgen zu erhalten. Dies war für Benckiser geradezu überlebenswichtig, da unter anderem auch die künftigen Phosphat-Rohstofflieferanten wie die Kali-Chemie AG und die staatliche Rohphosphatgesellschaft versuchten, einen Teil der Zusatzkosten wie die Finanzierung des Rohstoffeinkaufs und der Lagerung den kleinen Phosphatsalz-Herstellern wie Benckiser aufzubürden.[87] Mitte Oktober 1944 waren in Ladenburg inzwischen 5,5 Mio. RM verbaut worden, aber die noch aufzuwenden Summen betrugen 4,5 Mio. RM, mithin war drei Jahre nach Baubeginn gerade etwas mehr als die Hälfte des Investitionsvorhabens realisiert worden. Man darf dabei nicht vergessen, dass es bei den vom NS-Staat geforderten Investitionsvorhaben um Summen ging, die das Drei- bis

84 Vgl. Notiz über Kreditverhandlungen bei der Deutschen Bank, Filiale Mannheim, vom 18.3.1944, in: ebd.
85 Ebd.
86 Vgl. auch Besprechung bei der Deutschen Bank, Mannheim vom 15.9.1944, in: ebd.
87 Vgl. dazu den Besprechungsbericht im Reichswirtschaftsministerium vom 21.9.1944, in: ebd.

Vierfache des Jahresgewinns von Benckiser und das Fünf- bis Sechsfache des Grundkapitals umfassten. In den Kategorien der Großunternehmen und Rüstungskonzerne waren diese Investitionsaufwendungen in absoluten Zahlen vergleichsweise leicht zu bewältigende Anforderungen, die für klein- und mittelbetriebliche Firmen wie Benckiser jedoch massive Risiken und langfristige Lasten bedeuteten. Das Versprechen des NS-Regimes, diese durch hohe künftige Gewinne während des Krieges leicht tragen zu können, war allerdings immer weniger wert. Niemand wusste, wie lange die Gewinne in der Kriegswirtschaft weiter sprudeln würden, vor allem nach 1943/44 nicht, als sich die militärische und auch volkswirtschaftliche Lage des Deutschen Reichs längst nachteilig gewendet hatte. Tatsächlich hinterließen die Investitionserfordernisse deutliche Spuren in der Bilanz von Benckiser. Die eigenen Mittel, die 1940 noch 79 Prozent betragen hatten, betrugen nur noch 57 Prozent, denen anstelle von 21 Prozent fremde Mittel nun 43 Prozent gegenüberstanden. Die kurzfristigen Schulden, die man 1941 auf unter eine Mio. RM gedrückt hatte, betrugen nun 6,5 Mio. RM.[88]

Wie auch immer: Als Ende Oktober 1944 der Benckiser-Prokurist Emig wieder einmal zu Verhandlungen um die Reichsgarantie im Reichswirtschaftsministerium war, bekam er als Allererstes von dem zuständigen Ministerialrat zu hören, dass sich die Sache inzwischen erledigt habe, da das Reichsamt für Wirtschaftsausbau Ladenburg doch fallengelassen habe.[89] Auch als das offensichtliche Missverständnis aufgeklärt war, taten sich jedoch neue Hürden auf, denn das RWM bestand darauf, dass die von Benckiser verlangte Reichsbürgschaft auch vom Reichsfinanzministerium mit unterzeichnet würde. Es dauerte bis zum 1. Dezember 1944, bis Reimann senior das entsprechende Schreiben zur Kriegsrisikoklausel in Händen hielt und damit einen neuen Kredit der Deutschen Industriebank über 4 Mio. RM erhalten konnte, zum Zinssatz von 4,75 Prozent und jährlichen Tilgungsraten von 800.000 RM, beginnend ab 31. März 1946. Der Rest des Kredits wäre demnach am 31. Dezember 1950 fällig.[90] An-

88 Vgl. die Bilanzangaben für 1940 bzw. 1944, in: JAB-Archiv Ordner D 24.
89 Vgl. Besprechungsnotiz vom 30.10.1944, in: JAB-Archiv Ordner D 23.
90 Vgl. das Schreiben des RWM vom 1.12.1944 sowie Schreiben der IKB vom 22.11.1944, in: ebd.

ders als Albert Reimann senior gegenüber den Banken versprochen hatte, sollte das auch nur probeweise Anfahren der GZ-Anlage in Ladenburg erst im Januar 1945 erfolgen. Das ganze Investitionsprojekt taugt durchaus als Lehrstück für den kriegswirtschaftlichen Alltag eines klein- und mittelständischen Familienunternehmens unter dem NS-Regime, der wenig mit den hehren ideologischen Zielen zu tun hatte, die die beiden Reimanns dem Nationalsozialismus zuschrieben. Diese wachsende Diskrepanz, die auf ihre Weise auch andere weite Teile der Bevölkerung als NS-Volksgemeinschaft erfuhren, war denn auch der Grund für das Entstehen des Hitler-Mythos gewesen, der es ermöglichte, diese irrationale Diskrepanz für sich scheinbar vereinbar zu machen.

Der große Zitronensäure-Konflikt mit Boehringer

Der Zwist und Konkurrenzkampf zwischen Benckiser respektive Albert Reimann senior und Boehringer um die Vormachtstellung im deutschen Zitronensäuregeschäft war durch den Kriegsausbruch nur kurzzeitig unterbrochen worden. Er flammte schon im März 1940 wieder auf und sollte 1942 einen neuen Höhepunkt erreichen. Formal war nach wie vor die 1937 abgeschlossene, auf fünf Jahre und damit bis 1942 geltende Zitronensäure-Konvention in Kraft. Im März 1939 war Kommerzienrat Albert Boehringer im Alter von 77 Jahren gestorben, an seine Stelle trat nun, was die Beziehungen zu Benckiser und das Zitronensäuregeschäft anging, dessen Sohn Dr. Ernst Boehringer, mit 43 Jahren nur zwei Jahre älter als Albert Reimann junior, der aber bereits Reimann senior bei den Verhandlungen 1938 gegenübergesessen hatte. Hinsichtlich Reimanns Antipathien und Unterstellungen gegenüber dem Unternehmen Boehringer und seiner Leitung spielte dieser Generationenwechsel keine Rolle; er übertrug seine Haltung bruchlos auf Ernst Boehringer und das galt umgekehrt auch für diesen in Bezug auf den Seniorchef von Benckiser.[91] Nach der

91 Über die Meinung von Reimann senior zum Firmengründer Albert Boehringer notierte Reimann junior später rückblickend: »Das Verhältnis meines Vaters zum alten Kommerzienrat Boehringer war getrübt, sein

Kündigung des AIFAC-Abkommens des Zitronensäurekartells zum 31. Dezember 1939 und infolge des Kriegsausbruchs waren zunächst in Ludwigshafen wie in Ingelheim die Bemühungen zur Errichtung der jeweiligen Gärungszitronensäure-Betriebe zum Stillstand gekommen. Die Reichsstelle für Wirtschaftsausbau hatte alle Genehmigungen für Baumaterialien und die dazu erteilten Kennziffern gestrichen. Doch anders als Benckiser hatte auch Boehringer nicht nur seine Beziehungen zum Reichsamt für Wirtschaftsausbau, sondern auch einen direkten Draht zu Carl Krauch, dem Gebechem, spielen lassen, daher noch kurz vor Kriegsausbruch erste Baumaterialzuteilungen erhalten und mit der Errichtung der GZ-Fabrik begonnen. Im Juni 1940 konnte daher Boehringer an den in Prag sitzenden wissenschaftlichen Berater Prof. Bernhauer berichten: »Wie Sie wissen, haben wir im Frühjahr vorigen Jahres angefangen mit der Errichtung einer großtechnischen Anlage zur Erzeugung von Zitronensäure durch Gärung. Das ist möglich gewesen durch Zuteilung von Eisen, Holz und anderen Materialien durch das Amt für Wirtschaftsausbau (Göring bzw. Prof. Krauch) [...]. Ende des Jahres, als die Materialienkontingente erschöpft waren, hat uns das Oberkommando des Heeres aus seinem eigenen Kontingent Holz, Eisen und andere Materialien zur Fertigstellung der Anlage überlassen und auch dafür gesorgt, dass wir in die Liste der kriegswichtigen Bauvorhaben (Todt) eingetragen wurden. Die Wehrmacht ist an dem Ausbau der Zitronensäure interessiert, weil sie großen Bedarf für die Truppenverpflegung hat und daher die Erzeugung von Zitronensäure aus deutschen Rohstoffen als dringend notwendig und kriegswichtig erachtet.«[92] Es war offensichtlich, dass Boehringer bei seinem Lobbyismus gegenüber den Berliner Stellen

Ausspruch war: ›er ist dumm, hat aber gute Leute‹; außerdem war er auch skrupellos (finstere Alkaloidgeschäfte im Fernen Osten, an denen viel verdient wurde). Diesem Alkaloidgeschäft [sprich: Opiumgeschäft] von Boehringer war seine weit überlegene Kapitalkraft zuzuschreiben. Auch Ernst Boehringer war nicht durch Skrupel gehemmt.« Notiz vom 1.8.1977, S. 2, in: Familienarchiv Reimann-Dubbers, Ordner Korrespondenz Chronik II.

92 Zitiert nach: Marshall, S. 252, Anm. 127. Vgl. dazu auch Unternehmensarchiv Boehringer-Ingelheim, Ordner Zitronensäure-Streit Benckiser (H.Reg. 8.4.), darin u.a. eine Chronologie der diversen Reiseberichte zwischen 1939 und 1940 bei den Ämtern und Stellen in Berlin, vom 8.11.1940. Vgl. darin etwa auch das siebenseitige Memorandum Boehringers an die

Abb. 47 und 48: Die Gegenspieler: Ernst Boehringer und Albert Reimann senior

weit zielstrebiger, entschlossener und dadurch auch erfolgreicher war als Reimann senior und junior. Die Eisenzuteilungen waren der entscheidende Schritt für den zügigen Ausbau der Zitronensäuregärung, die schon im Juni 1940 mit der Regelproduktion beginnen konnte. Mit einem Schlag hatte Boehringer damit Benckiser überholt und einen verfahrens- wie produktionstechnischen Vorsprung für die nächsten zehn Jahre erzielt.[93]

Als Reimann senior im Juni 1940 bei Besprechungen in Berlin von den erfolgreichen Materialzuteilungen Boehringers erfuhr, muss das ein regelrechter Schock für ihn gewesen sein, den er allerdings schnell durch massive Vorwürfe gegen den Konkurrenten zu überwinden versuchte. Er unterstellt Boehringer öffentlich, einen schweren Vertrauensbruch gegen das Abkommen von 1937 begangen und Benckiser bei den Behörden mit hinterhältigen und geheimen Metho-

Reichsstelle Chemie vom 2.10.1939 zur Bedeutung der Gärungszitronensäure-Herstellung in Deutschland.

93 Vgl. dazu auch Dehio, S. 49.

den ausgespielt zu haben.[94] Der sich in der Folgezeit entspinnende umfangreiche Briefwechsel zwischen Benckiser/Reimann senior und Boehringer, mit all seinen Argumentationssträngen, Polemiken, Erwiderungen, rüden Anfeindungen und Beleidigungen, der sich bis Anfang 1944 hinziehen sollte, soll hier nicht im Detail nachgezeichnet werden. Hier trugen zwei jahrzehntealte Erzfeinde beharrlich einen auch als Privatfehde inszenierten Konflikt aus, bei dem die NS- und Kriegswirtschaftsbehörden zum Teil hilflose, aber auch vielfach desinteressierte Zuschauer waren und sich der Instrumentalisierung des jeweiligen Kontrahenten erwehren mussten. Auch solche aus der damaligen Gesamtperspektive marginalen Konflikte trugen allerdings zur partiellen Lähmung und dem Effizienzverlust der nationalsozialistischen Kriegswirtschaft bei.

Dass Boehringer die nötigen Baumaterialzuteilungen erhalten hatte, lag auch mit daran, dass dessen Projekt auf der Grundlage der Kartellquote und mit 1000 Jahrestonnen erheblich kleiner war als Benckisers letztlich kapazitätsmäßig überdimensioniertes Bauvorhaben in Ladenburg.[95] Hätte man die verfügbaren Eisenmengen auf beide Unternehmen verteilt, wäre nirgendwo eine GZ-Anlage entstanden. Die Boehringer-Manager haben damals schon, wie auch später, Reimann senior vorgehalten, dass dieser offensichtlich die für ihn vergleichsweise hohen Investitionen und deren Risiko scheute und daher zögerte.[96] Von den behördlichen Schwierigkeiten, mit denen Benckiser beim Ladenburg-Projekt zu kämpfen hatte und die

94 Vgl. Schreiben Benckiser an Boehringer vom 6.6.1940 und das Antwortschreiben Boehringers vom 8.6.1940, in: JAB-Archiv D 73 sowie dazu die spätere Darstellung durch Reimann senior in einer ausführlichen Notiz vom 11.1.1950, S. 22ff., in: JAB-Archiv Ordner D 52, und auch die detaillierte Chronologie (»Beziehungen Benckiser-Boehringer im Rahmen der Entwicklung der Wein- und Zitronensäure-Industrie«) aus seiner Perspektive in: JAB-Archiv, Ordner D 73.

95 Tatsächlich war die GZ-Anlage in Ladenburg nicht nur auf eine weit über den gegenwärtigen Zitronensäure-Verbrauch Produktionskapazität von 4000 Tonnen pro Jahr ausgelegt, sondern auch mit hochentwickelten Verfahrensinnovationen wie fahrbaren Gärräumen, Aluminium-Gärgefäßen, getrennten Gär- und Füllsäumen, einer Klimatisierung des Gärraums, Födereinrichtungen für Gärgefässe, Ringgärrumen mit spiralförmiger Beschickung und anderem geplant.

96 Vgl. Dehio, S. 31f.

vermutlich der tatsächliche Grund der Bau-Verzögerungen waren, wusste man in Ingelheim im Übrigen durchaus Bescheid. Reimann senior hatte darüber auf verschiedenen Zitronensäure-Sitzungen bei Berliner Stellen offen geklagt, so dass der Boehringer-Manager Dehio Mitte November 1940 darüber nach Ingelheim berichtete: »Nach diesen Äußerungen [Reimanns] wird es jedenfalls noch sehr lange dauern, bis auf dem Gelände in Ladenburg eine Gärungsfabrik steht.«[97] In einem wichtigen Punkt jedoch hatten die Boehringer-Leute vermutlich recht: »Wir können uns des Eindrucks nicht erwehren«, so hieß es in einem Schreiben im März 1941 im Vorfeld anstehender Zitronensäure-Verhandlungen mit Reimann senior, »dass es der Firma Benckiser mit der Gärungsanlage nicht so ernst wie uns gewesen ist und dass sie ihre Pläne mehr auf einen Weiterbezug von Kalk aus dem Auslande aufbaute. Durch die Eingliederung des Protektorats und Belgiens in den deutschen Wirtschaftsraum mag eine eigene Gärungsproduktion für Deutschland heute tatsächlich weniger nötig erscheinen […]«.[98] Das plötzliche Hinzukommen der Industrieaktiengesellschaft vorm. D. Starck aus Prag, die Zitronenkalklieferungen aus dem verbündeten Italien und vor allem die Unter- und Einordnung des einstigen europäischen Marktführers Citrique Belge in die deutsche Kriegswirtschaft änderten tatsächlich zunächst in der deutschen und europäischen Zitronensäure-Industrie alles und sorgten dafür, dass die Karten neu gemischt wurden.

Aber Boehringer trat infolge des erfolgreichen GZ-Projekts auch mit neuem Selbstbewusstsein im klassischen »alten« Zitronensäuregeschäft auf, das bekam Reimann senior nicht nur durch Forderungen nach Neuverhandlung und Neuverteilung der hier herrschenden Quoten zu spüren, sondern auch bei den Zitronensäureverhandlungen mit Prag, in denen es um die Festlegung einer europäischen Marktregelung unter Einbeziehung der Industrieaktiengesellschaft D. Starck ging, dem neuen Mitglied in der deutschen Zitronensäureindustrie. Tatsächlich hatte man in der Reichsstelle Chemie sich schon im Oktober 1940 mit der Neuordnung der europäischen Zitronensäureindustrie unter der

97 Bericht Dehio über die Zitronensäure-Sitzung bei der Prüfungsstelle Chemie vom 21.10.1940, in: Unternehmensarchiv Boehringer-Ingelheim, Ordner Zitronensäure-Streit Benckiser (H.Reg. 8.4.), Bl. 61ff.

98 Schreiben vom 17.3.1941, in: ebd., Bl. 78ff.

neuen deutschen Vormachtstellung befasst und dazu Reimann senior und Dehio, den zuständigen Boehringer-Manager, nach Berlin zu Besprechungen beordert. Obwohl der Krieg erst knapp ein Jahr dauerte, war die Lage bereits ziemlich unübersichtlich geworden. Im neuen deutschen Wirtschaftsraum agierten neben Benckiser und Boehringer, die zusammen 3000 t Zitronensäure herstellten, die IndustrieAG Starck in Prag mit 2000 t und vor allem die Citrique Belge in Tirlemont, die über 5900 t Jahresproduktionskapazitäten verfügte. Dazu waren – klammert man die Nitritfabrik AG im Weinsäure-Geschäft, die dort durchaus eine Rolle spielte, aus – zwei weitere neue Produzenten im Zuge der Besetzung und Eingliederung des polnischen Teils von Oberschlesien in das Reichsgebiet gekommen: die Radocha sowie die Orgacid. Die Chemiefabrik »Radocha« war eine im oberschlesischen Sosnowiec bereits 1883 von polnischen und deutschen Kaufleuten und Industriellen jüdischer Konfession gegründete Chemiefabrik, die über ein breites Produktionsspektrum von Paraffin über Kaliumchlorat bis hin zu Wein- und auch Zitronensäure verfügte. 1918 war die Firma von schwedischen Industriellen übernommen worden, und diese sorgten dafür, dass die Radocha 1935 auch Mitglied der AIFAC-Konvention geworden war. Zwischen der Radocha und den Industrieaktiengesellschaft J. Starck sowie der Citrique Belge bestanden daher bereits vor dem Krieg enge Lieferbeziehungen. Die Schweden hielten auch in den Kriegsjahren mit 84 Prozent der Aktienanteile die Mehrheit, und dies hatte die Fabrik zwar nicht vor der Einsetzung eines deutschen Treuhänders, aber vor etwaigen Enteignungen durch die deutschen Besatzer bewahrt. Und obwohl in der Radocha nur etwa ca. 150 Leute beschäftigt waren, wurde das Unternehmen weiterbetrieben und in die neuen, von Berlin aus gesteuerten Produktions- und Lieferprogramme der Zitronen- und Weinsäureindustrie integriert.[99] Benckiser als nun mit Abstand größter Weinsäurehersteller hatte für diesen Bereich dabei gegenüber der Radocha offensichtlich eine Art Betreuungs- und Koor-

99 1943 wurden von der Radocha 346.000 kg Zitronensäure im Wert von 615.000 RM hergestellt, was etwa einem Drittel des Gesamtumsatzes entsprach. Vgl. dazu den Bestand im Staatsarchiv Kattowitz (Archivum NBP Katovice), 12/2666 Chemiefabrik »Radocha«, hier Nr. 1/191 und 1/201. Darin unter anderem Verkaufsübersichten und Berichte 1934 bis 1944 sowie die Verwaltungsberichte an die Schwedish Match-Aktionäre.

dinationsfunktion übernommen. So meldete die oberschlesische Fabrik im Januar 1941 nach Ludwigshafen etwa die Weinsäure-Bestände an Fertigware und Rohmaterial per 1. Januar 1941, Ende März 1941 dann teilte Benckiser seinerseits »im Auftrag der Prüfungsstelle Chemische Industrie, Berlin« Radocha die durch das deutsche Weinsäuresyndikat neu festgesetzten Preise für Bulgarien mit.[100]

In den Akten taucht auch die Chemische Fabrik Orgacid GmbH aus Danzig auf. Sie spielte, in etwa in der Größenordnung der Radocha, eigentlich nur eine untergeordnete Rolle in der Branche. Dazu hatte nun aber auch noch die dänische Insulinfabrik Novo in Kopenhagen eine Zitronensäuregäranlage errichtet, die, so die Ankündigung der Reichsstelle Chemie gegenüber Reimann senior und Boehringer auf der Sitzung im Oktober 1940, schon Ende des Jahres in Betrieb gehen würde. Hinter der Fabrik stand ein dänischer Kollaborateur und Unternehmer, der sowohl die Unterstützung der dänischen Regierung wie auch der deutschen Militärbehörden in Dänemark genoss und daher großangelegte Pläne für eine Belieferung ganz Skandinaviens mit Zitronensäure entworfen hatte.[101] Alles in allem gab es damit im Herbst 1940 in Europa Produktionskapazitäten bei Zitronensäure von ca. 12.000 t. Der europäische Zitronensäure-Markt des alten AIFAC-Kartells hatte 8400 Jahrestonnen betragen, das heißt, die Industrie und die entsprechenden Märkte waren inzwischen völlig überbesetzt. Mit der alten Kartell-Marktordnung im Sinne von Reimann senior hatten die neuen Bedingungen nichts mehr zu tun, und daher verurteilte er auf der Berliner Besprechung auch scharf »das Bestreben branchenfremder Konzerne, die mit irgendwelchen Monopolartikeln, wie hier Insulin, viel Geld verdienen, sich ins Gebiet der organischen Säuren einzumischen.«[102] Jede Neugründung sei ein Unding.[103] Reimann war aber Realist genug, zu wissen, dass jegliche Regelung der Zitronensäurefrage auf dem europäischen

100 Vgl. die Schreiben vom 9.1.1941 bzw. 27.3.1941, in: Staatsarchiv Kattowitz, 12/2666, Nr. 1/53 bzw. 1/191.

101 Vgl. dazu Protokoll der Besprechung in Berlin vom 10.10.1940, in: Boehringer-Archiv, Ordner Zitronensäure-Streit, Bl. 61ff.

102 Ebd., S. 2.

103 Tatsächlich wurden die Zitronensäurepläne der Novo bereits im März 1941 wieder aufgegeben. Vgl. Schreiben der Prüfstelle Chemische Industrie vom 14.3.1941, in: Staatsarchiv Kattowitz, 12/2666, Nr. 1/191.

Kontinent ohne Tirlemont und auch Prag keinen Bestand haben würde. Die Kalklieferungsverträge der deutschen Fabriken mit der Citrique Belge und J. Starck galten nach wie vor und ohne deren beider Zustimmung konnten Benckiser wie Boehringer auch unter den veränderten politisch-militärischen Bedingungen diesen Fabriken im Export keine Konkurrenz machen, während ihrerseits jedoch die Gefahr bestand, dass diese nach der direkten oder indirekten Eingliederung in den großdeutschen Wirtschaftsraum durchaus plötzlich als direkte Konkurrenten auf dem deutschen Heimatmarkt auftauchten. Reimann beschwerte sich daher auf der Berliner Sitzung darüber, »dass es ungerecht sei, wenn das Reich die Industrie in den besetzten bzw. angegliederten Gebieten mit Samthandschuhen anfasse. Dies könne nur auf Kosten der reichsdeutschen Industrie gehen. Prag liefere nun seit 10 Jahren Gärungssäure und hätte sicher seine Anlage schon abgeschrieben. Die Firma hätte noch den Preis von RM 4,50 für Zitronensäure erlebt. Die deutschen Fabriken müssten jetzt ihre Gärungsfabriken zu einer wesentlich ungünstigeren Zeit errichten, und es wäre also sehr unbillig, wollte man jetzt etwa Prag gestatten, Zitronensäure auf dem Altreichsmarkt abzusetzen. Prag müsse veranlasst werden, Zitronensäure weiterhin nur zu exportieren und nach Deutschland nur Kalk zu liefern.«[104]

Am 14. November 1940 war es dann zu einer weiteren großen »Zitronensäure-Sitzung« in Berlin gekommen. Bereits am Vortag hatten sich Reimann senior und Ernst Boehringer zu Vorbesprechungen im Hotel Fürstenhof getroffen, bei denen über ein gemeinsames Verhalten gegenüber den drei neu hinzugekommenen Fabriken Joh. Starck, Radocha und Orgacid beraten werden sollte. Tatsächlich ging es jedoch nur um die Beziehungen zwischen Boehringer und Benckiser, einmal was die GZ-Produktion anging, zum anderen hinsichtlich des Zitronenkalk-Bezugs von Tirlemont und aus Prag.[105] Ernst Boehringer verlangte dabei eine stärkere Rohstoffzuteilung für sein Unternehmen über die bestehende Quote von 25 Prozent hinaus, die auch den Leistungen auf dem Gärungsgebiet Rechnung tragen müsste. Die

104 Protokoll der Besprechung in Berlin vom 10.10.1940, S. 3, in: Boehringer-Archiv, Ordner Zitronensäure-Streit.

105 Vgl. dazu und zum Folgenden Bericht über die Zitronensäure-Sitzung in Berlin am 13. und 14.11.1940, in: ebd.

Besprechung endete in einem Eklat, denn Reimann senior erklärte daraufhin »äußerst erregt« und »in aller Deutlichkeit«, dass »die Grenzsteine zwischen Benckiser und Boehringer nicht verrückt [werden]!«, so notierte Dehio in dem von ihm verfassten Besprechungsprotokoll. »Unter keinen Umständen würde er einer Erhöhung unserer Zitronensäurequote zustimmen, weder jetzt noch später. Dr. Reimann sagte, dass er diese Erklärung für die Dauer seines Lebens und für seinen Sohn abgebe. Er warne uns davor, in dieser Beziehung irgendwelche Hoffnungen zu hegen. Jede Spekulation unsererseits auf seine Nachgiebigkeit würde falsch sein. Er behauptete dann noch, Ingelheim hätte es nur ihm zu verdanken, dass es überhaupt an die Zitronensäure herangekommen sei.«[106] Kurz danach waren dann auch die insgesamt sechs Vertreter der drei Neulinge zu der Besprechung aller deutschen Zitronensäurefabriken hinzugekommen. Und vor allem die Firmenleiter der Prager Industrie AG Starck traten dabei äußerst selbstbewusst auf, angefangen mit der Forderung nach Bekanntgabe des Verteilungsplanes des Tirlemont-Kalks bis hin zu Plänen, künftig nicht nur einen Teil der Tirlemont-Säure zu verkaufen, sondern auch einen angemessenen Anteil am belgischen Zitronenkalk zu verlangen. Faktisch bedeutete dies, dass Joh. Starck ebenso wie Radocha als »neue« reichsdeutsche Firmen auch das Recht für sich reklamierten, Zitronensäure in das Reichsgebiet zu verkaufen, was von Albert Reimann senior, der als Gesprächs- und Verhandlungsleiter auftrat, jedoch ebenso vehement wie strikt abgelehnt wurde. Starck und Radocha sollten sich auf ihre früheren Absatzgebiete beschränken, d.h. in dem einen Fall auf das Protektoratsgebiet, in dem anderen Fall auf die eingegliederten Ostgebiete und das Generalgouvernement Polen. Und hier waren sich Reimann und Boehringer einig.

Am Tag darauf fand dann die offizielle Zitronensäure-Sitzung bei der Reichsstelle Chemie in Berlin statt und Reimann senior musste dabei schnell feststellen, dass die Behörden keineswegs mit seinen Positionen konform gingen. Schon dass der Leiter der Reichsstelle, Dr. Heinrich Unger, allen Anwesenden den in Brüssel vereinbarten Verteilungsplan für Zitronenkalk aus Tirlemont verlas, was Reimann am Tag zuvor noch unter dem Vorwand der Geheimhaltung strikt

106 Ebd., S. 3.

abgelehnt hatte, sorgte bei ihm für Irritationen.[107] Die Konkurrenten erhielten nun darüber Bescheid, dass Benckiser mit 250 bis 280 t im Monat den Löwenanteil des belgischen Zitronenkalks erhielt, Boehringer dagegen nur 60 t und Radocha und Organcid 50 t, zusammen 390 t im Monat oder 4680 t Kalk für das Jahr 1941. Auch die Proteste des Vertreters der Industrie AG J. Starck AG gegen diese Aufteilung und seine Forderung nach angemessener Beteiligung am deutschen Inlandsabsatz – Benckiser und Boehringer würden mit Hilfe des Tirlemonts-Kalkes in der Lage sein, ihre Erzeugung zu verdoppeln, was den Tatsachen sehr nahekam, und er könne eine solche Entwicklung nicht zulassen – stießen bei der Behörde keineswegs auf taube Ohren. Letztlich sahen sich Reimann und auch Boehringer zu Zugeständnissen gegenüber der Prager Firma gezwungen, deren Details man jedoch in bilateralen direkten Verhandlungen ohne Behördenbeteiligung zu regeln versprach. Die Reichsstelle hatte andernfalls unverhohlen damit gedroht, die Verteilung des Zitronenkalks und der Zitronensäure zwangsweise vorzunehmen.[108] Aus den Berliner Verhandlungen nahmen daher Reimann senior wie Boehringer ähnliche Eindrücke mit: Erstens wurden die Fabriken in den eingegliederten und besetzten Gebieten auf Kosten der Altreichsindustrie bevorzugt. Zweitens nahmen die Reichsstellen immer stärkeren Einfluss auf die Beziehungen der Fabriken untereinander; Kartellverhandlungen ohne behördliche Mitwirkung erschienen kaum mehr denkbar. Drittens trat, nachdem die Funktion der Kartelle, Syndikate und Konventionen in Bezug auf den inländischen Preis schon seit Jahren durch die Befugnisse des Preiskommissars praktisch lahmgelegt war, jetzt auch eine Beeinflussung der Exportpreise und der Exportpolitik durch die staatlichen Stellen hervor.[109]

Unter dem Strich liefen die Dinge im Zitronensäurebereich alles andere als so, wie es sich Reimann senior für Benckiser unter den neuen Bedingungen der deutschen Kriegswirtschaft und der zu diesem Zeitpunkt noch erfolgreichen militärischen Expansion des NS-Systems vermutlich vorgestellt hatte. Vor allem das Erstarken von Boehringer, der die ursprüngliche und qua Verdienste in der Vergangenheit in

107 Vgl. Protokoll der Sitzung vom 14.11.1940, in: ebd.
108 Vgl. ebd., S. 12.
109 Vgl. ebd., S. 13.

den Augen Reimanns auch zustehende Dominanzposition Benckisers massiv in Frage stellte und der sich selbst dadurch mehr und mehr in die Defensive gedrängt sah, ließ Reimann senior zunehmend gereizt reagieren. Die Verhandlungen zwischen Starck, Benckiser und Boehringer begannen noch im Dezember 1940 und dabei wurden unterschiedliche Regelungen für Absatz- und Produktionsquoten diskutiert, die nach außen hin als Zugeständnisse erscheinen konnten, faktisch die Prager Konkurrenz aber auf Distanz halten sollten.[110] Das Problem war jedoch auch, dass Boehringer Reimann gegenüber signalisiert hatte, dass er seinerseits einer Marktregelung mit Starck nur zustimmen werde, wenn Benckiser auch Änderungen und Zugeständnisse beim alten Quotenverhältnis im deutschen Zitronensäurekartell vornehmen würde. Es war denn auch kein Wunder, dass Reimann senior einerseits die Verhandlungen mit der Prager Firma, die er bisher zudem allein im Namen beider Altreichsfirmen geführt hatte, verzögerte, gleichzeitig aber den Ton gegenüber Boehringer verschärfte. »Wir stellen Ihnen anheim nach Ablauf des derzeitigen Syndikats [im Jahr 1942] in den Preiskampf zum Zwecke der Erhöhung Ihrer Quote einzutreten«, hieß es etwa im März 1941 in einem Schreiben an Boehringer.[111] Er verband dies mit dem Vorschlag eines gemeinsamen »Verkaufsfeldzuges« und regelrechten Preiskriegs, »um damit den Absatz des Altreiches gegen den beabsichtigten Einfall von den Tschechen abzuriegeln«, schloss gleichzeitig aber eine direkte Beteiligung von Boehringer an den Prager Verhandlungen weiterhin kategorisch aus.

Ende April 1941 landete ein weiteres jener langen, weit in die Vergangenheit ausschweifenden und die Verdienste Benckisers in den Vordergrund stellenden Schreiben von Reimann senior auf dem Schreibtisch von Ernst Boehringer.[112] »Der Brief ist kennzeichnend für die unversöhnliche Haltung der Firma Benckiser«, so hieß es in einer internen Notiz Dehios dazu, »die von der Vergangenheit nicht loskommt und einen Rechtsanspruch darauf zu haben glaubt, für

110 Vgl. dazu das ausführliche Protokoll von Reimann senior vom 13.12.1940, in: JAB-Archiv D 73.

111 Das Schreiben vom 13.3.1941 sowie dazu das Antwortschreiben Boehringers vom 24.3.1941, in: ebd.

112 Vgl. das neunseitige Schreiben vom 25.4.1941, in: ebd.

alle Zukunft nicht nur der größte Weinsäurefabrikant, sondern auch der größte Zitronensäurehersteller zu sein [...]. Dr. Reimann senior hat die Gepflogenheit, derartige Briefe bei geeigneter Gelegenheit den zuständigen Stellen der Wirtschaftsorganisation, der Reichsstelle Chemie und anderen bekannten Persönlichkeiten, die ihm für eine Stimmungsmache gegen uns geeignet erscheint, zuzusenden, und wir vermuten, dass auch der Brief vom 25. April in dieser Absicht geschrieben ist.«[113] Und diese Vermutung sollte sich bald als wahr herausstellen.

Albert Reimann senior hatte dabei in seinen Ausführungen auch die seiner Ansicht nach unrechtmäßig erfolgte Erlangung der Baumaterial-Kennziffern beim OKH wieder auf das Tapet gebracht und noch im Mai 1941 seine tendenziöse Art der Darstellung der damaligen Vorgänge dazu benutzt, Boehringer damit bei den Berliner Amtsstellen anzuschwärzen. Ende Juni 1941 hatte er dann, in der tiefen Überzeugung eines Abwehrkampfes gegen perfide Maßnahmen Boehringers, Benckiser die rechtmäßig erworbene Zitronensäure-Quoten abzunehmen, unverblümt damit gedroht, einen regelrechten Propagandafeldzug zu starten, in dem »Dritte« auf Seiten der Behörden wie der Chemiebranche über die »wahre Sachlage« aufgeklärt werden würden.[114] Es folgten zunächst zahllose weitere Besprechungen in Berlin beim Reichsamt für Wirtschafsausbau bzw. der Reichsstelle Chemie, bei denen sich die Konstellationen für Reimann keineswegs verbesserten. Im Gegenteil. Im September wurde ihm bedeutet, dass man letztlich »nicht zuviel Aufhebens von den organischen Säuren machen [solle], da deren Bedeutung für die Kriegsführung bei Licht besehen ja doch nur eine begrenzte sei.«[115] Nur wenig später hatte er zudem erfahren müssen, dass das Reichsernährungsministerium konkrete Pläne verfolgte, Italien Zitronenkalk aus Tirlemont in Höhe von 3000 Jahrestonnen zu überlassen, wogegen er sofortige Maßnahmen zu ergreifen suchte, um »den gegenwärtigen Angriff der

113 Aktenvermerk vom 20.5.1941, in: Boehringer-Archiv, Ordner Zitronensäure-Streit, sowie auch der gleichfalls ausführliche Antwortbrief Boehringers an Reimann vom 30.5.1941, in: JAB-Archiv, Ordner D 73.
114 Vgl. Schreiben Reimann an Boehringer vom 28.6.1941, in: ebd.
115 Besprechungsnotiz vom 16.9.1941, in: ebd.

Italiener auf den Tirlemont-Kalk« abzuschlagen.[116] Im Mai 1942 war Reimann senior auch von der Reichsstelle Chemie bedeutet worden, dass man behördlicherseits keinesfalls zulassen werde, dass vor den Augen der Ausländer [hier waren die Italiener gemeint] Quotenstreitigkeiten zwischen Benckiser und Boehringer oder anderen großdeutschen Fabriken ausgetragen würden. Und überhaupt gehe es nach Ansicht der Reichsstelle Chemie auf Dauer nicht an, dass bei der Gärungszitronensäure-Produktion jedes Unternehmen seine eigenen Planungen verfolge. Das Amt arbeite an einer gemeinsamen Planung, d.h. an einer Koordinierung der Projekte von Boehringer, Benckiser und Prag.[117] Und dann hatte es auch noch einen Besitzerwechsel bei der Prager Industrie AG Starck gegeben, der geeignet war, die nach wie vor schwebenden Verhandlungen um die Marktintegration zu erschweren. Die Kapitalmehrheit hatten dort nun »Persönlichkeiten, die dem stellvertretenden Reichsprotektor Heydrich nahestehen« an sich gerissen, was konkret auf Angehörige und Funktionäre der SS hinwies, die im Protektorat und auch anderswo damit begonnen hatten, sich landwirtschaftliche wie industrielle Objekte anzueignen, und mit dem Aufbau eines eigenen mächtigen Industrie- und Wirtschaftskonglomerats begonnen hatte.[118] Schließlich kündigte Boehringer im Juni 1942 auch noch an, zum 31. Dezember 1942 das Zitronensäure-Syndikat aufzukündigen, um von der alten Quotenregelung und anderen beschränkenden Maßnahmen wegzukommen, »die sich lediglich aus den überlebten Hegemonie-Ansprüchen der Firma Benckiser herleiten.«[119]

Albert Reimann senior reagierte auf all dies, wie vom Boehringer-Vorstand erwartet worden war. Anfang Dezember 1942 überschüttete er Boehringer in einem langen Schreiben mit ebenso beleidigenden wie vorwurfsvollen Äußerungen. Boehringer habe »mala fide« unter anderem auch die Geheimhaltungspflicht der Zitronensäure-Konvention verletzt, er drohte, den Konkurrenten zu verklagen, und

116 Schreiben Reimann senior an Boehringer vom 24.10.1941, in: ebd.
117 Vgl. Besprechungsnotiz Reichsstelle Chemie vom 24.2.1942, in: Boehringer-Archiv, Ordner Zitronensäure-Streit.
118 Vgl. dazu näher Hermann Kaienburg, Die Wirtschaft der SS, Berlin 2003.
119 Interne Notiz Dehios vom 16.9.1942 zu »Zitronensäure« , in: Boehringer-Archiv, Ordner Zitronensäure-Streit.

schickte dieses Schreiben in der ihm eigenen Art auch gleichzeitig als Durchschlag an die Wirtschaftsgruppe Chemische Industrie, das Reichsamt für Wirtschaftsausbau, die Firma E. Merck in Darmstadt, an die Knoll AG Ludwigshafen und C.F. Boehringer & Söhne in Mannheim.[120] »Das Kampfstadium mit der Firma Benckiser ist nun eingetreten«, schrieb Direktor Dehio am 3. Dezember daraufhin an Ernst Boehringer.[121] In der ersten Dezemberwoche unternahmen Reimann senior wie junior zusammen eine regelrechte Tour de Force durch die wichtigsten Berliner Behörden, Reichsstellen, Organisationen und Ämter, um die eigene Position darzustellen und für die als nur zu berechtigt gehaltenen Interessen Benckisers zu kämpfen. Der Erfolg der Aktion schien sich zunächst in engen Grenzen zu halten, obwohl es Reimann senior tatsächlich auch gelungen war, einen Besprechungstermin unter vier Augen mit Carl Krauch, dem mächtigen Gebechem, zu erhalten.[122] Die graue Eminenz des Reichsamtes für Wirtschaftsausbau, Dr. Johannes Eckell, allerdings brachte für die Darlegungen der Reimanns, so der Eindruck beim Junior, nur ein eher begrenztes Verständnis auf.[123] Tatsächlich aber hatte der Besuch der Reimanns, bei dem diese neue Vorwürfe gegen Boehringer wegen »ungeklärter« Kennziffer- und Baustoffzuteilungen vorgebracht hatten, für erheblichen Wirbel innerhalb und zwischen den verschiedenen involvierten Ämtern gesorgt, vor allem da Krauch offenbar eine formelle Untersuchung und diverse Stellungnahmen von den Behördenleitern gefordert hatte. Auch der Versuch Reimanns, Boehringer nicht nur bei den Berliner Ämtern, sondern auch bei den Branchenkollegen zu diskreditieren, war keineswegs ohne Wirkung geblieben.

120 Das Schreiben vom 1.12.1942 in: ebd., sowie auch JAB-Archiv, Ordner D 73.

121 Das Schreiben vom 3.12.1942, in: Boehringer-Archiv, Ordner Zitronensäure-Streit.

122 Vgl. dazu die Besprechungsnotiz von Reimann senior vom 10.12.1942, in: JAB-Archiv, Ordner D 73. Dabei unterstellte Reimann mehr oder weniger deutlich, dass Boehringer seine damaligen Kennziffern unter Vorgabe eines anderen Projektes erworben haben könnte, was strafbar war und massive Sanktionen des Kriegswirtschaftsrechts nach sich gezogen hätte. Reimann blieb allerdings jeglichen Beweis für seinen »Verdacht« schuldig.

123 Vgl. dazu die beiden langen Schreiben von Reimann junior an Eckell vom 3.12. und 5.12.1942, in: JAB-Archiv, Ordner D 73.

Knoll stand schon vorher mit Boehringer wegen eines Patentstreits auf Kriegsfuß und auch von den anderen Unternehmen kamen, anders als man es wohl in Ingelheim erwartet hatte, eher halbherzige Solidaritätsbekundungen.

Boehringer hatte sich dabei die Entscheidung über die Kündigung des Kartellvertrags keineswegs leicht gemacht und in eingehenden strategischen Überlegungen das Für und Wider abgewogen. Vor allem stand zu befürchten, dass die Interventionen bei den Berliner Stellen »erfahrungsgemäß leider ihren Eindruck nicht verfehlen« würden und Benckiser bei der Reichsstelle Chemie Unterstützung dafür gewinnen könnte, dass amtlicherseits ein »Ausbrechen« Boehringers aus der Zitronensäurevereinbarung verhindert werden könnte.[124] Obwohl die Funktionen der Syndikate und Konventionen durch die Kriegswirtschaft längst an Bedeutung verloren hatten und außer Kraft gesetzt worden waren, so war auch Boehringer aus der Reichsstelle Chemie doch bedeutet worden, dass man die Konventionen zur staatlichen Lenkung der chemischen Erzeugung und der Bedarfsdeckung durchaus benötige und diese daher dafür instrumentalisiert werden konnten. Auch sonst schien das Risiko hoch. »Bei einem Bruch mit Benckiser werden wir meines Erachtens auf belgischen Zitronenkalk nicht mehr rechnen können«, notierte Dehio in seinem Brief an Ernst Boehringer.

> Im Zustande der völligen Abhängigkeit von den Wirtschaftsbehörden, in dem wir uns für absehbare Zeit befinden, kann eine Produktion nur im Einvernehmen mit den behördlichen Stellen durchgeführt werden. Das bedeutet, dass wir uns der Unterstützung der Reichsstelle Chemie versichern müssen, wenn wir gegen Benckiser etwas erreichen wollen. Die Reichsstelle hat aber das Bestreben, die Gegensätze auszugleichen, und wir können von ihr, wenn wir allein marschieren, wenig erwarten. Der Einfluss der rein militärischen Stellen wie das Oberkommando des Heeres, welches uns bei Kriegsbeginn zu den Kennziffern verholfen hat, scheint in wirtschaftlichen Fragen merklich abgenommen zu haben, wie wir jetzt bei den Kohleverhandlungen gespürt haben. Das OKH würde

124 Vgl. dazu die Überlegungen Dehios vom 31.3.1942 in einem Brief an Ernst Boehringer, in: Boehringer-Archiv, Ordner Zitronensäure-Streit.

> sich also wahrscheinlich jetzt nicht besonders für unsere Belange einsetzen, wenn wir die Zitronensäureproduktion im Gegensatz zu Benckiser und Reichsstelle vergrößern wollen.[125]

Aus strategisch-politischen Gründen war daher ein völliger Bruch nicht ratsam, und Boehringer verband denn auch mit der Kündigung das Angebot, mit Benckiser stattdessen ein Preisabkommen abzuschließen. Es war einerseits offensichtlich, dass Reimann senior mit seinen inzwischen 74 Jahren zunehmend die Fäden aus der Hand glitten und er auch mit den Entwicklungen überfordert war. Eigene Fehlentscheidungen und Versäumnisse in Sachen Gärungszitronensäure sowie der drohende Verlust der einstigen Vormachtstellung auf dem Heimatmarkt versuchte er durch umso heftigere Angriffe auf Boehringer und Beschwerden bei den Behörden wettzumachen. Andererseits aber war man sich bei Boehringer bewusst, dass man Reimann senior vor dem Hintergrund seiner reichen Erfahrungen aus den zahllosen Kartellverhandlungen hinsichtlich seiner Beharrlichkeit wie seiner Überzeugungskraft nach wie vor nicht unterschätzen durfte.[126] »Die Herren müssen sich klar sein«, so hieß es Ende Oktober 1942 in einer internen Aktennotiz für den Boehringer-Vorstand, »dass die Firma mit aller Energie und unter Aufwendung erheblicher Mittel nunmehr den Kampf gegen Dr. Reimann aufnimmt.«[127]

Der große Zitronensäure-Streit zwischen Benckiser und Boehringer sollte sich bis in den Sommer 1943 hinziehen. Boehringer hatte sich nach der Behörden-Aktion und Reimanns Gespräch mit Krauch

125 Ebd., S. 5.

126 Wie Recht Dehio mit dieser Einschätzung hatte, zeigt eine Notiz von Reimann senior über einen Telefonanruf von Dr. Unger, dem Leiter der Reichsstelle Chemie, am 10.12.1942. Aus dieser geht deutlich hervor, dass bei Unger selbst und der Reichsstelle insgesamt erhebliche Ängste bestanden, in die ganze Angelegenheit insoweit hineingezogen zu werden, dass ihm ein Fehlverhalten bei der damaligen Kennzeichen-Vergabe an Boehringer nachgewiesen werden könnte. Vgl. die Notiz in: JAB-Archiv Ordner D 73. Ebenso vielsagend ist darin auch eine Notiz diesmal von Reimann junior über einen Telefonanruf des Reichsamtes für Wirtschaftsausbau am 16.12.1942, in der ausdrücklich Bezug auf die Besprechung von Reimann bei Krauch genommen wurde.

127 Aktennotiz vom 24.10.1942, in: Boehringer-Archiv, Ordner Zitronensäure-Streit.

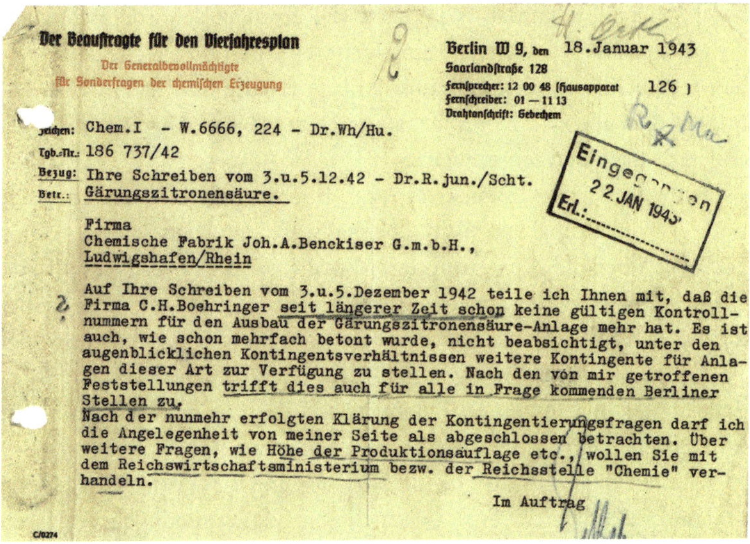

Der Beauftragte für den Vierjahresplan
Der Generalbevollmächtigte
für Sonderfragen der chemischen Erzeugung

Berlin W 9, den 18.Januar 1943
Saarlandstraße 128
Fernsprecher: 12 00 48 (Hausapparat 126)
Fernschreiber: 01 — 11 13
Drahtanschrift: Gebechem

Zeichen: Chem.I - W.6666, 224 - Dr.Wh/Hu.
Tgb.-Nr.: 186 737/42
Bezug: Ihre Schreiben vom 3.u.5.12.42 - Dr.R.jun./Scht.
Betr.: Gärungszitronensäure.

Eingegangen 22.JAN 1943
Erl.:

Firma
Chemische Fabrik Joh.A.Benckiser G.m.b.H.,
Ludwigshafen/Rhein

Auf Ihre Schreiben vom 3.u.5.Dezember 1942 teile ich Ihnen mit, daß die Firma C.H.Boehringer seit längerer Zeit schon keine gültigen Kontrollnummern für den Ausbau der Gärungszitronensäure-Anlage mehr hat. Es ist auch, wie schon mehrfach betont wurde, nicht beabsichtigt, unter den augenblicklichen Kontingentsverhältnissen weitere Kontingente für Anlagen dieser Art zur Verfügung zu stellen. Nach den von mir getroffenen Feststellungen trifft dies auch für alle in Frage kommenden Berliner Stellen zu.
Nach der nunmehr erfolgten Klärung der Kontingentierungsfragen darf ich die Angelegenheit von meiner Seite als abgeschlossen betrachten. Über weitere Fragen, wie Höhe der Produktionsauflage etc., wollen Sie mit dem Reichswirtschaftsministerium bezw. der Reichsstelle "Chemie" verhandeln.

Im Auftrag

C/0274

Abb. 49: Faksimile der Vierjahresplan-Behörde an Benckiser vom 18.1.1943

peinliche und detaillierte Nachfragen durch die Reichsstelle Chemie wie das Amt für Wirtschaftsausbau stellen lassen müssen, unter anderem auch zu voneinander abweichenden Angaben über die Gärungszitronensäure-Kapazitäten bei verschiedenen Reichsstellen.[128] In zahlreichen Schreiben unter anderem auch an die Wirtschaftsgruppe Chemische Industrie sah sich Boehringer gezwungen, ausführlich zu den damaligen und aktuellen Vorgängen Stellung zu nehmen und sich zu verteidigen. Es schien, als ob sich im vierten Kriegsjahr ein Großteil der deutschen Chemie- und Pharmaindustrie sowie vor allem nahezu der gesamte für diese Branche zuständige Apparat der deutschen Kriegswirtschaft fast ausschließlich mit dem großen Zitronensäure-Konflikt zwischen Benckiser und Boehringer

128 Vgl. Aktennotiz über Telefonanruf der Reichsstelle Chemie vom 16.12.1942 sowie Schreiben Boehringer an die Wirtschaftsgruppe Chemische Industrie vom 31.12.1942 sowie auch Schreiben Boehringer direkt an Krauch vom 27.1.1943, in: Boehringer-Archiv Ordner Zitronensäure-Streit.

beschäftigte. Im Januar 1943 hatte die Krauch-Behörde Benckiser mitgeteilt, dass Boehringer keine weiteren Zuteilungen für den Ausbau ihrer Gärungszitronensäure-Anlage erhalte und nach damit erfolgter Klärung der Kontingentierungsfragen die Angelegenheit als abgeschlossen betrachtet werde.

Dennoch stritten Benckiser und Boehringer, inzwischen auch unter Einschaltung von Wirtschaftsanwaltskanzleien, weiter, unter anderem über die Auslegung des Zitronensäure-Vertrags von 1937. Beide Seiten bezichtigten einander in einem regen Briefwechsel dabei des Wort- und Vertragsbruchs sowie des Denunziantentums. Im Mai 1943 notierte die Boehringer-Anwältin lapidar: »Die sachlichen Erörterungen im Rahmen des Briefwechsels sind erschöpft und es bleibt nun lediglich ein rechthaberisches Gezänke von Dr. R. übrig.«[129] Im Juni hatten dann die anstehende Neuordnung der Wirtschaftsgruppe Chemische Industrie und die in diesem Zusammenhang erfolgten Neubesetzungen der diversen Ausschüsse für einen neuen Höhepunkt des Konfliktes gesorgt. Einem leitenden Manager eines Chemieunternehmens gaben Reimann senior wie junior die »streng vertrauliche Mitteilung« über die dabei erfolgten Entwicklungen, »insbesondere, dass es offenbar den Herren Offizieren der Firma Boehringer durch ständige Besuche der Behörden in voller ›Kriegsbemalung‹ und andere von uns vermutete Einflüsse (Weinhandlung) gelungen sei, sich in sämtliche, für die Arbeitsgebiete der Firma Boehringer wichtigen Positionen der Neugliederung einzuschalten.«[130] Bei dem Gespräch war offensichtlich auch »die Rede von einer durch Boehringer erworbenen Chinin-Plantage, die möglicherweise eine Erklärung dafür bietet, wo Boehringer die hohen Auslandsguthaben hingebracht hat, die seinerzeit bei der Devisen-Anmeldungspflicht hätten genannt werden müssen und deren Verbleib bisher ungeklärt war«, wie es in einer Notiz von Reimann junior hieß.[131]

Ende Juli 1943 sah sich schließlich die Wirtschaftsgruppe Chemische Industrie zum Eingreifen gezwungen. Deren Leiter, Generaldirektor Schlosser von der Degussa, stand vor der heiklen Aufgabe, infolge der Neuordnung der Wirtschaftsgruppen im Rahmen des

129 Notiz vom 31.5.1943, in: ebd.
130 Bericht Reimann junior vom 7.6.1943, in: JAB-Archiv Ordner D 73.
131 Ebd.

»Speer-Systems« der Kriegswirtschaft auch die Besetzung der Leitung des neugebildeten Fachbereiches Genusssäuren vorzunehmen. Albert Reimann junior sollte die Leitung übernehmen, aber daneben auch Ernst Boehringer, der eher für die technischen Belange des Fachbereichs zuständig sein sollte.[132] Voraussetzung für diese Maßnahme waren allerdings die Zustimmung durch Boehringer und auch das Placet durch Reimann senior, der sich dabei eventuell übergangen fühlen könnte. Und Reimann junior machte denn auch dessen Beteiligung bei den in diesem Zusammenhang zu führenden Gesprächen und Verhandlungen zur Bedingung, aber nachdem Schlosser sich wortreich von jeglicher auf Seiten der Reimanns empfundenen Diskriminierung distanzierte, gaben schließlich alle Seiten grünes Licht.[133] Damit war der Auftakt für eine von der Wirtschaftsgruppe Chemische Industrie gewünschte »Normalisierung« der Beziehungen beider Firmen, insbesondere auch des persönlichen Verhältnisses zwischen Dr. Reimann junior und Dr. Ernst Boehringer, geschaffen.[134] Letztlich löste sich der gordische Knoten aber dadurch, dass Ernst Boehringer auf eine Beteiligung im Genusssäure-Ausschuss verzichtete und als Vertreter des Unternehmens einen Chemiker entsandte. Damit war auch die von Schlosser ursprünglich für nötig gehaltene direkte Aussprache von Reimann junior mit Ernst Boehringer hinfällig geworden. Im September 1943 war Reimann senior dann noch einmal nach Berlin gereist, wo er aber angesichts der inzwischen erfolgten organisatorischen und auch personellen Umbrüche in der Kriegswirtschaftsbürokratie kaum noch bekannte Gesichter traf, geschweige denn, dass diese bereit waren, sich mit Details des Zitronensäure-Streits zu befassen.

132 Vgl. Aktenvermerk Reimann junior über Anruf Schlossers vom 30.7.1943, in: ebd.
133 Vgl. Brief Reimann junior an Schlosser vom 28.7.1943, in: ebd.
134 Vgl. dazu auch Gesprächsnotiz über eine Besprechung von Emig bei Schlosser am 30.7.1943, in: ebd. Dazu siehe auch die »Erwägungen zu der von Herrn Schlosser gewünschten Normalisierung« durch Reimann senior vom 30.7.1943, in: ebd.

Rohstoffversorgung im Krieg
oder: Benckiser als verlängerter Armt der Besatzungsherrschaft gegenüber der Citrique Belge

Die Probleme der Rohstoffversorgung sind zwar bereits kursorisch schon an verschiedenen Stellen erwähnt worden, aber das Thema ist es dennoch wert, noch einmal genauer und systematischer behandelt zu werden, geht es doch dabei immer auch um die Frage, ob und inwieweit deutsche Unternehmen in den Kriegsjahren sich an der Ausbeutung der besetzten Länder beteiligt haben. Wie erwähnt, stiegen die Nachfrage und der Verbrauch von Wein- und Zitronensäure sowie phosphorsaurer Salze im Krieg weiter an. Allein der Zitronensäure-Bedarf des Altreichs betrug vor allem für den Ernährungssektor, aber auch für technische, chemische und pharmazeutische Verbraucher im September 1942 insgesamt 7228 t, wovon 3.395 t, d.h. fast die Hälfte, allein die Wehrmacht für sich beanspruchte.[135] Auch die Nachfrage nach weinsaurem Material war erheblich, Benckiser, Boehringer, die Nitritfabrik in Berlin-Köpenick sowie die Radocha O/S erzeugten im Jahr 1943 knapp 6750 t, nachdem zwei Jahre zuvor, 1941, der Weinsäure-Absatz erst 4297 t betragen hatte.[136] Eine Schlüsselstellung bei der Bereitstellung von Zitronenkalk als Rohstoff für die Weiterverarbeitung besaßen neben der Prager Industrie AG Starck die Citrique Belge. Deren Produktionspotenzial und vor allem auch die in Tirlemont lagernden Rohstoffvorräte nicht nur bei Zitronenkalk, sondern auch bei Zucker und Melasse, waren von den deutschen Behörden nach der Besetzung Belgiens im Mitte Mai 1940 so schnell wie möglich zugunsten der deutschen Kriegswirtschaft einzusetzen versucht worden. Benckiser und die Citrique Belge, respektive ihre beiden Unternehmensleiter Albert Reimann senior auf der einen und Jules Delacroix père auf der anderen Seite, kannten sich schon seit den späten 1920er Jahren, als Citrique Belge gegründet worden war und bald eine führende Rolle im europäischen Zitronensäure-Kartell AIFAC übernommen hatte. Reimann senior hatte

135 Vgl. die Zusammenstellung vom 24.9.1942, in: Boehringer-Archiv, Ordner Zitronensäure-Streit.

136 Vgl. die statistische Erhebung der Fachgruppe Genusssäure vom März 1944, in: JAB-Archiv Ordner D 57.

wie erwähnt schon 1932 den Belgiern vorgeschlagen, gemeinsam eine Fabrik für biologische Zitronensäure in Deutschland zu bauen, später hatte Benckiser den Großteil seines Kalkcitrat-Bedarfs aus Belgien gedeckt. 1935 hatte die Citrique Belge 931 t nach Ludwigshafen geliefert, 1938 waren es 1028 t gewesen.[137] Reimann war auf Einladung der Belgier vor dem Krieg auch mindestens ein Mal in Tirlemont gewesen und hatte die dortige Fabrik – mit Ausnahme der geheimen Gärungszitronensäure-Anlage – besichtigt.[138] Über die Produktionskapazitäten der Citrique Belge wusste man in Deutschland daher gut Bescheid. Und ebenso eingehend informiert war man über die aus deutscher Sicht komplexen und spezifischen Besitzverhältnisse, die eine einfache Instrumentalisierung des Unternehmens für die deutsche Wirtschaft nicht ver-, aber doch behinderten. Etwa die Hälfte des Grundkapitals gehörte italienischen Industriellen wie Ernesto Belloni, dem Vorstandsvorsitzenden des Industriekonzerns Schiaparelli, daneben Ilario Montesi, einem Zuckerindustriellen, dem auch die größte italienische Zitronensäurefabrik, die Arenella in Palermo, gehörte. Und dann spielte auch noch der im italienischen Faschismus unter Mussolini schnell aufstrebende italienische Chemiekonzern Montecatini eine Rolle, der die größte italienische Weinsäurefabrik, die Appula in Mailand, besaß.[139] Praktisch sämtliche italienischen Anteilseigner und auch die beiden bei der Citrique Belge vor Ort im obersten Management tätigen italienischen Vorstandsmitglieder waren überzeugte Faschisten und standen Mussolinis Partei nahe, so dass man in Berlin zumindest auf einen Bonus als Kriegsverbündete hoffen konnte. Tatsächlich jedoch wurde die Citrique Belge schnell zum Spielball der unterschiedlichen und konkurrierenden Interessen der deutschen und italienischen Stellen. Die Belgier gerieten zwischen

137 Zur Geschichte und Entwicklung der Citrique Belge vgl. jetzt Marc Nevens, 100 Jahre von Süß zu Sauer. Die Geschichte von Citrique Belge, Tienen 2019, hier S. 104.

138 Vgl. dazu die aufschlussreiche elfseitige Zusammenstellung von Albert Reimann junior vom 19.7.1957 über »25 Jahre Citronensäure Benckiser. Kurzdarstellung unter besonderer Berücksichtigung der Beziehungen zur Citrique Belge«, in: JAB-Archiv Ordner D 52.

139 Vgl. Nevens, S. 65 f. Allgemein zu Belgien unter deutscher Besatzung vgl. Vincent Dujardin, La Belgique sans roi: nouvelle histoire de Belgique 1940-1950, Brüssel 2010.

alle Stühle und mussten durch ebenso diplomatisches wie taktisches Lavieren verhindern, dass sie dabei unter die Räder gerieten.

Dass sie darin Meister waren, hatten sie in den Jahren zuvor schon dadurch bewiesen, dass es den Italienern trotz Anteilseignerschaft nicht gelungen war, die Fermentationsräume zu betreten und sich dadurch Einblick in die geheime GZ-Technologie der Belgier zu verschaffen. Die Raffination im Gebäude A war die Aufgabe der Italiener, während die Belgier im Gebäude B die Fermentation allein betrieben. Noch Jahrzehnte später trugen die Mitarbeiter der jeweiligen Abteilungen Arbeitskleidung in verschiedenen Farben, um dadurch auf einen Blick sichtbar zu machen, wenn jemand sich am falschen Arbeitsplatz bewegte.[140] Die beiden Gebäude waren getrennte Welten, und die Belgier waren entschlossen, das Fabrikationsgeheimnis auch gegenüber den deutschen Besatzern vehement zu verteidigen. Allerdings gab es bei den deutschen Stellen wie auch weder bei Benckiser noch bei Boehringer diesbezügliche Absichten und Interessen. Letztere richteten sich vielmehr darauf, die Fabrik nach der Besetzung möglichst schnell wieder produktionsfähig zu machen und sich vor allem auch die in Tirlemont lagernden größeren Rohstoffbestände unter den Nagel zu reißen. Die Italiener dagegen versuchten, das Chaos und die ungeklärten Verhältnisse in den ersten Wochen nach der deutschen Besetzung ihrerseits dazu zu nutzen, sich endlich das Fabrikationsgeheimnis zu beschaffen und auch das gesamte Unternehmen zu übernehmen. Das belgische Management hatte sich dabei auf die Besetzung durch die Deutschen vorbereitet. Die Fermentationsanlage sollte stillgelegt werden und die Reagenzgläser mit den wertvollen Stammkulturen des Schimmelpilzes zusammen mit dem nach Frankreich fliehenden Vorstand ins Ausland geschafft werden – was auch so geschah. Dazu hatte es Überlegungen für eine Neugründung der Fabrik für biologische Zitronensäure in den USA gegeben und dafür war noch am 10. Mai 1940 erhebliches Kapital nach Übersee transferiert worden.[141]

Während sich das belgische Management im Ausland befand, übernahmen die Italiener die Unternehmensleitung, allen voran Giulio Casella und Ugo Benfante, die die Fabrik wieder zum Laufen brachten und sich schnell mit der deutschen Besatzungsverwaltung gutzustellen

140 Vgl. ebd., S. 74.
141 Vgl. ebd., S. 95 f.

versuchten. Offenbar versorgten sie diese auch mit Dokumenten aus der Firma.[142] Doch schon Ende Juli 1940 kehrten die belgischen Vorstandsmitglieder wieder nach Tirlemont zurück und übernahmen das Ruder. Ende August wurden die Fermentationsräume wieder gefüllt und mit der Produktion von GZ-Säure begonnen. Wenn man so will, dann hatten es absurderweise die Belgier den deutschen Besatzungsbehörden zu verdanken, dass sie von den Italienern nicht auf kaltem Wege unfreundlich übernommen und ihres Fabrikationsgeheimnisses bestohlen worden waren.

Gesteuert wurde die Citrique Belge nach der deutschen Besetzung einmal durch die Brüsseler Außenstelle der Reichsstelle Chemie sowie die deutsche Militärverwaltung in Form des sogenannten Kriegsverwaltungsrates, der ebenfalls in Brüssel saß, aber auch unter anderem eine Ortskommandantur Louvain quasi vor Ort eingerichtet hatte. Zu den entsprechenden Verhandlungen über die laufenden und künftigen Produktionssolls und Liefervorgaben schickte Benckiser jedoch ihren Chef-Einkäufer Alfred Münz nach Brüssel.[143] Zwischen 1940 und 1944 fanden in der Folge regelmäßige Zusammenkünfte zwischen Benckiser und Citrique Belge statt, an denen aber auch Boehringer beteiligt war.[144] Jules Delacroix, der Verwaltungsratsvorsitzende von Citrique Belge sowie der Vorstandsvorsitzende Arsène Smeets wurden dazu nach Brüssel in das Büro des Militärbefehlshabers zitiert, wo ihnen die jeweiligen Produktionserfordernisse diktiert wurden. Die Italiener hatten versucht, den Einfluss der Deutschen auf die Citrique Belge so gering wie möglich zu halten, indem man das Unternehmen zum »Italienischen Eigentum unter dem Schutz der italienischen Behörden in Belgien« erklärte.[145] Doch das hatte sich

142 Vgl. ebd., S. 98. Zur Kollaborationshaltung der italienischen Manager vgl. auch den Bericht über eine Besprechung im Reichsamt für Wirtschaftsausbau vom 5.7.1940, wo der Beamte über eine Informationsreise nach Tirlemont berichtete, in: Boehringer-Archiv, Ordner Zitronensäure-Streit.

143 Vgl. dazu und zum Folgenden die Angaben in: Auditorat contre La Citrique Belge, Rapport Definitif, Dossier No.3123/44 vom 23.12.1946, S. 114, in: Allgemeines Reichsarchiv, Brüssel (Archives des Juridictions Militaires supprimées).

144 Vgl. Dehio, S. 47.

145 Vgl. die Erklärung vom 24.5.1940, in: Rapport Definitif, S. 35.

schnell als unwirksam erwiesen. Die deutschen Stellen verdrängten mehr und mehr die italienischen Einflussnahmen, die allerdings unternehmensintern auf den Generalversammlungen der Aktionäre und bei den Sitzungen des Verwaltungsrates durchaus erhalten blieben. Auf der Verwaltungsratssitzung am 24. Oktober 1941 etwa konfrontierte Montesi den Citrique Belge-Vorstand mit dem Vorschlag eines Neubaus einer Fabrik für Biozitronensäure-Produktion in Sizilien und verwies nach der kategorischen Ablehnung der Belgier darauf, dass dies ein ausdrücklicher Wunsch des »Duce« sei.[146] Die Deutschen ihrerseits entwarfen bald einen Produktions- und Lieferplan für die Citrique Belge, der erheblich zu Lasten und zum Nachteil der Italiener ausfiel. Hatten diese noch 1938 aus Belgien 3190 t Kalkcitrat erhalten, Deutschland nur 1529 t, so kehrten sich die Lieferumfänge nun um: 1941 gingen nur noch 1010 t des belgischen Zitronenkalks nach Italien, während 3810 t ins Deutsche Reich geliefert wurden.[147] Bereits am 18. Juni 1940 hatte die Citrique Belge ein Schreiben von Benckiser erhalten, in dem stand: »Wir benutzen die Gelegenheit, um Sie darüber zu informieren, dass wir dazu angewiesen wurden, Ihnen einen Besuch bezüglich der Durchführung einer Lieferung von Zitronensäure und Kalkzitrat gemäß den Direktiven der deutschen Behörden in Brüssel abzustatten.«[148] Ein weiter Brief Benckisers fiel im Ton schon deutlich drohender aus. »Meine Herren«, so hieß es darin, »laut den Informationen, die uns durch die deutschen Behörden erreicht haben, gibt es bei Ihnen erhebliche Vorräte an Kalkzitrat und Zitronensäure. Wahrscheinlich sind Sie darüber informiert, dass der Bedarf an Zitronensäure dieses Landes nicht vollständig durch die heutige Einfuhr gedeckt wird. Aus diesem Grund wird eine entsprechend große Menge Kalkzitrat aus Ihrem Bestand den deutschen Fabriken zugewiesen werden. Dasselbe wird der Fall bei Ihrer Zitronensäure sein, die für Deutschland reserviert und dort verteilt wird, durch uns und das Haus C.H. Boehringer als Mittelspersonen. Da die Informationen über die Vorräte widersprüchlich sind, bitten wir Sie, uns mitzuteilen, wie groß die bei Ihnen gelagerten Mengen an erstens Kalkzitrat und zweitens Zitronensäure sind. Es ist auch

146 Vgl. ebd., S. 67ff.
147 Vgl. Nevens, S. 106, sowie Rapport Definitif, S. 62f.
148 Vgl. ebd., S. 48, sowie die übersetzte Fassung bei Nevens, S. 105.

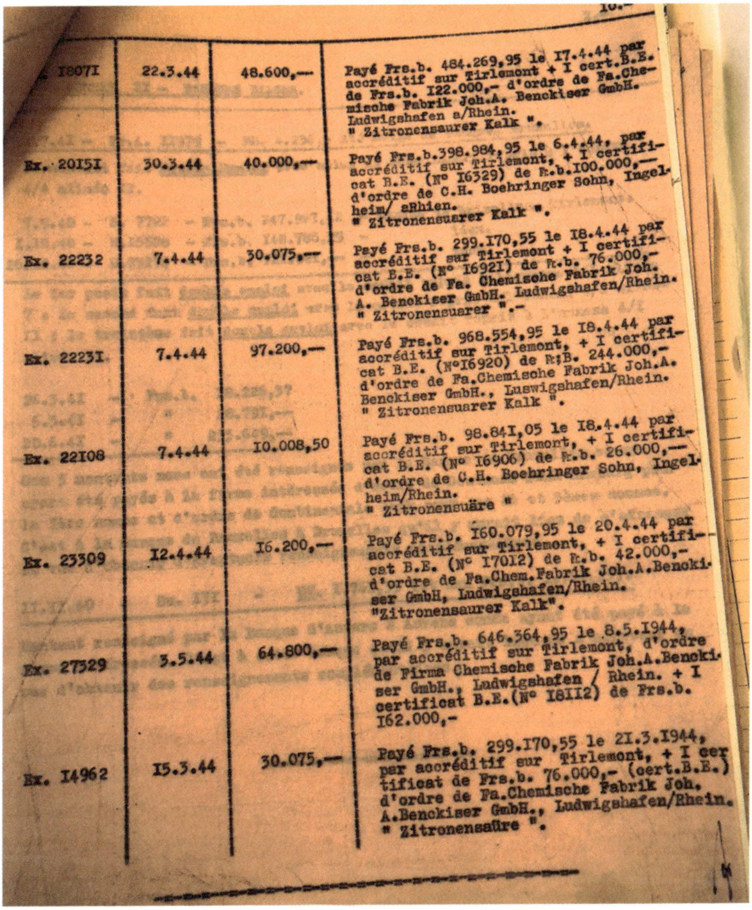

I807I	22.3.44	48.600,—	Payé Frs.b. 484.269,95 le I7.4.44 par accréditif sur Tirlemont + I cert.B.E. de Frs.b. I22.000,- d'ordre de Fa.Chemische Fabrik Joh.A. Benckiser GmbH. Ludwigshafen a/Rhein. " Zitronensaurer Kalk ".
Ex. 20I5I	30.3.44	40.000,—	Payé Frs.b.398.984,95 le 6.4.44, par accréditif sur Tirlemont, + I certificat B.E. (N° I6329) de Fr.b.I00.000,— d'ordre de C.H. Boehringer Sohn, Ingelheim/ aRhien. " Zitronensuarer Kalk ".
Ex. 22232	7.4.44	30.075,—	Payé Frs.b. 299.I70,55 le I8.4.44 par accréditif sur Tirlemont + I certificat B.E. (N° I692I) de Fr.b. 76.000,- d'ordre de Fa. Chemische Fabrik Joh. A. Benckiser GmbH. Ludwigshafen/Rhein. " Zitronensuarer ".-
Ex. 2223I	7.4.44	97.200,—	Payé Frs.b. 968.554,95 le I8.4.44 par accréditif sur Tirlemont, + I certificat B.E. (N°I6920) de Fr;B. 244.000,- d'ordre de Fa.Chemische Fabrik Joh.A. Benckiser GmbH., Luswigshafen/Rhein. " Zitronensuarer Kalk ".
Ex. 22I08	7.4.44	I0.008,50	Payé Frs.b. 98.84I,05 le I8.4.44 par accréditif sur Tirlemont, + I certificat B.E. (N° I6906) de Fr.b. 26.000,— d'ordre de C.H. Boehringer Sohn, Ingelheim/Rhein. " Zitronensuäre "
Ex. 23309	I2.4.44	I6.200,—	Payé Frs.b. I60.079,95 le 20.4.44 par accréditif sur Tirlemont, + I certificat B.E. (N° I7012) de Fr.b. 42.000,- d'ordre de Fa.Chem.Fabrik Joh.A.Benckiser GmbH, Ludwigshafen/Rhein. "Zitronensaurer Kalk".
Ex. 27329	3.5.44	64.800,—	Payé Frs.b. 646.364,95 le 8.5.I944, par accréditif sur Tirlemont, d'ordre de Firma Chemische Fabrik Joh.A.Benckiser GmbH., Ludwigshafen / Rhein. + I certificat B.E.(N° I8II2) de Frs.b. I62.000,-
Ex. I4962	I5.3.44	30.075,—	Payé Frs.b. 299.I70,55 le 2I.3.I944, par accréditif sur Tirlemont, + I certificat de Frs.b. 76.000,- (cert.B.E.) d'ordre de Fa.Chemische Fabrik Joh. A.Benckiser GmbH., Ludwigshafen/Rhein. " Zitronensaüre ".

Abb. 50: Auszug aus der Lieferliste von Citrique Belge an Benckiser im Frühjahr 1944

in Ihrem eigenen Interesse, uns rechtzeitig genauestens auch über die künftigen Lagerbestände zu informieren, um eine sukzessive und zufriedenstellende Lieferung der auf Lager befindlichen Ware an alle frachttechnisch Interessierten zu ermöglichen.«[149]

149 Vgl. Rapport Definitif, S. 49 sowie eine übersetzte, aber gekürzte Fassung bei Nevens, S. 105.

Auch in der Folgezeit kamen regelmäßig Briefe aus Ludwigshafen in Tirlemont an, sei es im Auftrag der Militärverwaltung, sei es unter Berufung auf die Reichsstelle Chemie, die ihrerseits einen umfangreichen Schriftwechsel mit der Citrique Belge pflegte.[150] Und es kam auch zu weiteren direkten Treffen zwischen dem Benckiser-Vertreter Georg Dürk und Jules Delacroix, wie etwa am 15. Oktober 1941 in Brüssel im Büro des Kriegsverwaltungsrates. Dabei wurden offenbar nicht nur die genauen Liefermengen und -termine, sondern auch die Preise vorgegeben: »6,25 frs. Belges le kilo fob Anvers, base 71%.«[151] Bis 1944 sollten hier die Preise bis auf 8,10 belgische Francs steigen. Für Zitronensäure selbst berechnete Citrique Belge den deutschen Firmen dabei zwischen 15 (1941) und 25 (1943) belgische Francs je kg, umgerechnet zwischen einer und 1,50 RM/kg, wobei die Deutschen zwar gegenüber den Abnehmern in Russland und Holland Vorzugspreise zahlten, den Italienern jedoch noch einmal um fast die Hälfte günstigere Preise berechnet wurden.[152]

Es ist nicht sicher, ob Albert Reimann senior nicht doch auch einmal persönlich während des Krieges zu einem Besuch nach Tirlemont gereist ist. Beide deutsche Unternehmen, Benckiser wie Boehringer, haben später explizit darauf hingewiesen, dass sie auf eine direkte Besichtigung des Betriebes in Tirlemont bewusst verzichtet und somit die Betriebsgeheimnisse des Konkurrenten geachtet und gewahrt hätten.[153] Am 28. Mai 1941 hatte Reimann senior offenbar Jules Delacroix um ein Treffen in Aachen oder Köln gebeten, um sich mit ihm über verschiedene Fragen zu unterhalten oder zu verständigen, was dieser jedoch abgelehnt hatte. Benckiser- und Citrique Belge-Leute trafen sich dann erst Ende August 1941 in Brüssel, allerdings ging es dabei nur wie üblich um die Festlegung der Lieferquoten für das kommende Jahr.[154] Inwieweit es bei diesen Verhandlungen auch den Belgiern gelang, die immer höheren Produktions- und Lieferquoten der Reichsstelle Chemie abzuwehren oder zu drücken, ist nicht

150 Vgl. dazu den Hinweis auf die später erbeuteten Dokumente mit der zwischen Oktober 1940 und November 1941 erfolgten Korrespondenz, in: Rapport Definitif, S. 113.

151 Ebd., S. 54.

152 Vgl. dazu die Aufstellung in: Rapport Definitif, S. 86f.

153 Vgl. Dehio, S. 48.

154 Vgl. Rapport Definitif, S. 63.

ganz klar. Letztlich stießen die Deutschen auch als Besatzungsmacht und Okkupationsregime in den besetzten Ländern oft an die Grenzen ihrer Durchsetzungsfähigkeit, sei es unter dem Vorwand bürokratischer Probleme oder stillschweigender Obstruktion und Resistenz bei den Besetzten.

Benckiser und Boehringer erhielten in der Folgezeit erhebliche Rohstofflieferungen für die Zitronensäureproduktion aus Belgien. Insgesamt hat Benckiser in den Besatzungsjahren 9842 t Zitronenkalk und 575 t Zitronensäure aus Belgien bezogen, Boehringer 2241 t Kalk bzw. 100 t Säure. Benckiser war praktisch vollständig von den Kalkbezügen aus Tirlemont und Prag abhängig, von wo in diesen Jahren über 90 Prozent der Zitronensäure-Rohstoffe kamen.

Tab. 8: Zitronenkalk- und Zitronensäure-Lieferungen der Citrique Belge an Benckiser und Boehringer (1939 bzw. ab Mai 1940 bis August 1944 in Tonnen)

Jahr	Benckiser	Boehringer	Insgesamt
1939	722	359	1081
1940	1507 / 150	362	2019
1941	3065 / 90	745 / 90	3990
1942	2.970	375	3345
1943	1491 / 195	412 / 65	2163
1944	1166 / 140	404 / 45	1755

Quelle: Rapport Definitif, S. 58

Umgekehrt war Deutschland aber keineswegs der alleinige Rohwarenabnehmer für die Citrique Belge. Ein erheblicher Teil ging, wie erwähnt, weiterhin auch an die Italiener, dazu hatten die deutschen Behörden den Belgiern explizit auch das weitere Recht zur Belieferung einer Reihe von Exportmärkten zugestanden. Aus Sicht von Benckiser war diese Art der Rohwarendeckung bei der Citrique Belge trotz der veränderten Umstände dennoch keineswegs sicher. Der Zitronensäure-Rohwarenbedarf für das Altreich war für 1943 mit 7086 t berechnet worden, von denen 3600 t aus belgischen Lieferungen veranschlagt wurden, 800 t sollten aus Prag kommen und 2850 t speisten sich aus Eigengärungen der beiden deutschen Fabriken, wobei 2100 t auf Benckiser und 750 t auf Boehringer entfielen.[155] Mit dieser Rohwarendeckung aus Belgien konnte allerdings nur so lange gerechnet werden, wie der Militärbefehlshaber in Brüssel die Befugnis hatte, die Kalkproduktion der Citrique Belge zu verteilen und hierbei die deutschen Fabriken hinreichend zu berücksichtigen, wogegen die italienische Regierung zunehmend in Berlin zu intervenieren versuchte. Dazu war abzusehen, dass die Belgier selbst auch noch größere Kalkmengen für den Eigenbedarf und den Export nach Frankreich, Skandinavien, Russland und Holland beanspruchten. Insofern war es trotz der auf dem Papier stehenden scheinbar sicheren Bedarfsdeckung für das Jahr 1943 notwendig, die bestehenden GZ-Anlagen bei Benckiser wie Boehringer zu vergrößern. Die überlieferten Auszüge des Orderbuches der Citrique Belge zeigen denn auch die zeitlich wie volumenmäßig höchst schwankenden Bestellungen bzw. Lieferungen an Benckiser. Spätestens seit Mai 1943 mussten sich Benckiser wie Boehringer auf immer größere Unregelmäßigkeiten der Zitronenkalklieferungen einstellen, in der Hauptsache zunächst noch wegen Stockungen in der Zuckerversorgung der Citrique Belge, später dann auch wegen logistischer Probleme. Anstelle der ursprünglich festgelegten monatlich 500 t Zitronenkalk trafen in Ludwigshafen nur noch Bruchteile und dazu mit erheblichen Verspätungen ein. Im Sommer 1943 hatte die Citrique Belge die Lieferungen mangels Zuckerzuteilung für mehrere Monate eingestellt, was die Reichsstelle Chemie schließlich zu einer Neuregelung veranlasst hatte: Belgien musste künftig 40.000 t Zucker an Deutschland liefern, von denen dann 5000 t über das Reichsernährungsministerium wieder zurück nach Belgien respektive die Citrique Belge gingen, dazu musste Belgien auch zusätzlich 5000 t Zucker nach Tirlemont abgeben.[156] Die Lage wurde aus Sicht der deutschen Behörden noch dramatischer, als wenig später infolge der Kriegsereignisse Sizilien als Produktionsland für Zitronensäurekalk ausfiel und damit Belgien die einzig verblie-

155 Vgl. Notiz vom 22.9.1942, in: Boehringer-Archiv, Ordner Zitronensäure-Streit.

156 Vgl. dazu die Besprechungsnotiz von Albert Reimann senior über einen Besuch in der Reichsstelle Chemie vom 14.10.1943, in: JAB-Archiv D 57.

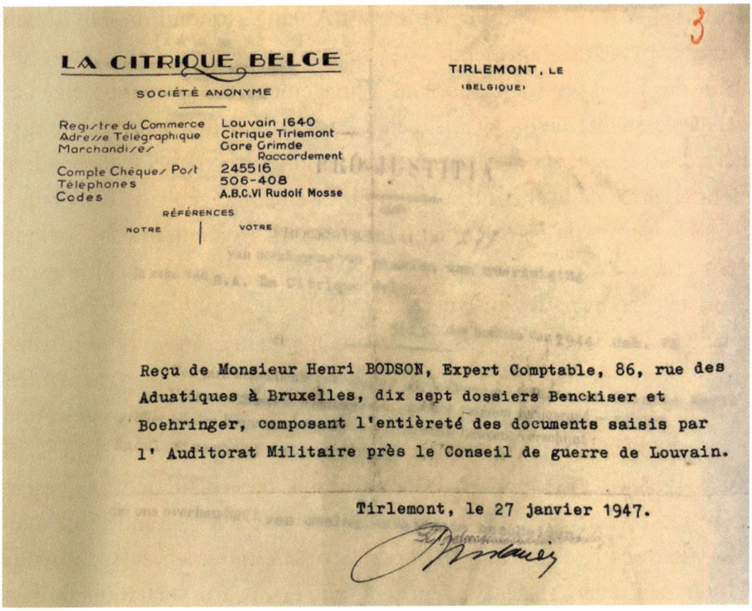

3

LA CITRIQUE BELGE
SOCIÉTÉ ANONYME

TIRLEMONT, LE
(BELGIQUE)

Registre du Commerce Louvain 1640
Adresse Télégraphique Citrique Tirlemont
Marchandises Gare Grimde Raccordement
Compte Chèques Post 245516
Téléphones 506-408
Codes A.B.C.VI Rudolf Mosse

RÉFÉRENCES
NOTRE | VOTRE

Reçu de Monsieur Henri BODSON, Expert Comptable, 86, rue des Aduatiques à Bruxelles, dix sept dossiers Benckiser et Boehringer, composant l'entièreté des documents saisis par l' Auditorat Militaire près le Conseil de guerre de Louvain.

Tirlemont, le 27 janvier 1947.

Abb. 51: Faksimile des Schreibens der Citrique Belge vom 27.1.1947 über diverse Dokumente betr. Boehringer und Benckiser während der Besatzungsjahre

bene Lieferquelle wurde. Die letzte große Order aus Ludwigshafen war in Tirlemont am 28. Juli 1944 eingegangen und hatte 95 t umfasst, die 2,38 Mio. belgischer Francs, umgerechnet 180.000 RM kostete, die Benckiser wie üblich per Bankakkreditiv nach Belgien beglich.[157] Am 7. September 1944 wurde Tirlemont von den amerikanischen Truppen befreit. Die Zitronenkalk-Rohwarenversorgung aus Belgien kam damit für das Deutsche Reich zum Erliegen.

Rückblickend zeigte sich, dass die Citrique Belge seit Beginn der Besatzung sowohl ihre Belegschaft – von 216 (Mai 1940) auf 301 (August 1944) – als auch ihre Produktionskapazitäten ausbaute.[158] Letztere stiegen nach anfänglichem Absinken auf etwa 2200 t (1940) schnell auf 6262 t im Jahr 1941, womit die bisherige Höchstmarke von 1938

157 Vgl. dazu Rapport Definitif, Annexe 4.
158 Vgl. Rapport Definitif, S. 105.

übertroffen wurde, und blieb bis etwa Anfang 1943 auf diesem hohen Niveau. Erst zum Jahresende 1943 sackte die Fertigung auf 2102 t am Ende der Besatzungsjahre ab. Das Management von Citrique Belge hat später versucht, die diktatorischen Zwänge der deutschen Besatzungsherrschaft eingehend nachzuzeichnen, und schrieb dabei insbesondere Benckiser als deutschem Branchenführer eine maßgebliche Rolle zu.

»A la lecture de ces documents, il ressort clairement, que la Citrique était étritement surveillée par Benckiser via le Kriegsverwaltungsrat, dont elle recevait les instructions«, hieß es als Schlussfolgerung in einem späteren Bericht zu den Vorgängen, bei deren Rekonstruktion nach eigenen Angaben 3958 Dokumente ausgewertet worden waren. Der Rapport Definitif mit seinen 120 Seiten, 19 Kapiteln und elf Anhängen enthielt denn auch ein eigenes Kapitel mit dem Titel »Cas Benckiser«. Doch angesichts dessen, dass man sich zu diesem Zeitpunkt von den belgischen Behörden nach Kriegsende mit dem Vorwurf der Kollaboration konfrontiert sah und auch entsprechende Untersuchungen angestellt wurden, war es nur zu verständlich, dass sich das Unternehmen als Opfer von Unterdrückung und Machtbeherrschung darstellte und sich wohl auch so sah. Tatsächlich spiegelt das Schicksal der Citrique Belge in den Besatzungsjahren aber geradezu exemplarisch die damalige Situation wider, die zahllose Unternehmen unter der deutschen Besatzungsökonomie erfuhren. Bestehende Rohstoff-Lagerbestände wurden beschlagnahmt und nach Deutschland verbracht und die Fertigungskapazitäten auf die deutsche Kriegswirtschaft als Rohstofflieferant oder verlängerte Werkbank und Zulieferer für deutsche Rüstungsunternehmen ausgerichtet. Ein Teil der Arbeitskräfte wurde auch als Fremdarbeiter nach Deutschland abgeworben bzw. später zwangsweise deportiert, in einigen Fällen wurden auch Fabrikationsgeheimnisse und Patente gestohlen. Die Citrique Belge hatten nur die ersten beiden Maßnahmen getroffen. Weder verschaffte sich Benckiser – wie in anderen Branchen durchaus üblich – belgische Facharbeitskräfte zwangsweise zum Einsatz in Ludwigshafen oder Ladenburg, noch versuchte man sich mit Hilfe der deutschen Militärverwaltung in Brüssel gewaltsam Zugang zu der Fabrik zu verschaffen und sich so die Fabrikationsgeheimnisse anzueignen.[159] Und die erhal-

159 Das schlagende Beispiel, wie es einem deutschen Unternehmen trotz Unterstützung der örtlichen Besatzungs- und Militärbehörden nicht

tenen Kalkzitrat- und Zitronensäure-Lieferungen aus Belgien wurden ordnungsgemäß über Akkreditive, d.h. Verrechnungsverfahren mit Hilfe der Banken, bezahlt.

Die Citrique Belge verbuchte denn auch erhebliche Gewinne in den Kriegs- und Besatzungsjahren.[160] Die Belgier selbst konstatierten später stolz, dass es ihnen gelungen war, nicht nur das Produktionsgeheimnis zu wahren, sondern auch die Unabhängigkeit – was allerdings durchaus eine Selbsttäuschung war.[161] Denn das Unternehmen hatte wesentlich mit dazu beigetragen, dass die deutsche Zitronensäureproduktion, mag sie auch unter dem Strich vergleichsweise unwichtig gewesen sein, im Krieg nicht zusammengebrochen war. Für Benckiser seinerseits hatten sich keine Chancen eröffnet, irgendwelche anderweitige eigene Interessen zu verfolgen und umzusetzen, wie etwa eine erzwungene Kapitalbeteiligung. Dem standen schon die italienischen Aktionärskreise entgegen, dann aber vor allem die deutschen Behörden in Berlin sowie die Militärverwaltungsstelle in Brüssel, die oft erhebliche eigene und den Maßnahmen der Berliner Stellen oft entgegengesetzte Pläne verfolgten. Es hatte für den jeweiligen Benckiser-Vertreter in Brüssel oft viel Mühe gekostet, von der deutschen Militärverwaltung die Freigabe des für die Zitronenkalk-Produktion erforderlichen Zuckers aus der benachbarten Raffinerie in Tirlemont zu erhalten. Und Albert Reimann senior hatte sich auf der großen Zitronensäure-Sitzung im November 1940 bei der Reichsstelle Chemie in Berlin lapidar zu den Produktionsprognosen der Citrique Belge geäußert, dass man sich damit abzufinden habe, »dass der Militärbefehlshaber volle Ausnutzung der Kapazität von Tirlemont angeordnet habe und dass diese Menge nach den Weisungen der Militärbehörde verteilt würde. Die deutschen Fabriken hätten selbst überhaupt keinen Einfluss darauf.«[162]

gelang, überhaupt das Firmengelände zu betreten, geschweige denn das Fabrikationsgeheimnis zu erhalten, war der Reifenkonzern Continental in Bezug auf Michelin. Vgl. Erker, Zulieferer für Hitlers Krieg, S. 718ff.

160 Vgl. zu den Umsätzen und Auszügen aus den Bilanzen in: Rapport Definitif, S. 98f. und Annexe, sowie auch Nevens, S. 108ff.

161 Vgl. dazu auch Dehio, S. 47f.

162 Protokoll der Besprechung vom 19.11.1940, S. 10, in: Boehringer-Archiv, Ordner Zitronensäure-Streit. Allerdings dürfte dies auch wiederum

Nicht zuletzt dürfte Albert Reimann senior auch klar gewesen sein, dass nach dem Krieg so oder so wieder mit dem europäischen Marktführer im Zitronensäuregeschäft zu rechnen war und daher sich ein rüdes oder unfaires Verhalten schnell rächen würde. An der aktiven Rolle und bereitwilligen Funktion von Benckiser als verlängerter Arm der deutschen Besatzungsherrschaft in Belgien ändert das alles jedoch nichts.[163] Insgesamt, so schätzte Benckiser selbst nach Kriegsende, waren im Zuge der Kriegs- und Besatzungswirtschaft Zitronensäure-Rohstoffe im Wert von 6,470 Mio. RM nach Deutschland verbracht und geliefert worden.[164]

Neben Zitronensäure spielte aber auch Weinsäure nach wie vor eine erhebliche Rolle in der Genusssäureversorgung der deutschen Kriegs- und Ernährungswirtschaft, und hier rückte neben den verbündeten Ländern Italien und Spanien vor allem Frankreich als Rohstofflieferant ins Zentrum der Bemühungen der deutschen Behörden wie auch Benckisers. Trotz der Beschaffungsmöglichkeiten für weinsaures Rohmaterial in Italien und Spanien waren nach Kriegsausbruch zunächst erhebliche Versorgungsprobleme aufgetreten, zumal der nach Benckiser größte Weinsäurehersteller Europas, die Appula und der dahinterstehende Montecatini-Konzern, den Löwenanteil der italienischen Rohstoffe für sich beanspruchte. Die Probleme schwächten sich jedoch im Juni 1940 erheblich ab, nachdem im Zuge der Besetzung Frankreichs sich die Möglichkeit eines Zugriffs auf die französische Weinindustrie ergeben hatte. Die beiden größten französischen Weinsäureunternehmen Mante & Cie und M. & J. Legré aus Marseille kannte Reimann senior aus den alten Kartellzeiten, aber auch hier standen inzwischen hinsichtlich direkter Kontakte

übertrieben gewesen sein, denn es ging um die Abwehr irgendwelcher Zitronenkalk-Lieferungen auch an die Prager Industrie-AG Starck.

163 Der nach Kriegsende später von Seiten Benckisers wie auch Boehringers vorgebrachte Tenor bezüglich der Beziehungen zur Citrique Belge war, dass man zu den Belgiern »beste und faire Geschäftsbedingungen unterhalten habe« und »marktübliche Preise« gezahlt habe. Vgl. so auch Kießener, S. 137, auch Anm. 149. Diese Art der Argumentation war unter allen deutschen Unternehmen, die in besetzten Ländern aktiv waren, später ein weitverbreiteter bzw. der übliche Topos.

164 Vgl. dazu die Zusammenstellung für die französische Militärregierung vom 14.4.1948, in: JAB-Archiv D 59.

und Verhandlungen die Reichsstelle Chemie mit ihrem Büro in Paris sowie die dortige deutsche Militärverwaltung entgegen, über die nun jegliche Gespräche verlaufen mussten.

Im Januar 1941 reiste der Benckiser-Chefeinkäufer Alfred Münz zusammen mit dem Boehringer-Manager Walter Dehio zu Besprechungen über den Rohwarenbezug aus Frankreich nach Paris.[165] Der für die beiden Einkäufer zuständige Mann in der dortigen Kriegswirtschaftsverwaltung war Dr. August Kolb, ehemals Vorstandsmitglied der Degussa, der die nötigen Genehmigungen zum Ankauf der Weinsäure-Rohmaterialien erteilte und auch für die Reisegenehmigung in den unbesetzten Teil Frankreichs, wo die meisten Rohwarenlieferanten saßen, beschaffte. Die erste Reise dorthin erfolgte im Juni 1941, aber zuvor hatten Dehio und Münz schon mit Paul Montagne, Bürgermeister in Pessac und Großlieferant in Bordeaux, das im besetzten Teil Frankreichs lag, erste Lieferkontrakte abschließen können. In dieser Phase blühte in der französischen Wirtschaft das Geschäft von selbsternannten Experten, Kollaborateuren, undurchsichtigen Vermittlungsmännern und Zwischenträgern aller Art. So kamen die beiden Einkäufer in Kontakt zu Jean Imbert, der als Verbindungsmann zu den südfranzösischen Exporteuren der Rohware auftrat. Er wurde für die Zeit von 1941 bis 1944 Benckisers wie Boehringers »Mann in Frankreich« was die Rohstoffbeschaffung von Weinsäure-Material anging und leistete aus Sicht der Deutschen dabei durchaus gute Dienste. Dafür erhielt er hohe Provisionszahlungen, die die französischen Lieferanten leisten mussten.[166]

Im Juni 1941 fand in Béziers, einem kleinen Ort in der Nähe von Carcassonne, ein mehrtägiges Treffen der deutschen Weinsäurefabriken mit dem südfranzösischen Syndikat der Rohweinsteinexporteure statt, das schließlich zu einem großen Lieferkontrakt für die Versorgung der deutschen Fabriken Benckiser, Boehringer und der Nitritfabrik führte, wobei auch die beiden französischen Weinsäurehersteller in Marseille mit einbezogen wurden. Das Abkommen hat sich, wie Dehio rückblickend urteilte, »im Ganzen gut bewährt.«[167]

165 Vgl. dazu und zum Folgenden der Bericht Dehios, S. 43-46. In den Benckiser-Akten findet sich zu diesen Vorgängen praktisch nichts.
166 Vgl. ebd., S. 44.
167 Ebd., S. 45.

Imbert hatte seinen Landsleuten offenbar erfolgreich klargemacht, dass sie an die Deutschen liefern müssten, wenn sie wirtschaftlich überleben wollten. Die Besprechungen mit den französischen Lieferanten wurden in der Folgezeit regelmäßig teils in Bézier, teils in Paris fortgeführt, und die Waggons mit Rohware rollten ununterbrochen nach Ingelheim, Ludwigshafen und Berlin, bis die Transportmöglichkeiten im Sommer 1944 durch die Invasion der Alliierten abrissen.[168] Wie alle deutschen Unternehmer beschwor auch Dehio später, dass von einer etwaigen Ausbeutung Frankreichs in dieser Hinsicht keine Rede sein könne und alle Käufe ordnungsgemäß und zu guten Preisen erfolgt seien.[169] Und die Benckiser-Leute stimmten dem mit Sicherheit vorbehaltlos zu. Doch von Freiwilligkeit der Geschäftsaktivitäten und gleichgewichtiger Verhandlungsbasis konnte unter dem Damoklesschwert der deutschen Besatzungsmacht keine Rede sein. Von massiver Ausbeutung jedoch ebenfalls nicht. Benckiser hat im Herbst 1944 eine umfangreiche Liste über die im Auftrag der Firma zum Ankauf von weinsaurem Material eröffneten und teilweise oder vollständig abgewickelten Akkreditive erstellt. Darauf sind, unter Einbeziehung Algeriens, für den Zeitraum von Juli 1941 bis Mai 1944 insgesamt 81 Kontrakte aufgelistet, deren Volumen zwischen 264.000 französischen Francs und knapp 5 Mio. Francs schwankte und sich unter dem Strich zu einem Gesamtrohwaren-Bezug im Wert von umgerechnet 6,7 Mio. RM summierte.[170]

Durch die Abhängigkeit von der Rohstoffbeschaffung im Ausland und die erheblichen Bezugsschwankungen, die zu einer möglichst großen Vorratslagerhaltung zwangen, hatten sich in den Bilanzen von Benckiser bald erhebliche Summen an Akkreditiv-Krediten bei ausländischen Bankhäusern wie der Credit Lyonnais, Paris, der Société Générale, Algier oder der Banco di Roma in Neapel angesammelt. Die entsprechenden Verpflichtungen summierten sich im September 1944 auf rund 1 Mio. RM »für die im Risiko stehenden Frankreich- und Italien-Rohstoff-Akkreditive«, wie Reimann senior bei einer Besprechung mit der Deutschen Bank in Mannheim

168 Vgl. ebd.
169 Vgl. ebd., S. 46.
170 Vgl. dazu die Auflistung o.D. in: JAB-Archiv, Ordner D 59 sowie dort auch eine Zusammenstellung vom 5.4.1946.

einräumte, womit sich allerdings auch wieder die ausgewiesenen Gewinne drücken ließen.[171] Die tatsächliche Rohwarenfinanzierung war allerdings schon im Januar 1944 erheblich höher gewesen: 500.000 RM entfielen auf Frankreich, 900.000 RM auf Spanien und 440.000 RM auf Italien, mithin ca. 1,840 Mio. RM, und die Rohwarenkosten aus Belgien und Prag waren hier noch nicht enthalten.[172] Die Abwicklung dieser Kredite und Zahlungen war bürokratisch aufwändig und kompliziert, und zu diesem Zeitpunkt auch zunehmend mit Unsicherheit und wachsenden finanziellen Lasten und Risiken für Benckiser verbunden. Im Prinzip bestand bei dieser Art der Rohstoffbeschaffung ein Anspruch auf Rückvergütung durch das Reich, allerdings klaffte zwischen der Verauslagung der Gelder durch das Unternehmen und der ausgezahlten staatlichen Rückvergütung eine große zeitliche Lücke, so dass der Benckiser-Buchhalter Emig von der Reichsstelle Chemie Vorschüsse auf den Rückvergütungsanspruch schon im Augenblick der Hinauslegung der Akkreditive verlangt hatte. Diese hatte sich jedoch demgegenüber mit Verweis auf das Reichsfinanzministerium taub gestellt. Im Januar 1944 nun war die Lage zunehmend unübersichtlich geworden. Emig ersuchte die Deutsche Bank um Auskunft über das Schicksal der von Benckiser über die Deutsche Verrechnungskasse zur Finanzierung von Käufen verauslagten 450.000 RM nach Neapel und Messina. Beide Städte waren inzwischen jedoch durch alliierte Truppen besetzt worden.[173] Die Summe war in Berlin zu Lasten Benckisers gebucht worden, aber niemand wusste, ob das Geld überhaupt in Italien bei der Gegenseite angekommen war und damit auch mit Verladungen von Rohware gerechnet werden konnte. Wenig später, im Sommer 1944, war allerdings durch schwere Luftangriffe die Ludwigshafener Säurefabrik Benckisers fast vollständig zerstört und damit betriebsunfähig geworden, so dass die zu diesem

171 Vgl. Besprechungsnotiz vom 14.9.1944, in: JAB-Archiv D 23. Vgl. dazu auch die Zusammenstellung vom November 1947 betr. Anmeldung der Forderungen und Verpflichtungen aufgrund des Gesetzes Nr. 53 der Militärregierung, in: BArch B 218/ Nr. 76.

172 Vgl. Notiz Emig über die Besprechung bei der Deutschen Bank, Ludwigshafen vom 17.1.1944, in: JAB-Archiv D 23.

173 Vgl. ebd.

Zeitpunkt noch bestehenden Rohwarenvorräte sowie etwaige Neuanlieferungen nicht mehr verarbeitet werden konnten.

In der Not entwickelten Reimann senior und junior einen unter den herrschenden Bedingungen ebenso waghalsigen wie irrationalen Plan: die Ludwigshafener Vorräte sollten nach Mailand zur Appula transportiert werden und dort für Benckiser in Lohnfertigung zu Weinsäure weiterverarbeitet werden. Reimann senior setzte sich dazu mit den Italienern in Verbindung, die das Vorhaben begrüßten, da sie selbst durch die Besetzung Mittel- und Süditaliens von Rohwarenbezügen abgeschnitten waren und stilllagen. Mit Zustimmung der deutschen Wirtschaftsbehörden reiste Reimann senior im August 1944 für eine Woche nach Mailand, um die Anlagen der Appula zu besichtigen und über die zu vergütenden Unkosten zu verhandeln.[174] Doch die Besichtigungsfahrt brachte ernüchternde Ergebnisse. Die Produktionskosten der Appula waren ungefähr doppelt so hoch wie bei Benckiser und sowohl die angewandten Verarbeitungsverfahren wie die technischen Anlagen waren völlig veraltet und rückständig. Aus dem Vorhaben, das vermutlich schon an den Transportproblemen gescheitert wäre, wurde daher nichts.

Die vergleichsweise geringsten Probleme der Rohstoffbeschaffung hatte Benckiser bei den Phosphatlieferungen. Auch hier hatte man zwar erhebliche Mengen aus diversen besetzten Gebieten, insbesondere Südfrankreich, Nordafrika und Belgien erhalten. Über die Kali-Chemie, die staatliche Rohphosphatgesellschaft und vor allem durch die Vermittlung der Metallgesellschaft erhielt man unter anderem 1943/44 insg. 20 t Phosphorsäure und 1076 t Tri- und Dinatriumphosphat im Gesamtwert von umgerechnet 1,8 Mio. RM.[175] Hinter diesen Rohstofflieferungen stand jedoch wie üblich als steuernde und genehmigende Behörde die Reichsstelle Chemie. Eigentlich bestand in Frankreich hinsichtlich des potenziellen Zugriffs auf größere Rohwaren-Lagerbestände eines früheren Konkurrenten und dessen

174 Vgl. dazu die spätere Schilderung durch Reimann senior vom 6.7.1946 gegenüber dem für die Ludwigshafener Wirtschaft zuständigen französischen Besatzungsoffizier Sagazan, in: JAB-Archiv, Ordner TV 8.

175 Vgl. die Zusammenstellung für die französischen Besatzungsbehörden vom 14.4.1948 sowie auch die Aufstellung der Metallgesellschaft vom 3.6.1946, in: JAB-Archiv D 59.

Beschlagnahme eine ähnliche Konstellation wie in Belgien. In Lyon saß die 1918 gegründete Produits Chimiques Gillet (Progil), einer der größeren phosphatverarbeitenden Wettbewerber für Benckiser vor dem Krieg. »In der Zeit der deutschen Besetzung in Frankreich hat Benckiser, einer Auflage der Militärverwaltung Paris zuwiderhandelnd, es abgelehnt, Phosphate in den Progil-Lägern und Betrieben zu akquirieren«, äußerten sich später die Benckiser-Verantwortlichen dazu.[176] Doch was als hehre Tat und verweigerte Ausbeutung dargestellt wurde, war bestenfalls die halbe Wahrheit. Denn tatsächlich waren die Chemischen Werke Albert schneller gewesen und hatten sich ihrerseits nicht nur die Progil-Vorräte einverleibt, sondern auch durch Gründung einer auf Wehrmachtsbedarf ausgerichteten gemeinsamen Schattengesellschaft mit Progil dort weitreichenden unternehmens- und produktionspolitischen Einfluss ausgeübt.[177] Benckiser hatte das Nachsehen gehabt und musste sich seine Rohphosphate anderweitig besorgen.

Hauptquelle waren hier auch während des Krieges die IG Farben-Werke in Piesteritz geblieben, die zunächst zuverlässig weiter lieferte, auch wenn die früher heiß umkämpften 100-Kilo-Preise für P_2O_5 nun wieder deutlich auf 42,70 RM (1941) stiegen. Vermehrt wurden nun aber auch qualitativ minderwertigere Phosphate der benachbarten Gebr. Giulini-Werke verarbeitet, 1941 ca. 20 Prozent gegenüber 3,6 Prozent im Jahr zuvor, die allerdings mit 53,89 RM je 100 kg deutlich teurer waren.[178] Doch das Phosphat-Kartell von 1935 mit den Chemischen Werken Albert, Benckiser, den Chemischen Werken Budenheim, den Gebr. Giulini und den Guano-Werken – zu dem später auch noch nach der Eingliederung Oberschlesiens die AG der Chemischen Werke Radocha kam, die im Generalgouvernement die Herstellung und den Vertrieb von Di- und Trinatriumphosphat für die Enthärtung von Kesselwasser übernahm – funktionierte auch im Krieg. Entsprechend ihren Quoten, bei denen Benckiser wie erwähnt 14 Prozent zustanden, verteilten die Unternehmen untereinander die

176 Benckiser-Chronik II, S. 249.

177 Vgl. Annie Lacroix-Riz, Industriels et Banquiers. Français sous L'occupation, Paris 1999, S. 373f.

178 Vgl. Bilanzprüfbericht für 1941, S. 53, in: JAB-Archiv D 25 c.

Rohstoffe und die Produktionsmengen.[179] 1940 stellte Benckiser 3363 t phosphorsaurer Salze her, 1942 waren es dann 4616 t und selbst 1944 immerhin noch 2506 t.[180] Auch im Phosphat-Bereich spitzte sich aber dann seit Ende 1943 die Versorgungslage schnell zu. Die Zulieferungen aus Nordafrika und anderen ehemals besetzten Ländern versiegten, und Anfang 1944 kam dann die Entscheidung der Kriegswirtschaftsbehörden, die vorhandenen Rohphosphat-Vorräte ausschließlich für die Herstellung von Phosphorkampfmitteln zu verwenden, womit auch bereits seit November 1943 die Zulieferungen durch die IG Farben in Piesteritz an Benckiser und die anderen Verarbeiter zum Erliegen kamen. Zunächst wurde der Rohstoffausfall bei Benckiser auf Anordnung der Reichsstelle Chemie durch Ersatzlieferungen von Fertigsalzen seitens der Gebr. Giulini und der Chemischen Werken Budenheim sichergestellt werden, die Benckiser dann auf seine bekannten Spezialprodukte Käseschmelzsalz Joha, das Blutbehandlungssalz Fibrisol, Calgon, Backpulverzusatz und Speisewasserkessel-Enthärtung umarbeitete. Die phosphorsauren Salze sollten dann aber künftig, so das Reichsamt für Wirtschaftsausbau im Frühjahr 1944, durch heimische Rohstoffquellen, sprich aus Ferrophosphor, einem Abfallprodukt der Hüttenindustrie, hergestellt werden, und als einer der Verarbeiter für dieses höchst unrationelle und qualitativ minderwertige Salze liefernde Verfahren wurde Benckiser mit dem erwähnten Bau einer entsprechenden Anlage in Ladenburg angewiesen.[181] Die in dieser Pyrophosphat-Anlage gewonnenen Salze sollten, so wurde Benckiser informiert, der Produktion eines neuartigen IG-Waschmittels (Mersol) dienen.

Längst waren die Rohstoff-Versorgungsprobleme aber in ganz anderen Bereichen akut geworden, angefangen von Baustoffen bis hin vor allem zur Kohleversorgung, die bald das weit drängendste Problem wurde anstelle der Heranschaffung von Weinstein-, Zitronensäure- oder Phosphat-Rohware. Anstelle des offiziellen Kontingents von 900 t Kohle im Monat htte Benckiser im Juli 1944 nur 240 t erhal-

179 Vgl. dazu StadtA Lu, WS 03 (Bestand Giulini), Nr. 1029-1931 mit den monatlichen und quartalsbezogenen Produktionsabrechnungen.
180 Vgl. auch Benckiser-Chronik II, S. 145.
181 Vgl. dazu Schreiben Reimann senior an das RWM vom 24.8.1944, in: JAB-Archiv D 57.

ten und daher den Betrieb immer häufiger unterbrechen müssen.[182] Und dazu kamen noch die wachsenden Verluste bei den Rohwaren-Lagerbeständen infolge von Fliegerangriffen, erstmals schon im Mai 1941.[183] Benckiser hatte sich daher schon bald aus den besetzten Gebieten, insbesondere aus Frankreich, Belgien und Luxemburg, nicht nur Rohstoffe, sondern für hunderttausende RM auch Fabrikeinrichtungsgegenstände wie Kessel und Erhitzer, Maschinen und Baustoffe insbesondere für die Fertigstellung des neuen Werkes Ladenburg beschafft. »Erwerb durch Kauf« steht dabei neben den später für die französische Militärregierung erstellten detaillierten Aufstellungen.[184] Aber die knappen Gegenstände und Materialien wurden der Wirtschaft der jeweils besetzten Länder entzogen und fehlten infolge der mehr oder weniger erzwungenen Ressourcenumverteilung dort. Nach den schweren Fliegerangriffen auf Ludwigshafen vor allem im September 1943, und dann auch das ganze Jahr 1944 über, fielen aber auch diese Kompensationsmöglichkeiten aus.

Kriegsforschung bis zuletzt

Gärungszitronensäure und Penicillin

Im Krieg erfolgte bei Benckiser ein erheblicher Ausbau der Aktivitäten für Forschung und Entwicklung. Zum einen ging es dabei um die Ersatzstoff-Forschung, insbesondere um die Bewältigung der verfahrenstechnischen Probleme der biochemischen Zitronensäure-Produktion. Zum anderen intensivierte man in den Benckiser-Laboratorien die weitere Erforschung der Anwendungsmöglichkeiten der phosphorsauren Salze und daraus zu entwickelnden neuen Spezialitäten und Produkte. Und dabei nahm Albert Reimann junior auch eine forschungsstrategische Umorientierung im Sinne einer starken

182 Vgl. dazu die monatlichen Lageberichte an die Wirtschaftskammer Ludwigshafen, hier vom 27.7.1944, in: IHK-Archiv 12 a-8/3.

183 Vgl. dazu die Aufstellung der bei den Spediteuren und nach dem Fliegerangriff vom 9./10.5.1941 verlorenen Lagerbestände vom 13.5.1941, in: JAB-Archiv D 57.

184 Die Aufstellung vom 10.10.1947, in: JAB-Archiv D 59.

Ausrichtung auf die Erfordernisse des Krieges vor. Aus Weinsäure wurden Gefrierschutzmittel entwickelt, die an die Marine gingen. »Alleiniger Hersteller und Lieferant« stand stolz in einer Aufstellung vom 15. November 1943. Für die Rüstungsindustrie wurde Metasilikat als Metallentfettungs- und Metallreinigungsmittel geschaffen, Benckiser-Salze wurden zur Kesselspeisewasserbehandlung in den Höchstdruckkesseln und zur Kühlwasserbehandlung eingesetzt, daneben aber auch als Industriereinigungsmittel, Gerberei-Hilfsmittel und Hilfschemikalien für die Zellwoll-Herstellung. Man fand heraus, dass das Mitverbrennen von Weinstein und dessen Pulverisierung das Mündungsfeuer von Geschossen verhinderte, Poliersalze wurden in der Kugellagerfertigung eingesetzt und zu galvanischen Zwecken beim Beizen von Metall. Neutrale Pyrophosphate wurden zudem bei der Tiefenbohrung zur Gewinnung von Erdöl, ferner als Borax-Ersatz in der Gießerei-Industrie verwendet. Dem Erfindungs- und Einsatzgeist der einst nur für den Ernährungssektor und als Pharmazeutika entwickelten Genusssäuren – die nun aber bereits ihrerseits hier vor allem als Eiweiß- und Vitaminträger für die Wehrmacht fungierten – waren scheinbar keine Grenzen gesetzt.[185]

Der Kampf um Calgon war dabei aber auch im Krieg weitergegangen. Im November 1940 etwa war Reimann junior zusammen mit dem Leiter der Patentabteilung zu einer Besprechung bei den IG Farben, um zu einer Absprache über den wachsenden Absatz von dessen Wasserenthärtungsmittel Trilon in der gewerblichen Wäscherei zu kommen. Reimann bat die IG-Manager um eine zurückhaltendere Werbung und auch verminderte Weitergabe an kleine Chemische Fabriken, die mit eigenen Wasch- und Enthärtungsprodukten auf Trilon-Basis auf den Markt drängten.[186] Im Übrigen war es Reimann junior schon in einer früheren Besprechung mit der IG Farben im Juni 1940 gelungen, von dort die Zusicherung zu erhalten, »dass die Firma Benckiser, wenn sich in Zukunft Überschneidungen in den Arbeitsgebieten und Interessenkonflikte ergeben, sich diese mit Herrn Direktor Ambros in Verbindung setzte, welcher versuchen wird,

185 Vgl. dazu die von Reimann junior am 29.6.1944 erstellte Übersicht über »die kriegswichtigen Verwendungszwecke der Genusssäuren und ihrer Salze«, in: JAB-Archiv D 57.

186 Vgl. Besprechungsnotiz vom 16.11.1940, in: Bayer-Archiv, 330-0346.

eine auch den Interessen von Benckiser gerecht werdende Lösung herbeizuführen bzw. wenn die Interessen anderer IG-Sparten berührt werden, zu vermitteln.«[187] Eigentlich hatte Reimann junior sogar die IG dazu zu bringen versucht, dass diese, wenn Arbeitsgebiete von Benckiser durch ihre Forschungsergebnisse berührt würden, rechtzeitig vor Beginn der Auswertung Benckiser darüber informierte und, falls ein ausschlaggebender Fortschritt gegenüber den Benckiser-Erzeugnissen nicht gegeben sei, auf das Vorgehen mit den eigenen Erzeugnissen verzichten würde. Doch zu derart weitreichenden Zusicherungen ließen sich die IG Farben-Manager keinesfalls bewegen, im Gegenteil machte man Reimann darauf aufmerksam, dass auch auf dem Gebiet der phosphorsauren Salze sich eine neue Situation ergeben könne, die hier ein aktives Vorgehen der IG notwendig erscheinen lassen konnte.[188] Bei blutgerinnenden Stoffen gab es bereits intensive eigene Forschungen in den IG Farben-Laboratorien, in enger Abstimmung und Zusammenarbeit mit dem Institut für Lebensmittelhygiene in Berlin sowie der Fachgruppe Fleischwarenindustrie, was das Fibrisol-Geschäft Benckisers ernstlich gefährden konnte. Insofern war die von Reimann erreichte allgemeine Zustimmung der IG Farben, Benckiser rechtzeitig Bescheid zu geben, wenn sich neue, die Gebiete der Ludwigshafener Firma tangierende Entwicklungen ergäben, schon Erfolg genug. Dass Benckiser dabei auch gegen Patentanmeldungen der IG Farben Einspruch erhob und diese zu verhindern versuchte, wie etwa im April 1940 ein Verfahren zur Herstellung von sauren Phosphorsäureestern, nahm man offenbar bei der IG hin, zumindest wenn, wie in diesem Fall, dem Patent keine praktische Anwendung beigemessen wurde.[189]

Vor allem mit Henkel gingen die Auseinandersetzungen um Calgon auch im Krieg unvermindert weiter. Im Juli 1941 hatte der Henkel-Vorstand die Patent- und Forschungsabteilung angewiesen, nochmals nachzuprüfen, ob nicht doch Pyrophosphat in Calgon und Calgonit festzustellen war und damit Benckiser patentrechtliche Pro-

187 Ebd. mit Bezug auf die Besprechung vom 4.6.1940.
188 Vgl. ebd.
189 Vgl. Schreiben der IG Patentabteilung vom 2.4.1940, in: Henkel-Archiv 193/63.

bleme bereitet werden konnten.[190] Und das Ergebnis fiel zumindest bei Calgonit wie von Henkel erhofft aus, worüber man im Oktober 1941 dann unmittelbar die Chemischen Werke Budenheim informierte. Benckiser antwortete umgehend im November seinerseits mit einer Nichtigkeitsklage gegen ein Schweizer Henkel-Patent. Der Konflikt zog sich mit gegenseitigen ausführlichen Schriftwechseln bis März 1942 hin.[191] Bis zum Kriegseintritt der USA im Dezember 1941 hatte es dabei auch weiterhin intensiven Kontakt und Informationsaustausch mit der Calgon Inc. gegeben. Ende Juli 1940 etwa hatte Reimann senior als Antwort auf Forschungsinformationen der Amerikaner zu Silikatanwendungen nach Pittsburgh geschrieben und dabei eine Erweiterung bzw. Ergänzung der bestehenden Abmachungen über die bereits bestehenden Verträge vom August 1933 und Juni 1935 hinaus angeregt.

> Being quite aware that these applications are not subject to our metaphosphate agreement, we would nevertheless mention that they are – as you probably know – in our line. In spite of the war we spent considerably work in the development of detergent compositions, and it may perhaps interest you to hear that we will take up the production of certain silicates ourselves. We are rather hopeful for a nice development of this line after the war. Under the circumstances we would, of course, like to know whether your applications could be of any help to us and if so, we do not see any reason why we should not come to a satisfactory agreement apart from the existing one.[192]

Zur Bestärkung hatte Reimann auch wenig später eine lange Liste mit Benckiser-Patenten nachgereicht, die man der Calgon Inc. zur Verwertung in den USA anbot. Nach Kriegseintritt der USA rissen zwar die Beziehungen zur Calgon Inc. ab, doch Benckiser zahlte weiterhin zumindest bis März 1943 regelmäßig die fälligen Lizenzgebühren an die Amerikaner.

190 Aktennotiz vom 22.7.1941, in: ebd. Vgl. dort dazu dann die entsprechende Auswertung »Was ist Calgon?« vom 22.9.1941.
191 Vgl. der Schriftwechsel vom 27.11. 1941 bis 25.3.1942, in: Henkel-Archiv 193/63.
192 Das Schreiben vom 31.7.1940, in: JAB-Archiv D 71.

Als Chefchemiker und neuer Leiter der gesamten Forschungs- und Entwicklungsorganisation von Benckiser war noch kurz vor Kriegsausbruch, am 1. April 1939, Dr. Hermann Rudy eingestellt worden. Rudy, damals 35 Jahre alt, hatte im Dezember 1928 in München mit einem Thema zur organischen Chemie promoviert, war dann zwischen 1933 und 1936 Assistent am KWI für Medizinische Forschung in Heidelberg bei Prof. Richard Kuhn gewesen, später an die Universität Erlangen gewechselt, ehe er nach einem kurzen Intermezzo bei den IG Farben in Ludwigshafen von Reimann junior zu Benckiser geholt wurde und dort eine ebenso beachtliche wie auch gutbezahlte Karriere als Industrieforscher startete. Rudy war zu diesem Zeitpunkt noch nicht NSDAP-Mitglied, erst 1941 wurde er als Parteimitglied geführt.[193] Zusammen mit Kuhn hatte Rudy bereits 1935 eine Reihe biochemischer Forschungsergebnisse veröffentlicht, unter anderem zur synthetischen Vitamin-B2-Phosphorsäure und im Jahr darauf ein Standardwerk zu Vitaminen und Mangelkrankheiten geschrieben.[194] Für die Forschungsthemenfelder von Benckiser brachte Rudy mithin eingehende Expertise mit und auch in der Folgezeit erschienen unter der neuen Reihe »Aus dem Forschungslaboratorium der Chemischen Fabrik Joh. A. Benckiser GmbH Ludwigshafen« in verschiedenen Fachzeitschriften laufend Aufsätze Rudys zusammen mit einzelnen Mitarbeitern über die dortigen wissenschaftlichen Erkenntnisse.[195] Mit Reimann junior entwickelte sich offensichtlich zunächst ein unkompliziertes Verhältnis. Dieser hatte keinen offensiven und nach unternehmensinternen Machtoptionen strebenden Betriebschemiker gesucht, sondern einen chemisch-wissenschaftlichen Koordinator für die wachsende Zahl anwendungstechnischer Initiativen. In der Folgezeit ergaben sich allerdings offenbar durch die mit Rudy stärker auf Grundlagenforschung ausgerichteten Forschungen der Benckiser-Laboratorien wachsende Differenzen. In einer allerdings

193 Vgl. dazu die Entnazifizierungsunterlagen Rudys, in: StA Speyer, R 18 Nr. E 15598.

194 Vgl. Heiko Stoff, S. 303.

195 Vgl. etwa Hermann Rudy, Hildegard Schloesser, Rudolf Watzel, Über die Calciumkomplexe von Natriumhexameta- und -tripolyphosphat, in: Angewandte Chemie 53 (1950), S. 525-531, sowie H. Rudy, H. Schloesser, Die Titrationskurven der Hexameta- und Tripolyphosphatsäure, in: Berichte der deutschen chemischen Gesellschaft 73 (1940), S. 484-492.

erst 1977, elf Jahre nach Rudys Tod, verfassten ausführlichen Notiz sprach Reimann junior ihm damals jegliche Kreativität ab, verstieg sich sogar zu dem Urteil, dass Rudy für Benckiser mehr Hemmschuh als Entwicklungsförderer gewesen sei, und sprach von einer »Rudy-Legende«.[196] Das negative Urteil lag allerdings vermutlich auch darin begründet, dass Reimann junior seine eigenen Forschungs- und Entwicklungsleistungen durch Rudy selbst und im Zuge des gewachsenen F&E-Apparates bei Benckiser in den Kriegsjahren stark in den Hintergrund gedrängt sah.[197]

Wie auch immer die kurz- oder langfristige Beurteilung Rudys durch Reimann junior ausfiel, unter der Leitung des neuen Forschungschefs entwickelte Benckiser schnell eine eminente wissenschaftliche und verfahrenstechnische Dynamik. Sie hatte vermutlich auch damit zu tun, dass in den Laboratorien und verfahrenstechnischen Entwicklungsabteilungen, in denen zeitweise bis zu 50 Chemiker, Ingenieure, Laboranten und Chemotechniker beschäftigt waren, höchst unterschiedliche Personen arbeiteten, die von der politischen und rasseideologischen Einstellung erhebliche Differenzen aufwiesen. Im Organischen Labor O 1 arbeiteten mit Rudolf Watzel und Fritz Etzold ausgewiesene NSDAP-Anhänger, Letzterer war auch SS-Angehöriger. Im Säurebetriebslabor war Adolf Fricke beschäftigt, Chemotechniker und quasi nebenamtlich Ortsgruppenleiter in Mannheim und lokaler NSDAP-Funktionär, der nach späteren Belastungszeugenaussagen seine Parteiuniform auch im Betrieb kaum ablegte, während gleichzeitig daneben im Labor O 2 der seit 1924 in Deutschland lebende und 1942 offiziell eingebürgerte ukrainische Wissenschaftler Dr. Boris Korotkyj forschte, daneben der »halbjüdische« Chemiker Dr. Peter Volz im Labor N für Lebensmittelchemie.[198] Auch der Laborant Hans Wolf war Jude ebenso wie die

196 Vgl. die sechsseitige Notiz vom 23.11.1977, in: Familienarchiv Reimann-Dubbers, Ordner Schriftwechsel Chronik.

197 Zudem lastete Reimann junior dem Forschungsleiter, der nach 1945 internationale Bekanntheit erlangte und bis 1966 bei Benckiser tätig war, auch mehrere Fehlentscheidungen und Fehlentwicklungen des Unternehmens in den 1950er und 60er Jahren an.

198 Vgl. zu Volz die diversen Unterlagen wie das Bewerbungsschreiben vom Januar/März 1942 im Privatnachlass der Familie. Zu Fricke vgl. die Entnazifizierungsunterlagen in: LA Speyer, R 18 E 15726.

Assistentin Hannelise Schlick, und im Laufe des Krieges sollte auch noch eine französische Mikrobiologin neben drei weiteren, als Laboranten bzw. Hilfsarbeiter eingesetzten Zwangsarbeitern tätig sein, die ebenfalls aus Frankreich stammten. Die überwiegende Zahl der leitenden Chemiker und Entwicklungsingenieure waren jedoch nach eigener Einschätzung unpolitisch und stürzten sich hochmotiviert auf ihre vielfältigen Ausgabenbereiche.

Eine der ersten großen Herausforderungen war es gewesen, dass die Rüstungsbehörden im März 1940 ein Verbot der Verwendung phosphorsaurer Salze in Wasch- und Reinigungsmitteln des Privatverbrauchs erlassen hatten und damit der große Bereich der Einführung von Calgon in der Seifenindustrie wegfiel. Auf der Suche nach neuen Aufgabenbereichen fand man für die betroffenen Chemiker und Techniker schnell vielversprechende alternative Forschungsfelder wie die Verwendung von Natriumpyrophosphat zur Aufbereitung von Altpapier und Verfahren der Beigabe von Orthophosphaten und anderen Phosphatderivaten zu Zementmischungen, um die Abbindezeit zu beschleunigen oder zu verzögern.[199] Im Juli 1942 ging es dann unter anderem um den Zusatz von Metaphosphaten zu eingedickter Magermilch und der Margarineherstellung, dazu kamen Versuche zur Ausfällung von Molkereieiweiß mit sauren Phosphatsalzen. Gleichzeitig stand man auch anderweitig, bei der Weiterentwicklung der Käseschmelz-Salze, mit der Hauptvereinigung der deutschen Milchwirtschaft in engem Austausch. Ein regelrechter Coup wurde im Juni 1943 gelandet, als man in den Benckiser-Laboratorien ein Phosphat-Impfverfahren entwickelte, das im medizinischen Bereich bei der Warmwasserbehandlung ebenso erfolgreich eingesetzt werden konnte wie in der Zuckerindustrie zur Behandlung des Kühlwassers für die Zuckerkühlmaischen.[200] Im Textilforschungslabor befasste man sich zur gleichen Zeit mit Verfahren zum Färben von Kaseinwolle, einer

199 Vgl. dazu Schreiben Reimann junior vom 18.3. 1940 und vom 2.11.1940, in: JAB-Archiv D 41.

200 Vgl. dazu das Schreiben des Benckiser-Wasserlaboratoriums vom 25.6.1943 an die Reichsanstalt für Wasser- und Luftgüte in Berlin, in: BArch, R 154/381. Die Grundlagen dafür waren schon 1940 geschaffen worden. Vgl. dazu Dr. Ing. Fritz Schönaich, Die Wasseraufbereitung nach dem Schwellenbehandlungsverfahren (Phosphatimpfung), in: Die Wärme 50 (1940), S. 35-45.

durch Gärungsprozesse gewonnenen »Milchfaser«, mittels Calgon, wobei es hier auch eine enge Zusammenarbeit mit relevanten Unternehmen wie der Spinnfaser AG gab.[201] Das eröffnete die Gelegenheit zur Patentanmeldung eines neuen Silikat-Phosphat-Färbeverfahrens, mit dem man dem Konkurrenten Chemische Werke Albert, aber auch der IG Farben Paroli bieten konnte. Im Forschungslabor N ging es gleichzeitig um das Auffinden und Überprüfen von Austauschstoffen für Phosphat-Fibrisol. Dazu wurden Versuche mit Zewa-Pulver, geliefert von der Zellstofffabrik Waldhof, Natriumsalz aus Fichtenablauge bzw. Sulfitablauge, durchgeführt, die jedoch nur zu ungenießbaren Fleischwurst-Proben führten.[202]

Die vielfältigen Forschungen und Verfahrensentwicklungen führten zu zahlreichen Patentanmeldungen durch Benckiser-Mitarbeiter, wobei dies interessanterweise nur den Bereich der phosphorsauren Salze betraf. Bei Wein- und Citronensäure hatte Reimann junior eine andere Strategie eingeschlagen. Seit 1936 wurde hier eine Politik der Geheimverfahren verfolgt, d.h., die gefundenen und praktizierten Herstellungsverfahren wurden als geheim eingestuft und dafür keine Patente beantragt. Damit entging man dem Problem, dass die Konkurrenten auf neues Benckiser-Know-how aufmerksam wurden und deren Anwendung durch patentrechtliche Klagen zu verhindern suchten.[203] Im Phosphat-Bereich mit seiner bei Benckiser betriebenen systematischen Erschließung der Anwendungsmöglichkeiten kondensierter Phosphate setzte man dagegen auf eine offensive Pa-

201 Vgl. Schreiben vom 8.10.1941, in: JAB-Archiv D 41.

202 Vgl. dazu der diverse Schriftverkehr der Patentabteilung in: JAB-Archiv D 41.

203 Diese Strategie hielt man bis Mitte der 1960er Jahre aufrecht. Vgl. dazu Notiz über »Gewerbliche Schutzrechte und Umsatzentwicklung« vom 28.7.1976, in: JAB-Archiv D 40. Es gab nur einen vom Zeitpunkt und den dahinterliegenden unklaren Motiven her merkwürdig anmutenden Verständigungsversuch von Benckiser zwischen November 1943 und August 1944 mit der Industrie AG Starck in Prag unter anderem auch etwaige Lizenznahmen des Starck-Patentes, das aber eigentlich kurz vor dem Ablauf der Schutzrechte stand. Albert Reimann junior führte dabei selbst die Verhandlungen in Ludwigshafen und Prag. Vgl. dazu etwa Notiz Reimann junior vom 8.3.1944 an seinen Vater über die laufenden Verhandlungen sowie Schreiben Starck an Benckiser vom 29.7.1944 über das verabredete Abkommen, in: JAB-Archiv D 53.

tentstrategie, d.h. durch möglichst viele und zum Teil an sich auch verfahrenstechnisch eher unwichtige Schutzrechte den Konkurrenten so viele Wege wie möglich zu verbauen, um nicht in die Nähe der eigentlichen Verfahrensinnovationen Benckisers zu gelangen. Der generelle Pfad der Forschungsentwicklung in diesem Bereich hatte sich dabei sehr schnell abgezeichnet: Ob bei Backtriebmitteln, Schmelzsalzen, Reinigungs- und Waschmitteln oder der Wasseraufbereitung, der Weg führte von einfachen Mono(Ortho-)phosphaten über die Pyro(Di-)Phosphate zu den mittleren und höheren Polyphosphaten wie Tri- und Tetra-, dann Hexametaphosphaten.[204] In einer Aufstellung fanden sich für die Zeit zwischen 1933 und 1945 insgesamt 47 Patente, darunter etwa das DRP 715 540 von Benckiser/Watzel aus dem Jahr 1941 über Verfahren zur Herstellung von Stickstoffphosphorsäure-Verbindungen, das DRP 967 894 aus dem Jahr 1942 von Benckiser/Schönaich über Phosphate in Reinigungsmitteln für automatische Spülmaschinen und Peter Volz' Patent von 1942 über das »Verfahren zur Verhinderung der Blutgerinnung«, ein wichtiges Zusatzpatent zum »Fibrisol-Basispatent« von 1937.[205] Doch die Konkurrenz schlief nicht. Oetker und Henkel hielten in wichtigen Teilbereichen mit zahlreichen eigenen Patenten dagegen, und vor allem sorgte ein am 13. September 1944 für die Chemischen Werke Albert erteiltes Patent über das Weichmachen von Wasser in Mischung mit bekannten Wasch- und Reinigungsmitteln wie Trinatriumphosphat, Seifen, Fettalkoholsulfonamiden und Metasilikaten für erhebliche Aufregung im Benckiser-Phosphatlabor. Obwohl eigentlich schon 1936 dazu von den Chemischen Werken Albert diverse Veröffentlichungen über Natriumtripolyphosphat erschienen waren, hatte man dies damals bei Benckiser übersehen und sah sich nun mit einem drohenden Verlust des »Calgon-Vorsprungs« konfrontiert. Hektisch wurden nach der Patenterteilung die nötigen Informationen zusammengetragen, um das Patent nachträglich zu Fall zu bringen, doch in

204 Vgl. dazu ausführlich Hermann Rudy, Altes und Neues über kondensierte Phosphate, ohne Datum (vermutlich Anfang der 1960er Jahre), in: Familienarchiv Reimann-Dubbers, Briefwechsel zur Chronik II.

205 Vgl. die Aufstellung (ohne Datum), in: JAB-Archiv D 40, sowie auch eine, allerdings auf die wichtigen Patente reduzierte Aufstellung bei Rudy, Altes und Neues.

den sich überstürzenden Kriegsereignissen kam es zu keinem formellen Einspruch mehr.[206]

Die Benckiser-Forschung ist, so klein sie im Vergleich zu den Forschungsapparaten der Großkonzerne wie der IG Farben auch war, nachgerade exemplarisch für die in diesem Fall von Reimann junior und Rudy vorangetriebene Selbstmobilisierung der Wissenschaft und Industrieforschung in der NS-Zeit. Die Kosten für die bis 1942 in neuen Abteilungen ausdifferenzierte Benckiser-Forschung schnellten denn auch von 164.300 RM im Jahr 1939 auf 255.400 RM (1942) hoch.[207] Das mag auf den ersten Blick wenig erscheinen, stellte aber für ein kleines Unternehmen wie Benckiser sowohl hinsichtlich des Verhältnisses von Forschungs- zu Produktions- und Verwaltungspersonal wie der Anteile der F&E-Ausgaben an Umsatz und Gewinn doch einen bemerkenswerten Grad an Innovationsorientierung dar. Den Höhepunkt der F&E-Aktivitäten erreichte man bei Benckiser auffälligerweise im Laufe des Jahres 1944, als eigentlich ein erheblicher Teil der personellen wie materiellen Ressourcen der Kriegsforschung bei Benckiser selbst wie auch in der deutschen Kriegswirtschaft sich schon in deutlichem Niedergang befand. Im April 1944 landete ein Schreiben von Werner Osenberg, dem Leiter des Planungsamtes im Reichsforschungsrat, auf dem Schreibtisch von Albert Reimann junior, in dem dieser darüber informiert wurde, dass dem »Stab Osenberg« die Vollmacht übertragen worden war, 5000 Chemiker für Grundlagenforschung von der Wehrmacht zurückzuholen.[208] Hintergrund der Aktion war es, Wissenschaft und Technik stärker für die Kriegsführung nutzbar zu machen und in ausgewählten Forschungsaufträgen möglichst schnell entsprechende Resultate zu liefern. Da nur etwa 50 ausgewählte Personen der Staatsführung, Wehrmacht, Industrie und Wissenschaft dieses Schreiben Osenbergs erhielten, kam die Einbeziehung Benckisers und seiner Chemiker in die »Aktion Osenberg« einer Auszeichnung von Reimann junior wie der Firma als kriegswirtschaftlich bedeutend gleich. Benckiser war

206 Vgl. dazu Benckiser-Chronik II, S. 19f.

207 Vgl. dazu die statistischen Angaben in der Zusammenstellung der Betriebswirtschaftlichen Abteilung vom 8.12.1943, in: JAB-Archiv D 57.

208 Das Schreiben vom 4.4.1944, in: JAB-Archiv D 57, vgl. dazu auch Benckiser-Chronik II, S. 147f.

gleichsam endlich im Zentrum der Kriegswichtigkeit angekommen und befand sich forschungsbezogen sozusagen auf Augenhöhe mit den großen Chemiekonzernen wie der IG Farben.

Das zu diesem Zeitpunkt von Rudy verantwortete Forschungs- und Entwicklungsprogramm bei Benckiser war ebenso ambitioniert wie umfangreich und angesichts der knappen Ressourcen eigentlich völlig überzogen.[209] Eine Zusammenstellung Rudys listete insgesamt 17 Projekte auf, von denen allerdings bereits ca. drei Viertel als offizielle Forschungsaufträge durch den Reichsforschungsrat bzw. das Reichsamt für Wirtschaftsausbau liefen. Reimann junior jedenfalls nutzte die Chance und beantragte die Rückberufung des Leiters des Organischen Labors, Dr. Rudolf Watzel sowie je eines Laboranten, Textilchemikers und eines Schlossers.[210] Gleichzeitig erstellte er auch eine Unabkömmlichkeits- und Dringlichkeitsliste für die vor Ort befindlichen Benckiser-Forscher, um deren Einberufung zur Wehrmacht zu verhindern. Die dadurch mit höchster Wichtigkeitsstufe vorangetriebenen Projekte betrafen die Forschungen zum neuartigen Verfahren der Ferrophosphat-Gewinnung, die Herstellung von Glykolsäure als Austauschstoffe für Wein- und Zitronensäure sowie vor allem »die Züchtung von Schimmelpilzstämmen im Versuchsbetrieb zwecks Gewinnung von Penicillin und anderen Mycoinen.«[211] An diesem Problem arbeitete Rudy schon seit längerer Zeit, und im Zuge der Osenberg-Aktion wurde er nun an das KWI für Medizinische Forschung von Prof. Kuhn in Heidelberg notdienstverpflichtet, um das Benckiser-Know-how mit Schimmelpilzen aus der Gärungszitronensäure-Herstellung einzubringen.

209 Vgl. die Aufstellung mit Erläuterungen der 17 aufgeführten Projekte vom 10.2.1944, in: JAB-Archiv D 57. Hierin auch eine detaillierte Bewertung der Arbeiten des Forschungslaboratoriums durch Rudy für Reimann senior (mit Durchschlag an Reimann junior), in der es die bezeichnende Kategorisierung als »produktive Arbeiten«, »Arbeiten, die einer nahen Zukunft dienen«, »Arbeiten, die voraussichtlich in absehbarer Zeit nicht zu produktiven Ergebnissen führen werden« und schließlich »Arbeiten des RWA« (Reichsamt für Wirtschaftsausbau) gab.

210 Vgl. dazu das Schreiben an das Reichsamt für Wirtschaftsausbau, Arbeitsstab Chemische Forschung vom 21.2.1944, in: ebd.

211 Vgl. das Schreiben Kuhns an Benckiser vom 1.3.1945, in: ebd.

Den Wettlauf um die Penicillin-Herstellung, dem als Wunderheilmittel gegen Kriegsverletzungen von allen kriegführenden Nationen große Bedeutung zugeschrieben wurde, verlor das NS-Regime trotzdem.[212] Der Stolz von Reimann junior auf die Mitwirkung an diesem offenbar so kriegswichtigen und kriegsentscheidenden Projekt des NS-Regimes war dennoch groß und lässt sich nicht nur im damaligen Schriftverkehr nachlesen, sondern auch noch über 30 Jahre später in der Ende der 1970er Jahre verfassten Benckiser-Chronik. Die unmittelbar für die Entwicklung Benckisers weit entscheidendere Ressourcenmobilisierung als im F&E-Bereich fand allerdings in den Kriegsjahren bei der Masse der produktiv in den Säurebetrieben und dem Phosphatbetrieb arbeitenden Benckiser-Beschäftigten in Ludwigshafen und Ladenburg statt.

212 Vgl. zur Penicillin-Forschung ausführlich Marschall, S. 147-159.

4. Kapitel

Zwangsarbeit bei Benckiser

oder: Das Schreckensregime des Betriebsobmanns Paul Werneburg

Arbeitskräfte-Management und Belegschaftsentwicklung im Krieg

Wie alle Unternehmen litt auch Benckiser im Krieg unter wachsendem Arbeitskräftemangel. Zwischen September 1939 und Dezember 1944 wurden insgesamt 189 Mitarbeiter, 112 Arbeiter und 72 Angestellte zum Kriegsdienst eingezogen, das waren ca. 30 Prozent der Gesamtbelegschaft.[1] Dementsprechend sackte die Belegschaftszahl zunächst von 521 auf 447 ab, um dann jedoch bis 1943 auf einen neuen Höchststand in der Firmengeschichte, 424 Arbeiter und 204 Angestellte, zu klettern, ehe in den beiden folgenden Jahren wieder ein zunehmend markanter Schrumpfungsprozess einsetzte.

Dass die Belegschaft in den ersten Kriegsjahren massiv ausgebaut werden konnte, lag zum einen an der Mobilisierung des deutschen Arbeitskräftepotenzials, durch Umstellungsmaßnahmen wie Umschulungen, Einsatz von Frauen und Anlernkräften aus allen möglichen Berufskreisen: Vormals in der Textilindustrie oder in anderen als nicht kriegswichtig geltenden Betrieben und Branchen Beschäftigte wurden in der Rüstungsindustrie zwangsdienstverpflichtet.[2] Den gewerblichen Betrieben in Ludwigshafen blieb behördlicherseits bis zum Sommer 1940 die Beschäftigung von Kriegsgefangenen und ausländischen Zivilarbeitern untersagt.[3] Die Lage auf dem pfälzi-

1 Vgl. Benckiser-Chronik II, S. 138f.

2 Vgl. dazu etwa der Lagebericht der IHK für die Pfalz an die Wirtschaftskammer Westmark vom 3.6.1941, in: IHK-Archiv 12a-4/1.

3 Vgl. Eginhard Scharf, »Man machte mit uns, was man wollte«. Ausländische Zwangsarbeiter in Ludwigshafen am Rhein 1939-1945, Heidelberg 2004, S. 42f.

schen Arbeitsmarkt war zu diesem Zeitpunkt geradezu chaotisch, und selbst wenn es den Arbeitsämtern als Arbeitskräftelenkungsbehörden gelang, neues Beschäftigungspotenzial bereitzustellen, musste sich Benckiser als Mittelbetrieb weit hinter den benachbarten Großbetrieben anstellen.

Tab. 9: Belegschaftsentwicklung und Belegschaftsstruktur bei der Chemischen Fabrik Joh. A. Benckiser GmbH, Ludwigshafen 1939 bis 1945

Jahr	Arbeiter	Angestellte	Insgesamt	Davon Zwangsarbeiter
1939	293	228	521	--
1940	259	188	447	10 franz. Kgf. sowie ca. 10 Zivilarbeiter
1941	274	191	465	ca. 40 Kgf. sowie ca. 200 Zivilarbeiter
1942	371	197	568	ca. 400
1943	424	204	628	ca. 460
1944	380	195	575	324
1945	151	88	239	107 (Mitte Febr.)

Quelle: Zusammengestellt nach den Angaben in: JAB-Archiv, D 72 a sowie D 67 (Betriebsprüfberichte FA). Meldung der Geschäftsleitung Joh. A. Benckiser GmbH an die IHK Pfalz vom 4.6.1947, in: R 18/606. Die Zahlen für 1939, 1942 und 1943 aus dem Betriebsstrukturbogen vom 1.1.1944, in: D 57

Erst im September 1940 wurde die Anwerbung von französischen Fremdarbeitern zugelassen.[4] In der Landwirtschaft und im kommu-

4 Im Folgenden werden die Begriffe Zwangsarbeiter, ausländische Arbeitskräfte, Zivilarbeiter und Fremdarbeiter synonym gebraucht, ohne dass damit eine unterschiedliche Bewertung verbunden wird und etwa der letztlich doch bestehende Zwangscharakter des Arbeitsverhältnisses irgendwie relativiert werden soll. Vgl. nach wie vor grundlegend Mark Spoerer, Zwangsarbeit unter dem Hakenkreuz, München 2001, u.a. S. 16f., wo die drei Hauptkategorien Zwangsarbeiter, Kriegsgefangene und KZ-Häftlinge

nalen Bereich waren allerdings bereits polnische und französische Kriegsgefangene in und um Ludwigshafen im Einsatz. Sie wurden dabei offensichtlich aber in den Augen von Albert Reimann junior nicht hart genug herangenommen. Am 21. August 1940 beschwerte er sich beim Oberbürgermeister der Stadt Ludwigshafen darüber, dass er »seit Wochen bei den von der Stadt beschäftigten Kriegsgefangenen beobachten« müsse, dass, anders als gesetzlich gefordert, deren Arbeitskraft »auf das schärfste anzuspannen«, diese auf dem Danziger Platz »sich auf einer Weise betragen, die nicht mehr mit normaler Faulenzerei, sondern nur noch mit bewusster Sabotage der ihnen zugewiesenen Arbeit zu erklären ist«, worauf er »in meiner Eigenschaft als Ratsherr der Stadt« sich verpflichtet fühle, aufmerksam zu machen.[5] Die daraufhin erfolgte Untersuchung ergab allerdings,

in vier Schicksalsgruppierungen unterteilt werden: »freiwillige ausländische Zivilarbeiter«, d.h. vor allem Arbeitskräfte aus verbündeten Ländern wie Italien, Bulgarien und Kroatien, »Zwangsarbeiter mit Einfluss auf ihre Existenzbedingungen«, d.h. Arbeitskräfte aus den besetzten westeuropäischen Ländern, etwa Belgien, Frankreich und den Niederlanden, »Zwangsarbeiter ohne Einfluss auf die Existenzbedingungen«, d.h. Arbeiter aus Polen, Russland und der Ukraine sowie italienische Kriegsgefangene, und schließlich Zwangsarbeiter ohne jeglichen Einfluss auf ihre Existenzbedingungen, im englischen Sprachgebrauch oft auch als slave labourer bezeichnet, d.h. sowjetische Kriegsgefangene, KZ-Häftlinge, aber auch Häftlinge aus Arbeitserziehungslagern. Vgl. dazu auch Marc Buggeln, Unfreie Arbeit im Nationalsozialismus. Begrifflichkeiten und Vergleichsaspekte zu den Arbeitsbedingungen im Deutschen Reich und in den besetzten Ländern, in: Michael Wildt/Marc Buggeln (Hrsg.), Arbeit im Nationalsozialismus, München 2014, S. 231-252. Auch das System des Zwangsarbeitereinsatzes im NS-Regime und die darin involvierten zahlreichen staatlichen, militärischen, kommunalen und parteiamtlichen Behörden, Organisationen und Verwaltungen soll hier nicht näher beschrieben werden, sondern auf die bereits erwähnte ausführliche und detaillierte Studie von Eginhard Scharf verwiesen werden.

5 Das Schreiben vom 21.8.1940, in: StadtA Lu, ZR II, 2046. Im Zusammenhang mit den diversen kriegswirtschaftlichen Maßnahmen ist auch im März 1940 die einzige Wortmeldung von Albert Reimann junior im Stadtrat protokolliert. Auf der entsprechenden Sitzung ging es unter anderem auch um das vertragliche Verhältnis von Ludwigshafen und Mannheim hinsichtlich gemeinsamer Stadtwerke und einer gemeinsamen Straßenbahnlinie. Reimann äußerte dazu, dass man doch prüfen solle, ob der damalige Vertrag von 1926 nicht gegen die guten Sitten verstoße und daher unwirksam sei.

dass die beaufsichtigenden städtischen Angestellten die Arbeit der französischen Kriegsgefangenen nachgerade als geschickt, ordentlich und sauber lobten.[6]

Seit Herbst 1940 nahm der Zwangsarbeitereinsatz in und um Ludwigshafen schnell zu. Neben Kriegsgefangenen wurden nun auch Fremdarbeiter aus den inzwischen besetzten Ländern eingesetzt. Im Juni 1941 arbeiteten bereits 2600 Kriegsgefangene und 7500 zivile ausländische Arbeitskräfte in Ludwigshafen, darunter ca. 4300 Italiener, die als verbündete Faschisten in einem Sonderprogramm zum Luftschutzbau nach Deutschland gekommen waren.[7] Zum massenhaften Ausländereinsatz kam es in Ludwigshafen erst seit dem Frühjahr 1942, als der Zwangseinsatz der Ostarbeiter und die inzwischen ebenfalls aufgrund von mehr und mehr erzwungenen Deportationen aus Frankreich erfolgenden Ausländertransporte die Zahl der Zwangsarbeiter in Ludwigshafen auf über 21.000 anschwellen ließ.[8] Die Monatsberichte der Arbeitsämter und vor allem auch der IHK für die Pfalz zur Arbeitseinsatzlage geben ein beredtes Bild der Folgen von Auskämmaktionen und Facharbeitermangel, der schlechten Arbeitsdisziplin der zwangsverpflichteten deutschen Arbeitskräfte und den höchst schwankenden Zuteilungen von ausländischen Zwangsarbeitern und Kriegsgefangenen in den einzelnen Branchen.[9] »In zunehmendem Masse [erhebt] sich heute neben dem ›Schrei nach Kriegsgefangenen‹ ganz allgemein der ›Schrei nach dem Ausländer‹«, hieß es dazu etwa im IHK-Lagebericht für September 1941.[10] Zwar erforderten dafür notwendige Umschulungsmaßnahmen und Sprachschwierigkeiten erheblichen Zeit- und auch personellen Aufwand, aber der war auch beim Einsatz von deutschen Frauen notwendig,

Vgl. Niederschrift über die nichtöffentliche Beratung der Ratsherren vom 4.3.1940, S. 8, in: Stadt LU, Ratssitzungsprotokolle.

6 Vgl. die Stellungnahmen sowie das dann am 9.9.1940 ergangene Antwortschreiben des Bürgermeisters an Reimann junior, in dem dieser die Anschuldigungen zurückwies, in: ebd.

7 Vgl. Scharf, S. 73.

8 Vgl. ebd., S. 73f.

9 Vgl. etwa Bericht der IHK vom August 1941 und September 1941, in: IHK-Archiv 12 a – 4/1. Vgl. dazu auch Mörz, Ludwigshafen, Bd. 2, S. 369ff.

10 Vgl. IHK-Bericht September 1941, S. 14, in: IHK-Archiv 12 a – 4/1.

»deren Arbeitsdisziplin als nicht gut zu bezeichnen ist«, wie die IHK beklagte.[11] Tatsächlich zeichneten auch die Berichte des für Ludwigshafen zuständigen Rüstungskommandos Mannheim 1942 allenthalben ein positives Bild von der Arbeitswilligkeit und dem fachlichen Können der russischen Kriegsgefangenen und Ostarbeiter, die gleichermaßen jedoch in unterernährtem Zustand bei den Betrieben ankamen, was diese zur Beschaffung zusätzlicher Lebensmittel für die Leistungssteigerung veranlasste.[12] Anfang Juni 1942 verfasste das Rüstungskommando nach der Besichtigung verschiedener Betriebe über den Gesundheitszustand, die Ernährung und den Arbeitseinsatz russischer Kriegsgefangener und Ukrainerinnen einen umfangreichen Bericht, aus dem die »außerordentlich verschiedenen Erfahrungen über diesen Einsatz« deutlich werden.[13]

Nur wenig später fand dazu auch eine Sitzung beim Arbeitsamt Ludwigshafen statt. Diesmal ging es vor allem um den Einsatz der russischen Zwangsarbeiter, und neben den Vertretern der größten Unternehmen wie der IG Farben, Raschig, der Gebr. Giulini und anderer waren auch der Kreisobmann der DAF, Vertreter der Gestapo, der IHK und des Rüstungskommandos anwesend.[14] Inhalt und Ablauf der Besprechung sind geradezu paradigmatisch für die Haltung der NS-Funktionsträger gegenüber den russischen Zwangsarbeitern, aber auch für die unterschiedlichen ideologischen und industriellen Interessen der Beteiligten. Ausgangspunkt war die Feststellung eines allgemeinen Leistungsabfalls der russischen Zwangsarbeiter, dem man behördlicherseits wie auch von Unternehmensseite mit einer Reihe von Maßnahmen, vor allem der Einführung von Leistungsklassen – letztlich ein ausgeklügeltes Zwangs- und Ausbeutungssystem – entgegenwirken wollte. Die Diskriminierung der Ostarbeiter bei der Entlohnung wie bei der Lebensmittelversorgung und auch der Unterbringung hatte massive Produktivitätsrückgänge bewirkt, und da man zu diesem Zeitpunkt davon ausging, »dass uns die Ausländer

11 Ebd.

12 Vgl. Bericht Kriegstagebücher Rüstungskommando Mannheim vom Mai 1942, S. 22, in: BA Freiburg, Militärarchiv, RW 21-44/4.

13 Vgl. RüKo-Bericht vom Juni 1942, S. 24ff., in: ebd.

14 Vgl. dazu den ausführlichen sechsseitigen Aktenvermerk über die Sitzung am 13.7.1942, in: BArch MA Freiburg, RW 21-44/4, Bl. 77-79, sowie auch die Erwähnung bei Scharf, S. 119.

auf Jahre hinaus als Arbeitskräfte im Reich bleiben«, müsse, so der Appell der Behördenvertreter an die Unternehmen, dafür gesorgt werden, »dass diese Ausländer in ihren Unterkünften ihre Heimat sehen.«[15] Gleichzeitig müssten die Betriebe jedoch auch besonderen Augenmerk auf »schlechte Elemente« richten, »die oft in ihrer Arbeit sehr gut, aber für die Stimmung gefährlich [sind].«[16] Noch bereitete zu diesem Zeitpunkt den Behörden vor allem auch die offensichtliche Diskrepanz Sorgen, »dass den Russen bei der Anwerbung große Versprechungen gemacht worden seien, die dann im Gegensatz zu dem stehen, was die Leute tatsächlich vorgefunden haben.«[17] Die Unternehmen ihrerseits verlangten von den Arbeitskräfte-Behörden eine bessere »Vorsortierung« der Fremdarbeiter nach Qualifikation und Leistungsvermögen, und der Personalleiter der Gebr. Giulini forderte gar – unter dem Eindruck des »schlechten Einflusses der französischen Kriegsgefangenen auf die Arbeitsleistung der Ostarbeiter« –, möglichst bald zu einer Vereinheitlichung der Nationalitäten in den Betrieben überzugehen. Der Vertreter der IG Farben schlug vor, den russischen Zivilarbeitern dieselbe Verpflegung wie den anderen Ausländern zugutekommen zu lassen, es gab auch ein Plädoyer, das Lohn-Niveau der Russen dem der Belgier und Franzosen anzugleichen. Doch all dem wurde von dem DAF-Kreisobmann massiv widersprochen. Zur Leistungssteigerung müssten auch alle zur Verfügung stehenden Strafmaßnahmen angewandt werden, »unwürdige Prügelszenen« seien jedoch tunlichst zu vermeiden.

Letztlich ging es allen Unternehmensvertretern darum, bei der Art und Weise der Behandlung der Zwangsarbeiter »Herr im Hause« zu sein und nach eigenem Gutdünken bei Leistungsanforderungen, Unterkunft, Freizeit- und Ausflugsgewährung, Entlohnung und Sanktionen im Fall von »gefolgschaftsschädlichem Verhalten« agieren zu können. Arbeitsamt, DAF-Vertreter und die Mehrheit der Betriebsführer waren sich denn auch einig, dass Letztere die Möglichkeit haben müssten, einen Russen, den er für einen Aufwiegler hielt, umgehend aus dem Betrieb zu entfernen und als abschreckendes Beispiel für alle übrigen in ein Straflager einweisen zu lassen. Auch

15 Ebd. Bl. 78.
16 Ebd.
17 Ebd.

die Prügelstrafe war nicht etwa abzulehnen, sondern solle »nur da angewendet werden, wo sie unbedingt erforderlich ist, und dann unter Ausschluss der [betrieblichen] Öffentlichkeit in Verbindung mit einer Arreststrafe.«[18]

Albert Reimann junior oder ein anderer Vertreter von Benckiser war bei diesem Treffen nicht anwesend, vermutlich weil der Anteil der russischen Zivilarbeiter hier mit 49 Männern vergleichsweise niedrig war. Die überwiegende Anzahl der Ostarbeiter bei Benckiser stammte aus der Ukraine, und die deutschen Behörden unterschieden in der Regel sehr genau zwischen ukrainischen und russischen Herkunftsgebieten der nach Deutschland deportierten Arbeitskräfte. Bei der Besprechung im Ludwigshafener Arbeitsamt hatten etwa auch einige Unternehmensvertreter mit Erstaunen registriert, »dass die Ukrainer von den echten Russen als minderwertig empfunden werden und umgekehrt.«[19] Wie auch immer: Mit ziemlicher Sicherheit hätte Reimann junior aber zu den »Falken« unter den Unternehmensvertretern in Bezug auf den Umgang mit den Zwangsarbeitern gehört und auch die Position des Herr-im-Hause-Standpunkts vehement ebenso vertreten.

Bei Benckiser selbst waren die ersten zehn Kriegsgefangenen aus Frankreich sowie auch weitere ca. zehn Fremdarbeiter aus Holland und Belgien im Herbst 1940 eingesetzt worden. In der Folgezeit stiegen die Zahlen rapide bis 1942 auf ca. 400, wobei über den Umfang der Zwangsarbeiterbeschäftigung bei Benckiser genaue Zahlen fehlen und es nachträglich widersprüchliche Äußerungen gab. Reimann junior sprach selbst von insgesamt rund 400 beschäftigten Fremdarbeitern, seine Sekretärin Lisli Happach dagegen von 400 bis 500 Zwangsarbeitern.[20] Einige Franzosen waren offenbar Söhne oder Verwandte von Geschäftsfreunden der Firma Benckiser gewesen, mit denen das Unternehmen vor und auch während des Krieges enge Beziehungen

18 Ebd., Bl. 79.
19 Ebd.
20 Vgl. die Angaben im Entnazifizierungsverfahren GLA Karlsruhe 465 q, Nr. 2884, Notiz vom 7.10.1946 bzw. Aussage Happach im Entnazifizierungsverfahren gegen Hans Dubbers vom 2.9.1947, in: GLA Karlsruhe 465 f. Nr. 900.

sowohl als Abnehmer und Kunden wie als Lieferanten unterhielt.[21] Einen gewissen Grad der Freiwilligkeit hatte es dabei bei Franzosen, Holländern, Italienern und auch Ukrainern zunächst durchaus noch gegeben, der jedoch schnell einem starken Zwangscharakter wich, als die in der Regel auf ein Jahr abgeschlossenen Arbeitskontrakte von den deutschen Behörden einseitig verlängert und Heimreisen praktisch nicht mehr gestattet wurden. Einige Franzosen waren zu Benckiser auch gekommen, um den Austausch gegen kriegsgefangene Verwandte oder Familienangehörige zu ermöglichen. Von Freiwilligkeit konnte auch hier keine Rede mehr sein. Erst im November 1943 finden sich in den Akten Angaben zum Umfang und vor allem auch zur Struktur und Zusammensetzung der ausländischen Arbeitskräfte bei Benckiser, wobei sich die hier angegeben 276 Arbeiter und zwei Angestellten – eine von ihnen war die ukrainische Mikrobiologin Olga Bajan – nur auf das Werk in Ludwigshafen beziehen können.

Tab. 10: Struktur der Zwangsarbeiter im November 1943 bei der Chemischen Fabrik Joh. A. Benckiser GmbH, Ludwigshafen

Nation	Arbeiter	Angestellte	Männer	Frauen	Kgf.
Ostarbeiter	49	2	13	38	
Franzosen	205		k.A.	k.A.	4
Italiener	10		k.A.	k.A.	6
Holländer	5		k.A.	k.A.	
Serben	3		k.A.	k.A.	
Kroaten	2		k.A.	k.A.	
Polen	1		k.A.	k.A.	
Spanier	1		k.A.	k.A.	
Insgesamt	276	2	134	38	10

Quelle: Gefolgschaftsmeldung vom 15.11.1943, in: JAB-Archiv D 57 sowie auch Benckiser-Chronik II, S. 135

21 Vgl. Notiz Dubbers vom 29.5.1946 betr. Behandlung ziviler ausländischer Arbeitskräfte, in: GLA Karlsruhe 465 f., 900, Bl. 73.

Der Anteil der Frauen, die sämtlich Ostarbeiterinnen waren, dürfte allerdings höher gewesen sein und ca. 60 Personen betragen haben.[22] Die zur gleichen Zeit beim Bau des Werks Ladenburg eingesetzten ca. 140 bis 200 französischen Fremdarbeiter wurden hier offensichtlich nicht mitgezählt. Wie auch immer die exakten Zahlen im Einzelnen gewesen sein mögen, bemerkenswert ist zum einen, dass der weit überwiegende Anteil der Zwangsarbeiter aus Frankreich kam, während die Ostarbeiter deutlich in der Minderzahl waren, wobei allerdings unter ihnen die Gruppe der jungen Ukrainerinnen, die praktisch sämtliche weibliche Zwangsarbeiterinnen stellten, herausstach.[23] Anfang Juni 1942 war dazu sogar der Leiter für Arbeitseinsatz der Reichsstelle Chemie nach Ludwigshafen zu einer Werksbesichtigung bei Benckiser gekommen, »auch, um einmal einen plastischen Eindruck von unserer Firma [zu gewinnen] sowie dabei vor allem den Einsatz der Ukrainerinnen im Produktionsbetrieb kennenzulernen.«[24] Reimann junior benutzte den Besuch gleich auch dazu, sich Rückendeckung bei den Arbeitskräfteanforderungen zu verschaffen. »Auch Dr. Schroeder vertritt den gleichen Standpunkt, den wir schon vor acht Tagen dem Arbeitsamt Ludwigshafen gegenüber vertreten haben«, hieß es dazu in einer internen Notiz, »dass es vertretbar ist, bei der Ersatzanforderung nicht nur den zahlenmäßig durch Einberufungen entstehenden Ausfall anzufordern, sondern im Hinblick auf die geringere Leistung der Ausländer, die ja nur als Ersatz in Frage kommen, bei der Anforderung etwas höher zu gehen. Ohne sich damit festlegen zu wollen, hält er eine Überschreitung der nominellen Ziffern von 20 Prozent als verantwortbar.«[25]

22 So auch Dubbers in seiner eidesstattlichen Erklärung vom 29.5.1946 betr. Behandlung ziviler ausländischer Arbeitskräfte, in: GLA Karlsruhe 465 f., 900, Bl. 69.

23 Vgl. dazu auch der Vergleich der Ostarbeiterbeschäftigung zum Stichtag 30.6.1942 bei den übrigen Ludwigshafener Rüstungsbetrieben, unter denen vor allem die Gebr. Giulini herausstachen, wo 1058 Ostarbeiter und Ostarbeiterinnen eingesetzt waren, gefolgt von den IG Farben mit 638 Ostarbeiter, in: Scharf, S. 77. Bei den Gebr. Giulini war aber insgesamt ebenfalls der Anteil der »Westarbeiter«, insbesondere Belgier, Franzosen, Italiener, Holländer und Dänen, mit 2363 fast doppelt so hoch wie der der Ostarbeiter.

24 Notiz Emig vom 12.6.1942, in: JAB-Archiv D 57.

25 Ebd.

Zum anderen wird der deutliche Rückgang der Zwangsarbeiterbeschäftigung bei Benckiser in der Zeit nach dem Spätherbst 1943 bis zum Frühjahr 1945 sichtbar. Zum 1. Januar 1944 verzeichnen die Akten nur noch 174 Ausländer unter der Belegschaft (40 Frauen und 134 Männer), am 16. Februar 1945 waren es dann nach einer Aufstellung des Lohnbüros nur noch 107, davon 56 Ostarbeiter, darunter noch 22 Ukrainerinnen, und 51 »Westarbeiter«, wobei diese wiederum in 14 Handwerker und 37 Betriebsarbeiter unterschieden wurden.[26] Im Durchschnitt betrug der Ausländeranteil bei den Arbeitern 46 Prozent, bei den Arbeiterinnen 29 Prozent, und der Gesamtdurchschnitt 44 Prozent, was im Vergleich zu großen Rüstungskonzernen, wo der Anteil der Zwangsarbeiter bis zu 60 und 70 Prozent betrug, eher gering war bzw. unter dem Durchschnitt lag.[27] Berücksichtigt man, drittens, die hohen Fluktuationsraten unter den Zwangsarbeitern, die insbesondere für die am Bau von Ladenburg eingesetzten Franzosen zutrafen, dann war die tatsächliche Zahl der Ausländer, die auf ihrer Odyssee als Zwangsarbeiter in Deutschland kürzer oder länger für Benckiser arbeiten mussten, deutlich höher als die genannten 400 bis 500 Männer und Frauen und dürfte etwa bei ca. 1000 gelegen haben.[28]

Albert Reimann senior wie junior wussten vermutlich selbst nicht genau, wieviele ausländische Arbeitskräfte im Unternehmen beschäftigt waren und wo sie arbeiteten. Das Interesse des Juniors, der inzwischen immer mehr die Fäden beim operativen Tagesgeschäft in der Hand hielt, galt in zunehmendem Maße der Aufrechterhaltung der Produktionsfähigkeit im Allgemeinen und der Produktionsleistung im Besonderen bei der von nationaler wie fachlicher Heterogenität und wachsenden Fluktuationen geprägten Gesamtbelegschaft. Und dabei zeigte er sich wieder einmal als rigoroser Hardliner. Angesichts der immer häufigeren Tagesalarme durch die inzwischen verstärkten Luftangriffe auf Ludwigshafen richtete Reimann junior Ende August 1942 ein Schreiben an die IHK, in dem er sich über die dadurch be-

26 Vgl. dazu die Angaben zum Belegschaftsstand vom 1.1.1944, in: ebd., sowie darin auch Notiz des Lohnbüros vom 16.2.1945.

27 Die zahlenmäßig größte Zwangsarbeiterbeschäftigung wies naturgemäß das Ludwigshafener Werk der IG Farben mit 8666 Fremdarbeitern (Januar 1943) auf. Vgl. Scharf, S. 81ff.

28 Vgl. dazu noch näher weiter unten.

wirkten »recht ungünstigen« Auswirkungen auf die kriegswirtschaftlichen Leistungen beschwerte.[29] Im Interesse der Erfüllung seiner Produktionsaufgaben halte er sich dazu verpflichtet, Fragen aufzuwerfen und eine Änderung vorzuschlagen, insofern, »ob nicht die Möglichkeit besteht, ein luftschutzmäßiges Verhalten der Zivilbevölkerung auf Zeit und Ort tatsächlicher Tagesangriffe zu beschränken und ob nicht ein gewisses Risiko, das damit verbunden sein mag, im Interesse der Kriegsproduktion in Kauf genommen werden muss. Die Zahl der Todesopfer durch Bombenabwürfe von Aufklärern kann nicht sehr erheblich sein; wahrscheinlich ist sie wesentlich geringer als die Zahl der Todesfälle, die in Friedenszeiten durchschnittlich dem Kraftverkehr zum Opfer fällt [...]. In der hiesigen Gegend sind in den letzten Wochen etwa ein Dutzend überflüssige Alarme gegeben worden, denen nur ein Bombenabwurf mit drei bis vier Opfer gegenübersteht.«[30] Am besten wäre es nach Reimanns Meinung, den Betrieben selbst Zeitpunkt und Art der zu treffenden Luftschutzmaßnahmen zu überlassen.

Doch weit schneller als erwartet wurden das Unternehmen und seine deutsche wie ausländische Belegschaft gleichermaßen von den Luftangriffen betroffen. In der Nacht vom 5. auf den 6. September 1943 erfolgte der bis dahin schwerste Bombenangriff auf Ludwigshafen, bei dem ein Großteil des Firmengebäudes und der Produktionsanlagen Benckisers zerstört wurde. Die Erfahrung der Zerstörungen war geradezu traumatisch, nicht nur für die Beschäftigten, sondern auch für Reimann junior, zumal die Werkluftschutzmaßnahmen im Unternehmen völlig versagt hatten, aber auch die städtischen Bürokratien geradezu irrational agiert hatten. Die Feuerwehr aus dem benachbarten Frankenthal durfte sich etwa erst bei den Löscharbeiten auf dem Benckiser-Gelände einschalten, als eine Genehmigung des Polizei-Präsidiums Ludwigshafen vorlag.[31] Durch den Angriff wurde der alte Schwefelsäurebau mit dem dortigen Citretten- und Fibrisol-Betrieb weitgehend zerstört, daneben die Seifenversuchsanlage und

29 Das Schreiben vom 27.8.1942, in: JAB-Archiv D 57.

30 Ebd.

31 Vgl. den detaillierten Bericht von Reimann junior über die Erfahrungen beim Großangriff vom 5./6.9.1943, in: JAB-Archiv D 57. Vgl. dazu auch Benckiser-Chronik II, S. 128ff.

das Kesselhaus. In anderen Gebäuden wurde die Metasilikat-Anlage getroffen, große Teile der Packmittel- und Rohwarenbestände fielen den Flammen zum Opfer. Am nahe gelegenen Rheinhafen gingen zudem die gesamten Sodavorräte des Phosphatbetriebes verloren.[32]

Nur langsam konnte Benckiser wieder die Produktion aufnehmen und begann auch umgehend mit Verlagerungsmaßnahmen. Der Citretten- und Fibrisol-Betrieb mit insgesamt 36 Gefolgschaftsmitgliedern wurde nach Deidesheim in eine beschlagnahmte Konservenfabrik verlegt, weitere Ausweichlager in der näheren Umgebung der Bergstraße und des Neckartales eingerichtet, und auch die Finanzbuchhaltung sowie die Betriebswirtschaftliche Abteilung, die einen erheblichen Teil ihrer Unterlagen verloren hatten, bezogen Ausweichbüros in der Winzereigenossenschaft im ca. 30 km von Ludwigshafen entfernten Hambach bei Neustadt.[33] Die Phosphatabteilung wurde nach Ladenburg verlegt, allerdings in ein Gasthaus, da das geplante neue Werk dort noch immer erst ein Torso war. Eine Reihe von Abteilungen wie die Technische Abteilung, das Laboratorium und die Säure-Abteilungen wurden in den notdürftig reparierten Gebäuden an der Frankenthaler Straße wieder provisorisch untergebracht, letztlich aber war der gesamte Betriebs- und Verwaltungsablauf nun zerrissen. Das komplexe Zusammenspiel von Rohstofflogistik und -vorratshaltung auf der einen und die Produktionsprogramme mit den vorgegebenen Soll-Zahlen auf der anderen Seite, das durch ein ausgeklügeltes betriebliches Planungssystem trotz des Krieges bisher relativ gut funktioniert hatte, brach von einem Tag auf den anderen zusammen. Die Produktionsziffern für den Rest des Jahres, die noch bei Weinsäure 200 t, bei Zitronensäure 200 t und bei phosphorsauren Salzen 350 t vorgesehen hatten, wurden zur Makulatur.[34] Benckiser sollte sich letztendlich nie mehr von diesem Einbruch erholen, zumal der Luftkrieg über Ludwigshafen in den folgenden Monaten erst richtig losgehen sollte und – was vor allem Reimann senior maßlos erbitterte – der Konkurrent Boehringer von jeglichen Zerstörungen

32 Vgl. ebd.
33 Vgl. dazu die Bestandsaufnahme und Verlagerungen in der Notiz vom 10.9.1943, in: JAB-Archiv D 57.
34 Vgl. Notiz Emig vom 30.9.1943, in: ebd.

durch Bomben verschont geblieben war, was auch bis Kriegsende so bleiben sollte.

Ungeachtet aller Widrigkeiten machte sich aber Reimann junior, der von den Luftangriffen selbst betroffen war und wegen der Zerstörung seiner Ludwigshafener Unterkunft nun seinen Wohnsitz nach Heidelberg verlegt hatte, an die Wiederingangsetzung der Produktion. Anfang Oktober 1943 wurde die wegen der Zerstörungen zunächst reduzierte Arbeitszeit für die Arbeiter im Produktionsbetrieb, dann auch für die kaufmännischen und technischen Gefolgschaftsmitglieder im Verwaltungsbereich wieder auf 53 Wochenstunden angehoben. Einen erheblichen Teil seiner Arbeitszeit musste Reimann junior aber für den Kampf mit der lokalen und regionalen Kriegswirtschaftsbürokratie aufwenden. Am 15. September war eine vielköpfige Schadensfeststellungs- und Wiederherstellungskommission des Gaus Westmark nach Ludwigshafen ins Werk gekommen, um die einzuleitenden Sofortmaßnahmen des Wiederaufbaus und die hierfür erforderlichen Materialanforderungen festzulegen.[35] Diese Anforderungen waren dann beim zuständigen Wehrkreisbeauftragten in Neustadt in vierfacher Ausfertigung einzureichen, allerdings erstreckten sich dessen Vollmachten nur auf bauliche Maßnahmen. Maschinenersatz aufgrund von Fliegerschadensmeldungen musste direkt bei den Lieferfirmen beantragt werden. Letztlich lief es nur auf die Erstellung dürftiger Notdächer über den Produktionsstätten hinaus.

Nicht minder zeit- und nervenaufwändig waren die Verhandlungen im Zusammenhang mit den Verlagerungsmaßnahmen. Nachdem vorab Dutzende Bestätigungen über die Notwendigkeit der Verlagerungen beigebracht worden waren, stieß man bei den örtlichen Behörden – im Fall von Benckiser war es der Sonderausschuss Textilien und dessen in Kaiserslautern sitzender Beauftragter Direktor Peter Adolff – auf nachgerade Resistenz was die notwendige Suche nach geeigneten Auslagerungsbetrieben anging, die sich im Fall der Auswahl mit massiven Einschränkungen abfinden mussten, um Platz für die verlagerten Rüstungsbetriebe zu schaffen.[36] Die betroffenen

35 Vgl. dazu das ausführliche von Reimann junior selbst erstellte Protokoll des Besuchs vom 15.9.1943, in: JAB-Archiv D 57.

36 Vgl. dazu die umfangreiche Notiz Emigs über die entsprechenden komplizierten Verlagerungsgespräche vom 20.10.1943, in: ebd.

Textilbetriebe, so wurde Benckiser erklärt, würden dafür eine Entschädigung von der zu verlagernden Firma verlangen, zudem würde die gesamte Arbeiterschaft vor Ort mit allem Drum und Dran wie Werksküche und Unterbringung von der Textilfirma gestellt, die Benckiser aber auch bezahlen musste. Von der Belegschaft selbst könnte diese nur Meister und Chemiker entsenden. Das Ganze lief auf einen komplizierten und vor allem auch für Benckiser kostspieligen Lohnverarbeitungsvertrag hinaus. Die geplante Verlagerung des Fibrisol- und Citretten-Betriebes mit 50 Arbeiterinnen und 20 Arbeitern kostete demnach, so rechnete der Benckiser-Buchhalter Emig aus, anstatt der bisherigen rund 12.500 RM Monatslohnsumme künftig mindestens 19.000 RM, mit entsprechenden Rückwirkungen auf den schrumpfenden Gewinn bei den beiden Produkten.[37] Als letztes und alternatives Mittel blieb zwar die Beschlagnahme der aufnehmenden Textilbetriebe, aber ehe derartige Maßnahmen den dafür notwendigen bürokratischen Prozess durchlaufen hatten, war wochen- oder gar monatelang wertvolle Zeit verloren gegangen. Dass diese Befürchtungen nicht unbegründet waren, hatte Benckiser-Buchhalter Emig bei einem Besuch beim Rüstungskommando I in Saarbrücken erfahren müssen, wo er wegen des notwendigen Verlagerungsgenehmigungsbescheids vorstellig geworden war, dort mit zahlreichen Hinweisen versorgt wurde: auf neue Erlasse und deren Veröffentlichung im Reichsanzeiger Nr. 209 vom 1.9.1943, auf die notwendige Miteinschaltung der Gauwirtschafskammer, verbunden mit Klagen über die mangelhafte Kommunikation mit dem Rüstungskommando Ludwigshafen, das ebenfalls involviert werden musste. Den nötigen Bescheid erhielt Emig aber nicht.[38]

Die Chemische Fabrik Joh. A. Benckiser GmbH feierte daher ihr 120-jähriges Gründungsjubiläum im August 1943, das mit dem 75-jährigen Geburtstag von Albert Reimann senior zusammenfiel, in einer höchst kritischen Phase der Unternehmensentwicklung, in der es nichts zu feiern gab. Schon das 100-jährige Jubiläum 1923 war in die Phase der Ruhrbesetzung gefallen und schon damals auch keine Jubiläumsgratifikation oder ähnliches an die Belegschaftsmitglieder

37 Vgl. ebd.

38 Vgl. Notiz Emig vom 21.10.1943 betr. Verhandlungen mit Rü-Ko-Dipl. Ing. Zimmermann, in: ebd.

ausgegeben worden. Diesmal bestand dagegen durchaus über eine Sondergenehmigung des Reichstreuhänders der Arbeit die Möglichkeit, jenseits des geltenden Lohnstopps eine Sondergratifikation an die Gefolgschaft zu verteilen. Aber Reimann senior notierte unter einen entsprechenden Vorschlag von Buchhalter Emig an die Geschäftsleitung handschriftlich nur kurz »abgesagt«.[39] Am 23. November 1943 informierte Reimann senior dann in einer knappen Bekanntmachung über den faktisch schon länger erfolgten und nun formal vollzogenen Wechsel in der Unternehmensleitung. »Nachdem seit längerer Zeit die Funktion des Betriebsführers mehr und mehr auf Herrn Dr. Reimann junior übergegangen ist, ernenne ich nunmehr diesen zum Betriebsführer und trete meinerseits von diesem Amte zurück. Ich bitte die Gefolgschaft, Herrn Dr. Reimann junior, der auch in meinem Sinne arbeitet, auch weiterhin das bisherige Vertrauen entgegenzubringen.«[40] Dieser hatte kurz zuvor schon in einer Bekanntmachung an die Gefolgschaft den Durchhaltewillen und die Leistungsmobilisierung der Gefolgschaft nicht nur beschworen, sondern geradezu als Pflicht eingefordert. »Zuwiderhandelnde haben sich im Rahmen unserer Betriebsordnung zu verantworten.«

Mit Genugtuung hatte Reimann junior auch eine detaillierte Untersuchung der betriebswirtschaftlichen Abteilung zur Kenntnis genommen, die Anfang August 1943 einen Kosten- und Produktivitätsvergleich der Jahre 1939 bis 1942 vorgenommen hatte. Darin zeigten sich nicht nur trotz des Anstiegs der Lohnempfänger einschließlich der Fremdarbeiter vergleichsweise moderate Lohnkostensteigerungen, sondern vor allem auch deutliche Produktivitätszuwächse. Die durchschnittlichen Stundensätze lagen nahezu unverändert bei 0,83 RM (1939) bzw. 0,85 RM (1942), bezogen auf die erzeugten Mengen an Säuren und Phosphaten jedoch waren 1942 16,2 t je Arbeiter produziert worden, 1938 waren es erst 15,5, t gewesen.[41] Trotz des inzwischen hohen Frauen- und Ausländeranteils hatte sich mithin die Arbeitsleistung gesteigert. Die Aufstellung zeigte aber auch drei weitere bemerkenswerte Dinge: Erstens waren die schon vor dem

39 Schreiben Emig vom 26.8.1943, in: JAB-Archiv TV 14 B.
40 Die Bekanntmachung vom 23.11.1943, in: JAB-Archiv D 57.
41 Vgl. die Zusammenstellung vom 5.8.1943, in: JAB-Archiv D 57 sowie dazu auch Benckiser-Chronik II, S. 137.

Krieg erheblichen Unterschiede der Entlohnung zwischen Männern und Frauen weiter gestiegen. 1942 erhielt eine Arbeiterin bei Benckiser 0,64 RM Stundenlohn, ihr männlicher Kollege dagegen 1,16 RM. Zweitens hatten anders als bei den Arbeitern die Gehälter und Gratifikationen der Angestellten im Lauf des Krieges stark zugenommen. Und drittens wurden bei diesen Aufstellungen und Berechnungen die Lohnkosten für die französischen Leiharbeiter, die beim Bau von Ladenburg eingesetzt wurden, nicht erfasst. Denn das hätte das von der betriebswirtschaftlichen Abteilung gezeichnete positive Bild gründlich verhagelt. Die Franzosen kosteten durch die dazwischengeschalteten Leiharbeitsfirmen erheblich mehr als ein durchschnittlicher deutscher Facharbeiter. In einer internen Notiz wurde eine Lohndifferenz zwischen den ausländischen und deutschen Bauarbeitern von ca. 600.000 RM konstatiert, die Benckiser mithin als Mehrkostenaufwand hatte, was man dann auch gegenüber dem Finanzamt beklagte, weshalb man entsprechende Sonderabschreibungen forderte.[42]

Auch anderweitig hatte es eine Reihe von personellen und organisatorischen Veränderungen gegeben. Sie waren angesichts der anhaltenden Herausforderungen der Arbeitskräftemobilisierung und der damit verbundenen ständigen Kontakte und Interventionen bei den dafür zuständigen kommunalen wie übergeordneten Behörden wie den Rüstungskommandos erforderlich geworden, die auch für die Einstufung von Belegschaftsmitgliedern als unabkömmlich (uk-Status) maßgeblich waren. Hans Dubbers, der Schwager von Albert Reimann junior, war, nachdem er selbst bei Kriegsausbruch kurzfristig eingezogen worden war, im Februar 1940 bereits wieder in die Dienste von Benckiser getreten. Dort hatte er im Oktober 1941 die Leitung der betriebswirtschaftlichen Abteilung übertragen bekommen, wo die junge »Halbjüdin« Emilie (Emmi) Landecker, vorher Stenotypistin in der Phosphat-Verkaufsabteilung, seine Sekretärin und Sachbearbeiterin wurde. Im September 1943 wurde Dubbers dann Leiter der Personalabteilung und damit auch für alle Belange

42 Vgl. dazu Notiz im Bilanzprüfbericht 1942, S. 27 und S. 30, in: JAB-Archiv D 25 c, sowie auch Besprechungsnotiz Emigs bei der Deutschen Industriebank AG am 19.9.1944, in: JAB-Archiv D 23. Vgl. auch Aktennotiz zur Schlussbesprechung mit dem Finanzamt vom 12.7.1946, S. 2, in: JAB-Archiv D 67.

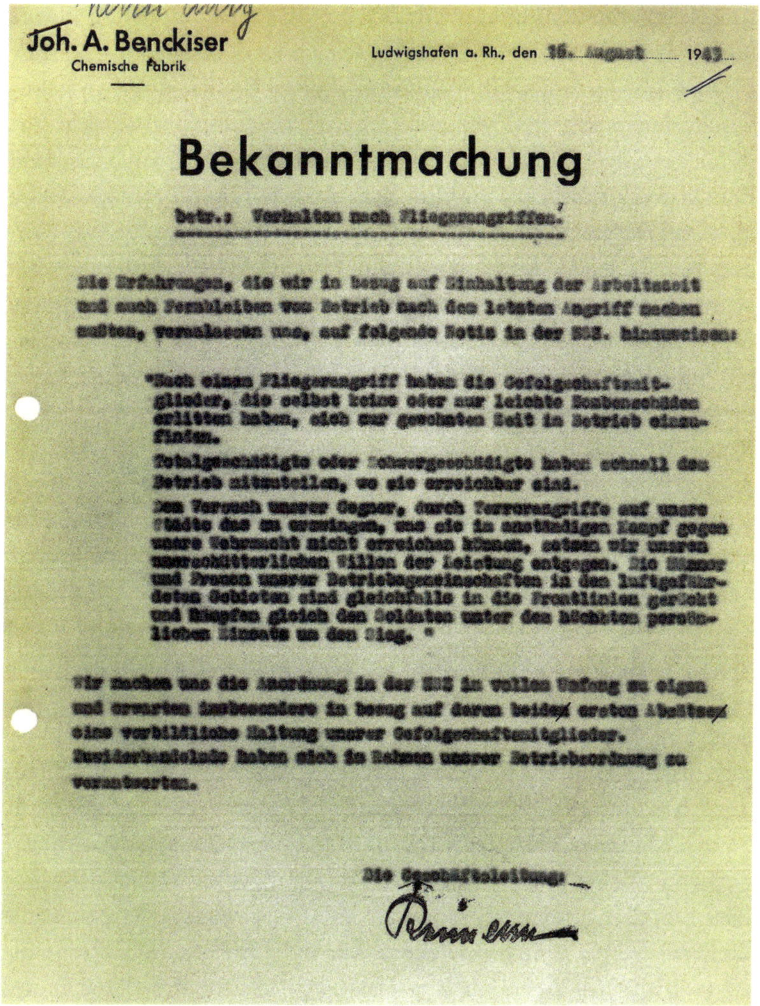

Joh. A. Benckiser
Chemische Fabrik

Ludwigshafen a. Rh., den 16. August 1943

Bekanntmachung

betr.: Verhalten nach Fliegerangriffen.

Die Erfahrungen, die wir in bezug auf Einhaltung der Arbeitszeit und auch Fernbleiben vom Betrieb nach dem letzten Angriff machen mußten, veranlassen uns, auf folgende Notiz in der NSZ. hinzuweisen:

"Nach einem Fliegerangriff haben die Gefolgschaftsmitglieder, die selbst keine oder nur leichte Bombenschäden erlitten haben, sich zur gewohnten Zeit im Betrieb einzufinden.

Totalgeschädigte oder Schwergeschädigte haben schnell dem Betrieb mitzuteilen, wo sie erreichbar sind.

Dem Versuch unserer Gegner, durch Terrorangriffe auf unsere Städte das zu erzwingen, was sie im anständigen Kampf gegen unsere Wehrmacht nicht erreichen können, setzen wir unseren unerschütterlichen Willen der Leistung entgegen. Die Männer und Frauen unserer Betriebsgemeinschaften in den luftgefährdeten Gebieten sind gleichfalls in die Frontlinien gerückt und kämpfen gleich den Soldaten unter dem höchsten persönlichen Einsatz um den Sieg."

Wir machen uns die Anordnung in der NSZ in vollem Umfang zu eigen und erwarten insbesondere in bezug auf deren beiden ersten Absätze eine vorbildliche Haltung unserer Gefolgschaftsmitglieder. Zuwiderhandelnde haben sich im Rahmen unserer Betriebsordnung zu verantworten.

Die Geschäftsleitung:

Reimann

Abb. 52: Bekanntmachung Reimanns vom August 1943 betr. Verhalten nach Fliegerangriffen

der Ausländerbeschäftigung und Arbeitseinsatzfragen zuständig. Das war ein innerbetrieblicher Aufstieg, der ihm auch innerhalb weniger Jahre eine Verdreifachung seiner Bezüge einbrachte, allerdings auch so gesehen werden konnte, wie es Albert Reimann junior im Nachhinein beurteilte. Der fand es »bezeichnend«, dass Dubbers »fast 5 Jahre in verhältnismäßig untergeordneter Stellung mit durchaus bescheidenen Bezügen verblieb« und auch sein erst 1943 ihm zustehendes Prokuristengehalt weit unter den Gehältern der anderen Benckiser-Prokuristen lag.[43] Er ersetzte den dafür zunächst zuständig gewesenen Prokuristen Wilhelm Emig, der infolge des zermürbenden Kampfes mit den Behörden und Partei-Stellen gesundheitlich angeschlagen war. Dubbers oblag es nun, bei den Behörden die dringend benötigten Arbeitskräfte anzufordern und auf der anderen Seite einen weiteren Abzug von Gefolgschaftsmitgliedern durch Einberufungen über möglichst viele uk-Einstufungen zu verhindern. Von einer gegenüber rassisch Diskriminierten und politisch Andersdenken toleranten Personalpolitik von Dubbers, wie es dieser durch Aufzählung der Handvoll »Halbjuden« und ehemaligen KPD- oder SPD-Mitglieder nach Kriegsende glauben machen wollte, konnte keine Rede sein.[44] Vielmehr vollzog er, ohne eigene Akzente zu setzen, in der allgemeinen Personal- und Gefolgschaftspolitik wie auch in Bezug auf die Zwangsarbeiter im Unternehmen die vorgegebenen politischen wie gesetzlichen Richtlinien. Dubbers wurde später von einigen Belegschaftsmitgliedern der Vorwurf gemacht, dass er Parteimitglieder sowie leitende Angestellte bei den uk-Stellungen wie bei der Abordnung zu Luftschutzdiensten bevorzugt habe.[45] Aber dafür gibt es keinerlei Belege, zumal in der Logik der damaligen Rüstungsbetriebe und auch der Chemischen Werke Benckiser man viel zäher die uk-Stellung eines erfahrenen Produktionsarbeiters verteidigte als die eines Verwaltungsangestellten. Für die Tätigkeit eines Personalchefs brachte Dubbers die Zuverlässigkeit und Pünktlichkeit in der Erledigung seiner Obliegenheiten und die notwendige Korrektheit

43 Notiz Reimann junior vom 10.11.1947 sowie dazu auch die spätere Darstellung von Reimann senior zum Werdegang von Dubbers vom 17.11.1947, beides in: Familienarchiv Reimann-Dubbers, Ordner Hans 1946-47.

44 Vgl. Eidesstattliche Erklärung Dubbers und zahlreiche Notizen dazu von ihm in: ebd.

45 Vgl. Schreiben des Betriebsverwalter bei Benckiser an den Entnazifizierungsverteidiger von Dubbers vom 30.12.1947, in: GLA Karlsruhe 465 f/900, Bl. 84.

mit, so lautete der Tenor von dessen Beurteilung. »Die Fähigkeit, Angestellte zu behandeln oder gar zu führen besaß er entsprechend seines sehr zurückhaltenden Wesens nicht. Er wurde Personalchef und damit Prokurist, weil der Vorgänger versagte und weil kein anderer geeigneterer Beamter zur Verfügung stand.«[46]

Dies betraf auch die Haltung von Dubbers gegenüber den Zwangsarbeitern. Er sorgte im Rahmen der Möglichkeiten und auch in Erfüllung der bestehenden offiziellen DAF-Richtlinien für hinreichende Unterkunft und Verpflegung, ohne aber in direkten Umgang mit diesen zu kommen, was er den Lagerleitern, Vorarbeitern, Abteilungsleitern und vor allem dem Betriebsobmann überließ. »Im Werk Ludwigshafen und Ladenburg arbeitete eine unübersehliche Zahl von französischen Kommunisten«, so hieß es in einem Schreiben eines Benckiser-Arbeiters dazu später, »die nicht selten allerlei Unerlaubtes verübten. Obwohl Herr Dubbers von deren Einstellungen und Machenschaften unterrichtet war, hat er diese Männer nicht mit den seinerzeit üblichen Strafen liquidiert, sondern hat, wo immer es möglich war, dafür gesorgt, dass diese Leute in ihr eigenes Land zurückkehren konnten oder dass sie unter gewissen Vergünstigungen ihren Arbeitsplatz wechseln konnten.«[47] Das war zweifellos im Exkulpationsbemühen erheblich übertrieben, aber es traten später keinerlei Belastungszeugen gegen Dubbers aus den Reihen der ehemaligen Zwangsarbeiter auf, die ihm Unkorrektheit vorwarfen, geschweige denn, dass es entsprechende Vorwürfe von deutschen Benckiser-Belegschaftsangehörigen gegeben hat.

Dubbers' Aufgaben konzentrierten sich denn auch vor allem darauf, die in der Gefolgschaft durch welche Gründe auch immer gerissenen Lücken zu füllen. Wie zermürbend und letztlich auch erfolglos die Bemühungen um neue Arbeitskräfte waren, zeigte sich etwa im Oktober 1943, als Benckiser bei der Wirtschaftskammer Ludwigshafen wie beim dortigen Arbeitsamt für die Aufrechterhaltung der Produktion im Säurebetrieb zusätzlich 30 Arbeitskräfte angefordert hatte, dazu auch dringend 20 Handwerker aller Art für die Instandhaltung der

46 Ebd.

47 Entlastungszeugnis der schweizerisch-italienischen Fremdarbeiterin Gertrud Vecellio vom 29.10.1946, in: ebd. Vgl. auch eine weitere eidesstattliche Erklärung Vecellios vom 21.4.1947, in: JAB-Archiv TV 8 b.

Apparaturen und Einrichtungen.[48] Angesichts der nach wie vor infolge der Luftkriegszerstörungen nachwirkenden stark eingeschränkten Produktionskapazitäten tat man sich allerdings dabei gegenüber den Behörden schwer. Um den Forderungen Nachdruck zu verschaffen, war Reimann senior extra nach Berlin zur Reichsstelle Chemie gefahren, um allerdings dort nur ebenfalls zu hören zu bekommen, dass im Augenblick keine Kräfte mobil gemacht werden könnten. Höchst mobil zeigte sich aber die Arbeitskräftebürokratie, die im Dezember 1943 per Rundschreiben wieder einmal ein neues Zuteilungsverfahren auf besonderen Formularen, die bei den Rüstungskommandos einzureichen waren, ankündigte.[49] Im Mai 1944 stand Benckiser, obwohl die Behörden die Betriebslage vor Ort inzwischen eingehend geprüft und den Anspruch anerkannt hatten, nach wie vor mit leeren Händen bzw. fehlenden Arbeitskräften da – deren Fehlbestand sich inzwischen auf 88 Arbeiter und Handwerker erhöhte hatte.[50]

Weit mehr noch als bei den deutschen Arbeitskräften war das Unternehmen bei der Zuweisung von Zwangsarbeitern vom Wohlwollen der Behörden abhängig, wobei es aber immerhin Wege gab, über die zentralen übergeordneten Stellen in Berlin an entsprechende Zuweisungsbescheide zu gelangen, und es gab auch einen gewissen Spielraum für Eigeninitiative. Die zwischen Sommer 1940 und Frühjahr 1945 beim Bau von Ladenburg eingesetzten französischen Arbeitskräfte hatte Benckiser, wie oben bereits kurz angedeutet, sich über die Vermittlung des Pariser Büros der Reichsstelle für Chemie bzw. des Gebechem direkt vor Ort beschafft, wobei als Vermittlungsinstanz auf französischer Seite zwei Leiharbeiter-Firmen auftraten, die damals im Windschatten der deutschen Besatzung und des implementierten Service du Travail Obligatoire (STO) wie Pilze aus dem Boden schossen und dabei an der Anwerbung und Verleihung ihrer Landsleute in das Deutsche Reich gut verdienten.[51] Diese Art der Vermittlung beinhaltete auch eine gezielte Auswahl bei den Arbeitskräften nach den gesuchten Qualifika-

48 Vgl. Schreiben an die Wirtschaftskammer vom 4.11.1943, in: IHK-Archiv 12a-8/1.

49 Schreiben an die Firma Benckiser vom 14.12.1943, in: ebd.

50 Vgl. Schreiben an die Wirtschaftskammer vom 9.3.1944 und vom 25.5.1944, in: IHK-Archiv 12a-8/2.

51 Vgl. dazu u.a. der Aktenvermerk Emigs vom 17.6.1942 betr. Vertrag mit Cotty, Paris und einer entsprechenden »Bestellung« von 20 Maurern für

tionen. Das war ein »Service«, den die deutschen Arbeitsämter bei der willkürlichen Verteilung der zur Verfügung stehenden Zwangsarbeiter, insbesondere aus Polen, der Ukraine und Russland, nicht boten. Die mit Arbeitskontrakten nach Ladenburg gekommenen 717 Franzosen hatten Verträge für wenige Tage bis zu mehreren Wochen und Monaten. Sie waren auch durchwegs Facharbeiter und als Betonierer, Maurer, Schlosser, Schweißer, Monteure, Bauarbeiter und Zimmerleute tätig.[52] Anders als viele andere deutsche Unternehmen nahm Benckiser jedoch den zweiten Weg, sich qualifizierte und zu den Produktionsabläufen passende Fremdarbeiter zu beschaffen, nicht wahr, wie es etwa über die gezielte Anwerbung und auch Verbringung von Arbeitern aus der 2500 Beschäftigte umfassende Belegschaft der Citrique Belge möglich gewesen wäre. Von dort wurden offenbar überhaupt so gut wie keine Zwangsarbeiter nach Deutschland abgezogen, zu Benckiser selbst kam keiner.[53]

Arbeitsprozesse und Arbeitsbedingungen

Die Zwangsarbeiter bei Benckiser wurden überall eingesetzt, entsprechend variierten auch ihre Arbeitsbedingungen und Tätigkeiten. Vier Franzosen wurden im Laboratorium beschäftigt: neben der bereits erwähnten Mikrobiologin zwei als Laboranten tätige Zwangsarbeiter sowie ein Hilfsarbeiter; gleichzeitig sorgten in der Reparaturwerkstatt Ende 1944 ein deutscher Meister mit drei angelernten Ausländern, zwei Franzosen und einem Ostarbeiter, dafür, dass der repa-

Ladenburg, in: JAB-Archiv Ordner D 46 (Ladenburg). Der Name der anderen Pariser Leiharbeiter-Firma war Lucien Favre.

52 Vgl. dazu die entsprechenden Auszüge aus dem Meldebuch der Stadt Ladenburg (Ausländerregister), in: Arolsen Archives, Online Collection. Als Vergleich siehe die Rekrutierungspraxis bei der pharmazeutisch-chemischen Fabrik Merck, in der die Anwerbung von belgischen Fremdarbeitern, insbesondere von Flamen, im Mittelpunkt stand, Burhop u.a., S. 309.

53 Vgl. Auditorat contre La Citrique Belge, Rapport Definitif, Dossier No.3123/44 vom 23.12.1946, Kapitel VIII, S. 27, sowie dazu auch Neven, S. 111f.

raturanfällige Fuhrpark wenigstens halbwegs fahrbereit war.[54] Ein Teil der Zwangsarbeiterinnen arbeitete in der Citretten-Verpackung, die große Mehrzahl der Zwangsarbeiter war aber im Säure- und Phosphatbetrieb eingesetzt. Vor allem dort kamen alle Beschäftigten mit giftigen bzw. ätzenden und anderweitig gefährlichen Stoffen in Berührung. Schon die Liste der zur Weiterverarbeitung angelieferten Rohstoff, die über Güterwagen und Lastwagen flüssig oder in Säcken ankamen, ausgeladen und ins Lager auf dem Dörrhorst-Gelände gebracht werden mussten, liest sich wie eine Gefahrstoff-Zusammenstellung: Schwefelsäure, Chlorkalklauge, Kalk, Phosphor in verschiedenen Arten, der zum Teil arsenhaltig war, und hochkonzentrierte Zitronensäure.

So harmlos die daraus hergestellten Genusssäuren für die Lebensmittelindustrie und die Waschmittelprodukte klangen, so gefahrvoll waren die Rohstoffe und auch die Verarbeitungsprozesse. Das weinsaure Rohmaterial etwa wurde in dampfbetriebenen Trommeln getrocknet, dann gemahlen, in Rührwerksgefäße gefüllt und dort unter Zusatz von Calciumsalz umgewandelt. Das daraus entstandene Gemisch wurde abfiltriert, mit Schwefelsäure in neue Rührwerksgefäße gegeben, dann erneut filtriert, wobei Gips, Ausfällungen und andere Verunreinigungen abgeschieden wurden, ehe schließlich nach Kochen in Vakuumapparaten, Abschleudern und Trocknung dann die fertige Weinsäure entstanden war.[55] Auch bei der Verarbeitung des zitronensauren Kalks kam konzentrierte Schwefelsäure in Rührwerksgefäßen zum Einsatz, mit ähnlichen Koch-, Trocknungs-, Abschleuderungs- und Filtrationsprozessen. Bei der Herstellung phosphorsaurer Salze erfolgte die stufenweise Neutralisation der konzentrierten Phosphorsäure in Rührgefäßen, Vakuumverdampfern mit nachfolgender Versprühung des gewonnenen Trinatriumphosphats in Schuppen auf Kühlwalzen, das dann teilweise in Schmelz-, Heiz- und sogenannten Drehrohröfen weiterverarbeitet wurde. Dazu kamen hier auch Mischmaschinen für die Herstellung von Käseschmelz- und Fibrisol-

54 Vgl. Verzeichnis aller in der F&E tätigen Personen vom November 1944 sowie Schreiben vom 14.11.1944, in: JAB-Archiv D 57.

55 Vgl. dazu die Schilderung der Fertigungsprozesse und dabei eingesetzte Hilfsstoffe sowie Apparaturen für die Militärregierung o.D. in: JAB-Archiv D 59.

Salzen zum Einsatz. Auf dem Betriebsgelände gab es daher auch den »Rohkoch-Bau« oder den Schwefelsäurebau sowie das Chemikalienlager. Unter den Arbeitern gab es Spezialisten als Kocher, Großpressen-Führer, Bediener der Trocknungs- und Siebmaschinen oder Misch- und Rührwerke. Trotz Einsatz von Maschinen und Hilfsgeräten war die Arbeit meist körperlich anstrengend und erforderte vor allem zur Vermeidung von Arbeitsunfällen oder Unterbrechungen des von chemischen wie physikalisch-mechanischen Abläufen gleichermaßen geprägten Produktionsprozesses hohe Konzentration. Das galt auch im Gärungszitronen-Betrieb, in dem allerdings erst eine Handvoll Beschäftigte tätig waren. Dort wurde im Schichtbetrieb in feuchten, warmen und dunklen Fermentationsräumen gearbeitet, wo die fermentierten Aluminiumschalen einzeln ausgeschüttet und neu bestückt werden mussten.[56] Ein »Normalarbeiter« stellte auf diese Weise bei Benckiser 1942 monatlich 3,03 t Weinsäure bzw. 4,17 t Zitronensäure oder 5 t phosphorsaure Salze her.

Die wissenschaftlichen Besatzungsoffiziere der britischen und amerikanischen Field Information Agency Technical (FIAT) bzw. des British Intelligence Objectives Sub-Committee (BIOS), die nach dem Krieg unter dem Deckmantel geistiger Reparationen das technische und wissenschaftliche Know-how der deutschen Industrie ebenso systematisch wie akribisch unter die Lupe nahmen, haben auch die entsprechenden Verfahren und Produktionsabläufe bei Benckiser studiert, so dass man auch von da einen guten Eindruck von den Arbeitsprozessen, die dort während des Krieges herrschten, bekommen kann.[57] Die GZ-Anlage bei Benckiser umfasste immerhin bereits 20 Fermentationskammern mit 80 Aluminiumschalen, jede 2 x 2,5 Meter groß. »The inoculation of the prepared fermentation mix was formerly carried out by the chief chemist himself by insufflation over the surface of each individual tray, but due to danger to perso-

56 Vgl. dazu auch die Beschreibung der Arbeitsprozesse im Fermentationsbetrieb der Citrique Belge bei Nevens, S. 77.

57 Vgl. FIAT Final Report No. 1049 Tartaric Acid Processes in Germany, FIAT Final Report No. 1046 Production of Crude Citric Acid by Fermentation in Germany, BIOS Final Report No. 489 Chemische Fabrik Joh. A. Benckiser, GmbH, Ladenburg Works, Manufacture of Calcium Citrate sowie BIOS Final Report No. 220 Production of Citric Acid at the Factory of Joh. A. Benckiser, Ladenburg, near Heidelberg.

nel it is now carried out quite successfully by injection of the spores into the air stream immediately before entry into the fermentation chambers«, hieß es dazu etwa im BIOS Final Report Nr. 489 über die Produktion von Kalziumcitrat bei Benckiser.[58] Aufwändig musste bei gleichbleibender Temperatur und Luftfeuchtigkeit über ein ausgeklügeltes Belüftungssystem die gesamte Luft bis zu fünf Mal pro Stunden erneuert werden. Die Arbeiter, die die Fermentationskammern im GZ-Betrieb Benckisers dann nach jedem abgeschlossenen Prozess mit Soda- und Formalin-Lösungen neu reinigen und desinfizieren mussten, konnten ihre Arbeit nur mit Atemschutzmasken verrichten. Auch bei der Entleerung der Fermentationsbehälter mussten Masken getragen werden. »The waste mould is dug out from the trays by hand, the operator wearing dust masks, thrown into trolleys, from whence it is transferred into large separating hoppers where the mould is allowed to drain thoroughly and is finally loaded into lorry for transportation to local farms, where it is used as a fertilizer.«[59]

Es war angesichts dieser Arbeitsbedingungen kein Wunder, dass es bei Benckiser fast täglich zu Arbeitsunfällen kam. Die überlieferten Meldungen an die zuständige Berufsgenossenschaft Chemie in Mannheim zwischen 1941 und Frühjahr 1945 zeigen, dass die Zwangsarbeiter zwar überproportional betroffen waren, aber auch die deutschen Arbeiter in hohem Maße dem Risiko von Arbeitsunfällen ausgesetzt waren und diese gleichfalls häufig erlitten. Von den 243 ausgewerteten Fällen betrafen 143 Fremdarbeiter, 100 deutsche Arbeiter.[60] Zu Ersteren gehörte etwa der Franzose Nicolas Capanna, der vom 1. November 1943 bis 20. April 1944 in ambulanter ärztlicher Behandlung wegen akuter Rachen- und Luftröhrenentzündungen war, der russische Zwangsarbeiter Iwan Brosnitzky, der am 6. August 1944 während der Arbeit im Säurebetrieb einen Bruch des rechten Unterarms erlitt, oder der Italiener Pasquale Arrigo, der kurz hintereinander,

58 BIOS Final Report No. 489 Chemische Fabrik Joh. A. Benckiser, GmbH, Ladenburg Works, Manufacture of Calcium Citrate, S. 4.

59 Ebd., S. 13. Hier im Anhang auch ein Flow Diagramm über die Arbeitsabläufe bzw. Produktionsprozesse.

60 Vgl. Extracts from Records of Chemische Industrie-Berufsgenossenschaft in Mannheim Arolsen Archives, Online Collection sowie 15/6624 und 15/6627 Unfallregister BG Chemie 1940-1945, in: Archiv der sv:dok, Bochum.

Abb. 53: Rohstofflager

am 12. Mai und am 5. September 1944 sich bei Arbeitsunfällen Quetschungen und Prellungen an der rechten Hand bzw. am rechten Fuß zuzog.[61] Im Juni 1944 hatte dieser zudem auch noch infolge eines Luftangriffs auf Ludwigshafen Verletzungen erlitten. Die gesamte Unfallakte ist auch im Fall des Holländers Ferdinand van Vliet erhalten geblieben. Dieser war am Tag des Unfalls bei Benckiser, dem 4. Dezember 1942, 40 Jahre alt und bereits seit 30. Oktober 1940 im Unternehmen beschäftigt.[62] Beim Umdrehen eines gefüllten Förderrollwagens mit Hilfe von zwei Hilfsarbeitern in der Schleuderstation, wo der Zwangsarbeiter als sogenannter Schleudermann arbeitete, war der Wagen so schnell gelaufen, dass dieser sich seinen linken Daumen zwischen Rollwagen und Wand quetschte. Vliet kam zur ärztlichen Untersuchung in das Ludwigshafener Privat-Krankenhaus am Stadtpark, wo eine Sehnendurchtrennung diagnostiziert wurde, worauf er dann nicht nur arbeitsunfähig geschrieben wurde, sondern auch in stationäre Behandlung kam. Bis 13. Januar 1943 war der Holländer

61 Vgl. ebd.
62 Vgl. dazu und zum Folgenden 15/4764 Unfallakte van Vliet, Ferdinand (Fabrik Benckiser am 4.12.1942), in: Archiv sv-doc, Bochum.

im Krankenhaus, dann folgten, da er von den Ärzten noch immer für arbeitsunfähig erklärt wurde, diverse Heilfürsorgemaßnahmen, ehe er am 21. Februar 1943 wieder arbeitsfähig galt, allerdings nur minder arbeits- und leistungsfähig. Die volle Arbeitsfähigkeit wurde von der zuständigen AOK Ludwigshafen erst am 27. August 1944, eindreiviertel Jahre nach dem Unfall, formell festgestellt.[63]

Der Fall zeigte dabei exemplarisch, dass und wie das bürokratische Räderwerk des deutschen Sozialversicherungssystems, in diesem Fall der für die Unfallversicherung zuständigen Berufsgenossenschaft und der AOK, zumindest auch bei den westeuropäischen Zwangsarbeitern in gewohnter Präzision lief.[64] Vliets stand ein Tagegeld von 0,46 RM während seines Arbeitsausfalls zu – für die 41 Tage im Krankenhaus mithin insgesamt 18,86 RM sowie, da er verheiratet war, noch ein Familienzuschlag von insgesamt 75,85 RM. Das war allerdings nur ein Bruchteil des Tages-Grundlohns von 9,23 RM, den Vliets bei Benckiser ordnungsgemäß erhielt. Danach erhöhte sich sein nun von der Krankenkasse übernommener Lohnersatz auf täglich 4,61 RM Krankengeld plus 2,30 RM Hausgeld. Und ihm stand danach auch für die weitere Zeit der Arbeitsunfähigkeit eine entsprechende 20-prozentige Berufsunfähigkeitsrente zu, die auf 38,40 RM im Monat festgesetzt wurde, umgerechnet 1,53 RM pro Tag.[65] Auf den ersten Blick erscheint dies formal als Einbeziehung der West-Fremdarbeiter, die ja auch in der Ideologie des NS Teil der Betriebsgefolgschaft waren, in das deutsche Arbeitsschutz- und Unfallversicherungssystem. Faktisch jedoch war es eine deutliche Diskriminierung, zumal die Zwangsarbeiter durchaus auch einen sozialversicherungsmäßigen Rechtsanspruch hatten, da ihnen überdurchschnittlich hohe Sozialabgaben vom Lohn abgezogen wurden. Doch im Vergleich zu den deutschen Arbeitern erhielten sie dafür geringere Leistungen der Sozialversicherungsträger. Und Vliets wurden im Herbst 1943 auch, als er zwei Arbeitsstunden wegen ärztlichen Untersuchungen versäumte, die entsprechenden

63 Vgl. Schreiben der AOK Ludwigshafen an die BG Chemie vom 12.9.1944, in: ebd.

64 Vgl. dazu auch Spoerer, S. 147ff.

65 Vgl. dazu die entsprechenden von der der BG Chemie erstellten Rentengutachten vom 29.3.1943 und 11.10.1943, in: ebd.

1,44 RM Verdienstausfall bei der nächsten Lohnabrechnung abgezogen. Mit seinen 0,72 RM Stundenlohn lag Vliets allerdings immer noch 12,5 Prozent über den Frauenstundenlöhnen bei Benckiser, aber 40 Prozent unter denen der männlichen deutschen Arbeiter. Vliets hatte immerhin das Glück, dass er von dem Arbeitsunfall keine dauerhaften körperlichen Beeinträchtigungen davongetragen hatte. Einige Zwangsarbeiter, wie der Franzose Jacques Mazauric, der als 20-Jähriger 1941 nach Deutschland deportiert und 1943 zu Benckiser gekommen war, erlitten erst viel später zum Ausbruch kommende langanhaltende körperliche Folgeschäden. Mazauric war einer derjenigen Zwangsarbeiter gewesen, die im GZ-Betrieb bei Benckiser mit Gesichtsmaske arbeiten mussten. Später nach der Rückkehr nach Frankreich litt er unter Nebenhöhlenentzündungen und Rheumatismus und starb dann, erst 43 Jahre alt, an Kehlkopfkrebs.[66] Dubbers reklamierte später im Übrigen für sich als Arbeitseinsatzverantwortlicher bei Benckiser als Verdienst, dass er »trotz Androhung des Abzugs von Kräften durch das Arbeitsamt es wiederholt mit Erfolg abgelehnt habe, Ostarbeiterinnen von Frauen- auf Männerarbeitsplätze umzusetzen.«[67] Doch auch dafür gibt es keinerlei Belege, zumal sich die Unternehmen im Allgemeinen und Benckiser im Besonderen von den externen Behörden nicht in die internen Arbeitsplatzbesetzungen reinreden ließen.

Nicht alle Arbeitsprozesse in den Produktionsbereichen von Benckiser waren gefährlich oder gesundheitsschädlich. Im Citretten- und Fibrisol-Betrieb arbeiteten deutsche Frauen neben Ostarbeiterinnen, deren Einsatz dort offenbar allerdings seitens der Arbeitseinsatzbehörden wiederholt beanstandet wurde, weil die dortigen Arbeiten im Tablettier-, Abfüll- und Abpack-Betrieb nach den offiziellen Richtlinien als zu leicht galten und daher nur deutschen Frauen,

66 Vgl. dazu die Carte de Recensement du STO sowie die Carte de Rapatrié und das von Mazauric ausgefüllte Formular des Office National des Anciens Combattants et Victimes de la Guerre vom 30.6.1953, in: Private Unterlagen Marie Mazauric.

67 Vgl. handschriftliche Notiz einer 45-seitigen Niederschrift vom 5.3.1946, S. 24, über »Gedanken zum Entnazifizierungsverfahren«, in: Familienarchiv Reimann-Dubbers, Ordner Hans (1946-47).

Abb. 54 a und 54 b: Ausweis und Personalkarte von Vera Petrowa, seit 23.5.1942 bei Benckiser, am 31.4.1944 nach Deidesheim verlegt

möglichst Halbtagskräften, vorbehalten bleiben sollten.[68] Aber auch hier lauerten bei der Bedienung der Pressmaschinen, in denen die Zitronensäure zu Tabletten gepresst wurde, Arbeitsunfallgefahren. Dazu bedeutete die Zusammenarbeit von deutschen und ausländischen Arbeiterinnen keine Garantie für die Ostarbeiterinnen, dass sie nicht einem Antreibersystem durch den Werksleiter ausgesetzt wurden. Nach der Verlagerung des Citretten- und Fibrisolbetriebs nach Deidesheim im Herbst 1944 arbeiteten dort 40 deutsche Frauen und acht Ostarbeiterinnen neben drei Ostarbeitern, die für Transport- und Verladearbeiten eingesetzt wurden. Betriebsleiter war Dr. Alexander Gläser, seit Mai 1942 bei Benckiser und nach Aussagen einer ehemaligen Beschäftigten »ein Nazi übelster Sorte. Jedes zweite Wort von ihm war: ›Ich bestrafe Sie wegen Sabotage‹. Den ausländischen Zwangsarbeitern drohte er des Öfteren mit Auspeitschen.«[69] »Er war ein richtiger Antreiber im nazistischen Sinne«, so hieß es in einer anderen Aussage. »Der russischen Arbeiterin Petrowa passierte mal ein

68 Vgl. eidesstattliche Erklärung Reimann junior vom 30.5.1947, in: Centre des Archives diplomatiques, La Courneuve, Frankreich, 1BAD/493 Entnazifizierungsakte Dr. Alexander Gläser.

69 Aussage Wilhelmine B. vom 11.2.1947, in: ebd.

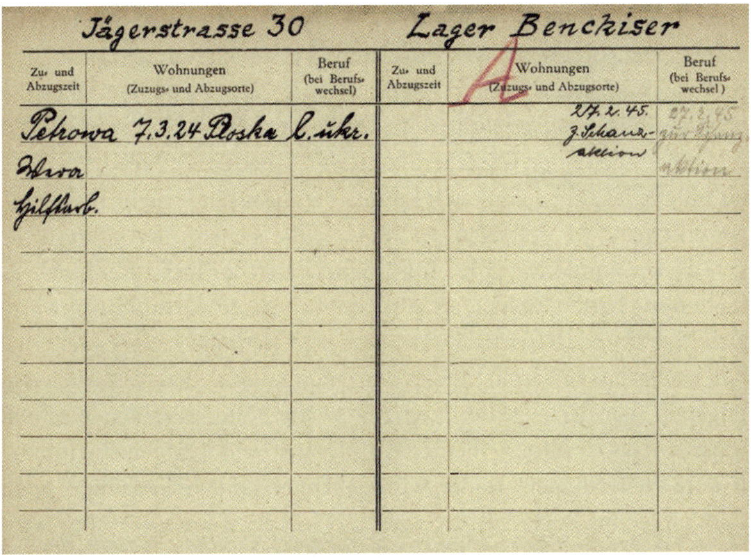
Jägerstrasse 30 Lager Benckiser

Zu- und Abzugszeit	Wohnungen (Zuzugs- und Abzugsorte)	Beruf (bei Berufswechsel)	Zu- und Abzugszeit	Wohnungen (Zuzugs- und Abzugsorte)	Beruf (bei Berufswechsel)
Petrowa	7.3.24 Boska	l. ukr.		27.2.45 z. Schanz-aktion	27.2.45 zur Schanz-aktion
Wera					
Hilfsarb.					

Missgeschick an der Maschine. Wegen dieser Kleinigkeit wurde das Mädchen durch Dr. Glaser bestraft. Das Mädchen weinte daraufhin den ganzen Tag.«[70]

Ob Gläser tatsächlich, wie ebenfalls später behauptet, die Ostarbeiterinnen durch Nahrungsentzug zu erhöhten Arbeitsleistungen gezwungen hat, ist nicht erwiesen. Allerdings war die später von ihm zu seiner Entlastung vorgetragene »Freizügigkeit« für die Ostarbeiterinnen, dass diese sich nach abgeleisteter Arbeitszeit noch bei den Bauern der umliegenden Höfe verdingen konnten, um sich so zusätzliche Lebensmittel beschaffen zu können, höchst ambivalent zu beurteilen. Auch in einigen anderen Produktionsbereichen Benckisers herrschte offenbar ein Klima des Arbeitsantreibens und Ausbeutens, vornehmlich gegenüber den Ostarbeiterinnen. Als besonders berüchtigt galt hier die Joha-Mehlstation, wo August Neu, ehemaliger KPD-Aktivist und aus dem KZ-Dachau Entlassener, als sogenannter Phosphatmüller die Leitung innehatte. Neu vollbrachte dort Rekordleistungen und trug nicht unerheblich dazu bei, dass Benckiser das Gaudiplom für hervorragende Kriegsleistungen erhielt.

70 Zeugenaussage vom 12.2.1947 von zwei ehemals in Deidesheim beschäftigten Frauen, in: ebd.

Anstatt 30 Trommeln, was die Norm war, schaffte er 80 und erzielte damit einen Mehrverdienst von rund 3,5 Stundenlöhnen zusätzlich pro Tag.[71] »Diesen Mehrverdienst steckte Neu alleine ein, aber die Schwerarbeit zur Erzielung dieser Leistung hatten zum großen Teil die ihm unterstellten Ostarbeiterinnen zu schaffen.«[72] Neu trieb diese zu Höchstleistungen an, »ich konnte diese Zustände nicht mehr länger ansehen«, so hieß es in der Aussage des späteren Belastungszeugen weiter, »und klärte die Hilfsarbeiterinnen darüber auf, dass sie es nicht nötig hätten, sich derart ausbeuten zu lassen. Darauf beschwerte sich Neu bei der Betriebsleitung, dass die Leistungen seiner Helferinnen nachgelassen hätten, und es wurde ihm eine andere Ostarbeiterin zugeteilt, bei der sich der Vorgang wiederholte. Als Neu fürchten musste, dass er infolge meiner Aufklärung bald keine ausbeutungsbereite Helferin mehr finden würde, kam er auf den Gedanken, mich durch Denunziation bei der Gestapo los zu werden.«[73] Neu wird uns nach 1945 wieder als Benckiser-Betriebsratsvorsitzender und Hauptbelastungszeuge gegen die beiden Reimanns begegnen. Albert Reimann junior selbst war aber auch durchaus darauf bedacht, dass die Erbringung der Arbeitsleistung der Zwangsarbeiter nicht zu lax gehandhabt wurde und auch nach den Produktionsstörungen nach dem großen Fliegerangriff vom September 1943 möglichst schnell wieder auf Hochtouren gearbeitet wurde. Dubbers jedenfalls bekam den offiziellen Auftrag der Geschäftsleitung, im Benehmen mit dem Betriebsobmann Janke und beraten durch den Leiter der Technischen Abteilung, Hanns Adrian, »den Arbeitseinsatz der Ausländer besser zu organisieren, besonders im Hinblick auf pünktlichen Arbeitsbeginn und einheitliche Arbeitszeiten.«[74]

Für die am Bau des neuen Werks in Ladenburg eingesetzten französischen Facharbeiter, zu denen im Herbst 1944 noch acht polnische, 12 tschechische und fünf belgische Zwangsarbeiter gekommen waren, ergänzt noch durch 53 Italiener, die nach dem Sturz Mussolinis zwischen August und Oktober 1944 als Italienische Militärinternierte (IMI), sprich Kriegsgefangene, in Ladenburg eingesetzt

71 Vgl. Aussage von Herbert M. vom 4.1.1949, in: JAB-Archiv D 59.
72 Ebd.
73 Ebd.
74 Protokoll der internen Besprechung vom 10.9.1943, in: JAB-Archiv D 57.

Abb. 55: Maurerpolier Valentin Föllinger (links) mit französischen Zwangsarbeitern, aus: Benckiser-Werkszeitschrift 1944

wurden, ergaben sich ganz andere Arbeitsbedingungen.[75] Viele der französischen Facharbeiter hatten vor allem in den Anfangsjahren zeitlich begrenzte Arbeitskontrakte, nach deren Ablauf sie wieder in die Heimat zurückkehrten. Die Arbeitskolonnen am Bau wurden dabei vielfach von deutschen Vorarbeitern und Meistern geführt, wie etwa dem 1943 bereits 60 Jahre alten Maurerpolier Valentin Föllinger.

Zudem hatte Benckiser als Generalunternehmer und Bauleitung das Ladenburger Oberingenieurbüro Oswald Markwardt verpflichtet, dem auch die rechtzeitige Anforderung der erforderlichen Materialien und Arbeitskräfte bei Benckiser bzw. direkt bei den Bauunternehmern und Lieferanten oblag, »ebenso wie die Überwachung

75 Die Liste der in Ladenburg eingesetzten Zwangsarbeiter, insgesamt 769 Namen, in: JAB-Archiv Ordner D 46 sowie auch ergänzend dazu Auszüge aus dem Meldebuch der Stadt Ladenburg (Ausländerregister), in: Arolsen Archives, Online Collection.

des Einsatzes von Material und Arbeitskräften, insbesondere auch die Regelung des Einsatzes der im Arbeitslager Ladenburg untergebrachten französischen Zivilarbeiter.«[76] Mit dem Hinzukommen der italienischen Kriegsgefangenen dürfte dabei für die Franzosen eine deutliche Umschichtung der körperlich schweren Arbeitstätigkeiten auf die ungelernten und in der deutschen Öffentlichkeit vielfach als Verräter noch hinter den russischen Ostarbeitern eingestuften Italiener erfolgt sein. Dennoch waren die Risiken von Arbeitsunfällen am Bau gleichfalls gegeben. Sie waren allerdings in Ladenburg eine Ausnahme, vor allem wenn es sich um Unfälle mit tödlichem Ausgang handelte, wie etwa beim damals 35-jährigen elsässischen Betonarbeiter Pierre Schiessle, der am 10. April 1943 durch Sturz vom Baugerüst einen Schädelbruch erlitt und wenig später im Städtischen Krankenhaus in Mannheim starb.[77] Der ebenfalls in Ladenburg als Maschinenschlosser eingesetzte tschechische Zwangsarbeiter Jaroslav Racek starb dagegen infolge der schweren Verletzungen, die er am 20. April während eines Bombenangriffs auf Mannheim erlitt.[78] Insgesamt kamen sechs Ladenburger Zwangsarbeiter während ihres Einsatzes für Benckiser ums Leben. Wiederum unterschiedliche Arbeitsbedingungen erfuhren schließlich die bei Benckiser eingesetzten Kriegsgefangenen, vor allem je mehr sich die Bombenangriffe und die damit verbundenen Zerstörungen häuften.

In Ludwigshafen gab es 33 Kriegsgefangenen-Arbeitskommandos, die aus den in den Stalag (Stammlager für Kriegsgefangene) der Umgebung Internierten gebildet worden waren.[79] Eines davon war das Arbeitskommando 1107 B Benckiser, das wie alle übrigen Kriegsgefangenen-Kommandos seit 1943 verstärkt für die Aufräumarbeiten nach den Luftkriegszerstörungen eingesetzt worden sein dürfte. Angesichts von Einsturzgefahren und Blindgängern war diese Arbeit oft lebensgefährlich. Ansonsten wurden sie vermutlich vor allem für die

76 Der Vertrag vom 14.3.1942, in: JAB-Archiv, D 46.

77 Vgl. die Sterbeurkunde in: IST-Archiv Arolsen, Nr. 76860181.

78 Vgl. ebd., Nr. 76844929. Der Zwangsarbeiter Dragudin Vukcevic aus Montenegro, der vom 18.8.1944 bis 12.4.1945 in Ladenburg eingesetzt war, vorher bei Benckiser in Ludwigshafen tätig gewesen, wurde bei einem Fliegerangriff auf Mannheim in dieser Zeit schwer verletzt und verlor ein Bein.

79 Vgl. Scharf, S. 66f.

schweren Arbeiten bei der Entsorgung der anfallenden Tonnen von Abfall wie Gips und Schlacke eingesetzt, die täglich mühsam auf die Deponieflächen am Stadtrand Ludwigshafens transportiert werden mussten. Die Arbeitswelten der bei Benckiser eingesetzten Zwangsarbeiter waren mithin höchst unterschiedlich, das galt erst recht für die Situation in den Unterkünften und Lagern.

Ausländische Arbeitskräfte bei Benckiser

Die zwei Welten des Zwangsarbeiterlagers Ludwigshafen/Dörrhorst und des Ausländerlagers Ladenburg/Neckarstraße

Obwohl wie erwähnt seit Herbst 1940 Fremdarbeiter bei Benckiser eingesetzt wurden, erfolgte die planmäßige Errichtung eines Ausländerlagers erst im Mai 1942. Mit einer Kapazität von ca. 200 Insassen wurden auf dem zum Ludwigshafener Stammbetrieb benachbarten Dörrhorst-Gelände, wo sich bereits ein Teil der Werkswohnungen sowie das Rohstofflager u.a. mit den Tanks für Phosphorsäure und auch ein Teil der Forschungslaboratorien befanden, entsprechende Holzbaracken errichtet.[80] Die Zustände waren auf dem Gelände aus betriebsorganisatorischer Perspektive chaotisch und von der Technischen Abteilung schon vor dem Krieg als unhaltbar bezeichnet worden, die dringend eine Bereinigung und Neuordnung erforderte.[81] Letztlich war aber nichts geschehen und der Bau der Zwangsarbeiterbaracken vergrößerte noch das Durcheinander auf dem Dörrhorst-Gelände. Das Lager selbst wurde nach den üblichen Normen der als übergeordnete Stelle für die Fremdarbeiterunterkunft zuständigen DAF errichtet: In den Baracken gab es zweistöckige Betten, einen Aufenthaltsraum, der gleichzeitig als Speiseraum diente, und eine eigene Lagerküche. Die Unterbringung von Männern und Frauen erfolgte ebenso getrennt wir die Absonderung der Ostarbeiter von den übrigen ausländischen Arbeitskräften. Dass der »ursprünglich vorgeschriebene Stacheldrahtzaun« von der Firmenleitung bald

80 Vgl. Benckiser-Chronik II, S. 118ff.
81 Vgl. Notiz vom 14.6.1939, in: LA Speyer, Arbeitsgericht Ludwigshafen, O 18, Nr. 1438.

entfernt worden war, wie Reimann junior und Dubbers später in der Benckiser-Chronik glauben machen wollten, ist zu bezweifeln, denn Stacheldrahtzäune und militärische Bewachung gab es nur bei Kriegsgefangenenlagern und Lagern mit KZ-Häftlingen.[82] Leider ist man bei der Beschreibung der Zustände im Lager Dörrhorst nahezu ausschließlich auf die stark beschönigenden späteren Schilderungen in der offiziellen Chronik angewiesen, die allerdings, wenn sie überhaupt zutrafen, sich nur auf die Anfangsmonate beziehen können. Demnach waren die Lagerräume heizbar, mit Wasch- und Aborträumen und fließendem Wasser, es gab einen eigenen Gemüsegarten für Zusatzverpflegung und auch anderweitig ausreichende Ernährung, eine eigene Lagerschneiderei und Schusterwerkstatt zur Ausstattung der Fremdarbeiter mit Zivil- und Arbeitskleidung, Radio und fremdsprachige Zeitungen, Freizügigkeit für Kino- und Lokalbesuche, und zur gesundheitlichen Betreuung stand eine eigene Lagerkrankenschwester zur Verfügung, unterstützt von einer ukrainischen Sanitäterin und 14-tägigen Besuchen eines deutschen oder ukrainischen Arztes im Lager.[83] Das Lager sei von der DAF als mustergültig anerkannt worden, so die Darstellung in der Chronik, die damit einem weitverbreiteten gepflegten Narrativ zahlloser anderer deutscher Unternehmen folgt.[84] Es gab in Ludwigshafen zweifellos weit prekärere Zwangsarbeiterlager, allen voran die berüchtigten hygienischen Zustände im Lager der Firma Halberg, die 1942 wiederholt das staatliche Gesundheitsamt und das Amt für Volksgesundheit der DAF auf den

82 Vgl. Benckiser-Chronik II, S. 118. Zudem hatte schon Dubbers selbst Ende Mai 1946 in einer nachträglichen Darstellung der Behandlung ziviler ausländischer Arbeitskräfte bei Benckiser notiert, dass der ursprünglich vorhandene Stacheldrahtzaun auf Anweisung der DAF entfernt worden war, um jedes Gefühl des Eingesperrtseins zu vermeiden. Vgl. Notiz vom 29.5.1946, »Betreff: Behandlung ziviler ausländischer Arbeitskräfte«, in: Familienarchiv Reimann-Dubbers, Ordner Hans (1946-47).

83 Vgl. Benckiser-Chronik II, S. 120f.

84 Vgl. dazu etwa auch die ebenso nachgerade idealisierten Zustände der Zwangsarbeiterlager bei Boehringer, die von Kißener auch vielfach unkritisch wiedergegeben werden, in: Kißener, S. 167f. Die Darstellung in der Benckiser-Chronik folgt dabei zum Teil wortwörtlich der früheren handschriftlichen Notiz von Dubbers vom 29.5.1946, »Betreff: Behandlung ziviler ausländischer Arbeitskräfte«, in: Familienarchiv Reimann-Dubbers, Ordner Hans (1946-47).

Plan gerufen hatten.[85] Allerdings hatte es entgegen der Darstellung in der Benckiser-Chronik auch im Lager Dörrhorst Fälle von Fleckfieber gegeben, was darauf hinweist, dass auch hier die hygienischen und gesundheitlichen Verhältnisse durchaus Schwankungen unterworfen waren.[86]

Insbesondere seit September 1943 haben sich die Zustände im Benckiser-Lager in Ludwigshafen jedoch massiv verschlechtert. Bei den schweren Luftangriffen auf die Stadt wurde auch das Dörrhorst-Gelände stark getroffen. Das Lager ging in Flammen auf und wurde nahezu vollkommen zerstört. Der Wiederaufbau erfolgte danach aufgrund von Baustoffmangel nur rudimentär. Ein Teil der Zwangsarbeiter wurde in der Folgezeit behelfsmäßig in einem Sammellager im Bau 7 der Schillerschule im Stadtteil Mundenheim untergebracht, wo insgesamt 422 Ostarbeiter der unterschiedlichsten Beschäftigtenverhältnisse hausten.[87] Ein anderer Teil der Benckiser-Zwangsarbeiter, insbesondere die Franzosen, wurden in die ca. 7 km entfernte Oggersheimerstraße in das Clubheim eines dortigen Fußballvereins verlegt, ein weiterer Teil dagegen vor Ort in verschiedenen Betriebsräumen der ebenfalls stark zerstörten Fabrik untergebracht.[88] Diese an sich schon unhaltbaren Zustände wären von der amtlichen Schadensfeststellungs- und Wiederherstellungskommission, die nach dem Luftangriff Werk und Lager besichtigte, noch weiter verschlechtert worden. Die Kommission machte nämlich die Genehmigung von Notdächern auf dem Dörrhorst-Gelände von der Bedingung abhängig, dass darunter sowohl das Chemikalien-Lager als auch die Unterbringung der ausländischen Arbeitskräfte zu erfolgen habe, was aber dann doch von Reimann junior als »räumlich unmöglich« abgelehnt wurde.[89] Für das Ausländerlager sollten möglichst wieder drei Holzbaracken für zumindest 100 Zwangsarbeiter beschafft werden, wobei allerdings inzwischen von amtlicher Seite die Wiederaufstellung solcher Baracken in Großstadtgebieten nicht mehr erwünscht war. Von der

85 Vgl. dazu Scharf, S. 131.
86 Vgl. ebd., S. 130.
87 Vgl. Scharf, S. 255.
88 Vgl. Benckiser-Chronik II, S. 118f. und auch S. 131.
89 Notiz Reimann junior zu der Betriebsbesichtigung vom 15.9.1943, in: JAB-Archiv D 57.

zuständigen Behörde des Generalbevollmächtigten Bau war daher keine Unterstützung zu erwarten.

Die Benckiser-Verwaltung versuchte daher über die Wehrkreisverwaltung und das OKH Abbruchbaracken zu beschaffen. Ob und inwieweit sie dabei Erfolg hatte, ist unklar, aber eher unwahrscheinlich. Die Verpflegung der Zwangsarbeiter erfolgt nun ebenfalls höchst provisorisch, zunächst über eine externe DAF-Küche, nach Versorgungsdefiziten und Mängeln jedoch über die Werksküche. Seit Juli 1944 geschah dies auch auf der Basis offizieller Lebensmittelkarten mit Zusatzverpflegung für Lang- und Schwerarbeiter.[90] Was auf den ersten Blick als Unternehmensfürsorge für die Benckiser-Zwangsarbeiter erscheint, erweist sich bei näherem Hinsehen jedoch als höchst komplexe und ambivalente Situation der Ausländerverpflegung, wie ein Vermerk der Benckiser-Gefolgschaftsabteilung vom 7. Juli 1944 deutlich macht. »Unsere französischen Arbeiter machen laufend Schwierigkeiten wegen der Lagerverpflegung und verlangen, dass ihnen ihre Zusatzkarten wie früher zugeteilt werden«, hieß es darin.[91] Tatsächlich war ein Großteil der Franzosen, dazu auch einige Serben und Kroaten, infolge der nach wie vor bestehenden rudimentären Strukturen des Lagers Benckiser in Kameradschaftsheimen der IG Farben untergebracht worden. Dort erhielten sie wie die deutschen Arbeiter Lebensmittel- und Zusatzkarten und mussten sich damit selbst versorgen. Die »gut beleumdeten« Ausländer durften dabei zunächst dort weiterhin bleiben, während jedoch die »unzuverlässigen Elemente« in die neu errichteten DAF-Gemeinschaftslager überführt wurden und dort nur noch die schlechtere Lagerverpflegung erhielten. Die zuständigen DAF-Funktionäre beharrten dabei strikt auf der Einhaltung dieser Regelung, was Dubbers zu dem Hinweis veranlasste, »dass uns mit der Bestrafung der Franzosen bei mangelnder Arbeitsleistung nicht gedient sei, dass es uns vielmehr darauf ankomme, zufriedene Gefolgschaftsmitglieder zu haben, die durch ausreichende Verpflegung zu entsprechenden Leistungen in der Lage seien. Wir könnten die Leute nicht zu 12-Stundenschichten durch Strafen zwingen, wenn auf der anderen Seite die Gefahr bestehe, dass

90 Vgl. ebd., S. 121.

91 Vermerk Dubbers vom 7.7.1944 über ein Telefonat mit dem zuständigen DAF-Leiter, in: GLA Karlsruhe 465 f., 900, Bl. 93.

sie durch Sabotage oder durch unkontrollierbare Zurückhaltung mit der Arbeitsleistung uns mehr Schaden zufügen könnten, als durch die Mehrarbeit herauskäme.«[92]

Von einer mustergültigen Unterbringung der ausländischen Arbeiter bei Benckiser konnte längst keine Rede mehr sein. Im November 1943 wurden wieder 175 Zwangsarbeiter als Insassen des Ludwigshafener Benckiser-Lagers verzeichnet, die Mehrheit von ihnen waren 86 Ostarbeiter, überwiegend aus der Ukraine, darunter 38 Frauen, daneben 55 Franzosen, zehn Italiener, fünf Holländer, vier Serben, zwei Kroaten und je ein Pole und Spanier.[93] Immerhin 58 von diesen Namenlosen konnten nachträglich über die Unterkunftsbezeichnung »Lager Benckiser« oder »Jägerstraße 30« identifiziert werden, vor allem dadurch, dass sie aus gesundheitlichen Gründen, welcher Art und Ursache auch immer, in ärztlicher Behandlung waren, unter ihnen die Ukrainer Michail Butschko, Grigory Komenko und Grigori Kuderko, der im Juli 1943 als 18-jähriger zu Benckiser gekommen war, oder auch Stefan Matuschenko und Stepan Natalski, der, ebenfalls erst 20 Jahre alt, im Juli 1942 ins Benckiser-Lager Jägerstraße 30 kam und am 6. Januar 1945 infolge eines Fliegerangriffs starb; daneben der Franzose Paul Aycardi, Ende August 1943 mit 26 Jahren nach Ludwigshafen deportiert, oder der Holländer Charles Dolje, auch er erst 20 Jahre alt, als er Ende Juli 1942 bei Benckiser in Ludwigshafen eingesetzt wurde.

Für die Disziplinierung, Unterdrückung und oft gewalttätige Sanktionierung von unbotmäßigem Verhalten der Zwangsarbeiter am Arbeitsplatz ebenso wie im Wohnlager sorgte bei Benckiser wie in allen Unternehmen eine Gruppe der deutschen Belegschaft, die sich aus Werksschutzangehörigen, Lagerführern und Wachleuten, Luftschutzwarten, Mitgliedern der nationalsozialistischen Betriebsobleute und Abwehrbeauftragten mit direktem Draht zur Gestapo zusammensetzte und wie bei Benckiser diese Funktionen oft in Personalunion ausübte. Die offiziellen unternehmenseigenen Gefolgschaftsbüros, die formal für den Ausländereinsatz zuständig waren, hatten demgegenüber – falls nicht der Hauptbetriebsobmann auch dessen Leiter war – wenig Einfluss. Dubbers sorgte allenfalls für die

92 Ebd.
93 Vgl. Benckiser-Chronik II, S. 137.

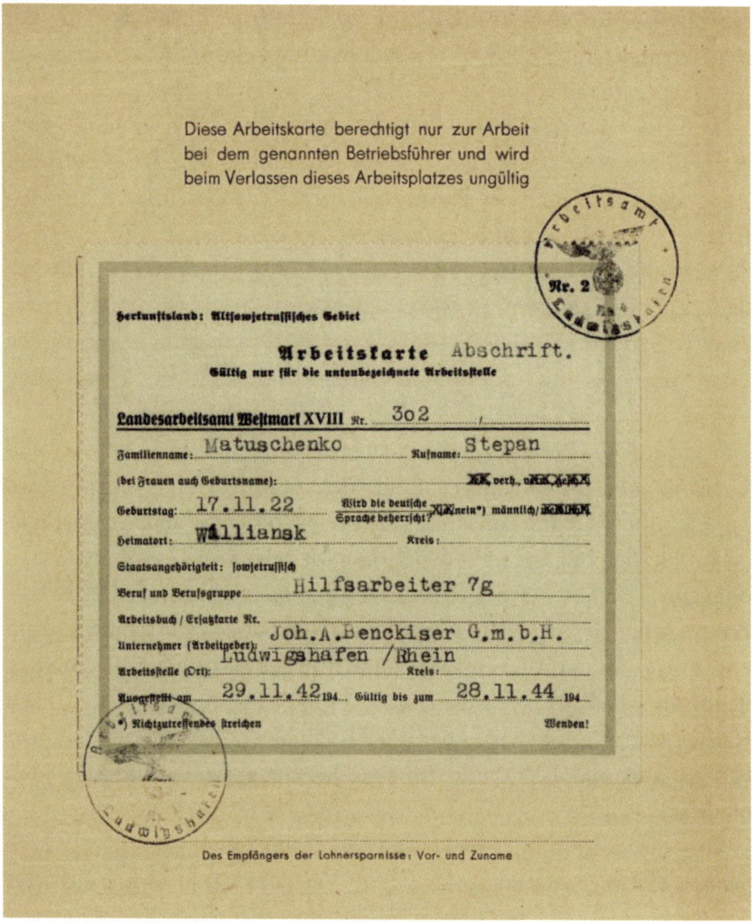

Diese Arbeitskarte berechtigt nur zur Arbeit bei dem genannten Betriebsführer und wird beim Verlassen dieses Arbeitsplatzes ungültig

Arbeitsamt Nr. 2 Ludwigshafen

Herkunftsland: Altsowjetrussisches Gebiet

Arbeitskarte Abschrift.

Gültig nur für die untenbezeichnete Arbeitsstelle

Landesarbeitsamt Westmark XVIII Nr. 302

Familienname: Matuschenko Rufname: Stepan

(bei Frauen auch Geburtsname): verh.

Geburtstag: 17.11.22 Wird die deutsche Sprache beherrscht? nein*) männlich/

Heimatort: Walliansk Kreis:

Staatsangehörigkeit: sowjetrussisch

Beruf und Berufsgruppe Hilfsarbeiter 7g

Arbeitsbuch / Ersatzkarte Nr.

Unternehmer (Arbeitgeber): Joh.A.Benckiser G.m.b.H.

Arbeitsstelle (Ort): Ludwigshafen /Rhein Kreis:

Ausgestellt am 29.11.42 194.. Gültig bis zum 28.11.44 194

*) Nichtzutreffendes streichen Wenden!

Des Empfängers der Lohnersparnisse: Vor- und Zuname

Abb. 56, 57, 58, und 59: Ausweisfotos der drei Benckiser-Zwangsarbeiter Grigory Komenko, Grigori Kuderko, Stepan Matuschenko sowie die Lagerkarte Matuschenkos.

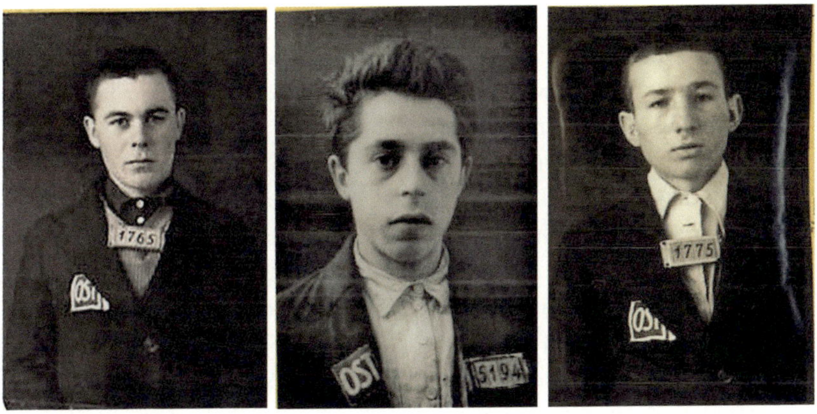

Bekanntgabe der offiziellen gesetzlichen und amtlichen Bestimmungen, die die DAF für den Umgang mit den Fremdarbeitern erlassen hatte. Deren Umsetzung oder vielmehr Nichtbeachtung durch das Praktizieren eigener Regeln und Verhaltensweisen im Alltag der Zwangsarbeiter bestimmten andere im Unternehmen.[94] Bei Benckiser waren das die Betriebsobleute Helmut Janke, Paul Werneburg und Jakob Butsch. Sie etablierten unter der Regie von Paul Werneburg ein regelrechtes Schreckensregime zur Erzwingung von Arbeitsdisziplin und unbedingtem Gehorsam. Sowohl am Arbeitsplatz wie im Lagerleben waren die Zwangsarbeiter permanent von Willkür bedroht. Es wurden dabei auch keinerlei rassenideologische Unterschiede zwischen scheinbar minderwertigeren Ostarbeitern und »hochwertigeren« Westarbeitern gemacht. Werneburgs Brutalität traf Ukrainer und Russen ebenso wie Franzosen, Holländer und Serben.

Werneburg war ein altgedienter Benckiser-Mitarbeiter. 1942, beim Hauptankunftszeitpunkt der Zwangsarbeiter im Unternehmen, war er bereits 55 Jahre alt, verheiratet, von der Ausbildung Schlosser und Elektriker und bei Benckiser seit 1910 als Werksmeister beschäftigt.[95] Bereits 1932 war Werneburg Mitglied der nationalsozialistischen Betriebszellenorganisation geworden und hatte diese wie erwähnt bei Benckiser mit aufgebaut. Im Mai 1933 wurde er dann

94 Vgl. allgemein dazu Scharf, S. 201 ff.

95 Vgl. dazu die Angaben in der Spruchkammerakte LA Speyer, R 18 E 17127, Bl. 20.

NSDAP-Mitglied, Propagandawart der NSBO und stellvertretender Betriebsobmann. Werneburg oblag die Wartung und Kontrolle der Wärme- und Energiewirtschaft bei Benckiser, damit hatte er laufend Zugang zu sämtlichen Produktionsbereichen und Abteilungen im Unternehmen. Zudem fungierte er auch noch als Werkschutzleiter, und damit unterstanden ihm auch die übrigen ca. zehn als Werkschutz und Lagerwachmänner eingesetzten Beschäftigten. Vor allem aber wohnte er in einer Werkswohnung auf dem Dörrhorst-Gelände. Seine Wohnadresse lautete »Jägerstraße 30«, dieselbe Bezeichnung wie die des Benckiser-Zwangsarbeiterlagers. Seit 1942 war Werneburg offiziell zum »Beauftragten für das Benckiser-Ausländerlager« ernannt und 1943 dann auch zum Obermeister befördert worden, wodurch er sein Gehalt von 2600 RM aus dem Jahr 1933 auf nun 8400 RM fast vervierfachen konnte.

Abb. 60, 61 und 62: Die drei Benckiser-Betriebsobleute und Werkschutzmänner Paul Werneburg, Helmut Janke und Jakob Butsch

NS-Betriebsobmann bei Benckiser war zwischen 1934 und Anfang 1943 Helmut Janke gewesen, der, Jahrgang 1898, 12 Jahre jünger als Werneburg war. Auch er hatte 1932 die NSBO bei Benckiser mitaufgebaut, war aber erst im März 1937 als NSDAP-Mitglied registriert.[96] Janke, seit Anfang der 1920er Jahre bei Benckiser, wurde dann 1943

96 Vgl. dazu die Angaben in der Entnazifizierungsakte in: LA Speyer, R 18 Nr. E 18731.

zur Wehrmacht eingezogen. An seine Stelle als Betriebsobmann trat nun Werneburg. Der Dritte im Bunde der heimlichen Herrscher und Repräsentanten des nationalsozialistischen Repressionssystems im Arbeitsalltag bei Benckiser war der 1898 geborene Werksmeister Jakob Butsch, gleichfalls seit 1931 NSBO-Mitglied und seit 1916 bei Benckiser. Butsch, der auch als Blockwart der DAF im Unternehmen fungierte, wurde allerdings nie in die NSDAP aufgenommen, seine entsprechenden Anträge wurden aus welchen Gründen auch immer abgelehnt, was ihn jedoch nicht davon abhielt, als überzeugter Verfechter der NS-Ideen aufzutreten. Er geriet zudem 1942 wegen epileptischer Anfälle und dem daraus geschlossenen Verdacht einer Erbkrankheit ins Visier der rasseärztlichen Behörden, wurde aber dennoch nach Werneburgs Aufstieg dessen Nachfolger als stellvertretender Betriebsobmann bei Benckiser und auch für die »Beaufsichtigung des Lagers und des Geländes« in Ludwigshafen zuständig.[97] Butsch war als schwacher und opportunistischer Charakter letztlich wohl vor allem der willige Zuträger und Handlanger für Werneburg, dessen Misshandlungen er deckte und sich daran auch beteiligte.

Eines der ersten Opfer des Repressionssystems bei Benckiser war im Sommer 1941 die damals 23-jährige deutsche Laborgehilfin Lydia L., seit vier Jahren im Unternehmen, sowie der französische Kriegsgefangene Roger Massin. Die beiden waren bei einem heimlichen Treffen in einem Umkleideraum beobachtet worden und von Belegschaftsangehörigen bei Betriebsobmann Janke denunziert worden. Jahnke verständigte nicht nur den zuständigen Betriebsleiter Aeckerle, sondern meldete den Vorfall auch der Gestapo.[98] L., die Janke schon vorher wegen Mitleidbekundungen für die Kriegsgefangenen im Unternehmen negativ aufgefallen war, wurde daraufhin verhaftet, von der Gestapo verhört, aber dann nur mit einer »scharfen Verwarnung« wieder freigelassen. Dennoch war sie noch vor Abschluss der polizeilichen Untersuchungen fristlos entlassen worden und erhielt

97 Vgl. die Angaben im Entnazifizierungsfragebogen in: LA Speyer, R 18 Nr. E 15717.

98 Vgl. dazu die Gestapoakte zum Fall Lautz in: LA Speyer, H 91, Nr. 5298, sowie auch das später dazu vom französischen Militärtribunal angestrengte Verfahren gegen Janke und Aeckerle in: Centre des Archives diplomatiques, La Courneuve, Frankreich, 1 AJ 3548 (Aeckerle) bzw. 1 AJ 3851 (Janke).

auch nach dem Gestapo-Bescheid, dass keine staatspolitischen Bedenken vorlägen, keine Wiederanstellung. Der französische Kriegsgefangene wurde ebenfalls sofort verhaftet, ins Stalag Frankenthal gebracht, wo er ein Verfahren wegen verbotenen Umgangs mit deutschen Frauen über sich ergehen lassen musste. Im Februar 1942 wurde er dann dafür zu sechs Monaten Gefängnis verurteilt.[99]

Der Fall hatte für erheblichen Wirbel im Unternehmen gesorgt und hinsichtlich der drakonischen Strafen gegen die beiden Beteiligten ein Betriebsklima der Einschüchterung geschaffen. Nur wenige Monate später kam es dennoch zu einem ganz ähnlichen Vorfall.[100] Eine im Labor der Phosphatabteilung beschäftigte Chemiefachgehilfin versorgte einen französischen Kriegsgefangenen wegen dessen geschwollenem Knie mit einem Verband. Der Gefangene konnte kaum laufen und klagte darüber, dass man ihn nicht ins Lazarett brachte. Aus Mitleid steckte die Laborantin ihm dann noch eine Schachtel Zigaretten zu, wofür er sich später mit einem Stück Kuchen revanchierte. Die Angestellte wurde bei Werneburg denunziert, der daraufhin die Betroffene bei der Gestapo anzeigte. Es folgten zunächst innerbetriebliche Verhöre, dann auch durch die DAF und die Gestapo, wobei der dortige Beamte die Vorwürfe selbst als kleinlich empfand und die Sache auf sich beruhen lassen wollte. Doch drei Wochen später erfolgte abermals eine Vorladung zur Gestapo, wo der Laborantin eröffnet wurde, dass Werneburg auf einer Bestrafung wegen verbotenen Umgangs mit einem französischen Kriegsgefangenen bestand. Im März 1942 erhielt die Laborantin dann tatsächlich einen formellen Strafbefehl über 20 Tage Gefängnis oder 60 RM Geldstrafe, die sie auch bezahlte.[101] Werneburg hatte es verstanden, ein regelrechtes Spitzelsystem aufzubauen. Nach Kriegsende tauchte eine Liste mit Gestapo-Agenten bei Benckiser auf, auf der neben einem deutschen Arbeiter auch der Name eines russischen Zwangsarbeiters stand.[102]

Solche und ähnliche Fälle waren damals in allen deutschen Unternehmen weit verbreitet und werfen ein Schlaglicht auf die allenthalben deformierten Unternehmenskulturen, in denen Denunziation

99 Vgl. ebd.
100 Vgl. Notiz der Ermittlungen vom 11.1.1949, in: LA Speyer, R 18 E 17127.
101 Vgl. ebd. sowie dort auch eine Abschrift des Strafbefehls.
102 Vgl. Ermittlungsbericht vom 29.12.1948, in: ebd.

und Einschüchterung vorherrschten. Bei Benckiser sorgte jedoch vor allem Paul Werneburg dafür, dass daraus ein Schreckensregime mit gewalttätigen Misshandlungen gegen Kriegsgefangene wie Zwangsarbeiter wurde. Der französische Kriegsgefangene Paul Ayardi, seit Anfang 1942 bei Benckiser, erinnerte sich später »sehr wohl an Werneburg. Dieser war mit der Überwachung des ganzen ausländischen Personals der Fabrik Benckiser beauftragt. Ich sah ihn öfters französische und russische Gefangene oder fremdländische Arbeiter irgendeiner Nationalität schlagen. Werneburg war sehr dick und sehr stark. Er versetzte Fußtritte und schlug mit den Fäusten. Während der Luftangriffe gestattete er nicht, dass das Personal des Werkes die Luftschutzräume aufsuchte. Es kam einmal vor, dass er während eines Angriffs das Personal aus dem Schutzraum herausholte. Ein Russe wurde getötet. [...] Werneburg schlug sowohl Frauen wie Männer, die in der Fabrik Benckiser waren. Der Genannte war sehr brutal gegen das Personal, selbst gegen die Kranken, er brüllte auch sehr viel.«[103] Und sein Schicksalsgenosse Robert Poignard ergänzte: »Werneburg war sozusagen der Personalchef der Firma Benckiser. Oft sah ich, dass er ohne einen Grund Franzosen und Ukrainer mit der Reitpeitsche hieb. Er war wirklich ein Schrecken, wenn er kam.«[104] Vor allem als sich die ersten Fluchtversuche einzelner Kriegsgefangener ereignet hatten, tobte Werneburg, ließ jeden Winkel der Fabrik durchsuchen und seine Wut an den übrigen Kriegsgefangenen, aber auch an den deutschen Arbeitern aus, die ihre Bewachungspflicht verletzt hätten. Werneburg regte sich zudem unter anderem auch darüber auf, dass die französischen Kriegsgefangenen bei ihrem täglichen Marsch vom Stalag zu Benckiser auf dem Bürgersteig gingen, und versuchte dafür zu sorgen, dass diese künftig nur die Straße benutzen durften.

Werneburgs Übergriffe und Misshandlungen erfolgten vor allem auch im Ausländerlager Dörrhorst. Die Lagerschwester Lotte M. dokumentierte offenbar auf Betreiben des Vertreters des Arbeitsamtes Ludwigshafen, der öfter im Lager war, 32 Fälle, in denen vor allem »unsere Russenjungen« von Werneburg oft geschlagen worden

103 Aussage vom 18.5.1949, in: LA Speyer, R 18 E 17127.
104 Ebd.

waren.[105] Ob diese Liste aber das Arbeitsamt tatsächlich je erreicht hat, ist unklar.[106] In ihrer späteren Aussage vor dem Entnazifizierungsausschuss konkretisierte sie dabei die damaligen Gewalttaten, die sich unter anderem auch gegen einen italienischen Zwangsarbeiter richteten, den Werneburg grundlos »blutig zu Boden schlug«.[107] Vor allem schilderte sie dabei Auseinandersetzungen mit dem auch als Dolmetscher eingesetzten Lagerwachmann wegen des schlechten Essens. »An Pfingsten war Maisenbacher besoffen, die Leute im Lager bekamen nichts als ihre Portion Brot und ihre Butter. Am zweiten Pfingsttag kamen die Leute wieder, Schwester, wir haben Hunger; da wurde ich böse, denn zur Arbeit mussten sie pünktlich sein, sonst wurde Werneburg seine Hand los.«[108] Von Seiten des Arbeitsamtes und der Gestapo wurde zwar eine Untersuchung eingeleitet, die sich aber vor allem auf Verhöre der Krankenschwester konzentrierte, die Werneburg gegenüber den Behörden als politisch unzuverlässig darstellte, da sie nicht mit »Heil Hitler« grüße.[109]

Werneburg hat dazu später im September 1944 in einem vierseitigen Schreiben den damaligen Vorgang aus seiner Sicht protokolliert, das ungeachtet der subjektiven Darstellung doch noch einmal einen instruktiven Einblick in die unternehmensinternen Abläufe bei der Konfrontation mit der Angelegenheit gibt. Ausgangspunkt für Werneburgs Unmut waren die in seinen Augen allenthalben laxen Zustände im Benckiser-Lager, wofür er die Lagerschwester sowie den russischen Lagerarzt verantwortlich machte. Demnach würden sich reihenweise Zwangsarbeiter krankmelden, dann aber das Lager-

105 Vgl. die Aussage der Lagerschwester vom 18.5.1949 im Entnazifizierungsverfahren gegen Werneburg, in: LA Speyer, R 18 E 17127.

106 Scharf, S. 164, geht davon aus, dass dies geschah und auch auf Initiative der Lagerschwester erfolgte. Siehe aber weiter unten dazu, und auch die spätere Aussage der Lagerschwester vom 18.5.1949 im Entnazifizierungsverfahren gegen Werneburg, in: LA Speyer, R 18 E 17127.

107 Ebd.

108 Ebd.

109 Scharf (S. 164) schreibt dazu, dass die Krankenschwester, mit Androhungen von Repressalien konfrontiert, auf Betreiben Werneburgs umgehend fristlos entlassen worden wäre, wofür sich jedoch weder in den Aussagen der Krankenschwester selbst noch in der Darstellung Werneburgs ein Anhaltspunkt ergibt.

gelände verlassen und in der Stadt herumtreiben.[110] Als Beispiel nannte er dabei zwei holländische Zwangsarbeiter (»ausgesprochene Bummelanten«), die er selbst in der Bahnhofshalle zigarettenrauchend zusammen mit einer anderen Ausländergruppe angetroffen habe. Es sei schon länger beobachtet worden, dass die Krankenschwester Lotte M. »eine ziemliche Ausländerfreundlichkeit an den Tag legte [...]. Der Lagerführer, Parteigenosse Arnold hat sie mehrmals über ihr undeutsches Gebahren den Ausländern gegenüber gemahnt. Nachdem nun die Mahnungen des Lagerführers wenig Beachtung fanden, habe ich mir die Lagerschwester einmal vorgenommen und ihr ganz eindringlich die schweren Folgen ihres Verhaltens den Ausländern gegenüber vor Augen gehalten.« Kurze Zeit darauf jedoch, so Werneburg weiter, sei ihm zugetragen worden, dass die Lagerschwester offensichtlich ein heimliches Liebesverhältnis mit einem französischen Zwangsarbeiter unterhielt. Der Betreffende, Nicola C., war 23 Jahre alt und seit Mitte März 1943 bei Benckiser eingesetzt, und soll sich, so wurde Werneburg auch zugetragen, im Lager anderen Franzosen gegenüber dafür gerühmt haben, dass er es fertiggebracht habe, in einem Monat 15 Tage krankzufeiern, ohne überhaupt krank gewesen zu sein. »Auch den Ostarbeiter-Hilfsschwestern gegenüber«, so notierte Werneburg akribisch weiter, »hat sie niemals den nötigen Abstand gehalten und betont, dass alle Schwestern – auch ausländische – ihre Kameradinnen seien.«[111]

Die Angelegenheit eskalierte, als, in den Worten Werneburgs, »sowohl die deutsche wie die Ostarbeiterhilfsschwester zum Arbeitsamt gelaufen sind und das gesamte Lager Benckiser in den schlechtesten Farben geschildert [haben].«[112] Daraufhin hatte offenbar der zuständige Arbeitsamtsleiter bei Dubbers vorgesprochen und auch den Lagerführer Arnold verhört. Gleichzeitig wurde die Lagerkrankenschwester vom Arbeitsamtsleiter aufgefordert, eine Liste der Zwangsarbeiter zu erstellen, die von Werneburg schon einmal im Lager geschlagen worden waren. Es ist, wie gesagt, nicht klar, ob diese Namensliste der Krankenschwester tatsächlich je in die Hände des

110 Vgl. Schreiben des Betriebsobmannes betr. Lagerschwester Frau Lotte M. vom 23.9.1944, in: LA Speyer, R 18 E 17127, Bl. 77-80.
111 Ebd.
112 Ebd.

Arbeitsamtes gelangte, denn Werneburg notierte in seinem Bericht vom September 1944, dass diese »Notizen heute noch in meinem Besitz sind.«[113]

Die Angelegenheit zog dennoch weitere Kreise, da Werneburg von Dubbers den Auftrag erhalten hatte, wegen der Sache umgehend beim Arbeitsamt und beim zuständigen Verbindungsmann der DAF vorzusprechen, der seinerseits empfahl, die Angelegenheit – wohlgemerkt nicht die Misshandlungen, sondern das Verhalten der deutschen Lager-Krankenschwester – der Gestapo zu melden. Werneburg nahm davor aber Rücksprache mit Albert Reimann junior, der empfahl, vor einer offiziellen Anzeige gegen die Krankenschwester informell bei der Gestapo Erkundigungen einzuziehen, wie man am besten weiter vorgehen sollte. Werneburg sah schließlich von einer Anzeige ab, holte sich dann aber noch vom Kreisobmann der DAF, der sich »in ganz entschiedener Weise die Einmischung des Arbeitsamtes Ludwigshafen in Lagerangelegenheiten der DAF verbat«, die Zusicherung, dass künftig das Lager Benckiser »nur noch von Herren der Außenstellen betreten werden dürfe, in Gegenwart des Beauftragten der DAF.«[114] Die ganze Angelegenheit ist in all ihren Details auch deshalb interessant, da sie einerseits den Umgang der verschiedenen Verantwortlichen bei Benckiser mit den spätestens jetzt offenkundig gewordenen häufigen Misshandlungen im Lager zeigt; und andererseits sorgte sie dafür, dass Benckiser bei den örtlichen Behörden wie Arbeitsamt und DAF in Bezug auf die Behandlung der Fremdarbeiter einen schlechten Ruf erhielt und sich das frühere Vorzeigelager, wenn es denn je als solches bezeichnet worden war, ins Gegenteil verkehrt hatte. Für die Behörden war es zu einem Problemfall geworden. Und es zeigte auch die dabei zu Tage tretenden Kompetenzkonflikte zwischen den örtlichen DAF-Stellen und dem Arbeitsamt.

Die scheinbar laxen Zustände im Lager änderten sich jedoch in den Augen von Werneburg in der Folgezeit nicht. Nach wie vor beobachtete Werneburg bei seinen regelmäßigen Prüfgängen nach Feierabend in der Sanitätsbaracke des Lagers, die sich durch die unmittelbare räumliche Nähe seiner Werkswohnung für ihn geradezu anbot, offensichtliche Simulanten und Arbeitsverweigerer. Auch beim Tragen

113 Ebd., S. 3.
114 Ebd.

des Ostarbeiterzeichens durch die Ukrainerinnen nahm man es im Lager offenbar nicht so genau. »Alles in allem haben Vorhaltungen und Ermahnungen nichts genutzt, so dass sich auch heute der Zustand mit den Franzosen wenig gebessert hat«, notierte Werneburg abschließend.[115] Albert Reimann junior jedenfalls wollte den ganzen Vorfall unbedingt als unternehmensinterne Angelegenheit behandeln und jegliche Einmischungen von außen abwehren, und die Anweisung des DAF-Kreisobmanns war denn auch ganz in seinem Sinne; dem Verhalten Werneburgs gebot er gleichzeitig nirgendwo Einhalt. Das zeigte auch der nächste Vorfall, der erneut innerbetrieblich wie außerbetrieblich hohe Wellen schlug. Es ging um die ukrainische Zwangsarbeiterin Anna Bojko, die am 24. Mai 1942, damals 24 Jahre alt, zusammen mit dem Großteil der anderen Ukrainerinnen nach Deutschland deportiert und bei Benckiser eingesetzt worden war.

Die Arbeiterin wurde dabei nicht in der Produktion, sondern vor allem »im Außendienst«, sprich für Reinigungsarbeiten in der Kantine und auch in der Frankenthalerstraße 5, eingesetzt, wo Albert Reimann junior wohnte und sein Büro hatte. Eines Abends wurde Bojko im Lager vermisst. Das wurde umgehend Werneburg gemeldet, der sie dann am folgenden Tag an ihrer Arbeitsstelle, der Villa Reimann, aufsuchte und zur Rede stellte. Dabei schlug er sie, da Bojko ausweichende Antworten gab, ins Gesicht. Später wandte sich die Ukrainerin jedoch wegen des Vorfalls an Dr. Boris Korotkjy, den Laboratoriums-Angestellten, der wegen seiner Sprachkenntnis des Öfteren bei Auseinandersetzungen mit Ausländern gerufen wurde.[116] Sie klagte ihm ihr Leid, worauf »ich ihr riet, zur Arbeitsfront zu gehen und sich zu beschweren. Tatsächlich kam nach einigen Tagen ein Herr der DAF. Ich wurde in die Villa Reimann jr. gerufen, wo in Anwesenheit des Personalchefs und Reimann junior der Arbeitsfrontvertreter mich bat, die Beschwerde des Mädchens zu übersetzen. Nach Klärung des Vorfalls sagte fast wörtlich der DAF-Vertreter zu Reimann junior: ›Es ist der DAF zu Ohren gekommen, dass ausländische Arbeiter bei der Firma Benckiser des Öfteren geschlagen werden. Sie tragen, Herr Reimann, für diese Vorfälle allein die Ver-

115 Ebd., S. 4.
116 Vgl. Zeugenaussage Korotkjy vom 30.7.1948, in: LA Speyer, R 18 E 17127, Bl. 24.

Abb. 63 und 64: Ausweisfoto und Arbeitsausweis von Anna Bojko

antwortung als Betriebsführer.‹ Dr. Reimann ging auf diesen Vorwurf überhaupt nicht ein und sprach von Betriebsangelegenheiten. [...] Praktisch hat sich auch nach der Verwarnung durch die DAF in der Behandlung der Zivilarbeiter nichts geändert und Werneburg konnte weiter sein Unheil ausüben.«[117]

Was tatsächlich in der Villa Reimann geschehen war, lässt sich letztlich nicht klären, denn es gibt insgesamt fünf, zum Teil höchst unterschiedliche spätere Schilderungen des Vorfalls.[118] Dubbers stellte den Fall dabei sogar so dar, dass Reimann junior selbst als Misshandelnder genannt wird. »Ich wurde eines Tages, es wird das Jahr 1944 gewesen sein, in das Arbeitszimmer des Herrn Reimann junior gerufen, wo zwei Herren der DAF anwesend waren«, schrieb

117 Ebd.

118 Vgl. neben der Darstellung von Korotkjy die Aussage des Benckiser-Wachmanns Wilhelm P. vom 30.8.1948, in: JAB-Archiv TV 8b, der naturgemäß Werneburg entlastete, dann Werneburg selbst, später auch wurde der Vorfall vom Betriebsratsvorsitzenden August Neu nach dessen Hörensagen im Belastungsverfahren gegen Albert Reimann jr. vorgetragen, und schließlich äußerte sich auch Hans Dubbers dazu im Februar 1949 in einer eidesstattlichen Erklärung, in: Familienarchiv Reimann-Dubbers, Ordner Internierung sowie auch in: JAB-Archiv, Ordner TV 8.

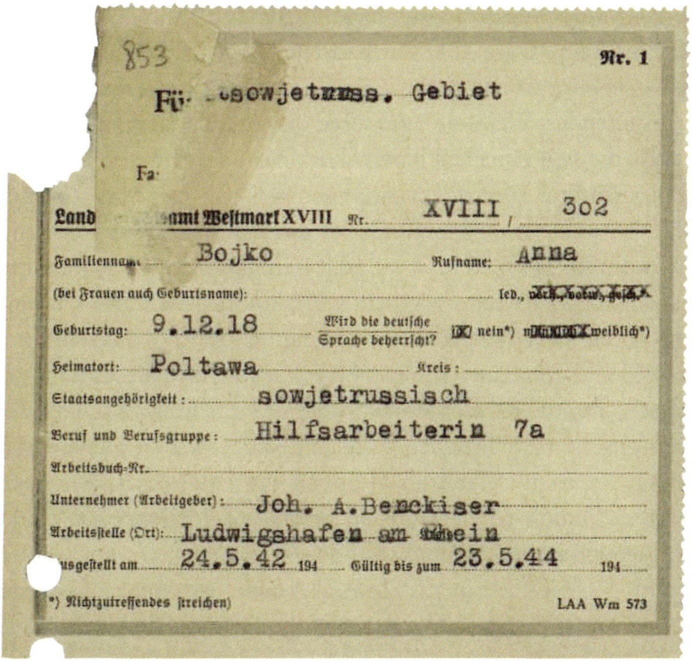
853 Nr. 1
Fü· ..sowjetruss. Gebiet
Fa·
Land... amt Westmark XVIII Nr. XVIII / 302
Familienname: Bojko Rufname: Anna
(bei Frauen auch Geburtsname): led., verh., verw., gesch.
Geburtstag: 9.12.18 Wird die deutsche Sprache beherrscht? ja nein*) männlich weiblich*)
Heimatort: Poltawa Kreis:
Staatsangehörigkeit: sowjetrussisch
Beruf und Berufsgruppe: Hilfsarbeiterin 7a
Arbeitsbuch-Nr.
Unternehmer (Arbeitgeber): Joh. A. Benckiser
Arbeitsstelle (Ort): Ludwigshafen am Rhein
Ausgestellt am 24.5.42 194 Gültig bis zum 23.5.44 194
*) Nichtzutreffendes streichen
LAA Wm 573

Dubbers. »Diese erklärten, es wäre Klage darüber geführt worden, dass die im Wohnhause Reimann als Putzfrau beschäftigte Ostarbeiterin Anna Bojka von Herrn Reimann junior geschlagen worden sei, sie wären beauftragt, den Vorfall zu untersuchen. Herr Reimann wies den Vorwurf weit von sich und veranlasste sofort die Herbeirufung der genannten Ostarbeiterin sowie des Herrn Dr. Korotkjy, der als Dolmetscher hinzugezogen werden sollte. Auf Befragen des Herrn Dr. Korotkjy bestritt es die Bojka mit allen Zeichen der Entrüstung auf das lebhafteste, von Herrn Reimann jr. jemals geschlagen oder sonstwie misshandelt worden zu sein. Sie rief wiederholt auf Deutsch: ›Dr. Reimann so gut, Dr. Reimann mich nie schlagen!‹. Die weitere Frage, ob sie von jemand anderem geschlagen worden sei oder ob sie sich beklagt hätte, verneinte sie ebenfalls ausdrücklich. Damit war die Vernehmung beendet.«[119] Wer immer der Täter gewesen

119 Eidesstattliche Erklärung von Dubbers vom 1.2.1949 sowie gleichlautend auch vom 4.8.1949, in: Familienarchiv Reimann-Dubbers, Ordner Internierung bzw. in: JAB-Archiv, Ordner TV 8.

war, Fakt bleibt, dass die Misshandlungen von Zwangsarbeitern bei Benckiser keineswegs ab-, sondern eher noch zugenommen hatten und Werneburg dabei nach wie vor im Mittelpunkt stand. Das wird in bestürzender Weise in mehreren Begebenheiten und Vorfällen deutlich, die sich zum Teil bereits kurz nach der Ankunft der Ukrainerinnen im Juni 1942 ereignet hatten.

Wie erwähnt, waren am 24. Mai 1942 die ersten ca. 30 jungen Ukrainerinnen bei Benckiser eingetroffen und in einer eigenen Frauenbaracke im Lager untergerbacht worden. Einige von ihnen konnten nachträglich identifiziert werden. Die unten reproduzierten Werksausweise und Kennkarten bzw. Lagerkarten von Alexandra Korotkewitsch, Tatjana Kowal, Maria Tarasenko und Maria Tscherkasowa stehen gleichsam repräsentativ für alle anderen. Fast alle Ostarbeiterinnen waren mit Geburtsjahren von 1923 bis 1925 sehr jung und bei ihrer Ankunft in Deutschland noch kaum 18 Jahre alt. Und die Mehrheit von ihnen stammte aus Poltawa, der etwa 350 km von Kiew entfernten Großstadt in der Zentralukraine, die am 19. September 1941 von der Wehrmacht eingenommen wurde und danach zum neu errichteten Reichskommissariat Ukraine gehörte. Dort lag auch das Hauptquartier der Heeresgruppe Süd, die Stalingrad und das Kaukasus-Gebiet erobern sollte.

Die Frauen und jungen Mädchen wurden systematisch erfasst und polizeilich angemeldet und erhielten dann einen eigenen Benckiser-Werksausweis mit Foto. Der nähere Blick auf diese Ausweise zeigt dabei, dass deren Ausstellung offenbar inszeniert wurde; die Zwangsarbeiter erscheinen dafür regelrecht bewusst herausgeputzt, mit weißen Kragen, bunten Blusen bei den Frauen und Sonntagshemd mit Krawatte bei den Männern. Anders als bei Letzteren signalisiert die Mimik der Ostarbeiterinnen ein deutliches Selbstbewusstsein, das stark mit den Fotos kontrastiert, die bei der Ankunft im Mai 1942 gemacht wurden, wo die Ukrainerinnen unmittelbar nach der Deportation verängstigt und verschüchtert abgebildet sind. Und Werneburg sorgte dafür, dass daraus in den ersten Wochen danach ein Trauma wurde. Am 22. Juni 1942 in der Nacht waren Janke und Werneburg betrunken in die Lagerbaracke der Ukrainerinnen eingedrungen, und Werneburg verlangte von den bereits schlafenden Mädchen, dass sie, so wie sie waren, zum Teil nackt, zum Teil mit kurzen Hemdchen,

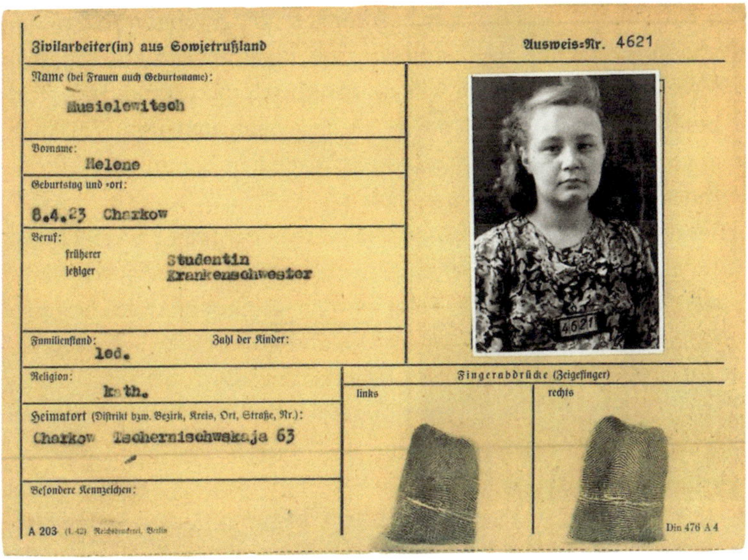

Zivilarbeiter(in) aus Sowjetrußland Ausweis-Nr. 4621

Name (bei Frauen auch Geburtsname):
Musiolewitsch

Vorname:
Helene

Geburtstag und -ort:
8.4.23 Charkow

Beruf:
früherer Studentin
jetziger Krankenschwester

Familienstand: led. Zahl der Kinder:

Religion: kath.

Heimatort (Distrikt bzw. Bezirk, Kreis, Ort, Straße, Nr.):
Charkow Tschernischwskaja 63

Besondere Kennzeichen:

Fingerabdrücke (Zeigefinger)
links rechts

A 203 (1.42) Reichsdruckerei, Berlin
Din 476 A 4

Abb. 65 bis 73: Ausweisfotos, Werksausweis und Lagerkarte von fünf Benckiser-Zwangsarbeiterinnen (s. folgende Seiten)

antreten müssten. Diejenigen Ukrainerinnen, die seiner Anordnung nicht Folge leisteten, belästigte er in der Weise, dass er mit seinen Händen unter die Bettdecke griff.[120] Offensichtlich gab es einen Wachmann, der dem Treiben Werneburgs Einhalt gebieten wollte, dieser wurde aber am folgenden Tag wegen Wachvergehens entlassen.[121] Von Werneburgs sexuellen Belästigungen wusste am folgenden Tag jeder bei Benckiser, unter anderem auch dadurch, dass sich die Ostarbeiterinnen weinend am nächsten Morgen ihren jeweiligen Mitarbeiterinnen und Vorgesetzten anvertraut hatten.

Werneburg verging sich aber auch in der Folgezeit an einzelnen der jungen Ukrainerinnen. Einer der Arbeiter berichtete später davon, dass die damals gerade einmal 17 Jahre alte Wera S. eines Tages, kurz bevor sie nach Saarbrücken abgeschoben wurde, »weinend und mit zerrissenem Kleide ins Maschinenhaus kam und nur stöhnte: ›Wer-

120 Aussage Neu vom 21.2.1947, in: LA Speyer, R 18 E 17127, Bl. 22.
121 Vgl. Schreiben Betriebsrat/Neu an die Spruchkammer vom 16.11.1946, in: ebd., Bl. 25.

neburg ... Werneburg‹. Ich habe daraus geschlossen, dass Werneburg sich in wüster Weise gegenüber dem Mädchen, das sonst anständig war, verhalten haben muss.«[122] Mit einer Mischung aus Gewalt und Geschenken machte sich der Benckiser-Betriebsobmann die jungen Ukrainerinnen auch anderweitig systematisch gefügig. Der als Ostarbeiter Hilfsschwester im Lager Ludwigshafen eingesetzten Alexandra K. stellte Werneburg häufig nach, »drangsalierte das Mädchen den ganzen Tag, nahm sie an der Kehle und warf sie in die Ecke«, wie die Lagerschwester Lotte Mayer später berichtete.[123] Die Hilfsschwester wurde im Mai 1944 an das städtische Krankenhaus versetzt. Für sie kam die 21-jährige Helene Museliewitsch, genannt »Nelly«, die das nächste Opfer von Werneburg wurde. Dieser kam täglich in die Sanitätsbaracke, er schenkte ihr Haus- und Straßenschuhe, »aber sie musste mit der Ehre bezahlen. Nelly musste oft in die Wohnung [zu Werneburg] kommen, wie sie mir sagte«, berichtete die Lagerschwester.[124] Als die Ukrainerin sich als Schutz einen der französischen

122 Zeugenaussage des Benckiser-Elektrikers August H. vom 21.2.1947, in: ebd., Bl. 23.

123 Schreiben Lotte Mayer vom 18.5.1949 an die Spruchkammer-Ermittler, in: ebd., Bl. 76f.

124 Ebd.

Nr. 1

84

Herkunft: …jetruss. Gebiet

Für di…

Famili…

Landesarbei…amt Westmark XVIII Nr. XVIII / 302

Familienname: Korotkewitsch Rufname: Alexandra

(bei Frauen auch Geburtsname): led. [illegible].*

Geburtstag: 1.5.24 Wird die deutsche Sprache beherrscht? X ja / nein*) [illegible] / weiblich*)

Heimatort: Artemowka Kreis: Polt.

Staatsangehörigkeit: sowjetrussisch

Beruf und Berufsgruppe: Hilfsarbeiterin 7a

Arbeitsbuch-Nr.

Unternehmer (Arbeitgeber): Joh. A. Benckiser

Arbeitsstelle (Ort): Ludwigshafen am Rhein Kreis:

Ausgestellt am 24.5.42 194 Gültig bis zum 23.5.44 194

*) Nichtzutreffendes streichen) LAA Wm 573

Zwangsarbeiter als Freund zulegte, reagierte Werneburg wütend und bestrafte beide mit Bunkerhaft und Geldstrafe.

Die Misshandlungen Werneburgs im Maschinenhaus, sei es gegenüber Ostarbeiterinnen oder auch männlichen Zwangsarbeitern, waren offenbar an der Tagesordnung und wurden durch einzelne, dem Betriebsobmann ergebene Komplizen unter der Belegschaft gedeckt. Wer dagegen sein Missfallen äußerte, den machte Werneburg mit der Drohung, ihn der Gestapo zu melden, mundtot. »Ich habe die Wahrnehmung gemacht«, so hieß es in der Zeugenaussage dazu, »dass S. die Türe zuhielt und den Eintritt verweigerte und den Ausgang versperrte, wenn drinnen im Maschinenhaus etwas mit den Ausländern geschah. Dass die Ausländer in derartigen Fällen misshandelt wurden, war für mich dadurch erkennbar geworden, dass sie beim Heraustreten im Gesicht verschlagen waren und Augen und Gesicht

mit den Händen bedeckten.«[125] Mehreren Zeugen war dabei vor allem die brutale Misshandlung eines jungen serbischen Zwangsarbeiters in Erinnerung geblieben, den Werneburg zunächst im Maschinenhaus blutig schlug und dann auch noch den ganzen Weg zu dessen Arbeitsplatz im Phosphatbetrieb in aller Öffentlichkeit und im Beisein des dortigen Betriebsleiters Fritz Draisbach weiter mit Fußtritten und Schlägen traktierte. Überhaupt wurden vor allem die serbischen und kroatischen Zwangsarbeiter häufiger drangsaliert, da Werneburg als Werkschutzleiter vor allem diesen die offenbar häufiger vorkommenden Werksdiebstähle zur Last legte.[126] Mindestens einen von ihnen, den Serben Husein K., der seit Oktober 1941 bei Benckiser eingesetzt war (»der schlechteste unserer Lagerinsassen«), meldete Werneburg auch an die Gestapo mit nachfolgender Verhaftung und Deportation in eines ihrer berüchtigten Arbeitslager.[127] Was die jungen Ukrainerinnen anging, entwickelte sich in der Folge offenbar ein komplexes, psychologisch schwierig zu deutendes Verhältnis zwischen Peiniger und Opfern. Sechs bis acht der Ostarbeiterinnen waren öfters privat zu Besuch in der gleich nebenan liegenden Werkswohnung, in der

125 Zeugenaussage des Benckiser-Elektrikers August H. vom 21.2.1947, in: ebd., Bl. 23.

126 Vgl. dazu auch die Zeugenaussage eines ehemaligen Lagerarbeiters und Wachmanns vom 14.6.1947, in: ebd., Bl. 57.

127 Vgl. ebd. sowie Bestätigung und Zeugenaussage vom 31.1.1947, in: ebd.

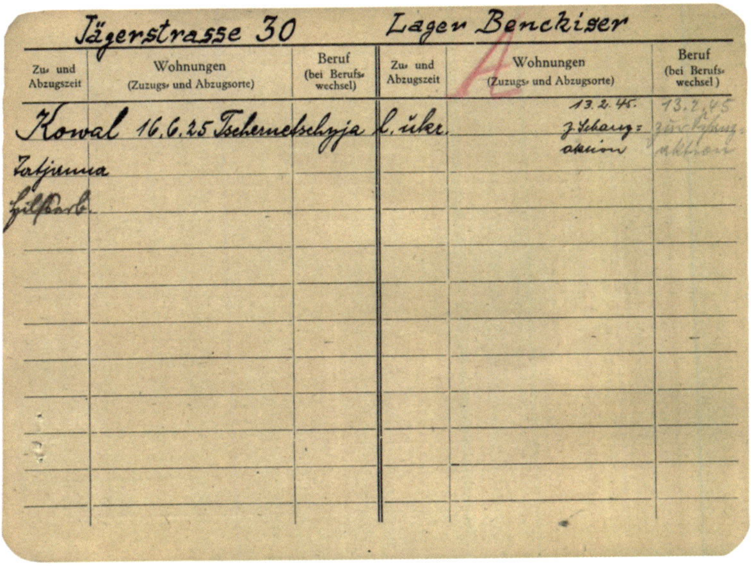

Jägerstrasse 30 Lager Benckiser

Zu- und Abzugszeit	Wohnungen (Zuzugs- und Abzugsorte)	Beruf (bei Berufswechsel)	Zu- und Abzugszeit	Wohnungen (Zuzugs- und Abzugsorte)	Beruf (bei Berufswechsel)
Kowal 16.6.25 Tschernetschyja			l. ukr.	13.2.45.	13.2.45
Tatjana					
Hilfsarb.					

eigentlich auch Werneburgs Frau wohnte. Sie erhielten Essen und Geschenke wie Kleider und Schuhe, und Werneburg zeigte sich mit ihnen teilweise sonntags auch in der Öffentlichkeit.[128] Einer der Lagerwachleute berichtet sogar davon, dass Werneburg von den Ostarbeiterinnen auch als »Papa« bezeichnet wurde.[129] Ein Teil der Opfer hatte mithin ein positives emotionales Verhältnis zu ihrem Gewalttäter aufgebaut, der sich offensichtlich auch in der Rolle als paternalistischer Herrscher und Gönner gefiel. In der Benckiser-Chronik gerann dann dieses Verhältnis zu der absurden und völlig aus dem Kontext gerissenen Behauptung: »Besonders die Ukrainerinnen, die 1942 gekommen waren, unterschieden sich nach kurzer Zeit in ihrem Äußeren (Seidenstrümpfe, Dauerwellen, Armbanduhren) zum Teil nicht mehr von deutschen Frauen.«[130] Die sexuellen Belästigungen und Gewaltausübungen Werneburgs gegenüber den Ostarbeiterinnen fanden gleichsam öffentlich statt; jedermann bei Benckiser wusste davon, niemand schritt jedoch dagegen ein, am

128 Vgl. Zeugenaussage Wilhelm Pehle vom 30.8.1948 als »Persilschein« zugunsten Werneburgs, in: JAB-Archiv Ordner TV 8.

129 Ebd.

130 Benckiser-Chronik II, S. 121.

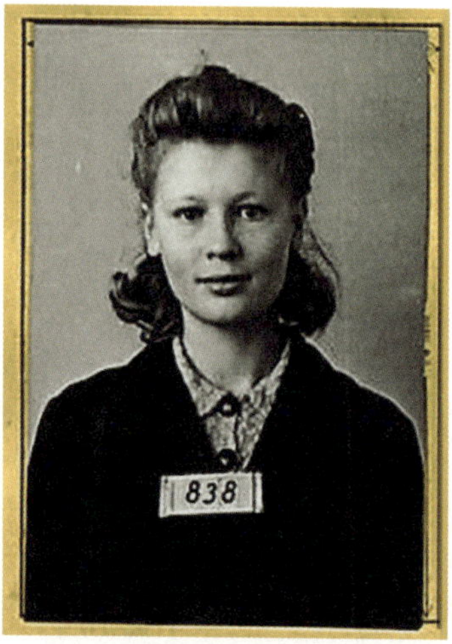

allerwenigsten die beiden Betriebsführer Albert Reimann senior und junior, deren vordringlichste Aufgabe es gewesen wäre, ihrem kriminellen und brutalen Betriebsobmann das Handwerk zu legen oder ihn zumindest in die Schranken zu weisen.[131] Albert Reimann junior kam nach Aussagen eines Wachmanns »sehr oft ins Lager und hat sich auch mit den Ausländern unterhalten«.[132] Von Interventionen oder Maßregelungen gegenüber Übergriffen durch das Wachpersonal ist dabei keine Rede.

Es gibt noch ein letztes Vorkommnis aus dem Lager Benckiser zu berichten, das die dortigen Zustände illustriert und zeigt, dass Misshandlungen und Repressalien nicht nur von innen, sondern auch von außen her erfolgten. Den dort untergebrachten Westarbeitern stand der freie Ausgang in die Stadt zu, den diese auch weidlich nutzten, nicht nur, um sich dort mit anderen Schicksalsgenossen zu treffen,

131 Dass Benckiser hier kein Einzelfall war, zeigen die allerdings eher verstreuten Hinweise auf sexuelle Ausbeutung, Nötigungen und auch Vergewaltigungen von Zwangsarbeiterinnen in anderen Studien. Vgl. etwa Katharina Hoffmann, Ausländische ZwangsarbeiterInnen in Oldenburg während des Zweiten Weltkrieges. Eine Rekonstruktion der Lebensverhältnisse und Analyse von Erinnerungen deutscher und polnischer ZeitzeugInnen, Diss Universität Oldenburg, Dezember 1999, S. 187-193, als pdf unter: http://oops.uni-oldenburg.de/387/1/420.pdf.

132 Zeugenaussage vom 14.6.1947, in: LA Speyer, R 18 E 17127, Bl. 57.

838

Nr. 1

Für di... sowjetruss. Gebiet

Familie...

Landesarbeitsamt Westmark XVIII Nr. XVIII / 302

Familienname: Tarasenko Rufname: Maria

(bei Frauen auch Geburtsname): ledig, verh., verw., gesch.*

Geburtstag: 15.5.23 Wird die deutsche Sprache beherrscht? ja / nein*) männlich / weiblich*)

Heimatort: Poltawa Kreis:

Staatsangehörigkeit: sowjetrussisch

Beruf und Berufsgruppe: Hilfsarbeiterin 7a

Arbeitsbuch-Nr.

Unternehmer (Arbeitgeber): Joh. A. Benckiser

Arbeitsstelle (Ort): Ludwigshafen am Kreis Rein

Ausgestellt am 24.5.42 194.. Gültig bis zum 23.5.44 194..

*) Nichtzutreffendes streichen)

LAA Wm 573

sondern auch um kleinere Schwarzmarktgeschäfte zu tätigen. Bei Fliegeralarm jedoch mussten sie umgehend ins Lager zurückkehren, und Verspätungen wurden von Werneburg und dem Lagerführer streng mit Geldbußen, Einsperren im Bunker und vor allem auch Schlägen sanktioniert.[133] Im Januar 1944 war bei einem Fliegerangriff in der Stadt eine größere Menge Schuhe gestohlen worden. Die Gestapo hatte als Täter offensichtlich Insassen des Benckiser-Lagers in Verdacht und rückte gegen Abend zusammen mit 30 SS-Leuten mit Maschinengewehren an, umstellte das Lager und nahm sich dabei vor allem die »Holländerbaracke« vor. Man trieb die dortigen Zwangsarbeiter mit Gummiknüppeln aus den Unterkünften, wo sie dann nackt oder nur mit einem Hemd bekleidet im Schnee stehen mussten. Es begann eine wilde Durchsuchungsaktion, bei der sämt-

133 Vgl. Zeugenaussage des Benckiser-Wachmanns Hollinger vom 30.7.1948, in: LA Speyer, R 18 E 17127, Bl. 14f.

liche Decken weggenommen und ins Freie geworfen wurden. »Die Gestapoleute fanden aber nichts in der Baracke, außer etwas Tabak. In der Zwischenzeit hat es dann Fliegeralarm gegeben und die Herren sind verschwunden, während die Gefangenen noch ohne Bekleidung vor der Baracke standen. Sie haben sich dann angezogen und gingen in den Bunker.«[134] Sobald allerdings Entwarnung gegeben worden war, erschienen Gestapo und SS erneut, um nun auch die anderen Baracken auf ähnlich brutale Weise zu durchsuchen.

Angesichts von Werneburgs Schreckensherrschaft war es kein Wunder, dass eine Reihe von Zwangsarbeitern, Ukrainern wie Franzosen und vor allem Holländer, Hass und Rachegelüste gegen diesen hegten und schworen, ihn nach Kriegsende ans Werkstor zu nageln. Angesichts der fortgesetzten Misshandlungen der fremdländischen Arbeiter bei Benckiser hatte sich Dubbers Ende Mai 1944 denn auch gezwungen gesehen, in einer Mitteilung an Geschäftsleitung, Betriebsobmann und die jeweiligen Betriebsleiter die Missstände zum Thema zu machen. Anstatt allerdings konkrete Namen und Vorfälle zu benennen, verwies er nur auf einen Erlass der Gestapo Saarbrücken, in dem auf das strikte Verbot von Misshandlungen fremdvölkischer Arbeitskräfte hingewiesen wurde. Und in dem Erlass stand auch,

134 Ebd.

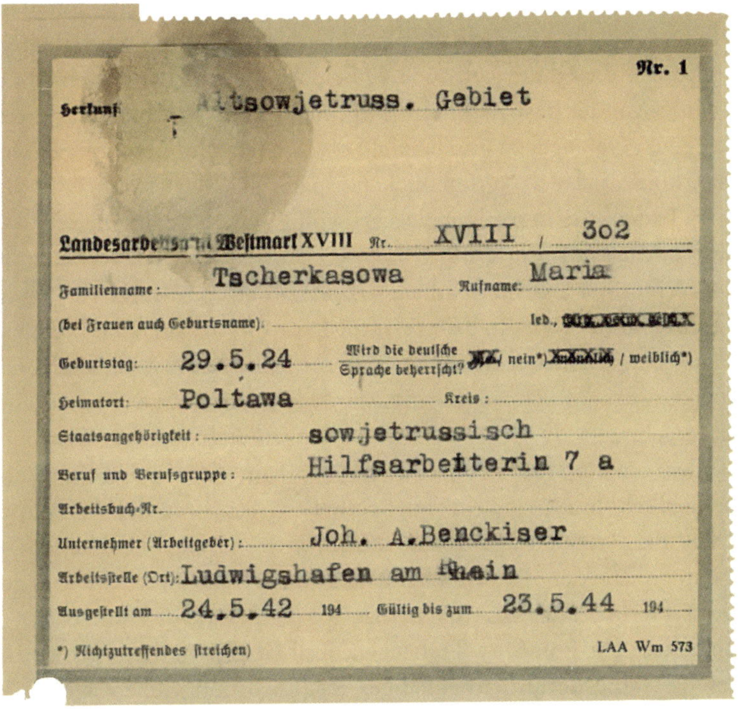
Nr. 1

Herkunft: ...tsowjetruss. Gebiet

Landesarbe... Westmark XVIII Nr. XVIII / 3o2

Familienname: Tscherkasowa Rufname: Maria

(bei Frauen auch Geburtsname): led., XXXXXXXX

Geburtstag: 29.5.24 Wird die deutsche Sprache beherrscht? XX/ nein*) XXXXXX / weiblich*)

Heimatort: Poltawa Kreis:

Staatsangehörigkeit: sowjetrussisch

Beruf und Berufsgruppe: Hilfsarbeiterin 7 a

Arbeitsbuch-Nr.

Unternehmer (Arbeitgeber): Joh. A.Benckiser

Arbeitsstelle (Ort): Ludwigshafen am Rhein

Ausgestellt am 24.5.42 194 Gültig bis zum 23.5.44 194

*) Nichtzutreffendes streichen) LAA Wm 573

dass »natürlich nie auszuschließen ist, dass deutsche Gefolgschaftsmitglieder und das deutsche Aufsichtspersonal zur Brechung eines etwaigen Widerstandes körperliche oder Waffengewalt gebrauchen können bzw. müssen.«[135] »Es wird gebeten«, so ergänzte Dubbers den Erlass, »vorstehende Mitteilung, die im Übrigen vertraulich zu behandeln ist, ihrem Inhalt nach auch den deutschen Gefolgschaftsmitgliedern bekanntzugeben, die mit ausländischen Arbeitskräften zusammenarbeiten.«[136] Tatsächlich ging niemand gegen die Missstände vor, weder von der Geschäftsleitung noch von den Abteilungsleitern. Anlass für Dubbers' Schreiben dürfte nicht nur das Verhalten Werneburgs gewesen sein, sondern die dadurch verursachte Beschädigung der Unternehmenskultur und die damit gegebenen Anreize für Fehlverhalten. Dass Werneburgs Misshandlungen ohne Sank-

135 Schreiben Dubbers vom 30.5.1944, in: GLA Karlsruhe 465 f., 900, Bl. 94.
136 Ebd.

tionen blieben, ließ auch bei anderen Benckiser-Beschäftigten die Hemmschwelle zur Gewaltanwendung gegenüber Zwangsarbeitern sinken, so dass diese sich auch zu Schlägen und Tritte hinreißen ließen. »Sogar der [fast 70-jährige] altgediente Chemotechniker Altpeter hat einen Gefangenen misshandelt, bis ihm das Blut heruntergelaufen ist«, konstatierte dazu rückblickend später der Betriebsrat.[137]

In Ladenburg herrschten dagegen völlig andere Bedingungen. Dort war in ca. 2 km Entfernung von der Baustelle in der Neckarstraße 12 vermutlich erst im Spätherbst 1941 ein eigenes Lager für die im Durchschnitt etwa 150 bis 250 aktuell vor Ort arbeitenden Fremdarbeiter eingerichtet worden. Dort waren zunächst fast ausschließlich die aus Frankreich angeworbenen Handwerker und Facharbeiter untergebracht. In der Folgezeit vollzogen sich mehrere Zugangswellen – die erste im November 1941, dann Anfang Mai 1942 und schließlich Juli 1943, ehe im Spätherbst 1944 mit den erwähnten IMIs die letzten Zugänge zu verzeichnen waren. Die überlieferte Namensliste der Zwangsarbeiter im Werk Ladenburg in der Zeit vom Herbst 1941 bis März 1945 verzeichnet 717 Franzosen, 33 Italiener acht Polen, 12 Tschechen, fünf Belgier und ein Schweizer. Es herrschte mithin ein ständiges Kommen und Gehen, wobei die Fluktuationszeiträume variierten: Manche Arbeiter blieben nur für ein bis zwei Monate, andere dagegen für Jahre wie etwa der 37-jährige Pierre Beguivin, der vom August 1942 bis Juli 1944 bei Benckiser in Ladenburg war.[138] Und nahezu alle Zwangsarbeiter waren Männer. Im Benckiser-Lager Ladenburg gab es keine Frauen. Die drei Französinnen, die in der Namensliste auftauchen, waren in Ladenburger Privatquartieren untergebracht. Unter den Franzosen waren dabei auffallend viele Arbeitskräfte aus den damals noch französischen Kolonien Algerien und Marokko. Die vergleichende Auswertung der Ladenburger Zwangsarbeiter-Namensliste mit dem städtischen Melderegister ergibt dabei weitere Informationen zu deren Schicksal. Zum einen gab es mit Dauer des Krieges eine wachsende Anzahl von Fremdarbeitern, die jenseits der direkt aus Frankreich angeworbenen

137 Vgl. Notiz über ein Gespräch des Betriebsrates mit Reimann senior vom 19.4.1946, S. 21, in: JAB-Archiv, Ordner TV 8b.

138 Vgl. die Namensliste mit den Beschäftigungsdaten, S. 2ff., in: JAB-Archiv Ordner D 46.

Leiharbeiter rekrutiert worden waren. Bei vielen war der Arbeitseinsatz bei Benckiser nur eine Station auf der bereits zurückgelegten Odyssee als Zwangsarbeiter in der deutschen Industrie: Sie kamen von entfernteren Betrieben wie der Hibernia oder hatten bei der Organisation Todt (OT) geschuftet, viele aber hatten vorher auch bei den benachbarten IG Farben gearbeitet und einige waren gleichsam innerbetrieblich nach den Zerstörungen im Ludwigshafener Benckiser-Betrieb von dort nach Ladenburg umgesetzt worden. Andere wiederum lieh Benckiser seinerseits als Arbeitskräfte an die IG Farben aus, wie etwa im Februar 1942, als die Bauarbeiten in Ladenburg für die Dauer der Frostperiode ruhten und die Arbeitskräfte währenddessen an die IG abgetreten wurden. Seit Frühjahr 1944 war einer Handvoll der Ladenburger Benckiser-Zwangsarbeiter auch die Flucht gelungen, wie etwa Abderahmane ben Larbi und Charles Biasoli, hinter deren Namen das Melderegister der Stadt lapidar »Arbeitsflucht« notierte. Bei anderen französischen Arbeitskräften wie Roger Lafleur stand nach dem Datum 17. Juli 1943 »Urlaubsflucht«, d.h. sie waren nicht aus dem Urlaub zurückgekehrt, wobei viele von ihnen in der Heimat infolge der verschärften Zwangsrekrutierungsmaßnahmen der deutschen Besatzungsbehörden oft eine zweite Odyssee als nun deportierte Zwangsarbeiter in Deutschland antreten mussten.[139]

Die regelmäßige Rückkehr in die Heimat war dabei zunächst durchaus die Regel gewesen. Für 1941 und 1942 verzeichnete die betriebswirtschaftliche Abteilung von Benckiser 12.500 bzw. 18.000 RM an Kosten für »Reisegelder für ausländische Arbeiter«.[140] Dubbers hat sich später in einer handschriftlichen Notiz über die von ihm gewährte »Unterstützung der ausländischen Arbeitskräfte« zugutegehalten, dass bei Benckiser Heimaturlaub gewährt worden sei, ohne die vom Arbeitsamt empfohlene und bei vielen Firmen übliche Bürgschaft eines Landsmannes zu verlangen, obwohl er gewusst habe, dass in vielen Fällen eine Rückkehr nicht zu erwarten war.[141] Doch dafür

139 Zu den weit höheren Zahlen der »Urlaubsflüchtigen« bei der IG Farben in Ludwigshafen vgl. Scharf, S. 265, Anm. 1234.

140 Vgl. Notiz vom 5.8.1943, S. 4, in: JAB-Archiv D 57.

141 Vgl. handschriftliche Notiz einer 45-seitigen Niederschrift vom 5.3.1946, S. 24, über »Gedanken zum Entnazifizierungsverfahren«, in: Familienarchiv Reimann-Dubbers, Ordner Hans (1946-47).

finden sich keinerlei Belege, zumal ein solches Verhalten auch gegen die Logik und Interessen des Arbeitskräftemanagements bei Benckiser verstoßen hätte. Dass eine Reihe der französischen Facharbeiter nicht mehr zur Benckiser-Baustelle in Ladenburg zurückkehrte, lag aber auch daran, dass sie von anderen Bauunternehmen der Umgebung abgeworben worden waren. Mitte Juni 1942 beschwerte sich die Benckiser-Verwaltung etwa bei dem Bauunternehmen Georg Hopp in Weinheim a.d. Bergstraße, »dass Sie französische Zivilarbeiter, die auf unserer Baustelle tätig waren und nach Beendigung ihres Kontraktes nach Paris zurückkehrten, mit einem Schreiben Ihrer Firma ausgestattet haben, wonach Sie sich bereit erklärten, die Leute selbst einzustellen.«[142] Und es gab darüber hinaus vereinzelte weitere spezifische Schicksale unter den Ladenburger Benckiser-Zwangsarbeitern. Vier von ihnen, erst im März 1944 aus Frankreich angekommen, meldeten sich, aus welchen Gründen auch immer, noch Ende April zur Waffen-SS, wohingegen hinter dem Namen von drei anderen Fremdarbeitern ein Vermerk stand, dass diese wegen Diebstahl oder anderem als Vergehen gewerteten Verhalten an die Gestapo ausgeliefert und ins Gefängnis gebracht worden waren. Zu ihnen gehörte der Pole Tadeus Pasinski, der, erstmals bei Benckiser zwischen 27. Mai und 10. Juni 1942 beschäftigt, nach anderweitigen Arbeitseinsätzen dort wieder vom 24. August bis zum 19. Oktober 1943 als Betonierer gemeldet war. Dann wurde er aber wegen Diebstahls verhaftet und Anfang Februar 1944 ins KZ Natzweiler eingeliefert, wo er ein Jahr später offiziell an Fleckfieber verstarb.[143]

Über das Lager Ladenburg selbst wissen wir so gut wie nichts. Es gibt als einziges Zeugnis die Aussage des Lagerleiters Fritz Hagloch sowie drei Entlastungsschreiben von ehemaligen französischen Lagerinsassen. Hagloch, 45 Jahre alt, war im Oktober 1941 als Leiter des Benckiser-Lagers dienstverpflichtet worden, was darauf hinweist, dass er nicht aus dem Arbeiterstamm des Unternehmens selbst kam und auch nicht aus dem Umkreis der Benckiser-Betriebsobleute um Paul Werneburg, sondern, von Beruf selbst Handwerker, über

142 Das Schreiben vom 17.6.1942, in: ebd.

143 Vgl. ebd., S. 27, sowie ITS Arolsen, Online Archiv, Nr. 3213671. Zu den KZ-Deportationen von Zwangsarbeitern in den anderen Ludwigshafener Betrieben vgl. Scharf, S. 246ff.

die übergeordnete DAF-Schiene zum Chemieunternehmen stieß.[144] Hagloch war seit 1935 NSDAP-Mitglied, trat aber ansonsten unpolitisch und unideologisch auf. In der Schweiz geboren und aufgewachsen, beherrschte Hagloch vor allem die französische Sprache, so dass er im Lager auch als Dolmetscher fungierte. Hagloch selbst pries nach Kriegsende seine Lagerführung als vorbildlich. Das Lager Benckiser sei unter den Ausländern in weitem Umkreis als das weitaus beste bekannt gewesen, »durch zusätzliche Beschaffungen konnte ich die Verpflegung und alle übrigen Belange auf einem immer guten Stand halten.«[145] Die Ausgangsbeschränkungen seien großzügig gehandhabt worden, und zudem die Franzosen reichlich mit Freizeitunterhaltung, Musikinstrumenten und Sportgeräten versorgt worden. Dass all dies nicht völlig unbegründete Behauptungen waren, zeigt sich daran, dass sich in Haglochs Entnazifizierungsakte auch drei schriftliche Entlastungsschreiben von drei französischen Fremdarbeitern befinden, die vom April bzw. November 1945 stammen, d.h. unmittelbar nach der Lagerauflösung und damit in ihrer Authentizität erheblich mehr Wert haben als die zahllosen Persilscheine der späteren Monate und Jahre. »Ich bestätige, dass das Essen immer gut war und Sie selbst waren sehr gut mit uns Marokkanern sowie auch mit den Franzosen«, hieß es in einem Schreiben.[146] Der französische Zwangsarbeiter Henri de Bruyn attestierte Hagloch sogar: »Er hat sich wiederholte Male Verhaftungen französischer Arbeiter widersetzt, welche die Vorschriften bezüglich der Arbeit in Deutschland verletzt hatten. Herr Hagloch hat in seinem Lager französische Arbeiter angenommen, welche vor dem Bombardement geflohen waren und diese der Firma Benckiser zur Anwerbung zugeführt […]. Er hat in voller Kenntnis entwichene Kriegsgefangene beherbergt, er hat außerdem Schritte unternommen, um ihnen offizielle Papiere zu verschaffen, so sein Leben aufs Spiel setzend.«[147] Dass Hagloch als Lagerführer die Zwangsarbeiter offensichtlich korrekt

144 Vgl. dazu den Entnazifizierungsmeldebogen Haglochs in: GLA Karlsruhe 465 n/37465.

145 Schreiben Haglochs an die Spruchkammer Mannheim vom 15.12.1946, in: ebd.

146 Vgl. Schreiben Mohamed Terbeche vom 3.11.1945, in: ebd.

147 Schreiben vom 2.4.1945, in: ebd.

behandelt hatte, zeigte sich auch darin, dass er auch nach der offiziell verfügten Auflösung des Lagers kurz vor Einmarsch der Amerikaner vor Ort blieb und sich weiter so gut es ging um »sein« Lager und die dort verbliebenen Insassen kümmerte. Von den Franzosen war ihm zudem hoch angerechnet worden, dass er im Sommer 1943 einen der Fremdarbeiter vor dem Ertrinken im Neckar gerettet hatte.[148] Inwieweit Hagloch seine Lagerführung mit Wissen oder sogar aktiver Unterstützung durch Albert Reimann junior praktizierte, ist unklar. Hagloch selbst sprach Reimann in seinem Schreiben an die Spruchkammer zwar eine gewisse Mitwirkung zu, aber weit mehr spricht dafür, dass der Unternehmensführer viel zu sehr mit anderen Dingen beschäftigt war, die Chemischen Werke durch die letzten Kriegsjahre zu bringen als dass er sich um das Benckiser-Lager Ladenburg kümmerte. Für diese Annahme spricht auch, dass dieses Zwangsarbeiterlager erstaunlicherweise in der Benckiser-Chronik mit keinem Wort erwähnt wird, obwohl man es doch von Unternehmensseite als »Musterlager« oder zumindest als Beispiel für den im Prinzip korrekten Umgang mit den Fremdarbeitern hätte anführen können, was man absurderweise aber hinsichtlich des Benckiser-Lagers Ludwigshafen getan hat.

Der letzte Datumseintrag der Benckiser-Verwaltungsangestellten zu der Beschäftigungsdauer der in Ladenburg eingesetzten Zwangsarbeiter lautete 12. April 1945. Das war der Tag, an dem das Lager formell aufgelöst wurde. Es gibt zudem Indizien dafür, dass es offenbar auch ein kleines Zwangsarbeiter-Außenlager von Benckiser in Straßburg gegeben hat. Die dortigen Kohlensäure-Werke und eine weitere Firma verarbeiteten für Benckiser in Lohnfertigung Zitronensäure. In einer späteren Notiz taucht in diesem Zusammenhang der Vermerk »Gehaltsverpflichtung Arbeitsfront Straßburg« auf, ergänzt durch den Posten »Gehalt für Lagerführer« 533,06 RM.[149]

In vieler Hinsicht entspricht der Zwangsarbeitereinsatz bei Benckiser den damals üblichen Verhältnissen in der deutschen Industrie. Darin spiegeln sich die vielen Facetten der Ausländerbeschäftigung während des Krieges. Allerdings ist hier die Form des Einsatzes von

148 Vgl. das Entlastungsschreiben des Ladenburger Bürgermeisters vom 8.1.1946, in: ebd.

149 Vgl. Notiz vom 17.12.1946, in: BArch B 218/76.

KZ-Häftlingen nicht festzustellen, bei der die deutschen Unternehmen direkt in die Verbrechen des NS-Regimes verstrickt waren.[150] Es gab je nach Nationalität der Zwangsarbeiter und Zwangsarbeiterinnen unterschiedliche Verhaltensweisen der deutschen Mitgefolgschaftsangehörigen. Es gab Solidarität – wie etwa bei der »Halbarierin« Hannelis Schlick, die als Chemielaborantin den beiden französischen Chemotechnikern im Laboratorium ein warmes Abendessen kochte und ihnen bei Bedarf auch »ihre Wäsche im Labor herauswusch«[151] –, es gab korrektes Verhalten durch die überwiegende Zahl der Meister, Vorarbeiter oder Abteilungsleiter, und trotz Verbot und Sanktionsdrohungen kam es zu Liebesbeziehungen zwischen deutschen Frauen und Fremdarbeitern sowie Kriegsgefangenen. Aber es gab eben auch öffentlich oder verdeckt vollzogene Misshandlungen unterschiedlichster Art, die im Lager und Werk Ludwigshafen geradezu systemischen Charakter hatten. Bedingt und befördert durch eine von Reimann senior wie junior geprägte Unternehmenskultur wurden derartige Ausschreitungen und Akte persönlicher Willkür nicht nur nicht sanktioniert, derartige Vorkommnissen waren vielmehr an der Tagesordnung und stillschweigend toleriert. Verglichen mit den Zwangsarbeitern bei der benachbarten Gebr. Giulini, der Gießerei und Maschinenbau Halberg AG und insbesondere der IG Farben war die Lage für die Mehrheit der Zwangsarbeiter bei Benckiser dennoch erträglicher.[152] Bei den IG Farben in Ludwigshafen gab es ein ausgeklügeltes System der Disziplinierung, Unterdrückung und Verfolgung, mit einem werkseigenen Strafsystem, einem Werksgefängnis und sogar einem eigenen werksinternen Arbeitserziehungslager.[153] Aber das relativiert nicht die bei Benckiser begangenen Verbrechen und die Schuld und Verantwortung der beiden Firmeninhaber.

150 Insgesamt erfolgte in Ludwigshafen und der Pfalz kein Einsatz von KZ-Häftlingen mehr, da bereits seit September 1944 die Pfalz infolge des schnellen Vorrückens der Alliierten zum rückwärtigen Armeegebiet wurde und die ausländischen Arbeitskräfte damit als Sicherheitsrisiko galten. Vgl. dazu Scharf, S. 50.

151 Erklärung Schlicks vom 5.8.1947, in: LA Speyer, R 18 E 17127, Bl. 72.

152 Vgl. dazu die detaillierte Untersuchung zur Zwangsarbeit in diesen genannten Unternehmen bei Scharf, S. 201 ff.

153 Vgl. dazu ebd., S. 207ff. Zum Zwangsarbeitereinsatz bei Boehringer vgl. Kißener, S. 147ff., insbesondere S. 162-169.

Weitermachen bis zuletzt

Glaube an den Endsieg, Lähmungsaktionen und die letzten Kriegswochen im Frühjahr 1945

Die zunehmenden Bombenangriffe auf Ludwigshafen und Mannheim schweißten auch bei Benckiser die deutsche Belegschaft mit den Zwangsarbeitern notgedrungen zu einer Schicksalsgemeinschaft zusammen. Von den Luftangriffen waren beide gleichermaßen bedroht, wobei die Schutzmaßnahmen für die Zwangsarbeiterlager oft nur notdürftige Splittergräben aufwiesen, während die deutschen Beschäftigten in den werkseigenen oder städtischen Bunkern sicherer waren. Längst war es aber schon allein aufgrund der inzwischen über das ganze Stadtgebiet verteilten Zwangsarbeitergruppen üblich, dass bei Fliegeralarm Deutsche und Ausländer in die gleichen Bunker flüchteten. Der Luftkrieg sorgte aber auch deshalb für eine Art Notsolidarisierung, da die Zwangsarbeiter nun verstärkt auch in Aufgaben des Luftschutzes und vor allem bei Aufräumarbeiten inner- wie außerhalb des Unternehmens eingesetzt wurden. Im städtischen Bereich war es dabei üblich, dass bei der lebensgefährlichen Trümmer- und Blindgängerbeseitigung fast nur russische Kriegsgefangene und Ostarbeiter eingesetzt wurden.[154] Bei Benckiser jedoch mussten während und nach Luftangriffen wie etwa im Mai 1944 alle Beschäftigten gleichermaßen mit anpacken, und die Akten zeigen, dass dabei einzelne Zwangsarbeiter beim Löschen von Bränden und bei der Rettung von wertvollen Maschinen und Rohwaren-Lagerbeständen für das Unternehmen ihr Leben riskierten. Der als Kocher im Phosphatbetrieb beschäftigte Franzose Nikolas Capanna, seit Mitte März 1943 bei Benckiser, »führte seine Apparate während des Angriffs unter Assistenz von Meister Schäfer und verblieb während des ganzen Angriffs außerhalb des Luftschutzkellers. Beim Einsturz des Hauptgebäudes durch mehrere Volltreffer befand sich Capanna in einem nur splittersicheren Hilfsstand. Durch Besonnenheit in der Führung seiner Apparate wurden Verluste in den Kochapparaten zweifellos vermieden«, schrieb der zuständige Betriebsleiter Aeckerle an die

154 Vgl. Jürgen Keddigkeit, Bollwerk im Westen. Krieg und Kriegsende im pfälzischen Raum 1939-1945, in: Gerhard Nestler, Hannes Ziegler (Hrsg.), Die Pfalz unterm Hakenkreuz, Landau 1993, S. 467f., Mörz, S. 389ff. und Scharf, S. 182f.

Geschäftsleitung und schlug die Gewährung eines Geldgeschenks von 30 bis 50 RM vor.[155] Dubbers als Leiter des Gefolgschaftsbüros, der auch für die Organisation der Luftschutzmaßnahmen verantwortlich war, und auch Werneburg als Betriebsobmann setzten zur Motivation und Mobilisierung der Gefolgschaft gegenüber den Bedrohungen des Luftkrieges stark auf nachträgliche Auszeichnungen wie auch Sonderprämien. Nach jedem Angriff wurde auf Vorschlag Werneburgs eine lange Liste derjenigen Mitarbeiter erstellt, die für die Verleihung von Kriegsverdienstkreuzen, Kriegsverdienstmedaillen und Luftschutzabzeichen vorgeschlagen wurden und diese dann auch in der Regel später erhielten.[156] Für die höheren und damit auch prestigeträchtigeren Auszeichnungen wurden zwar nur deutsche Belegschaftsmitglieder vorgesehen und vor allem zeichneten sich Werneburg und seine Parteigenossen vom Vertrauensrat zuallererst selbst aus.[157] Aber auf der Liste derjenigen 15 Mitarbeiter, die sich nach dem Luftangriff Ende Mai 1944 besonders im Firmeninteresse eingesetzt hatten, standen auch fünf Zwangsarbeiter wie Jean Lesuisse, Giovanni Manzocco und Grigorij Chomenko, die wie die Deutschen ein Anerkennungsschreiben mit einer Geldprämie erhalten sollten.[158] Angeblich hat auch Albert Reimann junior persönlich nach Fliegerangriffen auf dem Dörrhorst-Gelände an die dortigen französischen Arbeiter, die bei den Lösch- und Aufräumarbeitern beteiligt waren, Wein und Rauchwaren verteilt.[159] Wie groß die Gefahren durch Luftangriffe waren, mussten die deutschen und ausländischen Arbeiter bei Benckiser vor allem bei dem großen Bombardement Ludwigshafens am 5. Januar 1945 feststellen. Nicht nur das längst nur noch rudimentär arbeitende Werk wurde erneut schwer getroffen und erheblich zerstört, sondern vor allem auch die Werkswohnungen, Laboratorien und die dortigen Unterkünfte der

155 Schreiben Aeckerle an die Geschäftsleitung vom 13.6.1944, in: JAB-Archiv D 57.

156 Vgl. dazu etwa das Schreiben Werneburgs mit einer entsprechenden Namensliste an Dubbers vom 19.5.1944, in: JAB-Archiv D 57.

157 Vgl. etwa Notiz Werneburg vom 18.7.1944, in: ebd.

158 Vgl. Notiz Werneburg vom 10.7.1944, in: ebd.

159 Vgl. »Persilschein« Butsch für Reimann junior vom 14.8.1948, in: GLA Karlsruhe, 465 q, Nr. 2884, Bl. 39.

Zwangsarbeiter wurden schwer beschädigt. Einer der Ausländer wurde getötet, 30 weitere zum Teil schwer verletzt.[160]

Nach den erneuten großen Schäden in Ludwigshafen infolge des Luftangriffs vom Mai 1944 machte sich Albert Reimann junior als verantwortlicher Betriebsführer geradezu verzweifelt Gedanken darüber, wie durch weitere Verlagerungen der Produktionsbetrieb aufrechterhalten bzw. wieder in Gang zu bringen war.[161] Angesichts der Schäden war mit einem auch nur teilweisen Anfahren der Fertigung frühestens in zwei Monaten zu rechnen. Bis dahin lag der Betrieb still. Eine der möglichen Maßnahmen war die bereits oben erwähnte Inbetriebnahme der italienischen Appula als Ausweichbetrieb, zudem wurde als weiterer Lohnbetrieb die Citrique Belge erwogen. Beides waren letztlich völlig irrationale Überlegungen, da zu diesem Zeitpunkt an tatsächliche Verlagerungsmaßnahmen weder nach Italien noch nach Belgien realistischerweise nicht mehr zu denken war. Aber auch Albert Reimann senior, der zu diesem Zeitpunkt auf Urlaub in Bad Gastein weilte, teilte die Überlegungen seines Sohnes, der zur weiteren Konkretisierung und Besprechung der zu treffenden Maßnahmen den Benckiser-Buchhalter Emig extra nach Bad Gastein schickte.[162] So blieb nur die naheliegende Verlagerung nach Ladenburg, wo aber nach wie vor erst allenfalls rudimentäre Produktionsmöglichkeiten zur Verfügung standen. An ernsthafte Wiederaufbaumaßnahmen in Ludwigshafen war jedenfalls nicht zu denken, da nun die Gefahr erneuter Zerstörungen bestand, und so rückte vor allem die Möglichkeit der Entschädigung des Nutzungsausfalls und der Bombenschäden staatlicherseits in den Vordergrund, was Reimann senior und Emig umgehend mit dem Deutschen Bank-Direktor Klöckner besprachen, der sich zufälliger- wie praktischerweise ebenfalls in Bad Gastein aufhielt.

Die gemeinsamen, wenn auch örtlich getrennten Überlegungen von Senior und Junior über das weitere Schicksal des Unternehmens verdeckten allerdings, dass es schon seit längerer Zeit zu einem

160 Vgl. Schreiben der Technischen Abteilung an OT vom 8.1.1945, in: JAB-Archiv D 57 sowie Scharf, S. 186.

161 Vgl. Notiz vom 28.5.1944 »Überlegungen in Verbindung mit dem Fliegerschaden vom 27.5.1944«, in: JAB-Archiv D 57.

162 Vgl. die sechsseitige Besprechungsnotiz Emigs vom 30./31.5.1944, in: ebd.

schweren und sich ausweitenden Zerwürfnis zwischen Vater und Sohn gekommen war. Der Grund war, dass Reimann senior trotz der formellen Übergabe der Betriebsführung an den Sohn nicht von den unternehmenspolitischen Einmischungen loslassen konnte und wachsende Zweifel an der unternehmerischen Führungsqualität des Sohnes hatte, dem er ein weit zurückreichendes Register an angeblichen Unzulänglichkeiten, Unterlassungen und Fehlinitiativen vorwarf.[163] »Man hatte sich schließlich soweit auseinandergeredet«, so schrieb Reimann junior dazu, »dass Papa mir kürzlich eine Begrenzung meiner Teilhaberrechte durch Abschluss einer entsprechenden Rechtsvereinbarung androhte und sich zu der Bemerkung hinreißen ließ, dass er die Verantwortung für den Schutz der ihn überlebenden Familienmitglieder gegen meine zukünftige Geschäftsführung trage [...]. Die durch das Nichtverstehen von Vater und Sohn entstandene Atmosphäre dringt bereits über den Familienkreis hinaus. Mehreren leitenden Angestellten der Firma müssen in irgendeiner Form Andeutungen gemacht oder Warnungen erteilt worden sein hinsichtlich gefährlicher Planungs- und Neuerungssucht meinerseits. Es wäre nicht verwunderlich, wenn eine solche Beurteilung des Sohnes durch den Vater auch eines Tages den Weg zu den Banken fände – mit leicht auszumalender Wirkung.«[164] Wie wenig Zutrauen Reimann senior zu seinem Sohn hatte, zeigte sich auch darin, dass nach der großen Besprechung vom Mai 1944 in kurzer Folge dieser eine regelrechte Flut von Briefen an den Sohn nach Ludwigshafen schickte, in denen seitenlange Darlegungen zur weiteren unternehmenspolitischen Strategie standen.[165]

Albert Reimann junior versuchte unterdessen, Benckiser so gut und schnell wie möglich wieder in Gang zu bringen. Anfang Juni führte er dazu für sämtliche deutsche wie ausländische Gefolgschaftsmitglieder die 60-Stundenwoche ein. Das war eine drastische Maßnahme, die zu diesem Zeitpunkt selbst in den deutschen Großunternehmen allenfalls für die dortigen Zwangsarbeiter und vor allem auch für die KZ-

163 Vgl. dazu den Brief Reimann junior an seine Eltern vom 23.4.1944, in: Familienarchiv Reimann-Dubbers, Ordner Schriftwechsel Senior-Junior 1944-1952.
164 Ebd. Der Brief auch in: JAB-Archiv, Ordner TV 10.
165 Vgl. ebd., etwa Brief vom 1.6., 7.6. und 8.6.1944.

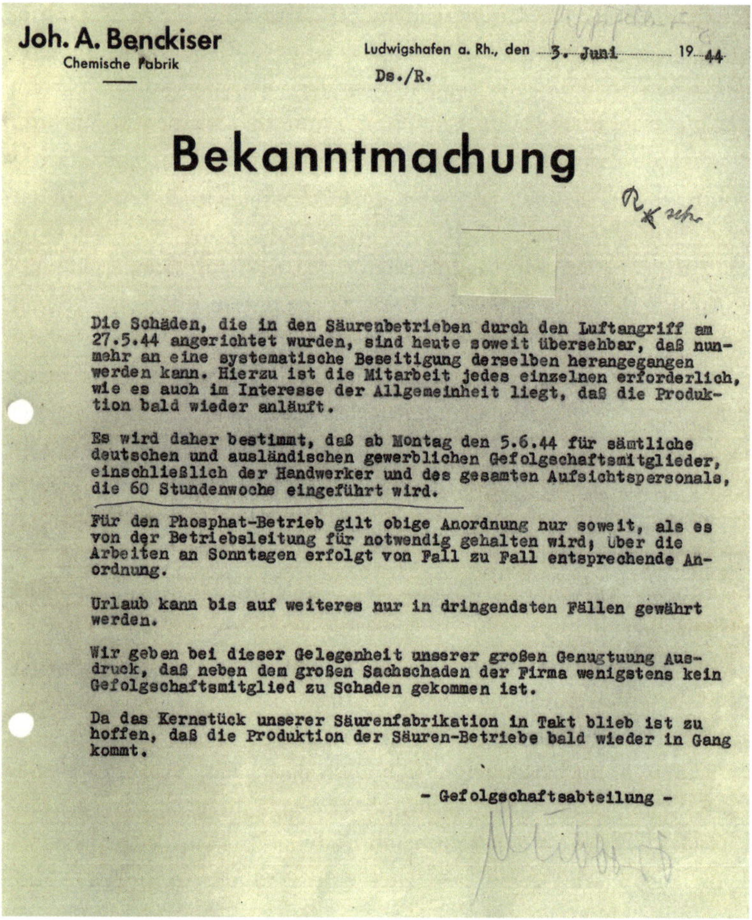

Joh. A. Benckiser
Chemische Fabrik

Ludwigshafen a. Rh., den 3. Juni 1944

Ds./R.

Bekanntmachung

Die Schäden, die in den Säurenbetrieben durch den Luftangriff am 27.5.44 angerichtet wurden, sind heute soweit übersehbar, daß nunmehr an eine systematische Beseitigung derselben herangegangen werden kann. Hierzu ist die Mitarbeit jedes einzelnen erforderlich, wie es auch im Interesse der Allgemeinheit liegt, daß die Produktion bald wieder anläuft.

Es wird daher bestimmt, daß ab Montag den 5.6.44 für sämtliche deutschen und ausländischen gewerblichen Gefolgschaftsmitglieder, einschließlich der Handwerker und des gesamten Aufsichtspersonals, die 60 Stundenwoche eingeführt wird.

Für den Phosphat-Betrieb gilt obige Anordnung nur soweit, als es von der Betriebsleitung für notwendig gehalten wird; Über die Arbeiten an Sonntagen erfolgt von Fall zu Fall entsprechende Anordnung.

Urlaub kann bis auf weiteres nur in dringendsten Fällen gewährt werden.

Wir geben bei dieser Gelegenheit unserer großen Genugtuung Ausdruck, daß neben dem großen Sachschaden der Firma wenigstens kein Gefolgschaftsmitglied zu Schaden gekommen ist.

Da das Kernstück unserer Säurenfabrikation in Takt blieb ist zu hoffen, daß die Produktion der Säuren-Betriebe bald wieder in Gang kommt.

- Gefolgschaftsabteilung -

Häftlinge galt. Gleichzeitig nahm er ein zu diesem Zeitpunkt unter den gegebenen Umständen im Nachhinein besehen irrationales Spar- und Kostenreduzierungsprogramm in Angriff. In einem regelrechten Brandbrief an seine 14 Prokuristen und Betriebsleiter verkündete er am 24. November 1944 »streng vertraulich« eine drastische Ausgabendrosselung. »Die Ihnen bekannte Produktionsminderung, mit deren Fortdauer und vielleicht sogar Verschärfung bis auf weiteres gerechnet werden muss«, so hieß es darin, »zwingt uns im Interesse der Erhaltung der Wirtschaftlichkeit unseres Unternehmens zur weitestmöglichen Ausgabenbeschränkung. In erster Linie ist dabei der

Abb. 74 und 75: Bekanntmachung der Gefolgschaftsabteilung vom 3.6.1944 zur Einführung der 60-Stundenwoche und Werksausweis von Albert Reimann junior vom 7.9.1944

Personalbestand einer Nachprüfung zu unterziehen. Wir bitten um Ihre Vorschläge.«[166] Tatsächlich erfolgte kurz darauf eine drastische Entlassungswelle. Zwischen Mitte 1944 und Anfang 1945 schrumpfte die Gesamtbelegschaft von 575 auf 239, d.h. um mehr als die Hälfte. Dabei hatte man noch wenige Monate zuvor bei den Arbeitseinsatzbehörden und den verschiedenen Berliner Stellen händeringend um eine Deckung des Arbeitskräftebedarfs gebeten, dabei allerdings die frustrierende Erfahrung machen müssen, dass letztlich alle Wege wieder zur Reichsstelle Chemie und dem örtlichen Bezirksobmann für den Arbeitseinsatz, den Kammerpräsidenten Dr. Wurster, führten.[167] Ende Juli 1944 hatte man zudem beim Arbeitsamt Mannheim die Zuteilung von 71 Arbeitskräften als Voraussetzung zur baldigen Inbetriebnahme des Werks Ladenburg beantragt und noch einmal im August bei einer Besprechung mit dem Leiter der Wirtschaftskammer Mannheim darauf hingewiesen, dass die Arbeitseinsatzfrage für

166 Schreiben der Geschäftsleitung vom 24.11.1944, in: JAB-Archiv D 57.
167 Vgl. Notiz Emig vom 15.4.1944, in: ebd.

die Inbetriebnahme von Ladenburg die schwierigste von allen damit zusammenhängenden Fragen sei.[168] Resigniert hatte Reimann junior damals konstatiert, »dass wir hier von den bezirklichen Stellen nichts zu erwarten haben, wenn es uns nicht gelingt, über Berlin – sei es auf normalem Wege durch Rotzettel-Überweisung mit ausreichender Dringlichkeitsstufe oder durch eine Sonderaktion – etwas zu erreichen.«[169] Durch die Zerstörungen der Luftangriffe hatte sich nun aber die Lage völlig verändert, zumal auch eine baldige Ingangsetzung von Ladenburg wieder in weite Ferne gerückt war und davon keine Rede mehr sein konnte.

Zu alledem kamen nun auch noch die von den verschiedenen Behörden und Wehrmachtsstellen für die Westmark angeordneten Pläne und Maßnahmen zur sogenannten wirtschaftlichen Auflockerung, Räumung und Lähmung. Ende November 1944 wurde Reimann junior von der Gauwirtschaftskammer Westmark darüber informiert, dass unter dem Codenamen »Luise« »die Rückführung wichtiger Wirtschaftsgüter [...] in Gebiete rechts des Rheines« zu erfolgen hatten, verbunden mit einem umfangreichen Fragebogen über Art und Umfang der durchzuführenden Auflockerungstransporte.[170] Die damit von Reimann junior und der Benckiser-Verwaltung verbundenen Hoffnungen auf eine schnelle Verlagerung von Teilanlagen des Genusssäure- und phosphorsauren Salze-Betriebes von Ludwigshafen nach Ladenburg wurden allerdings schnell im Keim erstickt, da sich abzeichnete, dass die ganze Aktion im Chaos der Kriegs- und Wehrwirtschaftsbürokratie stecken bleiben würde. Die Wirtschaftsgruppe Chemie in Berlin wusste von nichts, dann war eine Genehmigung des Rüstungsamtes notwendig und schließlich fehlte auch noch ein Verlagerungsbescheid des Rohstoffamtes.[171] Überdies mussten die veranschlagten Verlagerungskosten, die im Prinzip der Staat übernahm, detailliert aufgeschlüsselt werden, da man den Unternehmen unterstellte, dass man, wie im Falle Ladenburg, geneigt sein könnte, auch die Errichtungskosten der Anlage mit den eigentlichen Verlage-

168 Vgl. Besprechungsprotokoll vom 17.8.1944, in: JAB-Archiv Ordner D 46.
169 Ebd.
170 Vgl. das Sonderrundschreiben vom 25.11.1944, in: JAB-Archiv D 57.
171 Vgl. Notiz Emig vom 11.12.1944, in: ebd.

rungskosten zu verquicken. Es folgten im Dezember 1944 zahllose Gespräche mit den unterschiedlichsten Stellen, vor allem in Wiesbaden, bei denen Reimann junior die Erfahrung machen musste, dass es ständig neue Richtlinien zur Durchführung der Auflockerung gab, geschweige denn, dass die benötigten Transportkapazitäten tatsächlich zur Verfügung standen, die alle unternehmensinternen Planungen laufend über den Haufen warfen. Und dennoch arbeitete die Benckiser-Verwaltung, allen voran die Technische Abteilung, mit Hochdruck an der Realisierung der Auflockerungsmaßnahmen. Man stellte Räumtrupps und Transportkolonnen auf und verfasste eine detaillierte Liste der Notbelegschaft, die dann vor Ort für die Sicherung der Anlagen und eine wenigstens rudimentär wieder anlaufende Fertigung sorgen sollte. Vorbereitungen wurden auch für die Errichtung einer »Benckiser-Leitstelle« im sächsischen Pleißa getroffen. Sollte durch Räumung des Gebietes in und um Ludwigshafen/Ladenburg die Gefolgschaft zerstreut werden, so könnten sich diese dann »durch schriftliche Anfrage bei der Firmen-Leitstelle über den neuen Sitz der Geschäftsleitung, etwa bestimmte Sammelpunkte, Ausweichbetriebe usw. unterrichten sowie Verhaltensmaßregeln einholen.«[172] Schon vorher hatte man auch auf Befehl des Gauleiters, der nun auch als Reichsverteidigungskommissar fungierte, einen erheblichen Teil der Belegschaft für diverse Schanzaktionen und den Bau von Panzergräben abstellen müssen.[173] Ende September 1944 etwa hatte Reimann junior als Betriebsführer vom Arbeitsamt die Aufforderung erhalten, dafür umgehend 50 Arbeitskräfte, und zwar 35 Deutsche und 15 Ausländer, abzustellen, die sich am Folgetag um 19 Uhr 45 mit zwei Decken, Essbesteck und Marschverpflegung sowie, wenn möglich, auch mit Hacke, Schaufel oder Spaten, am Ludwigshafener Bahnhof in Marschkolonne einzufinden hatten.[174] Sieht man sich dabei die Liste der abgestellten Benckiser-Mitarbeiter an, so zeigt sich, dass nahezu jeder irgendwann einmal zu den sich bis Anfang 1945 hinziehenden immer wieder erfolgenden Schanzaktionen herangezogen wurde und es keinerlei Bevorzugung der deutschen gegenüber den ausländischen

172 Schreiben Reimann junior vom 22.12.1944, in: ebd.
173 Vgl. dazu auch Scharf, S. 268ff.
174 Vgl. das Schreiben vom 26.9.1944, in: ebd., sowie dazu auch ausführlich Benckiser-Chronik II, S. 162ff.

Beschäftigten und auch nicht etwa der technischen Angestellten gegenüber den einfachen Produktionsarbeitern gab.[175] Keine Benckiser-Belegschaftsangehörigen wurden zudem auch zu der seit Herbst 1944 von der Organisation Todt (OT) betriebenen Sonderdienstverpflichtung, dem sogenannten Sonderkommando J, abgestellt. Diese Aktion konzentrierte sich auf die Erfassung von »jüdischen Mischlingen« oder »jüdisch Versippten« und bedrohte potenziell die zu diesem Zeitpunkt noch im Unternehmen beschäftigten fünf Frauen und Männer, die als »Halbjuden« galten.[176] Mit Bürckel als Gauleiter und Reichsverteidigungskommissar hatte man sich bei all dem im Übrigen nicht mehr herumzuschlagen, denn dieser war Ende September 1944 unter vielfach rätselhaften Umständen gestorben.

Halbwegs konkrete Maßnahmen zeichneten sich immerhin für Teilverlagerungen nach Ladenburg ab, wohin tatsächlich dann die Apparaturen des Phosphatbetriebs geschafft worden waren, aber noch auf die Installierung warteten, sowie auch nach Gera und vor allem Kempten, wo Benckiser schon längere Zeit aufgrund des dortigen engen Kontaktes zur Allgäuer Milch- und Käsewirtschaft eine kleine Zweigstelle errichtet hatte.[177] Ein Teil des Säurebetriebes sollte zudem nach Berlin verlagert werden, wo man aber noch erst einen geeigneten Raum finden musste. Für den Tablettier- und Abfüllbetrieb für Fibrisol, der schon länger nach Deidesheim verlagert worden war, arbeitete auch eine kleinere Produktionsstätte in Wien als Lohnbetrieb, die nun ihrerseits ins Salzkammergut verlagert wurde. Letztlich teilte damit Benckiser, obschon nur Klein- und Mittelbetrieb, das Schicksal auch der Großunternehmen in der Endphase des Dritten Reichs, die nach der vielfachen räumlichen Expansion gleichsam nun implodierten und gleichzeitig mit völlig zerfaserten und zersplitterten Produktionsanlagen längst keine geordnete Rüstungsfertigung mehr aufrechterhalten konnten. Immerhin blieb Benckiser das Schicksal

175 Vgl. ebd., S. 164.

176 Dubbers hat sich später den Verdienst zugeschrieben, dass er die OT-Einberufung der betreffenden Mitarbeiter verhindert bzw. rückgängig gemacht habe. Inwieweit das tatsächlich zutraf, lässt sich aus den Akten nicht erkennen.

177 Vgl. das als »geheim« eingestufte Besprechungsprotokoll von Reimann junior beim Vertreter des GbChem in Wiesbaden vom 14.12.1944, in: JAB-Archiv Ordner D 57.

der Aufforderung zur Untertageverlagerung des Betriebs und damit die Zuweisung von KZ-Häftlingen erspart. Stattdessen schwebte über all dem für Reimann junior im Zuge des »totalen Kriegs« das Damoklesschwert der Maßnahmen der übergeordneten Stellen zur Mobilisierung von Kräften für Front und Rüstungssektor, »die auch zur Stilllegung von Betrieben schreitet, die, wie der unsrige, bisher noch als durchaus kriegs- und lebenswichtig galten«, wie er in einem Brief an seinen früheren Verkaufsleiter Bickel im August 1944 schrieb.[178]

Ungeachtet der zunehmend chaotischen Lage, der zu diesem Zeitpunkt bereits absehbaren militärischen Niederlage und des Zusammenbruchs des NS-Regimes hielt Albert Reimann junior wie auch sein Vater am Glauben an einen deutschen Endsieg unerschütterlich fest. Als Betriebsführer setzte er seine ganze Arbeitskraft für die getreue Ausführung der vielfach absurden Maßnahmen der Kriegsbehörden und Reichsverteidigungsämter ein, ohne diese in Frage zu stellen. Noch im Februar 1944 startete er die Erstausgabe einer Werkszeitschrift der Benckiser-Betriebsgemeinschaft, zu einem Zeitpunkt, als viele andere Unternehmen, unter anderem auch wegen Papiernot, den Druck entsprechender Werkzeitungen schon einstellten. Im Geleitwort beschwor er dabei den Zusammenhalt der nationalsozialistischen Betriebsgemeinschaft, pries die Kriegswichtigkeit weiterer Leistungssteigerung und verband damit ein Bekenntnis zur »nie erlahmenden Schwungkraft in der Bewältigung der Aufgaben unseres Betriebes im Rahmen der Kriegswirtschaft.«[179] Unter der Parole »Deutschland muss leben – und wenn wir sterben müssen« wurden darin der gefallenen Benckiser-Mitarbeiter gedacht, es gab Auszüge aus Feldpostbriefen der noch eingezogenen Mitarbeiter, in denen eine Mischung aus Durchhalteparolen und rassischem Überlegenheitsgefühlt deutlich sichtbar wurden. Außerdem gab es Schlaglichter »aus unserer Arbeit«, u.a. mit einem kurzen Portrait von Meister Föllinger und seiner Kolonne französischer Zwangsarbeiter, und es gab eine eingehende Aufstellung der Auszeichnungen, Er-

178 Brief Reimann junior an den zur Wehrmacht eingezogenen Bickel vom 9.8.1944, in: JAB-Archiv D 57.

179 Eine Ausgabe der 16-seitigen Werkszeitung, der vermutlich keine weiteren Ausgaben vor Kriegsende mehr folgten, in der Entnazifizierungsakte Werneburgs, LA Speyer, R 18 E 17127. Hier vgl. S. 2.

JOH·A·BENCKISER · SEIT 1823 · AB

Werkzeitschrift der Betriebsgemeinschaft

CHEMISCHE FABRIK JOH. A. BENCKISER GMBH LUDWIGSHAFEN A. RH. UND LADENBURG A. N.

1. JAHRGANG — JANUAR / FEBRUAR 1944 — FOLGE 1/2

ZUM GELEIT

Mit dem Gedanken der Herausgabe einer Werkzeitschrift haben wir uns schon vor dem Kriege wiederholt beschäftigt, ohne bei dem damaligen Umfang unseres Betriebes und angesichts der zahlreichen Möglichkeiten eines regen Betriebsgemeinschaftslebens das Bedürfnis nach einer Werkzeitschrift zu bejahen. Diesem Standpunkt sind wir auch treu geblieben, als in den letzten Vorkriegsjahren sich die Werkzeitschrift selbst bei kleineren Mittelbetrieben wachsender Beliebtheit erfreute — wobei nicht immer rein innerbetriebliche Gesichtspunkte den Ausschlag zu geben schienen.

Die Aufgabe, die der Betriebsgemeinschaft in der Kriegswirtschaft zukommt, erfordert jetzt eine sorgfältigere Pflege des Gemeinschaftsgedankens als in Friedenszeiten. Ihre Verwirklichung stößt aber auf außerordentliche Schwierigkeiten, weil sie in erster Linie von einem regen Betriebsgemeinschaftsleben abhängt. — Was dem entgegensteht, wissen wir alle: Arbeitsüberlastung, Verkehrsschwierigkeiten, Luftalarme erschweren das Zustandekommen von Gemeinschaftsveranstaltungen aller Art. Hinzu kommt noch, daß die in den letzten Vorkriegsjahren ohnehin stark angewachsene Gefolgschaft sich heute auf mehrere Standorte verteilt.

So drängte sich die Frage geradezu auf, was denn unter diesen Umständen geschehen könne, um den inneren Zusammenhalt weiterhin zu gewährleisten, der das Kennzeichen einer nationalsozialistischen Betriebsgemeinschaft ist. Hierauf gab es nur eine Antwort — die Werkzeitschrift.

Damit ist ihre Aufgabe auch schon insoweit gekennzeichnet, als sie für den Ausfall eintreten soll, der durch die wirkliche Unmöglichkeit zur persönlichen Fühlungnahme während des Krieges besteht.

Von hoher Kriegswichtigkeit ist ferner bekanntlich die Leistungssteigerung der deutschen Kriegswirtschaft — allen Erschwernissen zum Trotz. Ihr dienen u. a. das betriebliche Vorschlagswesen, die

Abb. 76: Titelblatt der neuen Werkszeitschrift vom Januar/Februar 1944

nennungen und Beförderungen mit einer ausführlichen Darstellung der jeweiligen Leistungen der Geehrten. Auffälligerweise waren dies neben Hans Dubbers vor allem Jakob Butsch, Helmut Janke und Paul Werneburg und weitere Mitglieder des nationalsozialistischen Vertrauensrates. Ausführlich gewürdigt wurde auch die Werksfrauengruppe von Benckiser, »die erste des Gaus«, und deren »frauliche Aufgaben innerhalb der Betriebsgemeinschaft.«

Mit Eifer und Akribie nahm Reimann junior auch seine Aufgabe als Abwehrbeauftragter von Benckiser ernst, in welcher Eigenschaft er in direkter Unterstellung zur Gestapo unter anderem mit der Vernichtung sämtlicher nicht mehr benötigter Geheim-Akten beauftragt war und sich auch konkrete Gedanken über die Durchführung von Lähmungsaktionen, d.h. der Unbrauchbarmachung von Produktions- und Energieversorgungsanlagen, machte.[180] Fast konnte man den Eindruck haben, dass sich Reimann junior in dieser Funktion als Abwehrbeauftragter und auch durch die Involvierung Benckisers in die Lähmungsaktion (»Kreis der Eingeweihten so klein wie möglich! Unsere Einbeziehung ist wahrscheinlich auf unsere kriegs- und lebenswichtige Zulieferung zum Ernährungssektor zurückzuführen«) nachgerade geehrt und privilegiert fühlte.[181] In welch hohem Grad Reimann junior bereits die Realität in seinem Denken und seiner Wahrnehmung ausgeblendet hatte, zeigte sich nicht zuletzt daran, dass im Oktober 1944 gegenüber den Banken noch von einem prognostizierten Umsatz von Benckiser für das Jahr 1945 von 13,8 Mio. RM gesprochen wurde.[182]

Bis zuletzt war Reimann junior von einer Kriegswende und einem Endsieg Deutschlands überzeugt. »Ich bin trotz aller Rückschläge optimistisch, denn wenn einmal die Ergebnisse der Umrüstung in Erscheinung treten, wird es nicht so wesentlich sein, ob wir zu diesem Zeitpunkt einige 100.000 qkm mehr oder weniger verloren haben werden«, schrieb er im August 1944 an seinen bei der Wehrmacht dienenden Verkaufsleiter Wilhelm Bickel. Noch im Januar 1945 notierte er in einem weiteren Brief an diesen: »Trotz allem glaube ich an die Durchschlagskraft der Maßnahmen, die unsererseits in Vorbereitung sind und hoffe, dass sie rechtzeitig kommen, um die baldige Wendung einzuleiten – einen kleinen Vorgeschmack gab ja unsere West-Offensive.«[183] Auch dass Reimann junior in den Ämtern und Behörden da und dort auf mehr oder weniger deutlich geäußerte Bedenken zur Kriegs- und Wirtschaftssituation stieß, erschütterte seine Haltung nicht. Ende Oktober 1944 hatte etwa der Leiter der

180 Vgl. Schreiben Reimann junior an alle Abteilungsleiter vom 28.9.1944, in: JAB-Archiv D 57.

181 Vgl. Notiz Reimann junior betr. Lähmungs-Aktion vom 16.9.1944, in: ebd.

182 Vgl. Notiz Kreditverhandlungen vom 11.10.1944, in: JAB-Archiv D 23.

183 Brief vom 29.1.1945, in: JAB-Archiv D 57.

Gb.Chem-Stelle in Wiesbaden bei einer Unterredung geäußert, dass ganz allgemein eine Räumung und Zerstörung solcher Gebiete nicht infrage komme, deren Feindbesetzung nicht zu verhindern sei und man auch eine Totalevakuierung solcher Gebiete mangels Unterbringungs- und Transportmöglichkeiten für undurchführbar sowie eine Totalzerstörung aller Versorgungseinrichtungen bei Zurücklassung der Bevölkerung für unvereinbar halte.[184] »G. glaubte sich auch genau an einen Passus in ›Mein Kampf‹ zu erinnern, in dem Hitler es für unverantwortlich erklärt habe, einen aussichtslos gewordenen Widerstand zum Nachteil der Volkssubstanz fortzusetzen«, notierte Reimann junior über das Gespräch und fügte dann in Klammern dazu: »Die Anwendbarkeit eines solchen Gedankens, wenn er tatsächlich von Hitler dort ausgesprochen wurde, auf den heutigen Fall scheint mir allerdings sehr fraglich«.[185] Auch bei einer Besprechung beim Wirtschaftskammerpräsidenten Wurster am 11. Dezember 1944, an der unter anderem auch Vertreter der Nachbarfirmen Gebr. Giulini und Knoll teilnahmen, bekam Reimann junior einen Eindruck davon, dass sich bei seinen Unternehmerkollegen offenbar erhebliche Skepsis über die weitere Entwicklung breitgemacht hatte. Eine Haltung allerdings, die Wurster und Reimann junior nicht teilten. Die Bestandsaufnahme der Versorgungslage, die bei der Besprechung vorgenommen wurde, war jedenfalls katastrophal und aussichtlos, insbesondere was die Kohle-, Gas- und Stromversorgung anging. Zum Problem »Arbeitseinsatz« notierte Reimann junior stichwortartig: »Rückstrom von Arbeitskräften von der Saar zu erwarten, wesentliche Besserung der Arbeitseinsatzlage im Bezirk. Bestreben Wursters, im Einvernehmen mit Minzenmay schlechte Ausländer und Halbtagfrauen abzuschieben, gute Kräfte herein zu nehmen. Allgemeine Übereinstimmung.«[186]

Bei der Besprechung erfuhr Reimann junior jedoch auch, dass die IG Farben in Ludwigshafen schon längst mit dem geordneten Ab- und Rücktransport ihrer Zwangsarbeiter über den Rhein begonnen hatte und dazu auch Notübergänge über den Rhein angelegte hatte, um von Brückenzerstörungen durch OT und Wehrmacht unabhän-

184 Besprechungsnotiz Reimann junior vom 28.10.1944, in: ebd.
185 Ebd.
186 Besprechungsnotiz Reimann junior vom 12.12.1944, in: ebd.

gig zu sein, wobei diese jedoch die Übergänge mit der Begründung beschlagnahmt hatten, dass derartige Vorbereitungen die Industrie und auch die Städte nichts angingen, sondern ausschließlich Sache der Wehrmacht seien.[187] Alles was man zudem aus den bereits besetzten Gebieten wie dem Saarland wusste, war, dass vor der Besatzung alles drunter und drüber gegangen war, mithin die amtlichen Stellen und Behörden, ebenso wie die Organisation des Volkssturm »völlig versagt« hatten. »Auch hier wird ähnliches erwartet«, notierte Reimann junior lapidar.[188] Und dann kam auch ein weiterer brisanter Punkt auf die Tagesordnung der Besprechung. »Thema: Betriebsführer gehen oder bleiben, sehr umstritten«, hieß es dazu knapp in der Notiz Reimanns. »Salmuth [Giulini] sagt, geht er, ist er ein Deserteur, bleibt er, ist er ein Saboteur; empfiehlt Wurster, die Frage einmal in Berlin anzuschneiden, was dieser tun will, zumal er ohnehin Unterhaltung mit Kehrl beabsichtigt. W. glaubt jedoch schon jetzt, dass er keine Antwort erhalten wird. Dableiben wird in solchen Fällen für riskant gehalten, in denen ein Betriebsführer [...] im Besitz rüstungswichtiger Fertigungserfahrungen ist. In Stolberg sind zwei leitende Ingenieure nach persönlichen Informationen von Zutavern [Knoll] wegen Auskunftsverweigerung von den Amerikanern erschossen worden.«[189] Wie sich Reimann junior in dieser Frage von Bleiben oder Gehen verhalten würde, wusste er zu diesem Zeitpunkt vermutlich nicht. Doch weit schneller als wohl geahnt wurde er mit dieser Entscheidungssituation konfrontiert.

Vor allem wurde Reimann junior jedoch bald auch mit Verhaltensweisen konfrontiert, die in späterer Sichtweise als offenkundige Zivilcourage und unverblümte Kritik erschienen, zu diesem Zeitpunkt jedoch in den Augen des Betriebsführers Defätismus und staatsfeindliches Verhalten darstellten. Mitte Februar 1945 hatte ihm der damalige Leiter des Phosphatbetriebs, Fritz Draisbach, den Jahresbericht 1944 seiner Abteilung vorgelegt und den darin sichtbaren starken Einbruch der Produktionszahlen mit den Worten kommentiert: »Mit dem Jahre 1944 hat die normale, fast 30 Jahre, davon besonders die letzten 20 Jahre stürmisch verlaufende Entwicklung des

187 Vgl. ebd., S. 5.
188 Ebd.
189 Ebd., S. 4.

Phosphatbetriebs ihr vorläufiges Ende erreicht. Was seine Zukunft anbelangt, so wird sie trübe sein, wie die unseres zu Schande gerichteten Staatswesens. Doch wollen wir hoffen, dass noch ein Ansatzpunkt für den Wiederaufbau bleibt.«[190] Reimann junior antwortete umgehend darauf mit einem Schreiben, in dem er die Entgegennahme des Berichts in dieser Form verweigerte und eine Neufassung ohne politische Äußerungen verlangte. »Ihre politische Haltung hat schon mehrfach Anstoß erregt«, so schrieb Reimann dazu ergänzend, »und ich war wiederholt gezwungen, Ihnen Verwarnungen zu erteilen [...]. Mit Ihrer Jahresübersicht 1944 sind Sie dazu übergegangen, staatsfeindliche Auffassungen in den Betriebsbericht niederzulegen. Auch muss ich feststellen, dass Sie sich zu Äußerungen dieser Art im Gespräch mit Gefolgschaftsmitgliedern hinreißen lassen. Diese Haltung nehmen Sie ein zu einem Zeitpunkt, da wir als Frontgau im härtesten Abwehrkampf stehen, Sie selbst als Volkssturmmann den Treueid geschworen haben, und für die Aburteilung staatsfeindlichen Verhaltens besondere Standgerichte geschaffen wurden [...]. Eine weitere Entgleisung könnte ich mit meiner Verantwortung als Betriebsführer nicht mehr decken.«[191] Es entsprach dem nach wie vor geübten Prinzip von Reimann junior, betriebliche Konflikte im Unternehmen zu regeln und nicht nach außen zu tragen. Daher erfolgte auch keine Meldung an die Gestapo und Reimann wandte sich auch noch in einem weiteren Brief direkt an die Ehefrau Draisbachs. Darin machte er sie auf das Verhalten ihres Mannes aufmerksam und forderte sie dazu auf, dafür zu sorgen, dass künftig keine derartigen Äußerungen mehr fallen würden.

Werneburg ging unterdessen weiterhin ungehindert auf seine Art gegen das angebliche Bummelantentum und Krankfeiern bei den Zwangsarbeitern vor. Im Januar 1945 waren sieben Ausländer krankgemeldet, Franzosen und Italiener. Werneburg kam in die Baracke und trieb die Insassen, von denen einige unter sehr hohem Fieber litten, ungeachtet ihrer Beschwerden zum Schneeschaufeln auf die

190 Jahresbericht vom 13.2.1945, in: GLA Karlsruhe 465 q, 2884, T. 1, Bl. 114.

191 Schreiben Reimann junior an Draisbach vom 27.2.1945, in: ebd., Bl. 115.

Straße.[192] Der Benckiser-Buchhalter Emig saß zur gleichen Zeit in der Filiale der Deutschen Bank in Ludwigshafen und verhandelte über Finanzfragen, unter anderem über die zu erwartenden Ausgleichszahlungen für Fliegerschäden in Höhe von 1 bis 2 Mio. RM, und über in Bälde anstehende Rückerstattungen durch das Finanzamt Würzburg von 1,7 Mio. RM und verwies auf die vorgenommene drastische Unkostenreduzierung, »teils durch Abgabe von ca. 100 ausländischen Arbeitern, teils durch Aufhebung von uk-Stellungen, teils durch Pensionierungen.«[193] Bei weiteren Verhandlungen Ende März 1945, diesmal in Mannheim, war auch Reimann senior dabei, um zu prüfen, inwieweit trotz der Frontereignisse, die inzwischen zur Abtrennung der Vorderpfalz und damit auch Ludwigshafens geführt hatten, die Deutsche Bank dem Unternehmen weiterhin kreditmäßig zur Verfügung stand.[194] Interessanterweise stritten sich der Bankangestellte und Emig dabei auch über das Ausmaß der zu erwartenden Inflation, sprich Entwertung der Reichsmark. Während der Benckiser-Prokurist davon ausging, dass die Amerikaner die RM mit 3 Pfg. einlösen würden, war die Bank der Überzeugung, dass die Amerikaner im Geheimen bereits den Dollarkurs auf 10 RM festgesetzt hätten, was gegenüber dem bisherigen offiziellen, auf dem Papier stehenden Devisenstopp-Kurs von 2,40 RM je Dollar mehr als eine Vervierfachung, aber keine drastische Abwertung bedeuten würde.[195] Ungeachtet dessen widmete sich die Betriebswirtschaftliche Abteilung von Benckiser weiterhin den von Reimann junior eingeleiteten Sparmaßnahmen (»die ausländischen Arbeiter sollen restlos abgeschoben werden«) und der Überwachung der Finanzlage 1945, um untragbare Verluste rechtzeitig abzubremsen.[196] Ordnungsgemäß lieferte die Benckiser-Verwaltung auch ihren Monatsbericht an die Wirtschafskammer ab, in dem man für den Monat Januar 1945 als Folge der »Terrorangriffe vom 2., 5., 13. und 21. Januar 1945« letzt-

192 Vgl. Eidesstattliche Erklärung August H. vom 26.2.1947, in: LA Speyer, R 18 E Nr. 17127, Bl. 17.

193 Besprechungsnotiz Emig vom 22.2.1945, in: JAB-Archiv Ordner D 23.

194 Besprechungsbericht vom 23.3.1945, in: ebd.

195 Vgl. ebd., S. 2.

196 Vgl. Notiz der Betriebswirtschaftlichen Abteilung vom 15.2.1945 und dazu auch Schreiben Reimann senior an die Geschäftsleitung vom 3.1.1945, in: JAB-Archiv Ordner D 57.

lich nur konstatieren konnte, dass sämtliche Betriebsteile stilllagen.[197] Die Ludwigshafener Produktionsstätten waren inzwischen zu mehr als 80 Prozent zerstört. Auf dem chaotischen Trümmerfeld stand einsam und wie ein Mahnmal der hochragende Schornstein des Kesselhauses.

In Ladenburg erfolgte zum Jahresbeginn 1945 endlich das zumindest probeweise Anfahren der Gärungszitronensäure-Produktion, doch dann lag auch dort die Fertigung aufgrund von Kohlemangel still. Dubbers war zu diesem Zeitpunkt allerdings vor allem mit dem Ausfüllen eines Fragebogens der Gauwirtschaftskammer – in sechsfacher Ausführung – beschäftigt, durch den Erhebungen über die »Empfindlichkeit der Wirtschaft in der Westmark im Hinblick auf ihre Frontnähe« vorgenommen werden sollten, um dann weitere Maßnahmen zur Lenkung sowie Material- und Energiezuteilung vorzunehmen.[198] In dieser chaotischen Lage, die von Weiterarbeiten bis zuletzt und gleichzeitiger Notimprovisation geprägt war, ging fast eine Information unter, die Reimann junior vertraulich und »aus sehr direkter und zuverlässiger Quelle« erhalten hatte: »Dass bei Henkel die Absicht bestehe, Oetker einschließlich Budenheim aufzukaufen. Quelle und Bestimmtheit der Äußerungen machen es wahrscheinlich, dass schon irgendwelche Schritte in dieser Richtung im Gange sind. Die Konsequenzen eines solchen Zusammenschlusses für unsere Position sind nicht zu unterschätzen.«[199] Doch für irgendwelche Überlegungen zur Zukunft des Unternehmens blieb für Reimann junior keine Zeit – vor allem auch, da sich inzwischen wieder unübersehbar Reimann senior in das operative Geschäft und das betriebliche Krisenmanagement eingeschaltet hatte. »Mein Vater ist in letzter Zeit in Schlierbach [bei Heidelberg] geblieben, und empfängt dort die leitenden Herren zu den notwendigen Besprechungen, die sich in letzter Zeit fast ausschließlich um Maßnahmen drehen, wie die Unkosten mit der durch die Fliegerschäden verringerten Ertragskraft in Einklang zu bringen sind«, schrieb der Junior am 27. Februar 1945

197 Bericht vom 29.1.1945, in: IHK-Archiv 12 a – 9/2.
198 Vgl. Schreiben vom 24.1.1945, in: JAB-Archiv D 57.
199 »Streng vertrauliche Notiz« von Reimann junior vom 13.12.1944 an Reimann senior sowie die Prokuristen Emig, Maxheimer und Dr. Schlösser, in: ebd.

Abb. 77, 78: Kriegszerstörungen auf dem Benckiser-Gelände

an Theodor Benckiser.[200] In sein Wohnhaus ließ Reimann senior auch Direktor Alberecht Weiß von der IG Ludwigshafen kommen, um sich dort mit ihm über »die Abwälzung von Löhnen und Gehältern von Gefolgschaftsmitgliedern, die infolge von Fliegerschäden nicht mehr produktiv tätig sind«, zu unterhalten und sich über das bei der IG Farben praktizierte Vorgehen zu informieren.[201] Reimann senior erließ eine Reihe von Anweisungen hinsichtlich der Überwachung und Kontrolle der Finanzlage, was den Junior Anfang Februar 1945 dann zwang, sich wegen der bislang noch fehlenden Umsetzungen ausführlich zu rechtfertigen.[202] Man sei in der Geschäftsleitung von Benckiser keinesfalls gegen die vom Senior vorgeschlagenen Maßnahmen und habe hier auch nichts versäumt, so notierte er, und dass die Dinge nicht schneller gingen, liege auch daran, dass die Abgabe von Arbeitskräften gegenüber früheren Zeiten durch unzählige Bestimmungen erschwert werde.[203] Es war, als ob wieder die alte Rollenverteilung bei der Unternehmensführung von Benckiser zurückgekehrt war.

Am 20. März 1945 wurden in Ludwigshafen wie in Ladenburg sämtliche der noch bei Benckiser beschäftigten und in den Lagern untergebrachten Zwangsarbeiter entlassen bzw. die formale Oberhoheit, Aufsicht und Kontrolle der Lager durch Benckiser aufgehoben und die Arbeiter sich selbst überlassen. Zwangsarbeiter jedoch befanden sich auch im Frühjahr 1945 noch in erheblicher Zahl vor Ort, obwohl die von den Behörden, insbesondere auch Polizei- und SS-Stellen in Gang gesetzten Aktivitäten, die ca. 60.000 ausländischen Arbeitskräfte aus dem Gau Westmark ins rechtsrheinische Gebiet zu verlegen, schon seit Dezember 1944 eingesetzt hatten.[204] Im Frühsommer 1944 noch waren die Gebr. Giulini und vor allem das IG Farben-Werk in Ludwigshafen mit der Frage der Beschäftigung von KZ-Häftlingen konfrontiert worden. Doch infolge des

200 Brief vom 27.2.1945, in: Familienarchiv Reimann-Dubbers, Ordner Schriftwechsel Reimann senior und junior

201 Gesprächsnotiz Reimann senior vom 5.2.1945, in: JAB-Archiv Ordner D 57. Der Trick war, diese Gehälter über die staatlichen Fliegerentschädigungen abzurechnen und somit vom Reich bezahlen zu lassen.

202 Vgl. Schreiben junior an Reimann senior vom 9.2.1945, in: ebd.

203 Ebd.

204 Vgl. Scharf, S. 269.

weiteren Vorrückens der Alliierten galten ausländische Arbeitskräfte zunehmend als Sicherheitsrisiko, so dass es zu keinem Einsatz von KZ-Häftlingen in der Pfalz kam.[205] Ebenfalls am 20. März 1945 sprengten deutsche Pioniereinheiten die Ludwigshafener Rheinbrücke. Werneburg war am Tag zuvor noch den ganzen Tag mit einer Maschinenpistole herumgelaufen und hatte die verbliebenen deutschen Arbeiter vor Ort schikaniert. Dann flüchtete er in Altrip über den Rhein, nicht ohne in seinem Gepäck die Hakenkreuzfahne des Betriebes und die Pistole mitzunehmen.[206] Ludwigshafen wurde am 21. März 1945 von den amerikanischen Truppen besetzt. Mannheim jedoch bleibt zunächst unter deutscher Oberhoheit. Reimann junior hatte sich zusammen mit einem Großteil der Benckiser-Angestellten nach Ladenburg zurückgezogen. Dort befand sich inzwischen auch Dubbers und die Gefolgschaftsabteilung, während der Großteil der Benckiser-Arbeiter nach wie vor in Ludwigshafen war – nun wegen der Brückensprengung abgeschnitten voneinander und ohne Kommunikationsmöglichkeiten, so dass auch die ursprünglich vorgesehenen Lohn- und Gehaltsvorschusszahlungen unterblieben und die Belegschaft erst einmal auf sich allein angewiesen war. Von Ladenburg aus richtete die Benckiser-Verwaltung dennoch noch am 22. März 1945 ein Schreiben an das Gauarbeitsamt Westmark in Speyer, in dem ordnungsgemäße Meldung darüber erstattet wurde, dass der Benckiser-Betrieb in Ludwigshafen nun auch offiziell stillgelegt worden war und sämtliche dortigen Gefolgschaftsmitglieder, soweit sie nicht zur Abwicklung benötigt wurden, entlassen worden waren. Und man bat um Mitteilung darüber, wohin die noch vorliegenden Anträge auf Erstattung aus Lohnausfallsregelungen bei Fliegeralarm künftig zu richten wären.[207]

In der Nacht vom 25. auf den 26. März versammelten sich in einem Ladenburger Gasthof Reimann senior, Reimann junior und die Prokuristen Emig, Dr. Schlösser, Adrian (von der Technischen Abteilung) und Dubbers zu einer Besprechung über das weitere Vorgehen und

205 Vgl. Minor, Mörz, Juden in Ludwigshafen, S. 180f.

206 Schreiben des Oberbürgermeisters Ludwigshafen an den Öffentlichen Kläger bei der Spruchkammer Mannheim vom 27.12.1946, in: LA Speyer, R 18 E 17127.

207 Vgl. Schreiben vom 23.3.1945, in: ebd.

Verhalten.[208] Es ging dabei um drei Hauptprobleme: Fahrt von Reimann junior nach Kempten zum dortigen Ausweichbetrieb und der dort zu errichtenden Joha-Fertigung zur Versorgung der Allgäuer Schmelzkäseindustrie. Zweitens: Übergabe des Werks Ladenburg an die amerikanischen Besatzungstruppen durch Reimann senior und drittens: Einreichen der Körperschaftssteuererklärung für 1944, um vom Finanzamt, das inzwischen in Würzburg residierte, noch die Rückforderungen von insgesamt knapp 2 Mio. RM zu erreichen. Da es Emig und Dr. Schlösser ablehnten, in diesen Tagen ihre Familien zu verlassen, machten sich Reimann junior und Dubbers am 26. März morgens auf den Weg nach Kempten bzw. Würzburg. Im noch unbesetzten Kempten angekommen, stürzte sich Reimann junior offenbar in nachgerade irrational erscheinende Besprechungen mit dem dortigen Gauwirtschaftsberater, dem Arbeitsamt sowie einem Beauftragten des Reichsnährstandes, um den weiteren Aufbau des Verlagerungsbetriebes zu organisieren.[209] In seinem kurz darauf für das Entnazifizierungsverfahren verfassten Lebenslauf beschrieb er seine damalige Tätigkeit so: »Im März 1945 Verlegung der Büros nach unserem rechtsrheinischen Werk Ladenburg, von dort kurz vor der Besetzung nach unserer Filiale Kempten/Allgäu zwecks Ingangsetzung eines dortigen ernährungswichtigen Ausweichwerkes.«[210] Albert Reimann junior hatte damit die Frage des Bleibens oder Weggehens als Betriebsführer auf eine Weise beantwortet, wie sie auch von einer Reihe anderer Unternehmensführer gehandhabt wurde, die ihre Firmen im Stich ließen. Unter dem Vorwand angeblicher wichtiger Aufgaben als Rüstungsobmänner für das

208 Vgl. dazu die handschriftliche Notiz einer 45-seitigen Niederschrift vom 5.3.1946, S. 44, über »Gedanken zum Entnazifizierungsverfahren«, in: Familienarchiv Reimann-Dubbers, Ordner Hans (1946-47) sowie nahezu wortgleich die spätere Darstellung des Treffens in: Benckiser-Chronik II, S. 169f.

209 Vgl. dazu die 17-seitige, in einer Mischung aus Chronologie und Tagebuchaufzeichnungen erstellte Niederschrift von Reimann junior über die Zeit vom 15. März bis 24. Juni 1945, in: Familienarchiv Reimann-Dubbers, Ordner Onkel Albert/Entnazifizierung sowie dazu auch schon der Schriftwechsel betr. Joha-Betriebsverlagerung vom Februar 1945 durch den inzwischen nach Kempten versetzten Dr. Gläser an Reimann junior, in: JAB-Archiv D 57.

210 Lebenslauf Reimann junior vom 6.10.1946, in: LA Speyer, R 18 V, Nr. 606, Bl. 13.

Speer-Ministerium oder den Reichsverteidigungskommissar setzten sie sich aus den umkämpften Gebieten und Unternehmensstandorten ab oder aber reisten wie Reimann junior mit dem Argument der Zukunftssicherung für das Unternehmen an einen sicheren Verlagerungsstandort der Firma. Was auch immer die Begründungen für das Ausweichen nach Kempten von Reimann junior gewesen sein mögen, von den Beschäftigten bzw. Betriebsangehörigen wurde ihm seine Fahrt später jedenfalls als Flucht unter Imstichlassung der Arbeiterschaft ausgelegt und geradezu traumatisch als Verrat an der doch allenthalben so oft beschworenen Idee der Betriebsgemeinschaft bei Benckiser empfunden. Dass durch Reimann juniors Ausweichen nach Kempten der wichtigste Standort des Unternehmens in Ludwigshafen ohne jegliche Führung und Betriebsverwaltung zurückgelassen worden war, sollte erhebliche Folgen nach sich ziehen.

Am 27. April 1945 wurde auch Kempten von den amerikanischen Truppen erobert. Von dort schickte Reimann junior noch, als ob nichts geschehen wäre, ein Rundschreiben an die Benckiser-Kunden, um noch bestehende Außenstände einzutreiben. »Wir zweifeln nicht, dass Sie für die Lage, in der sich unser Unternehmen zur Zeit leider befindet, Verständnis haben werden und danken Ihnen für Ihre Bemühungen bestens. Heil Hitler!«

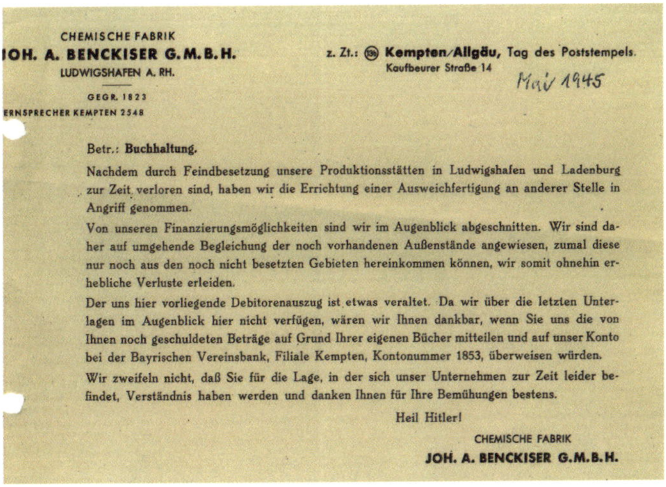

CHEMISCHE FABRIK
JOH. A. BENCKISER G.M.B.H.
LUDWIGSHAFEN A. RH.
GEGR. 1823
FERNSPRECHER KEMPTEN 2548

z. Zt.: (13b) Kempten/Allgäu, Tag des Poststempels.
Kaufbeurer Straße 14
Mai 1945

Betr.: **Buchhaltung.**

Nachdem durch Feindbesetzung unsere Produktionsstätten in Ludwigshafen und Ladenburg zur Zeit verloren sind, haben wir die Errichtung einer Ausweichfertigung an anderer Stelle in Angriff genommen.

Von unseren Finanzierungsmöglichkeiten sind wir im Augenblick abgeschnitten. Wir sind daher auf umgehende Begleichung der noch vorhandenen Außenstände angewiesen, zumal diese nur noch aus den noch nicht besetzten Gebieten hereinkommen können, wir somit ohnehin erhebliche Verluste erleiden.

Der uns hier vorliegende Debitorenauszug ist etwas veraltet. Da wir über die letzten Unterlagen im Augenblick hier nicht verfügen, wären wir Ihnen dankbar, wenn Sie uns die von Ihnen noch geschuldeten Beträge auf Grund Ihrer eigenen Bücher mitteilen und auf unser Konto bei der Bayrischen Vereinsbank, Filiale Kempten, Kontonummer 1853, überweisen würden.

Wir zweifeln nicht, daß Sie für die Lage, in der sich unser Unternehmen zur Zeit leider befindet, Verständnis haben werden und danken Ihnen für Ihre Bemühungen bestens.

Heil Hitler!

CHEMISCHE FABRIK
JOH. A. BENCKISER G.M.B.H.

Abb. 79: Schreiben der Benckiser-Ausweichstelle Kempten vom Mai 1945 an die Kunden

5. Kapitel

Kein Umdenken

Kriegsfolgenbewältigung, Vergangenheitskonstruktion und Entnazifizierungsverfahren (1945 bis 1950)

Als am 8. Mai 1945 die bedingungslose Kapitulation der deutschen Truppen erfolgte, die das Ende des Zweiten Weltkriegs bedeutete, ergab sich für die Chemische Fabrik Joh. A. Benckiser und ihre beiden Inhaber eine komplizierte, vielschichtige Lage. Die beiden Unternehmensteile, der eine links-, der andere rechtsrheinisch gelegen, sollten sich bald in zwei unterschiedlichen Besatzungszonen wiederfinden: Ludwigshafen stand seit Juni 1945 unter Kontrolle der französischen Militärregierung, während Ladenburg zur amerikanischen Besatzungszone gehörte. Diese Situation bedingte auch, dass sich Reimann senior und junior zwei unterschiedlichen, zum Teil parallel laufenden Entnazifizierungsverfahren mit voneinander abweichenden gesetzlichen Bestimmungen und auch verschiedenartiger Rigorosität unterziehen mussten. Ebenso teilten die Reimanns wie Benckiser auch das Schicksal vieler Unternehmen in dieser Zeit, mit Ungewissheit, drohender Enteignung, chaotischen Zuständigkeiten, dubiosen Treuhändern oder Vermögensverwaltern und einem diverse Eigeninteressen verfolgenden neu konstituierten Betriebsrat. In der Wahrnehmung der Reimanns war es eine verkehrte und vor allem undurchsichtige Welt, in der die Schlechten scheinbar plötzlich zu Guten wurden, während sich die Guten und Opfer zu offensichtlichen Bösen wandelten, was dann auch deren spätere Erinnerungen und Darstellungen prägte. Zu all dem kam noch der weiter schwelende und bald wieder offen ausbrechende Konflikt zwischen Vater und Sohn, der unter anderem auch in einem Disput um die jeweiligen Verdienste in der Unternehmensentwicklung und einem Ringen um die Deutungshoheit der Benckiser-Geschichte zum Ausdruck kam.

Verhaftung und Internierung

Die Chemische Fabrik Joh. A. Benckiser unter Vermögensverwaltung

Am 21. Juni 1945 war Albert Reimann junior nach Ludwigshafen zurückgekehrt – im Auftrag des Bayerischen Ministeriums für Ernährung und Landwirtschaft sowie mit Genehmigung der amerikanischen Militärbehörde in Kempten, wie er später notierte. Am 28. Juni meldete er sich dann bei der Militärregierung in Ludwigshafen, wurde dort umgehend verhaftet und am 1. Juli in das der amerikanischen CIC (Counter Intelligence Corps), Abt. Reeducation and Rehabilitation, unterstehende Interniertenlager 73 in Kornwestheim gebracht.[1] Dort war er neun Monate, bis 28. März 1946, inhaftiert und zugleich als Sprachlehrer, Übersetzer, Dolmetscher tätig.[2] Genaue Gründe für die Verhaftung erfuhr Reimann junior dabei nicht. Anlass war vermutlich eine entsprechende Anzeige von August Neu und Fritz Draisbach bei den Amerikanern. Draisbach war als Betriebsleiter für phosphorsaure Salze als einziger der leitenden Angestellten in Ludwigshafen geblieben, wo er, von der Militärregierung bald als offizieller Betriebsverwalter von Benckiser eingesetzt, zusammen mit dem nun als Betriebsratsvorsitzender agierenden Neu quasi alleinige Befugnisse über den dortigen Teil des Unternehmens hatte. Der Militärregierung gegenüber hatten die beiden von einer angeblich politisch motivierten Flucht von Reimann junior im Zusammenhang mit dessen Funktion als Abwehrbeauftragter von Benckiser und den damit verbundenen Kontakten zur Gestapo gesprochen, die zusammen mit der SS auch den Benckiser-Werkschutz trainiert habe, um diesen dann gegen befürchtete Protest- und Widerstandsaktionen der Zwangsarbeiter ein-

1 Die Festnahmen waren die Sache der Abwehrorganisation der U.S. Army, des Counter Intelligence Corps (CIC), das aufgrund seines pauschalen Vorgehens und mancher Fehlgriffe von vielen Deutschen bösartig als amerikanische Gestapo bezeichnet wurde. Vgl. dazu näher Christa Schick, Die Internierungslager, in: Martin Broszat u.a. (Hrsg.), Von Stalingrad zur Währungsreform, Zur Sozialgeschichte des Umbruchs in Deutschland, München 1988, S. 301-326.

2 Vgl. Reimann junior Lebenslauf vom 6.10.1946, in: LA Speyer, R 18 V, Nr. 606, Bl. 14. Zum Folgenden auch ausführlich aus spezifischer Sicht Benckiser-Chronik II, S. 193ff.

zusetzen.[3] Deshalb fiel auch Reimann junior in die Kategorie der von der CIC in Gang gesetzten Jagd nach einflussreichen und schwerer Verbrechen schuldigen NSDAP-Funktionären, SS-Angehörigen und nationalsozialistischen Profiteure. Zugleich war infolge des Gesetzes Nr. 52 der Besatzungsmächte vom 14. Juli 1945 das Privatvermögen beider Reimanns wie das Gesellschaftsvermögen Benckisers als politisch Belastete unter Kontrolle gestellt worden.[4] Beide wurden auch von ihren Ämtern als Gesellschafter und Geschäftsführer suspendiert, wurde und an ihre Stelle zunächst der erwähnte Verwalter eingesetzt. Benckiser stand mithin unter Vermögenskontrolle, aber unterlag nicht der Oberaufsicht eines Treuhänders. Das galt allerdings nur für das Werk in Ludwigshafen. In Ladenburg ergab sich eine nicht minder komplizierte Situation. Dort wurde Wenzel Sistek, der als Betriebsleiter der Gärungszitronensäure-Erzeugung fungierte, am 10. Dezember 1945 auch zum Treuhänder bestimmt. Diese Position hatte er bis Ende September 1948.[5]

In diesem unternehmenspolitischen Machtvakuum nahm der inzwischen 77 Jahre alte Albert Reimann senior nun wieder allein das Ruder in die Hand, zog die entsprechenden Fäden zu den verbliebenen leitenden Angestellten und dem Betrieb in Ladenburg, zu Draisbach und dem Betriebsrat in Ludwigshafen und zu den verschiedenen Behörden und Stellen der Militärregierungen diesseits- und jenseits des Rheines, und nicht zuletzt auch zu seinem inhaftierten Sohn. Wie sich die Lage in seinen Augen darstellte, machte er in einem bereits am 11. Juli 1945 verfassten umfangreichen »Bericht über mein politisches, wirtschaftliches und persönliches Verhalten seit

3 Vgl. dazu die Stellungnahme von Reimann junior auf diese, ihm erst im Laufe des September 1945 bekannt gewordenen Vorwürfe in einem Schreiben an den Camp-Commander vom 22.9.1945, in: Familienarchiv Reimann-Dubbers, Ordner Briefwechsel Senior mit Junior 1945/46. Darin wird deutlich, dass die Versuche der Gestapo, den Benckiser-Werkschutz für ein hartes Vorgehen gegen befürchtete Zwangsarbeiterproteste zu instrumentalisieren, tatsächlich nicht aus der Luft gegriffen zu sein scheinen.

4 Vgl. dazu die entsprechende Erklärung der Finance Section der amerikanischen Militärregierung vom 24.5.1945, in: BArch B 218/76.

5 Vgl. dazu Staatsarchiv Ludwigsburg, EL 402/17, Bü 162 (Vermögenskontrolle; Rückerstattung).

meinem Eintritt in die NSDAP im Jahre 1932« deutlich.[6] Darin beklagte er sich über die große Illoyalität des erst kurz zuvor noch vor der Gestapo-Verhaftung beschützen Draisbachs, der sich nun »von einem, auf Betreiben eines kommunistischen Arbeiters seines Betriebs gebildeten kommunistischen Betriebsrat zum Betriebsführer wählen lassen [hat], die Geschäftsleitung an sich gerissen und die bisherige Geschäftsleitung, meinen Sohn und mich, sowie eine Reihe unserer tüchtigsten Angestellten aus dem Betrieb herausgeworfen hat. Der Betrieb steht seitdem unter kommunistischem Terror, gegen den Herr Draisbach weder vorgehen will noch kann, da es ihm ausschließlich darauf ankommt, sich an der Macht zu halten.«[7] Reimann senior sprach in diesem Zusammenhang auch von Putsch, erlogenen Denunziationen, despotischem Verhalten und dem dadurch drohenden Ruin von Benckiser, was darauf hindeutet, welche traumatische Erfahrung diese später als Interregnum bezeichneten unmittelbaren Nachkriegsmonate für ihn bedeuteten, wozu auch noch der Rechtfertigungsdruck durch Fragebogen und Entnazifizierungsverfahren der Besatzungsmächte kam – mit entsprechenden selektiven und präformierenden Rückwirkungen auf die Reflexion und Erinnerung der NS-Zeit.

Reimann senior versuchte dabei zunächst, die Citretten-Maschinen und sonstigen Gegenstände aus dem Ausweichbetrieb Deidesheim, wo noch ca. 4,5 Mio. Tabletten unverpackt lagerten, nach Ladenburg zu bringen, was jedoch erst im Lauf des Juni/Juli nach und nach gelang.[8] Gleichzeitig traf er eigenmächtig einige personalpolitische und organisatorische Entscheidungen wie etwa die Zusammenlegung der Betriebswirtschaftlichen Abteilung mit der Finanzbuchhaltung unter der Leitung von Dr. Schlösser, was die Entlassung des altgedienten Buchhalters Wilhelm Emig bedeutete.[9] Gleichzeitig aber hatte Reimann senior alle Hände voll zu tun, die seinerseits von Draisbach

6 Bericht vom 11.7.1945, mit späteren Ergänzungen, S. 12f., in: JAB-Archiv TV 8 sowie auch in: LA Speyer, R 18 V, Nr. 607.

7 Ebd.

8 Vgl. dazu das detaillierte, den Zeitraum vom 1. April 1945 bis Dezember 1945 umfassende Tagebuch des Benckiser-Mitarbeiters Karl Wiesmann, in: JAB-Archiv, Ordner Firmengeschichte.

9 Vgl. Schreiben Reimann senior an Emig vom 1.5.1945, in: JAB-Archiv D 59. Dieser rächte sich damit, dass er zu den Gebr. Giulini wechselte,

ebenfalls willkürlich vorgenommenen umfassenden Kündigungen unter der verbliebenen Belegschaft, wie etwa von Dr. Hermann Rudy und dessen gesamtem Forschungslaboratorium, rückgängig zu machen oder aufzufangen.[10] Am 18. Mai hatte sich Reimann senior dann erstmals auch direkt mit Draisbach zu einer Unterredung an neutraler Stelle, dem Sitzungssaal der Deutschen Bank in Heidelberg, getroffen. Für die dabei abzuhandelnde Tagesordnung hatte er 15 detaillierte Problempunkte zusammengestellt, bei denen ganz oben die beiden Fragen »Absichten bezüglich Weiterarbeit? Wiederaufbau beabsichtigt oder Liquidation?« standen.[11] Dabei musste sich Reimann senior zunächst vor allem die heftigen Vorwürfe Draisbachs über die Situation bei Kriegsende anhören. Die Arbeiter und Angestellten seien empört gewesen, dass die Geschäftsleitung sie vollkommen im Stich gelassen habe. Die Fürsorgepflicht, die selbst der nationalsozialistische Staat dem Betriebsführer auferlegt habe, sei in grober Weise vernachlässigt worden. »Gelegentlich von Besuchen bei der Handelskammer und anderen Ludwigshafener Firmen habe er, Draisbach, festgestellt, dass bei keiner Firma die Geschäftsleitung so restlos weggegangen sei, ohne Vollmachten und Geld für die Bezahlung der Gefolgschaft zu hinterlassen. Dafür hätte man rechtzeitig sorgen müssen, seit der letzten Sitzung vom 20. Dezember 1944, denn was bevorstand, habe jeder gewusst.«[12] Wortreich suchte Reimann diesen Vorwurf des Treue- und Wortbruchs zu widerlegen; man sei nicht defätistisch gewesen, sondern habe die Hoffnung gehabt, dass der Vormarsch gestoppt und die Rheinlinie gehalten werden würde. »Es habe kein mala fides vorgelegen […]. Sein Sohn sei kein Feigling und mit Verhandlungen mit Behörden überlastet gewesen.«[13] Das Gespräch endete völlig ergebnislos mit gegenseitigen politischen und auch unternehmenspolitischen Vorwürfen. Draisbach forderte daher auch künftig eine maßgebliche Beteiligung an der Leitung von

wo er sein Wissen über Benckiser nun zu dessen Ungunsten einzusetzen versuchte.

10 Vgl. Schreiben Rudy an Reimann senior vom 11.5.1945 sowie auch Brief Reimann senior an Robert Maxheimer vom 15.5.1945, in: ebd.

11 Vgl. Notiz Reimann senior vom 17.5.1945, in: ebd.

12 Das 14-seitige Protokoll der Besprechung vom 18.5.1945, hier S. 2, in: JAB-Archiv, Ordner TV 8 b.

13 Ebd., S. 5.

Benckiser. »Wenn Sie meinen Sohn ausschließen«, so entgegnete Reimann senior darauf, »nehmen Sie mir das Ergebnis meiner 50jährigen Tätigkeit, das Werk auf meinen Sohn und meine Enkel übertragen zu können.« Worauf Draisbach lakonisch antwortete: »Über die Dinge, wie sie geworden sind, müsse sich Reimann nun einmal Rechenschaft ablegen.«[14]

Nachdem die anfänglichen Erwartungen, dass Reimann junior schon bald wieder aus dem Internierungslager freikommen würde, sich als Illusion herausstellten, organisierte Reimann senior noch im November 1945 eine erste Welle von »Persilscheinen« und Protestschreiben von früheren wie wieder eingestellten Belegschaftsangehörigen gegen die als unrechtmäßig empfundene Verhaftung des Sohnes. Gleichzeitig suchte er umgehend auch das Gespräch mit den Banken, die angesichts der unklaren Lage sowie der politischen Belastung alle Konten und Kredite für Benckiser zunächst gesperrt hatten. Und gleichzeitig suchte Reimann senior unter der noch amtierenden amerikanischen Militärregierung sowie auch bei den sich langsam formierenden neuen deutschen Behörden nach Verbündeten, allen voran bei Leutnant Schwimmer, dem Leiter der Hauptabteilung Finance & Property Control.[15] Doch bei den deutschen Behörden wechselten zu diesem Zeitpunkt noch häufig die zuständigen Ansprechpartner, und bei Schwimmer stieß Reimann senior auf taube Ohren. »Besondere Schwierigkeiten macht, dass unser Hauptwerk und das Zweigwerk in verschiedenen Besatzungszonen liegen und dass deutsche Direktoren von Landeswirtschaftsämtern in echt deutschem Partikularismus bestrebt sind, einen Zwergstaat autark zu machen und den Güteraustausch nur gegen Kompensation gestatten«, beklagte sich Reimann senior im Dezember 1945 in einem Brief an seinen Sohn. »Die in all den früheren Jahren von uns scharf bekämpfte Gauleiterpolitik wird nun noch weit übertroffen.«[16]

Erst als mit dem Wechsel der Besatzungsmacht in Ludwigshafen ein französischer Offizier für Wiederaufbau und Vermögensverwaltung zuständig wurde, eröffneten sich neue Optionen. Die wichtigste

14 Ebd., S. 14.
15 Vgl. Schreiben Reimann senior an Schwimmer vom 2.6.1945, in: ebd.
16 Brief Reimann senior an Reimann junior vom 24.12.1945, in: Familienarchiv Reimann-Dubbers, Ordner Briefwechsel Senior-Junior 1945/46.

war, dass Draisbach als Vermögensverwalter und Betriebsleiter von der Militärregierung entlassen wurde. Als Betriebsleitung wurden auf Vorschlag von Reimann senior die drei Prokuristen Dr. Schlösser, Dr. Rudy und Maxheimer ernannt und Reimann senior erhielt den Status eines offiziellen Beraters, mit der Berechtigung zur Teilnahme an den Geschäftsführerbesprechungen.[17] Zumindest indirekt war damit wieder die Möglichkeit gegeben, Zugriffsrechte auszuüben und Entscheidungsprozesse zu bestimmen. »Man hat mir Gelegenheit gegeben, eine neue Geschäftsleitung meines Vertrauens vorzuschlagen, die aus Dr. Schlösser, Maxheimer und Dr. Rudy besteht und mit mir zusammenarbeitet«, schrieb Reimann senior im Dezember 1945 an seinen Sohn nach Kornwestheim. »Ein Fortschritt, aber auf die Dauer unbefriedigend. Ein Unternehmen braucht einen Unternehmer und drei Prokuristen geben zusammen keinen Unternehmer. [...] Im Betrieb fehlt die starke Hand. Machtgierige Idioten geringsten Bildungsgrades beeinträchtigen nach wie vor die Initiative der Geschäftsleitung. Ich tue, was ich kann und erlahme nicht, obwohl ich mich nun schon neun Monate abhetze, um unser altes Unternehmen vor dem Untergang zu bewahren. Es bleibt nur die Hoffnung, dass es allmählich besser werden wird.«[18]

Tatsächlich waren Neu und sein Betriebsrat in Ludwigshafen noch immer am Ruder. Schon auf der ersten Betriebsversammlung Mitte April 1945 war Neu mit markigen Sprüchen aufgetreten, hatte gegen »den Verbrecher Werneburg« gewettert, aber auch davon gesprochen, dass »auch die anderen Verbrecher Reimann und Konsorten alle ausgerissen [sind]. Ich kann euch sagen, ich persönlich wäre nicht eher zur Ruhe gekommen, bis sie alle im Fabrikhof gebaumelt hätten. Ich habe nicht umsonst 18 Monate in Konzentrationslagern geschmachtet.«[19] Reimann wusste davon, denn ihm war ein Protokoll der Betriebsversammlung zugespielt worden. Dennoch hatte er im Juni 1945 versucht, den alten Stammbetrieb zu besuchen, nachdem es ihm gelungen war,

17 Vgl. Schreiben Commandant Weiss von der Mission Militaire pour les Affaires Allemandes, Division Production Industrielle, Section Chimique, vom 16.1.1946, in: ebd.

18 Brief Reimann senior an Reimann junior vom 24.12.1945, in: Familienarchiv Reimann-Dubbers, Ordner Briefwechsel Senior-Junior 1945/46.

19 Protokoll der Betriebsversammlung vom 12.4.1945, in: JAB-Archiv, Ordner Firmengeschichte.

einen Passierschein nach Ludwigshafen zu erhalten. Doch der Besuch war ein Fehlschlag. Von einem Teil der Belegschaft offenbar freudig begrüßt, wurde Reimann senior von Neu mit der Drohung, seine Anwesenheit sofort der Militärregierung zu melden und ihn von dieser verhaften zu lassen, aus dem Werk verwiesen.[20] »Seit längerer Zeit lebe ich auf dem Lande in der Nähe von Ludwigshafen, um wenigstens von dort aus Fühlung mit der Fabrik zu halten«, schrieb Reimann senior im Dezember an seinen Sohn. »Die Fabrik selbst kann ich vorerst noch nicht betreten, obwohl es mir wahrhaftig nicht an dem nötigen Mut fehlt, dem etwa einem halben Dutzend Strolchen entgegenzutreten, die die anständige Gefolgschaft und Arbeiterschaft terrorisieren. Wer wird das deutsche Volk in Zukunft ernähren und die Steuern bezahlen, wenn der größte Teil derjenigen, die es nicht nur während der Jahre des sogenannten Dritten Reiches, sondern seit Jahrzehnten getan haben, entweder ganz oder teilweise ausgeschaltet wird oder sich nur aus dem Hintergrund betätigen darf [...]«?[21]

Dennoch suchte Reimann senior notgedrungen das Gespräch mit Neu. Mitte April 1946 schrieb er kurz hintereinander zwei lange Briefe an Neu, in denen er ihn in seiner Eigenschaft als Berater der Geschäftsleitung zu einer Besprechung einlud. Er bekundete dabei seine grundsätzliche Sympathie für die weitergehenden Versuche von Betriebsräten und Gewerkschaften auf die Leitung der Geschäfte bei Benckiser »über das frühere Maß hinaus« Einfluss zu nehmen, beschwor die kameradschaftliche und vertrauensvolle Zusammenarbeit mit der Belegschaft und versuchte wortreich seine Haltung zum Nationalsozialismus zu rechtfertigen.[22] »Es ist meine Erfahrung, dass die Unternehmerschaft, wenn sie unter politischen Zwang und Druck gesetzt wird, nur das auf diese Weise erzwungene Notwendigste zu bewilligen bereit ist, während eine Gesinnung, die im Arbeiter den Arbeitskameraden und Volksgenossen sieht, zu jedem wirtschaftlich einigermaßen durchführbaren Entgegenkommen bereit ist.«[23]

20 Vgl. dazu die Notiz Reimann senior vom 26.6.1945, in: ebd.

21 Brief Reimann senior an Reimann junior vom 24.12.1945, in: Familienarchiv Reimann-Dubbers, Ordner Briefwechsel Senior-Junior 1945/46.

22 Vgl. Schreiben Reimann senior an Neu vom 11.4.1946, in: JAB-Archiv, TV 8 b sowie auch in: LA Speyer, R 18 V, Nr. 606, Bl. 99f.

23 Ebd.

Trotz diesem unverhüllten Bekenntnis zu einer paternalistischen und noch ganz im Denken der nationalsozialistischen Gefolgschafts- und Betriebsgemeinschaftsideologie stehenden Unternehmensführung erklärte sich Neu zu einem Gespräch bereit, dass dann am 18. April stattfand und an dem auch Neus Stellvertreter im Benckiser-Betriebsrat, Walter Hoffmann, teilnahm.[24] Das darüber gefertigte Protokoll ist deshalb bemerkenswert, weil beide Seiten offen und ungeschminkt über die in der Vergangenheit aufgrund der gesamtpolitischen wie innerbetrieblichen Machtverhältnisse tabuisierten allgemeinen wie auch Benckiser-spezifischen Entwicklungen sprachen und keiner mit seinen implizit wie explizit geäußerten Denkweisen hinter dem Berg hielt. Schon die erste Frage Neus hinsichtlich des Artikels gegen Benckiser im *Schwarzen Korps* gab dabei Reimann senior die Gelegenheit, weit ausholend die Geschichte seiner Konflikte und der seines Sohnes mit Gauleiter und SS auszubreiten. Auch die weitere Frage nach der Ermahnung oder eventuell doch erfolgten Drohung, Draisbach wegen dessen Jahresbericht bei der Gestapo anzuzeigen, griff Reimann senior nur zu gern auf, um seine politische Toleranz hervorzuheben und auch die seines Sohnes.

Letztlich hatte sich über weite Strecken des Gesprächs nur Hoffmann beteiligt, Neu hatte geschwiegen. Es war bis dahin eine wirre Diskussion gewesen, in der man sich über Bismarck und seine Rolle in der Geschichte ebenso unterhielt wie über die Kirche. Erst nach langem Hin und Her kamen dann doch noch vier zentrale Punkte zur Sprache. Zum einen ging es auch hier um das als Flucht und Imstichlassen von Reimann junior empfundene Verhalten, dann um die Frage der Wiedereinstellung von politisch belasteten Angestellten, schließlich auch um die Rolle Werneburgs und die Verhaltensweisen der Betriebsführung gegenüber den Zwangsarbeiter-Misshandlungen. Am Ende wollten die beiden Betriebsräte von Reimann senior wissen, wie er zur bestehenden Konstellation im Betrieb stand und sich das weitere Agieren des Betriebsrates vorstellte. Wenn es für Reimann senior dabei heikel wurde, dann redete er sich auf Nichtwissen hinaus, was er angesichts der relativen Zurückgezogenheit seiner Person vom Unternehmensalltag auch plausibel machen konnte. Was allerdings frühere Ereignisse wie das nächtliche Eindringen von

24 Vgl. das 30-seitige Protokoll vom 19.4.1946, in: JAB-Archiv, TV 8 b.

Werneburg in die Baracke der jungen Ukrainerinnen anging, war das weniger glaubhaft. Dennoch behauptete er, davon nichts gewusst zu haben, und warf Neu und Hoffmann sogar vor, dass er damals nicht informiert worden sei.[25] Worauf Neu antwortete: »Wir konnten das nicht, wir waren verschrien im Betrieb als Kommunisten [...] und wir hatten kein Zutrauen zu Ihnen als Parteigenosse. Ihr Sohn war zudem Abwehrbeauftragter, glauben Sie, da hatten wir den Mut, Ihnen was zu sagen?«[26] Der Eindruck des Gesprächs war letztlich, dass der Betriebsrat, frustriert über die bisherige wenig konstruktive Zusammenarbeit mit der alten Geschäftsleitung unter Draisbach wie unter der neuen Geschäftsleitung, mit den drei Prokuristen bei Reimann senior nach Rat suchten, und dessen Wiederaufbaupläne erfahren wollte. »Wir sind gerne bereit, jederzeit, sobald man uns entgegenkommt, auch mitzuarbeiten«, äußerte Hoffmann. »Einerseits sollen wir die Verantwortung haben, dann wollen wir wissen, was gespielt wird.«[27] Einig waren sich Reimann senior und die beiden Betriebsräte in der Ablehnung einiger undurchsichtiger Manöver und Versuche, die Schwäche des Unternehmens auszunutzen und anderweitig zu übernehmen, hinter denen offenbar der ehemalige Buchhalter Emig steckte. Dieser wolle Geschäftsführer werden und sei deshalb überall herumgelaufen, bei der Militärregierung und dem Schwiegersohn von Dr. Benckiser, Hohenemser, so berichtete Reimann bei dem Gespräch. »Hohenemser wollte einen Einfluss auf die Firma gewinnen [...]. Er ist bekanntlich Jude und hat jetzt einen Posten als Direktor der hiesigen Volksbank.«[28] Zusammenhalten, damit nicht Dinge passieren, die den Betrieb gefährden, lautete der gemeinsame Tenor. Von den scharfen politischen Anfeindungen und Vorwürfen, die Neu wenig später im Zusammenhang mit dem Entnazifizierungsverfahren erheben sollte, war hier noch nichts zu spüren.

Doch wenn Reimann senior glaubte, dass er den neuen Betriebsrat nun für seine weiteren Pläne zum Wiederaufbau Benckisers einspannen und instrumentalisieren konnte, wie er auch in einem direkt an Neu gerichteten Brief mehr oder weniger deutlich machte, dann hatte

25 Vgl. ebd., S. 21.
26 Ebd., S. 22.
27 Ebd., S. 26.
28 Ebd., S. 14.

er sich getäuscht.[29] Nur wenige Wochen später waren das Klima und der Umgangston deutlich frostiger geworden. »Eine weitere Unterredung mit Ihnen lehne ich ab«, schrieb Neu am 2. Mai 1946 an Reimann senior. Dieser habe beim letzten Gespräch ungerechtfertigte Vorwürfe erhoben, zudem warte man auf die gegenüber der Geschäftsleitung geäußerte Bitte, Draisbach als Betriebsleiter wieder einzustellen, bis heute auf eine positive Antwort. »Wir werden [zudem] keinen Schritt von unserer Linie abweichen, die Betriebe von allen nazistischen und militaristischen Kräften zu säubern, auch wenn sie angeblich unersetzbar wären [...]. Wenn Sie als Berater der Geschäftsleitung zur Seite stehen sollen, so bedeutet das aber nicht, dass Sie es auch für uns sein sollen, denn auch Sie lehnen wir nach wie vor ab. Sie sind Nazi gewesen vor 1933, somit auch mitverantwortlich für die Vergangenheit und die Verbrechen des Naziregimes.«[30] In seinem Antwortschreiben schlug dann auch Reimann senior einen deutlich raueren Ton an. Er lehne die Verquickung von Politik und Wirtschaft ab, und »wenn Sie im Gegensatz zu meinem und meines Sohnes in dieser Beziehung vorbildlichen Verhaltens unser Unternehmen durch politischen Fanatismus zu Grunde richten, so handeln Sie gegenüber der Arbeiterschaft unverantwortlich.«[31] Damit standen die Zeichen auf Konfrontation.

Albert Reimann senior hatte mit diesen vielfach von nachträglichen Rechtfertigungen bezüglich des Verhaltens der früheren Unternehmensleitung geprägten Gesprächen den Part übernommen, den Reimann junior auf der Suche nach einer quasi Neustiftung der Betriebsgemeinschaft von Benckiser unter den veränderten politisch-gesellschaftlichen und gesamtwirtschaftlichen Bedingungen und Konstellationen eigentlich hätte übernehmen müssen. Den noch immer inhaftierten Junior informierte er gleichzeitig in zahlreichen Briefen über die zum Teil weitreichenden unternehmenspolitischen Weichenstellungen, die er im Zusammenhang mit dem Wiederaufbau

29 Vgl. Brief Reimann senior an Neu vom 26.4.1946, in: ebd.

30 Brief Neu an Reimann senior vom 2.5.1946, in: LA Speyer, R 18 V, Nr. 606, Bl. 94f.. Der Brief fehlt bezeichnenderweise in der Zusammenstellung der Entnazifizierungsunterlagen im JAB-Archiv.

31 Schreiben Reimann senior an Neu vom 13.5.1946, in: JAB-Archiv, Ordner TV 8 b.

Benckisers getroffen hatte. Allein der Brief vom 28. Februar 1946 gibt ein Bild von den beeindruckenden Aktivitäten von Reimann senior in dessen bekannter Manier, alles allein zu entscheiden.[32] Da die frühere Phosphorsäurequelle Piesteritz in der sowjetischen Zone lag und damit eine Versorgung längerfristig ausgeschlossen war, hatte er erste Gespräche mit der Metallgesellschaft zwecks Beschaffung von Rohphosphat geführt. Für den sukzessiven Wiederaufbau in Ludwigshafen ließ er sich von der Technischen Abteilung einen Plan ausarbeiten und vorlegen, »der die sämtlichen bisherigen Rohbauten einheitlich zusammenfasst und in sehr geschickter Weise den Rahmen schafft für den durch die Finanzlage und die Beschaffungsverhältnisse bedingten allmählichen Wiederaufbau. Apparatur und Verfahren bleiben unverändert. Die Aufstellung befriedigt vor allem meinen, schon vor längerer Zeit geäußerten Wunsch einer weiteren Rationalisierung, um Platz zu schaffen für die bisher allzu sehr in die Ecken gedrängte Mutterlaugenverarbeitung. Der Neubau auf den alten Fundamenten, soweit möglich, umfasst an der Eisenbahnfront den Raum des bisherigen E-Labors, das bekanntlich zerstört ist und ebenso den Raum des bisherigen GZ-Baues. Alle zusammengehörige Apparatur ist sozusagen gerüstweise auf einheitlichen Bühnen angeordnet. Der geschaffene Rahmen kann allmählich mit dem Fortschreiten der Fabrikation ausgefüllt werden. Alle Filterpressen, K- und F-Apparate sowie Maschinen sind in Gruppen angeordnet, die eine gute Übersicht und Überwachung ermöglichen. Selbstverständlich kostet der Wiederaufbau eine nicht unerhebliche Summe, für deren Beschaffung ich möglichst ohne Inanspruchnahme von Bankkrediten verschiedene Verhandlungen im Gange habe. Um die Weinsäure-Mutterlauge möglichst zu Geld zu machen, habe ich vorgeschlagen, sie sämtlich auf Cremor zu fällen und als Backpulver zu verkaufen […]. Nach Versuchen, die Aeckerle auf meine Veranlassung vorgenommen hat, lässt sich selbst aus den letzten Rohmutterlaugen noch ein für Backpulver brauchbarer Cremor herstellen […]. Vorgestern war ich mit Dr. Schlösser in Karlsruhe beim Landeswirtschaftsamt zwecks Freigabe der nach Ladenburg in Sicherheit gebrachten Apparaturen, die

32 Vgl. Brief Senior an Junior vom 28.2.1946, sowie bereits auch den Brief vom 4.2.1946, in: Familienarchiv Reimann-Dubbers, Ordner Korrespondenz Reimann senior mit Reimann junior 1945/46.

wir für den Wiederaufbau benötigen. Die Verhandlungen haben nun schon Wochen gedauert. Nachdem ich zugezogen war, habe ich ein Exposé ausgearbeitet, worauf die Sache voraussichtlich innerhalb der nächsten 14 Tage zu unseren Gunsten entschieden werden wird.«[33]

Im Herbst 1946 initiierte Reimann senior dann auch die Herausgabe eines neuen Benckiser-Produktes, ein Kalkpräparat, das unter dem Namen Calcitrat auf den Markt kommen sollte, welches aus den noch vorhandenen Zitronenkalk-Vorräten hergestellt wurde. »Wir denken daran, den Zitronenkalk [wegen fehlender eigener Produktionsmöglichkeiten] vorerst in Ingelheim verarbeiten zu lassen, wozu Bereitwilligkeit besteht«, schrieb er Anfang September 1946 an Dubbers.[34] Ungeachtet dessen legte sich der Senior aber bald auch mit der eigenen neuen Geschäftsleitung an, kritisierte einzelne Maßnahmen, die seiner Ansicht nach zu langsam erfolgten oder aber in die falsche Richtung gingen und den Wiederaufbau gefährdeten.[35] Zusammen mit den drei Benckiser-Geschäftsführern war Reimann senior Anfang März dann aber auch nach Baden-Baden und Karlsruhe gefahren, um mit dem neuen Wirtschaftsoffizier der französischen Militärregierung den Wiederaufbauplan des Unternehmens zu besprechen.[36] Obwohl der Phosphatbetrieb im ersten Halbjahr 1946 als einziger mit der Verarbeitung von 97,6 t phosphorsaurer Salze sowie 5,4 t Citretten langsam angefahren worden war, galt das Hauptinteresse einem möglichst schnellen Wiederaufbau des Zitronensäurebetriebes. Reimann senior hatte inzwischen auch eine Reihe von Personalentscheidungen getroffen. »Spellien ist wieder eingestellt, was insofern zweckmäßig ist, da er nebenbei auch die Beziehungen zur Säurekundschaft aufrechterhält«, schrieb er Mitte März an seinen Sohn nach Kornwestheim.[37] Nach seiner Meinung zu den unternehmenspolitischen Entscheidungen des Vaters wurde Reimann junior

33 Ebd.

34 Brief Reimann senior vom 5.9.1946, in: Familienarchiv Reimann-Dubbers, Ordner Hans 1946-47.

35 Vgl. dazu etwa Schreiben Reimann senior an die Geschäftsleitung vom 8.6.1946 und auch vom 13.6.1946, in: JAB-Archiv D 59.

36 Vgl. Brief Senior an Junior vom 14.3.1946, in: Familienarchiv Reimann-Dubbers, Ordner Korrespondenz Reimann senior mit Reimann junior 1945/46.

37 Brief vom 20.3.1946, in: ebd.

dabei nicht gefragt, auch wenn er offensichtlich neben den Briefen des Seniors auch regelmäßig Firmenberichte von Rudy und den anderen Geschäftsführern erhielt. So blieb ihm mehr oder weniger nur die Kommentierung der ohne ihn ablaufenden Entwicklungen und eine lange Liste von Fragen zu stellen. »Firmenberichte sehr interessant, entspricht etwa meiner Vorstellung«, schrieb er etwa am 12. März 1946. »Veränderter Kurs erfreulich, wenn auch nicht ideal [...]. Neues Präparat. Namen? Hauptschwierigkeit bestehender Schutzrechte. Sistek? Kehrt? Reinsch? Wieviel Leute und wer von den Alten? Wer alles im Betriebsrat? Frl. Landecker scheint sich sehr anständig zu verhalten? Wie hat Adrian den Umschwung überwunden? Ist Kernmannschaft in Ordnung? Ist Maxheimer nur bequem oder zweifelhaft? Fühlung Calgon-Pittsburgh? Wie sind Verhältnisse bei Boehringer, Budenheim? Was machen unsere Stammkunden? Steuergesetze ein Kapitel für sich, dazu noch Sonderbelastung. Anpassung ist alles. Hauptsache, erst einmal draussen sein.«[38] Und dann setzte er noch hinzu: »Wenn Zwangsarbeit nach Entlassung unvermeidbar, würde Landarbeit vorziehen, auch schwere. Vielleicht nähe Ladenburg oder Pfalz, je nachdem. Vorsorglich umhören.«

Erst im April 1946, nach der Entlassung von Reimann junior aus dem Interniertenlager in Kornwestheim, wo er im Übrigen seinen wegen dessen SS-Zugehörigkeit ebenfalls verhafteten Schwager Hans Dubbers getroffen hatte, konnte der Junior sich wieder aktiv in die unternehmenspolitischen Entscheidungen und die Wiederaufbaubemühungen einmischen. Reimann junior war gerade noch rechtzeitig entlassen worden, um etwa an Gesprächen und Verhandlungen mit Henkel teilnehmen zu können, bei denen es, vom Senior als eine ernsthafte Option zur Wiederaufbaufinanzierung ohne Bankenkredite angestoßen, um eine Kapitalspritze des Düsseldorfer Konzerns gegen Überlassung von 50 Prozent der Geschäftsanteile als Sicherheit ging mit der Möglichkeit einer Umwandlung der Anteile in eine gesellschaftsrechtliche Beteiligung.[39] Gedacht war an einen Betrag von zunächst 2 Mio. RM, die Henkel der Firma Benckiser vorschoss, die mit dem Geld den schnellen Wiederaufbau des Säurebetriebs in

38 Brief Reimann junior vom 12.3.1946, in: ebd.

39 Vgl. Besprechungsprotokoll vom 18.5.1946, in: Henkel-Archiv Acc. 193, Nr. 58.

Ludwigshafen in Angriff nehmen wollte. Selbst das wäre allerdings nur ein Tropfen auf den heißen Stein gewesen, denn die Benckiser-Geschäftsführung war sich einig, dass mindestens 3 bis 4 Mio. RM erforderlich sein würden, um den Betrieb wenigstens einigermaßen unter erträglichen Bedingungen wieder zum Laufen zu bringen. Letztlich war Henkel jedoch dann das finanzielle Risiko zu groß, zumal unklar war, ob die hälftige Beteiligung des Grundkapitals von insgesamt 1 Mio. RM, also 500.000 RM, tatsächlich als Sicherheit für den 2-Mio.-RM-Kredit ausreichte. »Die erforderliche Kapital-Investition ist zu hoch und der erstrebte Erfolg mit geringeren Mitteln auch auf anderem Wege zu erreichen«, lautete der Beschluss der Henkel-Geschäftsleitung Mitte Juni 1946.[40]

In der Folgezeit nahmen nun Reimann senior und junior auch sonst wieder zusammen an den Geschäftsleiterbesprechungen von Benckiser sowie an den diversen Verhandlungen mit den Behörden und der Militärregierung teil. Bemerkenswert zu Ersterem war, dass dabei Reimann senior ungeachtet der wieder bestehenden Präsenz seines Sohnes den Geschäftsleitern genaue Vorschriften über Inhalt sowie Art und Weise der Geschäftsleiterbesprechungen gab, detailliertere Informationen ebenso wie zugleich verstärkte Gelegenheiten einforderte, seinen Rat für die Behandlung wichtiger Angelegenheiten zur Verfügung stellen zu können.[41] Bemerkenswert zu Zweitem, d.h. den Behördenbesprechungen, war dabei vor allem eine Unterredung mit dem französischen Wirtschaftsoffizier Sagazan, die die beiden Reimanns am 27. Juni 1946 im IG-Verwaltungsgebäude in Ludwigshafen führten.[42] Das Gespräch verlief dabei in freundschaftlicher Atmosphäre, wohl auch, da Reimann senior wie junior die Unterhaltung aufgrund ihrer Sprachkenntnisse in Französisch führten. Kern der Besprechung war der schwierige vermögensrechtliche Zwitterzustand von Benckiser als einem Unternehmen, das einerseits dem Gesetz Nr. 52 und damit der Vermögensverwaltung, andererseits

40 Auszug aus der Niederschrift über die Sitzung der Geschäftsleitung vom 18.6.1946, in: ebd.

41 Vgl. Schreiben Reimann senior an die Geschäftsleitung vom 18.9.1946, in: JAB-Archiv D 59.

42 Vgl. dazu das ausführliche Gesprächsprotokoll vom 28.6.1946, in: JAB-Archiv D 59.

aber auch quasi einer Unter-Sequester-Stellung unterworfen war. Die Firma, so machten die Reimanns deutlich, befinde sich zurzeit in einer »stillen Liquidation«, und dieser Zustand könne nicht länger durchgehalten werden.[43] Zur Beendigung dieser Lage waren Vater und Sohn nun offenbar bereit, sozusagen die französische Karte zu spielen und Sagazan zur Unterstützung über angeblich weit gediehene Pläne Benckisers einer engen Zusammenarbeit auch unter kapitalmäßiger Verflechtung mit den französischen Konkurrenten und Vertragspartnern, was im Wein- und Zitronensäurebereich die Marseiller Firma Manté war, bei phosphorsauren Salzen und Calgon dagegen Progil, Coignet oder auch St. Gobain. »Wir sind bereit, mit diesen Firmen zusammenzuarbeiten, um den bisherigen Zustand, dass das so überaus reichlich vorhandene weinsaure Rohmaterial zu zwei Dritteln bis drei Vierteln von England und Amerika aufgekauft und dort verarbeitet wird, zugunsten des französischen Wirtschaftsgebietes und der deutsch-französischen Zusammenarbeit zu ändern«, lautete ihre Argumentation.[44] Und Reimann senior schickte dem auch noch eine unverhohlene Drohung hinterher. Man würde es sehr bedauern, »wenn wir durch das Scheitern der Wiederaufbaupläne unserer Ludwigshafener Säurebetriebe genötigt wären, diese auf Westorientierung basierenden Pläne aufzugeben und uns ausschließlich auf Ladenburg [in die amerikanische Besatzungszone] zu verlegen.«[45] Auch wenn es keine konkreten Zusagen durch den französischen Offizier gab, so hatten die Reimanns doch den Eindruck, dass die Unterredung nützlich gewesen war und den Ausgangspunkt für weitere konstruktive Schritte geschaffen hatte. Zu all diesen Aktivitäten im Kampf um die Rückgewinnung und Wiederingangsetzung von Benckiser kam noch hinzu, dass Reimann senior sich intensiv um die politische Rehabilitierung nicht nur seiner Person, sondern auch seines noch internierten Sohnes kümmerte und eine entsprechende Entnazifizierungsstrategie entwarf.

43 Vgl. ebd. sowie auch Schreiben Reimann senior an Sagazan vom 6.7.1946, in: ebd.

44 Ebd.

45 Ebd.

Die Entnazifizierungsverfahren oder: Exkulpationsstrategien und biographische Umdeutungen

Die Strategie zur Verteidigung im Entnazifizierungsverfahren der beiden Reimanns glich dabei jener, die bei den deutschen Unternehmern und Wirtschaftseliten üblich war: Man betonte die früher geübte Toleranz gegenüber politisch Andersdenkenden, zählte dabei akribisch die angeblich im Unternehmen beschäftigten Ex-Kommunisten und früheren SPD-Anhänger sowie vor allem auch die »Halbjuden« auf, rühmte sich der ordentlichen Behandlung der ausländischen Arbeitskräfte, beschrieb detailliert jeden angeblichen Konflikt mit Parteistellen, NS-Behörden und Gauleitern und konstruierte dann daraus eine vielfach abstruse eigene Widerstandsbiographie, in der man sich zum Opfer stilisierte. Untermauert wurde das alles mit Dutzenden »Persilscheinen« unterschiedlicher Persönlichkeiten des öffentlichen Lebens sowie auch aus der Firmenbelegschaft. Auf der Liste der Entlastungszeugen für Reimann senior standen neun Namen, darunter der damalige Vizepräsident der IHK Ludwigshafen und dessen Hauptgeschäftsführer, aber auch einige Bankdirektoren, die Inhaber bzw. Leiter der Firmen Giulini, Knoll und Raschig in Ludwigshafen sowie verschiedene Angestellte und Arbeiter von Benckiser, »soweit sie nicht unter dem Einfluss des Herrn Draisbach und des Betriebsrates stehen oder an Plünderungen beteiligt sind«.[46] Als taktischer Zug stand darüber hinaus auch noch Max Brings auf der Liste des Seniors. Der ehemalige, aufgrund seiner jüdischen Zugehörigkeit zwangsarisierte und deportierte Besitzer der Lyssia-Werke war zu diesem Zeitpunkt gerade aus der Emigration zurückgekehrt. Sieben der Entlastungszeugen hatten zudem auch entsprechende »Persilscheine« vorgelegt, darunter bemerkenswerter- wie bezeichnenderweise auch Paul Werneburg.[47]

Bei Albert Reimann junior war die Liste mit 29 Entlastungszeugen und entsprechenden »Persilscheinen« – ob freiwillig oder mit vorformulierten Texten ausgestattet, sei dahingestellt – noch länger.[48]

46 Vgl. Benennung der Zeugen zur mündlichen Verhandlung durch Reimann senior am 7.10.1946, in: JAB-Archiv TV 8 b.

47 Vgl. ebd.

48 Vgl. ebd.

Vor allem die seit 1943 bei Benckiser als Sekretärin von Reimann junior arbeitende Lislie Happach war eine besonders aktive Entlastungszeugin, daneben aber auch Dubbers' Sekretärin Emmi Landecker. Ihre »Persilscheine« einer »Halbjüdin« hatten ein besonderes Gewicht, da man diesen Mitarbeitern qua Status eine grundsätzliche NS-Regimegegnerschaft und geringe Neigung, frühere NS-Profiteure und fanatische Anhänger zu decken oder zu exkulpieren, und damit eine höhere Glaubwürdigkeit unterstellte.[49] Und auch bei Reimann junior tauchte Paul Werneburg als Entlastungszeuge auf. Beide Reimanns, zumal mit einem ausgewiesenen Rechtsanwalt als Verteidiger an der Seite, waren sich ziemlich sicher, dass sie aus den politischen Säuberungen weitestgehend ungeschoren herauskommen würden. »Deinen Fragebogen konnte ich natürlich richtig ausfüllen«, schrieb Reimann senior am 28. Februar 1946 an seinen inhaftierten Sohn. »Er ist inzwischen bei der ersten Instanz gelandet. Über die Handhabung ist auch bei der Handelskammer, die ich kürzlich besucht habe, noch nichts bekannt. Angesichts des liberalen und toleranten Verhaltens gegenüber allen politischen und religiösen Richtungen kann gar kein Zweifel bestehen, dass zum Mindesten die letzte Instanz eine günstige Entscheidung für uns bringen wird. Nachdem ich infolge meines Widerstandes gegen jede Willkür und Rechtsverletzung im Jahre 1936 aus der Partei herausgeworfen wurde und sogar wegen des Heimtückegesetzes beim Generalstaatsanwalt durch den Gauleiter angezeigt worden bin und auch Du die gleiche Haltung eingenommen hast, kann man uns wahrhaftig nichts vorwerfen.«[50] Während seine Ehefrau, Else Reimann, ihre Tagebuchaufzeichnungen für diesen

49 Der Betriebsratsvorsitzende Neu hat die Glaubwürdigkeit der Happach dabei mit dem Verdacht bzw. der Unterstellung zu erschüttern versucht, dass diese zu diesem Zeitpunkt die Geliebte von Reimann junior gewesen sei, was die geradezu auffälligen »Persilschein«-Aktivitäten dieser mit oft seitenlangen und detailreichen Schilderungen zu einzelnen Sachverhalten und Vorfällen durchaus erklären könnte. Bei den Ermittlungsbehörden jedenfalls fielen die Behauptungen Neus auf fruchtbaren Boden. Vgl. Bericht des Öffentlichen Klägers der Internierungslager, Ludwigsburg, vom 7.10.1947 über die Ermittlungsergebnisse in Sachen Hans Dubbers, in: GLA Karlsruhe, 465 q, Nr. 900, Bl. 135 ff.

50 Brief Senior an Junior vom 28.2.1946, in: Familienarchiv Reimann-Dubbers, Ordner Korrespondenz Reimann senior mit Reimann junior 1945/46.

Zeitraum mit »alles aus unserer traurigsten Zeit« überschrieb, und auch die Tochter, Else Dubbers, das angekündigte Gesetz zur Entnazifizierung seit Tagen mit einer gewissen Unruhe erwartete, »weil ich endlich wissen will, woran man ist«, übte sich der alte Reimann in unerschütterlichem Optimismus. Nach einem Blick auf die erlassenen Säuberungsgesetze meinte er, »er fände es nicht schlimm!«[51] Aber letztlich ahnten wohl auch Reimann senior und sein Sohn, dass sie vielleicht doch nicht so einfach davonkommen würden, sonst hätten beide nicht schon im Vorfeld seitenlange Rechtfertigungsschreiben und höchst subjektive Darstellungen der vergangenen Entwicklungen und eigenen Verhaltensweisen erstellt. Und vor allem rechnete man nicht mit der weit weniger laxen Säuberungs- und Entnazifizierungspolitik der französischen Militärregierung und der Hartnäckigkeit der dort bei den Spruchkammerbehörden eingesetzten Ermittler und Ankläger.[52]

So einfach die Argumentationslinien der beiden Reimanns in ihren jeweiligen Entnazifizierungsverfahren erscheinen, so kompliziert ist jedoch die Rekonstruktion der Verfahren in ihrer zeitlichen und räumlichen Abfolge selbst, zumal manchmal das Verfahren gleichzeitig stattfand und gemeinsam verhandelt wurde. Formal zuständig waren zum einen wegen des Wohnorts der Reimanns in der amerikanischen Besatzungszone die Spruchkammer Heidelberg, für die französische Zone jedoch aufgrund des Werksstandortes Ludwigshafen die Zentrale Säuberungskommission (ZSK) in Neustadt a.d. Haardt. Insofern ergaben sich auch mehrere Aktenüberlieferungen: einmal im Landesarchiv Speyer, dann im Generallandesarchiv Karlsruhe und schließlich, vielfach hinsichtlich der Verfahrensunterlagen zwischen Reimann senior und junior vermischt, umfangreiche Unterlagen vor allem auch mit zahlreichen Schriftsätzen im Vor- und Nachgang des eigentlichen Verfahrens in zwei Ordnern im Benckiser-Archiv in Mannheim. Dazu kommen noch Schriftsätze und Briefwechsel zur

51 Brief Else Dubbers an Reimann junior vom 9.3.1946, in: ebd.

52 Zur Entnazifizierung in der französischen Zone vgl. Reinhard Grohnert: Die Entnazifizierung in Baden 1945-1949. Konzeptionen und Praxis der »Epuration« am Beispiel eines Landes der französischen Besatzungszone, Stuttgart 1991, sowie Rainer Möhler, Entnazifizierung in Rheinland-Pfalz und im Saarland unter französischer Besatzung von 1945 bis 1952, Mainz 1992, sowie zu Ludwigshafen Mörz, Bd. 2, S. 432f.

Entnazifizierung im Archiv der Reimann-Dubbers-Familie. Schon lange vor dem Ausfüllen des Fragebogens der Militärregierung zum persönlichen und politischen Werdegang, den Reimann senior für die Franzosen am 11. Januar 1946, für die Amerikaner am 20. April vornahm, hatte er am 11. Juli 1945 einen umfangreichen Bericht »über mein politisches, wirtschaftliches und persönliches Verhalten seit meinem Eintritt in die NSDAP im Jahre 1932« erstellt.[53] Darin rechtfertigte er seine frühe NSDAP-Mitgliedschaft, verteidigte nach wie vor das von ihm befürwortete Gedankengut Hitlers und des Nationalsozialismus, widmete sich ausführlich den Konflikten mit dem Gauleiter in seiner Stellung als IHK-Präsident (»Handelskammer sowohl wie Fabrik haben sich nachweisbar als einzige Widerstandszellen des Gaues Westmark erwiesen«) und stellte in Bezug auf den Zwangsarbeitereinsatz bei Benckiser fest: »Auch sogenannte Misshandlungen von Ausländern waren von der Geschäftsleitung auf das strengste verboten. Sollten trotzdem ohne Wissen oder gar Auftrag der Geschäftsleitung die eine oder andere untergeordnete Aufsichtsperson sich gelegentlich einmal zu einer Ohrfeige haben hinreißen lassen, so geschah dies ohne Wissen und gegen die Anordnungen der Geschäftsleitung. Beschwerden der Arbeitsfront oder der ›Mißhandelten‹ sind der Geschäftsleitung niemals zu Ohren gekommen.«[54] Die Passage zeigt, wie weit bereits kurz nach Kriegsende die bewusste wie unbewusste Realitätsverdrängung eingesetzt hatte, und dazu kam der Effekt, dass man, je öfter die konkrete Exkulpations- und Widerstandsgeschichte erzählt oder niedergeschrieben wurde, diese desto mehr auch selbst geglaubt wurde.

Die erste gegen Reimann senior wie auch junior ermittelnde Instanz war der Untersuchungsausschuss für die Entnazifizierung im Stadtkreis Ludwigshafen, der im Herbst 1946 das Entnazifizierungsverfahren eröffnete, unter anderem auch mit dem Vorwurf der aktiven Förderung des Nationalsozialismus und des Nutznießertums. Die Behandlung der Zwangsarbeiter war kein Thema und sollte es auch bei den weiteren Ermittlungen und Klageerhebungen der Entnazifizierungsbehörden im Fall von Reimann senior niemals werden.

53 Der Bericht in: JAB-Archiv, TV 8 b, sowie Teilabschriften auch u.a. in: LA Speyer, R 18 V, Nr. 607.

54 Ebd., S. 14.

Dieser lieferte dem Ermittlungsausschuss nicht nur die angeforderte Vermögensaufstellung, sondern schüttete die Behörde mit Zeitungstraktaten, »Persilscheinen« und weiteren verschiedenen Unterlagen und Schriftsätzen wie etwa einem »Kurzbericht über die Entwicklung der Chemischen Fabrik Joh. A. Benckiser GmbH seit ihrer Gründung« regelrecht zu.[55] Dennoch konnte er nicht verhindern, dass am 28. November 1946 der Untersuchungsausschuss zu einem für ihn ungünstigen Befund (»überzeugte gläubige Anhänger des NS«) und entsprechend harten Vorschlag für den Spruchkammerbescheid kam: »Verbot, das Unternehmen selbst weiterzuführen oder auf Familienangehörige zu übertragen, jedoch ›aufgrund seines Greisenalters‹ Bewilligung einer Pension aus Mitteln der Firma in Höhe von monatlich 300 RM bis zu seinem Tode.«[56] Angesichts des bis dahin bezogenen durchschnittlichen Monatseinkommens von über 10.000 RM war das in den Augen von Reimann senior weniger als ein Almosen. Die ZSK Neustadt a.d. Haardt folgte am 19. Februar 1947 diesem Vorschlag und fällte einen gleichlautenden Spruch. Dagegen legte Reimann senior umgehend Berufung ein und beantragte eine Wiederaufnahme des Verfahrens.

Das Verfahren vor der Spruchkammer Heidelberg gegen Reimann senior erfolgte erst im Frühjahr 1948. Eigentlich waren dort entsprechende Ermittlungen schon im Herbst 1947 angelaufen, aber aufgrund des bereits in der französischen Zone bestehenden Entnazifizierungsverfahrens zunächst zurückgestellt worden, wogegen Reimann senior, dem an einer Beschleunigung der Verfahren und einer schnellen politischen Rehabilitierung lag, Einspruch erhob. Die ihm dann am 24. April 1948 zugestellte Klageschrift sah die Einreihung in die Gruppe III (Minderbelastet) vor, wobei schon der öffentliche Kläger dabei in seiner Begründung weitreichend der Argumentation von Reimann senior und dessen Rechtsanwalt folgte und keinerlei aktivistisches Verhalten zu erkennen glaubte. Es liege kein Nutznießertum vor, und auch die Geschichte vom Parteiausschluss und der

55 Vgl. Schreiben Reimann an den Ausschuss vom 8. und 24.10.1946, in: ebd.

56 Untersuchungsbefund und Vorschlag vom 28.11.1946 mit ausführlicher Begründung, in: LA Speyer, R 18 V, Nr. 607.

Oppositionstätigkeit nahm man Reimann senior unkritisch ab.[57] Der am 28. Mai 1948 dann ergangene endgültige Spruch des Heidelberger Entnazifizierungsausschusses fiel schließlich sogar noch günstiger und ganz im Sinne von Reimann senior aus: Er wurde in die Gruppe der Mitläufer eingestuft und musste einen einmaligen Betrag von 1000 RM in einen Wiedergutmachungsfonds leisten.[58] In Heidelberg war es für Reimann senior daher unter den Bedingungen des Entnazifizierungsverfahrens der amerikanischen Zone gut gelaufen. Doch noch stand das Spruchkammerverfahren in der französischen Zone aus, aber auch hier entwickelten sich die Dinge schnell zugunsten von Reimann senior. Aufgrund der Schwerfälligkeit der Säuberungsbürokratie verstrichen dann allerdings weitere Monate, ehe es zur Wiederaufnahme des Verfahrens kam. Am 20. Januar 1949 erhielt Reimann senior eine Vorladung zu einer Anfang Februar anberaumten mündlichen Verhandlung, wobei darin die früheren Vorwürfe und Belastungen aufrechterhalten wurden, was ihn umgehend noch einmal zu einer 16-seitigen Ausarbeitung und Materialzusammenstellung »zur Beurteilung der Klageschrift der Spruchkammer II Neustadt a.d. Haardt« veranlasste.[59] Darin wiederholte er nicht nur die alten, im anderen Verfahren durchaus wirkungsvollen Argumentationen, sondern erhob auch schwere persönliche Vorwürfe gegen den Ankläger und Ermittler. Am 3. Februar verkündete die Spruchkammer dann ihr Urteil: »Das politische Säuberungsverfahren gegen Albert Reimann senior und Albert Reimann junior wird eingestellt, da gegen die beiden Betroffenen bereits rechtskräftige Bescheide der Spruchkammer Heidelberg vorliegen, die eine erneute Verhandlung rechtlich unzulässig machen.«[60] Obwohl sich der Kläger der Neustädter Spruchkammer damit nicht abfinden wollte und im April 1949 mit Hilfe der französischen Militärbehörden versuchte, eine Aufhebung der Entscheidung der Spruchkammer Heidelberg und Abgabe des

57 Vgl. die Klageschrift vom 24.4.1948 mit ausführlicher Begründung, in: GLA Karlsruhe, 465 q, Nr. 13629.

58 Vgl. der Spruch mit eingehender Begründung vom 28.5.1948, in: ebd. Aufgrund der wenig später erfolgten Währungsreform betrug das tatsächlich gezahlte Sühnegeld dann insgesamt 700 DM.

59 Die Ausarbeitung vom 16.1.1949, in: JAB-Archiv, TV 8.

60 Protokoll der nichtöffentlichen Sitzung der Spruchkammer vom 2.2.1949, in: LA Speyer, R 18 V, Nr. 607.

Verfahrens nach Neustadt zu erreichen, blieb die Niederschlagung des Verfahrens letztlich bestehen.[61]

Für Reimann junior verlief das Entnazifizierungsverfahren ganz ähnlich, auch wenn es Abweichungen in der Exkulpationsargumentation und der angeblichen Widerstandsgeschichte gab und er vor allem auch mit darüber hinausgehenden Anklagepunkten konfrontiert wurde. Reimann junior hatte sich bereits während der Internierungszeit mit seiner Entlastungsstrategie beschäftigt und sich seinerseits eine in seinen Augen schlüssige wie überzeugend erscheinende Vergangenheitskonstruktion zurechtgelegt. Diese wurden dann nach seiner Entlassung im April 1946 nach und nach ausgebaut. Die »Entnazifragen« [sic!] sähen weder nach den Buchstaben des Gesetzes noch nach der derzeitigen Handhabung besonders günstig aus«, schrieb er an den noch inhaftierten Schwager Dubbers am 21. April. »Indessen sind Anzeichen dafür vorhanden, dass auch hier mit Rücksicht auf die große Politik im Hinblick auf die in der Wirtschaft benötigten Führungskräfte Lockerungen bevorstehen [...]. In diesem Zusammenhang hat sich meine schon im Lager geäußerte Überzeugung über die Wirksamkeit des Nachweises der Zugehörigkeit zu Widerstandsbewegungen bestätigt und ich beabsichtige, in dieser Richtung noch Einiges zu unternehmen.«[62] Am 11. Januar 1947 verfasste er schließlich, unter dem Eindruck der bereits vom Ludwigshafener Entnazifizierungsausschuss laufenden Ermittlungen ein 48 Seiten langes »Entlastungsplädoyer«.[63] Darin rechtfertigte er wie sein Vater die frühe NSDAP-Mitgliedschaft, seine Tätigkeit im Stadtrat von Ludwigshafen als »legale Opposition« und schilderte wie sein Vater den ständigen Kampf gegen Gauleiter und Gauwirtschaftsberater, das Ganze »belegt« durch zahlreiche »Persilscheine«.[64] Wie unterschiedlich dabei die Denkweisen zwischen dem Ermittler des Entnazifizierungsausschusses und Reimann junior waren, zeigte sich daran, dass dieser tatsächlich glaubte, dass der von ihm auch detailliert

61 Vgl. dazu zuletzt der Bescheid der französischen Militärregierung vom 19.4.1950, in: ebd.

62 Brief Reimann junior an Dubbers vom 21.4.1946, in: Familienarchiv Reimann-Dubbers, Ordner Hans 1946-47.

63 Vgl. das Schriftstück vom 11.1.1947, in: JAB-Archiv TV 8.

64 Vgl. ebd., S. 29.

ausgebreitete Fall der Konflikte mit der SS und sein Schreiben an das *Schwarze Korps* als starkes Entlastungsmoment ins Gewicht fallen würden, während sie genau das Gegenteil bewirkten. Reimann junior wehrte sich dabei auch gegen die offensichtlich in der Öffentlichkeit gegen ihn und Benckiser laufende Stimmungsmache, die im Juli 1948 mit gehässigen Pressemitteilungen in der KPD-Zeitung *Neues Leben* einen Höhepunkt finden sollte. Tatsächlich war in den Ermittlungen bezüglich der Reimanns unter anderem von damaligem »stadtbekannten gauprominenten NS-Aktivismus« die Rede. »Stadtgespräch als Belastungsbeweis erinnert verdächtig an nazistische Rechtsprechung auf der Grundlage des gesunden Volksempfindens«, notierte Reimann junior dazu in der ihm eigenen selbstgerechten Art. »Sollen Verfahren zur Befreiung vom Nationalsozialismus nach nazistischen Rechtsmethoden durchgeführt werden?«[65] Reimann junior verstieg sich dabei nicht nur wie sein Vater in eine Opferrolle, sondern präsentierte darüber hinaus eine nachgerade abstruse und durch nichts belegte Geschichte von einer aktiven Beteiligung ausgerechnet zusammen mit Paul Werneburg an einer Widerstandsgruppe im Gefolge des 20. Juli 1944.[66]

Ende November 1946 legte schließlich der Untersuchungsausschuss für die Entnazifizierung der Wirtschaft in Ludwigshafen auch seine Ermittlungsergebnisse in Sachen Reimann junior vor. Noch kurz zuvor, im Oktober, hatte dieser eine Übersicht über die ihn betreffenden Be- und Entlastungsmomente erstellt und war dabei zu einer in seinen Augen durchaus günstigen Bilanz gekommen. Weder »Aktivismus«, noch »Nutznießertum« und erst recht kein »Militarismus« könne ihm nachgewiesen werden bzw. würden die Vorwürfe umfassend entkräftet.[67] Doch das Säuberungsgremium kam zu einer anderen Bewertung und einem eindeutigen Urteil, das dann auch Mitte Februar von der ZSK in Neustadt a.d. Haardt bestätigt bzw. übernommen wurde: »Entlassung, Verbot das Unternehmen selbst weiterzuführen oder auf Familienangehörige zu übertragen. Beschlagnahme des Vermögens und Zwangsverwaltung für das Unternehmen.

65 Nachtrag zum Entnazifizierungsplädoyer vom 6.2.1947, in: ebd.
66 Vgl. Entnazifizierungsplädoyer vom 11.1.1947, S. 41, in: ebd.
67 Übersicht Reimann junior vom 6.10.1946, in: LA Speyer, R 18 V, Nr. 606, Bl. 15ff.

Sein Aktivismus bestand bis zum Ende fort.«[68] Die Behandlung der Zwangsarbeiter war auch hier kein Thema gewesen. Dass Reimann junior auf seine neunmonatige »erlittene Inhaftierung« hinwies, sorgte beim Untersuchungsausschuss für wenig Mitleid. Es träfe ihn damit nicht mehr als Millionen anderer Kriegsgefangenen auch, die schon seit Jahren durch den von Hitler angezettelten Krieg festgehalten würden. Hauptbelastungszeuge und auch der Einzige der bereit war, gegen Reimann junior mit belastenden Aussagen aufzutreten, war der inzwischen amtierende Betriebsratsvorsitzende Neu. Dieser war allerdings von Reimanns Verteidiger in seiner Glaubwürdigkeit leicht zu erschüttern, da Neu die vorgebrachten Beschuldigungen vielfach nur aufgrund vom Hörensagen kannte. Zudem war allen klar, dass es dabei auch um den gegenwärtigen Machtkonflikt zwischen Betriebsrat und Unternehmer ging, zu dessen Zweck die NS-Vergangenheit leicht instrumentalisiert werden konnte. Reimann junior hatte sich nämlich schon im Mai 1946 mit dem Betriebsrat angelegt und diesen in einem Brief als Urheber der gegen ihn im Unternehmen gestreuten Verleumdungspropaganda, insbesondere im Zusammenhang mit seiner Fahrt nach Kempten, bezichtigt.[69] Neu antwortete darauf mit einem Brief, in dem er seinerseits kein Blatt vor den Mund nahm. Er verwahrte sich gegen die Unterstellungen wie etwa die Denunziation gegenüber dem amerikanischen CIC, sprach Reimann junior jegliche Berechtigung als Unternehmensinhaber von Benckiser ab und bezeichnete dessen Verhalten als unzulässige Einmischung in die Betriebsangelegenheiten.[70] Er werde sich an den politischen Säuberungsausschuss Neustadt wenden und Reimann juniors betriebsstörendes Verhalten anzeigen. »Ihr habt nun mal im politischen Leben ausgespielt. Das deutsche Volk wurde durch euch Naziverbrecher in das Elend gestürzt und das deutsche Vaterland in Schutt und Asche verwandelt. Heute wollt ihr die Unschuldigen sein«, schrieb er. »Wir sind verpflichtet, unserem Volke wieder Arbeit und Frieden zu garantieren. Ihr habt bewiesen, dass ihr nicht fähig wart, dem Volke das zu geben. Nur kapitalistische Profitinteressen sind für euch das

68 Vgl. den Spruch vom 28.11.1946, in: LA Speyer, R 18 V, Nr. 606, Bl. 2 ff.
69 Vgl. Brief vom 21.5.1946, in: ebd., Bl. 58 f.
70 Schreiben des Betriebsrates/Neu an Reimann junior, o. Datum, in: GLA Karlsruhe, 465 q, Nr. 2884, Bl. 91 f.

Leitmotiv. Ihr wäret ja auch schlechte Nazis gewesen, wenn ihr es besser gemacht hättet wie Hitler, Göring und Konsorten.«[71]

Im Frühjahr 1947 hatten dann auch die Untersuchungen und Ermittlungen der Spruchkammer Heidelberg zum Entnazifizierungsverfahren gegen Reimann junior eingesetzt. Geradezu routiniert hatte dieser bzw. sein Anwalt dabei den Fragenkatalog des dortigen öffentlichen Klägers beantwortet und die zahlreichen Entlastungsschreiben für das neue Verfahren gleichsam aktualisieren lassen.[72] Neu bot sich dabei abermals als Belastungszeuge an bzw. verwies auf das umfangreiche Ermittlungsmaterial bei der Spruchkammer Neustadt in der französischen Zone. Auch der inzwischen amtierende Oberbürgermeister der Stadt Ludwigshafen übermittelte an die Heidelberger Spruchkammer die wichtigsten Ergebnisse des damaligen Ludwigshafener Ermittlungsausschusses.[73] Ebenso wie im Fall von Reimann senior plante die Spruchkammer Heidelberg daher zunächst eine Zurückstellung des Verfahrens bis zur endgültigen Entscheidung in Neustadt, wogegen jedoch auch Reimann junior Einspruch einlegte. Am 1. April 1948 und damit fast drei Wochen früher als im parallel laufenden Verfahren gegen Reimann senior wurde dem Junior die Klageschrift aus Heidelberg zugestellt, die eine für ihn unerwartete und unangenehme Überraschung beinhaltete: Darin wurde beantragt, Reimann junior in die Gruppe II der Belasteten einzureihen.[74] Dennoch war bereits deutlich, dass sich der Ankläger gleichzeitig auch wesentliche Teile der Verteidigungsargumentation von Reimann junior zu eigen gemacht hatte. Weder könne ihm Nutznießertum nachgewiesen werden, noch habe er sich in der Rassenfrage negativ exponiert und schließlich habe er sich vom Nationalsozialismus enttäuscht abgewandt. Auch die ausländischen Arbeitskräfte seines Betriebs seien bestens betreut und sehr großzügig behandelt worden.[75] Für das anstehende Spruchkammerverfahren, das auf den 14. Mai 1948 terminiert war, ergaben sich für Reimann junior und

71 Ebd.

72 Vgl. Schreiben des Reimann-Anwalts an die Spruchkammer vom 11.4.1947, in: ebd., Bl. 76ff.

73 Vgl. Schreiben Neu vom 1.7.1947 sowie Schreiben des Oberbürgermeisters vom 16.4.1947, in: ebd., Bl. 102 bzw. 130ff.

74 Die Klageschrift vom 1.4.1948, in: ebd., Bl. 139ff.

75 Ebd., S. 2.

seinen Verteidiger zahlreiche Anknüpfungspunkte, durch Anpassung der Argumentation und unter anderem auch durch die Beschaffung neuer Entlastungszeugen eine Revision der Anklage zu erreichen und zu beantragen, »den Betroffenen in die Gruppe der Entlasteten, fürsorglich als Mitläufer einzustufen«.[76]

Die am 14. Mai 1948 dann von der Spruchkammer Heidelberg getroffene Entscheidung entsprach denn auch allen Erwartungen von Reimann junior. Er wurde in die Gruppe IV als Mitläufer eingestuft und musste einen einmaligen Betrag von 2000 RM an einen Wiedergutmachungsfonds leisten.[77] In praktisch sämtlichen Belastungsaspekten wurde er von dem Entnazifizierungsausschuss als entlastet angesehen, nicht zuletzt auch in der Frage der Nutznießerschaft. In den Vermögensaufstellungen standen dabei für ihn wie seinen Vater eigentlich erhebliche Summen mit Jahresgehältern in der Kriegszeit von 130.000 RM und mehr, dazu kam beträchtliches Privatvermögen – allein das Aktiendepot des Seniors wies Effekten im Wert von über 650.000 RM auf, darunter vor allem IG Farben-Aktien. Das Finanzamt Ludwigshafen hatte schon 1940 ein zu versteuerndes Vermögen von über 3 Mio. RM veranschlagt. Doch mit Hilfe eines Anfang Mai 1948 erstellten Wirtschaftsprüfer-Gutachtens hatten sich die Reimanns, was die Vermögenswerte und Bewertungen der Firmenwerte bzw. GmbH-Anteile anging, arm gerechnet. Der Gesamtwert der Firma Benckiser wurde mit nur noch 280.560 RM veranschlagt, dem tatsächliche und zu erwartende Verluste von über 400.000 RM gegenüberstünden.[78] Das »Sich-arm-Rechnen«, um den Vorwurf einer NS-Nutznießerschaft zu entkräften oder ganz zu widerlegen, war damals unter Familienunternehmern und Firmeneigentümern eine weit verbreitete Verhaltensweise, die ihre Wirkung in der Regel nicht verfehlte.[79] Es gelte zu bewerten, so hieß es dazu in

76 Schreiben an die Spruchkammer vom 10.5.1948, in: ebd., Bl. 51ff.

77 Spruch vom 14.5.1948, in: ebd., Bl. 183ff.

78 Vgl. das Gutachten vom 3.5.1948, in: ebd., Bl. 47ff. Vgl. dazu auch den Brief von Reimann senior an den Sohn vom 28.4.1948, in dem er sich über die auch dann noch in seinen Augen überhöhte Bewertung der GmbH-Anteile beschwerte, in: JAB-Archiv TV 8 b.

79 Etwa im Fall von Adolf Schindling (VDO) und Alfred Teves vgl. Paul Erker, Zulieferer für Hitlers Krieg. Der Continental-Konzern in der NS-Zeit, Berlin 2020, S. 816 bzw. S. 818.

dem Spruchkammerurteil gegen Reimann junior, »dass der Betroffene das in früheren Jahren erhebliche Vermögen durch die Ereignisse der Kriegs- und Nachkriegszeit verloren hat und die verbliebenen Vermögenswerte nicht greifbar und mit erheblichen Schulden belastet sind.«[80]

Das milde Urteil hatte zumindest in Teilen der Ludwigshafener Öffentlichkeit für Wirbel und Unmut gesorgt. Die KPD-Zeitung *Neues Leben* kommentierte im Juli 1948 unter dem Titel »Die Heilige Familie« die bislang gegen Ludwigshafener Unternehmer erfolgten Entnazifizierungsurteile und nahm dabei insbesondere die beiden Reimanns aufs Korn.[81] »Gegen Reimanns, die noch in öffentlichen Funktionen sind, die die Wirtschaft desorganisieren, die Verwaltung korrumpieren und die Ernährung sabotieren, muss entschiedener, muss einig und geschlossen gekämpft werden«, hieß es in dem Artikel. »Der Feind der Arbeiter steht rechts. Er heißt Reimann und Co.«[82] Als Provokation wurde dabei auch empfunden, dass Reimann senior anlässlich seines 80. Geburtstages, der zugleich auch das 125. Gründungsjubiläum von Benckiser war, an die Geschäftsleitung und Belegschaft des Unternehmens einen Dankbrief für erhaltene Glückwünsche geschrieben hatte. Darin hieß es unter anderem auch: »Mein Sohn und ich sind nach Beendigung unserer nunmehr 3jährigen Verbannung fest entschlossen, unser gemeinschaftliches Lebenswerk wieder erfolgreich aufzubauen und ihm seine frühere Bedeutung wieder zu erringen.«[83] Doch gleichzeitig hatte der Ankläger bei der Spruchkammer Neustadt, bei der nach Einspruch von Reimann junior gegen das damalige Urteil eine Neuauflage des Verfahrens angesetzt worden war, seine Ermittlungen wieder aufgenommen. Zwischen Juli

80 Urteilsbegründung vom 14.5.1948, in: GLA Karlsruhe, 465 q, Nr. 2884, Bl. 184.

81 Vgl. Abschrift des Artikels in: LA Speyer, R 18 V, Nr. 6060, Bl. 321 f.

82 Ebd.

83 Zitiert nach einem weiteren Artikel in *Neues Leben* vom 31.8.1948, in: Familienarchiv Reimann-Dubbers, Schnellhefter Verschiedenes. Zudem ging es dabei auch um die Wiederfreigabe von beschlagnahmten Einrichtungsgegenständen und Möbeln der Reimanns, die diese in einem Ausweichlager des Unternehmens in Sicherheit gebracht hatten, die dann aber von den Behörden beschlagnahmt worden waren, wofür Reimann senior den kommunistischen Benckiser-Betriebsrat verantwortlich machte.

und Oktober 1948 erfolgten hier noch einmal eingehende Untersuchungen. Aus pragmatischen wie sachlichen Gründen wurden dabei die Verfahren gegen Senior und Junior zusammengefasst und beide gleichzeitig am 20. Januar 1949 mit einer Anklage konfrontiert.[84] Darin konstatierte der Ermittler nach wie vor bestehende erhebliche Belastungen und beantragte, »die Firma Benckiser aufzulösen und das Vermögen zugunsten des Landes Rheinland-Pfalz einzuziehen, Albert Reimann junior in die Gruppe III als minderbelastet einzustufen und ihm eine Reihe von Sühnemaßnahmen aufzuerlegen.«[85] Reimann senior sollte ebenfalls in die Gruppe III der Minderbelasteten eingestuft werden. Am 3. Februar 1949 erging dann aber der bereits erwähnte Bescheid der Spruchkammer, nämlich Einstellung des Verfahrens gegen die beiden Reimanns wegen rechtlicher Unzulässigkeit angesichts des bereits ergangenen Urteils der Spruchkammer Heidelberg.[86]

Doch der inzwischen beim Landeskommissar für die politische Säuberung in Rheinland-Pfalz angesiedelte Ermittler wollte sich mit diesem Beschluss, der die Anerkennung des Heidelberger Urteils und damit die Einstufung der Reimanns als Mitläufer bedeutete, nicht zufriedengeben. »Wir nehmen Bezug auf unsere besonders eingehenden Ermittlungen in dieser Firma und können eine Einstufung als Mitläufer nicht verstehen«, hieß es in einem Schreiben an den stellvertretenden Landeskommissar im Hause. »Außer unserer diesbezüglichen Stellungnahme vom 31.7.1948 haben sich bekanntlich inzwischen noch schwerste Misshandlungen von Kriegsgefangenen und ausländischen Zivilarbeitern erwiesen, die anlässlich der Überprüfung des Meisters Werneburg bekannt wurden. Im Falle Werneburg haben wir aus diesem Grunde darauf hingewiesen, dass dieser Fall mit der Beurteilung der beiden Herren Reimann zu überprüfen wäre, da dieser Kriegsverbrecher Werneburg für diese Missstände in der Firma Benckiser nie allein verantwortlich gemacht werden kann und ohne Duldung

84 Zu den einzelnen Ermittlungsergebnissen und Befragungen, bei denen auch Stellungnahmen der inzwischen bestehenden Geschäftsstellen von CDU, SPD, DP sowie der Gewerkschaften eingeholt wurden, in: LA Speyer, R 18 V, Nr. 606, Bl. 245 ff.

85 Schreiben des Spruchkammerermittlers an das Landgericht Frankenthal vom 20.1.1949, in: ebd., Bl. 120f.

86 Vgl. Protokoll der Spruchkammersitzung vom 3.2.1949, in: ebd., Bl. 127ff.

von Seiten der Herren Reimann unmöglich gewesen wären.«[87] Tatsächlich gelangte der Vorgang an weitere und übergeordnete Stellen, insbesondere auch an den zuständigen Oberamtsrichter in Neustadt. Dieser wurde um ein richterliches Gutachten darüber gebeten, ob die Ablehnung der Kassation des Urteils durch die Ministerialabteilung in Karlsruhe gerechtfertigt war und zudem, inwieweit die beiden Reimanns für die in ihrem Betrieb vorgekommenen Misshandlungen verantwortlich waren und damit eine Wideraufnahme des Verfahrens für nötig erachtet wurde. »Die Beurteilungen der beiden für die Firma im Dritten Reich Verantwortlichen divergieren sehr stark. Es ist damit zu rechnen, dass die endgültige Entscheidung über die in Ludwigshafen sehr bekannten Persönlichkeiten äußerst kritisch unter die Lupe genommen wird.«[88] Doch diesen potenziellen politischen Verwicklungen wollte sich der Amtsrichter nicht aussetzen. Und so blieb es bei den gefällten Entscheidungen.

Der ehemalige Betriebsobmann Paul Werneburg, bei Kriegsende fast 60 Jahre alt, kam, ungeachtet aller aufgedeckten Verbrechen und Misshandlungen und der zahlreichen gegen ihn aussagenden Belastungszeugen, nicht weniger glimpflich davon. Noch ehe er nach Kriegsende untergetaucht und auch formal aus den Diensten von Benckiser ausgeschieden war, hatte er sich von der Benckiser-Personalabteilung ein Zeugnis ausstellen lassen, in dem er für seine vielfältigen Verdienste und seine Einsatzbereitschaft zugunsten des Unternehmens gelobt wurde.[89] Merkwürdiger Weise stellte ihm wenig später, Ende Dezember 1945, auch der ehemalige Leiter des Phosphatbetriebs und zu diesem Zeitpunkt amtierende Geschäftsführer von Benckiser, Fritz Draisbach, ein Zeugnis aus, in dem ihm unermüdlicher Einsatz für seine Arbeitskollegen und jederzeitige Hilfsbereitschaft attestiert wurde. »Was die politische Betätigung anlangt, so ist mir kein Fall bekannt geworden, in dem dadurch seinen Mitbürgern Schaden zugefügt worden wäre«, stand darin.[90] Und auch Albert Reimann junior schrieb für Werneburg ein Zeugnis mit einem regelrechten Lobgesang auf dessen Tätigkeit bei

87 Schreiben vom 22.2.1949, in: ebd., Bl. 133.
88 Schreiben des Landeskommissars an den Oberamtsrichter vom 19.5.1949, in: LA Speyer, R 18 E 17127.
89 Das Zeugnis vom 31.3.1945, in: LA Speyer, R 18 E 17127, Bl. 73.
90 Das Zeugnis vom 28.12.1945, in: ebd., Bl. 70.

Benckiser, und das gleich zwei Mal, am 28. Februar 1946 sowie am 5. Februar 1947.[91] »Seine persönliche Führung und charakterliche Haltung ist jederzeit einwandfrei gewesen«, hieß es dort. »Eine unzulässige Überschreitung seiner Befugnisse [als Betriebsobmann] die ihn politisch belasten könnte, hat niemals stattgefunden. [...] Leider mussten wir auf seine weiteren Dienste gegen unseren eigenen Willen, aus den bekannten politischen Gründen, verzichten, ohne bisher einen geeigneten Ersatz für ihn gefunden zu haben.«[92] Und in dem Zeugnis von Anfang Februar 1947 fügte Reimann junior noch hinzu: »Ich bedaure, im Augenblick für die Wiedereinsetzung von Obermeister Werneburg in seine durch 35 Jahre hindurch im Interesse der Firma in vorbildlicher Weise ausgeübte Tätigkeit nichts tun zu können, hoffe jedoch, dass, nicht zuletzt zum Besten der Firma, sein Entnazifizierungsverfahren zu der verdienten Entlastung und Wiedereinsetzung in seine frühere Stellung führt.«[93]

Es entzieht sich jeglicher nachträglichen Rekonstruktion, was Reimann junior dazu bewogen hat, den brutalen Betriebsobmann so massiv zu unterstützen und ihm trotz aller bald ans Tageslicht tretenden Vergehen und Anschuldigungen geradezu komplizenhaft auch in der Folgezeit erhebliche Hilfen angedeihen zu lassen. Nicht nur, dass er in der auch von Werneburg den Entnazifizierungsbehörden aufgetischten Mär von der Widerstandstätigkeit eine gemeinsame Verknüpfung der biographischen Umdeutung praktizierte, sondern Reimann junior verschaffte Werneburg auch zusätzliche Entlastungszeugen und »Persilscheine«, wie etwa durch seine Sekretärin Lisli Happach und Emil Aeckerle, einschließlich der Stellung und vermutlich auch Finanzierung des Rechtsanwalts als Verteidiger im Spruchkammerverfahren.[94] Auch Emmi Landecker bescheinigte Werneburg in einem Entlastungsschreiben vom 8. Januar 1946 ein einwandfreies Verhalten.[95]

91 Das Zeugnis vom 28.2.1946, in: ebd., Bl. 15, vom 5.2.1947, in: ebd., Bl. 39.

92 Ebd., Bl. 15.

93 Ebd., Bl. 40.

94 Vgl. Zeugenaussage Happach zugunsten Werneburg vom 4.1.1946, in: ebd., Bl. 53 ff.; sowie »politisches Gutachten« für Paul Werneburg durch Aeckerle vom 9.6.1947, in: ebd., Bl. 43 ff.

95 Abschrift der Bescheinigung vom 8.1.1946, die bezeichnenderweise in den umfangreichen Entnazifizierungsunterlagen der beiden Reimanns im JAB-Archiv fehlt, in: ebd., Bl. 68.

Belastungszeugen gegen Werneburg gab es genug, und der Untersuchungsausschuss für die Entnazifizierung der Wirtschaft im Stadtkreis Ludwigshafen hatte in seiner Sitzung am 26. September 1946 bereits eine ganze Reihe von Anschuldigungen zusammengetragen.[96] Die dazu dann von der ZSK Neustadt am 6. Dezember 1946 getroffene Entscheidung fiel allerdings glimpflich aus: »Entlassung, Verbot jeglicher leitenden Tätigkeit in der Wirtschaft; ist im Wiederaufbau als einfacher Arbeiter zu verwenden.«[97] Danach ermittelte auch der öffentliche Kläger der Spruchkammer Mannheim, in dessen Zuständigkeitsbereich Werneburg inzwischen wohnte, der am 13. Mai 1947 dann auch die Klageschrift erließ. Darin wurde zunächst beantragt, Werneburg in die Gruppe I als Hauptschuldiger einzustufen, was dessen Inhaftierung und auch gänzlichen Vermögensentzug bedeutet hätte. Später wurde dies jedoch auf eine Einreihung Werneburgs in die Gruppe der Belasteten (II) reduziert, was jedoch ebenfalls eine sofortige Verhaftung, Einweisung in ein Arbeitslager für zwei Jahre sowie 60-prozentigen Vermögenseinzug bedeutet hätte.[98] Die am 16. Juli 1947 stattfindende öffentliche Sitzung der Spruchkammer Mannheim in Sachen Werneburg kam dann aber doch trotz eingehender Zeugenbefragungen zu einer anderen Einschätzung. Werneburg wurde in die Gruppe III der Minderbelasteten, der sogenannten Bewährungsgruppe, eingestuft, für ein Jahr zu Sonderarbeiten für die Allgemeinheit verurteilt und 25 Prozent seines Vermögens wurden zur Wiedergutmachung eingezogen.[99] Die ausführliche Bewertung des Falles Werneburg und seines Verhaltens in der acht Seiten langen Urteilsbegründung musste jedoch für die gepeinigten Opfer, von denen allerdings keine bei dem Verfahren anwesend waren, wie Hohn und als schreiendes Unrecht empfunden werden. Zu den sexuellen Belästigungen in der Frauenbaracke des Ausländerlagers habe sich kein stichhaltiger Beweis ergeben, so stand da. »Die absolut zuverlässige Aussage des Zeugen Keller [eines Benckiser-Wachmannes]

96 Vgl. Schreiben an den öffentlichen Kläger der Spruchkammer Mannheim vom 27.12.1946, in: ebd., Bl. 21.

97 Vgl. dazu die Notiz der Spruchkammer Koblenz zum Verfahrensablauf Werneburg vom 28.9.1950, in: ebd., Bl. 117.

98 Die Klageschrift vom 13.5.1947, in: ebd. Bl. 22.

99 Das ausführliche Protokoll der öffentlichen Verhandlung vom 16.7.1947, in: ebd., Bl. 71 bis Bl. 90.

muss gegenüber den Erzählungen der ausländischen Arbeiterin den unbedingten Vorrang genießen.«[100] Werneburg habe in Ausübung seines Pflichtgefühls nur die Feindseligkeit jener Fremdarbeiter entfacht, die in ihren Leistungen zu wünschen übrig ließen »und die auch in ihrer moralischen Bewertung Zweifel offen lassen« und in ihrem Schilderungen übertrieben, um sich nun zu rächen, »jedenfalls sei ihr Hass nicht unverdächtig.« Am Ende kam die Kammer zu dem Urteil, »dass der Betroffene sich durchaus human und fürsorglich in sogar weitergehender Weise für die ihm anvertrauten Ausländer eingesetzt hat.«[101] Auch was das Verhalten gegenüber den Kriegsgefangenen angehe, so sei keine völkerrechtswidrige Behandlung zu erkennen. »Soweit er misshandelte, tat er dies im Verfolg seines Pflichteifers«. Außerdem gehöre Russland nicht zu den Staaten, die das Genfer Abkommen von 1927 über die Behandlung von Kriegsgefangenen unterzeichnet hatten.

Werneburg legte gegen die Entscheidung der Spruchkammer Mannheim Berufung ein. Am 4. August 1948 fand daraufhin eine Verhandlung vor der Berufungskammer Karlsruhe statt, auf der entschieden wurde: »Das Urteil vom 16. Juli 1947 wird aufgehoben, der Betroffene ist an sich Minderbelasteter, wird jedoch gemäß Art. 17 VIII des Gesetzes Nr. 104 (Zubilligung mildernder Umstände) in die Gruppe der Mitläufer eingereiht.«[102] Die Verhängung einer Sühnemaßnahme wurde als unangebracht angesehen. »Ist in der Sache Werneburg noch irgendetwas zu machen oder ist die Sache nun völlig erledigt?«, schrieb Reimann senior Mitte November 1949 daraufhin an seinen Sohn.[103] Durch die unermüdlichen Ermittlungen des Klägers und Ermittlers der Spruchkammer Haardt kam die Sache dann aber doch noch einmal ins Rollen. Am 12. August 1949 hat das Ministerium für politische Befreiung Württemberg/Baden sämtliche bisherige Urteile aufgehoben und die Akten zur Durchführung und zum Neuaufrollen des Verfahrens an die Spruchkammer Haardt abgege-

100 Ebd., S. 7.
101 Ebd., S. 8.
102 Vgl. die Verfahrenschronologie der Spruchkammer Koblenz vom 28.9.1950, in: ebd., Bl. 118.
103 Brief Reimann senior an Reimann junior vom 21.11.1949, in: Familienarchiv Reimann-Dubbers, Ordner Korrespondenz Senior-Junior.

ben. Was im Fall der beiden Reimanns nicht gelungen war, glückte aus Sicht des Ermittlers nun wenigstens im Fall Werneburg. Die neuen Ermittlungen hätten ein völlig anderes, Werneburg stark belastendes Bild ergeben, so die Begründung. Er habe sich auf brutalste Weise gegenüber den hilf- und rechtlosen ausländischen Arbeitern verhalten und zudem auch als Denunziant betätigt. Im Herbst landete das Verfahren schließlich, nachdem die Spruchkammer Neustadt ihre Tätigkeit inzwischen eingestellt hatte, bei der zu diesem Zeitpunkt als einzige in Rheinland-Pfalz noch bestehenden Spruchkammer in Koblenz. Reimann junior mobilisierte dafür noch ein letztes Mal seine Rechtsanwälte, die Mitte November auf die dort inzwischen erstellte Klage eine ausführliche Verteidigungsschrift verfassten, in der sie unter anderem hinsichtlich der vorgeworfenen Misshandlungen gegen die Zwangsarbeiter das zynische Argument vorbrachten, dass es keine Völkerrechtsnorm gebe, wonach ausländische Arbeiter einen besonderen Rechtsschutz genössen.[104] Die Anwälte hatten dabei auch versucht, die Wiederaufnahme des Verfahrens überhaupt durch eine Klage vor dem Württembergisch-Badischen Verwaltungsgerichtshof zu verhindern, was jedoch offensichtlich nicht gelungen war.[105] Soweit aus den überlieferten Akten ersichtlich, wurde das Verfahren dann aber letztlich ohne weiteres Urteil eingestellt.[106]

Auch weitere Arbeiter und Angestellte der damaligen Benckiser-Gefolgschaft mussten sich vor den Entnazifizierungsausschüssen in Neustadt, Heidelberg oder Mannheim für ihre politische Nähe zum Nationalsozialismus und ihr damaliges Verhalten gegenüber Zwangsarbeitern wie deutschen Belegschaftsmitgliedern verantworten. Von Seiten des neuen Betriebsrates war im Juni 1945 eine »Erste Abbauliste der Parteigenossen der Chemischen Fabrik Joh. A. Benckiser« erstellt worden, auf der allerdings nur fünf Namen standen; ne-

104 Das Schreiben vom 16.11.1950 an die Rechtmittelabteilung der Spruchkammer Koblenz, in: LA Speyer, R 18 E 17127, Bl. 126ff.

105 Vgl. dazu das Schreiben an den öffentlichen Kläger der Zentralspruchkammer Nordbaden vom 11.1.1950, in: GLA Karlsruhe 465 n, Nr. 35454.

106 Inwieweit es auch ein Strafverfahren gegen Werneburg vor dem französischen Militärgericht in Neustadt 1949 gegeben hat, was durchaus wahrscheinlich wäre, konnte nicht geklärt werden. Die entsprechende Anfrage beim Centre des Archives diplomatiques, La Courneuve, Frankreich, blieb ohne Ergebnis.

ben dem früheren stellvertretenden Betriebsobmann Jakob Butsch und dem damaligen NSBO-Begründer Franz Tauber (»bekannt als Einpeitscher der Nazimaßnahmen zum totalen Krieg. Bedrohung mit Erschießen, Einsperren und Meldung an die Gestapo, wenn die Arbeiter seinen Anweisungen widersprachen«) wurden auch der erwähnte Ludwig Altpeter sowie zwei weitere Werksmeister bzw. Angestellte genannt.[107] Werneburg stand nicht auf der Liste, da er zu diesem Zeitpunkt bereits aus dem Unternehmen ausgeschieden war. Altpeter wurde von der ZSK in Neustadt zu 4000 RM Sühneleistung verurteilt, aber unter Belassung seines Arbeitsverhältnisses.[108] Bei Tauber dagegen lautete das Urteil: »Entlassung, keine leitende Stellung in der Wirtschaft, Verwendung beim Wiederaufbau«, wobei dieser wenig später, noch 1947, starb. Butsch, in dessen Entnazifizierungsverfahren keinerlei Belastungszeugen auftraten und die Mitbeteiligung an den Zwangsarbeiter-Misshandlungen kein Thema waren, musste ebenfalls entlassen werden und durfte keine leitende Tätigkeit mehr ausüben.[109] Die am 31. Januar 1948 in den amtlichen Mitteilungen der Provinzialregierung Pfalz abgedruckte Liste der Benckiser-Mitarbeiter, die im Zuge der Säuberungsmaßnahmen mit Sanktionen belegt worden waren, führte insgesamt 25 Personen auf.[110] Den meisten von ihnen wurden Geldbußen in unterschiedlicher Höhe zu Gunsten des Wiedergutmachungsfonds auferlegt, die jedoch durchaus eine empfindliche finanzielle Belastung für die Betroffenen bedeuten konnten. Für eine Reihe von ihnen wurde aber die Entlassung angeordnet. Neben den beiden Reimanns befanden sich praktisch alle leitenden Angestellten auf der Liste, von Hermann Rudy (»Belassung, Buße 10.000 RM«) über Hanns Adrian, dem leitenden Oberingenieur der Technischen Abteilung (»Belassung, Entzug der Prokura, Zahlung von 30.000 RM«) bis zu Robert Maxheimer (»Belassung, Entzug der Prokura auf 3 Jahre, drei Jahre keine leitende Stellung«).[111] Eine Befolgung und Umsetzung der Spruchkammer-Urteile hätte einen

107 Die Liste in: JAB-Archiv, Ordner D 59.

108 Vgl. dazu die Entnazifizierungsakte in: LA Speyer, R 18 E 15692.

109 Vgl. LA Speyer, R 18 E Nr. 15727.

110 Vgl. Amtliche Mitteilungen vom 31.1.1948, S. 65, in: GLA Karlsruhe, 465 q, Nr. 2884, Teil 3, Bl. 43.

111 Ebd. Zu Adiran vgl. auch die Entnazifizierungsakte in: LA Speyer R 18 E 15717.

schweren und kaum mehr auszugleichenden personellen Kahlschlag und verwaltungs- wie wissenschaftlich-technischen Aderlass für Benckiser bedeutet. Aber alle Betroffenen klagten umgehend gegen die Urteile, so dass von den ursprünglichen Sanktionsmaßnahmen der ZSK Neustadt letztlich nicht viel übrigblieb.[112]

Es gab allerdings neben den Verfahren gegen die beiden Reimanns und Werneburg zwei weitere umfangreichere Entnazifizierungsverfahren bzw. Kriegsgerichtsverhandlungen wegen Denunziation bzw. Misshandlung von Kriegsgefangenen und Zwangsarbeitern, die von der französischen Militärregierung gesondert angestrengt und durchgeführt worden waren. In dem einen Fall wurde der frühere Betriebsleiter Emil Aeckerle zusammen mit dem damaligen Betriebsobmann Helmut Janke wegen der oben erwähnten Denunziation von französischen Kriegsgefangenen in Zusammenhang mit der Beziehung zu einer deutschen Benckiser-Mitarbeiterin angeklagt.[113] Janke, bereits im Vorfeld des Verfahrens verhaftet, wurde deswegen am 14. April 1948 zu acht Monaten Gefängnis und 2000 RM Geldstrafe verurteilt und hat diese Haftstrafe zwischen Februar und Oktober 1948 dann auch im Zentralgefängnis in Germersheim verbüßt. Aeckerle wurde zu drei Monaten Haft und ebenfalls 2000 RM Strafe verurteilt. Im eigentlichen Entnazifizierungsverfahren wurde Janke dann im September 1949 jedoch nur als Mitläufer eingestuft und musste 200 RM Buße zahlen.[114] Bei den französischen Militärbehörden landete auch die Anklageakte gegen die beiden Benckiser-Angestellten Alexander Gläser und Friedrich Seyboth.[115] Gegen beide lagen aufgrund der belastenden Aussagen des Betriebsrates Vorwürfe der Betätigung als eifrige Nazi-Aktivisten und Vergehen in der Behandlung von Zwangsarbeitern vor, wofür Gläser Ende Januar 1947 mit Entlassung, Verbot jeder selbständigen oder leitenden Tätigkeit, Einziehung des gesamten Vermögens und der Heranziehung durch das Arbeitsamt

112 Vgl. dazu etwa die Entnazifizierungsakte des Benckiser-Betriebsingenieurs Friedrich K. Schneider, in: LA Speyer, R 18 E 15941.

113 Vgl. Centre des Archives diplomatiques, La Courneuve, Frankreich, 1 AJ 3548 Aeckerle, Knapp, Janke (Militärgerichtsverfahren) sowie 1 AJ 3851 Janke, Helmut (Militärgerichtsverfahren).

114 Vgl. die Entnazifizierungsakte in: LA Speyer, R 18 E, Nr. 18731.

115 Vgl. Centre des Archives diplomatiques, La Courneuve, Frankreich, 1BAD/493.

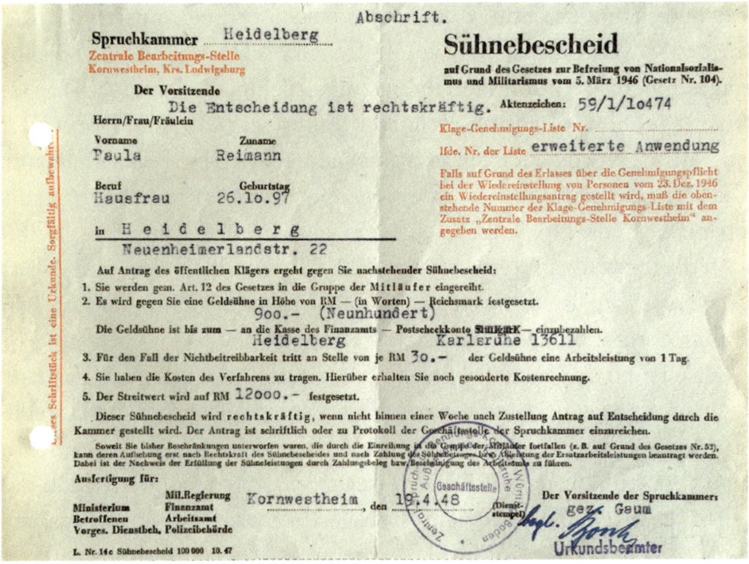

Abschrift.

Spruchkammer Heidelberg
Zentrale Bearbeitungs-Stelle
Kornwestheim, Krs. Ludwigsburg

Der Vorsitzende

Sühnebescheid

auf Grund des Gesetzes zur Befreiung von Nationalsozialismus und Militarismus vom 5. März 1946 (Gesetz Nr. 104).

Die Entscheidung ist rechtskräftig. Aktenzeichen: 59/1/10474

Klage-Genehmigungs-Liste Nr. ……

lfde. Nr. der Liste erweiterte Anwendung

Falls auf Grund des Erlasses über die Genehmigungspflicht bei der Wiedereinstellung von Personen vom 23. Dez. 1946 ein Wiedereinstellungsantrag gestellt wird, muß die obenstehende Nummer der Klage-Genehmigungs-Liste mit dem Zusatz „Zentrale Bearbeitungs-Stelle Kornwestheim" angegeben werden.

Herrn/Frau/Fräulein

Vorname Paula Zuname Reimann

Beruf Hausfrau Geburtstag 26.10.97

in Heidelberg
Neuenheimerlandstr. 22

Auf Antrag des öffentlichen Klägers ergeht gegen Sie nachstehender Sühnebescheid:

1. Sie werden gem. Art. 12 des Gesetzes in die Gruppe der Mitläufer eingereiht.
2. Es wird gegen Sie eine Geldsühne in Höhe von RM — (in Worten) — Reichsmark festgesetzt.
900.- (Neunhundert)
Die Geldsühne ist bis zum — an die Kasse des Finanzamts — Postscheckkonto Stuttgart — einzubezahlen.
Heidelberg Karlsruhe 13611
3. Für den Fall der Nichtbeitreibbarkeit tritt an Stelle von je RM 30.- der Geldsühne eine Arbeitsleistung von 1 Tag.
4. Sie haben die Kosten des Verfahrens zu tragen. Hierüber erhalten Sie noch gesonderte Kostenrechnung.
5. Der Streitwert wird auf RM 12000.- festgesetzt.

Dieser Sühnebescheid wird rechtskräftig, wenn nicht binnen einer Woche nach Zustellung Antrag auf Entscheidung durch die Kammer gestellt wird. Der Antrag ist schriftlich oder zu Protokoll der Geschäftsstelle der Spruchkammer einzureichen.

Soweit Sie bisher Beschränkungen unterworfen waren, die durch die Einreihung in die Gruppe der Mitläufer fortfallen (z. B. auf Grund des Gesetzes Nr. 52), kann deren Aufhebung erst nach Rechtskraft des Sühnebescheides und nach Zahlung des Sühnebetrages bzw. Ableistung der Ersatzarbeitsleistungen beantragt werden. Dabei ist der Nachweis der Erfüllung der Sühneleistungen durch Zahlungsbeleg bzw. Bescheinigung des Arbeitsamts zu führen.

Ausfertigung für:
Ministerium
Betroffenen
Vorges. Dienstbeh.
Mil.Regierung
Finanzamt
Arbeitsamt
Polizeibehörde

Kornwestheim, den 19.4.48

Geschäftsstelle

(Dienst-stempel)

Der Vorsitzende der Spruchkammer:
gez. Gaum
Begl.
Urkundsbeamter

L. Nr. 14c Sühnebescheid 100 000 10.47

Abb. 80: Sühnebescheid der Spruchkammer Heidelberg für Paula Reimann

für die Dauer von fünf Jahren zum Sondereinsatz als einfacher Arbeiter verurteilt worden war.[116] Doch auch hier erfolgte keine Vollstreckung des Urteils. Am Ende stand zu Glasers Glück ein Urteil der Spruchkammer der Stadt Kempten, die am 28. Januar 1948, mithin fast genau ein Jahr später, ein sehr viel milderes Urteil fällte: Einstufung in die Gruppe der Mitläufer und Geldsühne von 800 RM.[117]

Neben den beiden Reimanns hatten sich auch die übrigen Familienmitglieder den politischen Säuberungsgremien stellen müssen, wobei aus der Perspektive der Betroffenen nicht immer alles so glatt lief wie erhofft oder erwartet. Else Reimann, die Mutter, wurde am 19. Januar 1948 von der Spruchkammer Heidelberg in die Gruppe III als minderbelastet eingestuft (»in Schlierbach als große Parteigenos-

116 Vgl. Beschluss der Säuberungskommission für die politische Reinigung von Industrie, Handel und Handwerk des Landes Baden in Freiburg i.Br. vom 31.1.1947, in: ebd.

117 Der Sühnebescheid vom 28.1.1948, in: ebd.

sin und finanzielle Stütze der Partei bekannt«) und musste 500 RM an den Wiedergutmachungsfonds leisten.[118] Das daraufhin von ihr angestrengte Berufungsverfahren zog sich hin, und erst am 20. Januar 1949, ihr Ehemann Reimann senior war längst als Mitläufer eingestuft, wurde auch sie entsprechend eingereiht. Paula Reimann, die Ehefrau des Juniors, wurde wegen ihres frühen NSDAP-Eintritts ebenfalls Ende November 1947 zunächst in die Gruppe II als Belastete eingestuft und musste 900 RM Sühne zahlen, was aber Mitte April 1948 im Revisionsverfahren auf Mitläufer-Status und 90 DM Sühneleistung reduziert wurde.[119]

Else Dubbers, Tochter bzw. Schwester der beiden Reimanns, hatte sich umfangreicher und eingehender Ermittlungen der Anklagebehörde gegenübergesehen, die ihr nicht nur den frühen Parteieintritt und ihre Funktion als BDM-Führerin anlasteten, sondern auch das nicht unbeträchtliche Gesamtvermögen, das auf den Bankkonten gefunden worden war, mit dem Verdacht des Nutznießertums genauer unter die Lupe nahmen.[120] Die ursprüngliche Anklage hatte daher auch Einreihung in Gruppe II, Belastet, gelautet, dann, Mitte November 1947 erfolgte per Urteil jedoch die Zuordnung zu Gruppe III, Minderbelastet, sowie die Zahlung von 20.000 RM an den Wiedergutmachungsfonds.[121] Mit Hilfe einer Reihe von Entlastungszeugen und einem Stapel »Persilscheinen« gelang es Else Dubbers dann doch noch, ein milderes Urteil zu erreichen. Am 13. November 1948 wurde sie als Mitläuferin eingestuft und musste 500 DM als Sühneleistung zahlen. Auch hier hatte Emmi Landecker ihre Rolle als bereitwillige »Persilschein«-Lieferantin gespielt. Die Schriftstücke und Briefe von Else Dubbers aus dieser Zeit zeigen dabei eindrücklich, dass und wie das Verfahren für diese extrem psychisch belastend war. Ohne jegliche Unterstützung durch den Ehemann, Hans Dubbers, der im Internierungslager Kornwestheim einsaß, seit 1942 ausgebombt und seitdem zusammen mit ihren inzwischen vier Kindern

118 Vgl. dazu GLA Karlsruhe 465 q, Nr. 13630.

119 Vgl. GLA Karlsruhe, 465 q, Nr. 2885.

120 Vgl. GLA Karlsruhe, 465 q, Nr. 13656. Dazu auch der umfangreiche Ordner zum Entnazifizierungsverfahren gegen Else Dubbers und ihren Mann Hans im Familienarchiv Reimann-Dubbers.

121 Vgl. das Urteil mit Begründung vom 12.11.1947, in: ebd.

im väterlichen Haus in Heidelberg wohnend, hatte sie neben dem Entnazifizierungsverfahren auch noch einen Räumungsbefehl der Militärregierung erhalten, so dass sie ihre familiäre Zukunft wie ihre ganze Existenz in höchstem Maße bedroht sah. Am härtesten unter den Familienangehörigen hatte es Hans Dubbers getroffen. Wegen seiner SS-Zugehörigkeit war er am 27. Mai 1945 von der Militärregierung bzw. CIC verhaftet worden, hatte zunächst drei Wochen in Einzelhaft gesessen und war dann in Kornwestheim interniert worden, wo er für kurze Zeit auch seinen Schwager Reimann junior traf, dann aber bis 7. April 1948, fast drei Jahre, in Lagerhaft bleiben musste.[122] Die ZSK Neustadt hatte noch während der Internierung ein erstes Urteil zu Dubbers getroffen: Entlassung, keine leitende Tätigkeit und Heranziehung zum Wiederaufbau als einfacher Arbeiter.[123] Die Spruchkammer des Internierungslagers hatte daneben eigene Ermittlungen angestellt und dann am 16. Januar 1948 ihr Urteil gefällt. Dubbers wurde als Minderbelasteter in Gruppe III eingestuft, eine dreijährige Bewährungsfrist wurde auferlegt und eine einmalige Sühneleistung von 10.000 RM sowie 200 Tage Sonderarbeit für den Wiederaufbau.[124] Alle durch Reimann senior wie junior beschafften Entlastungszeugen, darunter auch Lisli Happach und Emmi Landecker, die gleich in zwei »Persilscheinen« Dubbers bescheinigte, dass sie ihn zum einen nie in SS-Uniform im Betrieb gesehen und zum anderen er sie als Halbjüdin vor der Einberufung durch die Organisation Todt 1944 bewahrt habe, halfen ebenso wenig wie die umfangreichen, viele Seiten starken Entlastungs- und Rechtfertigungsschreiben, die Dubbers selbst erstellt hatte.[125] Seine danach

122 »Albert empfiehlt Beschaffung von Empfehlungen unserer halbjüdischen Angestellten Frau Wolf, Landecker, Jung, Dr. Volz, zwecks Freilassung«, hatte er am 25. August 1945 noch hoffnungsvoll an Else Dubbers geschrieben. Zu Dubbers vgl. die umfangreichen Entnazifizierungsakten in: GLA Karslruhe, 465 f. Nr. 900 (Bd. 1-3) sowie auch mehrere Ordner zur Entnazifizierung in: Familienarchiv Reimann-Dubbers. Vgl. dazu auch die zahlreichen Briefe an seine Ehefrau über die Internierungszeit in: ebd.

123 Vgl. Amtliche Mitteilungen vom 31.1.1948, S. 65, in: GLA Karlsruhe, 465 q, Nr. 2884, Teil 3, Bl. 43.

124 Der Spruch vom 16.1.1948, in: GLA Karlsruhe, 465 q, Nr. 900, Bl. 158.

125 Vgl. dazu etwa »Vorläufige Verteidigungsschrift« vom 30.4.1947, in: GLA Karlsruhe, 465 q, Nr. 900, Bd. 1, Bl. 34ff.

gestellten Anträge auf Revision und Berufung, ihn in die Gruppe IV als Mitläufer ohne weitere Sühnemaßnahmen einzustufen, wurden im September 1948 und März 1949 von den zuständigen Stellen abgelehnt. In dieser Zeit arbeitslos, gelang Dubbers erst im Sommer 1949 eine Wiederaufnahme des Verfahrens, das dann mit der Einstufung als Mitläufer unter Zahlung von 1000 DM Sühne endete. Seit November 1949 wieder als Buchhalter bei Benckiser eingestellt, bemühte sich Dubbers dennoch in der Folgezeit per Gnadengesuch um eine Reduzierung bzw. Streichung der Sühnezahlung, was ihm im September 1951 dann mit der Ermäßigung auf 500 DM, zahlbar in monatlichen Raten zu je 50 DM an das Finanzamt Heidelberg, bewilligt wurde.[126] Bei keiner der Spruchkammerverhandlungen hatte die Frage der Beteiligung oder Verantwortung für die Misshandlungen von Zwangsarbeitern und Kriegsgefangenen bei Benckiser eine Rolle gespielt. Den Ausschlag gab allein die SS-Zugehörigkeit, für die zahllose andere ehemalige Mitglieder der Totenkopf-Organisation, soweit es sich um die Allgemeine SS handelte, von den Militärregierungen und der CIC, aber auch später bei ihren Spruchkammerverfahren, völlig unbehelligt geblieben waren.

Im Gegensatz zu ihrem Schwiegersohn und Schwager waren Reimann senior wie junior rückblickend gesehen unter dem Strich – wie so viele andere deutsche Unternehmer auch – Profiteure des damaligen Entnazifizierungsprocederes gewesen, das bald nur noch als »Mitläuferfabrik« fungierte.[127] Die Entnazifizierungsverfahren gegen Wirtschaftseliten der NS-Zeit wie Horst und Fritz Sartorius, Richard Freudenberg, Ernst Boehringer oder Karl Merck verliefen ganz ähnlich, ungeachtet der Belastungsmomente im Detail.[128] Das war nur anders bei jenen Unternehmern, die auch wie Dubbers SS-Mitglieder gewesen waren, wie Karl Schmitz (Tengelmann) oder Rudolf-August Oetker, die zu längeren Internierungszeiten in Lager und Gefängnis-

126 Vgl. den Bescheid der Zentralspruchkammer Nordwürttemberg vom 21.9.1951, in: ebd.

127 Vgl. dazu auch das nach wie vor bestehende Grundlagenwerk von Lutz Niethammer, Die Mitläuferfabrik. Die Entnazifizierung am Beispiel Bayerns, Berlin 1982.

128 Vgl. zu Freudenberg Scholtyseck, S. 415 ff., zu Sartorius Grieger, S. 167 ff., zu Merck Burhop u.a., S. 332 ff., zu Boehringer Kißener, S. 182 ff.

sen verurteilt wurden.[129] Alle bemühten sich dann aber, diese Zeit der unmittelbaren Nachkriegsmonate, die von ihnen vielfach hinsichtlich des Unternehmens wie persönlich weit traumatischer und auch als existenzbedrohender erfahren wurde als Krieg und NS-Diktatur, möglichst schnell hinter sich zu lassen. Es galt, sich auf den Wiederaufbau ihrer zerstörten, unter Treuhänderschaft und Vermögenskontrolle stehenden oder gar von Demontage bedrohten Unternehmen zu konzentrieren. Und das taten auch die Reimanns.

Zwischen Kontinuität und Umbruch

Die langsame unternehmerische Rückkehr in eine veränderte Welt

Trotz der vorübergehenden Enthebung ihrer Geschäftsführerämter und aller noch bestehenden Unsicherheiten bemühten sich Albert Reimann senior und junior seit Frühjahr 1946 intensiv darum, die Produktion von Benckiser wieder in Gang zu bringen, die alten Geschäftsbeziehungen wieder zu beleben und dann auch auf dem Markt mit Produkten präsent zu sein. Eine der ersten Handlungen, die Reimann junior nach seiner Entlassung aus dem Internierungslager vorgenommen hatte, war, Mitte April 1946 an den Calgon-Präsidenten G.W. Smith in Pittsburgh zu schreiben. In dem Brief berichtete er ausführlich über die Lage von Benckiser und bat um ein möglichst baldiges persönliches Treffen, um die unterbrochenen Geschäfts- und Patentbeziehungen wieder aufleben zu lassen und das nach wie vor bestehende Agreement von 1935 den neuen Bedingungen anzupassen.[130] Ob das Schreiben allerdings je in Amerika ankam, war höchst ungewiss, so dass man im Sommer 1946, als man immer noch keine Antwort erhalten hatte, einem früheren Benckiser-Ingenieur, der in die USA auswanderte, einen neuen Brief an Calgon mitgab. Antwort aus Pittsburgh bekam man dann erst Mitte Juni 1947, und es dauerte noch einmal bis Anfang Dezember 1948, bis tatsächlich ein konkreterer Austausch zustande kam; Reimanns Ansprechpartner war dabei

129 Vgl. zu Karl Schmitz-Scholl Niethammer (Hrsg.), S. 411 ff., zu Oetker Finger u.a., S. 375 ff.

130 Schreiben Reimann junior vom 17.4.1946, in: JAB-Archiv D 71.

inzwischen der neue Calgon-Präsident J.S. Coulter.[131] Die Patent- und Marktlage im europäischen Calgon-Geschäft war inzwischen reichlich kompliziert. Benckiser besaß zwar noch Rechte, aber war seit 1942 mit den Lizenzzahlungen im Rückstand und dazu kam die Politik der Besatzungsmächte, die alle ausländischen Marken- und Patentanmeldungen als Feindvermögen beschlagnahmt hatte. »During the wartime period«, so informierte Coulter Albert Reimann junior, »because of our revisionary interests in the Calgon trade-marks in European Countries and the uncertainty as to your position, we undertook to protect the trade-marks by filing applications for registration of the Calgon name in ourselves in the folowong countries: Belgium, Brazil, France, Luxembourg, Netherlands, Surinam and Tunisia, in which countries Calgon is now registered in our name. Similiarly applications are pending in Denmark, Finland, Italy, Norway, Poland, Sweden, Switzerland and Turkey.«[132] Die Calgon-Marken-Anmeldung in Spanien war allerdings mit Hinweis auf die dort nach wie vor bestehenden älteren Rechte von Benckiser gescheitert, und auch hinsichtlich der noch laufenden Registrierungsbemühungen in den letztgenannten Ländern war es höchst zweifelhaft, ob diese auf Kosten der Altrechte von Benckiser, die allerdings nun dort jeweils von den nationalen Sequestern verwaltet und wahrgenommen wurden, durchsetzbar waren.

Wie auch immer, es zeichnete sich ab, dass auf dem früher zwischen den drei Calgon-Produzenten Calgon Inc., der britischen Albright & Wilson und Benckiser klar aufgeteilte europäische Calgon-Markt ein Hauen und Stechen eingesetzt hatte und allenthalben neue Konkurrenten auf der Basis der sich angeeigneten Calgon-Rechte Benckisers mitzumischen versuchten, wie etwa die Union Chimique Belge. Aber auch Albright & Wilson versuchten die Schwäche Benckisers auszunutzen, hatten überall in Europa eigene Verkaufsbüros etabliert, über die sie ihr englisches Calgon vertrieben. Ob Benckiser je wieder als Hauptplayer im europäischen Calgon-Geschäft, dessen Expansions- und Zukunftsaussichten im Gefolge der von Amerika überschwappenden Technisierung der Haushalte mit Spül- und Waschmaschinen glänzend waren, würde auftreten können, war höchst

131 Vgl. Schreiben Calgon vom 1.12.1948 an Reimann junior in: ebd.
132 Ebd.

ungewiss. Immerhin, die Calgon Inc. signalisierte, dass man zu einer Marktbereinigung unter Einbeziehung von Benckiser bereit war. »In other words«, so schloss Coulter seinen Brief an Reimann junior, »we would be grateful for your estimate as to the possibilities of promoting Calgon business in Europe generally and your ideas as to how we may best implement a continuing cooperation.«[133]

Im Dezember 1946 nahmen die Reimanns auch Kontakt zu Pfizer auf, und im Dezember 1947 wandte man sich in einem Brief an William Neuberg, den langjährigen Benckiser-Vertreter in den USA, um unter anderem auch die Importmöglichkeiten von amerikanischem Rohphosphat auszuloten.[134] Vor allem gab es Überlegungen, enge Geschäftsbeziehungen mit eventuellen Beteiligungsoptionen zur Maizena GmbH aufzunehmen, der schon 1916 gegründeten deutschen Tochtergesellschaft des US-amerikanischen Unternehmens Corn Products Refining Corporation (CPC), die im Stärke- und Backpulvergeschäft aktiv war, wobei dahinter auch das Kalkül stand, dass »über Maizena unter Umständen ein Weg über Oetker und zu Budenheim [führt].«[135] »Ganz aussichtsvolle Verhandlungen nach verschiedenen Seiten, bevorzugt Auslandskapital, darunter Maizena (CPC), von Calgon noch keine Antwort, Interesse Unilever, aber nur mit 51 Prozent, was untunlich«, schrieb Reimann junior gleichsam ergänzend dazu Anfang 1947 an Dubbers.[136] Kooperationspläne gab es auch mit den Gebr. Giulini in den Sommermonaten des Jahres, die allerdings nicht von den Reimanns ausgingen und für diese eher als unfreundliche Maßnahme erscheinen musste. Es ging dabei um das Fibrisol-Patent, das Fritz Lux gegen Lizenzzahlungen an Benckiser verkauft hatte und zu dessen Anwendung Benckiser große Mengen an Dinatriumphosphat von den Gebr. Giulini bezogen hatte. Lux war nun aber geschieden worden und hatte seiner Frau, einer Französin, das Patent überlassen.[137] Giulini war nun, angesichts der Rohstoffnot

133 Ebd., S. 4.
134 Vgl. Schreiben Reimann senior an junior vom 29.12.1947, in: JAB-Archiv TV 10.
135 Brief Reimann senior an Reimann junior vom 18.12.1946, in: JAB-Archiv Ordner TV 10.
136 Brief Reimann junior an Dubbers vom 3.3.1947, in: Familienarchiv Reimann-Dubbers, Ordner Hans 1946/47.
137 Vgl. dazu Giulini-Chronik Bd. IV, S. 810, in: StadtA Lu, WS 03.

von Benckiser, zu weiteren Phosphatlieferungen nur unter der Bedingung bereit, dass man sich bei Produktion wie Vertrieb von Fibrisol bzw. phosphorsauren Salzen insgesamt verständigte. Da die beiden Reimanns zu diesem Zeitpunkt als Geschäftsführer noch ausgeschaltet waren, schmiedeten die Gebr. Giulini zusammen mit Renée Lux den Plan, dass diese mit Hilfe der französischen Militärregierung als Sequesterverwalterin bzw. Treuhänderin bei Benckiser sich einsetzen lassen würde, um dann die Gesamtverständigung mit Giulini einzufädeln. Doch obwohl sich die Angelegenheit bis Dezember 1947 hinziehen sollte und es dabei offenbar auch zu ernsthaften Verhandlungen mit den beiden Reimanns gekommen war, scheiterte letztlich dieser Plan.[138] Im Januar 1948 gab es dann auch noch Überlegungen von Reimann senior über eine mögliche Zusammenarbeit mit Oetker bzw. den Chemischen Werken Budenheim, aber auch diese Optionen zerschlugen sich schnell.[139]

Es war offensichtlich, dass Reimann senior wie junior unter den Zwängen der existenziellen Notlage ihres Unternehmens, dazu bei anhaltender Vermögenskontrolle durch die Militärbehörden, verzweifelt nach allen Seiten Ausschau nach rettenden Strohhalmen und potenziellen hilfreichen Partnern hielten. Vater und Sohn hatten sich dabei weitgehend abgestimmt und waren sich über die Grundlinien der Maßnahme durchaus einig. Aber schon längst zogen die Fäden andere, neben den Marktkonkurrenten war das auch die neue Geschäftsleitung, die erhebliche Eigendynamik an den Tag legte, mit für das Unternehmen weitreichenden und oft auch unabsehbaren Konsequenzen. Das galt erstens vor allem im Bereich der Rohstoffversorgung, deren quälende Unsicherheit auch noch Mitte 1948 auf dem Unternehmen lastete. Das zweite Problemfeld war die Sicherung des wertvollen Benckiser-Know-hows und drittens schließlich der Kampf gegen die Behörden um die Freigabe des Unternehmens und die Aufhebung der Vermögenskontrolle. Was den ersten Punkt, die Rohstoffsicherung, anging, so mussten die Reimanns im Mai bzw. Juli 1948 gleich zwei Mal die höchst unangenehme Erfahrung machen, dass die Dinge anders liefen, als sie es geplant hatten. Anfang 1948

138 Vgl. dazu Brief Reimann senior an den Sohn vom 22.12.1947, in: JAB-Archiv TV 10.

139 Vgl. dazu auch Benckiser-Chronik II, S. 208.

war als scheinbarer Retter in der Not der Wein- und Zitronensäure-Rohstofflieferung in Ludwigshafen plötzlich ein alter Bekannter aufgetaucht, Jean Imbert aus Paris, der französische Benckiser-Kontaktmann während des Krieges, der inzwischen die Seiten gewechselt hatte, sich als Vorsitzender der Vereinigung der Exporteure Frankreichs ausgab und behauptete, die Unterstützung der französischen Behörden zu haben.[140] Imbert, mit dem nicht nur Robert Maxheimer als amtierender Geschäftsführer von Benckiser, sondern auch Reimann junior Gespräche und Verhandlungen führte, gelang es schließlich, ein weitreichendes Abkommen abzuschließen.[141] Darin wurde der Franzose für zunächst zehn Jahre zum Alleinvertreter Benckisers für den Verkauf von Wein- und Zitronensäure in Frankreich und den französischen Kolonien gegen Gewährung einer Provision von drei Prozent ernannt, zudem zum alleinigen Bevollmächtigten Benckisers für den Einkauf von weinsauren Rohmaterial ausländischer Herkunft, ebenfalls mit Provisionsbeteiligung, bestimmt, und schließlich sollte über eine von Imbert zu gründende Gesellschaft in Frankreich ein großes Lohnveredelungsgeschäft für Benckiser aufgezogen werden.[142] Ende November 1948 wurde von Imbert dazu die Scopta SARL aus der Taufe gehoben, und »zur Sicherung des Fortbestandes dieser geschäftlichen Durchdringung« trat die Benckiser GmbH 20 Prozent ihrer Anteile an die Scopta ab, diese ihrerseits 40 Prozent ihrer Anteile an Benckiser, und »jede Firma nimmt eine von der Gegenseite zu bestimmende Person in die Geschäftsführung auf.«[143] Damit war es Imbert gelungen, plötzlich direkt in der Geschäftsführung von Benckiser zu sitzen. Erst nach und nach wurde allerdings klar, dass Benckiser mit Imbert einem Aufschneider und Betrüger aufgesessen war, der nicht nur Maxheimer und Reimann junior unter anderem auch mit der angeblichen Bedrohung von Benckiser durch Zwangsenteignung und Demontage eingeschüchtert hatte, sondern zunächst auch die französischen Behörden, allen voran die für die Genehmigung des Außenhandels zuständigen Behörden der fran-

140 Vgl. dazu Benckiser-Chronik II, S. 214f.

141 Vgl. dazu Brief Reimann junior an Senior vom 18.1.1948, in: JAB-Archiv TV 10.

142 Vgl. ebd.

143 Zitiert nach Benckiser-Chronik II, S. 215.

zösischen Militärregierung, erfolgreich getäuscht hatte. Doch diese genehmigte das Abkommen dann doch nicht, und für Benckiser ergab sich damit die Möglichkeit, sich aus den Verträgen zurückzuziehen. Anfang 1949 kam es zum offenen Zerwürfnis zwischen Benckiser und Imbert, doch dieser gab nicht klein bei und verstrickte Benckiser in diverse Gerichtsverfahren, unter anderem auch über eine Klage vor der Internationalen Handelskammer in Paris, wobei er Schadensersatz in Millionenhöhe verlangte.[144] Erst im März 1949 gelang es, Imbert aus dem Handelsregister als Geschäftsführer von Benckiser zu streichen, doch der Prozess schwelte weiter und zwang die Unternehmensleitung angesichts der damit verbundenen Risiken, 1,24 Mio. DM in der Bilanz zurückzustellen, Geld, das eigentlich dringend für Investitionen in den Wiederaufbau benötigt wurde. Erst Anfang Oktober 1956 sollte die Angelegenheit mit einem Vergleich endgültig beigelegt werden. Imbert wurde mit 360.000 DM abgefunden. Es sollte nicht das letzte Mal sein, dass die Reimanns und die Benckiser-Geschäftsführung teures Lehrgeld bezahlten, und es war kein Trost, dass Imbert auch bei Boehringer mit ähnlichen Methoden, aber weniger Erfolg, sein Glück versucht hatte.[145]

Im anderen Rohstoffbereich, bei der Versorgung mit thermischer Phosphorsäure, ergab sich im Juli 1948 ebenfalls eine einerseits aussichtsreich erscheinende, andererseits aber auch undurchsichtige und widersprüchliche Situation. Die IG-Nachfolger in Leverkusen beabsichtigten, als Ersatz für das verloren gegangene Piesteritz-Werk eine neue Anlage für thermische Phosphorsäure zu errichten, und für Benckiser war es dabei lebensnotwendig, sich einen angemessenen Zulieferanteil an der »Leverkusen-Henkel-Knapsack-Erzeugung« zu sichern.[146] Als Reimann senior deshalb entsprechende Verhandlungen in Leverkusen aufnahm, musste er jedoch feststellen, dass über das Projekt schon sämtliche Konkurrenten – von Henkel über Budenheim bis zu den Gebr. Giulini und den Chemischen Werken Al-

144 Vgl. ebd., S. 216.

145 Vgl. dazu Dehio, S. 72f. Dort verschwand aber Imbert schon im Sommer 1948, ohne weiteres Unheil anzurichten.

146 Vgl. dazu Schreiben Reimann senior an junior vom 24.7.1948 sowie auch Junior an den Senior dazu vom 27.7.1948, in: JAB-Archiv, Ordner TV 10.

bert – vorher Bescheid wussten und ihre hohen Belieferungswünsche angemeldet hatten, so dass für Benckiser nicht mehr viel übrigzubleiben drohte. Das bedeutete nicht nur eine Einschränkung für den Wiederaufbau des von Benckiser bislang vielfach als Marktführer betriebenen Spezialgeschäfts mit phosphorsauren Salzen, sondern auch, dass hier nun auch die Konkurrenten neu einsteigen und Benckiser seine Marktanteile streitig machen wollten. »Auch Herr Maxheimer ist sich darüber klar«, so schrieb Reimann senior an seinen Sohn, »dass, wenn unser bisheriges Spezialgeschäft unter die sämtlichen nun aufgetretenen Interessenten verteilt wird, nicht nur ein scharfer Preiskampf die Folge sein wird, sondern auch die Produktionsmengen einer jeden Firma außerordentlich klein sein werden, wodurch natürlich eine Preiserhöhung eintreten wird, die jeglichen Export unmöglich machen wird.«[147] Zu allem Übel aus Sicht von Reimann senior hatte Maxheimer auch noch den benötigten Anteil von Benckiser an P_2O_5 mit einem Monatsbedarf von 250 t anstelle der tatsächlich erforderlichen 600 t viel zu gering angegeben. Der Senior war über dieses offensichtliche Versagen und völlige Fehlen des Verhandlungsgeschicks der Geschäftsleitung geradezu fassungslos, aber auch über die Respektlosigkeit als 80-jähriger Grandseigneur der Phosphatverarbeitungsindustrie ihm persönlich gegenüber.

> Leider gingen meine Einwände in dem allgemeinen undisziplinierten Geplauder unter«, schrieb er konsterniert an Reimann junior, »zumal ich entsprechend meiner langjährigen Gewohnheit bei derart wichtigen Verhandlungen langsam und deutlich zu sprechen pflege und dadurch immer wieder in Gefahr gerate, ›überfahren‹ zu werden […]. Ich glaube vernommen zu haben, dass wir einen unserer besten und größten Artikel, das saure Natriumpyrophosphat für die Backpulverherstellung, nicht mehr fabrizieren sollen. Man scheint aber freundlich genug zu sein, uns das Fibrisol und das Käseschmelzsalz zu überlassen. Es dürfte wohl jedem, der die Existenzbedingungen von Betrieben kennt, klar sein, dass bei so geringen Mengen unser Phosphatbetrieb, der bisher rentabelste, mit Verlust wird arbeiten müssen […]. Was nun gegen uns geplant

147 Ebd.

ist, muss ich als eine unfaire Raubpolitik bzw. Beerbungspolitik bezeichnen, gegen die der schärfste Widerstand geboten ist.[148]

Die Zeiten, als die Konkurrenten Reimann senior bei den Syndikats- und Kartellverhandlungen ehrfürchtig an den Lippen hingen und sich ihre Produktions- und Verkaufsquoten diktieren ließen, waren endgültig vorbei.

Gekämpft wurde auch um das Know-how von Benckiser. Wie alle anderen deutschen Unternehmen auch waren schon unmittelbar nach Kriegsende verschiedene Kommissionen von Technikoffizieren bei Benckiser in Ludwigshafen wie in Ladenburg erschienen und hatten über eingehende Befragungen der verbliebenen Techniker und Laboratoriumsmitarbeiter sowie durch das Studium und die Beschlagnahme der entsprechenden Akten sich detaillierte Einblicke in die Verfahrens- und Produktionsprozesse verschafft.[149] Von den betroffenen Unternehmern und Wissenschaftlern wurde das als kaum verhohlene Industriespionage und als entschädigungslose intellektuelle Reparationen betrachtet, zumal auch die deutschen Patente und andere Schutzrechte als Beutegut betrachtet wurden.[150] Dabei mussten Reimann senior wie junior auch miterleben, dass auch frühere, befreundete Geschäftspartner die scheinbare Gunst der Stunde nutzten und sich an der Verteilung von Benckiser-Rechten beteiligten. Der britische Calgon-Partner Albright & Wilson etwa sicherte sich die Calgon- und Calgonit-Markenrechte Benckisers in Skandinavien, der Schweiz und Italien, während in Frankreich der Konkurrent Progil es ablehnte, Benckiser-Marken auf diese Weise zu übernehmen.[151] Chemiker und Techniker von Albright & Wilson waren auch unter den alliierten Betriebsbesichtigungskommissionen gewesen und hatten sich eifrig Notizen über die Herstellungsverfahren der Phosphat-Spezialitäten bei Benckiser gemacht.[152] Aber letztlich war weder für die Briten noch für die Amerikaner hier viel zu holen. Zum einen

148 Ebd., S. 2.
149 Vgl. dazu die bereits erwähnten FIAT-, BIOS- und CIOS-Reports, etwa BIOS Final Report No. 220 Production of Citric Acid at the Factory of Joh. A. Benckiser, Ladenburg, near Heidelberg.
150 Vgl. dazu so auch noch der Tenor in der Benckiser-Chronik II, S. 198ff.
151 Vgl. ebd., S. 199.
152 Vgl. Notiz Rudy vom 18.10.1946, in: JAB-Archiv Ordner TV 14 B.

befand sich das entscheidende Wissen über Verfahrens- und Produktinnovationen in den Köpfen der Ingenieure und Wissenschaftler, und alles Studium von Patenten oder internen wissenschaftlichen Abhandlungen setzte die Konkurrenten noch lange nicht in die Lage, die Benckiser-Verfahren und -Methoden erfolgreich nachzuahmen oder zu reproduzieren. Die wenigen Zitronensäurehersteller hatten ihr Verfahren erst in mühevoller Kleinarbeit aufgebaut mit Hilfe von Methoden, die zum Teil noch immer geheim gehalten wurden und auch in keinem Patent und keiner Literatur zu finden waren. Zudem existierten zumindest im Bereich der Gärungszitronensäureherstellung in den USA wie in England mit Pfizer und Kemball, Bishop & Co zwei Technologieführer, die den Deutschen in diesem Bereich weit voraus waren.

Und dennoch war das GZ-Know-how von Benckiser im Herbst 1948 in akuter Gefahr. Mitte August 1948 war Reimann junior in Ladenburg kurzzeitig wieder als Betriebsleiter eingesetzt worden, und damit war die Rolle des dortigen Leiters der GZ-Anlage, Wenzel Sistek, als Treuhänder beendet. Von diesem wurde der Wechsel nach außen hin begrüßt, tatsächlich aber kamen Reimann junior schon wenig später Gerüchte über sabotageähnliche Aktionen Sisteks wie etwa eine unerklärlich erscheinende längere Betriebsstillegung wegen Infektion der Gärkammern und Reparaturen der Lüftungsventilatoren zu Ohren. Am 24. September 1948 erschien dann plötzlich einer der Ladenburger Vorarbeiter in Reimann juniors Wohnung und informierte diesen, dass im Unternehmen das Gerücht umgehe, dass Sistek Vorbereitungen zu seinem Auszug aus der Werkswohnung und die Übersiedelung nach Kanada plane.[153] Schon am Tag darauf wurde Reimann junior von zwei Laboranten aus Ladenburg gemeldet, dass Sistek 21 Körbchen mit wertvoller Sporenkultur entwendet, die übrigen Sporenbestände durcheinandergeworfen und damit praktisch unbrauchbar gemacht habe, so dass eine Weiterführung des Betriebes in Frage gestellt war. »Ferner sei zu befürchten, dass

153 Vgl. dazu und zum Folgenden die Darstellung in: Benckiser-Chronik II, S. 204ff., sowie aber auch der am 1. Oktober 1948 unmittelbar nach den Vorfällen von Reimann junior erstellte neunseitige »Bericht über die Verhaftung von Wenzel Sistek und seine Entlassung als Treuhänder«, in: StA Ludwigsburg, EL 402/17, Bü 162.

Sistek auch wertvolle Laboratoriums-Apparaturen und evtl. auch sonstige Unterlagen und Literatur aus der Bibliothek mitgenommen hätte […], und das Flugzeug, mit welchem Sistek in Begleitung eines kanadischen Offiziers abreisen wolle, würde am Sonntag, 26.9. um 14 Uhr in Frankfurt starten.«[154] In einer abenteuerlichen Verfolgungsjagd mit Hilfe der amerikanischen Militärpolizei und unter Einschaltung der CIC gelang es schließlich, den Abflug zu verhindern und Sistek verhaften zu lassen. Die Angelegenheit wäre aber fast an dem Kompetenzgerangel zwischen deutschen und amerikanischen Stellen gescheitert, die zudem zunächst auch den Verdacht hegten, dass hier ein Komplott eines belasteten deutschen Unternehmers vorliege, und Sistek zunächst für ein Opfer statt einen Täter hielten. Sistek wurde schließlich angeklagt und ihm wurde der Prozess gemacht, aber zum Gerichtstermin erschienen kanadische Offiziere, verfügten die Einstellung des Verfahrens und nahmen Sistek mit, der wenig später in Kanada auftauchte, wo aber dennoch nie eine Zitronensäurefabrik entstand, »denn die Pilzsporen allein und das Gärungsrezept genügen dazu nicht.«[155] Der Schaden für die Ladenburger GZ-Anlage war letztlich nicht groß, und schon wenig später erschienen in verschiedenen Fachzeitschriften unter der Autorschaft von Hermann Rudy, der inzwischen anstelle von Sistek die Leitung der GZ-Produktion in Ladenburg übernommen hatte, wieder die bekannten Fachartikel »aus dem Laboratorium der Chemischen Fabrik Joh. A. Benckiser GmbH Ludwigshafen«.[156]

Noch immer stand aber das Unternehmen unter alliierter Vermögenskontrolle und Treuhänderschaft. Das Durcheinander der entsprechenden Regelungen und Gesetze zwischen der französischen und amerikanischen Besatzungszone sowie der unterschiedlichen Kompetenzen und Zuständigkeiten von Treuhänder und/oder Property Control-Behörde in Bezug auf Benckiser-Ludwigshafen und Benckiser-Ladenburg hatte für eine anhaltende Unsicherheit und Behinderungen beim Wiederaufbau gesorgt. Schon eine Vermögensbewertung der einzelnen Werke war ein Ding der Unmöglichkeit,

154 Bericht, S. 5, in: ebd.
155 Ebd., sowie Benckiser-Chronik II, S. 207.
156 Vgl. dazu etwa Hermann Rudy, Citronensäure, in: Die Pharmazie 4 (1949), S. 393-399.

da Ladenburg als Teilbetrieb des Hauptwerks in Ludwigshafen galt und daher allenfalls als sogenanntes Diaspora-Vermögen beim Amt für Vermögenskontrolle zu führen war, abgesehen davon, dass die für eine Vermögensbewertung von Ladenburg nötigen Finanzberichte in Ludwigshafen lagen und damit faktisch unerreichbar waren. Während in Ludwigshafen die Fertigung trotz »Draisbach- und Neu-Herrschaft« und dann im Zuge der Maßnahmen der neuen dreiköpfigen Geschäftsleitung langsam wieder in Gang kam, legte sich Reimann senior in Bezug auf das Werk Ladenburg im Juli 1946 mit der der dort zuständigen Vermögenskontroll-Abteilung der amerikanischen Militärregierung an. Es ging um die Inanspruchnahme einer Fabrikationshalle des Werks durch den Quartiermeister des Mannheimer Base Depots durch eine dort errichtete Zentralwäscherei mit Trocknungs- und Färbereianlage.[157] Alle Bemühungen, die Halle wieder für die Fertigung freizubekommen, scheiterten. Im Gegenteil erfuhr die Geschäftsleitung im Mai 1947, dass sogar noch weitere Teile des Werksgeländes für die US Army beschlagnahmt werden sollten. Nachdem Reimann senior wie Reimann junior im Mai 1948 von der Spruchkammer Heidelberg entnazifiziert und damit auch politisch entlastet worden waren, hatten beide zunächst mit einer schnellen Aufhebung der Vermögenskontrolle und Entlassung der Treuhänder gerechnet, und Reimann senior war auch entsprechend deutlich und hartnäckig beim deutschen Amt für Vermögenskontrolle des Landkreises Mannheim aufgetreten. Tatsächlich erfolgte dann am 24. September 1948 eine Entlassung von Ladenburg aus der Vermögenskontrolle, die dann aber aufgrund des noch laufenden Spruchkammerverfahrens in der französischen Zone wieder rückgängig gemacht wurde.[158]

157 Vgl. dazu etwa Schreiben an den Beauftragten des Hauptquartiers der Militärregierung Württemberg-Baden vom 25.7.1946, in: StA Ludwigsburg, EL 402-17, Bü 162, sowie Schreiben Reimann senior vom 6.9.1946 an den Property Control Offizier in Mannheim, in: ebd. Vgl. zum gesamten Komplex der Verwaltung des beschlagnahmten Vermögens den zum Teil im Original, zum Teil in Abschrift überlieferten Schriftverkehr von Reimann senior und junior in: JAB-Archiv, Ordner TV 8.

158 Vgl. Freigabe-Bescheinigung der Property Control vom 24.9.1948, in: ebd.

Es waren bemerkenswerterweise Reimann senior wie junior selbst gewesen, die angesichts der ungeklärten Lage in Ludwigshafen und der dort nach wie vor bestehenden Vermögensverwaltung bei den Behörden in Mannheim darum gebeten hatten, auch Ladenburg noch unter Vermögenskontrolle zu behalten. »Im Freigabefall wird befürchtet«, so hieß es in einer Notiz der Property Control, »dass sämtliche Zuschüsse vom Hauptwerk an das Werk Ladenburg untersagt werden. Auch die unterzeichnende Dienststelle betrachtet die hier ausgeübte Kontrollmaßnahme als Schutz des Werks Ladenburg.«[159] Mit Wirkung vom 1. Januar 1949 wurde ein neuer, interimsweise amtierender Treuhänder eingesetzt. Schon kurze Zeit später ergab sich jedoch aufgrund der inzwischen erfolgten besatzungspolitischen Abstimmungen zwischen der amerikanischen und französischen Militärregierung die Option einer Entsperrung der Vermögenskontrolle auch in Ludwigshafen und damit eine Rückgabe des gesamten beschlagnahmten Vermögens an die beiden Inhaber. Anfang September 1949 stellte dann Reimann junior den entsprechenden Antrag, dem wenig später auch durch das zuständige Amt in Ludwigshafen entsprochen wurde. Doch dann machte das Provinzialamt für kontrollierte Vermögen in Neustadt/Haardt erneut einen Strich durch die Rechnung. Mit Bescheid vom 14. Dezember 1949 wurde den beiden Reimanns mitgeteilt, dass aufgrund der noch ungeklärten Frage der Anerkennung des Heidelberger Spruchkammerentscheids die Sperrmaßnahme nach dem Gesetz Nr. 52 aufrechterhalten bzw. wieder hergestellt werde.[160] Erst am 15. Mai 1950, nach erneutem Freigabeantrag durch Reimann junior beim Amt für kontrollierte Vermögen, wurde die Kontrolle endgültig aufgehoben und im Juli dann die formelle Vermögensübergabe vollzogen.[161] Damit waren die beiden Reimanns fünf Jahre nach Kriegsende und Enthebung ihrer Geschäftsführerposten auch formell und besatzungsrechtlich wieder Herren im eigenen Unternehmen.

Die Wiederingangsetzung der Produktion war bis dahin zwar erfolgreich angelaufen, aber vor allem in Ladenburg nur unter häufigen Produktionsschwankungen erfolgt, mit stark fluktuierenden Gäraus-

159 Notiz vom 12.10.1948, in: ebd.
160 Vgl. den Bescheid vom 14.12.1949, in: JAB-Archiv, Ordner TV 8.
161 Vgl. dazu auch Benckiser-Chronik II, S. 221.

beutungsquoten zwischen 60 und 70 Prozent und mit immer wieder notwendigen Stilllegungen aus unterschiedlichsten Gründen – vom Kohlemangel bis zu Penicillin-Infektionen.[162] Erst ab März 1950 wurde eine stetige GZ-Produktion in hoher Qualität erreicht. 1953 war auch die inzwischen unter der Eigentümerschaft des IG Farben-Nachfolgers Hoechst stehende Phosphorsäure-Anlage im nordrhein-westfälischen Braunkohlerevier bei Knapsack angelaufen und versorgte Benckisers Fertigung von phosphorsauren Salzen mit hinreichenden Rohstoffen. Bis auf Fibrisol und Käseschmelzsalz war ein erheblicher Teil des Spezialitätengeschäfts zunächst an die schneller auf den Markt drängenden Konkurrenten verloren gegangen. Erst ab Oktober 1948 hatte man wieder die Produktion von Calgon, Calgonit und Coriagen aufgenommen. Der Blick auf die Umsatzentwicklung signalisierte dabei eine erhebliche Dynamik, die die oben geschilderten Schwierigkeiten dieser Jahre völlig verdeckte. Von Jahr zu Jahr verdoppelte sich nun der Umsatz, 1945 waren es erst 1,093 Mio. RM gewesen, 1947 bereits 4,5 Mio. RM, 1949 dann 6,1 Mio. DM, um dann 1950 im Zeichen der Konsolidierung und des einsetzenden »Wirtschaftswunders« auf 14,5 Mio. DM hochzuschnellen.[163] Von den Rekordumsätzen der Vorkriegs- und Kriegszeit war man bald nicht mehr weit entfernt, bei Weinsäure erreichte man 1950 den Stand von 1938, bei Phosphaten den Stand von 1938 und bei Zitronensäure sowie Fibrisol sogar schon den Stand von 1942. Auch die Belegschaft wuchs entsprechend von zunächst 181 Arbeitern und Angestellten Ende 1945 auf 410 Beschäftigte im Jahr 1950.

Langsam sprudelten auch wieder die Gewinne, wobei die finanziellen Belastungen für das Unternehmen erheblich waren. An Flieger-, Kriegs- und Kriegsfolgeschäden hatte die Benckiser-Verwaltung insgesamt 10,830 Mio. RM errechnet, von denen man vor der Währungsreform immerhin noch 3,7 Mio. RM erhalten hatte, aber über 7 Mio. RM nach wie vor ungedeckt waren.[164] Dazu kamen Forderungen

162 Vgl. dazu Bericht Rudy über »Die Entwicklung der Citronensäureproduktion von 1945 bis 1959«, vom 28.4.1960, in: JAB-Archiv, Ordner D 52.

163 Vgl. die Angaben in: JAB-Archiv D 72 sowie dazu die jeweiligen Bilanzen in: Jab-Archiv Ordner D 22.

164 Vgl. die Aufstellung vom 2.9.1949, in: JAB-Archiv D 57.

des Finanzamtes zur Nachbesteuerung der Kriegsgewinne aus den Jahren 1943/44. Dem standen veranschlagte Gesamtkosten für den Wiederaufbau moderner Betriebsstätten einschließlich der erforderlichen Rohstoffbeschaffung von 12 bis 15 Mio. RM gegenüber, die später praktisch eins zu eins in DM umgerechnet wurden. Zum 21. Juni 1948 war auch das Stammkapital von ursprünglich 1 Mio. RM auf nun 5 Mio. DM neu festgesetzt worden.[165] Mit Hilfe von Marshall-Plankrediten und einem Investitionskredit der Bank für Wiederaufbau wurden die weiteren Investitionen finanziert. Der Rest speiste sich aus Abschreibungen, der typischen Methode der Unternehmensfinanzierung der Wiederaufbaujahre in Zeiten, in denen der Kapitalmarkt und damit die Möglichkeit zu Bankkrediten noch nicht richtig funktionieren.

Auf dem Markt war Benckiser dabei schnell wieder präsent und auch allenthalben neben klassischen Anzeigen in Fachzeitschriften mit neuen Marketingmethoden wie Messeauftritten und Fachtagungsständen für die Fachöffentlichkeit sichtbar, etwa bei der Deutschen Kinder-Ärzte-Tagung und der Deutschen Heilmittel-Ausstellung in Karlsruhe im September 1949 oder der Heidelberger Dermatologen-Tagung im Oktober 1949. Auch auf der Badischen Leistungsschau Mitte Juni 1950 in Karlsruhe war Benckiser mit einem eigenen Calgon-Ausstellungsstand präsent. Albert Reimann junior war dabei oftmals auch selbst anwesend, um Benckiser und seine Produkte zu vertreten. Begeistert berichtete er den Eltern im Juli 1950 etwa von der Wäscherei-Ausstellung in Düsseldorf, »die unserem Calgon-Umsatz voraussichtlich einen großen Auftrieb geben wird.«[166]

Langsam kam auch das Auslandsgeschäft wieder in Gang. Zwischen Mitte 1948 und Ende 1949 wurden Auslandsverkäufe im Wert von insgesamt 326.000 DM verbucht, im Jahr 1950 aber dann bereits 2,66 Mio. DM, im Jahr darauf sogar 7,5 Mio. DM. Das entsprach immerhin schon 26 Prozent der Gesamtumsätze.[167] Im Mai 1948 hatte Reimann senior erstmals wieder Kontakt zur Citrique Belge

165 Vgl. dazu Benckiser-Chronik II, S. 218f.

166 Brief Reimann junior vom 11.7.1950, in: Familienarchiv Reimann-Dubbers, Ordner Korrespondenz Senior-Junior.

167 Vgl. Verkäufe 1948 bis 1951, in: Familienarchiv Reimann-Dubbers, Ordner Briefwechsel zur Chronik II.

aufgenommen. Die Konstellationen für die Beziehungen der beiden Unternehmen hatten sich inzwischen vollkommen verändert und Reimann senior schlug denn auch gegenüber dem Unternehmensinhaber Delacroix einen ganz anderen Ton wie noch einige Jahre zuvor an. Eine Antwort bekam man von dort jedoch erst einmal nicht.

Im Unternehmen selbst allerdings gärte es weiterhin. Die sich hinziehende Entnazifizierung von Reimann senior und junior sorgte für Unsicherheit in der Belegschaft, und die Frage des Für oder Wider eine Rückkehr der Benckiser-Inhaber spaltete die Arbeiter und Angestellten. Schon der vermutlich vom Betriebsratsvorsitzenden Neu lancierte Artikel in der KPD-Zeitung *Neues Leben* hatte für ein geteiltes Echo gesorgt. Während die einen die Angriffe auf die Reimanns begrüßten, kritisierten die anderen die damit verbundene Diskreditierung des Unternehmens Benckiser und die Verwechslung der Firma früher und heute.[168] Zudem hatte der scharfe Anti-Nazi-Kampf des Betriebsrates für Verunsicherung gesorgt, wie man denn nun als einzelner Mitarbeiter künftig gegenüber jenen auftreten sollte, die bei der Belegschaft als »Nazis« verschrien und belastet waren, aber inzwischen wieder im Unternehmen arbeiteten.[169] Es war ein Konflikt, dem die Beschäftigten zu dieser Zeit auch in allen anderen deutschen Unternehmen ausgesetzt waren. Bei den einen wurde er mehr, bei den anderen weniger offen ausgetragen. Bei Benckiser kulminierte die Zerrissenheit der Belegschaft, die im Übrigen auch durch die räumliche Trennung zwischen dem Werk Ludwigshafen und dem Werk Ladenburg zum Ausdruck kam. Die allenthalben infolge der Ereignisse defragmentierte Unternehmenskultur führte am 20. Juni 1949 zu einer außerordentlichen Betriebsversammlung. Anlass war ein von einem Großteil der Belegschaft unterschriebenes, an die Behörden gerichtetes Schreiben gewesen, in dem um eine schnellere Entnazifizierung der Reimanns und damit die verbundene Möglichkeit zur Rückkehr ins Unternehmen in ihrer alten Funktion als Eigentümerunternehmer und Geschäftsführer gebeten wurde.[170]

168 Vgl. dazu Protokoll der Belegschaftsversammlung vom 14.9.1948, in: JAB-Archiv Ordner D 59.

169 Vgl. ebd.

170 Vgl. dazu Protokoll der a.o. Betriebsversammlung vom 20.6.1949, in: ebd.

Abb. 81: Der Benckiser-Stand auf der Dermatologen-Tagung Heidelberg im Oktober 1949

Abb. 82: Citretten- und Gustin-Werbung im Bayerischen Ärzteblatt 1949.

Abb. 83 und 84: Benckiser-Stände auf verschiedenen Ärzte-Tagungen in Düsseldorf und Karlsruhe im Herbst 1949

Von den zu diesem Zeitpunkt bereits wieder bei Benckiser beschäftigten ca. 300 Arbeitern und Angestellten waren ca. 50 massiv gegen diese Aktion gewesen, und Neu, der als deren Sprachrohr agierte, hatte einen Misstrauensantrag gegen den amtierenden Betriebsrat und die Vertrauensleute eingebracht, dessen Vorsitz inzwischen nicht mehr Neu, sondern sein früherer Stellvertreter August Hoffmann innehatte. Die Versammlung verlief turbulent und chaotisch und die verhärteten Fronten unter den Beschäftigten waren geradezu mit Händen zu greifen. Die Argumente der auf einen pragmatischen Kurs dringenden Mitarbeiter liefen darauf hinaus, die politische und betriebswirtschaftliche Seite auseinanderzuhalten. »Beide zu verquicken ist eine Gefahr, die für unser aller Arbeitsplätze ausschlaggebend ist«, betonte Hoffmann.[171] »Wir brauchen Techniker und Chemiker und Wirtschaftler, und das sind die zwei Reimänner für uns«, ergänzte einer der Gewerkschaftsvertreter.[172] Diejenigen, die die weitere Entwicklung des Unternehmens nach wie vor unter primär politischer Perspektive sahen, wollten dagegen den Kampf gegen Kapitalismus und Nazismus in den Vordergrund stellen und einen Rückfall in alte Zeiten unter den ausgewiesenen NS-Anhängern Reimann senior und junior mit allen Mitteln verhindern. Dass nun auch der Betriebsrat von jenen in die scharfe Kritik einbezogen wurde, denen man Verrat der Belegschaftsinteressen durch Kungelei mit den beiden Reimanns unterstellte, die diesen mit der Unterschriftenaktion und Belegschaftspetition für ihre Interessen instrumentalisiert hätten, wodurch sich der Betriebsrat »zum Büttel des Kapitalismus herabgewürdigt habe«, ließ die Wogen hochschlagen. »Was die letzten Monate, Wochen und Tage im Betrieb Benckiser passiert ist, ist alles andere wie eine vernünftige Überlegungsart«, fasste Hoffmann die Stimmung zusammen. »Das ist ein Kunterbunt der widersträubensten Gräuelnachrichten über den Betriebsrat, über den pflichtvergessenen Betriebsrat. Es geht sogar so weit, dass man auf den Höfen rumschreit: Die dort und die dort und jene sind schuld an dem und an dem und an der Kurzarbeit und allem.«[173] Die Versammlung endete mit einer Abstimmung, bei der die Unterschriftenaktion mit großer

171 Ebd.
172 Ebd.
173 Ebd.

Mehrheit gebilligt wurde, und auch Neus daraufhin erfolgter Antrag, die Abstimmung als geheim zu wiederholen, konnte nicht darüber hinwegtäuschen, dass er und seine Anhänger bei Benckiser auf verlorenem Posten standen.

Überschattet wurde das alles jedoch auch noch durch den nach wie vor schwelenden und nun wieder offen zu Tage tretenden Konflikt zwischen Reimann senior und Reimann junior um die weitere unternehmenspolitische Entwicklung, aber auch um die jeweiligen persönlichen Anteile am bisherigen Unternehmenserfolg von Benckiser. Anlass dazu waren eine Reihe von umfangreichen Traktaten und Denkschriften, die Reimann senior zwischen September 1945 und August 1947 verfasst hatte. Im Herbst 1945 erstellte er etwa einen »Kurzbericht über die Entwicklung der Chemischen Fabrik Joh. A. Benckiser GmbH seit ihrer Gründung«. Im Sommer 1947 verfasste er ein 50 Seiten langes Manuskript über »Bruchstücke aus der Weinsäure-Produktion«, versehen mit dem Zusatz »Nur für meinen Sohn bestimmt«.[174] Formal erstellte Reimann senior die Denkschriften als Teil der Rechtfertigungs- und Erklärungsunterlagen für die Entnazifizierungsverfahren, faktisch jedoch mündeten die ganz aus der Erinnerung erstellten Traktate in einer sehr einseitigen Darstellung der Unternehmensgeschichte, die allein seine erfolgreichen Entscheidungen und Maßnahmen hervorhob und nachgerade auch als eine Abrechnung mit dem unternehmenspolitischen Wirken des Sohnes gelesen werden konnte. »Im Grunde genommen habe ich jahrelang die Hoffnung gehabt, meinen Sohn gründlich in die Weinsäure-Produktion mit ihren sämtlichen Details einarbeiten zu können. Leider ist dieser jedoch bald nach den ersten Jahren seines Eintritts in die Firma von anderen ebenfalls wichtigen Aufgaben zu sehr in Anspruch genommen worden, um sich der praktischen Durchführung der Weinsäure-Fabrikation mit Gründlichkeit widmen zu können, wie ich dies für nötig halte«, schrieb Reimann senior. »Die Regeln der Weinsäure-Produktion sind im Grunde genommen ein Thema, das vom Vater auf den Sohn usw. übertragen werden sollte. Durch den Wechsel von Betriebsleitern besteht die Gefahr, dass bald dieser bald jener eine Änderung anbringt, die er nicht beurteilen kann und

174 Vgl. die beiden Denkschriften in: JAB-Archiv Ordner D 34. Der Kurzbericht auch in: LA Speyer, R 18 V, Nr. 607, Bl. 120ff.

die unzweckmäßig ist, und dass wieder ein anderer gewisse Details, die betriebswichtig sind, aus Neuerungssucht oder Bequemlichkeit abschafft und dadurch die gesamte Weinsäure-Produktion allmählich einen Niedergang erfährt.«[175] Dass das Weinsäure-Geschäft technologisch wie vor allem auch umsatzmäßig für Benckiser kaum noch eine Rolle spielte und es letztlich die auch wissenschaftliche Leistung von Albert Reimann junior bei der Entwicklung der Spezialitäten in phosphatsauren Salzen gewesen war, die Benckiser aus der Sackgasse geführt hatte, nahm Reimann senior überhaupt nicht mehr wahr.

Je mehr über die unmittelbaren Wiederaufbaumaßnahmen hinaus die mittel- und längerfristigen Ausrichtungen in der Unternehmenspolitik in den Vordergrund rückten, desto offener traten dabei seitens Reimann senior geäußerte Kritik und Dissens zu Tage. »Ich bin sehr unglücklich über die Auseinandersetzung mit Papa heute früh«, schrieb Reimann junior im Januar 1949 in einem Brief an seine Eltern. »Wo soll es hinführen, wenn in der jetzigen Lage auch noch jeder von uns seine Geheimdiplomatie für sich treibt? […] Wer weiß, wie lange wir uns noch haben und es gibt wirklich genug Kummer auf der Welt.«[176] Hintergrund waren offenbar die weiteren Verhandlungen mit Imbert, die künftige Stellung des Franzosen im Unternehmen und die auch in Sachen Entnazifizierung und Rückkehr ins Unternehmen nötigen Initiativen der damaligen dreiköpfigen Benckiser-Geschäftsführung. Reimann senior antwortete darauf jedenfalls 14 Tage später mit einem Brief an seinen Sohn, in dem er drei konkrete Maßnahmen nicht nur vorschlug, sondern geradezu autoritativ forderte. Reimann senior sah offensichtlich (und nicht zu Unrecht) die Verhandlungen mit Imbert weit kritischer als sein Sohn, dem er vorwarf, dass dieser »etwas an die Franzosen verschenken« würde, während Reimann junior das »Franzosen-Geschäft« als unabdingbare Voraussetzung für eine schnelle Vollproduktion im Werk Ladenburg und vor allem auch für eine starke Wettbewerbsposition auf dem europäischen Markt sah.[177] »Wenn dieses Exportgeschäft nicht zustande kommt, haben wir uns mit Boehringer voraussichtlich in einen Inlandsabsatz

175 Bruchstücke, S. 1, in: ebd.
176 Brief Reimann junior vom 1.1.1949, in: Familienarchiv Reimann-Dubbers, Ordner Schriftwechsel senior-junior.
177 Vgl. Brief Reimann junior an den Senior vom 6.7.1949, in: ebd.

von nur 2.000 Jahrestonnen für Wein- und Zitronensäure zu teilen und ein Konkurrenzkampf um diesen Absatz unter entsprechenden Preissenkungen wird zudem nicht ausbleiben. Ich meine, bei Gegenüberstellung dieser beiden Alternativen kann die Wahl nicht schwerfallen und gerade, wenn man die Konkurrenz von Tirlemont so übermächtig einschätzt, wie Du das tust, müssten wir versuchen, uns unter allen Umständen diesen Absatz zu sichern. Haben wir ihn das erste Mal, dann wird man weitersehen. Hat ihn erst einmal Tirlemont, dann werden wir schwerlich noch ins Geschäft kommen.«[178]

Mitte November 1949 informierte Reimann senior dann seinen Sohn kurzerhand darüber, dass er sich entschlossen habe, »die Reise nach Belgien zwecks Aussprache mit Herrn Delacroix zu machen. Es ist nicht nötig, dass mich jemand dabei begleitet, da ich ja über die Materie selbst vollkommen unterrichtet bin.«[179] Und einen Monat später folgte ein weiterer Brief mit konkreten Investitionsvorstellungen. Er habe, so informierte er darin Reimann junior, mit den für Verkauf zuständigen Angestellten eine Unterhaltung gehabt, und sei zu der Überzeugung gekommen, dass »wir nun 2 Mio. DM und mehr in die Wiederinstandsetzung der Säure-Betriebe verwendet [haben], diese Investition aber zwecklos wäre, wenn wir nicht eine zweite Investition folgen lassen, nämlich die Wiedereroberung des Inlands- und Exportmarktes zu den jeweils nötigen Verkaufs-, d.h. notwendigen Marktpreisen.«[180]

Diese und ähnliche Briefwechsel gingen nahezu endlos weiter. Fast täglich schrieben sich Vater und Sohn über wichtige unternehmenspolitische Dinge, aber es war unübersehbar, dass die Kommunikation nun fast nur noch schriftlich erfolgte und praktisch keine direkten Gespräche mehr zustande kamen. Letztlich war dennoch die Basis für ein Wiederanknüpfen an die erfolgreiche Entwicklung Benckisers in den späten 1930er Jahren gelegt. In den Augen beider Reimanns summierten sich die Kriegs- und unmittelbaren Nachkriegsjahre gegenüber den heimischen wie vor allem europäischen Konkurrenten als zehn verlorene Jahre. Und die anstehenden und vielfach erst allenfalls in Konturen sich abzeichnenden neuen Herausforderungen waren

178 Ebd.
179 Brief Reimann senior an den Junior vom 21.11.1949, in: ebd.
180 Brief Reimann senior an den Junior vom 25.12.1949, in: ebd.

erheblich: Die Rohwarenversorgung lag noch immer vielfach im Ungewissen, Patent- und Markenrechte waren verloren gegangen, und wo sie noch bestanden, wie insbesondere bei den anwendungstechnischen Spezialitäten der phosphatsauren Salze, stand ein Auslaufen der Schutzrechte etwa bei Calgon und den Käseschmelzsalzen kurz bevor; die abgerissenen Auslandsbeziehungen mussten wieder aufgebaut werden, wobei unter den neuen, von den Amerikanern geprägten Wettbewerbsgesetzen die Zeit der Syndikate und Absprachen vorbei war, dazu kamen schließlich neue lebensmittelrechtliche Vorschriften und nicht zuletzt die große Aufgabe, in der zersplitterten und heterogenen Belegschaft ein neues Gemeinschaftsgefühl zu schaffen und eine Identifikation mit dem Unternehmen und seinen Inhabern zu formen. Die Stichworte für die kommenden Jahre lauteten mithin: Abkehr von der Tradition der Produktions- und Entwicklungsorientierung und Formierung einer überlegenen Marketingstrategie sowie Schaffung einer neuen Benckiser-Unternehmenskultur.

6. Kapitel

Unbewältigte Vergangenheiten

Die weitere Entwicklung und abschließende Bemerkungen (1954 bis 1984)

Am 27. Juli 1954 starb Albert Reimann senior, 86 Jahre alt, in Ludwigshafen. Endlich konnte nun Reimann junior darangehen, die auf dem Papier schon seit 1943 bestehende alleinige Geschäftsführung nun auch tatsächlich auszuüben und sich an die »konsequente Verwirklichung meiner eigenen Unternehmenskonzeption« zu machen:[1] Der expansive Aufbau der Marketingorganisation, die gleichzeitige Entwicklung der Benckiser-Gruppe, eine Personalaufstockung auf allen Unternehmensebenen und eine deutliche weitere Diversifizierung des Produktportfolios. Schon im Jahr 1950 hatte man sich ein neues, moderneres Logo zugelegt. Der umständliche vollständige Firmenname wurde durch die knappe Abkürzung JAB ersetzt, um auch nach außen hin die Entwicklung einer »neuen Benckiser« zu signalisieren.

Die Jahre bis zu dem Tod des Vaters waren jedoch noch von einer zunehmend eskalierenden Fortsetzung des Konflikts geprägt gewesen, in deren Verlauf die beiden Reimanns nur noch über den Benckiser-Rechtsanwalt und seit 1953 als Vorsitzender des dann konstituierten Beirats fungierenden Adolf Beaufort miteinander kommunizierten.[2] Nach der Wiedereinsetzung als Geschäftsführer im Juli 1950 waren sich Vater und Sohn darin einig gewesen, zunächst einmal alle Zügel wieder in der Hand zu vereinigen. »Das geschah zum Teil unter bewusster Übergehung der bis dahin eingespielten

1 Rückblickende Notiz Reimann junior vom Juni 1977, S. 9, in: JAB-Archiv, Ordner Chronik.

2 Zum Folgenden vgl. den Schriftwechsel zwischen Reimann senior und Junior in: JAB-Archiv, Ordner TV 10, sowie auch teils mit parallelen, teils aber auch darüber hinausreichenden weiteren Briefen Familienarchiv Reimann-Dubbers, Ordner Schriftwechsel Senior-Junior.

und zum Teil auch natürlichen Arbeitsteilung«, notierte Reimann junior rückblickend dazu. »Der Sinn war, nach unserer langjährigen Abwesenheit demonstrativ zum Ausdruck zu bringen, dass das Kommando wieder bei uns liegt. Diesem Zweck galt auch eine damals von mir abgehaltene Betriebsversammlung mit einem rund zweistündigen Vortrag über die Firmenentwicklung, in der so manche Begriffe richtiggestellt werden sollten, die sich in der Zwischenzeit verschoben hatten. Dieses unser Eingreifen auf allen Arbeitsgebieten konnte aber vernünftigerweise nur ein Übergangszustand sein und war sobald wie möglich wieder durch eine Normalregelung abzulösen. Der Zeitpunkt hierzu war meiner Ansicht nach im Herbst 1950 gekommen, und ich war daher bestrebt, zunächst einmal die Verhältnisse in der Geschäftsleitung in Ordnung zu bringen. Zu diesem Zweck habe ich damals meinem Vater einen Vertragsentwurf in Anlehnung an den früheren Vertrag, jedoch ergänzt im Sinne der erweiterten Funktionen, vorgelegt.«[3] Doch der Senior hatte den Vertrag ebenso abgelehnt wie einen im November 1951 dann vom Junior noch einmal vorgelegten, geänderten Vertrag, in dem praktisch alle Streitpunkte herausgelassen waren. Die Regelung der einzelnen Geschäftsführerkompetenzen war auch deshalb dringend notwendig, da Maxheimer nicht nur einer der zentralen leitenden Angestellten war, sondern formal seine Geschäftsführerfunktion behalten hatte und eine formelle Abberufung zunächst nicht erfolgt war. Benckiser besaß mithin drei Geschäftsführer: Reimann junior und Reimann senior als sogenannte Inhabergeschäftsführer und Maxheimer, der allerdings keine Alleinvertretungsbefugnis mehr hatte.[4] Um Maxheimer entbrannte nun ein heftiger Streit zwischen Reimann senior und Reimann junior, der das Unternehmen ebenso blockierte wie die Unsicherheit bei allen anderen Entscheidungsprozessen, bei denen ständig ein drohendes Veto des Seniors auf der Basis seiner 40-prozentigen Geschäftsanteile von Benckiser zu befürchten war.

Und das Verhalten von Reimann senior ging dabei noch über bloße Einsprüche weit hinaus, so dass bei den verunsicherten leitenden Angestellten wie bei Reimann junior selbst der Eindruck entstand, dass

3 Schreiben Reimann junior an Beaufort vom 15.10.1952, in: JAB-Archiv TV 10.

4 Vgl. Brief Beaufort an Reimann senior vom 18.4.1951, in: ebd.

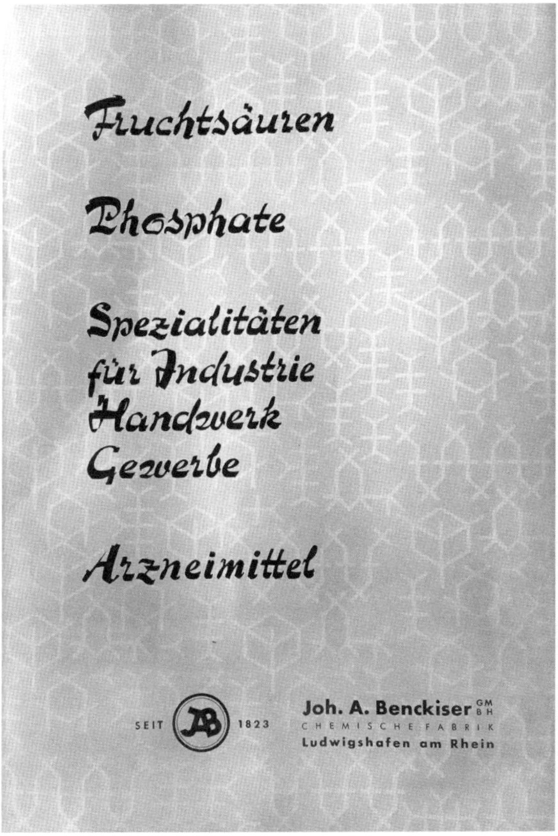

Abb. 85: Großformatige Benckiser-Werbung von 1956 mit dem neuen Logo

der Alte im Unternehmen wie früher das alleinige Sagen haben wollte. Es verging keiner der durchaus zahlreichen Urlaubs- und Kuraufenthalte von Reimann senior in Bad Reichenhall oder Bad Gastein, in dem er nicht per Telegramm genaue Anweisungen und Kommentare zu den laufenden operativen Geschäften gab. Das konnte er auch deshalb tun, da er von den Prokuristen aus dem Unternehmen nicht nur mit laufenden Berichten versorgt wurde, sondern diese teilweise sogar direkt zu Besprechungen mit Reimann senior in den jeweiligen Urlaubsort reisten. »Bei meiner Rückkehr fand ich Deine Anweisungen vom 6.4. vor, welche eine Änderung dieser zwischen uns gemeinsam geregelten Frage [über die Postverteilung und damit sozusagen die Informationshoheit. Anm. des Vf.] enthalten und mich vor vollendete Tatsachen stellen«, schrieb Reimann junior am 20. April 1951 an seinen Vater. »Man könnte daraus schließen, dass Du meine Funktion als Mitinhaber auf bloße Unterrichtung über von Dir getroffene Maßnahmen nach Deinem eigenen Ermessen beschränken willst. Damit bin ich aber nicht einverstanden.«[5] Dass durch das Verhalten des Seniors auch das Ansehen und die Autorität von Reimann junior bei der Belegschaft massiv litten, kam erschwerend hinzu. »Es bestätigt sich leider immer mehr der Eindruck, dass die Solidarität zwischen uns als Inhabergeschäftsführern – nicht durch meine Schuld – nach außen hin immer brüchiger wird«, schrieb Reimann junior nur zwei Tage später gleichsam ergänzend dazu an den Vater. »Es kann ja auch gar nicht anders sein, wenn der Seniorchef gegen seinen Sohn Bundesgenossen unter den leitenden Angestellten sucht oder auch letzteren nur seine väterlichen Besorgnisse mitteilt und pädagogische Ratschläge gibt, sich ja nicht von diesem – im Übrigen vielgeliebten Sohn – und seinen abwegigen Planungen beeinflussen zu lassen.«[6]

Die unternehmenspolitischen Maßnahmen des Seniors liefen dabei zum Teil diametral denen von Reimann junior entgegen, wie etwa der massive Ausbau der Weinsäure-Kapazitäten, die weit über den prognostizierten Absatzzahlen lagen. Widerstand schlug Reimann junior von Seiten des Vaters wie auch von Maxheimer hinsichtlich einer von diesem als dringend notwendig erachteten Modernisierung der Unternehmensorganisation entgegen, die für Reimann junior eine der zentralen Voraussetzungen der notwendigen »Gesamtbereinigung« bei Benckiser darstellte. Hauptaufgabe dabei war »die Schaffung einer wirklich funktionierenden Geschäftsleitung, die wir – wie Sie sicherlich zugeben werden – heute nicht besitzen«, schrieb Reimann junior dazu in einem langen Brief an den Geschäftsführerkollegen, um diesem im gleichen Atemzug auch noch Desorganisation und völlige Unfähigkeit bei der Zeit- und Arbeitsteilung vorzuwerfen.[7] Einen

5 Brief vom 20.4.1951, in: ebd.

6 Brief Reimann junior an den Senior vom 22.4.1951, in: ebd.

7 Der zehnseitige Brief von Reimann junior an Maxheimer vom 8.11.1951, in: ebd.

offenen Bruch oder gar einen Rauswurf Maxheimers konnte Reimann junior allerdings nicht riskieren, da dieser die zu diesem Zeitpunkt gerade laufenden Verhandlungen zur Verlängerung der Calgon-Patentlizenzen führte. Trotz aller Bemühungen von Reimann junior änderte sich mithin an den innerbetrieblichen Konstellationen wie auch in der Vater-Sohn-Beziehungen bis Oktober 1953 nichts, obwohl Reimann junior im Juli 1952 noch eine als Kompromiss gedachte detaillierte Aufstellung und hinsichtlich der Kompetenzen abgestufte Aufteilung der einzelnen Arbeitsgebiete unter den drei Geschäftsführern (»Hauptverantwortliche und richtunggebende Leitung; Mitverantwortung und Mitberatung; Information in großen Zügen und Mitberatung auf Wunsch von Fall zu Fall«), mithin unter nach wie vor starker Einbeziehung des Vaters, erstellt hatte.[8] Dass sich die Einstellung von Reimann senior zu Maxheimer dabei inzwischen um 180 Grad geändert hatte und er allenthalben nun davor warnte, dass nach seinem Ableben dieser sich zu einem Majordomus entwickeln würde, wie es bei der Darmstädter Pharmazeutischen Firma Merck das dortige Vorstandsmitglied Pfotenhauer gewesen war, dem es gelungen war, die Mitglieder der Inhaberfamilie aus der Unternehmensleitung zu verdrängen, machte die Sache nicht leichter.[9] Der ihn sein Leben lang auszeichnende Kampfgeist, der Starrsinn und die Rechthaberei, die Reimann senior vielfach erfolgreich gegenüber Konkurrenten wie Behörden praktiziert hatte, wandten sich nun in irrationaler und unberechenbarer Weise gegen den eigenen Sohn.[10] Der anhaltende Konflikt, der auch zusätzlich noch von seinem sich verschlechternden Gesundheitszustand geprägt wurde, lähmte Benckiser weiterhin in einer Phase, in der andere Unternehmen und auch die Konkurrenten längst entscheidende langfristige unternehmenspolitische Entscheidungen und Weichenstellungen getroffen hatten. Das Unternehmen befand sich in einer prekären Lage, der für das erste Halbjahr 1951 erwartete Bruttoüberschuss von 4 Mio. DM verwandelte sich dann

8 Vgl. Schreiben Reimann junior an Maxheimer vom 31.7.1952, in: ebd.

9 Vgl. Schreiben Reimann junior an Beaufort vom 17.10.1952, in: ebd., zu Pfotenhauer und dessen »Palastrevolution« von 1942 vgl. Burhop u.a., S. 313ff.

10 Vgl. dazu etwa Schreiben Reimann junior an Beaufort vom 24.12.1952, in dem er die Befürchtung äußerte, dass der Vater irgendwie »auf Unheil sinnt«, in: JAB-Archiv, Ordner TV 10.

tatsächlich in einen Verlust von 1,1 Mio. DM. Die kurzfristigen Verbindlichkeiten waren mit 9,4 Mio. DM geradezu erdrückend. Dazu kam, dass man im Juni 1952 Kurzarbeit hatte anmelden müssen, was für erhebliche Unruhe im Betrieb gesorgt hatte, zumal – anders als 1932 bei der letzten Kurzarbeitsphase bei Benckiser – diesmal vom Unternehmen kein Firmenzuschuss bezahlt wurde.[11] Mit dem Tod von Albert Reimann senior schien der gordische Knoten endlich durchschlagen, um Benckisers Wiederaufstieg zu einem führenden Chemieunternehmen einzuleiten, aber Reimann junior sollte in der Folgezeit noch viele Rückschläge einstecken und ein hohes Lehrgeld zahlen müssen.

Die neue Unternehmenspolitik

Aufstieg trotz Misserfolgen oder: Das Zusammentreffen mehrerer glücklicher Umstände nach einer langen Pechsträhne

Eine der ersten Maßnahmen von Reimann junior, das Unternehmen auf eine breite Produktbasis zu stellen und damit krisenfester zu machen, war der Auf- und Ausbau der neuen Sparte bzw. Abteilung »Pharmazeutika«. Der Bereich hatte sich weitgehend organisch aus dem Citretten-Geschäft entwickelt, zu dem auch noch die erwähnte Herstellung von Dulgon für äußerliche Anwendung bei Hautschäden gekommen war. In kurzer Zeit wurde das Produktionsprogramm weiter diversifiziert: Man bot Alfabet, einen Appetitzügler und Leistungsstimulanz an, es gab das Fußbadesalz Propede, Sangamin gegen Eiweißmangelerscheinungen bei Neugeborenen, Cholin-Citrat (bzw. Citracholin) zur Behandlung von Lebererkrankungen, Urgon, ein Erkältungsmittel auf Basis von Zitronensäure, Magnosetten in Tabletten und Ampullenform, ein Magnesiumpräparat, und schließlich auch für die Tierärztepraxis Acrifrum und Fruminal, zwei Zitronensäure-Zusatzpräparate bei der Kälber- bzw. Ferkelaufzucht.[12] Im Januar 1956 gründete Reimann junior dazu eine eigene Tochtergesellschaft,

11 Vgl. Brief Reimann junior an die Eltern vom 27.6.1952 sowie an Reimann senior vom 17.7.1952, in: JAB-Archiv Ordner TV 10.

12 Vgl. dazu auch Benckiser-Chronik II, S. 243f.

die Enaica Körperpflege GmbH, Heidelberg, über die der Einstieg ins Kosmetikgeschäft geplant wurde. Schon Ende 1957, so die ehrgeizigen Ziele, sollten damit 2 Mio. Umsatz erwirtschaftet werden, und die Tochtergesellschaft sollte sich selbst tragen.[13] Doch der Diversifikationsversuch ins Pharmazeutik- und Kosmetikgeschäft, der auch vor dem Hintergrund des allenthalben rückläufigen und nicht mehr zugkräftigen Citretten-Geschäft erfolgt war, sollte bald scheitern, obwohl Reimann junior mit hoher Werbeintensität und beträchtlichem Marketingaufwand – die diesbezüglichen Aufwendungen, bezogen auf den Umsatz, die sogenannte Werbequote, betrugen zeitweise 160 Prozent – den Erfolg geradezu erzwingen wollte. Die Pharmazeutika-Abteilung schrieb permanent rote Zahlen, im Juni 1960 wurde dann die Körperpflege-Tochtergesellschaft wieder liquidiert.

Wichtigster Umsatzträger wie auch Ertrags- und Gewinnfaktor blieb demgegenüber das Geschäft mit den Phosphat-Spezialitäten bzw. phosphorsauren Salzen wie Fibrisol und den Joha-Schmelzkäse-Salzen, die auch in der Lebensmittelindustrie der »Wirtschaftswunderjahre« ihre Bedeutung verteidigen konnten – vor allem aber Calgon. Die einstigen Vierjahresplan-Produkte wurden nun zu Markenartikeln. Nachdem es gelungen war, die für Fibrisol entscheidenden Patente 1948 in Frankreich (Volz-Lux) und 1950 in den USA (Hall) 1953 zu erneuern bzw. auf Benckiser überschreiben zu lassen, war die Erlangung zahlreicher weiterer Patente in einer Reihe von europäischen Ländern sowie den USA und Brasilien möglich.[14] Insbesondere in Amerika entwickelte sich in der dortigen Fleischerei- und Wurstindustrie eine große Nachfrage nach Fibrisol, woraus sich aber Konflikte mit der Calgon Inc. ergaben, die ihrerseits Patentanmeldungen im Fleischsektor getätigt hatte. Und dann ergaben sich auf dem deutschen Heimatmarkt durch das neue Lebensmittelgesetz von 1958 völlig neue Bedingungen, die unter anderem dazu führten, dass auch die bisherigen Fibrisol- und Joha-Patente mit einem Schlag an Bedeutung verloren. Schon im Vorfeld dazu war nicht nur unter Fachleuten, Veterinären und Lebensmittelchemikern, sondern auch

13 Vgl. ebd., S. 245.

14 Vgl. die umfangreiche Notiz über »Gewerbliche Schutzrechte und Umsatzentwicklungen« vom 28.7.1976, in: JAB-Archiv D 40, sowie auch Benckiser-Chronik II, S. 211 ff.

zunehmend in der Öffentlichkeit die Zulässigkeit von Phosphatsalzen in Lebensmitteln heftig diskutiert worden. Durch intensive Lobbyarbeit war es Benckiser zunächst gelungen, ein Verbot zu verhindern. Dennoch sah sich das Unternehmen mit zahlreichen Klagen wegen Verstoßes gegen das bestehende Lebensmittelgesetz konfrontiert.[15] Mit diversen beauftragten Gutachten und wissenschaftlichen Symposien zur Pharmakologie und Toxikologie der Phosphate versuchte Benckiser die Gesetzgeber wie die Öffentlichkeit von der physiologischen Unbedenklichkeit der Polyphosphate in Fibrisol wie Joha zu überzeugen. Doch das dann erlassene neue Lebensmittelgesetz bedeutete die völlige Einstellung des Verkaufs phosphathaltiger Brätzusatzmittel. Der Einsatz von Phosphaten in Backhilfsmitteln, bei der Wasserbehandlung und der Schmelzkäseherstellung blieb davon immerhin unberührt. Das Fibrisol-Geschäft verlor aber dann auch dadurch an Bedeutung, dass die grundlegenden Schutzrechte bereits 1960 ausliefen. Dennoch ließ sich Benckiser in der Folgezeit auf einen jahrelangen, ebenso zähen wie zermürbenden Kampf mit den verschiedenen Behörden ein, der dann tatsächlich 1969 dazu führen sollte, dass die deutschen Stellen die in fast allen fleischverarbeitenden Ländern zugelassenen und verarbeiteten Polyphosphate auch in Deutschland wieder zuließen.[16]

Was Calgon anging, hatte die Produktion bei Benckiser bereits 1948 wieder begonnen, zunächst aber nur für die gewerblichen Wäschereien und in Krankenhaus-Wäschereien. Schon am 20. Mai 1950 war es gelungen, mit der Hagan Company bzw. der Calgon Inc. in Pittsburgh eine neue, auf der Basis des alten Abkommens aktualisierte Vereinbarung zu treffen, die zunächst vor allem umfassenden Wissens- und Erfahrungsaustausch beinhaltete.[17] Die Frage der Patentverlängerung war für Benckiser nicht nur im Hinblick auf die Wettbewerbsposition gegenüber Henkel geradezu existenznotwendig – und ursprünglich vor dem Hintergrund des Kontrollratsgesetztes Nr. 8 betr. Ausschaltung und Verbot militärischer Handlungen eine fast hoffnungslose Angelegenheit gewesen. Es ging darum, nachträglich

15 Vgl. dazu näher Benckiser-Chronik II, S. 234f.
16 Vgl. ebd., S. 239.
17 Vgl. dazu Notiz vom 1.3.1950 sowie rückblickend vom 7.12.1955, in: JAB-Archiv D 71 a.

eine Auslegung der damaligen Calgon-Verträge von 1935 zu finden, so dass die erneuerte Fassung mit den Kontrollratsbestimmungen nicht in Konflikt geriet. Auf dem Gebiet der Wasserweichmachmittel, Waschmittel und Textilhilfsmittel herrschte zu diesem Zeitpunkt patentrechtlich ein fast unübersehbares Chaos, und die Verlängerung oder Nichtverlängerung des Calgon-Patents für Benckiser entschied darüber, ob daraus ein Dauerzustand werden würde oder aber wieder eine Ordnung zu Gunsten und im Sinne Benckisers eintreten würde.[18] »Die Verworrenheit der Situation wird dadurch erhöht«, so notierte Reimann junior dazu im Oktober 1952, »dass durch Kriegsnotverordnung Patente erteilt wurden, die nach dem Stand der Einspruchsakten eigentlich hätten versagt werden müssen, weiterhin dadurch, dass durch ein Gesetz vom 15. Juli 1951 aufrechterhaltene Altpatente bzw. Altanmeldungen, die nicht veröffentlicht bzw. nicht bekanntgemacht worden waren, eine Verlängerung von fünf Jahren genießen. Hinzu kommt noch, dass sich die gesamte Patent-Situation in letzter Zeit fast von Monat zu Monat dadurch geändert hat, dass uns noch nicht bekannt gewesene Altanmeldungen veröffentlicht wurden, die unser Arbeitsgebiet betreffen. Darunter fallen unter anderem einige für uns sehr unangenehme Henkel-Patente. Die Situation ist völlig undurchsichtig und kompliziert wie noch nie.«[19] Mitte 1952 war Benckiser daher fast wie damals 1932 bei Calgon wieder mit zahllosen patentrechtlichen Beschwerden und Einsprüchen befasst.

Zuvor, Ende August 1951, war endlich auch ein persönlicher Besuch von Albert Reimann junior in Pittsburgh zustande gekommen. Dabei ging es nicht nur um die gegenseitige Unterrichtung von Patentanmeldungen im Calgon-Bereich, sondern auch um die Frage des Calgon-Begriffs als Marke einerseits und der technischen Weiterentwicklung von Calgon-Sorten mit Polyphosphat-Komponenten, die mit der ursprünglichen chemischen Zusammensetzung von Calgon nicht mehr viel gemein hatten.[20] Die wichtigsten Ergebnisse des

18 Vgl. dazu Notiz Reimann junior vom 29.10.1952, S. 3, in: JAB-Archiv TV 10.

19 Ebd.

20 Vgl. dazu Notizen Reimann junior vom 15.8.1951 über »Verhandlungsrichtlinien für Amerika-Reise« sowie der ausführliche, 21-seitige Bericht über den Besuch bei der Hagan Corporation vom 20. bis 25.8.1951 von Rudy, in: JAB-Archiv Ordner D 71 a.

Abb. 86: Calgon-Werbung ca. Mitte der 1960er Jahre

Treffens waren weniger die für Reimann junior und den mitgefahrenen Rudy durchaus interessanten Informationen technischer wie marketingstrategischer Art als vielmehr, dass die Amerikaner prinzipiell signalisierten, künftig wieder eng mit Benckiser und dem dritten Partner im Bunde, der britischen Albright & Wilson, das weltweite Calgon-Geschäft unter entsprechender Marktaufteilung in Angriff zu nehmen. Was die in Deutschland beantragte Patentverlängerung anging, war allerdings zu diesem Zeitpunkt noch alles im Fluss gewesen. In der ersten Instanz war eine Verlängerung von den Behörden abgelehnt worden, aber Reimann junior war sich ziemlich sicher, dass er aufgrund des aus den USA mitgebrachten Materials in die Verhandlungen bei den noch anstehenden zwei weiteren Instanzen

Abb. 87: Calgon-Werbung ca. Mitte der 1960er Jahre

mit Erfolg hineingehen konnte.[21] Erst 1953 war dann tatsächlich die Patentverlängerung zugunsten Benckisers erfolgt, und damit gehörte dem Unternehmen als alleinigem und ausschließlichem Calgon-Lieferant »Deutschland, Österreich, Belgien, Holland, Frankreich, Schweiz, Liechtenstein, Schweden, Griechenland, Spanien, Portugal, die Türkei, Israel, Marokko, Jugoslawien und alles, was hinter dem Eisernen Vorhang liegt einschließlich Russland.«[22] Sonderabmachungen gab es für Italien, Dänemark, Norwegen und Finnland, die auch

21 Vgl. Brief Reimann junior an die Eltern vom 9.10.1951, in: JAB-Archiv Ordner TV 10.

22 Verteilung des Calgon- und Calgonit-Marktes vom 12.10.1953, in: JAB-Archiv, Ordner D 39.

von Benckiser beliefert wurden, aber nicht unter den Markennamen Calgon und Calgonit. Ägypten gehörte eigentlich Albright & Wilson, aber Benckiser lieferte dennoch dorthin unter »Calgonit«. Südamerika war offen, in Peru und Kolumbien lieferte man unter »Calgon«, in Brasilien unter »Calfort« und in Argentinien und Paraguay unter »Calsefué«.[23]

Im Zuge des »Wirtschaftswunders« erhöhte sich dann aber auch in Deutschland der Anteil der Privathaushalte mit Waschmaschinen, so dass sich vor allem hier ein neues großes Absatzfeld eröffnete. Der eigentliche Anstoß zum Produktionsbeginn von »Calgon für die deutsche Hausfrau« war dabei aber nicht von Benckiser ausgegangen, sondern von den Waschmaschinenherstellern, die mit häufigen Reklamationen wegen Verkalkungen zu kämpfen hatten.[24] Angesichts der hohen Werbeaufwendungen für ein solches Markenartikelgeschäft zögerte man in Ludwigshafen noch mit der Markteinführung, die dann erst 1956 erfolgte. Der enge Kontakt zu den Waschmaschinenherstellern wie Constructa war auch die Grundlage für den weiteren Erfolg von »Calgon-Haushalt«. Diese ließen ihre Geräte bei Benckiser regelmäßig auf den bestmöglichen Calgon-Einsatz hin testen und entsprechend auslegen. Das ermöglichte Benckiser, für jedes Fabrikat eine spezifische Gebrauchsanweisung auszuarbeiten, die dann samt Bestellkarte mit der Waschmaschine an die Haushalte übergeben wurde.[25] Die Monteure der Maschinenhersteller wurden bald die besten Propagandisten für Calgon. Daneben entwarfen die Benckiser-Marketingleute aber auch eine eigene »Calgon-Zeitung« für die Verbraucher, die half, den Absatz weiter anzukurbeln.

Der etwa für das Jahr 1961 entworfene »Werbe-Streuplan« für Calgon sah dabei eine systematische Bearbeitung der verschiedensten Medien vor, neben Illustrierten, Funkblättern und Frauenzeitschriften bereits auch Werbefunk und Werbefernsehen.[26] Ende der 1950er Jahre nahm in Deutschland auch die Verbreitung von Haushaltsgeschirrspülmaschinen langsam zu, so dass Benckiser 1959 auch hier

23 Vgl. ebd.
24 Vgl. dazu Benckiser-Chronik II, S. 227.
25 Vgl. ebd.
26 Vgl. dazu die Abbildung in: ebd., S. 228f.

Abb. 88: Calgonit-Werbung auf der Landwirtschaftsausstellung München 1955

Calgonit in einer spezifizierten Form auf den Markt brachte. Schon vorher war man, wie etwa auf der Landwirtschaftsausstellung 1955 in München, mit einem eigenen Calgonit-Stand präsent gewesen. Damals hatte man sich noch ganz auf die Milchwirtschaft im Hinblick auf die gewerblichen Reinigungsprozesse im Verarbeitungsverfahren konzentriert. Im Juli 1966 trat Benckiser auf der DLG-Fachausstellung für Molkereitechnik in München mit dem Slogan »Benckiser – ein Pionier in der Milchwirtschaft« auf.

Obwohl der grundlegende Calgon-Patentschutz auf das Wasserweichmachen mit kondensierten Phosphaten bereits 1955 abgelaufen war, hatte man in den wiederaufgebauten Forschungs- und Entwicklungslaboratorien von Benckiser inzwischen zahlreiche Spezialanwendungen und unterschiedliche Calgon-Typen entwickelt, wie etwa Calgon T universell oder Calgon N für den Einsatz in der Textilindustrie oder Calgon P als Mittel zur Verbesserung der Papierherstellung, die man ihrerseits umfassend patentrechtlich schützen ließ, so dass sich an der starken Wettbewerbsposition des Unternehmens letztlich nicht viel änderte.[27] Das galt auch für Calgonit, d. h. den Reinigungs- und Desinfektionsmittelbereich. Nach einer Reihe von Einspruchs- und Beschwerdeverfahren erhielt Benckiser 1957 das Patent Nr. 967 894 für »Reinigungsmittel und Spülmittel für automatische Spülmaschinen« erteilt.[28] Das Wasseraufbereitungsgeschäft war, in direkter Anknüpfung an die zahlreichen Entwicklungen und auch patentrechtlich abgesicherten Verfahren der Kriegszeit überhaupt stark in den Vordergrund der Unternehmenspolitik gerückt. Das Thema der lebensmittelrechtlichen Zulässigkeit und physiologischen Unbedenklichkeit von phosphatbehandeltem Wasser war dabei allerdings gleichfalls früh aufgekommen. Im April 1952 hatte Benckiser daher bereits Kontakt zum Robert-Koch-Institut für Hygiene- und Infektionskrankheiten, Abt. Wasser und Lufthygiene in Berlin-Dahlem aufgenommen und sich vom Bundesgesundheitsamt im Oktober 1953 ein Gutachten über die Bekömmlichkeit von phosphatbehandeltem Wasser erstellen lassen.[29] Mitte der 1950er Jahre brachte Benckiser dann in Weiterentwicklung des Phosphatimpfverfahrens das sogenannte Mikrophos-Verfahren auf den Markt. Es basierte auf der Verwendung eines schwerlöslichen Phosphates für die Wasserbehandlung im Haushalt wie in Industrie und Gewerbe. Das Geschäft wurde, in Erwartung großer Absätze und lukrativer Gewinne, groß aufgezogen, mit Patent- und Gebrauchsmusterschutz, einer Lizenzstrategie, hohem Marketingaufwand, der Entwicklung eigener Geräte sowie der Gründung gleich einer ganzen Reihe von Tochtergesellschaften.[30] Doch die hohen Erwartungen erfüllten sich bei weitem nicht. Das Mikrophos-Geschäft schrieb Verluste, und zu all dem kam es zu schweren Auseinandersetzungen mit den Gebr. Giulini, die ihrerseits unter dem Namen Siliphos ein konkurrierendes Wasseraufbereitungsverfahren als Spezialität für Rohrschutz gegen Steinbildung und Korrosion auf den Markt gebracht hatten. Den Gebr. Giulini gelang es schnell, Benckiser Großkunden wie die Deutsche

27 Vgl. ebd., S. 231 ff.
28 Vgl. »Gewerbliche Schutzrechte und Umsatzentwicklungen« vom 28.7.1976, S. 11-13, in: JAB-Archiv D 40.
29 Vgl. dazu die Schreiben vom 2.4.1952 und vom 6.10.1953, in: BArch R 154/381.
30 Vgl. dazu näher Benckiser-Chronik II, S. 246 ff.

Bundesbahn vor der Nase wegzuschnappen, und zudem bekämpften sich Giulini und Benckiser in zahlreichen Patentprozessen, an deren Ende es dem Konkurrenten 1959 gelang, eine Benckiser-Anmeldung zu »Wasserbehandlung mit leichtlöslichen Phosphaten« zunichtezumachen.[31] Im Zuge der dann Mitte der 1960er Jahre einsetzenden massiven Angriffe in der Öffentlichkeit gegen den Phosphateinsatz im Trinkwasser brachen bei Giulini wie Benckiser die Umsätze in Deutschland zusätzlich drastisch ein, wobei eine Zeitlang die hohen Auslandsumsätze für einen gewissen Ausgleich sorgten.

Angesichts dieser vielfältigen tatsächlichen wie auch geplanten Aktivitäten im Phosphatgeschäft waren die Produktionskapazitäten bei phosphorsauren Salzen gegenüber den anderen Fertigungszweigen vordringlich ausgebaut worden. Schon 1952 erreichte man mit 5000 Jahrestonnen wieder die frühere Rekordmarke von 1942, verdoppelte diese noch in der zweiten Hälfte der 1950er Jahre auf 10.000 t und erreichte Mitte der 1960er Jahre eine erneute Verdoppelung.[32]

Unter dem Eindruck des großen Erfolgs des Geschäfts mit der Entwicklung von Markenartikeln auf Polyphosphatbasis stand Reimann junior im Februar 1966 vor einer unternehmenspolitischen Grundsatzentscheidung: Das Größenwachstum sprengte den mittelindustriellen Rahmen von Benckiser und zwang sozusagen amerikanische Maßstäbe auf, die, wenn sie weiterhin unter dem Dach von Benckiser blieben, Stagnation bedeuteten, oder aber eine Ausgründung der Sparte als selbständiges Unternehmen unter engem Anschluss an die Grundstoffindustrie durch Beteiligung Letzterer erforderte.[33] Im April 1967 wurde nach eingehenden Verhandlungen mit den Farbwerken Hoechst die Benckiser-Knapsack GmbH, Ladenburg, gegründet, an der Benckiser und Hoechst jeweils paritätisch mit 50 Prozent beteiligt waren. Albert Reimann hatte zuvor noch versucht, die vier Familiengesellschaften, die sich auf dem wachsenden Markt der synthetischen Waschmittel und anderer Phosphatsalz-Produkte bekämpften – neben Benckiser die Chemischen Werke Albert, die Gebr. Giulini und die zum Oetker-

31 Vgl. dazu Giulini-Chronik, Bd. 3, S. 387ff., in: StadtA Lu, WS 03.

32 Benckiser-Chronik II, S. 223. Das folgende Schaubild aus: JAB-Archiv, Ordner Geschichte/Firmenchronik.

33 Vgl. dazu die interne Notiz Reimann junior vom 21.2.1966, in: JAB-Archiv D 52.

Konzern gehörende Chemische Fabrik Budenheim – zu einem Zusammenschluss zu bewegen.[34] Doch nur mit den Gebr. Giulini war es zu ernsthafteren Kooperationsverhandlungen gekommen, die aber 1964 gescheitert waren. Und dann hatte Alexander Albert seine Chemischen Werke an Hoechst verkauft, so dass sich neue Wettbewerbskonstellationen ergaben. Die daraufhin zustande gekommenen und bereits im Dezember 1966 erfolgreich abgeschlossenen Gespräche mit dem IG Farben-Nachfolger bedeuteten im Grunde die Erfüllung eines schon von Reimann senior lang gehegten Traums: Die Produktion von phosphorsauren Salzen bzw. Verarbeitung von thermischer Phosphorsäure in unmittelbarer Nähe eines Grundstoffproduzenten wie damals das IG-Werk Piesteritz. Mit der Gründung von Benckiser-Knapsack mit eigener Phosphorverbrennung wurde das vormals unerreichbare Ideal der vertikalen Integration nun verwirklicht, ohne dafür die unternehmerische Eigenständigkeit von Benckiser opfern zu müssen.[35]

Eine der Erkenntnisse, die Reimann junior aus dieser höchst wechselvollen Entwicklung zog, war, dass Innovationsprozesse aus dem bestehenden Geschäft heraus eine weit höhere Erfolgschance haben als Diversifikationsversuche in völlig neue Arbeitsgebiete. Ein Beispiel dafür war auch das Geschäft mit Wein- und vor allem Zitronensäure. Nach dem Zweiten Weltkrieg war im Bereich der Weinsäure im Verlauf weniger Jahre das eingetreten, was Reimann senior schon in den 1930er Jahren vorausgesagt und befürchtet hatte: eine Konzentration der Weinsäurefabrikation auf diejenigen europäischen Weinländer, die über die weinsaure Rohware verfügten.[36] In Italien festigte der Chemiekonzern Montecatini seine marktbeherrschende Position, in Frankreich bestimmten die Traditionsbetriebe Mante und Legré das Geschäft, wobei Ersterer von Letzterem später übernommen wurde. In Deutschland war Benckiser der einzig verbliebene Weinsäure-Hersteller. Boehringer hatte die Fertigung aufgegeben und bezog seinen Bedarf von Benckiser. Aber auch dort stellte man

34 Vgl. dazu Benckiser-Chronik II, S. 339ff.

35 Vgl. dazu auch die rückblickenden Notizen von Reimann junior vom 25.7.1977, in: Familienarchiv Reimann-Dubbers, Ordner Korrespondenz zur Chronik II.

36 Vgl. dazu auch Dehio, S. 100ff., und zum Folgenden auch Benckiser-Chronik II, S. 273ff.

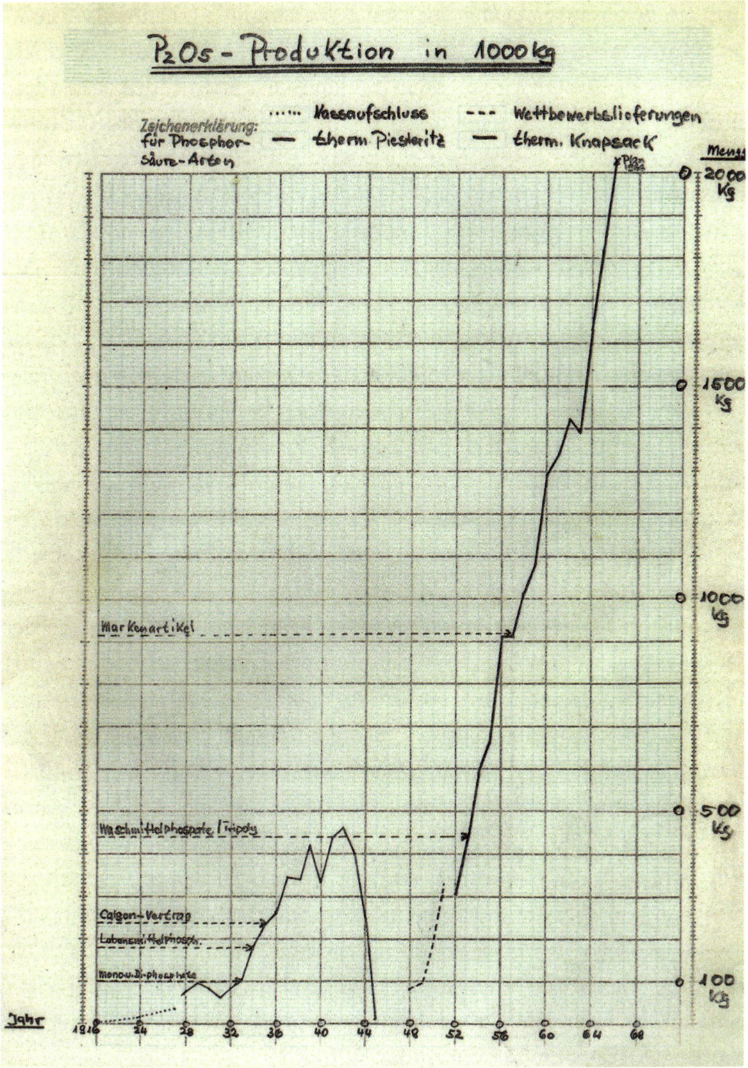

Abb. 89: Schaubild der Produktionsentwicklung phosphorsaurer Salze 1916 bis 1965

sich regelmäßig die Frage nach der Rentabilität und Zukunftsfähigkeit des Weinsäure-Geschäfts. In vielen Bereichen hatte sich der schon in den 1930er Jahren abzeichnende Trend weiter verstärkt, dass die Weinsäure auf den meisten Anwendungsbereichen wie etwa den Brausesalzen von der Zitronensäure überflügelt und substituiert worden war. Die entsprechenden Verkäufe machten Mitte der 1950er Jahre bei Benckiser dennoch immerhin ca. 20 Prozent des Gesamtumsatzes aus, und es gab, wie die Finanzabteilung im Oktober 1958 konstatierte, durchaus erhebliche Kostendegressionsvorteile, wenn man die Zitronensäurefertigung kalkulatorisch miteinbezog.[37] Das Abwägen aller Für und Wider führte zunächst zu dem Beschluss, das Weinsäure-Geschäft weiterzuführen, allerdings änderten sich Anfang der 1960er Jahre die internationalen Konkurrenzverhältnisse grundlegend, nachdem der US-Konzern Pfizer, nach wie vor weltweit größter Hersteller von Zitronensäure, die Weinsäurefabrik des britischen Herstellers Kemball Bishop übernommen hatte. Benckiser trotzte jedoch dem neuen Konkurrenten und blieb im Markt. Man versuchte über das inzwischen gegründete Comité Européen des Fabricants d'Acide Tartique (CEFAT) Verständigungsgespräche zwischen den europäischen Weinsäure-Herstellern zu führen, allerdings unter den gegenüber früher völlig geänderten Bedingungen der EWG-Gründung im Jahr 1957 und den allenthalben geltenden neuen Wettbewerbsgesetzen. Im Sommer 1966 beteiligte Benckiser sich sogar an einer Gemeinschaftsgründung mit einem französischen Partnerunternehmen, der Tartrachimie S.a.r.l, Marseille, deren Aufgabe der Rohwareneinkauf in Frankreich, die Förderung des Weinsäureverkaufs und auch die Untersuchung einer möglichen Verlagerung von Benckisers Weinsäure-Fertigung ins Ausland war.[38] Doch die Erwartungen erfüllten sich nicht. Die Standortvorteile im französischen Rohwarengebiet wogen die Vorteile nicht auf, die die Verbindung mit der Zitronensäureproduktion in Ladenburg erbrachte. Anfang der 1970er Jahre befand sich damit das Weinsäure-Geschäft von Benckiser nach wie vor in der Schwebe.

Erhebliche Marktturbulenzen, verbunden auch noch mit technologischen Umbrüchen, ergaben sich daneben im Zitronensäure-Geschäft von Benckiser. Im Unterschied zu den Phosphaten erforderte

37 Vgl. Benckiser-Chronik II, S. 273, sowie auch die Ausarbeitung von Wilhelm Bickel für Albert Reimann junior »Betr. Entwicklung der Weinsäuresparte« vom 10.2.1977, in: JAB-Archiv, Ordner Firmengeschichte.

38 Vgl. ebd., S. 276f.

die Biosynthese der Zitronensäure einen wesentlich höheren Kapitaleinsatz. Die Zitronensäure-Erzeugung war die kapitalintensivste Produktgruppe bei Benckiser, zumal auch neben den zu lösenden Umweltproblemen wie Abwasserreinigung und Abfallverwertung die teure und unrationelle Verbundproduktion zwischen Ladenburg, dem Gärbetrieb, und Ludwigshafen, der Endverarbeitung, die Kalkulationen belasteten. Dazu kam, dass sich das bestehende Oberflächenverfahren einer Mechanisierung entzog und daher nach wie vor beim Ausräumen und Reinigen der Gärschalen viel Handarbeit notwendig war. In mehreren Etappen war in Ladenburg die Vergrößerung der Gärflächen erfolgt. Zwischen 1950 und 1959 wurde die Produktionsfläche von ca. 400 qm auf knapp 750 qm fast verdoppelt.[39]

Dennoch waren die Gärausbeuten höchst schwankend geblieben, abhängig von der Qualität der verarbeiteten Melasse, die nach wie vor neben Zucker bei der Verarbeitung eingesetzt wurde. Die Erzeugung insgesamt war daher zwar von knapp 2000 t im Jahr (1950) auf fast 5000 t (1959) hochgeschnellt, aber auch die Kosten für 100 kg Citronensäure waren von 35 DM auf zeitweise bis 45 DM (1958) deutlich gestiegen.[40] In Ludwigshafen hatte man die Bedingungen für die Weiterverarbeitung der Ladenburger Gärungs-Zitronensäure erst 1950 soweit wieder geschaffen, dass von einer ordnungsmäßigen und auch qualitativen Produktion gesprochen werden konnte. Die Produktionskapazitäten stiegen dann ebenfalls stark an, von 1630 t im Jahr 1950 auf knapp 4000 t fast zehn Jahre später, und auch hier waren die Kosten je 100 kg Citronensäure deutlichen Steigerungen unterworfen gewesen, von 35 DM auf 48 DM (1958).[41] Doch dann brachte ein neues Produktionsverfahren erhebliche Kosteneinsparungen mit sich, so dass schon 1959 die Erzeugung von 100 kg Zitronensäure nur noch 26,5 DM, mithin 45 Prozent weniger, kostete.

Dazu kam aber auch im Gärbereich eine verfahrenstechnische Innovation, die sogenannte Submersgärung, die das hinsichtlich der Gärausbeute technisch ausgereizte Oberflächenverfahren ablöste.

39 Vgl. dazu den ausführlichen Bericht von Hermann Rudy über »Die Entwicklung der Citronensäureproduktion von 1945 bis 1959«, vom 28.4.1960, in: JAB-Archiv, Ordner D 52.

40 Vgl. ebd., S. 4.

41 Vgl. ebd., S. 14.

Das Verfahren, bei dem Rohrzuckermelasse anstelle von Zuckerrübenmelasse eingesetzt wurde, versprach nicht nur kürzere Gärzeiten bei gleichzeitig höheren Ausbeutungsquoten, sondern vor allem auch Kosteneinsparungen beim Rohwareneinsatz.[42] Benckiser hatte sich dabei zunächst das nötige Know-how durch Kooperationsgespräche mit der amerikanischen Firma Miles Laboratories zu beschaffen versucht, dann aber durch Hermann Rudy in den Laboratorien eigene Forschungen angestellt. Zudem ergab sich der für Benckiser glückliche Zufall, dass die befreundete Stauffer Chemicals, New York, ihre Zitronensäureherstellung Anfang der 1960er Jahre aufgaben und die dort noch im Entwicklungsstadium befindliche Submersgärung samt Pilotfabrik und amerikanischen Patenten Reimann junior anboten. Die Zusammenführung des Know-hows aus den verschiedenen Bereichen ermöglichte es Benckiser in kurzer Zeit, das Submersverfahren zur Produktionsreife zu bringen, so dass es dann in Ladenburg zunächst noch parallel neben dem Oberflächenverfahren eingesetzt wurde.[43] Außer Pfizer, der britischen Sturge und Benckiser war weltweit kein anderer Zitronensäurehersteller das Wagnis eingegangen, die Zitronensäureproduktion auf die submerse Gärung umzustellen. Die Deutschen sahen sich mithin hier den Konkurrenten ein gutes Stück voraus und fühlten sich stark genug, Interessenten für neue Zitronensäurefabriken Lizenzen anzubieten. Dazu kam, dass die Submersgärung für Benckiser auch gleichzeitig einen Brückenschlag zur Glucosesäureproduktion bedeutete, die bei weitem nicht einem so starken Konkurrenzdruck ausgesetzt war wie Zitronensäure.[44]

Der Inlandsmarkt für Zitronensäure hatte sich inzwischen in den »Wirtschaftswunderjahren« höchst expansiv entwickelt. Der allgemeine Konsum und der damit einhergehende Zitronensäureeinsatz bei der Herstellung von Backhilfsmitteln, Essenzen, Süßwaren und Getränken sorgten für hochschnellende Absatzzahlen. Mitte der 1960er Jahre sorgten zwar Substitutionsstoffe wie Apfelsäure und Fumarsäure – das bei der petrochemischen Industrie anfallende Maleinsäureanhydrid war ein billiger Rohstoff dafür – für Unruhe am

42 Vgl. dazu näher Benckiser-Chronik II, S. 283ff.
43 Vgl. ebd., S. 285.
44 Vgl. Notiz Reimann zur »Weiterentwicklung der Großproduktionen nach Kriegsende« vom 24.11.1977, in: JAB-Archiv, Ordner Chronik.

Abb. 90: Führungskräfte-Besprechung ca. 1963

Markt, zumal neben Pfizer, die in die Fumarsäureproduktion einstiegen, auch neue große Wettbewerber wie Allied Chemical und Monsanto sich im Geschäft mit synthetischen Fruchtsäuren zu engagieren versuchten. In Deutschland startete die Ruhröl GmbH, eine Tochtergesellschaft des Stinnes-Konzerns, 1964 die Produktion von Äpfel- und Fumarsäure. Dennoch bot Benckiser mit seiner überlegenen Verfahrenstechnologie und seiner inzwischen in Ladenburg vollzogenen Großproduktion von Zitronensäure allen Konkurrenten erfolgreich die Stirn. 1964 wurde mit 17,1 Mio. DM ein Rekordumsatz mit Zitronensäure erwirtschaftet, das waren knapp 20 Prozent des Gesamtumsatzes. 1975 sollten es 60 Mio. DM sein.[45]

Die alles entscheidende Frage für Reimann junior im Zitronensäuregeschäft war aber zunächst die nach dem Verhalten und der Entwicklung des europäischen Marktführers, der Citrique Belge,

45 Vgl. Benckiser-Chronik, S. 280.

gewesen. Auf die noch von Albert Reimann senior gestarteten Kontakt- und Kommunikationsversuche hatten die Belgier mit einer kategorischen Forderung nach Wiederherstellung des »status quo ante bellum« geantwortet.[46] Die Citrique Belge hatte sich zu diesem Zeitpunkt bereits von jeglicher Mitsprache und Beteiligung der Italiener befreit, indem der Präsident und Hauptanteilseigner Jules Delacroix dem Zuckerfabrikanten Montesi dessen Beteiligung mit einem Scheck über eine Million Dollar abgekauft hatte.[47] Im Frühjahr 1950 war es dann in Köln und Brüssel zu ersten direkten Gesprächen über die künftige Marktsituation in Europa, über Kalkbezüge, Marktpreise und Produktionskapazitäten gekommen, wobei zur gleichen Zeit auch Gespräche zwischen den Belgiern und Boehringer stattfanden und sich daher »wiederholt« die Vertreter der beiden deutschen Firmen »in der Tür des Hotels Excelsior in Köln trafen«.[48] Im Februar 1953 war es Reimann junior dann gelungen, eine Zusammenkunft der europäischen Zitronensäureproduzenten in Brüssel zu arrangieren, die erste nach den Treffen in den 1930er Jahren. Und alle – Kemball, Bishop & Co., John & E. Sturge, Mante & Co. sowie Citrique Belge und Boehringer – kamen. Es fehlten nur die Italiener der Aranella. Im Prinzip hatte man Übereinstimmung darin erzielt, dem weiteren Preisverfall bei Zitronensäure Einhalt zu gebieten und die Märkte ordnen zu wollen.[49] Doch die Konferenz, bei der Reimann junior eine Art Vermittlerrolle zu übernehmen versuchte, scheiterte, denn die Belgier hatten ihre Produktionskapazitäten auf die Versorgung des gesamten europäischen Marktes ausgerichtet, forderten entsprechende Verkaufsanteile und betrachteten in jeder Errichtung weiterer Gärkapazitäten durch die Konkurrenten einen Verstoß gegen ihre Konzeption einer Ordnung des europäischen Zitronensäuremarktes. Kurzum, »die Belgier erwiesen sich als unzugänglich in ihrer

46 Vgl. dazu die elfseitige Ausarbeitung von Reimann junior vom 19.7.1957 über »25 Jahre Citronensäure Benckiser. Kurzdarstellung unter besonderer Berücksichtigung der Beziehungen zur Citrique Belge«, in: JAB-Archiv Ordner D 52. Vgl. dazu auch die auf dieser Ausarbeitung basierende Darstellung in der Benckiser-Chronik II, S. 281 ff.

47 Vgl. Dehio, S. 61.

48 Ebd., S. 79.

49 Vgl. ebd., S. 80.

Tendenz nach einer völligen Marktbeherrschung.«[50] Durch die benachbarte und als Muttergesellschaft fungierende Sucrerie Tirlemontoise mit Zucker und dann auch Melasse günstig versorgt, setzte die Citrique Belge unverhohlen auf eine Bekämpfung der Konkurrenten über einen Verdrängungswettbewerb mittels Preiskrieg und Dumping, zumal man auch über eine schlagkräftige Vertriebsorganisation verfügte. Reimann junior sah sich dabei bald von den Belgiern in die Rolle des Hauptgegners gerückt, weil Benckiser offensichtlich der größte und technisch gefährlichste Konkurrent war. Bemerkenswerterweise war aber auch jetzt noch die Vorgeschichte der Besatzungszeit offensichtlich ein potenzielles prekäres Thema, das man zumindest auf Seiten von Benckiser tunlichst vermeiden wollte. In seiner Notiz über die Beziehungen zur Citrique Belge vom Juli 1957 fügte Reimann junior noch den Nachtrag hinzu: »Wir haben den Belgiern gegenüber konsequent die Auffassung vertreten, wir seien im Rahmen der Autarkie-Bestrebungen des Dritten Reichs zur Errichtung der Eigengärung von Amts wegen veranlasst worden. Diese Auffassung findet sich auch in meinem im Anschluss an den Besuch Delacroix in Heidelberg an diesen gerichteten Schreiben vom Januar 1948, sie muss natürlich auch bei etwaigen historischen Gesprächen mit den Belgiern aufrechterhalten werden.«[51]

Es sollte acht Jahre, bis 1961 dauern, bis eine zweite Konferenz der europäischen Zitronensäureproduzenten zustande kam. Jedoch schon ab Mitte der 1950er Jahre war klar, dass aus der alten und nicht nur von Albert Reimann befürchteten europäischen Marktdominanz der Citrique Belge nichts werden würde. Die stark wachsende Nachfrage nach Zitronensäure bot auch für die Konkurrenten genug Absatzchancen, dazu kamen in Tirlemont technische Probleme mit Infektionen und Produktionsausfällen und Schwierigkeiten bei der Umstellung von der ausschließlichen Zucker- auf die Melasseverarbeitung.[52] Die Belgier verpassten auch den Anschluss an die neue Submersverfahrens-Technologie, so dass sich Anfang der 1960er Jahre neue Gesprächsgelegenheiten zwischen der Citrique Belge und Benckiser ergaben, bei denen sich die Gewichte der Gesprächspartner

50 25 Jahre Citronensäure Benckiser, S. 8.
51 Ebd., S. 11.
52 Vgl. ebd., S. 10, und Benckiser-Chronik II, S. 282.

inzwischen im Vergleich zu 1953 wieder erheblich zu Gunsten der Deutschen verschoben hatten. Reimann bot dem Seniorchef Delacroix dabei unter anderem auch die Beteiligung an dem Bau einer gemeinsamen neuen Submersanlage in Costa Rica an, was dieser jedoch ablehnte. Dennoch standen die Zeichen zwischen den beiden Konkurrenten nun stärker auf konstruktive Zusammenarbeit. In dem im Oktober 1962 errichteten Comité Européen des Fabricants d'Acide Citrique (CEFAC) mit Sitz in Brüssel, das vor allem als Gegenspieler gegen die mächtige europäische Zuckerindustrie, die staatsmonopolistische Preise zu diktieren versuchte, agierte, zogen die Belgier und die Deutschen dennoch nicht an einem Strang.[53] Im Oktober 1965 hatte dabei Albert Reimann unter anderem wieder einmal einen Vorstoß unternommen, die seiner Ansicht nach inzwischen abermals verfahrene Situation in der europäischen Zitronensäureindustrie zu beseitigen. In einer ausführlichen Notiz machte er sich dabei Gedanken über die tieferen Gründe und Sanierungsmöglichkeiten, nachdem für ihn klar war, »dass wir uns in einem Teufelskreis bewegen, aus dem es auch durch die sogenannte Flucht nach vorwärts keinen Ausweg gibt, solange es nicht gelingt, die Großproduzenten, die für die Preisbildung entscheidend sind, davon zu überzeugen, dass die Überlegungen, die der bisherigen Preispolitik der CEFAC und vor allem der Belgier zugrunde lagen, von heute aus gesehen falsch oder zumindest überholt sind.«[54]

Der Grund allen Übels war dabei die anhaltende Niedrigpreispolitik der Belgier zur Verteidigung ihres Monopolanspruchs, die schon insofern fehlgeschlagen war, als sie die Gründung weiterer Gäranlagen in Europa nicht verhindert hatte und auch keinen Ausleseprozess unter den bestehenden Produzenten bewirkt hatte. Im Gegenteil »haben alle noch heute bestehenden Citronensäurefabriken, anstatt im Sinne der Belgier stillzulegen, die Flucht nach vorwärts angetreten und alle sind sowohl kapitalmäßig wie auch gestützt auf ein wesentlich bereites Produktionsprogramm als es die Belgier haben, in der Lage, in schlechten Jahren auf Gewinne zu verzichten oder gar Verluste in Kauf zu nehmen [...]. Alle erfahrenen Citronensäureproduzenten – auch solche, die

53 Vgl. dazu näher Nevens, S. 165f.

54 Notiz Reimann über »Die verfahrene Situation der Citronensäureindustrie« vom 16.10.1965, in: JAB-Archiv Ordner D 52.

diese Produktion mit großen Hoffnungen begonnen haben, einschließlich der Belgier – dürften eingesehen haben, dass dieser Industriezweig keine Goldgrube ist und auch nie eine werden kann.«[55] Reimanns Vorstellung einer Preisrevision nach oben lief damit auf eine oligopolistische anstelle der bisherigen monopolistischen Markt- und Wettbewerbskonstellation hinaus, in der Benckiser eine maßgebliche Rolle spielte, wobei er sich dabei durchaus der damit verbundenen Folgen im Klaren war: Das inzwischen bestehende weitgehende Machtgleichgewicht innerhalb der Zitronensäureindustrie konnte ohne schwere Verluste für alle Beteiligten nicht mehr wesentlich verschoben werden. Ob man die CEFAC-Mitglieder von diesen Anschauungen insbesondere preispolitischer Art überzeugen können würde, war jedoch völlig unklar, geschweige denn, inwieweit Reimanns Marktordnungspläne, die neben einer »vernünftigeren Preispolitik« auch Kapazitätsbegrenzungen vorsahen und eine Art Absatzplanung, die weitere Kapazitätserhöhungen nur noch nach Maßgabe der Zuwachsrate des Zitronensäureabsatzes zuließen, nicht gegen die nationalen und europäischen Kartell- und Wettbewerbsgesetze verstießen. Die Überlegungen zeigen, wie stark Reimann junior noch von der alten Denkwelt des Vaters und dessen Kartellpolitik geprägt und in ihr verfangen war.

Wie auch immer: Anfang der 1970er Jahre war von der europäischen Zitronensäureindustrie nicht mehr viel übriggeblieben. Sturge, der britische Hersteller, veräußerte seine entsprechenden Aktivitäten an Boehringer, und auch die Familie Delacroix, Mehrheitsaktionär der Citrique Belge, erkannte, dass man als Monoproduzent in diesem Bereich nicht mehr bestehen konnte, und verkaufte 1977 das Unternehmen an den Schweizer Chemie- und Pharmakonzern Hoffmann La Roche.[56] »Der Verkauf der Citrique Belge war eine der größten Überraschungen meines Unternehmerlebens«, notierte Reimann junior dazu. »Leider haben uns die Belgier keine Chance gegeben, denn mit Boehringer gemeinsam hätten wir vielleicht diese Erwerbung finanziell verantworten können.«[57] Boehringer, der einstige Erzkon-

55 Ebd., S. 3.

56 Vgl. Nevens, S. 181ff.

57 Notiz Reimann junior betr. »Wein- und Zitronensäure historisch gesehen« vom 1.8.1977, in: JAB-Archiv, Ordner D 52 (Wichtige Notizen zur Unternehmenspolitik).

kurrent, stieg seinerseits erst 1982 aus der Zitronensäurefertigung aus. Das beiderseits gespannte Verhältnis, das im Frühjahr 1950 noch einmal nach verbalen Attacken von Reimann senior zunächst auf Eis gelegen hatte, normalisierte sich erst nach dem Tod der beiden Hauptkontrahenten Reimann senior im Juli 1954 und Ernst Boehringer im Januar 1965.

Der Blick auf die Umsatzentwicklung Benckisers zwischen 1950 und 1965 mit seinen kontinuierlich steigenden Zahlen signalisiert dabei eine Erfolgsgeschichte, die tatsächlich von einer zeitweise höchst prekären Lage des Unternehmens geprägt war und die Sicht auf erhebliche Probleme und Schwierigkeiten verstellt, insbesondere was die Ertragsfähigkeit anging.

Schaubild 2: Umsatzentwicklung bei der Chemischen Fabrik Joh. A. Benckiser GmbH, Ludwigshafen 1950 bis 1965 (in Mio. DM)

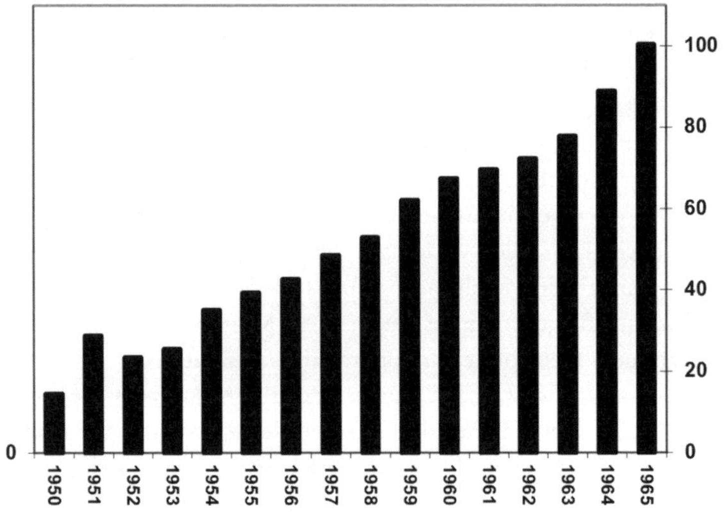

Quelle: Zusammengestellt nach den Angaben in: JAB-Archiv, D 72 a sowie Chronik II, Anlage 14, Zahlenspiegel. Vgl. auch 150 Jahre Benckiser, S. 42

Was im Rückblick gesehen wie ein stabiles Unternehmenswachstum der Wirtschaftswunderzeit aussieht, stellte sich für die damaligen Zeitgenossen, allen voran Albert Reimann, ganz anders dar. Niemand konnte mindestens bis Anfang der 1960er Jahre sagen, wie die weitere Entwicklung von Benckiser laufen würde und ob nicht die Summe aus unternehmenspolitischen Entscheidungen und Investitionsmaßnahmen sich trotz aller Abwägungen plötzlich als Fehler mit krisenhaften Folgen herausstellen würde. Mitte Mai 1956 hatte Albert Reimann in einem 13-seitigen Aktenvermerk eine »kritische Wertung der Jahre 1945 bis 1955 mit Folgerungen« erstellt, in der er ebenso nüchtern wie schonungslos die Lage von Benckiser analysierte und an seine engsten leitenden Mitarbeiter verteilte.[58] Reimann nahm sich dabei jedes Geschäftsfeld einzeln vor, angefangen mit der Weinsäure, auf der »bekanntlich die Existenz der Firma im ersten Jahrhundert ihres Bestehens ausschließlich beruhte«, während sie inzwischen nur noch ca. 20 Prozent des Umsatzes ausmachte. »Es wäre falsch, sich Illusionen darüber hinzugeben, dass dieser Artikel heute noch und auf weitere Sicht als sicherer Bestandteil unserer Ertragskraft angesehen werden kann.«[59] Eine Wende sei allenfalls bei Aufkommen bzw. Entwicklung einer synthetischen Weinsäure denkbar, was allerdings dann seinerseits eine rückläufige Tendenz bei der Zitronensäure bedeuten würde. Auch die Zitronensäure erfüllte nach Reimann bei kritischer Betrachtung nicht die Voraussetzungen, »jetzt oder in naher Zukunft mit seinem Umsatzanteil von zurzeit rund 18 Prozent eine zuverlässige Stütze unserer Ertragskraft sein zu können.«[60] Eine technische Überlegenheit gegenüber den namhaften Herstellern sei »wohl kaum vorhanden«, zumal »wir das Gärverfahren trotz über 15jähriger Erfahrung hinsichtlich Erzielung einer wirtschaftlichen Minimalausbeute keineswegs beherrschen […]. Unsere Anstrengungen und auch der finanzielle Aufwand stehen im umgekehrten Verhältnis zum Erfolg.«[61] Als Ultima Ratio »in einem etwaigen Existenzkampf unserer Zitronensäure« und zur Änderung dieses Zustandes erschienen Reimann die Ausgliederung des GZ-Betriebes und die Fusion mit einer Zuckerfabrik.

Einziger Lichtblick waren die phosphorsauren Salze, die zu diesem Zeitpunkt rund 58 Prozent des Gesamtumsatzes ausmachten. Aber

58 Der Aktenvermerk vom 15.5.1956, in: JAB-Archiv Ordner D 52 sowie auch weitgehend wiedergegeben in der Benckiser-Chronik II, S. 241 ff.

59 Ebd., S. 1.

60 Ebd., S. 4.

61 Ebd.

auch hier gab es viel Schatten und wenig Licht, insbesondere bei den sogenannten technischen Phosphaten, die als Massenprodukte einem scharfen Preiswettbewerb unterworfen waren und unter dem Strich mit knapp 400.000 DM im Jahr 1955 Verluste erzielten.[62] Nahezu einziger Gewinnlieferant und Ertragsstütze waren die Spezialitäten, die mit 3,7 Mio. DM schwarze Zahlen schrieben, aber auch hier gab es einige wenige Hauptertragslieferanten, von denen das Wohl und Wehe des gesamten Unternehmens abhing, allen voran mit weitem Abstand Fibrisol (2,281 Mio. DM Gewinn im Jahr 1955), danach drei verschiedene Calgon-Typen und auch das Schmelzkäsesalz Joha.[63] Auch die Ertragsträger waren als solche allerdings nicht stabil, entfallender Patentschutz, rasch wachsende Kosten und vor allem auch Neuentwicklungen konnten für schnelle, unvorhergesehene Marktänderungen zu Ungunsten von Benckiser sorgen. Das Phosphatgebiet war zwar wissenschaftlich-technologisch noch lange nicht ausgereizt und bot nach wie vor erhebliches Entwicklungspotenzial, aber die Vielfalt potenzieller Forschungsfelder barg in sich die Gefahr, dass man sich in den Laboratorien verzettelte anstatt sich darauf zu konzentrieren, »dass wir nicht jedem Hasen nachlaufen«.[64] Kritisch sah Reimann auch die hohen Werbeausgaben von Benckiser, die bei weitem nicht den Effekt auf den Umsatz hatten wie geplant und erhofft. Mit den zum Zeitpunkt der Erstellung der kritischen Wertung noch relativ neuen Bereichen wie den Pharmazeutika und den Kosmetikprodukten ging Reimann dabei allerdings noch höchst nachsichtig um. Von ihnen versprach er sich sogar eine Verbesserung der Krisenfestigkeit des Unternehmens, weil sie sich an verschiedene Käuferschichten wandten und auch in Bezug auf den Konjunkturzyklus eine weite Streuung brachten. Doch dies sollte sich schnell als Fehleinschätzung erweisen, was Reimann erst 21 Jahre später sich auch selbstkritisch eingestand. »Überdurchschnittliche Bedeutung haben in der Pharmazie nur Firmen mit langer Tradition im pharmazeutischen Bereich gewonnen, und zwar auf dem Fundament ethischer Pharmazeutika, bei denen die Alkaloide überdurchschnittlich erfolgreich und gewinnbringend gewesen sind«, notierte er im

62 Vgl. ebd., S. 7.
63 Vgl. ebd., S. 8.
64 Ebd., S. 9.

November 1977 auch und gerade mit Blick auf die Entwicklung bei Boehringer. »Diese Basis hat uns bekanntlich gefehlt, so dass ich mich der Einsicht nicht verschließen konnte, mit dem Versuch einer pharmazeutischen Entwicklung einen Fehler begangen zu haben.«[65]

Der Blick auf die Investitionsaufwendungen und Ertragsentwicklung in diesen Jahren zeigt, wie Recht Reimann mit seiner kritischen Einschätzung der Lage von Benckiser hatte. Jahr für Jahr wurden mal hohe, mal geringere Verluste eingefahren, 1951 etwa 1,1 Mio. DM, 1954 nur 157.000 DM, aber schon im darauffolgenden Jahr wieder knapp 600.000 DM.[66] Bis 1959 summierten sich die kumulierten Verluste auf insgesamt 4,9 Mio. DM, ehe 1960 dann endlich der erste Gewinn von 1,448 Mio. DM verbucht werden konnte. Reimann junior musste ein hohes Lehrgeld für seine überstürzte Marketing- und Diversifizierungspolitik in der ersten Dekade der »Wirtschaftswunderjahre« zahlen. Und auch die offensive Investitionsstrategie mit hohen Kapitalaufwendungen für den Wiederaufbau und die Modernisierung der Fertigungsbetriebe, aber auch in Forschung und Entwicklung, zahlten sich zunächst nicht sichtbar aus. Seit der Währungsreform im Juni 1948 bis Ende 1960 investierte Reimann junior insgesamt 26,8 Mio. DM, wobei der Schwerpunkt des Mitteleinsatzes nicht, wie man hätte erwarten können, in Ladenburg erfolgte, sondern in Ludwigshafen. »Nach der Freigabe des Geländes durch die Amerikaner im August 1953 und der Verrottung der Apparaturen, die vor der Besatzung nicht mehr hatten eingebaut werden können, war dann auch die naheliegende Chance der Verlegung des Ludwigshafener Phosphatbetriebes in diese große Halle verspielt«, notierte Reimann dazu später rückblickend, »weil wir uns inzwischen bei der seitens der französischen Besatzungsbehörde scharf gehandhabten Zonentrennung [...] hatten entschließen müssen, den Ludwigshafener Phosphatbetrieb nach Enttrümmerung wieder in Gang zu setzen.«[67] Der bei weitem größte Investitionsanteil von 70 Prozent war daher in den Wiederaufbau des Ludwigshafener Betriebs geflossen, erst seit 1958 wurden nennenswerte Beträge auch ins Ladenburger Werk

65 Notiz Reimann vom 24.11.1977, in: JAB-Archiv, Ordner Chronik.

66 Vgl. dazu die Aufstellungen in: JAB-Archiv, Ordner D 52, sowie auch Chronik II, Anhang Zahlenspiegel 1951-1975.

67 Notiz Reimann vom 20.5.1974, S. 4, in: JAB-Archiv Ordner Chronik.

gesteckt.[68] Mit viel Geschick, aber auch erheblichem Risiko hatte Reimann diese erheblichen Summen aus Investitionen und Verlusten durch hohe Abschreibungen und Marshall-Plan-Kredite, später auch wieder Bankschulden, finanziert. Die eigentliche Investitionsoffensive begann dann erst in den 1960er Jahren, als die Umsatz- und Ertragssteigerungen die Finanzierung von insgesamt knapp 100 Mio. DM zwischen 1961 und 1970 erlaubten. Noch in der ersten Hälfte der 1960er Jahre war dabei auch eine wegweisende Entscheidung gefallen: der Beschluss, das Stammwerk in Ludwigshafen nun doch aufzugeben und mit dem Unternehmen gänzlich nach Ladenburg umzuziehen.[69] 1966/67 begann die Verlagerungsaktion, die aber erst 1971 abgeschlossen sein sollte. Für die geplanten Bauvorhaben Benckiser-Knapsack in Ladenburg heuerte Albert Reimann 1967 im Übrigen einen prominenten Architekten als Berater an – Albert Speer, der erst kurz zuvor aus der Haft entlassen worden war und Reimanns Nachbar in Heidelberg wurde.[70]

Die Umsatzstruktur von Benckiser wies im Gefolge all dieser Entwicklungen allerdings keine markanten oder abrupten Verschiebungen auf, sondern eine kontinuierliche Verstärkung des schon seit den 1930er Jahren einsetzenden Trends: der langsamen Abnahme der Bedeutung der Wein- und Zitronensäureumsätze – wobei diese dennoch in absoluten Zahlen massive Zuwächse erfuhren: 1950 betrug der Zitronensäure-Umsatz 3,5 Mio. DM, 1960 dann 10,9 Mio. DM und weitere zehn Jahre später, 1970, dann sogar 27,7 Mio. DM. Dennoch bekam das Geschäft mit speziellen Phosphatsalzen, seit jeher über die Hälfte des Gesamtumsatzes ausmachend, mehr und mehr weiter Gewicht und erreichte 1970 dann knapp 70 Prozent. Dahinter verbargen sich dann aber auch noch erhebliche Auswechslungen von Altprodukten durch neue oder weiterentwickelte Produkte.[71]

68 Vgl. dazu die Auflistung der Struktur und Richtung der Investitionen in: JAB-Archiv, Ordner D 52.

69 Vgl. Benckiser-Chronik II, S. 355ff.

70 Vgl. dazu den Schriftwechsel Reimann-Speer vom Februar bis Juli 1967, in: BArch Koblenz, N 1340/48.

71 Vgl. auch Benckiser-Chronik II, S. 230.

Tab. 11: Entwicklung der Umsatzstruktur der Chemischen Fabrik Joh. A. Benckiser GmbH, Ludwigshafen 1950 bis 1965 (in Mio. DM)

<table>
<tr><th>Jahr</th><th>Insgesamt</th><th>Weinsäure</th><th>Zitronensäure</th><th>Phosph. S.</th><th>Fibr.</th><th>Pharma</th><th>Sonst.</th></tr>
<tr><td>1950</td><td>14,5</td><td>3,7</td><td>3,5</td><td>5,2</td><td>1,4</td><td>0,4</td><td>0,3</td></tr>
<tr><td>1951</td><td>28,8</td><td>8,0</td><td>8,8</td><td>9,1</td><td>2,0</td><td>0,5</td><td>0,2</td></tr>
<tr><td>1952</td><td>23,4</td><td>5,0</td><td>4,7</td><td>9,2</td><td>3,0</td><td>0,5</td><td>0,9</td></tr>
<tr><td>1953</td><td>25,5</td><td>3,8</td><td>4,0</td><td>12,5</td><td>3,9</td><td>0,5</td><td>0,7</td></tr>
<tr><td>1954</td><td>35,0</td><td>7,7</td><td>5,9</td><td>15,6</td><td>4,1</td><td>0,4</td><td>1,1</td></tr>
<tr><td>1955</td><td>39,3</td><td>7,8</td><td>6,9</td><td>18,4</td><td>4,3</td><td>0,3</td><td>1,5</td></tr>
<tr><td>1956</td><td>42,7</td><td>6,5</td><td>6,5</td><td>22,9</td><td>4,8</td><td>0,6</td><td>1,3</td></tr>
<tr><td>1957</td><td>48,7</td><td>7,3</td><td>8,7</td><td>24,2</td><td>5,4</td><td>1,1</td><td>1,9</td></tr>
<tr><td>1958</td><td>52,9</td><td>7,0</td><td>9,0</td><td>28,0</td><td>4,8</td><td>1,5</td><td>2,4</td></tr>
<tr><td>1959</td><td>61,9</td><td>9,9</td><td>10,5</td><td>32,0</td><td>5,4</td><td>1,4</td><td>2,6</td></tr>
<tr><td>1960</td><td>67,6</td><td>8,7</td><td>10,9</td><td>39,3</td><td>3,2</td><td>1,2</td><td>4,2</td></tr>
<tr><td>1961</td><td>67,8</td><td>7,1</td><td>10,7</td><td colspan="2">40,1</td><td>9,9</td><td>k.A.</td></tr>
<tr><td>1962</td><td>70,6</td><td>6,1</td><td>10,1</td><td colspan="2">44,9</td><td>9,5</td><td>k.A.</td></tr>
<tr><td>1963</td><td>76,1</td><td>6,9</td><td>13,8</td><td colspan="2">47,4</td><td>7,9</td><td>k.A.</td></tr>
<tr><td>1964</td><td>87,1</td><td>9,3</td><td>17,1</td><td colspan="2">49,8</td><td>10,8</td><td>k.A.</td></tr>
<tr><td>1965</td><td>100,3</td><td>8,0</td><td>16,3</td><td colspan="2">55,1</td><td>12,4</td><td>k.A.</td></tr>
</table>

Quelle: Zusammengestellt nach den Angaben in: Benckiser-Chronik II, S. 257 und S. 312. Ab 1961: Phosph.Säure unterteilt in Spezialitäten und definierte Phosphate

Modernisiert wurden aber nicht nur das Produktportfolio von Benckiser, sondern auch die Unternehmensorganisation und das Personal bzw. die Führungskräftestruktur. Besonders hatte dabei das Betriebsverfassungsgesetz von 1952 für eine erste radikale Zäsur in der Benckiser-Organisation gesorgt, denn damit wurde es erforderlich, Mitbestimmungsstrukturen einzuziehen und auch einen Aufsichtsrat einzurichten. Reimann junior maß dem »an und für sich entbehrlichen Aufsichtsrat« jedoch keine große Bedeutung bei, dennoch erschien es ihm wichtig, »die Zusammensetzung so zu wählen, dass sie im Sinne der Geschäftsleitung funktioniert.«[72] Seitens der Belegschaft war denn auch der langjährige Finanzbuchhalter in den Aufsichtsrat gewählt worden, »womit wir sehr zufrieden sein können, denn W. ist ein zuverlässiger und firmentreuer Mann.«[73] Von Seiten der Reimanns wurde der Rechtsanwalt und Vertraute Adolf Beaufort sowie der ebenfalls langjährige Benckiser-Wirtschaftsprüfer in den Aufsichtsrat geschickt, und der übrige Betriebsrat, »der ebenfalls durchaus vernünftig ist«, zeigte »nicht die leiseste Tendenz, etwa die Organe des Betriebsverfassungsgesetzes im gewerkschaftlichen Sinne zu aktivieren.«[74] Einen Einschnitt in der Corporate Governance bei Benckiser bedeutete daher die Mitbestimmungsgesetzgebung nicht.

Allein hinsichtlich der Beschäftigten war Benckiser dabei erheblich gewachsen. Aus den 410 Arbeitern und Angestellten des Jahres 1950 waren 15 Jahre später 1210 geworden, und eine weitere Dekade später erreichte die Belegschaftsstärke in der Benckiser-Gruppe über 2500 Personen.

Bemerkenswerterweise überstieg dabei seit 1961 die Zahl der Angestellten die der Arbeiter, was auf die wachsende F&E-Bedeutung, aber auch den Bürokratisierungstrend hindeutet.[75] Noch im Verlauf der 1950er Jahre hatte Reimann bei seinen Leitenden Angestellten und Führungskräften einen ersten Generations- und Personalwechsel vorgenommen. Mit Rudy als Leiter der Forschungsabteilungen und zugleich Betriebsleiter in Ladenburg, Aeckerle, dem Leiter des Säurebetriebs in Ludwigshafen, Bickel, Leiter des Phosphat-Verkaufs und Dubbers, der 1953 die Leitung der allgemeinen Verwaltung übernahm, bestand aber noch immer der Kern der alten Benckiser-Führungsmannschaft fort. 1955 hatte Reimann junior auch eine Dreiteilung der Unternehmensorganisation vollzogen, in Technik (Leiter Rudy), Verwaltung (zunächst noch von Reimann selbst ausgeübte Leitung) und Vertrieb (Leiter Bickel).[76] Im Laufe der 1960er Jahre wurden dann verschiedene Stabsstellen neben der bestehenden

72 Schreiben Reimann junior an Rechtsanwalt Beaufort vom 19.5.1953, in: JAB-Archiv Ordner TV 10.

73 Ebd.

74 Ebd.

75 Vgl. dazu und zur weiteren Personalentwicklung und mitarbeiterbezogenen Maßnahmen ebd., S. 329ff.

76 Vgl. Benckiser-Chronik II, S. 298ff.

Tab. 12: Belegschaftsentwicklung bei der Chemischen Fabrik Joh. A. Benckiser GmbH, Ludwigshafen 1945 bis 1965

Jahr	Arbeiter	Angestellte	Insgesamt
1950	232	178	410
1951	277	204	481
1952	330	223	553
1953	368	248	616
1954	402	281	683
1955	467	352	819
1956	437	406	843
1957	472	440	912
1958	524	486	1010
1959	532	502	1034
1960	557	546	1103
1961	554	568	1122
1962	523	562	1085
1963	541	587	1128
1964	546	620	1166
1965	561	649	1210

Quelle: Zusammengestellt nach den Angaben in: JAB-Archiv, D 72 a sowie Benckiser-Chronik II, Anlage 14, Zahlenspiegel 1951 bis 1975

Spartenorganisation errichtet, und das von Reinhard Höhn 1962 in Bad Harzburg propagierte »neue« Modell der Unternehmensführung nach militärischem Vorbild entsprach dabei ganz dem Führungs- und Denkstil Albert Reimanns. Bei der Wahl neuer Geschäftsführerkollegen bewies Reimann jedoch keine glückliche Hand; auf zwei Neuberufungen erfolgten kurz darauf zwei Trennungen »aufgrund von unterschiedlichen Vorstellungen über Grundsatzfragen der Unternehmensführung.«[77] Unter andrem auch bedingt durch den plötzlichen Tod von Rudy, aber mehr noch infolge der Ausgliederung der Phosphat-Sparte, erfolgte dann im Oktober 1969 eine Neu-

77 Ebd., S. 302.

organisation des inzwischen aufgrund der zahlreichen in- wie ausländischen Tochterunternehmen und Beteiligungsgesellschaften schon fast unübersichtlich gewordenen Unternehmens, das inzwischen als Benckiser-Gruppe firmierte. Unter Reimann als Hauptgeschäftsführer fungierten nun sechs neue Geschäftsführer mit Verantwortung für je einen der drei Spartenbereiche Markenartikel, Reiniger und Säuren bzw. drei Zentralbereiche Technik & Logistik, Planung & Kontrolle sowie Finanzen & Personal.[78] Der starke Mann sollte dabei Martin Gruber werden, der 1963 mit 32 Jahren zu Benckiser gekommen war und sich dort vom Leiter der Einkaufsabteilung schnell in die Geschäftsführung hochgearbeitet hatte. Hans Dubbers seinerseits war im April 1963 bei Benckiser aufgrund seiner Pensionierung ausgeschieden, hatte dann aber noch bis Ende Dezember 1972 den Vorsitz des neu gebildeten Aufsichtsrates inne. Die Zügel fest in der Hand hielt aber nach wie vor allein Albert Reimann junior

Vergangenheitsbewältigung eigener Art

Die Entstehung der Benckiser-Chronik

Albert Reimann junior war schon immer geschichtsbewusst gewesen, und die erste Gelegenheit, wenn auch nicht ein rundes Gründungsjubiläum, so doch ein historisches Datum in der Unternehmensgeschichte von Benckiser zu feiern, nahm er 1958 dann auch sofort wahr. Nachdem die entsprechenden Feiern zum 100-jährigen Bestehen im Jahr 1923 und zur 125-jährigen Gründung im Jahr 1948 den Zeitumständen geschuldet ausgefallen waren, erschien Reimann die seit 100 Jahren bestehende Standortpräsenz in Ludwigshafen nun Anlass genug, im Dezember 1958 im Pfalzbau der Stadt eine große »Hundertjahrfeier« abzuhalten. Vor Pensionisten und Ehrengästen wurden eine Reihe von Firmenangehörigen für ihre langjährige Betriebszugehörigkeit geehrt. Reimann beschwor in seiner Festansprache »nach 10jähriger gemeinsamer und erfolgreicher Wiederaufbauarbeit« die Erfolge der Vergangenheit und den Gemeinschaftsgeist der gesamten Belegschaft vor den Herausforderungen der Zukunft

78 Vgl. dazu Benckiser-Chronik II, S. 309f.

Hundertjahrfeier bei Benckiser

Vergangenheit – solides Fundament der Zukunft

Jubilare erhielten Ehrengeschenke / „Erfolgskurve“ ging steil nach oben

Ludwigshafen. Ein besonders festliches Gepräge hatte die Betriebsveranstaltung der Firma Benckiser im Pfalzbau, denn die vor 135 Jahren gegründete Firma ist seit 100 Jahren in Ludwigshafen. Fast eintausend Betriebsangehörige aus den Werken Ludwigshafen und Ladenburg, die Pensionisten und Ehrengäste, unter ihnen die Witwe des Seniorchefs, Frau Dr. Reimann, die über sechs Jahrzehnte die Geschicke des Werkes miterlebte, fanden sich zu dieser eindrucksvollen Feierstunde ein.

Prokurist Hans Dubbers ehrte nach der Begrüßung die Jubilare. Für 40jährige Betriebszugehörigkeit erhielten die Plakette, Anstecknadel und ein Bild des Werkes (nach einem Tempera von Stefan Birker): Philipp Mayer, Konrad Weyrauch und Karl Weber; für 25jährige Dienstzeit: Erwin Autz, Markus Büttner und Karl Wilhelm. Mit ihnen erhöht sich die Zahl der im Werk tätigen Jubilare auf acht mit 40 und 37 mit 25 Dienstjahren. Nachdem die Betriebsratsvorsitzenden August Kolb, Ludwigshafen, und Karl Schreckenberger, Ladenburg, die Verbundenheit zum Werk betont hatten, wurde Dr. Albert Reimann, dem geschäftsführenden Gesellschafter der Firma, ein Segelschiffsmodell überreicht und ihm als Steuermann des Unternehmens weiterhin „Gute Fahrt“ gewünscht.

Dr. Reimann, der in der fünften Generation der Gründerfamilie die Firma leitet, sagte, daß es ihm nicht leicht falle, als Exponent der Vergangenheit, als Vertreter einer großen Tradition, eine Festansprache zu halten, zumal er ein Gegner aller feierlichen Auftritte sei. Wenn auch in den letzten Jahren die Erfolgskurve des Werkes steil angestiegen sei, so dürfe es doch kein Ausruhen auf den Lorbeeren geben. Vielmehr müsse der Helm noch fester geschnallt werden, denn auf dem baldigen Gemeinsamen Markt gelte es, seinen Mann zu stehen. In diesem Zusammenhang sagte Dr. Reimann, daß der Ruf der Vergangenheit zu wahren sei. Der erfolgreichste Baumeister des Unternehmens, so stellte er fest, sei sein Vater gewesen, der die Fundamente baute, auf denen heute das Werk stehe. „Die Idee meines Vaters — vom vollkommenen Betrieb — trage ich im Herzen", fuhr Dr. Reimann fort", und sie drängt zur Entfaltung. Dabei brauche ich die Mithilfe aller Mitarbeiter, um für das zweite Jahrhundert in Ludwigshafen die Fundamente noch zu verstärken und zum Wohle aller, der Tradition folgend, weiter vorwärts zu streben.“ — Bei der Jahrhundertwende beginnend, erzählte Dr. Emil Äckerle aus der Geschichte der Firma. Kleine Begebenheiten und Anekdoten brachten den Zuhörern das gute Verhältnis zwischen Arbeitgeber und Arbeitnehmer nahe.

Dem gemeinsamen Abendessen folgte ein buntes Programm, bei dem sich die Werkgymnastikgruppe und das Mundharmonika-Doppelquartett des Werkes Ladenburg für ihre Leistungen viel Beifall holten. Den Vogel schoß, wie könnte es anders sein, Edith Rath ab. Es blieb kein Auge trocken, wenn sie mit ihrer „Revolverschnauze" die Pointen verschoß. Damit war die richtige Stimmung erreicht. In allen Räumen wurde zu den Klängen der Kapellen Hans Arno Wahl und Sopranis eifrig getanzt. Erst in den frühen Morgenstunden ging ein Fest zu Ende, das dem „Hundertjährigen" alle Ehre machte

Jubilarehrung bei der Firma Benckiser
Bild: Kolf

Abb. 91: Bericht über die 100-Jahr-Feier bei Benckiser im Mannheimer Morgen vom 3.12.1958

und vergaß dabei auch nicht, seinen Vater gebührend zu erwähnen (»die Idee meines Vaters vom vollkommenen Betrieb trage auch ich selbst auf meine Art in meinem Herzen«). Es schlossen sich kleine Begebenheiten und Anekdoten aus der Geschichte der Firma an, und dann folgte ein langer Abend mit Musik und Tanz. Das Motto der Feier, das die Vergangenheit als solides Fundament der Zukunft pries, war dabei in seiner Zweideutigkeit im Hinblick auf die Rolle der NS-Jahre, die bei der Feier keinerlei Erwähnung fand, wohl keinem der Anwesenden bewusst.

Später gestand Albert Reimann jedoch offen ein, dass die Entwicklung der Benckiser-Gruppe »von unserem schon vor dem Kriege entwickelten anwendungstechnischen Know-how ausging« und »dass die zunehmend erfolgreiche Nachkriegsentwicklung nicht nur auf der Wettbewerbsüberlegenheit unserer Genusssäureproduktion beruhte, sondern auf dem schon vor Kriegsausbruch erarbeiteten Know-how unserer Spezialitäten.«[79] Explizit, aber unausgesprochen,

79 Notiz Reimann vom 8.6.1977, in: JAB-Archiv, Ordner Chronik.

wurden so die Jahre bis 1939 genuiner Erfolgsfaktor und Bestandteil der Erfolgsgeschichte Benckisers. Reimann ließ aus Anlass der 100-jährigen Präsenz in Ludwigshafen auch eine kleine Unternehmensgeschichte erstellen, die unter dem Titel »Wandel und Werden in fünf Generationen« erschien und jedem Mitarbeiter ausgehändigt wurde.[80] Das war zweifellos der bewusste Versuch, die neue Belegschaft der »Wirtschaftswunderjahre« gleichsam auf die gemeinsame Benckiser-Geschichte einzuschwören – ohne dass die NS-Zeit – mit Ausnahme des Baus des Werks Ladenburg – darin nähere Erwähnung fand.

Den ersten »richtigen« Anlass zu einem großen Firmenjubiläum bot dann das Jahr 1973 mit seiner hundertfünfzigsten Wiederkehr der Benckiser-Gründung. Im Ludwigshafener Pfalzbau fand Anfang April eine große Feier statt, diesmal zusammen mit den Gebr. Giulini, das, ebenfalls noch Familienunternehmen, seinerseits 150 Jahre alt wurde.[81]

Unter dem Titel »Bekenntnisse eines Alt-Unternehmers« hielt Reimann seine Festrede, die deutlich stärker auf die Zukunftshoffnungen ausgerichtet war.[82] Aber stolz präsentierte Albert Reimann dennoch abermals eine kleine Unternehmenschronik (»es gibt nicht viele chemische Unternehmen, die ihren 150. Geburtstag feiern können«), die allerdings dem damaligen Zeitstil entsprechend deutlich weniger informativ ausfiel. Und der inzwischen 75-jährige Reimann wandte sich darin gleichsam selbst in launigem Ton direkt an den Leser. »Besagter Leser ahnt nicht, dass der Jubelbetroffene unter dem Zwang zu solcher Publizität leidet, weil über die lange Firmengeschichte und die verdienstvolle Ahnenreihe schon so viel gesagt wurde, dass das Thema firmenhistorisch völlig ausgeschöpft ist«, so schrieb er. »Traditionskomplexe mögen allenfalls noch Reliquienverehrer finden. In einer Zusammenschau aus weitem Abstand erschließt sich aber dem Altunternehmer vor Vollendung seines Lebenswerkes eine

80 Vgl. Wandel und Werden in fünf Generationen. 1923 bis 1958, aus der 135jährigen Geschichte der Joh. A. Benckiser GmbH, Chemische Fabrik, Ludwigshafen 1958, sowie zur Feier auch Benckiser-Chronik II, S. 300ff., mit dem Abdruck des damaligen Redetextes von Reimann.

81 Vgl. dazu Benckiser-Chronik II, S. 400f.

82 Vgl. der Redetext in: ebd., S. 400-403.

Abb. 92: Albert Reimann auf der 150-Jahr-Feier von Benckiser im April 1973

vielleicht tiefere Erkenntnis mancher Zusammenhänge, die das Wagnis rechtfertigen könnte, eine so lange Geschichte durch akzentuierte Kurzdarstellung wechselnder Arbeitshypothesen aktueller erscheinen lassen als die frühere Familienidylle nobler Patriarchen und ihrer gemütvollen Frauen.«[83] Das eigentliche Ereignis des Jubiläums war aber die Überreichung einer dicken, 280 großformatige Seiten umfassenden »Benckiser-Chronik«, die Hans Dubbers aus Anlass des 75-jährigen Geburtstags von Albert Reimann diesem Ende August 1973 überreichte. Nach seinem Ausscheiden bei Benckiser 1972 hatte Dubbers sich darangemacht, eine ausführliche Geschichte des Unternehmens und seiner Inhaberfamilien Benckiser und Reimann zusammenzustellen, wobei die Chronik als persönliches Geschenk gedacht und nicht zur Veröffentlichung bestimmt war. Gleichzeitig berichtete Dubbers aber offen in der Benckiser-Werkszeitschrift über

83 Dr. Albert Reimann, 150 Jahre Benckiser, Ludwigshafen 1973, S. 3.

seine Chronik und betonte, dass die Arbeit nicht abgeschlossen sei und fortgeführt werden sollte.[84]

Tatsächlich drängte aber auch Albert Reimann selbst auf eine baldige Fortschreibung der Benckiser-Geschichte. Denn die Chronik schilderte neben den ausführlich dargestellten Anfängen im 19. Jahrhundert auch seinen Eintritt ins Unternehmen und sein Auftauchen als Junior-Partner des Vaters Ende der 1920er Jahre, doch sie endete abrupt im Jahr 1932 mit der Weltwirtschaftskrise. Seine spätere unternehmerische Erfolgsgeschichte blieb daher unerwähnt, und so dachte Reimann bei der Fortsetzungs-Chronik auch gleich an eine Veröffentlichung bzw. Verteilung zumindest an einen größeren Kreis von Mitarbeitern.[85] Was folgte, war eine zwischen 1974 und 1977, mithin über drei Jahre dauernde intensive Auseinandersetzung mit der Unternehmensgeschichte und der darin verankerten eigenen Rolle, die sich in zahllosen Erinnerungsschriftsätzen von Reimann junior und einem intensiven Briefwechsel mit dem auch mit der Erstellung der Folgechronik beauftragten Hans Dubbers niederschlug. Die Unterlagen lassen eine Rekonstruktion des komplexen Erinnerungsprozesses von Albert Reimann zu, der zum einen für ihn gleichsam eine schmerzvolle doppelte Vergangenheitsbewältigung war, denn es ging nicht nur um die Jahre während des NS-Regimes, sondern auch um die Vergangenheit und Aufarbeitung der Vater-Sohn-Beziehung. Vor allem wird dabei auch deutlich, dass dieser Erinnerungsprozess zunächst defensiv begann. Die Chronik sollte nichts Persönliches, nichts über unternehmenspolitische Fehler und vor allem auch nichts allzu Genaues über die NS-Zeit enthalten. Doch dann mündete die Aufarbeitung in einer offensiven Darstellung mit Rechtfertigungen für damalige Verhaltensweisen. Während bei anderen Unternehmern Verdrängung, Verschweigen und Vergessen über die Jahre zwischen 1933 und 1945 vorherrschte, vollzog sich bei Reimann weder ein Verdrängen noch ein Verschweigen, sondern die Konstruktion sozusagen einer »anderen Vergangenheit« eigener Art, die über diese Jahre

84 Vgl. »Lebendiger Spiegel der Unternehmensgeschichte«. Die Benckiser-Chronik von Hans Dubbers, in: JAB-Archiv, Benckiser-Werkszeitschrift 1973, S. 5-9.

85 Vgl. Schreiben Reimann vom 20.5.1974, in: Familienarchiv Reimann-Dubbers, Ordner Briefwechsel Vater – Onkel Albert zur Chronik II.

des NS-Regimes gelegt wurde und deren Deutungskraft gleichsam nicht nur für Reimann selbst und seine Familie, sondern auch für die Benckiser-Mitarbeiter verbindlich gemacht werden sollte. An die Stelle einer Tabuisierung trat, wenn man so will, eine Mythologisierung der nationalsozialistischen Jahre und des Verhaltens der beiden Reimanns in dieser Zeit.

Die ersten konkreten Pläne für eine Benckiser-Chronik II hatten schon im Laufe des Jahres 1974 eingesetzt, aber erst im Juni 1975 konnte Reimann erste Vorarbeiten durch Dubbers, der bei seiner Arbeit auch vom altgedienten Benckiser-Vertriebschef Bickel unterstützt wurde, in Augenschein nehmen. »Hinweise auf die nationalsozialistische Vergangenheit der Unternehmerfamilie – wenn auch systemkritisch – halte ich umweltbezogen für sehr bedenklich«, notierte er dabei in einem Brief an Dubbers. »Solche Nuancen werden zeitbedingt nur noch von wenigen gewertet, und ihr Missbrauch durch kaum zu verhindernde Indiskretionen ist naheliegend. Das Image des Unternehmens, so wie wir es uns jetzt und für eine überschaubare Zukunft wünschen, ist von der Beurteilung der Unternehmerpersönlichkeiten [allerdings] nicht zu trennen.«[86] Gleichzeitig ging es dabei aber immer auch um die Bewertung des eigenen Anteils am Unternehmenserfolg und an den Hemmnissen der Unternehmensentwicklung durch Reimann senior, sei es durch seinen straff patriarchalischen Führungsstil, der keinen Raum für hochqualifizierte Mitarbeiter ließ, seine fehlende Diversifikationsbereitschaft und den beschränkten Aktionsradius auf das »Arbeitspotenzial des Seniors, bis es mir gelang, für meinen allmählich wachsenden Bereich gewisse Handlungsfreiheit zu gewinnen.«[87]

Im Januar 1976 las Reimann dann Golo Manns bereits 1958 erschienene »Deutsche Geschichte«. Darin glaubte er zahlreiche Argumente und Zitate zu finden, die seine Haltung zum Nationalsozialismus als »ein aus ehrlicher Überzeugung und im guten Glauben begangenen Irrtum« erscheinen ließen. Millionen von Deutschen sei es ähnlich gegangen, und dieser quasi kollektive Irrtum könne »mangels krimineller Betätigung nicht als politisches Verbrechen« diffamiert werden, »wie dies in Form des Entnazifizierungsverfahrens unserem Volke

86 Brief vom 13.6.1975, in: ebd.
87 Ebd.

von den Siegermächten auferlegt wurde«.[88] Das Entnazifizierungsverfahren sei »eine in der Weltgeschichte einmalige, rechtswidrige und barbarische Prozedur, ebenso wie der Nürnberger Prozess.«[89] Golo Mann erschien Reimann geradezu »als eine Fundgrube für die Motivierung unseres damaligen politischen Standortwechsels«, und bei dieser Konzeption der NS-Zeit erschienen Reimann die von Dubbers als Entlastung und angebliche Widerstandshandlungen der Reimanns vorgebrachten Konflikt-Episoden mit SS und Gauleiter sogar entbehrlich. Es war der Versuch, »die bis heute noch nicht ganz überwundene Diskriminierung unserer parteipolitischen Vergangenheit durch einige Akzente zu mildern, von denen ich aber befürchte, dass sie von jüngeren Lesern nicht verstanden oder gar im Sinne einer für unsere Generation negativen Vergangenheitsbewältigung interpretiert werden«, wie Reimann an Dubbers schrieb.[90] »Zumal diese Unabhängigkeit unserer Gesinnung keine grundsätzliche Verleugnung einer Weltanschauung war, an die wir bis zum bitteren Ende geglaubt haben. Trotz aller militärischen Rückschläge blieb ein Rest von Hoffnung auf die Wende und einen Kompromissfrieden, der den Fortbestand des Reiches in seinen früheren Grenzen garantieren könnte [...]. Diese Vergangenheit haben wir bisher verdrängt, aber sie war ein Teil unseres Lebens und vielleicht wesensbedingt. Das musste ich in diesem Zusammenhang einmal aussprechen, um es dann wieder ins Unterbewusstsein zu versenken, denn der Zeitgeist ist nicht duldsamer als die Nazis es waren, und auch unsere Jugend steht unter seinem Einfluss. Schließlich verpflichten mich auch die übergeordneten Unternehmensinteressen zur zeitgemäßen Imagegestaltung, solange selbständiges Unternehmertum in einer freien Marktwirtschaft – trotz fortschreitenden Einschränkungen – noch eine Chance hat. Diese Gedanken dürfen sich natürlich auch nicht unterschwellig in die Chronik einschleichen. In ihrer Fortsetzung beschränken wir uns also auf eine konzentrierte Darstellung der unternehmenspolitischen Entwicklung bis zum Ende des Berichtsintervalls und eine abschließende realistische Prognose.«[91]

88 Brief Reimann an Dubbers vom 26.1.1976, S. 7, in: ebd.
89 Ebd.
90 Brief Reimann an Dubbers vom 16.1.1976, S. 3, in: ebd.
91 Brief Reimann an Dubbers vom 26.1.1976, S. 1, in: ebd.

Fast zur selben Zeit stieß Reimann junior aber bei seinen Arbeiten an den Erinnerungsnotizen und der Kommentierung der von Dubbers vorgelegten Textentwürfe für die Chronik auf die ihm bisher unbekannten umfangreichen Darstellungen von Reimann senior, die dieser als – so bezeichnete es Reimann junior jedenfalls – »Geheimdiktate« Ende 1945 seiner damaligen Sekretärin in die Maschine gesprochen hatte. Für Reimann junior war die Lektüre dieser 40-seitigen Ausarbeitungen geradezu ein Schock, sah er doch »durch die gezielte Fehldarstellung meine zunehmend positiven Beiträge zur Unternehmensgeschichte abgewertet.«[92] »Was immer er nicht für sich selbst begründbar in Anspruch nehmen konnte, wird als Verdienst der nur von ihm persönlich inspirierten Mitarbeiter hingestellt, auch da, wo es sich um meine ganz persönlichen Initiativen handelte«, schrieb Reimann dazu an Dubbers. »Das beginnt schon mit der Ära seiner vorübergehenden Kooperation mit Goldenberg. Dieser von ihm mit Recht diffamierten ›Judenfirma‹, der er die Aufnahme der Pyrophosphatproduktion empfohlen haben wollte [...]. Von dieser so um Jahre vorüberlegten Erkenntnis versprach er sich wohl die posthume Vertiefung seines Selbstverständnisses als weitvorausschauender Unternehmerpersönlichkeit.«[93] Dabei konnte Reimann junior im Gegenzug eine ganze Liste von früheren Fehlentscheidungen seines Vaters aufzählen. Die »Diffamierung durch meinen Vater« hatte Reimann junior jedenfalls so tief getroffen, dass er einerseits offenbar kurzzeitig an ein Ende der Arbeiten an der Fortsetzungschronik dachte, andererseits dann jedoch auf eine möglichst schnelle Fertigstellung und allgemeine Publikation drängte.

Doch es sollten noch weitere eineinhalb Jahre mit gemeinsamem Gegenlesen von Reimann, Dubbers und Bickel des Benckiser-Chronik-Manuskriptes vergehen, in das auch seit Frühjahr 1978 der inzwischen zum Hauptgeschäftsführer und Sprecher der Benckiser-Geschäftsführung aufgestiegene Martin Gruber eingeschaltet wurde.

92 Brief Reimann an Dubbers vom 2.2.1976, in: ebd. Die sogenannten »Bärenklau-Diktate«, benannt nach dem Namen der damaligen Sekretärin, werden allerdings auch bereits in einem Brief an Dubbers Ende Juni 1975 erwähnt. Da es sich dabei jedoch um eine Abschrift handelt, dürfte ein Tippfehler vorliegen und es müsste als Briefdatum richtig heißen: 30. Juni 1976.

93 Ebd.

Dabei empfand Reimann seine damalige Unternehmenspolitik der 1950er Jahre im Rückblick besehen, und je größer der zeitliche Abstand wurde, in zunehmend positiverem Licht. »Die von mir umrissenen Zukunftsperspektiven erscheinen mir selbst heute nach fast 20jähriger Verwirklichung trotz vereinzelter Fehlschläge als eine Art intuitiver Vision«, schrieb er im Mai 1976 an Dubbers.[94] Und auch der tiefe Konflikt mit dem Vater wurde von Reimann junior bald heruntergespielt und machte einer harmonisierenden Darstellung Platz, »so dass man auch in der Fortsetzung der Benckiser-Chronik die Gemeinsamkeiten mehr betonen könnte, wenn auch ohne Vertuschung der pragmatisch erforderlichen Feststellungen.«[95] Doch nur wenig später fügte er noch hinzu: »Mit an Sicherheit grenzender Wahrscheinlichkeit kann ich sagen, dass die Gründung und Entwicklung der Benckiser-Gruppe mit der Unternehmenskonzeption meines Vaters nicht vereinbar gewesen wäre, und dass er gegen sie ein ebenso hartes Veto ausgesprochen hätte, wie gegen die Marketingorganisation.«[96] Nach dem Durchlesen der letzten Ausarbeitungen zur Chronik ein gutes Jahr später kam er schließlich zu der Überzeugung, »dass die jetzt sehr in alle Einzelheiten gehende Darstellung Benckiser-intern von großem Interesse, aber nicht für eine breitere Öffentlichkeit gedacht ist.«[97] »Da die Chronik im Wesentlichen zur internen Verteilung bestimmt ist, tritt die Rücksichtnahme auf eine breitere Öffentlichkeit in den Hintergrund«, notierte auch Dubbers dazu kurz vor Fertigstellung der Darstellung.[98]

Am Ende dieses langen Ringens und regelrechten Aushandlungsprozesses um die Unternehmensgeschichte lag im August 1978, rechtzeitig zum 80. Geburtstag, eine 416 Seiten umfassende zweite Benckiser-Chronik vor, die nun von 1932 bis an die damalige Gegenwart reichte, mithin die Geschichte des eigentlichen unternehmerischen Lebenswerks von Albert Reimann darstellte. Sie war, obschon bei einem Bombenangriff 1944 ein Großteil der Akten, insbesondere

94 Brief Reimann an Dubbers vom 18.5.1976, in: ebd.
95 Brief vom 25.7.1977, S. 2, in: ebd.
96 Notiz Reimann vom 27.7.1977, in: JAB-Archiv, Ordner D 52 (Wichtige Notizen zur Unternehmenspolitik).
97 Brief vom 22.7.1977, in: Familienarchiv Reimann-Dubbers Ordner Briefwechsel Vater – Onkel Albert zur Chronik II.
98 Brief Dubbers an Reimann vom 23.2.1978, in: ebd.

der Geschäftsführung, vernichtet worden waren, sehr quellenbasiert, mit zahlreichen abgebildeten Originaldokumenten, ergänzt durch die zahlreichen Erinnerungsnotizen von Reimann junior und auch einiger weniger Mitarbeiter in den 1970er Jahren. Da die breite Öffentlichkeit nicht als Leser gedacht war, fanden sich in der Chronik auch sämtliche wichtigen Kennzahlen zu Umsatz und vor allem auch Gewinnen, was Familienunternehmen in der Regel nie tun, zumal nicht in Bezug auf die NS-Zeit. Anders als der Mitautor Bickel es gewollt hatte, war die Chronik daher doch keine unkritische Hagiographie geworden.[99] »Unternehmerische Schönfärberei ist billig und aus meiner Sicht sogar diskriminierend«, hatte Reimann junior noch im Februar 1978 gegenüber Gruber geäußert.[100] Seinem Wunsch entsprechend waren denn auch Kapitel mit der Überschrift »Unternehmer im Lernprozess« eingefügt worden, in denen Führungsfehler bzw. Fehlentscheidungen kurz erwähnt wurden. Aber an den entscheidenden Stellen war die Schrift dennoch vielfach beschönigend und suggerierte eine bestimmte »historische Wahrheit«, etwa wenn es um den angeblichen Nachweis einer Vision eines modernen Chemieunternehmens bei Reimann junior ging. Die tatsächliche Entwicklung war jedoch weit mehr von Zufall und Inkrementalismus, sprich Durchlavieren, geprägt, die dann später als strategische intendierte Entwicklung dargestellt wurde – wie es aber in zahllosen Unternehmen mit Blick auf die eigene Geschichte damals der Fall war und auch heute noch ist.

Was die NS-Zeit angeht, so waren der Euphemismus und die spezifische Konstruktion der Vergangenheit besonders ausgeprägt, ohne jegliche kritische (Selbst-)Reflexion. Und doch zeichnet die Chronik II einen ebenso offensiven wie geradezu naiven Umgang mit der NS-

99 Es gibt auch andere, allerdings wenige Beispiele ähnlich quellenbasierter Aufarbeitungen der Unternehmensgeschichte während der NS-Zeit mit ebenso deutlichen Abweichungen und spezifischen Deutungsversuchen wie im Falle Reimanns, allen voran etwa die Autobiographie des Flugzeugindustriellen Ernst Heinkel (»Stürmisches Leben«) von 1953, die, in hoher Auflage gedruckt, ein regelrechter Renner der damaligen Zeit war und ein Symbol der spezifischen Vergangenheitsbewältigung der damaligen deutschen Gesellschaft.

100 Brief vom 3.2.1978 an Martin Gruber, in: JAB-Archiv, Ordner Geschichte/Firmenchronik.

Vergangenheit aus. Zu einem Zeitpunkt erschienen, als so gut wie alle anderen deutschen Unternehmen ihre NS-Zeit nach wie vor ausblendeten und tabuisierten, zumal die damals verantwortlichen Vorstände noch lebten oder vielfach sogar in Amt und Würden waren und insbesondere die bloße Existenz von Zwangsarbeitern in ihren Unternehmen schlichtweg leugneten, breitete die Benckiser-Chronik, wenn auch auf ihre Weise, detailliert die Entwicklung in den Jahren 1933 bis 1939 sowie die Kriegszeit aus und widmet sich ausführlich dem (angeblich natürlich überwiegend positivem) Schicksal der Zwangsarbeiter bei Benckiser. Dabei wurden die über Zwangsarbeit in deutschen Unternehmen allenthalben gepflegten Topoi wiedergegeben, die früher während der Entnazifizierungsperiode, dann später wieder bei den Rechtfertigungsversuchen vor dem Hintergrund der in den späten 1980er Jahren einsetzenden öffentlichen Diskussionen die Darstellung bestimmten: von der angeblich guten Behandlung und fürsorgerischen Aufmerksamkeit, den vorbildlichen Muster-Wohnlagern bis hin zu den gleichen Arbeits- und Lohnbedingungen wie die deutschen Gefolgschaftsmitgliedern. Immerhin wurde in der Chronik II die frei erfundene »Widerstandsgeschichte« von Albert Reimann junior nicht wiederholt. Ansonsten aber folgte die Chronik fast detailgenau der damaligen Entnazifizierungsargumentation der beiden Reimanns.

Albert Reimann selbst war nach dieser Chronik, die dennoch oder gerade wegen ihres Entstehungszusammenhanges eine wichtige unternehmenshistorische Quelle darstellt, mit sich und seinem Verhältnis zum Nationalsozialismus wie zum übermächtigen Vater im Reinen. Beides spielte in den Folgejahren keine Rolle mehr, vielmehr genoss er die ihm anlässlich seines 80. Geburtstages im Jahr 1978 zuteilwerdenden Ehrungen. Schon 1963 hatte er das Bundesverdienstkreuz erhalten, 1973 erhielt er auch noch das Große Bundeverdienstkreuz mit Stern und sah sich als gefeierter Familienunternehmer alten Schlages, dem der Wiederaufstieg der Bundesrepublik Deutschland mit zu verdanken war.

Am 31. Mai 1977, noch vor Fertigstellung der Chronik und noch ganz unter dem Eindruck seiner »Erinnerungsarbeit« stehend, hatte sich Reimann junior, entgegen seiner sonstigen Gepflogenheit, öffentliche Reden eher zu vermeiden, zu einem Vortrag auf einer

Abb. 93: Verleihung des Bundesverdienstkreuzes 1963.
Rechts: Paula Reimann

gemeinsamen Tagung der Arbeitsgemeinschaft Selbständiger Unternehmer (ASU) und des Bundesverbandes Junger Unternehmer (BJU) überreden lassen. Das Thema seiner Rede lautete »Erfahrungen aus einem Unternehmerleben«, wobei er mit der launigen Bemerkung begann, dass »meiner erst zögernden Bereitschaft zur Übernahme des Vortrages zugute [kam], dass ich mich altersbedingt in der Phase unternehmerischer Rückschau befinde, die auch existenzbedrohende Krisen nach ihrer Überwindung zu Erfolgserlebnissen werden lässt.«[101] Schon im nächsten Satz wurde dann der Vater erwähnt

101 Das Redemanuskript in: JAB-Archiv, Ordner D 52. Vgl. auch die vollständige Wiedergabe in der Benckiser-Chronik II, S. 410-416.

und die sich wie ein roter Faden durch die Benckiser-Geschichte ziehenden divergierenden Unternehmer- und Unternehmenskonzeptionen, ergänzt durch den für das Auditorium in seiner Bedeutung kaum nachvollziehenden Satz: »Die völlige Übereinstimmung im außerberuflichen Bereich war und blieb lebenslänglich ein wichtiges Bindeglied.«[102] Mit dem Abdruck dieser Rede endet im Übrigen auch die Benckiser-Chronik II.

Die Darstellung der Unternehmensentwicklung in der Chronik II und der 80. Geburtstag bedeuteten für Reimann auch den Abschied aus dem Unternehmen, in das er genau 50 Jahre zuvor als Gesellschafter-Geschäftsführer eingetreten war. Neuer Hauptgeschäftsführer an seiner Stelle wurde Martin Gruber, der auch die Geburtstagsansprache hielt und dabei das Lebenswerk Reimanns in drei aufeinanderfolgenden Phasen respektive drei »überragenden Leistungen« zusammenfasste: Von 1928 bis 1939 die Grundlagenschaffung für die spätere Diversifikation auf dem Gebiet der Phosphatspezialitäten, dann während des Krieges und in den Nachkriegsjahren bis 1950 der Wiederaufbau von Werk wie Betriebsgemeinschaft, und schließlich die 1960er und 70er Jahre mit starker Expansion, in der aus einer mittelständischen chemischen Fabrik eine Unternehmensgruppe mit internationaler Bedeutung wurde.[103]

Am 25. Mai 1984 starb Albert Reimann junior in Heidelberg im Alter von 85 Jahren. Ein Jahr zuvor war Paula Reimann gestorben. Seit Anfang der 1950er Jahre hatte Reimann eine außereheliche Beziehung zu der 24 Jahre jüngeren Emmi Landecker unterhalten, aus der drei Kinder hervorgegangen waren. Über die Nachfolgeregelung im Unternehmen hatte er sich schon früh Gedanken gemacht. Da die Ehe mit Paula Reinmann kinderlos war, adoptierte Reimann junior im Juli 1958 die vier Kinder aus der Ehe seiner Schwester Else Dubbers mit Hans Dubbers, die zu diesem Zeitpunkt zwischen 15 und 21 Jahre alt waren. Die drei Söhne, so war zumindest 1961 beabsichtigt, sollten später einmal in die Firma eintreten und entsprechend der ihnen auch zustehenden Geschäftsanteile die Mit-Gesellschafterfunktion ausüben. Hauptanteilseigner des insgesamt 5 Mio. DM betragenden

102 Ebd.
103 Vgl. dazu JAB-Archiv, Benckiser-Werkszeitung 1980 sowie auch Ordner Geschichte/Firmenchronik.

Abb. 94: Albert Reimann in seinem Büro Anfang der 1980er Jahre

Gesellschaftskapitals der Benckiser GmbH war zu diesem Zeitpunkt mit 3 Mio. DM Reimann junior, der diesen Anteil allerdings in Gütergemeinschaft mit seiner Frau Paula Reimann hielt. Daneben mit 2 Mio. DM Else Reimann, die Mutter, die dann jedoch noch vor ihrem Tod 1962 die Hälfte davon jeweils zu gleichen Teilen an die Enkelkinder übertrug.[104] Nach ihrem Tod erhielten diese auch die restlichen Anteile, so dass nun jeder von ihnen über 500.000 DM oder 10 Prozent der Benckiser-Anteile verfügte. Im Februar 1965 adoptierte Reimann junior jedoch auch die drei unehelichen Kinder aus der Beziehung mit Emilie Landecker und im März 1967 schließlich auch noch zwei weitere Kinder seines Vetters Otto Andersen, Sohn der Schwester von Reimanns Mutter. Jedem der Kinder wurde 1984 nun der gleiche Erbanteil am Unternehmen Joh. A. Benckiser zugesprochen. Die alte GmbH war dabei seit Januar 1984 aufgelöst und

104 Vgl. Brief Else Dubbers an ihre Kinder vom 1.3.1962, in: Familienarchiv Reimann-Dubbers, Ordner Verschiedenes. Vgl. dazu auch das Protokoll der Gesellschafterversammlung vom 28.12.1962, in: ebd.

ihre gesamten Aktiven und Passiven auf eine neue Benckiser GmbH übertragen worden, die dann in »Vermögenverwaltung Familie Reimann GmbH« umbenannt wurde. Sie war nun als Familien-Holding einziger Gesellschafter der neuen Benckiser GmbH.[105] Testamentsvollstrecker war Martin Gruber, der inzwischen schon vier Jahre als Reimanns enger Vertrauter dessen Nachfolge als Sprecher der Geschäftsführung ausgeübt hatte. Durch diese gesellschaftsrechtliche Konstruktion waren alle Optionen offen für die weitere Zukunft der Chemischen Fabrik Benckiser bzw. der Benckiser-Gruppe als unabhängiges und eigenständiges Familienunternehmen.

Die Benckiser-Chroniken I und II wurden in der Folgezeit entgegen der ursprünglichen Konzeption doch in größerer Zahl gedruckt und nicht nur intern, sondern auch an Geschäftspartner verteilt. 1993, im 170. Jahr des Firmenbestehens, als aus Benckiser inzwischen ein global operierender Konzern der Verbrauchsgüterindustrie mit mehr als 100 Gesellschaften in aller Welt, fast 10.000 Mitarbeitern und einem Umsatz von ca. 4,5 Mrd. DM geworden war, erfolgte eine zweite Auflage der Benckiser-Chroniken. Und obwohl zu diesem Zeitpunkt inzwischen längst große historische Untersuchungen unter anderem zu Daimler-Benz, der IG Farben bzw. ihren Nachfolgeunternehmen und Volkswagen in der NS-Zeit erschienen oder im Entstehen waren und in der Unternehmensgeschichtsforschung eine intensive wissenschaftliche Debatte über Ausmaß und Umfang der Verstrickungen von Unternehmern in die Verbrechen des NS-Regimes bestand, und auch Ulrich Herberts eingehende Studie zur Zwangsarbeit in Deutschland acht Jahre zuvor schon erschienen war, erfolgte die Wieder- bzw. Neuauflage der Benckiser-Chronik ohne jegliche inhaltliche Änderungen.[106] In der Folgezeit verblasste die Erinnerung an die Firmengeschichte, je mehr sich Benckiser von seinen Ursprüngen entfernte, im Jahr 1999 mit dem britischen Unterneh-

105 Vgl. die ausführliche Zeitungsnotiz zu Reimanns Tod und die darin zitierten Äußerungen von Gruber im *Mannheimer Morgen* vom 30.5.1984, in: JAB-Archiv, Ordner Firmengeschichte/Chronik.

106 Vgl. dazu ausführlich Sebastian Brünger, Geschichte und Gewinn. Der Umgang deutscher Konzerne mit ihrer NS-Vergangenheit, Göttingen 2017. Dazu auch Jörg Osterloh, Harald Wixforth (Hrsg.), Unternehmer und NS-Verbrechen. Wirtschaftseliten im Dritten Reich und in der Bundesrepublik, Frankfurt a.M. 2014.

men Reckitt & Colman fusioniert wurde und bald nur noch das alte Kürzel JAB an die Chemiefabrik von einst erinnerte. Das 175-jährige Gründungsjubiläum von Benckiser im Jahr 1998 wurde dann auch nicht mehr erkennbar gefeiert oder für einen Rückblick genutzt.

Doch die Vergangenheit holte das Unternehmen und die Anteilseignerfamilie dennoch immer wieder auf die eine oder andere Weise ein. Im Mai 2000 entdeckte Martin Gruber bei der Durchsicht des alten Firmenarchivs die Entnazifizierungsakten der beiden Reimanns, und ohne die wirkliche Brisanz in einer Beschäftigung mit dem Thema zu begreifen, erstellte er eine umfassende Dokumentation und Zusammenstellung aller wesentlichen Schriftstücke für die vier Reimann-Dubbers-Kinder als Mitgesellschafter. »Der gesamte Komplex eröffnet auf Grund der sehr breiten Fragestellung einen recht umfassenden Einblick in die Biographien und in die Persönlichkeiten der beiden Herren, die für die Angehörigen der Familie Reimann sicher von Interesse und Bedeutung sind«, schrieb er dazu.[107] Ob und inwieweit auch die anderen Mitgesellschafter aus der Linie Reimann-Landecker und Andersen die Aktenzusammenstellung erhielten, ist nicht klar.

Im Jahr 1999 fusionierte Benckiser, seit 1997 an der Amsterdamer Börse notiert, mit dem britischen Unternehmen Reckitt & Colman zu Reckitt-Benckiser in London, wohin auch der neue Hauptsitz des Unternehmens verlegt wurde. Dennoch machte man die Erfahrung, dass, wenn es ausländischen Medien oder Konkurrenten opportun erschien, deutsche Unternehmen bzw. unter mehrheitlich deutscher Anteilseignerschaft stehende Firmen nach der Vergangenheit im Dritten Reich gefragt wurden. Insbesondere wurde dabei die Affinität zu oder Mitgliedschaft in der NSDAP besonders beachtet. Einerseits waren diese kritischen Fragen nach der NS-Vergangenheit von Investoren oder Kunden mit gutem Recht erfolgt, andererseits aber unter vordergründigen Motiven, denen es nicht um vergangenheitspolitische Transparenz ging, sondern um die Instrumentalisierung der NS-Zeit für eigene Zwecke. Eigentlich hatten sich die deutschen Unternehmen diesbezüglich auf den Auslandsmärkten, insbesondere dem wichtigen US-Markt, mit der im August 2000 gegründeten Stiftungsinitiative Erinnerung, Verantwortung und Zukunft (EVZ)

107 Schreiben Gruber vom 7.6.2000, in: JAB-Archiv, Ordner TV 8 b.

Ruhe zu erkaufen gesucht, und auch JAB und die Familie Reimann hatten dazu einen Millionenbeitrag geleistet. Doch dann gerieten die reichen deutschen Familien, ihre Unternehmen und deren Verstrickungen in der NS-Zeit verstärkt ins Blickfeld der Öffentlichkeit, angefangen 2007 mit einer Fernsehdokumentation über »das Schweigen der Quandts«. Während der Traditionsname Benckiser nach und nach verschwand – im Jahr 2015 schloss Reckitt-Benckiser seinen letzten verbliebenen deutschen Produktionsstandort in Ladenburg und verkaufte das Gelände, im März 2021 schließlich benannte sich das Unternehmen in *Reckitt* um und strich damit den traditionsreichen Namen *Benckiser* aus dem Unternehmensnamen –, sorgten das finanzielle Engagement und diverse spektakuläre Transaktionen der Reimann-Nachkommen dafür, dass die Vergangenheit dennoch immer wieder thematisiert wurde.

Die Benckiser-Unternehmensgeschichte und die ihrer Gesellschafter-Geschäftsführer Albert Reimann senior und junior ist zweifellos ein Beispiel für die verspätete NS-Vergangenheitsaufarbeitung in einem deutschen Familienunternehmen, und bei weitem gibt es hier noch zahlreiche ebenso prominente wie in der Öffentlichkeit weniger bekannte Unternehmerfamilien, die sich dieser Zeit bis heute nicht gestellt haben. Der Fall Benckiser/Reimann ist aber auch ein Lehrstück dafür, das verständlich, erklärend und nachvollziehbar macht, wie das NS-System möglich wurde, wie es funktioniert hat und trotz Radikalisierung, Terror und Krieg Unterstützer fand und so immerhin 12 Jahre lang existierte. Die damaligen Mechanismen sind weit komplexer, als heute allenthalben wieder eine verkürzte, moralisierende Betrachtung des NS-Regimes und seiner Wirklichkeit im Alltag glauben machen möchte. Die Entwicklungen bei der Chemischen Fabrik Joh. A. Benckiser schrumpfen dabei im Kosmos der NS-Verbrechen zu Vorgängen, wie sie in tausenden anderen deutschen Unternehmen damals passierten. Das relativiert nicht die Schuld und Verantwortungslosigkeit von Albert Reimann senior und junior, die nachgerade typische mittelständische Eigentümerunternehmer waren und die mit Opportunismus und Anpassungswillen, sich einerseits den Zwängen unterwerfend, andererseits aber auch mit einer gehörigen Portion von Eigeninteressen ihren Weg durch die Jahre des NS-Regimes gingen. Mit dem Regime gingen sie ideologisch konform und profitierten davon, aber zugleich versank in dieser Zeit auch der größte Teil ihres Unternehmens in Schutt und Asche. Die Ambivalenzen trafen auch die Zwangsarbeiter, die es in Ladenburg vergleichsweise gut treffen konnten, in Ludwigshafen dagegen zum Teil traumatische Erfahrungen von Misshandlungen machen mussten.

Die Benckiser- und Reimann-Geschichte weist aber auch auf einen weit darüber hinausreichenden Aspekt. Die sich überlagernden »Modi der Vergangenheitsbewältigung und Geschichtsinstrumentalisierung« (Jörg Leonhard) können nicht nur die politische – oder noch verengter, die nationalsozialistische – Vergangenheit in der Geschichte und Entwicklung von Unternehmen in den Vordergrund rücken, sondern bieten die Möglichkeit, das komplexe Problem der unternehmerischen Vergangenheitsaufarbeitung insgesamt stärker zu thematisieren. Es geht mithin nicht nur darum, die NS-Vergangenheit als Unternehmer und Unternehmen aufzuarbeiten und sich den damaligen Verstrickungen in nationalsozialistisches Unrecht zu stellen. Dass dies für deutsche Unternehmen einerseits zentral ist, andererseits aber nicht reicht, mit alleinigem Fokus auf die NS-Zeit die späteren Entwicklungen auszuklammern, zu tabuisieren oder zu verdrängen, zeigen prominente Beispiele wie Volkswagen, Siemens und die Deutsche Bank, die in jüngerer Zeit massive Deformationen ihrer Unternehmenskulturen erfuhren und sich durch Korruption, Betrug und Kursmanipulationen in kriminelle und strafbare Machenschaften verwickelten. Von einer historischen Aufarbeitung dieser Jahre sind diese Unternehmen weit entfernt.[108] Hier besteht denn auch die eigentliche Bedeutung von historisch-kritischen Rückblicken im 25-Jahres-Jubiläumsrhythmus: Sensibilisierung zu schaffen für unternehmenspolitische Fehlentwicklungen und unternehmenskulturelle Deformationen. Die dabei auftretenden Befürchtungen von Kontrollverlust auf Seiten der Unternehmensvorstände sind groß und die Verteidigung der Deutungshoheit über die eigene Unternehmensgeschichte mit allen oft Jahrzehnte lang entstandenen Mythen ist massiv. Das gilt erst recht für Familienunternehmen, in denen auch

108 Die ursprünglich von Siemens zur Untersuchung der Korruptionsaffäre in Auftrag gegebene historische Studie liegt noch immer unter Verschluss und wird der Öffentlichkeit vorenthalten.

die innerfamiliären Beziehungen eng mit der Unternehmensentwicklung verwoben sind.

Es gibt auch jenseits der NS-Zeit vielfältige Mechanismen der Unterordnung der Unternehmensinteressen unter die Interessen totalitärer oder autoritärer Staaten und Ideologien. Die daraus resultierenden fatalen Wirkungen sind unübersehbar. Es gibt mithin viele unbewältigte, verdrängte und nicht aufgearbeitete Unternehmensvergangenheiten: tabuisierte Krisen, unfreundliche Übernahmen, traumatische Umbrüche bei Anteilseignerwechsel, sich als unfähig oder überfordert herausstellende Vorstandsvorsitzende oder auch einfach nur krisenhafte Konkurrenzkämpfe und Konjunktureinbrüche mit Werksschließungen und Standortverlagerungen, die nicht als solche benannt, sondern allenthalben euphemistisch als Transformationsprozess bezeichnet werden. Die Auseinandersetzung mit der eigenen Geschichte sollte für Unternehmen eigentlich kein jubiläumsgetriebener oder durch mediale Skandalisierung ausgelöster, sondern ein permanenter Prozess sein. Vielleicht ist diese Studie auch für JAB und die Inhaberfamilie der Anlass, im Jahr des 200-jährigen Gründungsjubiläums der Konzernmutter bzw. des Stammvaters Joh. A. Benckiser das heutige Unternehmenskonglomerat als Ergebnis eines historischen Prozesses zu begreifen.

Abkürzungsverzeichnis

AG Aktiengesellschaft
AIFAC Association Internationale de Fabricants d'Acide Citrique
AOK Allgemeine Ortskrankenkasse
ASU Arbeitsgemeinschaft Selbständiger Unternehmer
BArch Bundesarchiv
BASF Badische Anilin- und Soda-Fabrik
BIOS British Intelligence Objectives Sub-Committee (BIOS)
BJU Bundesverband Junger Unternehmer
CEFAC Comité Européen des Fabricants d'Acide Citrique
CEFAT Comité Européen des Fabricants d'Acide Tartique
CIC Counter Intelligence Corps
CPC Corn Products Refining Corporation
DAF Deutsche Arbeitsfront
DeDi Deutsche Bank & Diskonto-Gesellschaft
DIB Deutsche Industriebank
DVLP Deutsche Vaterlandspartei
DVP Deutsche Volkspartei
EWG Europäische Wirtschaftsgemeinschaft
F&E Forschung und Entwicklung
FIAT Field Information Agency Technical
Gebechem Generalbevollmächtigter für Sonderfragen der Chemischen Erzeugung
GLA Generallandesarchiv
GmbH Gesellschaft mit beschränkter Haftung
GZ Gärungszitronensäure
HHStAW Hessisches Hauptstaatsarchiv Wiesbaden
HWWA Hamburgisches Welt-Wirtschafts-Archiv
IFW Institut für Weltwirtschaft
IG Interessengemeinschaft
IHK Industrie- und Handelskammer
IMI Italienischer Militärinternierter
JAB Joh. A. Benckiser (Holding)
Jato Jahrestonnen

KdF Kraft durch Freude
Kgf. Kriegsgefangener
KPD Kommunistische Partei Deutschlands
KZ Konzentrationslager
LASp Landesarchiv Speyer
Moto Monatstonnen
MSPD Mehrheitssozialdemokratische Partei Deutschlands
NS Nationalsozialismus
NSBO Nationalsozialistische Betriebszellen-Organisation
NSDAP Nationalsozialistische Deutsche Arbeiterpartei
NSV Nationalsozialistische Volkswohlfahrt
NSZ Nationalsozialistische Zeitung
OHG Offene Handelsgesellschaft
OKH Oberkommando des Heeres
OKW Oberkommando der Wehrmacht
OT Organisation Todt
Pfg. Pfennig
RM Reichsmark
RPA Reichspatentamt
Rüko Rüstungskommando
RWM Reichswirtschaftsministerium
SA Schutzabteilung
SARL Société à responsabilité limitée
SD Sicherheitsdienst
SIPAO Sindicato Internationale Produttori Acidi Organici
SPD Sozialdemokratische Partei Deutschlands
SS Schutzstaffel
Stalag Stammlager für Kriegsgefangene
STO Service du Travail Obligatoire
t Tonne
uk unabkömmlich
USPD Unabhängige Sozialdemokratische Partei Deutschlands
WS Weinsäure
ZS Zitronensäure
ZSK Zentrale Säuberungskommission

Quellen- und Literaturverzeichnis

Ungedruckte Quellen

JAB-Archiv, Mannheim

TV 8: Dr. Reimann, Entnazifizierung
TV 8b: Ordner Entnazifizierung (Originale und Kopien)
TV 10: Schriftwechsel Dr. Reimann senior und junior 1938-1951
TV 14 b: Dr. Reimann, persönliche Urkunden (intus: Werkausweis R. jr. 1944)
Ordner Schriftverkehr Dr. Reimann senior
Ordner Chronik
Ordner Geschichte/Fotos 1934-1940
Ordner Geschichte/Firmenchronik
D 19a: Kalkulationsgrundlagen von 1926 bis 1938 (Dr. Ackerle)
D 20
D 22: Bilanzen 1908 bis 1939
D 23: Kreditverhandlungen 1925 bis 1945; Bilanzen 1924-1941
D 24: Handelsbilanzen 1940-1955
D 25 b: Bilanzberichte/Treuhand-Prüfberichte 1931 bis 1937 (1935 fehlt)
D 25 c: Bilanzprüfberichte 1938 bis 1946
D 32 bis D 38: Weinsäure-Syndikat SIPAO und Goldenberg-Quote 1926-1931
D 39: Patentabteilung
D 40: Liste der JAB-Patente 1921-1944
D 41: Patentabteilung
D 42: Patentprozess Budenheim 1928-1933
D 43: Organisation
D 46: Ordner Ladenburg 1939-1944
D 52: Wichtige Notizen zur Unternehmenspolitik
D 57: Zweiter Weltkrieg
D 59: Interregnum 1945 bis 1950

D 65: Prospekte und Merkblätter von JAB-Produkten 1930-1966 (Calgon)
D 67: Steuer/Betriebsprüfungen (1928; 1932; 1936; 1941; 1946; 1954)
D 71a: Calgon Corp. 1940-1961
D 73: Boehringer-Ingelheim 1928/1941-1944
Filme: Betriebsausflüge 1935 bis 1937 sowie 1. Mai 1935; Betriebsvolksfest 1938

Familienarchiv Günter Reimann-Dubbers (Heidelberg)

Ordner »Onkel Albert/Entnazifizierung«, zusammengestellt von Martin Gruber (Testamentsvollstrecker) 7.6.2000 (Kopien aus dem Benckiser-Archiv)
Ordner »Ahnen Reimann« A-K
Ordner »Ahnen Reimann« L-Z
Ordner Hans (betr. Entnazifizierung, Briefwechsel mit der Familie, 1946-1947)
Ordner Hans (Bewerbungen, Zeugnisse; Briefwechsel aus dem Lager; 1921-1945)
Ordner Tagebuchauszüge und Gedichte 1913-1955 von Else Reimann, geb. Andersen (1874-1962), Mutter von Reimann jr. und von Else Dubbers; »für die Kinder von Else Dubbers geb. Reimann 1986 mit dem vollständ. Tagebuch ergänzt«, u.a. Briefwechsel Albert Reimann und seine Schwester
Ordner Briefwechsel Vater – Onkel Albert zur Chronik II
Ordner (»roter Leitzordner«) Verschiedenes Mutti (Else Dubbers); u.a. Geburts-, Trau- und Sterbescheine, Ahnenpass Dubbers und Trauerrede Gruber 1984
Ordner Stammbuch/Urkunden, Zeugnisse Else Dubbers
Ordner (»schwarzer Ordner«): Verschiedenes Mutti
Betriebsabrechnungsbogen 4. Quartal 1941
Diverse Fotos NS-Zeit
Schnellhefter: Hochzeitsrede Reimann senior zur Doppelhochzeit seiner Tochter/seines Sohnes 14.9.1935 und Ansprache Dr. Aeckerle zum 1. Todestag Dr. Reimann senior 27.7.1955.
Schnellhefter: Schriftwechsel Reimann senior mit Reimann junior 1944-1952

Schnellhefter: Hans Dubbers, Internierungslager, Gedanken zum Entnazifizierungsgesetz vom 5.3.1946 (Rechtfertigungsschrift 45 Seiten)

Treuhandbericht betr. Nachlass Emil Reimann, Ludwigshafen August/November 1918

Schnellhefter zu Entnazifizierungsverfahren Hans Dubbers

Gesellschaftsvertrag Theodor Benckiser, Albert Reimann senior und Albert Reimann junior zu GmbH-Gründung 1929

Schnellhefter Wohnung/Fliegerschadenmeldung; diverse Rechnungen

Schnellhefter Kriegs- und Besatzungsschäden 1953/1955

Schnellhefter Entnazifizierung Else Dubbers

Schnellhefter »Karikaturen aus dem Camp«, Hans Dubbers

Schnellhefter Höhere Gartenbauschule/Internierungslager Darmstadt 1946

Schnellhefter Internierung 1945-1948

Schnellhefter Spruchkammer Hans Dubbers

Roter Schnellhefter »Lebenserinnerungen von Hans Dubbers«

Zwei Umschläge mit diversen Fotos, vor allem »Onkel Albert«

Kopie BIOS-Report »Production of Citric Acid from Beet Molasses in Germany«

Bundesarchiv, Berlin

B 218/76

R 3101/18391 (Benckiser/Zitronensäure) 1936

R 154/381

R 2/10493

R 2501/11595 (Ermittlungssache Max Brings, Lyssia-Werke, Chemisch-pharmazeutische Produkte, Wiesbaden)

R 8127, Nr. 8267 (Goldenberg)

R 8135, Nr. 2623

R 907, Nr. 490

Bundesarchiv, Koblenz

N 1340/48 (Albert Speer)

Archiv Boehringer-Ingelheim

Ordner Zitronensäure-Streit Benckiser (H.Reg. 8.4.)
Ordner: Zitronensäure und deren Derivate – Verwendung in der Lebensmittelindustrie

Walter Dehio, Die Industrie der Weinsäure, Zitronensäure und Milchsäure. Ein Rückblick auf die Entwicklung der vierzig Jahre 1925-1965 (MS vom Dezember 1966, gedruckt 134 Seiten)

Henkel-Archiv, Düsseldorf

Acc. 193, Nr. 58
Acc. 193, Nr. 63 (Patentstreit mit Benckiser wg. Calgon 1938/39)

Bayer-Archiv, Leverkusen

019-A-098: Vertrag zwischen der I.G. Farbenindustrie AG und der Chemischen Fabrik Joh. A. Benckiser GmbH, Ludwigshafen (u.a. betr. Calgon/Trilon) 1936/37

330-0346: Patentangelegenheiten (Trilon), 1940

Archiv der IHK Ludwigshafen

26 Aa-2u (IHK-Verordnung vom 20.8.1934)
31-6 Vierjahresplan 1936-1938
31-13/4 Gauwirtschaftskammer
30-2/3 Judenfrage (1938/39)
30-1/1-3 Feststellung jüdischer Unternehmer
12 a-8/1-3 Berichte über die wirtschaftliche Lage im Kammerbezirk 1943 bis 1945
12 a-9/2
26 g 6-1 Präsidialsitzungen
26 g 6-2 Vorstandssitzungen 1931 ff.
26 g 7
31-1/3 Nationale Erhebung (1935-1938)
30-4/1 Devisen/Pässe/Auswanderungen (1938-1939)

Hessisches Hauptstaatsarchiv Wiesbaden (HHStAW)

518/5068 (Max Brings)
519/3, Nr. 24205

Landesarchiv Speyer (LASp)

Bestand R 18 V, Nr. 606 und 607 (Entnazifizierungsausschuss Neustadt Dr. Albert Reimann senior und junior)
R 18 V, Nr. E 15623
Bestand H 19, Gestapoakte Nr. 2915, Nr. 5298, Nr. 2952, Nr. 6625.

Entnazifizierungsakten Benckiser-Personal
R 18 Nr. E 17127 (Paul Werneburg)
R 18 Nr. E 15598 (Dr. Hermann Rudy)
R 18 Nr. E 1298 (Dr. Emil Ackerle)
R 18 Nr. E 15717 (Jakob Butsch)
R 18 Nr. 18731 (Helmut Janke)
R 18 Nr. E 15692 (Ludwig Altpeter)
R 18 Nr. E 15597 (Richard Backofen)
R 18 Nr. 6706 (Franz Tauber)
R 18 Nr. E 15119 (Dr. Robert Maxheimer)
R 18 Nr. E 15727 (Hanns Adrian)
R 18 Nr. E 15726 (Adolf Fricke)
R 18 Nr. E 16132 (Dr. Rudolf Watzel)
R 18 Nr. E 15941 (Friedrich Karl Schneider)

Unternehmensarchiv Merck, Darmstadt

Bayerisches Hauptstaatsarchiv, München

MHIG 4357 und 4358 (IHK Ludwigshafen)

Staatsarchiv Ludwigsburg

EL 402/17, Bü 162 (Vermögenskontrolle; Rückerstattung)
EL 350 I_Bü 29811

EL 902/16, Bü 565
K 810, Bü 80

Stadtarchiv Ludwigshafen

ZR II 2046
Ratssitzungsprotokolle 1933-1945
WS 03: Bestand Gebr. Giulini Chemische Fabrik
u.a. WS 03/1029-1031 Konvention phosphorsaurer Salze 1935-1944

Oetker-Archiv, Bielefeld

P15/17 und P5/17, P5/62

Generallandesarchiv (GLA) Karlsruhe

465 c, Nr. 3110 (Parteigerichtsverfahren Wagner durch Reimann 1935)
465 q, Nr. 2884 (Entnazifizierungsakte Reimann junior)
465 q, Nr. 2885 (Paula Reimann)
465 q, Nr. 13629 (Entnazifizierungsakte Reimann senior)
465 q, Nr. 13630 (Else Reimann)
465 q, Nr. 13656 (Else Dubbers, geb. Reimann)
465 f, Nr. 900 (Entnazifizierungsakte Hans Dubbers)
465 n, Nr. 37465 (Fritz Hagloch)
465 n, Nr. 35454 (Paul Werneburg)
521 Nr. 5708

Archiv des Deutschen Museums, München

FIAT Final Report No. 1049 Tartaric Acid Processes in Germany
FIAT Final Report No. 1046 Production of Crude Citric Acid by Fermentation in Germany
BIOS Final Report No. 489 Chemische Fabrik Joh. A. Benckiser, GmbH, Ladenburg Works, Manufacture of Calcium Citrate
BIOS Final Report No. 220 Production of Citric Acid at the Factory of Joh. A. Benckiser, Ladenburg, near Heidelberg

Allgemeines Reichsarchiv, Brüssel
(Archives des Juridictions Militaires supprimées)

Auditorat contre La Citrique Belge, Rapport Definitif, Dossier No.3123/44 vom 23.12.1946

Private Unterlagen Marie Mazauric

Private Unterlagen Peter Volz

Archiv der sv:dok, Bochum

Bestand 15: Berufsgenossenschaft Rohstoffe und Chemische Industrie
15/4764 Unfallakte van Vliet, Ferdinand (Fabrik Benckiser am 4.12.1942)
15/6624 und 15/6627 Unfallregister BG Chemie 1940-1945

Stadtarchiv Ladenburg

Diverse Akten zum Kaufvertrag und Bau des Werks Ladenburg 1941-1965

Centre des Archives diplomatiques, La Courneuve, Frankreich

1BAD/493 Entnazifizierungsakte Dr. Alexander Gläser
1 AJ 3548 Aeckerle, Knapp, Janke (Militärgerichtsverfahren)
1 AJ 3851 Janke, Helmut (Militärgerichtsverfahren)

Sächsisches Staatsarchiv, Chemnitz

Bestand 30950 Böhme Fettchemie, Nr. 109, Nr. B 7/259 und Nr. 3908

Landesarchiv Sachsen-Anhalt, Merseburg

I 506, Nr. 1961 Phosphorsäure-Vertrag IG Bitterfeld mit Firma Benckiser 1925-1936

Bundesarchiv Freiburg, Militärarchiv

RW 21-44/4, Kriegstagebücher Rüstungskommando Mannheim 1942

Staatsarchiv Kattowitz (Archivum NBP Katovice)

12/2666 Chemiefabrik »Radocha«

Stiftung Westfälisches Wirtschaftsarchiv

S 7, Nr. 394 (Chemische Fabrik Goldenberg)

Arolsen Archives, Online Collection

Namenslisten sowjet-russischer Zivilarbeiter, die während des Krieges im Stadtkreis Ludwigshafen beschäftigt waren
Auszüge aus dem Meldebuch der Stadt Ladenburg (Ausländerregister)
Extracts from Records of Chemische Industrie-Berufsgenossenschaft in Mannheim
Liste der russischen/ukrainischen Staatsangehörigen, die im Städt. Krankenhaus Ludwigshafen behandelt wurden (1940-1945)

Digitalisierung der Pressearchive von HWWA und IFW

Geschäftsberichte der Nitritfabrik AG, Berlin-Köpenick 1920 bis 1942, unter: http://webopaco.hwwa.de/PresseMappe20/PM20.cfm?T=F&qt=112820&CFID=41373480&CFTOKEN=85883904 (abgerufen zuletzt am 8.4.2021)

Gedruckte Zeitschriften

Appretur-Zeitung 1935/1936 (diverse Anzeigen zu Calgon)
Zur Chemotechnik der Schmelzkäse-Fabrikation. Aus dem Laboratorium der Chemischen Fabrik Joh. A. Benckiser GmbH Ludwigshafen a. Rh., in: Milchwirtschaftliches Zentralblatt 64 (1935), S. 32-34

Die Wasseraufbereitung nach dem »Schwellenbehandlungs«-Verfahren (Phosphatimpfung), F. Schönaich; Aus dem Laboratorium der Chemischen Fabrik Joh. A. Benckiser GmbH Ludwigshafen a. Rh., in: Die Wärme 63 (1940), S. 122-123

Calgon in der Textilveredelung hg. von der Joh. A. Benckiser GmbH, Ludwigshafen 1936 (Werbebroschüre 24 S. mit 8 Abb.) (unter der Signatur 1936 A 4503 im Bestand der Deutschen Nationalbibliothek, Leipzig)

Production of Citric Acid from Beet Molasses in Germany, in: The International Sugar Journal Bd. 51, November 1949, S. 300-3003

Die Entwicklung der Citronensäureindustrie, in: Chemiker-Zeitung 58 (1934), Nr. 11, S. 114-117

Wehmer, C., Zur Geschichte der Gärungscitronensäure, in: Chemiker-Zeitung 57 (1933), Nr. 32, S. 313-314

Wells, P.A. u.a., Citric Acid Industry, in: Industrial & Engineering Chemistry 30 (1938), S. 255-262

Literatur

150 Jahre Benckiser, Ludwigshafen 1973

Ackerle, Emil, Ludwig Reimann/Albert Reimann senior, in: Kurt Oberdorffer (Hrsg.), Ludwigshafener Chemiker II, Düsseldorf 1960, S. 11-44

Altmayer, Sibille, Interessenvertretung und Unternehmertum. Zur Geschichte des Verbandes der Pfälzischen Industrie, Neustadt 1994

Arnaud, Patrice, »Ein so naher Feind«. Französische Zwangsarbeiter und ihre deutschen Kollegen in den Industriebetrieben des Dritten Reiches, in: Andreas Heusler u.a. (Hrsg.), Rüstung, Kriegswirtschaft und Zwangsarbeit im »Dritten Reich«, München 2010, S. 179-197

Arnaud, Patrice, Les STO. Histoire des Français requis en Allemagne nazie 1942-1945, Paris 2010

Banken, Ralf, Hitlers Steuerstaat. Die Steuerpolitik im Dritten Reich, Berlin/Boston 2018

Banken, Ralf, Vom »Verschweigen« über die »Sonderkonjunktur« hin zur »Normalität«? Der Nationalsozialismus in der Unternehmensgeschichte der Bundesrepublik, in: Zeitgeschichte-online, Dezember 2012, https://zeitgeschichte-online.de/thema/vom-verschweigen-ueber-die-sonderkonjunktur-hin-zur-normalitaet

Becker, Martin, Die Betriebs- und Volksgemeinschaft als Grundlage des »neuen« NS-Arbeitsrechts, in: Marc Buggeln, Michael Wildt (Hrsg.), Arbeit im Nationalsozialismus, München 2014, S. 107-121

Berghoff, Hartmut, Konsumgüterindustrie im Nationalsozialismus. Marketing im Spannungsfeld von Profit- und Regimeinteressen, in: Archiv für Sozialgeschichte 36 (1996), S. 293-322

Billiard, Robert, La Contrainte Economique imposée aux industriels et aux ouvriers belges par l'Autorité Occupante Allemande en 1940-1944, Brüssel 1946

Boldorf, Marcel, Forced Collaboration, Entrepreneurial Strategies, and their Long-term Effects in France, in: Jonas Scherner, Eugene White (Hrsg.), Paying for Hitler's War. The Consequences of Nazi Hegemony for Europe, Cambridge 2016, S. 126-139

Boldorf, Marcel, Neue Wege zur Erforschung der Wirtschaftsgeschichte Europas unter nationalsozialistischer Hegemonie, in: Christoph Buchheim, Marcel Boldorf (Hrsg.), Europäische Volkswirtschaften unter deutscher Hegemonie 1938-1945, München 2012, S. 1-26

Bories-Sawala, Helga, Franzosen im »Reichseinsatz«. Deportation, Zwangsarbeit, Alltag: Erfahrungen und Erinnerungen von Kriegsgefangenen und Zivilarbeitern (3 Bände), Frankfurt a.M. 1996

Bräutigam, Petra, Mittelständische Unternehmer im Nationalsozialismus. Wirtschaftliche Entwicklungen und soziale Verhaltensweisen in der Schuh- und Lederindustrie Badens und Württembergs, München 1997

Brünger, Sebastian, Geschichte und Gewinn. Der Umgang deutscher Konzerne mit ihrer NS-Vergangenheit, Göttingen 2017

Buchheim, Christoph, Boldorf, Marcel (Hrsg.), Europäische Volkswirtschaften unter deutscher Hegemonie 1938-1945, München 2012

Burhop, Carsten u.a., Merck 1668-2018. Von der Apotheke zum Weltkonzern, München 2018

Conrads, Hinderk, Lohff, Brigitte, Carl Neuberg – Biochemie, Politik und Geschichte. Lebenswege und Werk eines fast verdrängten Forschers, Wiesbaden 2006

Conrads, Hinderk, Lohff, Brigitte, From Berlin to New York. Life and work of the almost forgotten German-Jewish biochemist Carl Neuberg (1877-1956), Wiesbaden 2007. Das Deutsche Reich und der Zweite Weltkrieg, Bd. 5/2: Organisation und Mobilisierung des deutschen Machtbereichs, Stuttgart 1999

Deichmann, Ute, Flüchten, Mitmachen, Vergessen. Chemiker und Biochemiker in der NS-Zeit, Weinheim 2001

Dubbers, Hans, Benckiser-Chronik I. 1350 bis 1932. Geschichte eines Familienunternehmens, Ludwigshafen 1973

Dubbers, Hans, Bickel, Wilhelm, Benckiser-Chronik II. 1933 bis 1973. Die Fünfe Generation eines Familienunternehmens, Ludwigshafen 1978

Dujardin, Vincent, La Belgique sans roi: nouvelle histoire de Belgique 1940-1950, Brüssel 2010

Erker, Paul, Emergence of Modern Business Structures? Industry and War Economy in Nazi Germany, in: Jun Sakudo, Takeo Shiba (Hrsg.), World War II and the Transformation of Business Systems, Tokio 1994, S. 158-178

Erker, Paul, Industrieeliten in der NS-Zeit. Anpassungsbereitschaft und Eigeninteresse von Unternehmern in der Kriegs- und Rüstungswirtschaft 1936-1945, Passau 1994

Erker, Paul, Zulieferer für Hitlers Krieg. Der Continental-Konzern in der NS-Zeit, Berlin 2020

Feldenkirchen, Wilfried, Hilger, Susanne, Menschen und Marken. 125 Jahre Henkel, Düsseldorf 2001

Fenske, Hans, Aufmarsch unterm Hakenkreuz. Die pfälzischen Nationalsozialisten bis zum 30. Januar 1933, in: Gerhard Nestler, Hannes Ziegler (Hrsg.), Die Pfalz unterm Hakenkreuz, Landau 1993, S. 11-36

Fenske, Hans, Keine verschworene Gemeinschaft. Die pfälzischen Nationalsozialisten in der Weimarer Zeit, in: Zeitschrift für bayerische Landesgeschichte, 52 (1989), S. 593-608

Finger, Jürgen u.a., Dr. Oetker und der Nationalsozialismus. Geschichte eines Familienunternehmens, München 2013 (2. Auflage)

Fischer, Ernst Peter, Wissenschaft für den Markt. Die Geschichte des forschenden Unternehmens Boehringer Mannheim, München 1991

Flachowsky, Sören u.a. (Hrsg.), Ressourcenmobilisierung. Wissen-

schaftspolitik und Forschungspraxis im NS-Herrschaftssystem, Göttingen 2016
Friedländer, Saul u.a., Bertelsmann im Dritten Reich, München 2002
Grewe, Swantje, Das »System Sauckel«. Der Generalbevollmächtigte für den Arbeitseinsatz und die Arbeitskräftepolitik in der besetzten Ukraine 1942-1945, Göttingen 2019
Grieger, Manfred, Sartorius im Nationalsozialismus. Generationswechsel im Familienunternehmen zwischen Weltwirtschaftskrise und Entnazifizierung, Göttingen 2019
Grohnert, Reinhard, Die Entnazifizierung in Baden 1945-1949. Konzeptionen und Praxis der »Epuration« am Beispiel eines Landes der französischen Besatzungszone, Stuttgart 1991
Hachtmann, Rüdiger, Industriearbeit im »Dritten Reich«, Göttingen 1989
Heinz, Hans-Joachim, NSDAP und Verwaltung in der Pfalz. Allgemeine innere Verwaltung und kommunale Selbstverwaltung im Spannungsfeld nationalsozialistischer Herrschaftspraxis 1933-1939, Mainz 1994
Henkel. 140 Jahre. Chronik 1876-2016, Düsseldorf 2016, als pdf unter https://www.henkel.de/resource/blob/264388/0fde75475ee97e 290744879 19b9d9360/chronik-140-jahre-henkel-data.pdf
Hoffmann, Katharina, Ausländische ZwangsarbeiterInnen in Oldenburg während des Zweiten Weltkrieges. Eine Rekonstruktion der Lebensverhältnisse und Analyse von Erinnerungen deutscher und polnischer ZeitzeugInnen, Diss. Universität Oldenburg, Dezember 1999, als pdf unter: http://oops.uni-oldenburg.de/387/1/420.pdf
Humann, Detlev, »Arbeitsschlacht«. Arbeitsbeschaffung und Propaganda in der NS-Zeit 1933-1939, Göttingen 2011
IHK Pfalz. Blick in die Geschichte. 175 Jahre IHK, Ludwigshafen 20018, als pdf unter: https://www.pfalz.ihk24.de/share/flipping-book/4262290/flippingbook.pdf
Jaeger,Hans, Michael, Jakob, in: NDB Bd. 17, Berlin 1994, S. 425
Kahlert, Heinrich, Chemiker unter Hitler. Wirtschaft, Technik und Wissenschaft der deutschen Chemie von 1914 bis 1945, Langwaden 2001
Kaienburg, Hermann, Die Wirtschaft der SS, Berlin 2003
Keddigkeit, Jürgen, Bollwerk im Westen. Krieg und Kriegsende im

pfälzischen Raum 1939-1945, in: Gerhard Nestler, Hannes Ziegler (Hrsg.), Die Pfalz unterm Hakenkreuz, Landau 1993, S. 455-502

Kißener, Michael, Boehringer Ingelheim im Nationalsozialismus. Studien zur Geschichte eines mittelständischen chemisch-pharmazeutischen Unternehmens, Stuttgart 2015

Klemann, Hein A. M., Kudryashov, Sergei, Occupied Economies. An Economic History of Nazi-Occupied Europe, 1939-1945, London 2012

Lacroix-Riz, Annie, Industriels et Banquiers. Français sous L'occupation, Paris 1999

Lofti, Gabriele, KZ der Gestapo. Arbeitserziehungslager im Dritten Reich, Stuttgart 2000

Luyten, Dirk, »German economic rule in occupied Belgium, 1940-1944«, in Marcel Boldorf, Tetsuji Okazaki (Hrsg.), Economies under occupation. The hegemony of Nazi Germany and Imperial Japan in World War II, London/New York 2015, S. 112-129

Maier, Helmut, Chemiker im »Dritten Reich«. Die Deutsche Chemische Gesellschaft und der Verein Deutscher Chemiker im NS-Herrschaftsapparat, Weinheim 2015

Marschall, Luitgard, Im Schatten der chemischen Synthese. Industrielle Biotechnologie in Deutschland (1900-1970), Frankfurt a. M. 2000

Marx, Henry, Die Verwaltung des Ausnahmezustands. Wissensgenerierung und Arbeitskräftelenkung im Nationalsozialismus, Göttingen 2019

Meinzer, Lothar, Stationen und Strukturen der nationalsozialistischen Machtergreifung: Ludwigshafen am Rhein und die Pfalz in den ersten Jahren des Dritten Reiches, Ludwigshafen 1983

Meyer, Beate, Zwischen Regel und Ausnahme. »Jüdische Mischlinge« unter Sonderrecht, in: Magnus Brechtken, Hans-Christian Jasch, Christoph Kreutzmüller, Niels Weise (Hrsg.), Die Nürnberger Gesetze – 80 Jahre danach, Vorgeschichte, Entstehung, Auswirkungen, Göttingen 2017, S. 205-222.

Mines, Samuel, Pfizer … An informal History, New York 1978

Minor, Ulrike, Mörz, Stefan: Juden in Ludwigshafen, Ludwigshafen 2015

Möhler, Rainer: Entnazifizierung in Rheinland-Pfalz und im Saarland unter französischer Besatzung von 1945 bis 1952, Mainz 1992,

Mörz, Stefan, Becker, Klaus Jürgen (Hrsg.), Geschichte der Stadt Ludwigshafen am Rhein, Bd. 1. Von den Anfängen bis zum Ende des Ersten Weltkriegs, Ludwigshafen 2003

Mörz, Stefan, Becker, Klaus Jürgen (Hrsg.), Geschichte der Stadt Ludwigshafen am Rhein, Bd. 2. Vom Ende des Ersten Weltkriegs bis zur Gegenwart, Ludwigshafen 2003

Nestler, Gerhard, Ziegler, Hannes (Hrsg.), Die Pfalz unterm Hakenkreuz, Landau 1993

Nevens, Marc, 100 Jahre von Süß zu Sauer. Die Geschichte von Citrique Belge, Tienen 2019

Niethammer, Lutz, Die Mitläuferfabrik. Die Entnazifizierung am Beispiel Bayerns, Berlin 1982.

Niethammer, Lutz (Hrsg.), Tengelmann im Dritten Reich. Ein Familienunternehmen des Lebensmittelhandels und der Nationalsozialismus, Essen 2020

Osterloh, Jörg, Wixforth, Harald (Hrsg.), Unternehmer und NS-Verbrechen. Wirtschaftseliten im Dritten Reich und in der Bundesrepublik, Frankfurt a.M. 2014

Paul, Gerhard, Josef Bürckel – Der rote Gauleiter, in: Roland Smelser u.a. (Hrsg.), Die Braune Elite II, Darmstadt 1993, S. 51-65.

Proctor, N. Robert, Blitzkrieg gegen den Krebs. Gesundheit und Propaganda im Dritten Reich, Stuttgart 2002

Rauh, Cornelia, Hitlers Hehler? Unternehmerprofite und Zwangsarbeiterlöhne, in: Historische Zeitschrift 275 (2002), S. 1-55

Rauh-Kühne, Cornelia, Ruck, Michael (Hrsg.), Regionale Eliten zwischen Diktatur und Demokratie. Baden und Württemberg 1930-1952, München 1993

Reckendrees, Alfred, Beiersdorf. Die Geschichte des Unternehmens hinter den Marken NIVEA, tesa, Hansaplast & Co., München 2018

Reichmann, Ivonne, Die Böhme Fettchemie GmbH von ihrer Gründung bis in die frühe Nachkriegszeit. Für Eure Wäsche ausgezeichnet – Wasch- und Textilhilfsmittel aus Chemnitz –, Chemnitz 2020

Reimann, Albert, 150 Jahre Benckiser, Ludwigshafen 1973

Ritschl, Albrecht (Hrsg.), Das Reichswirtschaftsministerium in der NS-Zeit. Wirtschaftsordnung und Verbrechenskomplex, Berlin/Boston 2016

Rudy, Hermann, Vitamine und Mangelkrankheiten Ein Kapitel aus der menschlichen Ernährungslehre, Berlin 1936, 2. Auflage 1943.

Rummel, Walter, Rath, Jochen (Bearb.), »Dem Reich verfallen« – »dem Berechtigten zurückzuerstatten«. Enteignungen und Rückerstattung jüdischen Vermögens im Gebiet des heutigen Rheinland-Pfalz 1938-1953, Koblenz 2001

Sander, Ulrich, Von Arisierung bis Zwangsarbeit. Verbrechen der Wirtschaft an Rhein und Ruhr 1933 bis 1945, Köln 2012

Sattler, Friederike, Herrhausen. Banker, Querdenker, Global Player. Ein deutsches Leben, München 2019

Schäfer, Hans Dieter, Das gespaltene Bewusstsein. Deutsche Kultur und Lebenswirklichkeit 1933 bis 1945, München 1981

Schanetzky, Tim, After the Gold Rush. Ursprünge und Wirkungen der Forschungskonjunktur »Unternehmen im Nationalsozialismus«, in: ZUG 63 (2018), S. 7-32

Schanetzky, Tim, Kanonen statt Butter. Wirtschaft und Konsum im Dritten Reich, München 2015

Scharf, Eginhard, »Man machte mit uns, was man wollte.« Ausländische Zwangsarbeiter in Ludwigshafen am Rhein 1939-1945, Heidelberg 2004

Scherner, Jonas, Anreiz statt Zwang. Wirtschaftsordnung und Kriegswirtschaft im »Dritten Reich«, in: Norbert Frei, Tim Schanetzky (Hrsg.), Unternehmen im Nationalsozialismus. Zur Historisierung einer Forschungskonjunktur, Göttingen 2010, S. 140-155

Scherner, Jonas, Die Logik der Industriepolitik im Dritten Reich. Die Investitionen in die Autarkie- und Rüstungsindustrie und ihre staatliche Förderung, Stuttgart 2008

Schick, Christa, Die Internierungslager, in: Martin Broszat u.a. (Hrsg.), Von Stalingrad zur Währungsreform. Zur Sozialgeschichte des Umbruchs in Deutschland, München 1988, S. 301-326

Schneider, Michael, In der Kriegsgesellschaft. Arbeiter und Arbeiterbewegung 1939 bis 1945, Bonn 2014

Schneider, Michael, Untern Hakenkreuz. Arbeiter und Arbeiterbewegung 1933 bis 1939, Bonn 1999

Scholtyseck, Joachim, Der Aufstieg der Quandts. Eine deutsche Unternehmerdynastie, München 2011

Scholtyseck, Joachim, Freudenberg. Ein Familienunternehmen in Kaiserreich, Demokratie und Diktatur, München 2016

Scholtyseck, Joachim, Otto Beisheim. Jugend, Soldatenzeit und Entwicklung zum Handelspionier, Paderborn 2020

Schröter, Harm G., Fields of Competition and of Co-operation: Cartel Structures in the International Chemical Industry, in: Hans Pohl, (Hrsg.), Competition and Co-operation of Enterprises on National and International Markets (19th and 20th Century), Stuttgart 1997, S. 35-56

Schröter, Harm G., Kartellierung und Dekartellierung 1890-1990, in: VSWG 81 (1994), S. 457-493

Spiekermann, Uwe, Der lange Weg zur Marktreife. Käseproduktion in Deutschland 1850 bis 1930, https://uwe-spiekermann.com/2021/02/27/der-lange-weg-zur-marktreife-kaseproduktion-in-deutschland-1850-bis-1930/ veröffentlicht am 27.2.2021

Spiekermann, Uwe, Künstliche Kost: Ernährung in Deutschland, 1840 bis heute, Göttingen 2018

Spina, Raphael, Histoire du STO, Paris 2017

Spoerer, Mark, C&A. Ein Familienunternehmen in Deutschland, den Niederlanden und Großbritannien 1911-1961, München 2016

Spoerer, Mark, Von Scheingewinnen zum Rüstungsboom. Die Eigenkapitalrentabilität der deutschen Industriegesellschaften, Stuttgart 1996

Spoerer, Mark, Zwangsarbeit unter dem Hakenkreuz, München 2001

Stoff, Heiko, Wirkstoffe. Eine Wissenschaftsgeschichte der Hormone, Vitamine und Enzyme, 1920-1970, Stuttgart 2012

Streb, Jochen, Das nationalsozialistische Wirtschaftssystem. Indirekter Sozialismus, gelenkte Marktwirtschaft oder vorgezogene Kriegswirtschaft? in: Werner Plumpe, Joachim Scholtyseck (Hrsg.), Der Staat und die Ordnung der Wirtschaft. Vom Kaiserreich bis zur Berliner Republik, Stuttgart 2012, S. 61-83

Streb, Jochen, Trumpf. Geschichte eines Familienunternehmens, München 2018

Strobel, Karen, Zwerger Brigitte, Betrachtungen und Quellenstudien zur frühen völkischen Bewegung in Mannheim bis 1922, Mannheim 2020, als pdf online unter: https://www.marchivum.de/sites/default/files/2020-10/Betrachtungen_Quellenstudien%20

fr%C3%BChe%20v%C3%B6lkische%20Bewegung%20_Strobel_Zwerger_04_10_2020.pdf

Tooze, Adam, Ökonomie der Zerstörung. Die Geschichte der Wirtschaft im Nationalsozialismus, Bonn 2007

Ufermann, Paul, Könige der Inflation, Berlin 1924

U.S. Department of Commerce, Italian Chemical Developments in 1928 and 1929, Trade Information Bulletin No. 705 (50 pages), Washington 1930

Vögel, Bernhild, Entbindungsheim für Ostarbeiterinnen, Braunschweig, Broitzemer Straße 200, Hamburg 1989, pdf-Ausgabe von 2005 unter birdstage.net/images/entbindungsheim.pdf.

Wandel und Werden in fünf Generationen. Aus der 135-jährigen Geschichte der Joh. A. Benckiser GmbH zum 100-jährigen Bestehen des Werkes Ludwigshafen, Ludwigshafen 1958

Werner, Oliver (Hrsg.), Mobilisierung im Nationalsozialismus. Institutionen und Regionen in der Kriegswirtschaft und der Verwaltung des Dritten Reiches 1936 bis 1945, Paderborn 2013

Werner, Stefan, Wirtschaftsordnung und Wirtschaftsstrafrecht im Nationalsozialismus, Frankfurt a.M. 1991

Westemeier, Jens, Jauß. Hans Robert, Jugend, Krieg und Internierung,, Konstanz 2016

Wettstein, Lothar, Josef Bürckel. Gauleiter, Reichsstatthalter, Krisenmanager Adolf Hitlers, Norderstedt 2010 (2. Auflage)

Windolf, Paul, Marx, Christian, Die braune Wirtschaftselite, Frankfurt a.M. 2022

Woniak, Katarzyna, Zwangswelten. Emotions- und Alltagsgeschichte polnischer »Zivilarbeiter« in Berlin 1939-1945, Paderborn 2020

Verzeichnis der Tabellen, Schaubilder und Abbildungen

Abbildungsnachweise

Soweit nicht anders angegeben, gilt für alle Abbildungen das JAB-Archiv, Mannheim als Quelle sowie die Benckiser-Chronik I und II.

Abb. 5: Faksimile aus der *Arbeiter-Zeitung* vom 28.10.1931
Abb. 10: Faksimile aus LA Speyer, R 18 V, Nr. 607
Abb. 14: Stadtarchiv Ludwigshafen, 03/17810 A
Abb. 15: Faksimile aus dem *Generalanzeiger* vom 9.6.1933
Abb. 18: Henkel-Archiv, Acc. 193, Nr. 63
Abb. 23 bis 26: Faksimile aus der *Appretur-Zeitung* 1935/1936
Abb. 29 und 30: Faksimile aus dem *Milchwirtschaftlichen Zentralblatt* 64 (1935)
Abb. 31 bis 33: Faksimile aus der *Pharmazeutischen Post* vom September 1939 und Mai 1940 sowie aus *Deutsche Drogistenschaft* Juni 1939
Abb. 40, 56: Fotoanhang in: Landesarchiv Speyer, R 18/606, Bl. 166/167
Abb. 44 bis 46: Faksimile aus der *Wiener Medizinischen Wochenschrift* sowie dem *Nationalsozialistischen Volksdienst*
Abb. 47: Archiv Boehringer-Ingelheim
Abb. 50 und 51: Faksimile aus: Allgemeines Reichsarchiv, Brüssel (Archives des Juridictions Militaires supprimées), Auditorat contre La Citrique Belge, Rapport Definitif, Dossier No.3123/44 vom 23.12.1946, Annexe
Abb. 54, 56 bis 59, 63 bis 73: Arolsen Archives, Online Collection
Abb. 55, 60 bis 62, 73: Faksimile aus der Benckiser-Werkszeitschrift 1944, in: Landesarchiv Speyer, R 18 E/017127
Abb. 82: Faksimile aus *Bayerisches Ärzteblatt* 4 (1949), Heft 7, S. 155
Abb. 87: Faksimile aus der Zeitschrift *Quick* 1964 unter: https://brand-history.com/reckitt-benckiser-deutschland-gmbh/calgon/calgon-schutzt-waschmaschine-und-wasche-vor-kalk-im-wasser
Abb. 91: Faksimile aus dem *Mannheimer Morgen* vom 3.12.1958

Register